泛珠三角区域合作发展重大问题研究

泛珠区域合作重大问题研究课题组
陈宣庆　申　兵　袁崇法　等著

中 国 计 划 出 版 社

图书在版编目（CIP）数据

泛珠三角区域合作发展重大问题研究 / 陈宣庆，申兵，袁崇法著. -- 北京 : 中国计划出版社，2018.1（2022.4重印）
ISBN 978-7-5182-0760-2

Ⅰ. ①泛… Ⅱ. ①陈… ②申… ③袁… Ⅲ. ①珠江三角洲—区域经济合作—研究 Ⅳ. ①F127.65

中国版本图书馆CIP数据核字(2017)第296125号

泛珠三角区域合作发展重大问题研究
泛珠区域合作重大问题研究课题组
陈宣庆 申 兵 袁崇法 等著

中国计划出版社出版
网址：www.jhpress.com
地址：北京市西城区木樨地北里甲11号国宏大厦C座3层
邮政编码：100038 电话：（010）63906433（发行部）
新华书店经销
北京虎彩文化传播有限公司印刷

787mm×1092mm 1/16 27.25印张 674千字
2018年1月第1版 2022年4月第2次印刷

ISBN 978-7-5182-0760-2
定价：78.00元

泛珠区域合作重大问题研究课题组成员

课题组组长：

陈宣庆　中国信息协会副会长、中国国际经济交流中心咨询委员、研究员

课题组成员：

申　兵　国家发展改革委国土开发与地区经济研究所副所长、研究员

袁崇法　国家发展改革委城市和小城镇中心研究员

董锁成　中国科学院地理科学与资源研究所区域生态经济研究与规划中心主任、研究员、博士生导师

刘治彦　中国社会科学院城市发展与环境研究所研究员、博士生导师

王福强　中国国际经济交流中心产业规划部部长

刘向东　中国国际经济交流中心经济研究部副部长、副研究员

李　锋　中国国际经济交流中心副研究员

尹　震　国家发展改革委综合运输研究所研究室副主任

张　良　中国城市发展研究院研究部主任

贾大猛　中国农业大学中国县域经济研究中心副主任、高级经济师

周月敏　中国科学院遥感与数字地球研究所副研究员

参研人员：

李欠标　国家发展改革委综合运输研究所副研究员

丁金学　国家发展改革委综合运输研究所博士、助理研究员

董继红　中国城市发展研究院、深圳大学中国经济特区研究中心

苏保忠　中国农业大学经济管理学院副教授

李玉恒　中国科学院地理科学与资源研究所副研究员

黄顺江　中国社会科学院城市发展与环境研究所研究员

李　宇　中国科学院地理科学与资源研究所副研究员、资源经济与能矿资研究室副主任

李泽红　中国科学院地理科学与资源研究所副研究员、中国自然资源学会资源经济研究专业委员会秘书长

赵中平　中国科学院地理科学与资源研究所博士后、助理研究员

李飞中　中国科学院地理科学与资源研究所助理研究员博士后

龙晓柏　中国新闻出版研究院副研究员

齐冠钧　国际贸易经济合作研究院副研究员

元利兴　中国国际经济交流中心副研究员

金成武　中国国际经济交流中心副研究员

杨　娟　中国青年政治学院副教授

童光辉　浙江大学副教授

杨　洋　中国科学院地理科学与资源研究所研究助理、博士

路雅文　中国农业大学经济管理学院博士

胡　祎　中国农业大学经济管理学院博士

李彬彬　中国农业大学经济管理学院博士

序　言

泛珠三角区域横跨我国东中西三大地带，包括福建、江西、湖南、广东、广西、海南、四川、贵州、云南等九省区（以下简称内地九省区）和香港、澳门两个特别行政区（以下简称“9+2”），拥有全国约五分之一的国土面积、约三分之一的人口和三分之一以上的经济总量，在我国区域发展总体战略中具有重要地位。泛珠三角区域合作机制建立十多年来，在“9+2”各方的共同努力下，合作领域逐步拓展，合作机制日益完善，合作水平不断提升，泛珠三角区域已成为我国经济最具活力和发展潜力的地区之一，在促进我国区域协调发展、协同发展、共同发展中发挥着越来越重要的作用。

2016年3月，国务院正式印发了《关于深化泛珠三角区域合作的指导意见》，明确提出了促进泛珠三角区域合作的指导思想、目标原则和重点任务，标志着泛珠三角区域合作已纳入国家战略加以推进。为了贯彻落实国务院指导意见，进一步促进泛珠三角区域的合作发展，受广东省发展改革委委托，由中国城市发展研究院牵头，中国国际经济交流中心、国家发展改革委宏观经济研究院、商务部研究院、中国科学院、中国社会科学院、中国农业大学的多位专家共同组成联合课题组，开展了“泛珠三角区域合作重大问题”研究。课题组按照党的十八届五中全会精神，国民经济和社会发展“十三五”规划总体要求以及国务院关于深化泛珠三角区域合作指导意见的具体部署，在对当前国内外区域合作的理论和实践进行梳理研究的基础上，全面分析泛珠三角区域合作发展的现状、存在的主要问题，面临的机遇和挑战以及深化泛珠三角区域合作需要解决的主要矛盾和重大问题，围绕当前和今后一个时期促进泛珠三角区域合作发展的空间结构和总体布局、现代产业体系、统一市场建设、重大基础设施一体化、生态建设和环境整治、社会事业发展、加强内地九省区与港澳紧密联系等重点领域开展了深入研究，提出了促进泛珠三角区域深化改革、扩大开放、体制机制和政策创新的思路与对策。研究成果包括1份总报告、9份专题研究报告和1本图集。

党的十九大报告提出：“香港、澳门发展同内地发展紧密相连。要支持香港、澳门融入国家发展大局，以粤港澳大湾区建设、粤港澳合作、泛珠三角区域合作等为重点，全面推进内地同香港、澳门互利合作，制定完善便利香港、澳门居民在内地发展的政策措施。”这一重要论述为在新形势下进一步推动泛珠三角区域的合作发展指明了方向。在全国各地认真贯彻落实党的十九大精神，全面推进改革开放，加快经济社会发展的背景下，对以上研究成果进行汇总提升并出版发行具有重要的现实意义。我们寄希望于该研究成果能为泛珠三角区域合作发展规划的研究制订提供重要支撑，特别是能在推进泛珠三角区域合作向纵深发展中起到重要的促进作用，也希望能为有关理论研究及教学科研提供参考借鉴。

该项课题研究得到了内地九省区及香港、澳门两个特别行政区有关方面的大力支持和配合，各地及时提供了丰富的资料并对研究成果的完善提出了宝贵意见和建议；广东省发展改革委钟明副主任对课题研究高度重视，及时予以精心指导，广东省发展改革委泛珠办顾万君主任和赵磊同志对研究工作全过程进行了全面对接协调，使研究工作得以顺利进行。值此研究成果正式出版发行之际，我代表课题组对各有关方面的大力支持和帮助表示衷心感谢！

陈宣庆

2017 年 12 月 18 日

目　录

综　合　篇

专 题 篇

综合篇

第一章 泛珠三角区域合作的总体思路及重大问题综合研究

泛珠三角区域由福建、江西、湖南、广东、广西、海南、四川、贵州、云南九个省区和香港、澳门两个特别行政区组成，陆地面积为200.68万平方公里，占全国陆地面积的1/5以上，海域面积268.56万平方公里，占全国海域总面积的2/3以上。2016年，泛珠三角区域内地九省区的国内生产总值达到26.35万亿元，占全国国内生产总值的1/3。同时，泛珠人口众多，内地九省区人口占中国总人口数量的1/3以上，是中国劳动力最富集的区域之一，在我国经济发展中举足轻重的作用可见一斑。此外，泛珠三角区域横跨东、中、西三个不同经济发展梯度，产业结构、资源禀赋、技术水平等存在较大差异，经济互补性强，为泛珠三角区域开展跨行政区合作提供了支撑。

2004年6月1—3日，由广东省倡导，包括福建省、江西省、湖南省、广东省、广西壮族自治区、海南省、四川省、贵州省和云南省及香港、澳门两个特别行政区在内的泛珠江三角洲区域合作与发展论坛在香港、澳门和广州三地举行，香港和澳门特别行政区行政长官及内地九省区政府领导共聚一堂，达成广泛共识，并签署了《泛珠三角区域合作框架协议》，宣告泛珠江三角洲经济合作区（简称"泛珠"或"9+2"）成立。

自2004年起，泛珠三角地区以"合作发展，共创未来"为主题，形成了多层次、宽领域、全方位的合作格局，显著提升了"9+2"的综合竞争力，也增强了港澳与内地的紧密联系。泛珠三角区域合作为深入实施国家区域发展总体战略提供了有益的经验和示范，成为全国促进区域协调发展的一面旗帜。在我国经济社会发展进入新常态的背景下，新一轮泛珠三角区域合作必须适应全面建成小康社会和推进供给侧结构性改革的时代要求，不断拓展领域、创新机制，在优化全国区域发展格局中发挥更大作用。

一、泛珠三角区域合作现状及问题分析

（一）合作现状

历经十余年的泛珠三角区域合作，促进了区域间资源优化配置，推动了区域间产业有序转移，密切了区域间经济社会文化联系。

1. 互联互通的基础设施网络初步建成

泛珠三角内地九省区已建成70多条高速公路，规划建设近70条高速公路，全线开通合福、武广、厦深、南广和贵广高铁，形成了广东、广西、贵州4小时经济圈；正在建设的广深港高速铁路为进一步密切内地与香港关系奠定了坚实基础。此外，西江黄金水道、内陆"无水港"、泛珠区域空中快线的建设则从水运和航运方面提升了泛珠地区的互联互通水平。"黔电送粤"和"云电送粤"工程建设以及省际煤炭、天然气产销联系的建立，深化了泛珠地区的能源合作。

2. 基于比较优势的区域产业协作明显深化

在制造业方面，泛珠三角地区充分利用东西部以及内地与港澳之间的产业梯度和比较优势，以市场为导向，加强了区域内制造业的转移，昆明深圳工业园、湘西广州工业园、赣州香港工业园等跨省（区）工业园区成为区域产业合作的重要载体。在农业方面，泛珠内地九省区通过各种农产品交易和产销对接活动，建立了稳定的合作关系，江西、湖南、广东、贵州成为香港、澳门等农副产品供应基地。在旅游业方面，泛珠各方于 2014 年 6 月签署了《泛珠三角区域旅游合作框架协议》，深化了在旅游品牌推广、特色旅游项目开发等方面的合作与交流。

3. 统一开放的区域市场和一体化通关模式正在形成

泛珠地区在市场准入、工商登记、地方税务、质监业务、食品药品监管、知识产权保护、反走私、打击传销和规范直销、海关合作、检验检疫等方面形成了一系列协作机制。特别是通关方面，开展了以“属地（产地）申报、口岸验放”为核心的通关模式和检验检疫模式改革。贵州的无违法违规进出口企业一体化通关模式，福建、江西、广东、广西等地区农产品产地与口岸联合监管模式，福建、广东、广西和海南四省区内通关作业“十一关如一关”模式，湖南大通关模式，以及广东的 144 小时便利签证管理系统等，既促进了区域统一市场建设，也为全国通关模式改革积累了经验。

4. 共管共治的生态环保和社会事业合作成效突出

生态方面，各省之间加强了山地森林及生物多样性保护等方面的合作，积极推动了东江源生态补偿试点等补偿机制的探索。环保方面，省际主要围绕跨界水污染治理和区域大气污染治理加强合作，广西、广东联合推进九洲江流域水环境综合治理，四川、贵州、云南开展赤水河流域三省联合执法检查，广西、贵州与云南共同加强万峰湖库区水环境保护，湘赣、粤闽等协调跨界河流水污染联防等合作机制都对跨界污染治理发挥了重要作用。社会事业方面，泛珠内地九省区在文化科教、食品安全、卫生防疫、人力资源、社会保障、应急管理、警务等多方面开展了务实合作并取得积极成效。

5. 紧密互惠的内地与港澳关系和对外开放合作迈出新步伐

内地九省区认真落实 CEPA 及其补充协议，加强与港澳地区在经贸往来、基础设施、现代服务业、教育医疗、海洋管理以及社会文化等领域的合作。《关于内地在广东与香港基本实现服务贸易自由化的协议》及《关于内地在广东与澳门基本实现服务贸易自由化的协议》让香港、澳门与内地基本实现服务贸易自由化的目标率先在广东省落实。此外，其他省区通过多种方式密切与港澳联系，如福建与香港举行“闽港合作会议”，并签署了《关于加强闽港经贸合作的协议》和《关于深化闽澳合作的备忘录》。到 2015 年 8 月，在香港上市的泛珠省区企业增至 309 家。在扩大区域对外开放上，泛珠各省区着力加强与东南亚和南亚国家的经贸往来，积极参与推进中国—东盟自由贸易区升级版建设。

6. 多种形式的次级区域合作日趋活跃

泛珠框架下各省区之间双边、多边合作较为活跃。一是共同打造新兴经济带。目前相关省区已签署了《建设湘黔高铁经济带合作框架协议》、《广东广西推进珠江—西江经济带发展规划实施共同行动计划》、《贵广高铁经济带合作框架协议》、《联合打造沪昆高铁经济走廊框架协议》、《南广高铁经济带合作框架协议》等一系列区域合作文件。二是深化省际交界地区合作。目前有关省区之间已签署了《粤桂合作特别试验区建设实施方案》、《共建湘赣开放合作试验区战略合作框架协议》、《闽粤经济合作区发展规划》等省际交界地区合作文件。三是加强相关省区之间合作，达成了《深化粤川合作框架协议》、《闽琼两省深化合作协议》等一批省际合作成果。

7. 提供制度保障的合作机制不断完善

合作规划和合作框架协议、行政首长联席会议机制、论坛暨经贸洽谈会三大机制构成了泛珠区域合作的基石，为深化合作奠定了组织制度基础。在规划和协议方面，编制实施了《泛珠区域合作发展规划纲要》以及交通、能源、科技、环保、信息化等一批专项规划，签署了多项省际战略合作框架协议。在组织机制方面，建立和完善了行政首长联席会议、政府秘书长协调制度等合作机制，设立了行政首长联席会议秘书处。在交流机制方面，搭建了高层论坛和经贸合作洽谈会两大平台。

（二）存在问题

泛珠合作十余年成果辉煌，但存在的问题亦不容忽视，合作广度深度有待进一步拓展，合作保障、利益分享和统筹协调等机制亟待完善。

1. 利益分享与统筹协调机制仍不健全

区域合作发展必须在整合各方优势资源的基础上，建立科学合理的利益分享机制。目前，泛珠各方尚未建立起真正的利益分享和协调机制，在重大生产力布局、用地指标分配、开发园区政策、央企布局等方面缺乏差别化的政策，对落后地区倾斜支持的政策不完善，对合作发展过程中利益损失方予以补偿的力度还不够，推动泛珠三角区域协调发展、共享发展的机制仍不完善。泛珠三角区域合作行政首长联席会议秘书处作为推进区域合作的常设机构，下一步应在区域利益协调中发挥更加重要的作用，协调处理好跨省区合作中遇到的问题。

2. 地方保护和市场分割严重

目前，泛珠三角区域合作仍受制于地方保护和市场分割，难以形成统一大市场。由于战略目标不同，泛珠三角区域各方都有自己的考核标准，市场规则、信用体系和监管制度的不同，阻碍了区域市场一体化进程。与此同时，由于区域内各方经济基础、对外开放水平、市场成熟程度差异较大，各地建立统一开放市场体系的认识不同、积极性各异，亟待建立市场调节与政府引导相结合的跨界协调机制，打破行政区划藩篱、市场分割、行业垄断和地区封锁，加快清除市场壁垒，促进商品和各种要素的自由流动和有序竞争。

3. 各地产业同构性和同质化程度仍然较高

目前，泛珠三角区域各方尚未建立起区域产业协同发展机制，各地区在资源、产业、市场等诸多方面的分工协作优势远未充分发挥出来。部分地方政府因盲目追求短期利益，区域内产业同构性、同质化问题突出。产业同构性和同质化导致产业分工与协作难以形成，也不利于建立利益共享的区域价值链，加剧了恶性竞争。要实现区域内产业资源的有机整合，需要对产业分工协作进行整体规划，统筹协调，真正形成优势互补、错位发展、互利共赢的产业发展新格局。

4. 区域交通一体化的潜力没有充分释放

交通一体化是实现泛珠三角区域一体化的基础，因缺乏总体规划和综合协调，泛珠区域在交通设施方面既存在不良竞争、重复建设、资源浪费等现象，也存在跨区域重大交通基础设施建设滞后等问题，这成为制约泛珠三角区域发展的突出瓶颈。另外，由于"各自为战"以及管理体制分散，各地按照对交通实行属地管理，无法形成合力。泛珠三角区域在推进交通一体化方面亟待打破"一亩三分地"的思维定式，破除行政区域的各种限制，建立综合协调机制，重点加快跨区域的重大交通基础设施建设，充分释放区域交通一体化的潜力。

5. 各地基本公共服务水平差距较大

基本公共服务不均衡成为制约泛珠三角区域合作发展的突出问题。由于各地财力状况不同，泛珠三角区域推进基本公共服务均等化仍面临许多现实性障碍，并导致部分地区人才流失、投资环境恶化、居民生活质量下降。近年来，泛珠三角区域高层领导间围绕推进公共服务体系建设进行了反复磋商并达成了一定共识，但签署的协议未能全部转化为实际合作项目，基本公共服务差距扩大的现状未发生根本改变。

（三）面临挑战

泛珠三角区域合作当前正处于重要的机遇期，但也面临着来自各个方面的严峻挑战。

1. 国际环境更加复杂多变

未来一段时间，世界经济形势将更加复杂多变、不确定性因素增多，深度调整已成为世界经济的新常态。一是发达国家制造业回流成为新常态。国际金融危机使美国和欧盟等发达经济体重新认识到制造业对于推动技术进步、拉动就业的重要性，出台了一系列政策来实现本国的"再工业化"，吸引制造企业回归。二是发达经济体经济结盟成为新常态。以美国为首的发达国家从军事结盟、外交结盟开始转向经济结盟，积极组建发达经济体的自由贸易网络，对非经济结盟的国家和地区形成战略挤压。三是新兴市场国家和发展中国家经济增速放缓成为新常态。国际金融危机导致新兴市场国家和发展中国家的经济增速放缓，一些新兴市场国家陷入"中年危机"。此外，世界经济还存在一些不确定的因素，地缘政治等非经济因素将继续影响我国周边稳定、能源安全和经济安全。国外复杂严峻的经济形势导致泛珠三角区域以出口导向为主的发展模式面临挑战，以资源环境低成本为代价的粗放型增长模式难以维持。

2. 长江经济带的吸引力日益增强

长江经济带的强力推进，对属于长江经济带战略覆盖区域的江西、湖南、云南、贵州、四川等省形成了新的区域协调发展经济带，持续开发带来的收益必然影响其参与泛珠三角区域合作的战略和策略选择。如何统筹协调好长江经济带和泛珠三角战略的关系，是深化泛珠三角区域合作的重大挑战，如处置不当，可能损害参与泛珠三角区域合作的积极性，并危及泛珠三角区域合作的可持续发展。

3. 区域合作成员目标多极化

协调好相关省区的差异化诉求是泛珠三角区域合作面临的重要挑战。参与泛珠三角区域合作的各方均存在着不同的发展诉求，如香港希望借助合作扩大腹地，进一步巩固国际金融中心地位；澳门希望进一步增强以博彩业为主导的服务业发展；广东希望借助合作实现产业结构升级；福建希望重点发展对台经济；湖南希望加强与武汉城市圈与川渝城市圈的合作；江西、四川、贵州希望借助合作扩大开放；云南和广西希望借助合作强化与东盟的经济联系。泛珠三角区域合作顺利推进的关键在于能够兼顾各个方面的利益诉求，并将各方的期待最大程度地加以整合并付诸实践，加快形成参与合作正向激励、未参与合作则可能被边缘化的负向激励机制。

4. 生态环境承载能力接近上限

当前，泛珠三角区域合作发展和生态环境保护之间存在着非常尖锐的矛盾，生态环境破碎化、生态系统退化趋势在加剧，污染物排放量大，风险隐患大，最受公众关注的大气、水、土壤污染状况依然令人担忧。从现有信息看，泛珠三角区域环境质量进一步恶化难以避免，各类污染物存量和增量仍将持续增加，生态环境质量在短期内难以根本好转，生态环境承载能力已达到或接近上限。生态环境恶化趋势如不尽快遏制，必将损害区域合作的基础。

二、深化泛珠三角区域合作的总体思路

在新的历史起点上，泛珠三角区域要建立更加紧密的区际关系，加快打造泛珠经济共同体，必须准确把握机遇，坚持正确的基本原则、方向目标和发展定位，围绕重点任务坚定不移地锐意进取、开拓创新。

（一）基本原则

——市场主导、政府引导。深化泛珠合作应进一步厘清市场与政府边界，明晰市场和政府的功能定位。珠三角是我国市场机制最健全、市场经济最发达的地区之一，应充分发挥其示范作用，引领整个泛珠地区加快构建统一开放、竞争有序的市场体系，打造交易规则公正、交易成本最低的良好营商环境，促进生产要素跨区域有序自由流动，最大限度地发挥市场在资源配置中的关键性作用。政府应加强顶层设计，强化规划引领，以重点领域和关键环节为突破口，统筹推进基础设施、产业、社会管理、公共服务和生态文明建设等方面合作。

——主动作为、强化统筹。泛珠三角区域合作机制是建立在成员间自愿、协商基础之上的，属于典型的以自愿协商为基础的自下而上式治理模式①，这种方式具有突出的自主性、灵活性。全面深化泛珠三角区域合作必须继续发挥各参与方的主动性、创造性。与此同时，要围绕落实《国务院关于深化泛珠三角区域合作的指导意见》，争取国家更大的支持，由国家层面主导编制相关规划，强化中央对珠三角地区合作发展的统筹协调，使泛珠三角区域合作更加统筹有力、分工有序、上下联动、协同高效。

——战略融合、深度开放。进一步加强泛珠战略与“三大战略”的对接融合，寻找新的增长点和战略空间。充分发挥依托港澳密切联系国际市场的独特优势，全面深化沿海开放，着力打造粤港澳大湾区。深度参与“一带一路”战略，切实发挥 21 世纪海上丝绸之路核心区以及门户、枢纽等战略支点功能。积极参与长江经济带战略，全面促进沿江和内陆开放。通过与其他国家级重大战略的对接，更好地利用两个市场、两种资源，为要素配置和经济回旋拓展新空间，形成参与和引领国际合作竞争新优势，激发经济发展新动能。

——绿色发展、和谐有序。处理好保护与开发的关系，更加有效地促进绿色发展。泛

① 参见郝寿义等“新形势下泛珠三角区域合作的战略思考”，《区域经济评论》，2015 年第 1 期。

珠地区包括7个国家重点生态功能区和8个重点开发地区，保护和开发的任务十分繁重。要坚定不移地贯彻绿色发展理念，严格实施主体功能区制度，加强生态环境跨区域协同监管和综合治理，大幅度提高能源利用效率，走生产发展、生活富裕、生态良好的文明发展道路，加快建设资源节约型、环境友好型社会，形成人与自然和谐发展的现代化建设新格局，实现有续发展，建设美丽泛珠。

——效益为主、注重公平。在区域合作中，充分尊重各参与方对经济效益与效率的首要追求目标，不断创新优化合作和利益分享机制，使更多地方通过合作获得更多的发展机会与效益。与此同时，高度重视社会一体化发展，切实加强社会事业领域合作，打牢深化区域合作的社会基础，将共享理念体现于区域合作的各个方面，让泛珠地区人民在区域合作有更多获得感，得到更多红利和实惠，建设公平、和谐泛珠。

（二）总体思路

全面落实党的十八大和十八届三中、四中、五中全会精神，深入贯彻党中央、国务院关于促进区域协调发展和加强区域合作的总体战略部署，按照“五位一体”总体布局和“四个全面”战略布局，坚持创新、协调、绿色、开放、共享的发展理念，主动适应引领经济发展新常态，以落实《国务院关于深化泛珠三角区域合作的指导意见》为主线，以加强区域融合和一体化为方向，以提高区域治理水平为抓手，以深化供给侧结构性改革为动力，以跨省区合作区、经济区、经济带为支撑，以基础设施、统一市场、产业创新、对外开放、生态建设、社会管理等为重点，不断创新合作新理念、探索合作新路径，构建合作新机制，努力构建地区优势互补、要素配置高效、区际利益协调的泛珠发展新格局。

（三）目标定位

泛珠三角区域是我国经济最具活力和发展潜力的地区之一，在国家经济社会发展全局中具有重要地位，应在全面深化改革开放中走在前列，在实现中华民族伟大复兴进程中承担更大责任。

第一，创建全国新一轮改革开放先行区，为全国深化改革提供新路径。泛珠地区建有多个经济特区、国家级新区、国家综合配套改革试验区、自由贸易试验区，应以此为平台，充分发挥其体制机制优势以及港澳在全国改革开放和现代化建设中的特殊作用，在完善社会主义市场经济体制等方面继续先行先试，进一步扩大珠三角地区改革首创精神的辐射效应，全面打造沿海、沿边、内陆协同开放新格局，为全国深化改革、扩大开放发挥示范带动作用。

第二，构建全国经济发展和转型升级新引擎，为全球、全国和区域经济增长提供新支撑。泛珠地区有全国最为发达的城市群，依托广州、深圳和港澳，合作打造粤港澳大湾区，建设世界级城市群，可使其成为我国参与全球竞争的重要代表。依托珠江—西江沿线地区，协力构建联动中南和西南地区的珠江—西江经济带，将形成我国又一条横贯东西、辐射东南亚、南亚的重要经济支撑带。依托毗邻省区的合作区建设，可带动省际交界地区加快发展。将这些跨省区城市群、经济带、经济区、合作区培育成我国经济持续发展的重要支点，可在全国经济持续、协调发展和优化空间开发格局中发挥积极作用。

第三，构建内地与港澳深度合作核心区，为提升跨境合作水平提供新平台。依托港澳两地国际竞争优势及内地九省区广阔腹地和丰富资源，在内地与香港、澳门关于建立更紧密经贸关系的安排（CEPA）及其补充协议框架下，充分发挥香港、澳门特殊作用，充分发挥内地九省区与港澳经济联系密切的优势，推动内地与港澳在重大基础设施、产业、创新、社会事务方面更紧密合作，可以进一步拓展港澳以及内地省区的发展新空间。

第四，构建“一带一路”建设重点区域，为我国发展更高层次的开放型经济提供新载体。充分发挥泛珠三角区域连接南亚、东南亚和沟通太平洋、印度洋的区位优势，加强福建21世纪海上丝绸之路核心区建设，培育相关省区作为“一带一路”门户、枢纽、辐射中心和海上合作战略支点功能，发挥港澳独特作用，共同推动“一带一路”建设，在形成对外开放新体制方面积极探索，为加快培育我国国际经济合作和竞争新优势积累更多经验。

第五，构建全国生态文明建设先行先试区，为绿色和可持续发展提供新示范。以促进生态环境大保护为目标，提升森林、河湖、湿地、草原、海洋等自然生态系统稳定性和生态服务功能，加快推动形成绿色循环低碳的生产生活方式，健全跨区域国土空间开发、资源节约利用、生态环境保护联动机制，为全国其他地区推动经济社会与资源环境协调发展做出表率。

（四）主要任务

泛珠三角区域幅员广大，需要合作的领域宽泛，在合作中应突出重点地域和重点领域，推动取得实质性进展，不断深化合作水平。

第一，以增加交通网络密度和稳定能源供应为重点促进基础设施建设畅通。在区域交通基础设施建设方面，合作的方向需要由目前的“通”向“畅”和“快”推进。随着区域内“五纵七横”高速公路主干线建设全部完工、多条高铁开通、区域内省会及主要城市间航线全部开通，各省区之间“通”的问题已基本解决，今后合作的方向应是“畅”和“快”，即增加区域交通网络的密度和进一步提高通达速度，为区域融合形成更好的物质基础。在能源领域，则需要在西电东送、西气东输工程深入实施、一批跨省区电网联网项目顺利投产的基础上，以稳定安全为主线，深化电力输送以及煤炭、油气合作。

第二，以构建区域产业分工体系和区域协同创新体系为重点推动产业和创新一体化发展。区域融合发展的核心是区域产业分工体系的形成。泛珠地区今后需在产业转移与合作的基础上，根据区域间比较优势，深化产业间分工和产业内分工，形成关系密切的产业分工和价值链分工。同时，在促进创新成为经济发展新动能的背景下，创新方面的合作比以往更为迫切，泛珠地区需要加强深港创新圈等区域科技创新合作，加快构建以企业为主体、市场为导向、产学研相结合的区域协同创新体系。

第三，以探索构建生态补偿机制为重点加强在生态环境领域合作。以跨省水域为主体的生态补偿机制的建立，是上下游地区从根本上治理水污染的重要保障。泛珠地区需要进一步探索建立东江、西江、北江、汀江—韩江、九洲江等流域补偿机制，真正构建起生态环境协同和治理的机制，并为全国其他地区提供示范和积累经验。

第四，以加强创新和生态环境保护领域市场建设为重点促进统一市场体系的形成。目前来看，在产品、劳动力和资本市场等方面，统一市场体系建设的重点是实施统一的市场准入制度和标准，继续完善区域社会信用合作体系并健全区域大通关体制。在此基础上，应根据创新驱动以及生态文明建设的需要，重点加强知识产权交易市场、技术成果交易市场、排污权交易市场等区域性市场的建设。

第五，以对接国家“一带一路”战略为重点提升区域对外开放水平。在发挥澜沧江—

湄公河合作、大湄公河次区域经济合作、泛北部湾经济合作等现有合作机制的基础上，泛珠各省区应积极参与中国—东盟自贸区升级建设以及中国—中南半岛、孟中印缅经济走廊建设，充分发挥福建、广东在21世纪海上丝绸之路建设中的核心区和重要引擎作用，发挥云南面向东南亚辐射中心以及广西对接“一带一路”重要门户作用，带动泛珠其他省区参与和助力“一带一路”建设。

第六，以构建服务共享、流转顺畅的公共服务体系为重点深化社会事业合作。社会事业领域广泛，区域合作的重点应是促进优质教育、医疗卫生共建共享，加快推进各类社会保险关系在不同省份间无障碍转移接续，并加强各地区人才交流和劳务合作，促进人力资源的合理配置和无障碍流动。

第七，以跨境基础设施和社会事务为重点改善泛珠内地省区与港澳合作的软硬环境。在内地与香港、澳门《关于建立更紧密经贸关系的安排》及其补充协议框架下，内地与港澳经贸合作方面的制度已基本建立，但跨境基础设施建设和社会事务合作相对滞后。为此，需要继续完善港澳与内地的综合交通运输网络，探索有利于港澳居民在内地就业、生活的制度安排，为深化泛珠内地省区与港澳合作提供软硬两方面的条件。

三、以点带面构建区域合作空间格局

以粤港澳大湾区为核心，以重要交通通道为支撑，以重点城市群为节点，构建区域合作“一核三层六带八群”的空间结构，以点带面，由线连片，开创泛珠区域合作新格局（见图 1-1）。

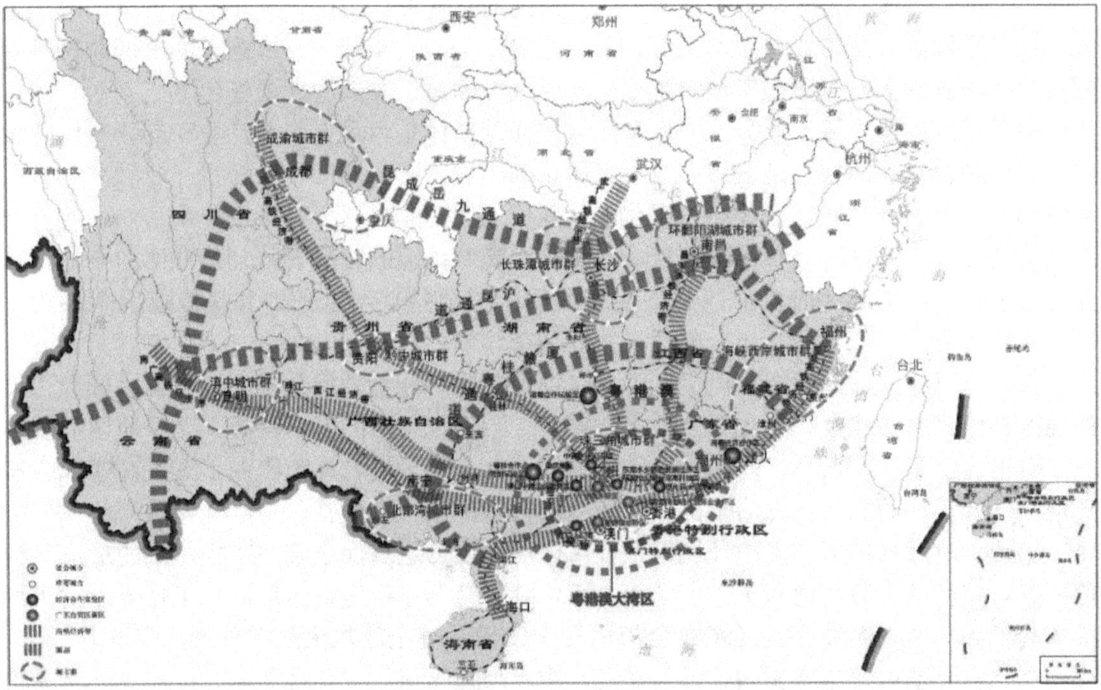

图 1-1　泛珠地区区域合作空间格局示意图

“一核”是指粤港澳大湾区，这是泛珠地区合作与发展的核心。

“三层”是指泛珠合作的三个圈层，厦赣桂粤通道为第一圈层，沪昆通道形成第二圈层，昆成岳九通道则构建第三圈层。

“六带”即依托流域和交通通道，特别是高铁通道，形成粤桂昆（云桂—南广高铁）、珠江—西江、贵广高铁、京广（武广高铁）、京九（昌深高铁）、粤福（厦深高铁）沿线六个经济带。

“八群”即珠三角城市群、环鄱阳湖城市群、长株潭城市群、海峡西岸城市群、成渝城市群、黔中城市群、北部湾城市群、滇中城市群（见图 1-2）。

图 1-2　全国及泛珠区域主要城市群分布图

（一）发挥粤港澳大湾区的核心引领作用

广东与港澳经济联系密切，广东和港澳的进出口额占全省进出口总额的 60%；来源于港澳的投资占全省外商在广东投资总额的 60%。随着港珠澳大桥的建成，粤港澳之间经济、人员联系更加便捷。为此，依托珠三角广州、深圳 、佛山 、东莞、中山、珠海、江门、肇庆、惠州等城市，充分发挥港澳服务业发展方面的优势，打造粤港澳大湾区，建设世界级城市群，将有力地辐射带动泛珠区域合作与发展。

第一，建设世界级服务贸易、金融和科技创新中心。粤港澳大湾区应全面落实粤港、粤澳合作框架协议，深入实施 CEPA 有关协议，推进粤港澳服务贸易自由化，支持港澳检验检测计量、会计、律师、建筑设计、医疗、教育培训、育幼养老等专业服务在广东集聚发展，建设世界服务贸易重要基地。在交通领域，充分发挥粤港澳大湾区拥有世界级的海港群、空港群的优势，促进广深港联动发展和粤港航运合作发展，探索与港澳在货运代理和货物运输等方面的规范和标准对接，推动港澳国际航运高端产业向泛珠其他地区延伸和拓展。在金融服务方面，推进粤港澳跨境贸易人民币结算试点，加强人民币离岸市场建设，为我国推动金融开放、金融安全战略和人民币国际化战略探索新鲜经验。在科技创新方面，率先探索创新发展新路，建设粤港澳科技创新平台，形成广州—深圳—香港为主轴的区域创新布局，构建开放融合的区域创新体系。

第二，建设具有国际美誉度的优质生活圈。适度引进港澳优质公共服务资源，广州、深圳、佛山、东莞、中山、珠海、江门、肇庆、惠州等城市与港澳加强民生合作，在商业零售、教育培训、医疗卫生和养老服务等方面促进一体化。探索深港边境地区开发合作，加快莲塘/香园围口岸建设和深圳河四期治理，加快广深港客运专线深港段等跨界基础设施建设，推进港深西部快速轨道建设，构建粤港澳城市共享的特色化生活服务基地。

（二）建设泛珠合作三个圈层

厦赣桂粤通道、沪昆通道、昆成岳九通道与粤港澳大湾区的空间距离由近及远，合作的内容和重点也会有所差异。

厦赣桂粤通道及海南形成的第一圈层为紧密层，重点发挥“一带一路”重要通道及区域合作呈东启西、沟通南北的枢纽作用，加强相邻城市群和经济区在基础设施、产业结构调整、社会发展、生态环境保护等领域的深度融合发展；沪昆通道形成的第二圈层为紧密过渡层，应着力发挥海峡西岸城市群、滇中城市群、黔中城市群、长株潭城市群、鄱阳湖城市群对经济要素的集聚作用，加强城市群之间的互动合作与协同发展；昆成岳九通道形成的第三圈层为辐射带动层，重点是进一步加大东西部地区的合作力度，充分发挥粤港澳大湾区的引领带动和示范作用，深化成都经济区、黔中城市群、滇中城市群间的互联互通，加大对落后地区的扶持力度，加快区域协调发展的步伐。

（三）构建流域和高铁经济带

珠江是我国第二大通航河流，西江是珠江流域的主要水系。建设珠江—西江经济带，可直接连接我国东部发达地区与西部欠发达地区，可为珠三角地区转型发展打造战略腹地，成为西南地区重要通畅出海大通道，并形成面向港澳和东盟开放合作的前沿地带。高铁提升了物流的流速和流量，降低了跨区域交易成本，可进一步拉近区域间时空距离，建设高铁经济带有利于推动人员、资本、信息、技术等要素的快速流动，促进要素高效优化组合与配置。

第一，加快珠江—西江经济带建设。以珠江—西江主干流区域为轴带，依托广州、佛山、肇庆、云浮、梧州、贵港、南宁七市，横贯广东、广西，上联云南、贵州，下通香港、澳门，加快通道基础设施建设，促进流域环境保护，加强产业转移与承接，共同开发旅游线路，打造面向港澳和东盟开放合作的前沿地带，建成带动我国西南、中南地区发展的重要增长带。

第二，推动高铁经济带建设。依托武广、贵广、云桂—南广、厦深、昌深等高铁线路，落实《广东省、广西壮族自治区、贵州省人民政府关于建设贵广高铁经济带合作框架协议》、《粤桂两省区关于建设南广高铁经济带合作框架协议》，深化高端制造业、现代农业、新材料产业合作，共同开发特色优势旅游项目，打造贵广、南广、厦深、昌深等高铁经济带，推动珠三角与黔中城市群、滇中城市群、长江中游城市群、海峡西岸经济区等互动发展，开拓高铁时代的新经济版图。

（四）提高城市群辐射带动作用

珠三角城市群以广州、佛山同城化为示范，推动广佛肇（广州、佛山、肇庆）、深莞惠（深圳、东莞、惠州）、珠中江（珠海、中山、江门）建设，优化提升珠江口东岸地区的发展水平，提升珠江口西岸地区的发展能力，建设全国科技创新基地和先进制造业基地。

环鄱阳湖城市群以鄱阳湖为“绿心”，以南昌为核心，以昌九工业走廊为支撑，以环湖设区市九江、景德镇、鹰潭为主要支点，建设区域性的优质农产品、生态旅游、光电、新能源、生物、航空和铜产业基地。

长株潭城市群以长株潭为核心，以衡阳、岳阳、益阳、常德、娄底等重要节点城市为支撑，推进长株潭一体化，加强基础设施共建共享以及产业合作和城市功能对接，建设全国重要的综合交通枢纽和制造、文化旅游和商贸物流基地。

海峡西岸城市群以福州和厦门为突破点，以湾区为重点，推进厦漳泉（厦门、漳州、泉州）一体化，完善区域基础设施网络，引导城市分工与协作，建设两岸人民交流合作先行先试区域，东部沿海地区先进制造业的重要基地，我国重要的自然和文化旅游中心。

成渝城市群强化重庆、成都的核心城市辐射带动作用，培育发展中小城市，加快推进新型城镇化，优化城镇体系，推动城市间资源优势互补，建设全国重要的现代产业基地、西部创新驱动先导区、内陆开放型经济战略高地、统筹城乡发展示范区。

黔中城市群发挥贵阳在要素配置、产业集聚、技术创新等方面的核心作用，积极推动贵阳、安顺一体化发展，建设我国重要的能源原材料基地、以航天航空为重点的装备制造基地、绿色食品基地、旅游目的地和区域性商贸物流中心。

北部湾城市群增强南宁、海口的要素集聚能力、综合实力和辐射能力，发展壮大北海、钦州、防城港、湛江等城市，建设我国面向东盟国家对外开放的重要门户，中国—东盟自由贸易区的前沿地带和桥头堡，区域性的物流基地、商贸基地、加工制造基地和信息交流中心。

滇中城市群以昆明为中心，以曲靖、玉溪和楚雄等节点城市为支撑，以主要交通轴线为纽带，建设我国连接东南亚、南亚国家的陆路交通枢纽和重要门户，我国重要的烟草、旅游、文化、能源和商贸物流基地，以化工、冶金、生物为重点的区域性资源精深加工基地。

四、强化交通基础设施一体化建设

交通一体化发展是泛珠三角区域融合发展的重要前提。交通一体化发展应以构建便捷、安全、经济、高效、绿色的现代化、国际化、一体化综合运输体系为主线，完善交通网络、提升运营水平、创新管理方式，建设快速通畅、无缝衔接、便捷换乘、开放共享的国际化交通运输系统。

（一）形成“四环六射”综合运输大通道

第一，形成“四环六射”综合运输大通道。以大珠三角为核心，打造对内快速衔接区域内八大城市群，对外实现国际互联互通的“四环六射”综合运输通道。四环，即大珠三角环线通道、厦赣桂粤通道、沪昆通道、昆成岳九通道；六射，即粤福通道、粤海通道、京九通道、京广通道、粤桂黔通道、粤桂昆通道（见图 1-3）。

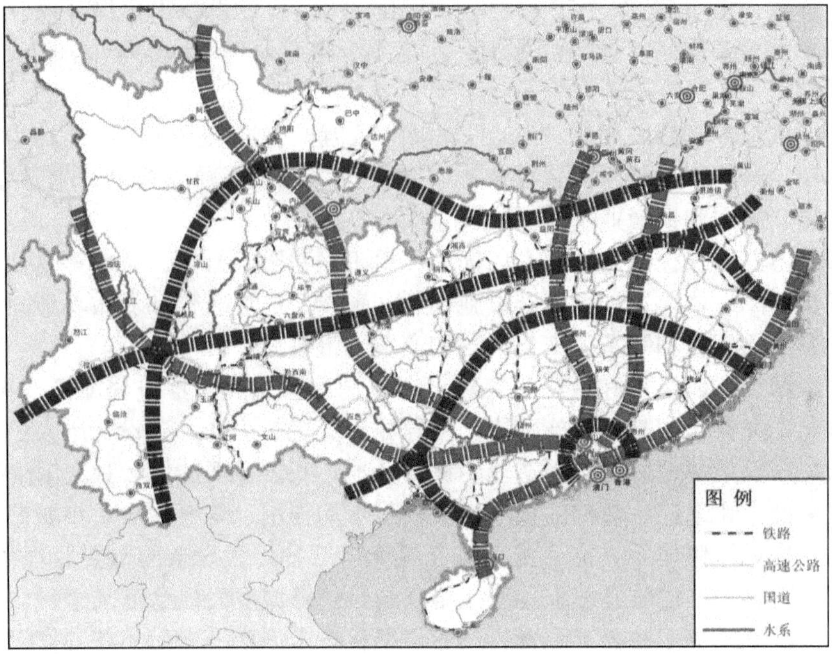

图 1-3　泛珠区域“四环六射”综合运输通道空间布局示意图

第二，重点加强广东与区域内中西部省区通道建设。国家“五纵五横”综合运输大通道在泛珠三角区域强化了南北纵向之间的联系，为促进东西向联系，加强区域内沿海与中西部地区的环放结构的通道建设势在必行。未来将重点推进沿海通道珠江口和粤海关键节点区域的建设、京九通道扩能改造，推进成都至昆明、重庆至贵州至广东、成都至九江、郴州至厦门等通道建设。

第三，加快推进内河水运发展。泛珠三角区域重点涉及国家两大内河区域，即长江流域和西江—珠江流域。内河水运具有运能大、成本低、能耗少等优势，是加快长江经济带云南、四川、湖南综合运输建设的主体，也是广东、广西货物调入调出的主要方式之一。因此，需要进一步发挥内河水运在泛珠三角区域深化对外开放、促进沿江沿湖开发和优势产业集聚等方面发挥着越来越重要的支撑保障作用。重点以“两江一网”（长江、西江航道和珠三角高等级航道网）建设为重点，重点加快实施长江干线Ⅰ、Ⅱ级航道整治工程、西江干线Ⅰ、Ⅱ级航道整治工程、珠三角高等级航道网和水上航电枢纽建设等，加速内河船型标准化进程。

第四，发展“高速轨道上的泛珠”。泛珠三角区域要以“四环六射”综合运输大通道为主骨架，按照快速化、物流化的基本要求，提升现有铁路技术等级和能力，打通四川经湖南至福建、广东和四川至云贵的快速铁路大通道，加快省内城际铁路、干线铁路的建设，形成以广州为中心覆盖区域内省会城市的“3～5”小时高铁经济圈，周边省会城市之间“1～3”小时高铁经济圈。

第五，打通省际高速断头路。打通省际高速公路断头段，联动省内高速公路建设，形成省区间便捷联通的高速公路网，充分发挥高速公路在区域经济一体化中的沟通联系作用。重点推进二广、包茂、厦蓉、泉南、上瑞、广昆、汕昆、沪蓉等国家高速公路以及港珠澳大桥建设，以及各省区等一批地方高速公路“断头路”的建设，力争2020年前全部完成。

第六，推进陆上国际互联互通。云南、广西是泛珠三角区域的两个边境省区，既要按照国家“21世纪海上丝绸之路”和“丝绸之路经济带”发展要求，强化与周边国家交通基础设施的互联互通，形成国际运输大通道，增强陆路国际运输延展能力、控制能力，又要主动对接国家运输大通道，吸引发达地区产业转移，实现客货交流、带动经济发展。广西要完善通往东盟国家的国际互联互通大通道建设，推动南宁—新加坡铁路和高等级公路网建设，加快形成南宁—河内—金边—曼谷—吉隆坡—新加坡运输大通道。云南要加快与东盟国家对接，推动中老泰铁路和中缅通道建设，形成我国通往印度洋出海的重要桥头堡。

（二）促进综合交通枢纽协调发展

第一，构建“一核九极多中心”枢纽城市空间布局。“一核”是指大珠三角一体化的综合交通枢纽，是泛珠区域沟通全球、辐射区域内部的核心中枢。“九极”是指福州、厦门、海口、南宁、长沙、南昌、贵阳、昆明、成都。“多中心”是指区域性枢纽中心，主要包括各省的区域性交通枢纽（见图1-4）。

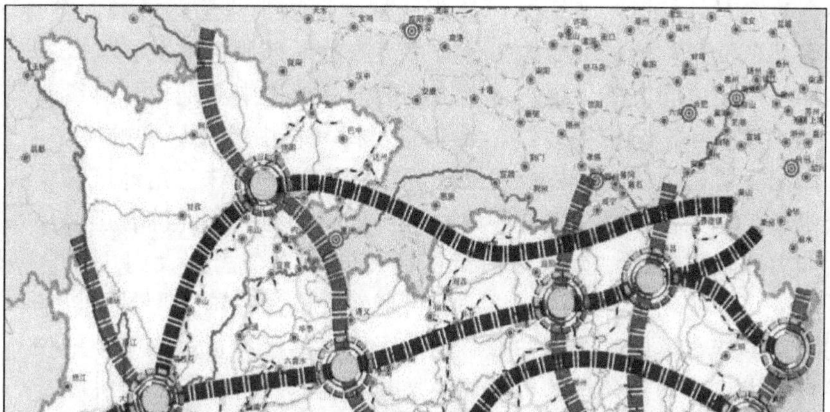

图1-4 泛珠区域“一核九极”综合交通枢纽空间布局示意图

第二，促进沿海港口合理分工。深度推进泛珠沿海港口协同发展，构建常态化的交流合作机制和合作服务网络，进一步提升沿海港口综合竞争力和国际影响力。发挥香港作为大珠三角国际航运中心的作用，增强金融、保险、仲裁、专业服务等与航运相关的服务功能，并抓住东盟一体化的有利时机积极开辟东南亚市场，拓展国际集装箱中转业务，重新确立亚太地区首要国际集装箱中转港的地位。同时，深圳港重在扩大远洋集装箱干线优势基础上发展集装箱内贸航线；积极提升港口国际服务功能，适度发展国际航运高端服务。广州港重在巩固华南地区重要综合性港口和中国内贸集装箱第一大港地位的同时，大力发展国际集装箱航线，推进国际航运高端服务发展。积极推进福建沿海三大区域港口整合，逐步深化合作方式，加强信息交流与共享，以闽台合作发展为特色，打造以厦门为核心的区域性国际航运中心。北部湾国际航运枢纽将重点推进港区一体化发展，以打造西南地区重要出海口为目标，强化港口基础设施建设，完善后方集疏运系统，加快推动港口与物流一体化发展。

第三，深度推进港口协同发展。一是推动港口联盟发展。推动建立港口联盟定期交流机制（年度会议形式），加强信息交流与共享，调动各方参与的积极性，逐步深化合作方式。继续采取共同开发新港区、资产整合等手段，以市场化手段进一步推动港航企业深入合作；充分利用联盟成员在港口经营、航线安排等方面的经验和优势，积极开拓港口经营市场，加强与临港产业等经营主体的合作，提升物流服务水平，推动资源整合提升和区域协调发展。二是按照国家相关费收制度，合理制定内地区域内港口、航运费收标准，或有利于形成港口分层次发展的差异化费收标准；简化区域内港口货物的中转手续，制定统一、便捷的海关、检疫工作流程，费收标准和查验尺度；形成有序、良好的发展环境与氛围。三是整合政府对外信息服务资源，整合区域内港航企业信息资源，整合区域内商贸、物流、交易等信息资源，形成政令统一、有序高效的对外服务体系。

第四，推动机场协同发展。维护香港机场的国际航运中心地位，继续打造我国成熟的国际空港，巩固其国际枢纽机场地位。要充分发挥其自由港优势和顺应产业升级的趋势，以国际客运和国际货运为核心、积极发展国际中转，并拓展珠三角地区客货集散网络。加快广州白云机场扩建工程项目的建设，建立以白云机场为核心的综合运输体系，提升白云机场的通达能力和辐射能力，全力将白云机场打造成为全国三大门户复合型航空枢纽之一。要提升服务，加快软硬件建设，将深圳机场发展成为我国大型骨干机场，大力推进与香港机场的全面合作，提升其客货并举、侧重于国内客运和货运的重要地位。各省会城市机场根据各自需求，推动有条件的机场加快扩建，新建一批省内支线机场。

第五，优化配置空域和航线等资源。调整完善航路网络布局，建设区域内大容量空中通道，推进广州—成都、广州—北京等繁忙航路的平行航路划设，优化繁忙地区航路航线结构和机场终端区空域结构，增加广州、深圳、成都、昆明等繁忙机场进离场航线，在海洋地区增辟飞越国际航路。以充分开发和有效利用空域资源为宗旨，优化整合空管区划，实施分类管理。依托广东等试点区域，做好推进低空空域管理改革的配套工作，逐步形成一整套既有中国特色又符合低空空域管理改革发展特点的组织模式、制度安排和运行方式。

（三）推进运输服务一体化

第一，促进道路运输市场统一规范。重点推进道路客运管理一体化、道路货运管理一体化，建立一体化的道路稽查制度和统一的运输管理法规，同时积极推进省区相邻县市公交运营一体化发展。

第二，大力发展多式联运系统。首先是强化海铁联运发展，可考虑将海铁联运相关工程列入国家和泛珠区域的相关规划，其次是积极探索以沿海港口企业、货主和铁路总公司共同组建公司运营海铁联运业务的合作模式，研究制定海铁联运价格浮动机制。同时，以区域内中西部省区地区为主攻方向，以控股和合作经营管理并重加快推进陆上内陆港的布局，并争取开拓境外周边国家和亚欧大陆桥沿线的集装箱内陆港或办事处的力度。此外，还应在铁路内陆港口岸建立海铁联运口岸通关便利化长效机制，完善属地申报、口岸放行的一体化通关体系，将启运港退税政策延伸至内陆港。

第三，拓展陆桥运输服务。一是可考虑在将长沙、南宁和成都打造成为区域性国际联运启运港，加强与陆桥运输通道的衔接，规划建设至西部的铁路新通道，优化整合向西、向南国际物流资源和中欧班列路径、中国—东盟铁路运输，通过中转集结方式，对货源实行就近集结，增强对中亚、欧洲、东盟等地区进出口货物的吸引能力。二是统筹协调各省区、沿海港口和沿线国家铁路局，避免各自为战，无序竞争，形成规模化优势。近期，以政府补贴推动国际联运启动发展，并与铁总形成集合询价机制，推动境外运价下调和国内运价浮动机制，逐步实现中欧班列的长期运营和市场化操作。三是积极推进有条件的城市加入中欧安全智能贸易航线试点计划。

第四，依托信息化引导一体化发展。一是建立相互衔接的公共信息服务平台。逐步推进电子票务一体化、出行信息服务一体化，并逐步实现一体化的综合客运枢纽信息服务和交通导向。二是建设物流公共信息平台。充分利用物联网等先进技术手段，形成区域统一合作的物流公共信息平台标准和规范，共同建设区域物流公共信息平台。三是建立协同联动的综合交通运输运行监管体系。包括逐步实现运行信息监测一体化，异地港口航道航运信息共享，以及运输市场执法信息共享与监管的一体化。

第五，加强与港澳之间的运营管理合作。共同建立基础设施管理基本架构，完善三地规划协调机制和政策，明确利益协调机制，完善统一市场政策。粤港澳三方共同规划和组织建设跨境陆路口岸，创新三地口岸通关协同制度，推广货物“单一窗口”通关模式和车辆“一站式”电子验放系统，提升口岸服务能力。同时，逐步放宽内地运营管理人员进入港澳的限制，分阶段、分地域推广“144 小时便利免签证”政策，推动湾区都市圈公共交通一卡互联互通，促进三地人员的便利流动。

五、构建现代产业体系和区域协同创新体系

以市场需求为导向，按照比较优势和产业发展规律引导区域产业布局优化，完善香港服务—珠三角设计—内地省区制造的区域产业链。发挥粤港开放优势，汇聚“9＋2”研发创新资源，合作共建泛珠国家级创新中心。

（一）培育世界级产业集群

第一，依托各地农业比较优势建设现代农业产业带。一是加快转变农业发展方式。合作加强农业大数据中心和共享信息服务平台建设，促进农业现代化与信息化的融合；合作完善南繁育种基地、南菜南果北运产销对接及农产品电商网络建设，促进区域分工优势的发挥；合作推动高水平现代农业示范区、港澳农产品基地、国家有机食品生产基地建设，促进农产品保障支撑机制的不断完善。二是构建优势产业带。以湖南、江西、广东、广

西、福建、四川等现有优势大宗农产品生产基地为主要支撑，建立水稻、生猪、水产、禽蛋等规模化现代农业产业带；以广东、广西、福建、海南、云南、贵州、四川等地优势特色资源为依托，综合开发生态、特色和高效农业，构建优质安全的热带亚热带果蔬产业带和北运营销体系；在广东、广西、海南、福建等东南沿海建设全国性海产品生产加工产业带；在福建、广东、广西等东南沿海以及江西、湖南、四川等长江流域建设全国性淡水产品生产基地；在云南、贵州、广西、海南建设全国性品种多样化的林木、林果、林下产品、药材等生产及加工基地；在江西、湖南、广西、云南、广东、海南等地建设油茶、核桃等生产和加工基地，构建全国性木本油料产业带。

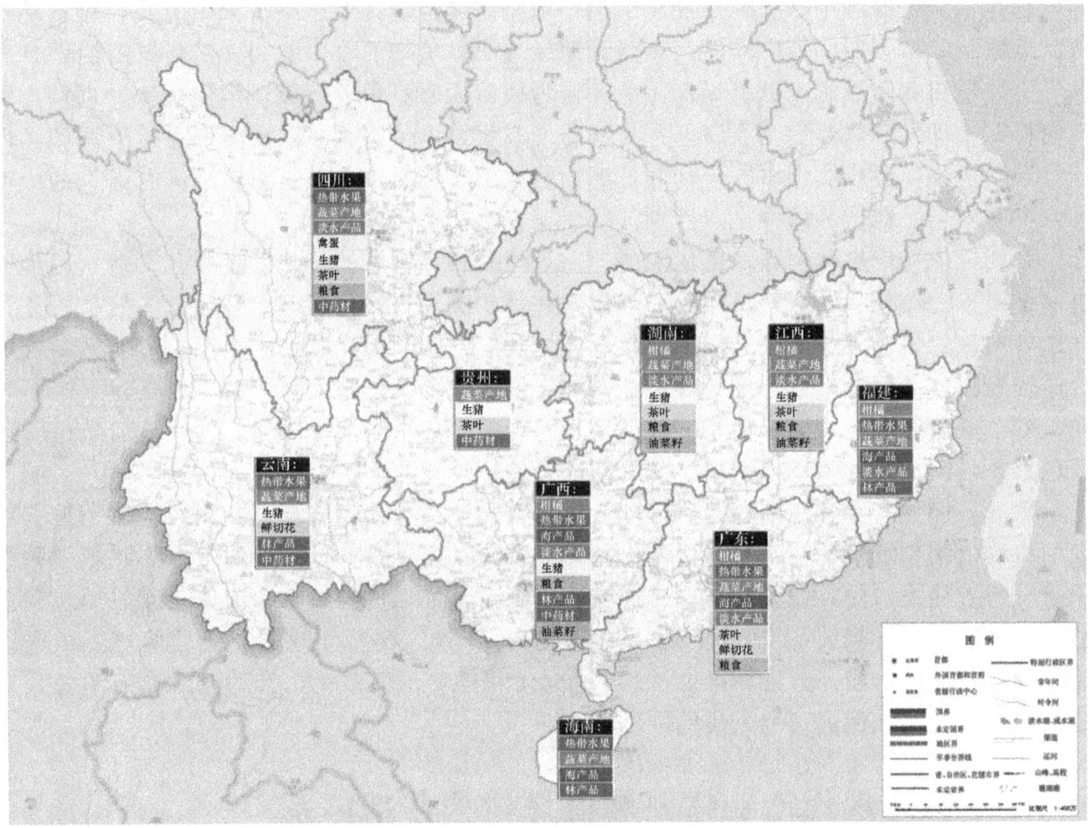

图 1-5　泛珠各省区优势农产品

第二，打造“中国制造 2025”转型升级示范区和世界先进制造业基地。以深圳、广州、珠海为中心，建设高技术船舶和海洋工程装备产业发展带；依托长沙、株洲、湘潭等地产业基础，着力发展工程机械、能源装备、轨道交通装备；以长沙、南昌、成都为重点，建设汽车生产基地，完善汽车零部件产业集群，增强沿江城市内河船舶、特种船舶、关键船舶配套产品的市场竞争力；以成都、德阳、绵阳、自贡为中心，重点发展大型成套设备、节能环保装备、汽车等产业，建设成都、德阳、自贡、绵阳、乐山、内江、南充、遂宁装备产业带；以柳州、玉林为重点，做强内燃机、工程机械、汽车及零部件产业。顺应“互联网+”发展趋势，积极发挥国家超级计算广州中心、深圳中心、长沙中心，贵阳国家大数据中心的作用，推进制造业数字化、网络化和智能化（见图 1-6）。

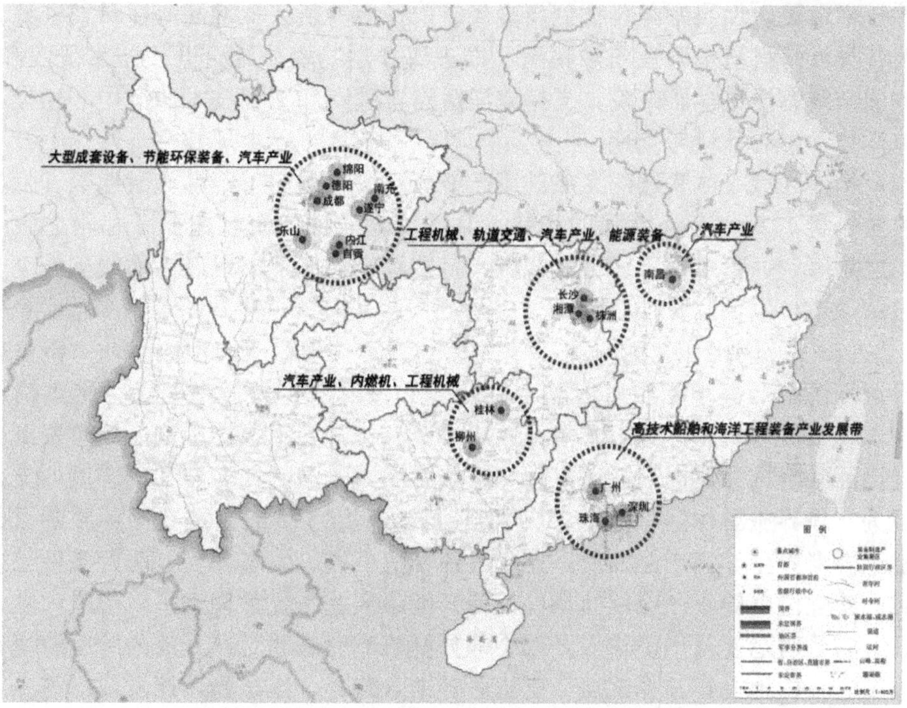

图 1-6　泛珠区域主要的装备制造业基地

第三，以陆海统筹为原则共建海洋经济示范区（见图 1-7）。发挥福建、广东海洋捕捞技术优势，加快远洋渔业发展；共同研究推进西南中沙渔业补给基地建设，为西南中沙生产作业渔民提供补给和应急服务。促进沿海省区联合开展海洋生物医药、海洋能源开发、海

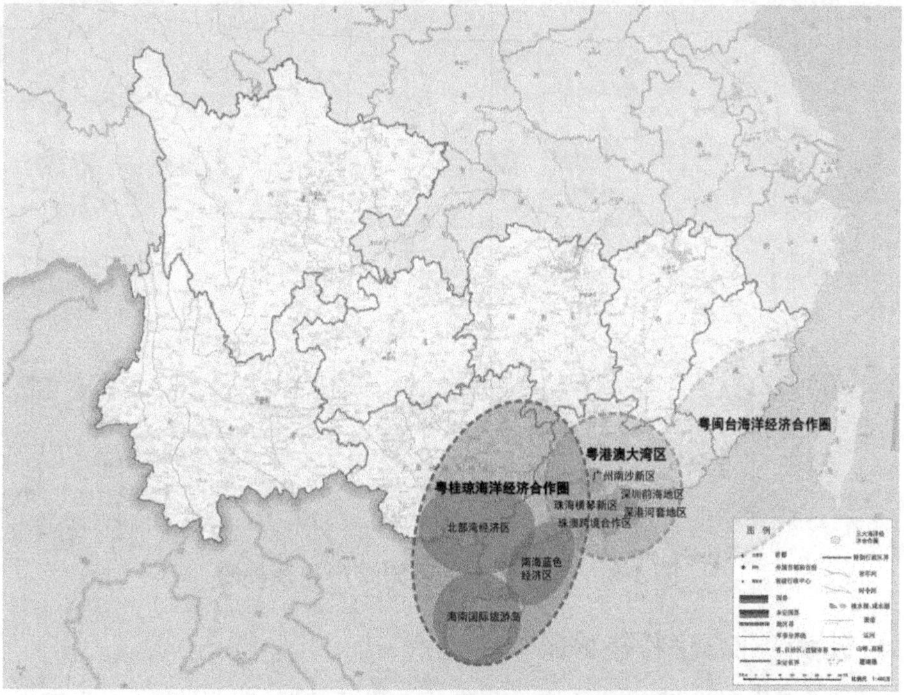

图 1-7　泛珠海洋经济合作圈

水淡化等技术攻关，加快海洋科技创新步伐。依托南沙新区丰富的海洋科技资源，吸引内地与港澳各类涉海科研资源在南沙集聚，推进海洋生物资源综合开发技术研发和产业化。推动组建国家级海洋科学研究院，支持海洋重点实验室和工程技术研究中心建设，争取建立国家海洋技术中心和科考基地。

第四，构建区域一体联通的文旅健康产业体系。一是完善精品旅游建设。发挥泛珠三角区域旅游资源丰富、互补性强的优势，共同谋划、推广海峡之旅、邮轮之旅、红色之旅、生态之旅等“一程多站”区域联线游，打造经福建循“小三通”航线延伸至台湾本岛等黄金旅游通道，以及“香港—澳门—广州—长沙—海口—桂林—贵阳—昆明—曼谷”国际旅游、“古田—井冈山—韶山—遵义—百色—广安—扎西”等红色旅游、“港澳粤桂黔滇珠江源寻源探源游”等精品旅游线路（见图 1-8）。继续扩大“中国大香格里拉生态旅游区”影响，积极促进贵州生态旅游示范区建设，合作开发闽粤桂琼滨海旅游资源，推动区域旅游的国际联合推介，提高泛珠三角区域旅游品牌的国际知名度和美誉度，支持澳门特区建设成为“世界旅游休闲中心”，共同促使泛珠三角区域成为重要国际旅游目的地。二是加快推进养老养生健康产业发展。充分发挥季节气候、生态环境、医疗条件等差异化优势与特点，建立健全健康产业设施条件，提升健康产业系统管理水平，形成内陆九省区互为开放、九省区对港澳及华侨华人开放、部分健康产业基地对外开放的跨区跨境开放式健康产业体系。在内地九省选择试点，支持医养结合跨界合作试验，探索政府与企业、慈善机构、民间社团及个人等多方合作参与的健康产业发展机制。

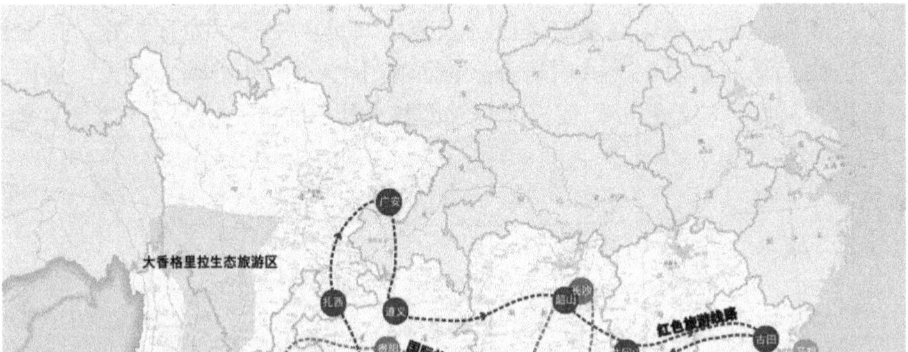

图 1-8　泛珠区域主要旅游产品及线路

（二）引导产业有序转移承接

第一，推动重点行业转移和承接。在劳动力资源相对丰裕的贵州、云南、四川、广西、江西承接纺织、服装、玩具、家具、家电等劳动密集型产业转移。鼓励广西、云南、福建的沿边地区承接加工组装产能的转移。鼓励中西部地区基于环境容量和承载能力，承接珠三角的整机生产、零部件、原材料配套和研发结算环节转移，形成产业集群。充分发挥湖南、江西、四川、福建、广西等省区装备制造产业优势，重点承接发展成套设备和关键零部件的研发制造，引进发展航空航天、海洋等领域高端铸锻件产品和城市轨道交通设备、高速铁路设备、隧道掘进设备、大型环保成套设备等产品。在湖南、四川、江西、广西等农业大省大力引进农产品深加工龙头企业和重大项目，建设国家重要的农产品精深加工基地。

第二，部署增设一批产业转移的重要载体和平台。支持桂东、湘南、赣南承接产业转移示范区建设，发挥示范引领作用。推动昆明深圳工业园、衡阳深圳工业园、湘西广州工业园、广西凭祥广东工业园、赣州香港工业园、北部湾临海产业园、闽商产业园区、广西钦州（湖南）临港工业园区、吉安深圳产业园、闽粤经济合作区、粤桂特别合作试验区等已建成和正在建设的承接产业转移示范园区的提质增效，利用产业转移加快转型升级与产业融合，发挥对当地经济发展的带动作用。扶持云南滇中产业聚集区、永州“蓝宁道新”加工贸易走廊建设，加快推进娄底（佛山）工业园、广州与黔南州共建都匀产业园、深圳与毕节共建织金沙产业园，积极探索建立产业合作、园区管理等机制，共同培育新型产业链和产业集群（见图 1-9）。

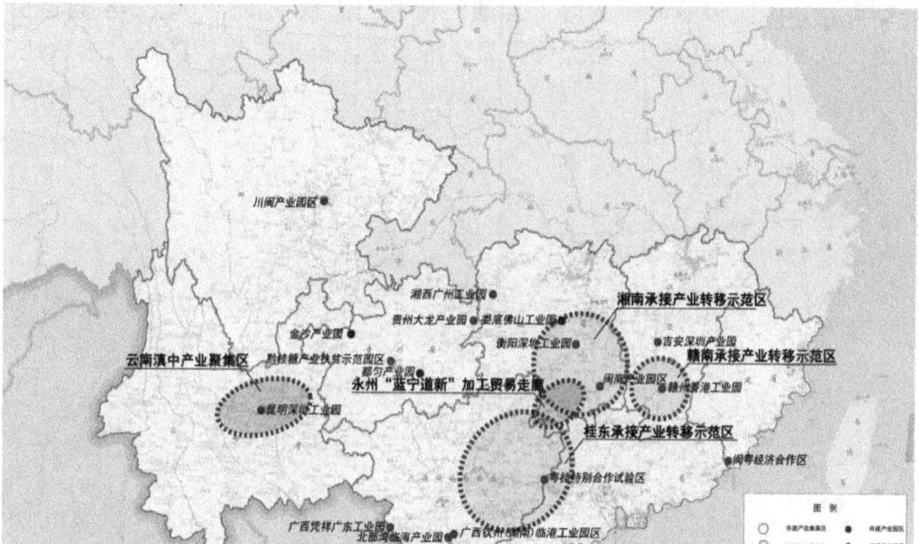

图 1-9　泛珠主要承接产业转移示范区和合作共建的产业转移园

（三）优化产业布局与区域分工

第一，将粤港澳大湾区建设成具有国际影响力的现代服务业集聚区。以粤港澳合作区为龙头，立足于广东自贸试验区的南沙、前海蛇口和横琴三大支点，发挥集自贸区、经济特区、国家级新区、综合配套改革试验区等综合优势，推动三地基本率先实现服务贸易自由化，积极引进港澳现代服务业，加快现代服务业发展，构建要素集聚、辐射带动作用强的现代服务体系，重点推进现代金融、现代物流、商贸会展、信息服务、科技服务、专业服务等服务业发展，建设具有国际影响力的现代服务业集聚区。

第二，依托珠江—西江经济带构建泛珠产业紧密合作区。统筹广东、广西、贵州相关地市，充分发挥经济带通道和纽带作用，以产业园区为载体强化产业合作对接，推进产业集聚和转型升级，提高自主创新能力，构建优势互补、协同配套、联动发展的现代产业集聚带。

第三，推动高铁沿线省市产业一体化发展。依托武广、贵广、南广、厦深、昌深等高铁线路推动珠三角与长株潭城市群、成渝经济区、海峡西岸经济区等区域经济增长极互联互动，提升珠三角对中南、西南腹地的经济辐射带动能力，促进向高铁沿线地区的产业梯度转移、科技协同创新、园区合作开发，培育形成合理分工、布局优化的沿高铁经济发展带。

第四，优化海洋开发布局。充分发挥广东、海南、福建、广西以及港澳的海洋资源优势，协同推进珠三角海洋经济区、海峡西岸经济区、北部湾经济区、海南国际旅游岛建设，不断优化海洋开发布局，转型升级传统海洋产业，加快培育壮大海洋新兴产业，集约发展高端临海产业，加快发展港口物流业、滨海旅游业，共同打造泛珠海洋经济带。

第五，推动西南沿边开放发展。发挥云南、广西、广东、海南部分地区与东盟国家陆地接壤、拥有众多国际边境口岸和海上沟通的便利，形成支持“中国—东盟自由贸易区”建设和促进“大湄公河次区域”经济合作的经济廊道，支撑区域经济相对落后地区的开发与发展。

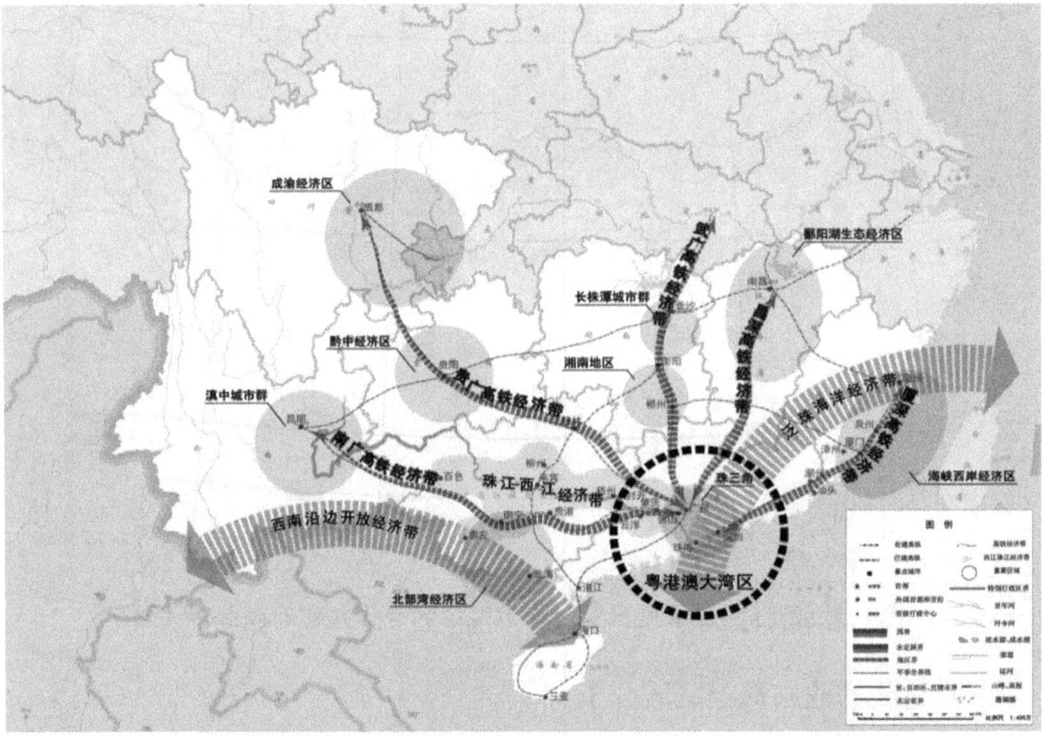

图 1-10　有关泛珠重要的产业集聚区和经济廊道的设想

（四）组建泛珠创新中心，整合共享创新资源

第一，建设具有全球领先水平的创新中心。发挥广州全面创新改革试验核心区、深圳创新型城市、珠三角、长株潭、福厦泉国家自主创新示范区的创新引领作用，依托广州科学城、中新知识城、深港创新圈等创新平台，协同泛珠三角区域政府及社会研发创新资源，积极参与和承接国家重大科技项目、重要创新基地建设，打造世界一流的创新创业中心。

第二，深化内陆与粤港创新联动。支持维修检测试验、互联网技术应用、生物制药、精密仪器等高科技产业领域的粤港科技合作。将香港作为内地的国际认证中心，帮助泛珠各省区的科研成果、产品、技术标准等获得国际认证和认可。解决仪器设备和实验材料的通关检验、科研及商务人员的往来常驻、税制差异、资金的跨境流动使用等问题，促进香港与内陆的科研和生产要素的流动。设立两地科技创新合作的日常办事机构，负责协调处理两地科技创新合作中的日常事务，便利两地机构的合作。

第三，推动共性技术联合攻关。聚焦区域性、公共性、互补性重大科技项目，加大泛珠联合攻关计划项目投入，在珠江—西江水域动植物资源保护与利用、亚热带农业生物资源保护与利用、中医药新产品创制、非粮生物质能源、轨道交通装备、大数据应用、南沙海洋生物资源综合开发等基础性研究和战略性新兴产业领域，以及有色金属、纺织服装、船舶、汽车、软件等具有比较优势的产业领域，突破一批区域共性同时也是国家战略层面的关键技术。

第四，推动科技资源开放共享。各省区相互开放国家级和省级重点实验室、工程技术研究中心、中试基地、大型公共仪器设备、技术标准检测评价机构；加快推进科技文献、科技信息、专家库、动植物资源和水文资源等基础性科技教育资源的联网共享。

（五）提升区域协同创新能力

第一，牵头建设国家级制造业协同创新平台。广泛建立与高等学校、科研院所基础研究和源头创新的紧密联系，重点聚焦面向制造业的核心技术、关键共性技术、重大装备和标准的研发攻关，重视颠覆性技术创新。加快国家大科学装置和工程的建设和应用。大力发展新型研发机构，增强服务企业和孵化科技成果的能力。实施重大科技专项，研发推广一批关键技术和重大战略产品。

第二，加快跨区域产业技术转移基地建设。通过创新技术的应用推广，引导跨区域产业链优化整合，合理部署和加快区域产业技术转移，统筹协调产业转移与产业转化的关系，优化区域产业结构。支持海峡西岸地区、粤西南、鄱阳湖生态经济、环长株潭城市群、广西北部湾、桂东、成渝、黔中、滇中等承接产业转移重点地区的建设。引导和促进中国科学院、中国工程院及有关部委科研机构在泛珠地区的重点投入和深度合作，建立技术转移基地，融入泛珠区域创新体系。健全区域高新技术产业化组织体系，加快科技创新成果的产业化及示范应用，探索科技成果产业化商业新模式。

第三，组建产业技术创新战略联盟。重点围绕具有技术创新优势和特色的产业技术领域，通过联合组建科技战略联盟，共同制定领域科技发展战略和联合发展计划，根据各地科技资源优势，各有侧重分别投资、分别研究，所获专利和科技成果由科技战略联盟共享。科技战略联盟的形式包括：R&D 联合体、企业技术联盟和产学研合作组织，可以由跨省区的多家企业、研究机构自主联合组织，或由政府有关部门出面组织。

（六）营造良好创新创业环境

第一，共建科技公共服务平台。有序推进区域科技公共服务平台建设，着力完善平台的服务功能和标准制订，打造一体化、高效共享的区域科技公共服务平台网络体系。进一步提高泛珠大型科学仪器协作共用网、网上技术市场和技术产权交易中心、区域内优势基础科技平台的服务能力。同时，集中建设一批工业研发设计平台，服务于工业的升级，提升工业竞争力。

第二，强化金融对创新创业的支持力度。选择科技和金融资源相对集中的城市和高新技术区，在创业风险投资、科技贷款、多层次资本市场建设、科技保险、知识产权质押、信用担保、企业债券等领域推动科技金融创新的综合试点。推行跨行政区开设账户、存贷款等相关金融服务，鼓励跨省区开展科技风险投资活动，鼓励国外风险基金和其他各类经济成分参与创业风险投资事业。探索民间资本发起的区域型创业投资机制，增加对区域内中小型高科技企业的金融供给。在相关省市区自愿协商的基础上，研究设立泛珠科技创新投资基金，探索共建泛珠科技开发银行。

第三，加强跨省区知识产权保护。推动建立跨省区知识产权保护联盟，支持中新广州知识城开展国家知识产权运用和保护综合改革试点。发挥各知识产权服务业集聚区的辐射作用，促进知识产权服务与区域产业融合发展。发挥广州知识产权法院的积极作用，加强区域内知识产权司法协作。

六、共同治理区域生态和环境

加强泛珠三角区域生态环境协同监管和综合治理，切实加强生态环境保护与综合治理，率先建成生态文明建设先行先试区。

（一）划定并严守资源环境生态红线

第一，加快主体功能区建设。优化粤港澳大湾区建设，严控城市无序扩张，提升区域人居环境；重点推进海峡西岸经济区、环长株潭城市群、北部湾地区、黔中地区、滇中地区、成都经济区和鄱阳湖生态经济区开发，防范快速城市化和工业化进程中的生态环境问题；加强区内国家重点生态功能区的保护，保护好支撑区域可持续发展的宝贵森林、草地、水源、生物物种等资源。完善各功能区开发政策，控制开发强度，规范开发秩序，逐步形成人口、经济、资源环境相协调的国土空间开发格局，增强泛珠三角区域协调性，提升区域可持续发展能力。

第二，实施资源环境生态红线战略。以主体功能区划建设为基础，统筹考虑泛珠三角区域经济发展、资源禀赋、环境容量、生态状况等情况，明确资源环境生态红线划定原则及划定技术流程，坚持系统性、强制性、合理可行性、动态性和差异性原则，合理划定并严守泛珠三角区域资源消耗上限、环境质量底线和生态保护红线。

（二）加强跨省区流域环境保护及综合治理

第一，切实加强流域水资源水环境保护。实施最严格的水资源管理制度，明确重点流域水资源开发利用红线、用水效率红线和水域纳污红线，依法对重点流域沿线城市年度用水实行总量管理，大力削减废水、化学需氧量和氨氮等水污染物排放总量。实施《水污染防治行动计划》，严格相关规划和建设项目的水资源论证，严格水功能区监督管理，加强饮用水水源地保护，加快推进西南五省区大中型骨干水源工程及配套工程建设，协调优化沿江沿河取水口和排污口布局；建立沿江、沿河、环湖水资源保护带、生态隔离带，增强水源涵养和水土保持能力；加大沿江、沿河、环湖地区化工、造纸、印染、有色等排污行业环境隐患排查和集中治理力度，加强农业畜禽、水产养殖污染物排放控制及农村污水垃圾治理，强化水上危险品运输安全环保监管、船舶溢油风险防范和船舶污水排放控制；完善监测预警措施和应急预案，强化跨界断面和重点断面水质监测和考核，建立完善流域水质监测信息共享机制，建立环境风险大、涉及有毒有害污染物排放的产业园区退出或转型机制；开展地下水监测工作，保障地下水环境安全。建立流域水生态环境功能分区体系，将《水十条》中各项水质目标分流域、分省逐级分解到各控制单元，将控制单元作为落实环境管理政策措施的主要层级。

第二，加强珠江流域治理。加快推进《珠江流域综合规划》、《珠江流域水资源综合规划》的实施，强化依法管水，依靠科技创新，提升水资源循环利用水平，降低用水总量和污染物排放量。加强水电站布局、港口布局选址论证，优化调整部分河流（河段）的梯级布局，合理开发水利资源。

（三）加强区域大气污染综合治理

完善污染物排放总量与强度双控制度，严格控制煤炭消费总量，大力削减二氧化硫、氮氧化物、烟（粉）尘、PM2.5、PM10 等大气污染物排放量。加强大气污染物的联防联治，实施城市清洁空气行动，加强珠三角等重点区域火电、冶金、水泥、建筑陶瓷、石化等重点行业的大气污染防治，加强对工业粉尘、烟尘、城市扬尘和挥发性有机物等空气污染排放的协同控制。推进实施清洁生产技术改造，开展工业产品生态（绿色）设计，从源头减少污染物的产生和排放。继续大力推进脱硫脱硝工程建设，促进工业固废及再生资源综合利用产业规范发展，加强黄标车和老旧车淘汰及机动车尾气治理工作。继续抓好西南酸雨防控工作，积极开展雾霾联合治理工程。支持在珠三角区域开展排放权交易试点，支持港澳与内地省开展大气污染防治及环保科研合作。

（四）强化区域生态保护与修复

第一，建设珠江—西江生态廊道。加强两江两岸防护林建设，加快实施第三期珠江防护林工程、湿地保护和恢复工程、湿地保护体系、九洲江流域生态环境综合治理等区域水土流失和污染综合整治工程。启动珠江流域退化防护林的改造工作，加大沿珠江—西江干支流天然林草资源保护和防护林体系建设力度，加强水源涵养、水土流失防治和生物多样性保护。加强对珠江—西江上游水资源的保护，提升珠江流域水环境综合治理和监测能力，建立健全岸线开发利用和保护协调机制，严格河道管理范围内建设项目工程建设方案审查制度，统筹岸线与后方土地的使用和管理，提高岸线资源集约利用水平。

第二，共建南岭山地、闽粤桂琼东南沿海红树林生物多样性保护等重要生态功能区。包括南岭山地水源涵养与生物多样性保护重要区、闽粤桂琼东南沿海红树林保护重要区、罗霄山脉（包括幕阜山）水源涵养与生物多样性保护重要区、天目山—怀玉山区水源涵养与生物多样性保护重要区、天目山—怀玉山区水源涵养与生物多样性保护重要区、无量山—哀牢山生物多样性保护重要区。

第三，开展国家公园试点工作。支持福建、湖南、云南等地国家公园试点工作，先行启动一批保护典型自然生态系统的国家公园规划，支持跨省区河流中上游地区生态文明建设。

第四，推进农村环境综合整治，加强土壤环境保护与修复。重视农村污水及垃圾处理问题，加大对农村环境基础设施建设及其运营的财政支持力度，健全农村环境基础设施建设。大力发展绿色农业，通过发展生态、绿色、高效、安全的现代农业技术，转变农业发展方式，降低化肥、农药的使用量，走出一条“产出高效、产品安全、资源节约、环境友好”的农业绿色现代化道路。加强土壤环境保护与土壤修复力度。开展土壤污染调查，掌握土壤环境质量，加快土壤环境保护制度建设，强化土壤环境监管，推进重点地区污染物场地和土壤修复，提高土壤修复行业的准入制度，完善土壤修复社会化运营。

（五）共建海洋生态文明

完善海岸带生态环境监测体系，重点抓好海洋保护区视频监控系统和实时自动生态环境监测系统建设。合作制订北部湾、琼州海峡等海区海洋环境保护共同行动计划，建立应急响应机制。坚持开发与保护并重、污染防治与生态修复并举、陆海同防同治。建立一批海岸、海湾及近海海洋环境整治与生态修复示范区。严格实施重点海域入海污染物排放总量控制制度，建立海洋环境容量“以海定陆”的保护模式。保护海洋生物多样性和重要海洋环境，加强对珊瑚礁、红树林、海草场等典型海洋生态系统的调查、监测和研究，逐步实施红树林栽种计划，恢复红树林生态系统的功能。加强海洋监测观测能力建设，提升泛珠三角区域海洋环境监控和海洋灾害预警能力。

表 1-1　泛珠三角海洋经济圈的功能定位及生态环境建设重点

名称	功能定位	主要生态环境建设重点
福建沿岸及海域	两岸交流合作先行先试区域、服务周边地区发展新的对外开放综合通道、东部沿海地区先进制造业的重要基地、我国重要的自然和文化旅游中心	加强沿海港湾、近海岛屿保护，加强入海河流小流域污染综合整治和近岸海域污染防治
珠江口及其两翼沿岸及海域	提升我国海洋经济国际竞争力的核心区、促进海洋科技创新和成果高效转化的集聚区、加强海洋生态文明建设的示范区、推进海洋综合管理的先行区	严格控制珠江口围垦，保护河口和海岸湿地，加强典型海洋生态系统、珍稀濒危物种和重要渔业资源的保护
海南岛沿岸及海域	我国旅游业改革创新的试验区、世界一流的海岛休闲度假旅游目的地、全国生态文明建设示范区、国际经济合作和文化交流的重要平台、南海资源开发和服务基地、国家热带现代农业基地	建设海南三亚珊瑚礁自然保护区生态教育基地和珊瑚礁修复基地。加强红树林、珊瑚礁、海草床等典型生态系统与生物多样性保护
广西北部湾沿岸及海域	中国—东盟开放合作的物流、商贸、先进制造业基地和信息交流中心、重要的国际区域经济合作区	加强红树林生态系统的保护和修复，构建海岸生态防护带，加强海洋保护区建设

七、加快形成地区统一市场体系

以统一市场规则为突破口，积极推进统一要素市场建设，完善泛珠区域社会信用合作体系，促进区域大通关，有效发挥市场在资源配置中的决定性作用。

（一）统一市场规则

第一，争取市场准入负面清单试点，建立公平统一的市场准入规则。各地政府应在区域合作协调机构的指导下，加快清理有关市场管理的政策法规，打破行政区划带来的阻隔，破除地区封锁和地方保护主义，消除行政性市场壁垒，建立起竞争、有序、统一、开放的市场体系。目前广东和福建两省已经成为市场准入负面清单的试点地区，为形成泛珠区域统一的市场体系，应积极争取把泛珠九省区全域作为负面清单管理的试点。在进行试点改革时，要做好市场准入负面清单与行政审批事项清单、《产业结构调整指导目录》、《政府核准的投资项目目录》以及现行法律法规、国务院决定设定的市场准入管理事项的衔接。以珠江—西江经济带、武广高铁经济带、粤桂合作特别试验区、粤桂黔高铁经济带合作试验区、闽粤经济合作区等一系列跨区域经济带（合作区）为发展平台，加强跨界合作园区建设，支持各方投资主体在跨界地区开展投资建设及合作开发。

第二，建立区域统一的产品质量标准。加强产品质量标准化建设和标准统一化管理，实现区域内产品、技术的无缝对接，在泛珠区域内推行工业制品和农产品质量标准、检验检测标准和认证标准的互认，互相认同法定检验单位出具的鉴定结果，促进商品自由流通。加强现代服务业标准化交流与合作，共享、吸收、转化服务业发达地区先进经验，促使泛珠各地加快建立与国际接轨的现代服务业标准体系。

第三，完善泛珠区域信息共享平台建设。泛珠三角区域应积极在政府、经济和社会各领域开展信息化建设及创新成果应用，并率先开展大数据的应用试点工作，加快建立地方信息共享平台，加快实现跨地区、跨部门的信息互联互通，推动社会服务体系的完善和产业的整合发展。充分推进大数据在市场建设领域的深度应用，加快建设贵阳·贵安大数据产业发展集聚区、黔中大数据应用服务基地、国家超级计算长沙中心和东南亚南亚国际标准数据处理中心等大数据示范平台，重点建立或完善服务全部泛珠区域的电子政务信息平台、电子商务信息平台、就业服务信息平台、物流公共信息平台和旅游信息平台。

第四，建立统一的市场监管执法机制。依托企业信用信息公示系统，推动实现市场主体基础信息互联互通、市场监管信息共享共认、市场监管措施协调联动、消费者权益保护异地受理处置和行政执法相互协作。尽快清理各地区、各部门的监督执法标准，建立泛珠区域统一的监督执法标准，促进各地区、各部门监督执法部门之间信息共享和联合执法，避免多头执法、重复监督和一事多罚。规范行政处罚自由裁量权，探索建立区域行政处罚裁量基准制度，逐步统一内地九省区行政处罚裁量权的运用，为企业跨区域发展营造更加良好的行政执法环境。

（二）建立泛珠统一要素市场

第一，完善市场决定价格机制。进一步推动改革，减少政府对价格形成的干预，全面放开竞争性领域商品和服务价格，放开电力、石油、天然气、交通运输、电信等领域竞争性环节价格。健全政府定价机制，推进政府定价项目清单化，规范政府定价程序，加强成本监审和成本信息公开，加快推进水、电、气等重点领域的价格改革。完善价格调控机制，健全市场价格行为规则，强化市场价格监管，健全市场价格监管体系。

第二，统一区域金融市场体系。开展银行业信用融资、信托、理财、网上银行等金融产品及监管标准的研制，推进区域金融标准化建设，建立区域金融信息共享机制，在此基础上，优化区域内金融资源配置，推动金融组织体系和金融业态的创新；促进跨省区的融资活动，支持区域内企业到香港、深圳证券交易所上市融资，推动泛珠三角区域内地方政府、金融机构、大型企业集团、民间资本等各类主体出资设立股权投资基金，支持区域经济转型升级项目和重大基础设施建设；探索开办跨市场金融工具，组建泛珠三角区域商业银行和泛珠三角银团信贷中心，支持泛珠区域能源、交通、油气通道、旅游、环保等重大项目建设，持久推动区域产业结构调整、基础设施建设和实施“走出去”战略。

第三，搭建泛珠区域跨省土地指标交易平台。鉴于泛珠三角区域内，各省区土地资源及利用效率的差异较大，且缺乏跨省区的土地交易机制设计，建议加强指标交易的顶层设计，做好实施细则，做好各省市的土地指标具体交易指导工作，让土地指标交易切实服务于经济、社会发展和生态保护，促进区域和城乡一体化的发展进程。

第四，促进技术要素的自由流通。推动实现区域内科技资源的相互开放和共享，制定区域科技创新基础平台共享规则，率先相互开放国家级和省级重点实验室、中试基地等试验平台，缩小科技发展水平差异。依托示范区统一建设区域科技公共服务平台，促进服务链与创新链的对接，为科技创新创业提供信息交流、技术交易、企业孵化、人才流动、知识产权、投融资等配套服务。围绕区域科技成果转化重点，加快区域科技中介体系建设，强化科技资本对接，携手打造科技创新创业的适宜区。

第五，规范发展综合性产权交易市场。可考虑以广东省产权交易集团为核心，强化同其他省区产权交易中心的联系，整合中小交易所，统一产权交易的制度体系，建立服务于整个泛珠三角区域的综合产权交易平台，并逐步扩大与国内沪京津渝四大产权交易机构的协作关系，争取最大程度实现区域资源配置最优化目标。

（三）建立泛珠三角区域社会信用合作体系

第一，加快推进信用信息系统建设和应用。一是推进信用标准化建设。建立以公民身份证号码和组织机构代码为基础的统一社会信用代码制度。二是推进行业信用信息系统建设。加强重点领域信用记录建设，建立行业信用信息数据库，并围绕产品和要素市场，建设和完善相关行业或领域的专业性信息共享平台。三是推进地方信用信息系统建设。加快推进政务信用信息整合，加强地区内信用信息的应用。

第二，完善区域社会信用信息合作机制。一是共同开发建设综合性和专门的信息交换平台，实现信用资源共享，通过加强泛珠区内信息系统建设的合作，共同开发、建设综合性和专门性的区域信息交流网络。二是开展区域信用体系建设合作与交流。积极促进信用建设经验成果及信用市场服务的互通、互认和互用。

第三，健全知识产权保护机制，加强跨区域知识产权执法力度。推动建立跨省区知识产权保护联盟，支持中新广州知识城开展国家知识产权运用和保护综合改革试点。发挥各知识产权服务业集聚区的辐射作用，促进知识产权服务与区域产业融合发展。加强内地九省区与香港、澳门知识产权交流合作，通过完善法律条款、建立跨区域专利行政执法机制、建设全国性知识产权违法企业曝光查询平台等手段，共同推动区域知识产权执法协作。

（四）构建区域大通关体制

第一，强化通关协作，推进大通关改革。完善口岸综合服务体系和口岸联络协调机制，推动内陆口岸同沿海、沿边口岸通关协作，实现口岸管理相关部门信息互换、监管互认、执法互助，在全面实施关检合作“三个一”（一次申报、一次查验、一次放行）的基础上，逐步实现“单一窗口”制度，推动口岸管理相关部门各作业系统的横向互联，实现数据共享交换，实现申报人通过“单一窗口”向口岸管理相关部门一次性申报。简化通关现场执法程序，通关现场仅保留必要的查验、检验检疫等执法作业环节，通过属地管理、前置服务、后续核查等方式将口岸通关现场非必要的执法作业前推后移，把口岸通关现场执法内容减到最低限度。

第二，强化泛珠区域通关一体化建设。在现有福建、广东、广西、海南四省区海关区域通关一体化的基础上，加快推动泛珠三角区域贸易便利化和海关通关一体化改革。同时，加强与长江经济带海关区域通关一体化衔接，逐步扩大一体化范围，并探索区域内铁路、水路和公路运输方式实行“多点报关、口岸验放”的监管模式。在内陆省区加快合作建设“无水港”，沿海飞地港，完善口岸功能，争取国家支持在有条件的城市增设航空一类开放口岸、设立铁路一类开放口岸，规划建设铁路陆港，实现直接报关，打造一批高水平的贸易支点，共建面向世界、连接两岸三地、服务泛珠地区发展的对外开放综合通道。

第三，提升口岸建设标准。按照开放口岸现代化与专业化的规范要求，提高标准，配备完善的口岸配套设施；加快建立大通关电子口岸信息平台，推进电子口岸互联互通和资源共享；在口岸通关环节上继续搞好与海关、商务、检测检疫等部门的信息共享及协调配合；支持在区域内国际铁路货物运输重要节点和重要内河港口设立直接办理货物进出境手续的查验场所，提高通关便利化水平。

八、共同深化对外开放

把握国家推进“一带一路”建设、中国（广东、福建）自由贸易试验区建设、珠江—西江经济带和长江经济带建设等国家区域发展战略的重大机遇，充分发挥“9＋2”各方自身区位和市场比较优势，明确合作领域，共同参与全球经济合作和竞争，深化内地省份与港澳台的合作，加快建立与国际接轨的开放型经济新体制，强化内外联动，提高开放水平，共同培育对外开放的新优势，构建全方位开放发展新格局，努力争创区域对外开放新优势，以扩大开放带动创新、推动改革、促进发展。

（一）融入“一带一路”战略

第一，依托“一带一路”通陆达海的区域重要节点，推进基础设施互联互通，形成联通内外、安全通畅的综合交通运输网络，实现陆海空联动发展。支持广东、福建和海南加强沿海城市港口建设和广州国际枢纽机场功能，推动海上物流大通道、海上丝绸之路空中走廊和数字海上丝绸之路建设，形成服务中西部地区对外开放的出海通道；支持广西构建面向东盟区域的国际通道，打造西南、中南地区开放发展新的战略支点；支持云南加快形成与周边各国通畅便捷的口岸通道和物流体系，建设成为面向南亚、东南亚的辐射中心；支持贵州、四川、湖南和江西等内陆省份，拓宽对外开放通道，实现与国家“一带一路”陆海空大通道的互联互通。

第二，深化与“一带一路”沿线国家经贸合作，统筹推进区域优质富余产能向外转移。以境内自贸区建设为引领，推动泛珠区域省区与“一带一路”沿线国家的贸易往来，制定符合国家利益的简洁清晰的负面清单，加大泛珠区域开放辐射能力。重点通过各类开放口岸和合作平台，深化与南太平洋岛国合作，拓展与东盟的经贸合作，争取中国—东盟自贸区升级版等相关政策在泛珠区域先行先试，合作建设一批经贸合作示范园区，提升中国—马来西亚“两国双园”产业园区、中国—新加坡产业知识城等的合作水平；积极开拓南亚、西亚、非洲东海岸等印度洋沿岸地区新兴市场，参与孟中印缅国际经济走廊建设和大湄公河次区域合作，密切与中南半岛国家经贸往来。统筹推进区域优质富余产能向外转移，引导优势产业扩大对外投资，积极参与国际产能合作和重大项目开发建设。支持企业积极走出去沿线国家设立仓储物流基地和分拨中心，完善区域营销网络。

第三，共同拓宽与沿线国家和地区科教文体卫全方位合作，密切科技人文交流。充分发挥博鳌亚洲论坛、世界华文传媒经济论坛、生态文明贵阳国际论坛和中非合作圆桌会议等平台的影响力，全方位开展国际经贸文化交流，壮大东盟文化产业园区、华侨经济文化合作试验区等合作载体，办好中国—东盟教育交流周、酒博会、数博会、茶博会、民博会等活动，构建多层次常态化交流合作机制，密切与“一带一路”沿线国家和地区的人文往来、智库交流，拓展与沿线国家文化产业合作领域。加强与沿线国家旅游投资合作，支持建立泛珠区域与沿线国家旅游便利签证合作机制，在泛珠区域实施入境旅游 144 小时免签证政策，以及亚洲邮轮合作基金在泛珠区域的全覆盖，共同打造粤桂琼滨海旅游“金三角”，策划开发海上丝绸之路主题旅游线路，联合打造具有丝绸之路特色的国际精品旅游线路和旅游产品。

第四，积极推进海洋经济合作，提升区域海洋经济国际竞争力。积极推进与沿线国家在应对全球气候变化与海洋防灾减灾、海洋生态保护等方面的合作，大力发展海洋经济，打造我国南部海洋经济圈。加强泛珠区域合作，协调发展，优化布局，构建区域现代海洋产业体系，提升海洋空间资源开发利用水平，提升区域整体海洋经济国际竞争力。推进海洋经济合作试验区建设，探索对外开放合作新模式。充分发挥香港在海洋贸易、港口航运、渔业等方面具有的资源和基础优势，加强合作，丰富和发展贸易及航运相关的“海洋金融”及“海事法律与仲裁”的服务，积极促进贸易融资、船舶及航运项目融资、海商海事保险、海事与航运争议裁决和法律服务等行业的发展，提升海洋经济发展水平。实施科技兴海战略，加强海洋科学研究，提升海洋科技支撑能力。

第五，扎实推动中巴、孟中印缅经济走廊等区域经济合作廊道建设。积极推动中巴经济走廊港口建设、能源管道、交通基础建设、产业合作等重点领域建设，积极参与中巴商贸、物流、教育等方面的合作，促成中巴实现全方位的互联互通、多元化的互利共赢。发挥云南、广西通向南亚、东南亚的重要战略支点作用，重点依托已有的滇中产业新区、凭祥综合保税区、沿边金融综合改革试验区、瑞丽重点开发开放试验区等开放型园区，以及中国—南亚博览会、昆明进出口商品交易会、中国—东盟博览会等重要机制平台，开拓孟中印缅经济走廊的战略通道和市场空间。积极参与孟中印缅经济走廊建设，探索孟中印缅经济走廊框架下四方合作模式，积极开展与周边各国、友好城市、毗邻地区间的高层互访、经贸往来、人文交流等活动，落实一批重点合作项目，加大民生援助和民间交往力度，筑牢社会和民意基础。

图 1-11　六大经济走廊示意图

（二）精准对接国家对外开放的战略布局

第一，高标准推进广东和福建自由贸易区建设，深化与港澳合作，积极打造粤港澳大湾区，形成对外开放的龙头。解放思想、改革创新，大胆实践、积极探索，统筹谋划、加强协调，按照《中国（广东）自由贸易试验区总体方案》和《中国（福建）自由贸易试验区总体方案》的要求，高标准推进广东和福建自由贸易区的建设，有效防控各类风险。以制度创新为核心，营造法治化、国际化、便利化营商环境，构建与国际高标准投资、贸易、管理规则接轨的自由贸易园区。充分利用 CEPA 和自贸区的双重叠加的政策优势，创新粤港澳合作机制，深入推进粤港澳合作，打造粤港澳大湾区，形成沿海对外开放的龙头。全面落实粤港、粤澳合作框架协议，深入实施 CEPA 有关协议，引入港澳的体制资源和社会管理模式，率先打造与国际规则相衔接的优良营商环境，加快推进符合国际规则的质量、技术、安全、环境、劳工等标准，提升对高标准国际规则、标准的适应力。

第二，发挥粤港澳大湾区的辐射引领作用，共同分享自贸试验区建设的创新成果。借鉴国内外区域合作的成功经验，加强自由贸易试验区与周边区域的对接合作，推动区内区外联动发展，发挥自由贸易试验区的溢出效应。及时总结自由贸易试验区创新成果，努力形成可复制、可推广的制度框架和经验做法，率先在泛珠区域内复制推广，引导泛珠三角区域经济更加重视形成国际化、市场化、法治化的营商环境，提升对高标准国际规则、标准的适应力，进一步拓展国际市场，共同推进开放型经济建设，为国内其他地方开展区域合作、实现协同发展提供示范。在推动海关特殊监管区域整合优化的基础上，进一步升级综合保税区功能，争取把广东、福建等自贸区的创新做法复制推广至沿江、沿边及内陆省份，使其泛珠地区综合保税区享有一致的开发政策，彻底打破地域局限和市场壁垒，共同培育区域市场体系和投资促进机制，促进要素资源自由流动。

第三，完善内陆开放新机制，积极承接产业转移，促进内陆地区协调发展。抓住全球产业重新布局机遇，发挥广东在泛珠合作中领头羊的角色，鼓励广东实施双转移战略和“腾笼换鸟”发展模式，推动内陆地区承接东部沿海产业转移，构成沿海、沿边、沿江、内陆一体化的开放型经济大区域。推动建设一批省际产业合作园区和合作项目，鼓励区域合作共建产业园区，注重与长三角、京津冀等地区的交流合作，促进内陆贸易、投资、技术创新协调发展。共同打造以高铁为引领的泛珠区域高铁经济带，构建以高速铁路为基础的综合交通网、特色产业带、生态旅游带、新型城镇带，形成横贯东中西、联结南北方的对外经济走廊。

第四，支持桂滇等省沿边经济带开发开放，加快培育沿边开放新支点。围绕泛珠广西和云南两省沿边的区位优势，抓住国家支持沿边重点地区开发开放和批准桂滇沿边金融综合改革试验区等重大机遇，加快推进广西东兴、云南瑞丽、勐腊（磨憨）国家重点开发开放试验区建设，加强边（跨）境经济合作区建设，强化综合保税区等海关特殊监管区建设，完善跨境交通、口岸以及沿边干线公路等基础设施。扎实推进沿边金融综合改革试验区建设，加快完善金融组织体系，推动跨境人民币业务创新，促进人民币周边化、区域化。加强金融对外交流与合作，促进跨境贸易投资便利化，推进边民金融服务创新。支持云南加快昆明区域性国际金融中心建设。

第五，巩固和提升珠三角城市群核心竞争力，打造沿海开放新高地。全面提升珠三角综合实力和核心竞争力，在实施创新驱动发展战略、发展先进装备制造业、实施“互联网＋”行动计划、推动加工贸易转型升级上走在全国前列。深入推进珠三角一体化发展，充分发挥粤港中心城市的辐射带动作用，积极推进“广佛肇”、“深莞惠”、“珠中江”三大经济圈一体化建设，加强珠三角地区与粤东西北地区双向交流与合作，提升泛珠三角区域新型城镇化水平和经济社会发展的融合度。

第六，深化内地与香港、澳门以及大陆与台湾地区之间的开放合作。深化内地与港澳更紧密经贸关系安排，在不同体制框架下加大对港澳台开放力度，加快实现与港澳服务贸易自由化。支持内地企业赴港融资，将境外产业投资与香港金融资本有机结合。加强内地与港澳台的金融服务业的对接，促进境内外资本在更大范围优化配置。发挥港澳台在市政建设等公共服务提供方面的先行优势，支持泛珠内陆地区在规划城市建设和营运公共设施时，探讨借鉴港澳台的投融资模式。鼓励内地企业与港澳企业联合走出去，联合成立投资基金，通过多种方式开展投资合作。促进海峡两岸经济关系正常化、制度化、自由化，逐步健全两岸经济合作机制。

（三）完善区域整体外商投资环境

第一，完善外商投资市场准入制度，推进准入前国民待遇加负面清单的管理模式。完善外商投资市场准入制度，探索对外商投资实行准入前国民待遇加负面清单的管理模式，促进内外资企业一视同仁、公平竞争。在做好风险评估的基础上，分层次、有重点放开服务业领域外资准入限制，推进金融、教育、文化、医疗等服务业领域有序开放，放开育幼养老、建筑设计、会计审计、商贸物流、电子商务等服务业领域外资准入限制，进一步放开一般制造业。在维护国家安全的前提下，对于交通、电信等基础设施以及矿业等相关领域逐步减少对外资的限制。

第二，创新利用外资方式和工作机制，提高引进外资质量。支持广东、福建等沿海发达地区着力提升开放型经济竞争力，创新招商引资方式和工作机制，加强与欧美发达国家的多层次经贸合作，以引进先进技术、高端人才和优质管理为重点，集聚高端生产力，培育有全球影响力的先进制造基地和经济区。支持内陆沿边后发地区加速培育产业、区位、营商环境和规则标准等综合竞争优势，完善投资布局，积极有效引进境外资金、技术、人才和管理，构建全国重要的承接产业转移基地。

第三，完善外商投资监管体系，加强事中事后监管。按照扩大开放与加强监管同步的要求，加强事中事后监管，共同建立区域外商投资信息报告制度和外商投资信息公示平台，充分发挥企业信用信息公示系统的平台作用，形成各政府部门信息共享、协同监管、社会公众参与监督的外商投资全程监管体系，提升外商投资监管的科学性、规范性和透明度。

第四，推动开发区转型升级和创新发展，全面提升产业承载平台。共同分享区域内各类开发区建设经验，加强开发区规划指导、创新发展，发挥开发区的引领和带动作用，推动区内产业升级，建设协同创新平台，实现产业结构、产品附加值、质量、品牌、技术水平、创新能力的全面提升。不断改善投资环境，进一步规范行政管理制度，完善决策、执行、监督和考核评价体系，避免同质竞争，努力把开发区建设成为带动地区经济发展和实施区域发展战略的重要载体、构建开放型经济新体制和培育吸引外资新优势的排头兵、科技创新驱动和绿色集约发展的示范区。

（四）深入实施“走出去”战略

第一，搭建境外投资合作信息平台建设，强化对“走出去”的指导和服务。加强泛珠三角区域境外投资合作信息平台建设，建立“走出去”区域协调机制，共同推进“走出去”管理体制改革。搭建政府、企业、高校、研究机构的政产学研交流平台，加强企业“走出去”投资咨询服务，组织面向企业家、高级管理人员和专业技术人员的专题培训，为“走出去”企业提供投资政策、环境信息和优质高效法律服务等支持。为对外投资、对外承包工程输出的设备、材料等物资提供通关便利。建立外事审批绿色通道，优化企业人员出国（境）审批流程。完善境外突发事件应急处理机制。

第二，引导建立区域“走出去”企业联盟，联合打造境外合作园区。发挥骨干企业的龙头带动作用，引导支持有条件的优势产业组建行业商会协会，建立区域“走出去”企业联盟，联合打造境外重点经贸合作区或产业合作园区。促进区域优势产业参与国际产业分工，深度融入全球产业链、价值链、物流链。创新境外经贸合作区发展模式，支持国内投资主体自主建设和管理。鼓励有实力的企业采取多种方式开展境外基础设施投资和能源资源合作，带动设备、技术、标准、服务和人员“走出去”。

第三，加大“走出去”金融支持，合作建立境外投资金融支持体系。构建政策性金融和商业性金融相结合的境外投资金融支持体系，推动金融资本和产业资本联合走出去。用好国家推进“一带一路”建设、鼓励企业“走出去”的各类资金，探索建立泛珠区域对外合作发展基金，对区域内企业“走出去”给予资金支持。充分发挥香港国际金融中心的优势和产业跨境转移桥梁作用，推动构建以香港为基地的国际融资体系，满足企业“走出去”的多元化资金需求。积极鼓励和支持港澳台地区金融机构跨区参股和控股，通过相互参股、控股、交叉持股、兼并重组等方式，实现金融机构业务范围和功能在泛珠区域的拓展，探索建设泛珠金融数据交流平台，促进泛珠区域金融企业以产权为纽带的综合经营，推动资本的跨区域流动与融合，共同促进内陆地区金融业发展水平的提高。

第四，发挥香港优势，健全“走出去”服务保障体系。充分利用香港在法律制度、市场规则以及语言文化等方面与国际接轨的优势，共同推动、参与或发起建立针对促进企业“走出去”的行业组织或争议处理机制，共同构建一套行之有效的多边参与、产权及投资保护机制。充分挖掘香港国际性人才充足的优势，发挥其在投资项目评估、尽职调查、商业谈判、工程咨询、法律服务、财务顾问等方面的积极作用，为内地企业“走出去”提供更加专业的服务。

第五，引进来和走出去有机结合，推动有关国家营造良好的投资环境。推进引进外资与对外投资有机结合、相互配合，推动与各国各地区互利共赢的产业投资合作。通过各类投资合作机制，分享我国引进来的成功经验，推动有关国家营造良好投资环境。

（五）推进外经贸发展转型升级

第一，强化区域大通关协作，提高贸易便利化水平。强化泛珠区域大通关协作机制，实现口岸管理相关部门信息互换、监管互认、执法互助，全面推行口岸管理相关部门“联合查验、一次放行”等通关新模式，提高通关便利化水平。探索开展口岸查验机制创新和口岸管理相关部门综合执法试点。加快海关特殊监管区域整合优化。充分利用香港国际自由港优势，加快内地省份国际贸易和投资自由化与便利化进程。

第二，优化市场布局和贸易结构，培育外贸竞争新优势。深入推进国家加工贸易转型升级示范区和外贸转型升级示范基地建设，推动加工贸易转型升级，提升产业层次，提高加工贸易的质量和附加值，延长加工贸易产业链，提高加工贸易增值率。鼓励发展跨境电子商务、市场采购贸易等新型贸易方式。创新跨境电子商务合作方式，融入国外零售体系，化解相关贸易摩擦。鼓励企业开展科技创新和商业模式创新，加快培育以技术、标准、品牌、质量、服务为核心的外贸竞争新优势。统一实施质量效益导向型的外贸政策，支持技术含量高、附加值大、资源和能源消耗低、环境污染小、产业关联度强的对外贸易活动，实现外贸绿色低碳可持续发展。

第三，建立健全服务贸易促进体系，提升区域服务贸易发展水平。鼓励发展生产性服务贸易。依托大数据、云计算、物联网、移动互联网等新技术，推动服务业转型，培育服务新业态。推进区域服务市场健全制度、标准、规范和监管体系，为专业人才和专业服务跨境流动提供便利。制定与国际接轨的服务业标准化体系，加强与服务贸易相关的人才培养、资格互认、标准制定等方面的国际合作。促进服务外包升级，提升服务跨境交付能力，建设好广州、深圳、成都、长沙和南昌等服务外包示范城市。

第四，共同建立应对贸易摩擦协调机制，积极应对国际贸易摩擦。共同建立应对贸易摩擦部门协调机制，加强贸易摩擦和贸易壁垒预警机制建设，强化贸易摩擦预警信息公共服务，积极提供法律技术咨询和服务，指导相关行业和企业应对贸易摩擦。充分利用世界贸易组织规则，有效化解贸易摩擦和争端，对滥用贸易保护措施和歧视性做法，善于运用规则进行交涉和制衡。分析评估国外贸易投资法律、政策及措施，调查涉及我国的歧视性贸易壁垒措施并开展应对。依法开展贸易救济调查，维护企业合法权益。

（六）加强区域金融合作

第一，扩大金融业开放，提升区域金融机构国际化经营水平。提升区域金融机构国际化经营水平，鼓励金融机构审慎开展跨境并购，完善境外分支机构网络，提升金融服务水平，加强在支付与市场基础设施领域的国际合作。建立健全支持科技创新发展的国际金融合作机制。

第二，推动资本市场双向有序开放，便利境内外主体跨境投融资。积极稳妥推进人民币资本项目可兑换，便利境内外主体跨境投融资。扩大期货市场对外开放，允许符合规定条件的境外机构从事特定品种的期货交易。研究境内银行、证券公司等金融机构和企业在有真实贸易和投资背景的前提下，参与境外金融衍生品市场。在风险可控的前提下，研究逐步开放金融衍生品市场。

第三，充分发挥香港离岸人民币市场领先作用，促进人民币跨境流通。在现有人民币流动性管理基础上，进一步完善香港多层次的流动性支持机制，为全球离岸市场开发利率风险对冲、利率互换、浮息产品提供更为稳定的利率基础。重点发展人民币相关衍生产品，进一步推动香港以人民币计价的RQFII、股票、债券等产品发展，鼓励内地企业在香港市场进行人民币IPO，同时着重考虑以大宗商品为基础，推出更多以人民币计价的大宗商品期货产品，强化离岸人民币市场的风险对冲、投资功能、融资功能。通过与国际合作，以产业合作和贸易往来提升人民币作为区域贸易结算的货币地位，通过银团贷款和发债等方式，推动香港离岸人民币市场进行人民币资金循环和跨境流通，提升人民币在贸易融资、项目投资、跨境贷款中的使用比例，推动人民币的国际化进程。

（七）共同营造稳定、公平、透明、可预期的营商环境

第一，加强开放型经济法治建设，共同营造规范的法治环境。适应对外开放不断深化形势，以保护产权、维护契约、统一市场、平等交换、公平竞争、有效监管为基本导向，推进对内对外开放的立法、执法与司法建设，完善涉外法律法规体系，发挥法治的引领和推动作用，加快形成高标准的贸易投资规则体系。积极参与国际经贸法律交流。强化涉外法律服务，维护我国公民、法人在海外及外国公民、法人在我国的正当经济权益。

第二，大力培育开放主体，鼓励企业深度参与国际产业分工协作。鼓励各类所有制企业发挥自身优势，深度参与国际产业分工协作。支持区域内企业吸纳先进生产要素，培育国际知名品牌，增强参与全球价值链的广度和深度，形成一批具有国际知名度和影响力的跨国公司。鼓励区域优势企业建立海外生产加工和综合服务体系，在全球范围内配置资源、开拓市场，拓展企业发展新空间。

第三，改善科技创新环境，积极融入全球创新网络。加快实施创新驱动发展战略，着

力构建以企业为主体、市场为导向、产学研相结合的技术创新体系，健全技术创新激励机制，支持企业参与全球创新资源配置，在开放合作中提高自主创新能力。积极参与国际大科学计划和工程，开展多层次、多领域、多形式的国际科技合作。

第四，发挥行业协会商会作用，为企业、行业、市场服务。充分发挥行业协会商会在制定技术标准、规范行业秩序、开拓国际市场、应对贸易摩擦等方面的积极作用，支持协会商会加强与国际行业组织的交流合作，建设国际化服务平台，改革内部管理体制和激励机制，增强可持续发展能力。加强境外中资企业协会商会建设。

九、推动社会事业一体化发展

全力推进跨区域教育、文化体育、人力资源和社会保障、医疗卫生、旅游事业、社会治理等领域的合作，促进公共服务资源在区域间共建共享，让泛珠地区人民共同享有更多发展成果。

（一）促进教育文化合作

第一，深入推进教育合作交流和联动发展。一是扩大优质教育资源覆盖面，构建利用信息化手段扩大教育资源覆盖面的有效机制，推进优质教育资源联合开发、共享和利用，将优质教育资源数字化，建设泛珠三角区域优质教育资源共建共享联盟。二是建立教育合作交流平台，组建泛珠三角教研发展共同体，搭建师资培训共建共享平台，打造泛珠三角教师教育联盟，搭建实训基地共建共享平台，搭建区域毕业生就业信息平台。三是鼓励内地九省区高校联合共建，分类组建泛珠三角高校合作联盟，联合共建优势学科，联合共建研究机构，打造协同创新平台，构建区域人才协同培育模式。四是完善跨区域就业人员随迁子女就学政策，保证异地务工人员随迁子女平等接受义务教育，完善落实随迁子女在当地参加中考、高考升学机制。五是推动与港澳教育合作，支持港澳中小学与内地九省区中小学结对姊妹学校，加强粤港职业教育培训合作和人才交流，支持港澳知名大学到内地九省区开展合作办学，打造粤港澳国际教育中心。

第二，推动区域文化合作交流和一体化建设。一是深化文化遗产保护合作，重点开展型基本建设文物考古和文物抢救工程、民族地区重点文物保护工程、古村落古民居保护工程、世界文化遗产保护工程和水下文化遗产保护工程等方面合作交流，鼓励内地九省区建设国家考古遗址公园，积极推动泛珠区域联合申报世界文化遗产。二是加强公共文化服务体系建设合作交流，实施区域文化共享、文明共建行动，共同打造区域性公共文化活动品牌。三是加强文化产业协作发展，推进一批区域文化产业集聚区项目建设，搭建泛珠三角区域文化产业创意创新、投资融资、展示交易、产业联盟等发展平台，联合培育打造一批文化龙头企业和跨界融合的产业集团。四是加强区域体育交流合作，联合打造区域体育赛事和活动品牌。五是加强文化对外交流合作，共建海上丝绸之路文化遗产保护合作平台，打造多元文化对外交流平台。

（二）加强医疗卫生合作

第一，建立健全区域协调机制和联防联控网络。一是共建疾病防控一体化合作平台，加强重大传染病、慢性病、地方病、精神病等疾病综合防治合作和信息交流，建立以省会城市为中心，地级市为纽带，县域为主体，覆盖整个泛珠三角区域的疾病防控体系，构建区域健康防护屏障。二是建立健全突发公共卫生事件应急处理协调和联防联控网络，着力完善联合处理公共卫生事件的程序，构建区域突发公共卫生事件应急联合指挥平台。

第二，促进区域公共卫生服务资源合作共享。完善区域医疗卫生信息平台，探索跨区域统筹设置医疗卫生机构，推动同级医疗机构检查结果互认。依托区域医疗卫生信息平台，建立远程诊疗中心，健全专家队伍，推动优质医疗资源向区域内边远地区流动，让边远地区的患者通过远程会诊、移动医疗，享受大城市的优质医疗服务。

第三，提升区域食品药品安全保障水平。一是加强区域食品药品监管能力建设，强化食品药品安全风险监测评估能力，推进区域食品药品安全监管工作信息化。二是建立区域食品原产地可追溯制度和质量标识制度。三是建立健全大案要案查处联动机制和跨区域重大安全事故应急联动机制。

第四，推动内地九省区对外医疗卫生交流合作。一是积极引入港澳先进管理模式到内地九省区，支持港澳服务提供者开办合资、合作医院及独资医院及养老机构，探索建立办医审批绿色通道。二是加强与东盟医疗卫生交流合作，着重加强在医疗保健、传统医药等方面交流合作，支持建设中国—东盟医疗保健合作中心及中国—东盟传统医药交流合作中心。

（三）加强人力资源和社会保障合作

第一，推动建立统一的公共就业人才服务体系。一是推进公共就业服务标准化体系建设。二是建立统一的公共就业服务信息平台。三是统筹推进区域重点群体就业，重点落实高校毕业生就业促进和创业引领计划，加强基层就业服务能力建设。四是建设区域性人力资源服务产业园区（示范区），重点支持广东粤港澳人才合作示范区、中国海峡人力资源产业园、中国—东盟人力资源服务产业园（广西）和西部人力资源服务产业园建设。

第二，加强人才合作。探索实施宽领域、高级别的干部挂职交流，完善规范化、务实化的挂职工作制度。建立结构性就业技能人才库，加强技能人才培养合作，实施技能人才综合服务计划，建立区域性产业技能人才培养培训基地。

第三，加强特殊类型地区职业技能培训基地建设。着重加强对革命老区、民族地区、边疆地区、贫困地区职业技能培训基地的建设，构建农民职业技能基地化培训模式，引导农村劳动力有序转移。

第四，加快区域社会保障一体化建设。一是推进区域社保信息共享和业务协同，加快实现泛珠三角区域社会保障一卡通。二是加快实现区域医疗保险异地就医直接结算。三是加快实现社保关系跨省区转移接续，探索建立泛珠三角跨省区转移接续处理中心，细化转移接续经办规程，提高经办效率。

（四）完善社会治理协调机制

第一，推进泛珠三角区域立体化治安防控体系建设。构建跨省区矛盾纠纷排查预警机制和案（事）件应急处置机制，创新社会治安治理体制。打破地域界限，共同应对安全生产、重大事故、卫生应急、环境污染、社会救助和灾害救助等方面的突发事件，加强区域统一应急预案制定，建立综合风险管理系统和应急救助指挥系统，提升联合处置能力。

第二，深化区域反走私、反恐合作。加强区域司法警务合作，共同筑牢区域反走私、反恐防线。

第三，加强泛珠区域流动人口信息协作，遵照国家信息系统（PADIS）流动人口子系统数据交换相关要求，交换流动人口个案和通报服务信息，提高区域流动人口管理服务能力。

十、建立与港澳更紧密关系

建立适应“泛珠三角”发展需要的区域基础设施网络，构建优势互补的区域产业协作体系，打造“泛珠三角”区域合作品牌，提高区域整体国际竞争力和影响力，从以往的各自点对点与东盟、南盟推进合作转变成为内地九省区与港澳携手呼应国家战略的布局合作，并延伸至中国向东开放和向西开放、沿海开放与沿边开放两种开放模式互动前行的战略黄金布局，形成东中西互联互动、协调发展、共同繁荣的新“泛珠三角”格局。

（一）依托各省区优势突出合作重点

以CEPA框架（《内地与香港关于建立更紧密经贸关系的安排》和《内地与澳门关于建立更紧密经贸关系的安排》）为基础，同时依据《泛珠三角区域合作框架协议》十个领域和重点项目为实施重点，依托各省区优势突出各省区合作重点。

表1-2　内地九省区与港澳合作目标与战略定位

省区	目标与战略定位
广东	广东是中国经济的龙头地带，背靠广大的“泛珠三角”腹地，是外资进军中国内陆市场的桥头堡。深入推进粤港澳服务贸易自由化，深化粤港澳金融合作，强化粤港澳国际贸易航运功能集成，促进粤港澳集聚发展，成为“泛珠三角”区域合作的极核效应发散区
海南	推进琼港澳合作是落实新时期国家开放战略的有益探索。第一，国际旅游岛上升为国家区域开放战略，理应把加大合作纳入区域开放的大盘子；第二，通过琼港澳紧密合作，有利于促进海南成为我国与东盟国家加强经贸合作的重要枢纽。支持琼港澳优势互补，建立全方位、多层次、宽领域、高水平的开放型经济的新格局，既是落实CEPA的重要体现，也是拓展“一国两制”作用空间，发挥两个市场、两种体制优势，提升海南国际化水平和竞争力的有益探索
福建	打造21世纪海上丝绸之路核心区。突出基础设施互联互通、经贸合作和人文交流，推进中国—东盟海上合作基金项目、远洋渔业基地建设，力争突破一批带动力强的合作项目。 打造21世纪海上丝绸之路核心区和自贸试验区的总体部署、开发重点与建设项目，利用港澳优势推进闽港澳在经贸、金融、文化、专业服务和科技领域的合作，推动产业对接，拓展海外市场
广西	打造“一带一路”有机衔接重要门户、构建西南中南地区开放发展新的战略支点，全面实施“双核驱动”战略
江西	江西在“泛珠三角”区域中处于承东启西的地位，是广东、福建以及港澳地区与湖南、四川、贵州、安徽等内陆省份进行交流合作的重要通道。江西实施“对接港澳，融入全球化”的发展战略带来了更为广阔的合作领域和发展空间，深化融入“9＋2”经济圈

续表 1-2

省区	目标与战略定位
湖南	充分发挥长株潭产业、人才、科技等优势，引领和示范全省转型创新发展。充分发挥湘南地区毗邻珠三角优势，推动承接产业转移示范区建设，形成开放发展新格局。充分发挥洞庭湖生态经济区通江达海优势，积极融入“9＋2”经济圈，推进区域交通、水利、环保等重大基础设施建设
云南	发挥连接东南亚、南亚重要大通道优势，加强与周边国家互联互通进程，综合利用两个市场、两种资源，推动云南由边缘地区和“末梢”变为开放前沿和辐射中心，着力打造对外开放新高地。进一步找准政策着力点，创造性地落实国家支持政策，充分发挥桥头堡战略和民族、边疆地区等重大政策的叠加效应。 在“桥头堡”战略助推下实现质与量的双重突破，逐步形成从劳动力互补、自然资源互补到资金互补、技术互补，从产业间互补到产业内部互补，从生产互补到消费互补等全方位互补性的投资贸易合作体系
贵州	牢牢守住发展和生态两条底线，牢牢抓住改革开放关键一招，积极主动适应新常态，站在新起点狠抓开放带动和创新驱动，增强动力活力。全方位扩大对外开放。积极参与“一带一路”和长江经济带、珠江—西江经济带建设
四川	主动对接国家南向西向开放和“一带一路”战略，探索西部地区开发开放新路子、构建内陆开放型经济高地、推进经济结构战略性调整，对接孟中印缅经济走廊运输通道和西南出海大通道建设，积极融入中国—东盟自贸区和大湄公河次区域发展，凸显中国西部欧亚门户的地位。加快建设现代交通和物流体系

（二）多形式、多路径深化合作

第一，探索建立多种形式的合作机制。一是委托外资管理。例如旅游中介业，在国家法律框架下，利用港澳经验，委托港澳运营内地旅游业。二是开放特定市场，港澳视同国内。采取 PPP、BOT 等模式，优先引进港澳资本，并视同国内资本，鼓励港澳资本参与基础设施建设和公共事务管理。三是独资经营。可考虑引进优质港资进入免税领域及零售行业，提升内地整体服务水平；引入香港的市场监管办法和管理人员，提高内地管理能力，为旅游购物创造良好的消费环境。四是以整体项目进入。如会展业等一些大项目可以允许香港和澳门方面单独承担。五是外包服务。大力发展第三方金融外包服务业，如将海南建成香港、澳门第三产业的后台服务基地。六是推出针对香港小微企业的招商活动。以内地九省区正在大力推进的城市综合体建设为平台，加大对香港小微服务企业的招商力度大有可为。

第二，建立层次明晰的泛珠地区合作改革试验区。一是落实国务院批复的深圳前海深港现代服务业合作区、珠海横琴新区总体方案；二是在不断扩大合作领域的基础上，可考虑在内地九省区建立层次明晰的泛珠地区合作改革试验区。

表 1-3　泛珠地区合作改革试验区

类　别	合作示范试验区
泛珠地区核心合作试验区	深圳前海深港现代服务业合作区 珠海横琴新区 广州南沙新区

续表 1-3

类　别	合作示范试验区
泛珠地区紧密合作试验区	粤桂合作特别试验区 湘粤合作试验区 闽粤合作试验区（筹建）
泛珠地区拓展合作试验区	赣港澳开放合作试验区（筹建） 滇港澳开放合作试验区（筹建） 川港澳开放合作试验区（筹建） 黔港澳开放合作试验区（筹建） 琼港澳开放合作试验区（筹建）
泛珠地区支撑综合试验区	中国（广东）自由贸易试验区 中国（北部湾）自由贸易试验区 东兴国家重点开发开放试验区 海南国际旅游岛建设 中国（福建）自由贸易试验区 平潭综合实验区 鄱阳湖国家经济生态区 长株潭城市群两型社会综合配套改革试验区 孟中印缅经济走廊建设 贵安新区 川渝合作示范区

（三）国家出台具体措施大力推进

第一，协调基础设施互联互通。延长京广、京九线至香港九龙，推进港深、珠（海）澳（门）基础设施对接，随着港深珠澳大桥竣工开通，开辟港深珠澳城际交通圈，启动四地机场一体化联运方案。

第二，实行统一关税监管。与基础设施建设配套，整合横琴、前海、南沙等各类新区建设，推进环珠江口粤港澳自由贸易区建设，实现统一关税监管政策。

第三，实现人员自由往来。港澳同胞与内地九省区人员在“9＋2”区域内往返可持有效身份证件予以居民化待遇。

第四，允许发展“飞地经济”。港澳发展受用地空间限制较大，可考虑允许其在九省范围内建立产业园区，同时允许内地九省区在港澳设立办事机构，成为对外国际合作窗口。

第五，强化港澳金融、旅游与文化交流中心地位。发挥香港所拥有的全球金融网络优势，在人民币加入 SDR 新形势下，强化香港作为南方金融中心地位，成为人民币重要的离岸金融市场。持港澳发展休闲旅游产业，强化港澳与九省旅游线路与服务对接，使港澳成为游客国际中转服务中心。扩大港澳文化与九省区区域文化交流合作，有利于促进内地省份文化发展繁荣，也有利于中国文化走出去。鼓励政府间与民间行业协会定期举办文化活动，文化企业相互合作，线上线下相结合，提供更多更好的文化产品和服务。

第六，组建产业技术创新联盟。港澳地区技术研发环境优越，内地九省区在产业化方面具有优势，促进双方建立产业技术创新联盟，实现合作共赢。

第七，促进合作办学。港澳的教育资源较为丰富，拥有成熟的教育体系，基础教育扎实、高等教育国际化水平高，一些大学在全球具有较高知名度，恰好弥补九省区高等教育短板，对九省区有较大的吸引力。国家应创造条件支持港澳大学发展，鼓励支持港澳在九省区合作办学，或设立分校，为九省区人才培养和科技创新搭建平台。

第八，加强医疗合作。加强港澳与九省区在医疗领域合作。随着大陆人口老龄化加剧，医疗技术资源短缺，港澳地区优质医疗机构可到九省区设立分支机构，实现合作共赢。

第九，促进环境共治。珠江流域大气、水、土壤环境直接影响到港澳生态质量和食品安全，建立珠江流域资源环境协商共治的机制有利于保障“9＋2”地区的生态安全，下游经济发达的受益地区可向中上游生态保护地区提供生态补偿或经济援助。

十一、加强区域合作机制创新

创新泛珠三角区域合作的体制机制应坚持“创新、协调、绿色、开放、共享”的发展理念，增强发展动力，厚植发展优势；坚持需求导向，着力破解制约区域合作的突出矛盾和问题；坚持市场主导，着力打破行政区划界限和区域性市场壁垒；坚持协调创新，着力探索共同研究、共享成果的合作机制与模式。

（一）加强统筹衔接，完善区域互动合作机制

设立泛珠三角区域合作部省联席会议制度，统筹研究解决泛珠三角区域合作发展重大问题。完善泛珠三角区域合作发展省区间协调机制，建立毗邻省区间发展规划衔接机制，建立次区域合作协调机制，探索新常态区域合作新途径；坚持和完善“9＋2”行政首长联席会议制度、政府秘书长会议制度、部门衔接落实制度；推动泛珠三角区域合作与发展论坛创新发展。

（二）打破市场壁垒，推进统一市场体系建设

实施统一的市场规则，完善区域内贸易流通体制，构建区域大通关体制，规范发展综合性产权交易市场，建立区域社会信用合作体系。

（三）建立基础设施互联互通机制

加快建立基础设施统筹规划协调机制，建立出境国际大通道建设领导协调机制，编制泛珠三角区域综合立体交通走廊规划，建立能源开发方面的中央和地方利益共享机制，深化交通投融资体制改革，完善多式联运体制机制。

（四）建立区域产业协同发展机制

建立区域产业利益协调机制，制定区域产业协调发展规划，建立产业有序转移和分工协作机制。

（五）建立区域协同创新合作机制

加快构建以企业为主体、市场为导向、产学研相结合的区域协同创新体系，完善科技资源共享机制，建立区域协同创新战略联盟。

（六）建立区域合作资金保障机制

构建区域金融合作协调机制，成立经中国人民银行批准，由香港金融管理局、澳门金融管理局与九省区人民银行负责人组成的“泛珠三角区域金融合作委员会”。落实好泛珠三角区域省会城市金融合作框架协议，做好泛珠三角区域省会城市金融发展战略和规划的对接。制定泛珠三角“互联网+金融”发展规划，完善区域资金保障平台运行机制，创新区域金融主体合作机制，建立泛珠九省区与港澳金融合作常态化机制。

（七）建立生态环境协同监管和综合治理机制

研究编制泛珠三角区域生态环境保护规划，制定环境保护共同行动计划，建立跨区域生态建设和环境保护联动机制，建立环境污染的市场化治理机制和跨省区流域生态补偿机制，建立重点生态功能区扶持机制，落实最严格的水资源管理制度，加快编制九洲江流域水环境综合治理规划。

（八）建立供给侧结构性改革合作机制

消除制约供给侧结构性改革的体制机制障碍，完善有利于减轻企业负担的体制机制，建立促进产业向高端环节延伸的引导机制，推行“互联网+”行动计划，开展非公有制经济参与国有企业改革试点，鼓励民营企业依法进入更多领域。

（九）建立公共服务和社会治理协调机制

建立和完善教育文化合作机制、卫生医疗合作机制、人力资源合作机制、社会治理协调机制、社会保障合作机制。

（十）完善政策保障体系

争取国家尽早出台《泛珠三角区域合作发展规划》，研究编制《泛珠三角区域综合交通互联互通规划》。争取国家支持有条件的省区设立自由贸易试验区，赋予对外开放口岸和特殊区域更多先行先试政策，实行更加宽松的跨境旅游政策。鼓励开展跨省区购买养老服务试点，实施公共服务“一卡通”政策，完善集中连片特殊困难地区扶贫政策。争取国家允许粤桂合作特别试验区共享叠加东西部优惠政策，打破政策断崖，形成政策过渡带和缓冲区；申请国家支持内地九省区与港澳共建合作园区。推动设立泛珠三角区域合作发展基金，研究设立泛珠三角区产业发展基金，鼓励和支持社会资本设立泛珠三角区域创业投资基金，设立泛珠三角区域生态环境保护合作基金。

专 题 篇

第二章 泛珠三角区域重大基础设施一体化建设研究

一、区域交通一体化内涵和经验借鉴

（一）区域一体化概念和思考

1. 区域一体化概念

“一体化”（Integration）通常是指多个原来相互独立的主权实体通过某种方式逐步结合成为在统一体系下彼此包容、相互协同合作的过程。一体化过程既涉及经济，也涉及政治、法律和文化，以及整个社会的融合，是政治、经济、法律、社会、文化的一种全面互动过程。“区域”是指一个能够进行多边经济合作的地理范围，这一范围往往大于一个行政单元。为了调和两个以上行政单元之间的关系，消除行政边界造成的经济交往中的障碍，出现了区域一体化的设想。

区域一体化（Regional Integration）是指两个或两个以上的地域综合体在区际联系或政策约束的前提下，在经济、社会、空间、文化和制度等要素上通过一定的协调机制联合为一体，以促成更高一级区域及大区域的整体功能和实力的提升，实现大区域整体效益最大化的过程。区域一体化已成为全球化经济背景下各国促进资源优化配置、加强产业分工合作、提升整体竞争力的重要手段。当今世界上一体化程度相对比较高的区域包括欧盟、北美自由贸易区和东南亚国家联盟等。

区域一体化的实质就是淡化行政边界，促进不同城市政府组织机构之间形成互相制约的负责任的管理机制，消除行业垄断及保护政策，统筹产业空间整体布局，组织产业分工协作，建立自由流动的要素市场，发挥中心城市“极化”和“扩散”效应，带动区域产业发展与创新，促进城市之间依存度不断提高。区域一体化的动力机制取决于政府定向干预，城市的聚集力与扩散力，以及生产要素基于竞争与合作关系的有序流动等。区域一体化面临的根本问题是权力、义务与利益的重新划分。

2. 区域经济一体化

区域一体化的内容主要包括经济一体化、空间设施网络一体化、体制法规一体化等，其中经济一体化是基础。一般而言，区域经济一体化是指两个或两个以上的国家（或地区），通过缔结经济条约或协议，消除区域内的商品、要素等市场的人为分割，促进它们在区域内自由、便利流动，从而提升区域内国际分工水平，并以此提高经济效率和获得更大经济效果，把各国（各地区）经济融合起来形成一个区域性经济联合体的过程。区域经济一体化与经济全球化有密切的联系，相辅相成。当前，区域经济一体化占据了主动地位，并将成为经济全球化的主力。

3. 泛珠区域近期来看协同大于一体

泛珠三角是我国经济最具活力和发展潜力的地区，在国家区域经济发展总体格局中占据重要地位。但是，考虑到泛珠三角涵盖了我国东中西部区域，各省区发展阶段和发展水平存在较大差别，既有最为发达的珠三角区域，也有相对较为靠后的云贵区域，在未来发展上不可能走“一刀切”的路线。同时，本区域还包括港澳两个特别行政区，在发展道路、法律法规等方面与内地有一定的不同。因此，从长远来看一体化是必由之路，但近期应协同大于一体化。

4. 城市群是区域一体化的重要载体

城市群是城市规模和城市经济发展到一定程度后，聚集于城市的非农产业活动和城市的其他功能向周边扩散，或者地缘上接近的城市间物质交流日益紧密而产生同城效应，从而使一定地域范围内的城市之间保持密切的经济社会联系，形成资源、环境、基础设施共享，产业经济活动密切关联，具有一体化倾向的城市功能地域。城市群一体化有利于实现区域市场共享，获取规模经济；公共资源充分高效的运营，提高产出；区域投资高效，减少浪费和外部不经济；政府管理走向协调，降低行政成本。2008 年以来，国家陆续批复了一批区域经济发展规划，随着《全国主体功能区规划》的实施和经济区的加快发展，我国经济和人口将进一步向经济区集中并实现集约化发展，城市群将成为未来区域一体化的主体。预计到 2020 年，我国将形成一批规模较大、涵盖全国主要经济及人口密集区的经济区及城市群战略格局，经济区内人口约占全国人口的 80%左右，占全国经济总量的 85%以上。在泛珠区域国家层面已经批复的城市群有珠三角城市群、环鄱阳湖城市群、长株潭城市群、海峡西岸城市群、成渝城市群、黔中城市群、北部湾城市群、滇中城市群和海南旅游岛九个城镇化地区，将成为泛珠区域增长的核心和发动机，在区域一体化中要更多考虑城市群的载体作用。

（二）交通一体化内涵和途径

1. 交通一体化内涵

交通一体化是实现区域一体化或区域经济一体化的重要内容和基本途径。通常理解，是指通过交通基础设施建设，缩短城市空间距离，形成高速公路、城际快速通道、城际铁路和高速铁路客运专线相互融通的交通运输网络，并实现交通各要素的自由流动及市场、管理一体化。交通一体化包含设施建设、枢纽建设、交通规划、管理制度和经营模式等多方面的内容，涵盖广、设计内容多。

随着我国区域一体化进程的深入，城际经济社会联系日益密切，形成上下游产业链分工，经济功能互补性不断增强，经济规模进一步扩大，中心城市的集聚、辐射作用进一步增强，城际客货运输量不断增长，出行模式和结构也发生变化。这一时期，迫切要求打破阻碍交通运输衔接的行政壁垒和地域歧视，降低交通运输成本、提高运输效率，实现跨行政区交通基础设施的对接，在制度、政策层面加强衔接协调，建立统一的市场、政策、规范、标准等，实现生产要素的自由流动。这对于促进跨行政区的分工合作和优势互补，优化整个区域的产业布局，缩小区域内差距等都具有重要作用，有利于提升区域整体竞争力。通过交通协同推动区域协同发展，交通一体化推动区域一体化进程。

2. 交通一体化途径

推进交通一体化既要服从于区域（经济）一体化大局，也要注重交通自身在一体化发展中面临的问题和解决途径。

（1）服务一个目标。

服务于、适应并带动泛珠区域经济一体化（或协同发展），与经济社会和资源环境和谐发展。

（2）解决两个问题。

1）单一运输方式的跨行政区域一体化：包括加强交通基础设施对接、破除运输市场的地域壁垒、建立统一的运输市场，如路网对接、港口资源整合开发利用、民航机场分工合作等。

2）各种运输方式的一体化：构建布局合理、结构优化、功能完善、有机衔接的综合交通运输体系。有两个层面：省区内和跨行政区，本书着重于跨行政区，集中体现在跨省区综合运输通道、全国性及区域性综合运输枢纽以及跨省区多式联运组织，并对同一运输方式跨行政区的一体化产生影响。

（3）实现三个方面。

1）一体化的交通基础设施规划及建设：统一规划、统一建设、统一标准，实现跨省区、跨方式的统一协调，促进政府间、企业间合作是关键所在。

2）一体化的运输市场及服务：构建有利于企业分工合作、信息共享、无障碍的市场环境，打造统一的运输服务平台，促进要素自由流动是重要内容。

3）一体化的交通运输管理及政策：协调各省区之间的利益，从合作共赢的角度为交通运输规划、建设及运营创造有利的政策、制度环境，是一体化顺利推进的基础。

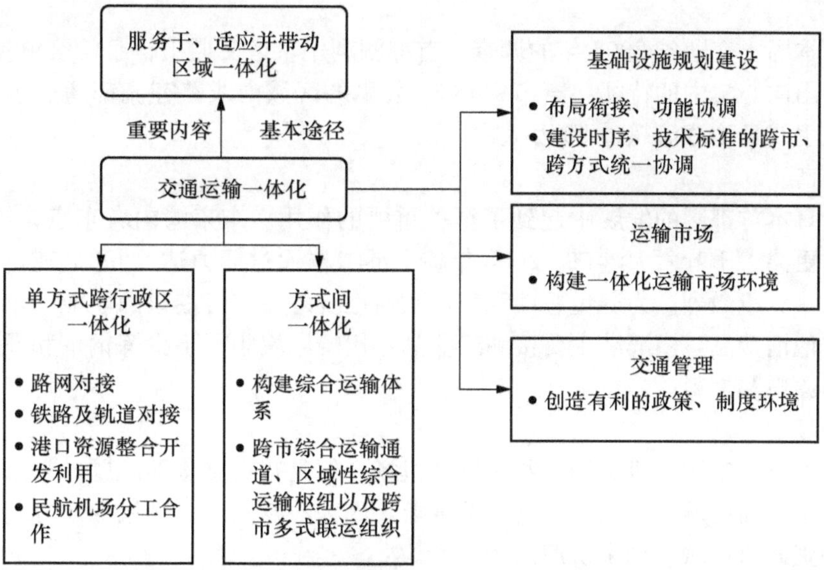

图 2-1　交通一体化内涵示意图

（三）典型区域交通一体化参考案例

1. 日本首都圈

日本首都圈作为日本三大都市圈之首，包括东京都、神奈川县、千叶县、琦玉县、群马县、枥木县、茨城县、山梨县等“一都七县”，是日本最大的城市群。首都圈面积为

36287平方公里，占日本国土面积的1/10，人口4261万，约占日本总人口的1/3、人口密度1174人/平方公里，城镇化水平达80%以上。

日本首都圈生产总值超过全国的1/3，尤其是制造业、服务业在全国具有支配功能，第三产业的区位商也比较高，集中了全国1/3以上的大学（190多所）和国家级文化机构。当前，东京都已进入后工业化经济阶段或服务业经济阶段。据统计，2009年GDP达到18871亿美元（是香港的6倍，上海、北京的近10倍，伦敦的3.7倍），服务业优势突出，就业人口中仅0.5%集中在工业，22.7%从事生产和交通有关的行业，29%从事销售和服务业，47.8%从事办公、技术和管理工作。首都圈呈现出以东京都为中心，周边七县为辅的二级层次分布格局，并朝着多极化方向发展。

（1）轨道交通。

轨道交通是首都圈交通系统中最核心的部分，包括JR（Japan Railways）线、地铁和轻轨，轨道线路长达2973公里，远远超过巴黎（1603公里）、纽约（1473公里）和伦敦（1192公里），且形成了多层次的结构。山手线由东日本旅客铁道（JR东日本）经营，全长34.5公里，呈环状围绕在东京市中心；地铁线网由东南海滨的城市中心向北、向西扇形发展，呈放射式布局，并与市郊铁路衔接联运；轻轨大部分以环城市中心线的山手线各站为起点，向近郊或邻近城市辐射。另外，还有连接新桥地区与临海副都心的无人驾驶高架电车以及连接羽田机场和滨松町站的单轨铁路。首都圈内每天约有86%的通勤客流使用轨道交通，高峰期甚至达到91%，轨道系统成为维系整个城市群正常运转的生命线。

根据日本国土交通省2005年的调查，首都圈利用轨道交通出行日均客流量达4000万人次，表现出向心集中的特征：离市中心30公里的区域内线路客流都超过了25万人次/日，其中山手线日均客流超过50万人次。

（2）港口。

港口在日本首都圈的发展中起到了至关重要的作用。东京湾内有东京、川崎、横滨、横须贺、木更津、千叶六大港口，2005年整个港口群通过能力达5.68亿吨，各港分属不同的行政区，竞争激烈。为避免恶性竞争，政府也统筹规划各港口的职能：东京港主要进口食品及其他消费品，横滨港主要接纳工业品，川崎港聚集了不少炼钢厂和发电厂，需要进口大量的原料和燃料。

（3）机场。

首都圈拥有东京国际机场和一些区域性机场，但是存在结构性问题，东京国际机场投资和运力不足，而区域性机场运力过剩的现象，因为涉及国际、区域和地方利益的协调问题，需要加强政府区域规划来协调。

（4）公路。

公路方面，为确保都市中心与周边城市的互联互通，除了呈“三环九射”形状的高速公路体系外，还有11条环线、36条放射线和294条辅路组成的普通公路体系服务于居民的出行活动。目前正进一步完善环线加放射道路网体系，并试图通过转移中心区的城市功能，来减少内外潮汐式的道路交通流量。

（5）日本首都圈交通一体化主要特征。

1）轨道交通引导都市圈的发展方向。轨道交通带动城市发展的理念贯穿在日本首都圈的五次区域规划中，建设发达的区域轨道交通，既符合东京都集中发展的需求，同时也构建了多核心的功能分布格局，为新城的发展提供了条件。以第一次规划为例，规划要求建设高效率的城市铁路交通网，其中以山手环线、中央干线、京滨线、东北干线为主要交通骨架；同时兴建城市对外交通系统，其中包括东海道干线及高速铁路，并且在山手环线沿线着手规划建设副中心。

2）轨道交通承担了大量的通勤出行。据有关部门的统计，日本首都圈每天约有86%的人依赖轨道交通进行通勤、通学，高峰时期这一比率甚至达到91%，而小汽车通勤的比例仅占6%。借助发达的轨道交通系统，大量的人群选择在东京上班、上学，在周边城市居住，因为轨道交通可以实现离市中心60公里范围1小时内达到市中心。轨道交通的快捷不仅依靠密集的网络，还离不开完善的交通信息系统，保证了列车的准时和乘客查询及换乘的方便。

3）轨道交通推动交通导向发展模式（TOD）。日本首都圈采取了轨道交通与土地开发联动的模式，对区域发展产生了巨大的推动作用。日本轨道交通公司通常采取以站点为中心，以房地产及租赁业、购物中心等零售服务业、公共汽车业、出租车业、旅游观光、宾馆设施等兼业的经营模式。政府协助轨道公司在沿线开发房地产，建设新城，通过景观良好的步行系统从车站中心通往居住区。为了聚集人流，还在沿线城镇以优惠的方式吸引了各类学校、医疗中心、邮局、图书馆、消防局以及其他政府机构，举行各种比赛、通过站点及沿线的一系列建设规划和基础设施配套，剩余土地也提升了地价，这部分土地再用于地产自行开发，从而推动了更广泛的城市土地开发。这种联动的开发模式也让东京的轨道交通系统成为世界上少数能够盈利的轨道交通系统之一。

2. 兰斯塔德城市群

兰斯塔德地区位于荷兰西部，包括荷兰最大的四个城市（阿姆斯特丹、鹿特丹、海牙和乌得勒支）及其间众多中小城市，土地总面积8287平方公里，建成区总面积为4300平方公里，由Regio Randstad统一管理，包括12个地方和区域机构。兰斯塔德地区是欧洲人口最密集的区域之一，集聚了荷兰超过41%的人口（710万人），城市人口密度为1535人/平方公里，也是最重要的经济区域之一。2007年国内生产总值达到2163亿欧元，以服务业为主，包括金融、物流、创意产业、旅游业、生命科学、历史文化等。

该地区拥有鹿特丹港和阿姆斯特丹史吉普机场，作为欧洲大陆的门户和商贸轴心，是全球知名的城市群，其形成的多中心网络及"绿心"结构也成为区别于世界其他城市群的突出特点。区域内四大城市相距不到60公里，功能互补、各有优势。阿姆斯特丹是国际性的商业中心，主要承担金融、贸易、文化、旅游的智能；鹿特丹是国际航运中心，主要承担物流贸易、临港制造业的职能；海牙是政治中心和国际事务及外交活动中心，主要发挥公共管理及会展旅游的职能；乌得勒支则主要承担文化教育和服务业的职能。

（1）交通运输。

兰斯塔德地区拥有完善的综合运输体系。轨道交通系统是整个荷兰轨道交通网络的重点，由轻轨、地铁和有轨电车网络共同组成，大部分城际轨道都与该区域的大城市有联系。整个轨道交通不仅使用频率高，而且不断在服务上做出改进，成为欧洲轨道交通班车误点、延时最少的国家。高速公路网络密集，大部分从阿姆斯特丹和鹿特丹向外延伸，但目前大部分高速公路都有严重的拥堵现象，尤其众多的隧道、高架桥和桥梁形成许多交通瓶颈。大量的卡车占据了兰斯塔德放射状的高速公路网的大部分车道，也为区域交通带来了拥堵的问题。

因此，《兰斯塔德 2040》规划中提出了新的交通战略：包括提高可达性的质量，提供更好的住房市场和交通，提供联系国际的轨道交通网络、更好的高速公路网络以及发展更多的机场等。

（2）主要特征。

兰斯塔德地区依靠放射状交通将区域内距离较近的城市有机地组织起来，形成网络状、多中心的城市群系统。

1）区域规划注重加强城际及对外交通联系。《兰斯塔德 2040》提出：加强货流移动的顺畅，解决高速公路拥堵；加强区域性基础设施建设，改进通达性；适应网络社会和网络经济的发展，加强各大城市和城市区域之间的联系；保持史基浦机场（Schiphol Airport）的枢纽功能，并加强与其他区域性机场的合作；将鹿特丹港发展成为创新的物流和能源港口，加强与其他港口的联系。

2）形成较为完善的港口集疏运体系。鹿特丹港至少 45%的集装箱通过内河集疏运；鹿特丹港还采用了铁路和机场共同支持港口的多式联运，铁路集装箱运能逐年增加，已有 14 家铁路运营商在鹿特丹港运作。

3. 京津冀地区

京津冀位于东北亚环渤海心脏地带，土地面积 21.6 万平方公里，仅占全国的 2%，但其总人口达 10860.5 万，占全国的 7.98%；地区生产总值达 62172 亿元，占全国的 10.9%；社会消费品零售总额达 23661.8 亿元，占全国的 9.9%；进出口总额达 6124.8 亿美元，占全国的 14.7%；已经成为继长三角、珠三角之后，第三个最具活力和潜力的区域。2014 年 2 月 26 日，习近平总书记主持召开座谈会，明确要求京津冀要自觉打破“一亩三分地”的思维定式，并对其协调发展提出“七点要求”。2015 年 4 月国务院审议通过《京津冀协同发展规划纲要》指出，推动京津冀协同发展是一个重大国家战略，核心是有序疏解北京非首都功能，要在京津冀交通一体化、生态环境保护、产业升级转移等重点领域率先取得突破。

（1）交通运输。

京津冀确定了“功能互补、区域联动、轴向集聚、节点支撑”的布局思路，明确了以“一核、双城、三轴、四区、多节点”为骨架，推动有序疏解北京非首都功能，构建以重要城市为支点，以战略性功能区平台为载体，以交通干线、生态廊道为纽带的网络型空间格局。京津冀三地要实现交通运输“一张网”，当前和今后一个时期是推动京津冀交通一体化率先突破的集中攻坚时期。

一是要加快推进政策协调创新。近期要抓住提升交通运输服务一体化水平、深化管理体制机制改革等关键政策集中攻坚。二是加快推进城际铁路和市郊铁路建设。近期重点推进京唐、京滨城际铁路及轨道交通平谷线等项目前期工作。三是加快打通“断头路”。按照既定时间节点全力推进京津冀地区 8 条高速公路“断头路”的建设，确保 2017 年如期建成。四是加强区域港口资源整合和综合利用。优化津冀港口分工定位，打破同质竞争，实现优势互补。五是加快推进运输服务一体化。在毗邻地区客运班线公交化改造、道路客运联网售票、交通一卡通互联互通、客运联程运输等方面取得突破。调整优化民航运力部署，合理安排航线航班，推动机场协同取得实质性突破。加快推进交通运输与邮政深度融合，大力推进高铁快递、电商快递班列和航空快件运输设施设备的衔接和改造。六是加快建设三地全面覆盖、快速反应、协调联动的交通运输应急救援体系。

（2）京津冀地区交通运输主要特征。

1）“轨道上的京津冀”是三地交通发展的核心内容，由干线铁路、城际铁路、市郊铁路和城市轨道交通组成，将有 27 条城际铁路联通京津冀，总规模将超过 3700 公里。近期重点推进京唐、京滨城际铁路及城市轨道交通平谷线等项目前期工作。

2）“路通”是交通先行的重要任务。交通运输部与国家发展改革委确定的涉及京冀间的国家高速“断头路”有 3 条，即：京秦高速、京台高速、首都地区环线的密涿高速。2017 年有望打通京津冀国家高速公路的所有“断头路”。

3）推行“交通一卡通”。京津冀三地将力争在 2017 年实现区域公交、地铁“一卡通”互联互通。北京、天津以及河北的石家庄、保定、张家口、廊坊这六座城市将成为全国第一批试点“交通一卡通”的区域。

4）通过体制机制创新破除“协同”障碍。三地成立了“京津冀三省市交通一体统筹协调小组”，签署了《交通一体化合作备忘录》。融资方面，成立了京津冀城际铁路投资有限公司，股权比例京津冀三家一致，没有控股方，体现了平等、合作、协同的理念。利益分担方面，三地将以市场为导向，以资本为纽带，建立三地在交通建设、运营、管理等方面的利益分担机制；同时，进一步简政放权，激发交通一体化发展活力。

（四）区域交通一体化经验借鉴

世界高度城镇化的几大城市群城镇体系布局结构不尽相同，但主要运输走廊分布特征明显，中心城市之间形成高强度运输需求和大运量通道，通常沿走廊地区也是产业、人口的重要集聚发展带，以其为主轴线构成带状城市密集区。城市群多处于交通干线上，有大量的过境交通和城市群交通多共享走廊，过境交通随着城市人口规模的增大而递增。总结区域综合交通运输发展规律，可以看出主要包括两方面重点。一是优化交通运输系统的规模、结构、布局、运营。将交通建设与城市群空间组织、土地利用相结合，整合利用、共享区域内各种运输资源，构建一体化的交通运输系统，包括完善交通网络，克服通道瓶颈，提高区域内节点的可达性，建立由多种运输方式共同组成的多层次交通网络体系。二是营造良好的制度环境。如制定区域交通规划，成立统一的管理机构，加强交通监管等。

1. 大力发展轨道交通系统

城市群主要运输走廊上常形成很大的客运量，轨道交通具有大运量、快速、低耗能的特点，成为城市群快速客运系统的主骨架，国际上很多城市群都形成了发达的轨道交通系统。日本首都圈具有全世界最密集的快速轨道交通系统，引导城市群向“多极多圈层”的结构发展。东京都的轨道线路长达 2973 公里，形成由 JR（Japan Railways）线、地铁和轻轨共同组成的多层次结构，放射状为主、环状为辅的轨道交通系统将城市中心的功能有效地分散到了外围区域，形成了以轨道交通为骨架、“一核七心”的多中心城市结构。我国京津冀交通一体化提出了发展“轨道上的京津冀”，由干线铁路、城际铁路、市郊铁路和城市轨道交通组成，将有 27 条城际铁路联通京津冀，总规模将超过 3700 公里。

2. 统筹区域港口机场定位

为避免恶性竞争、资源浪费，政府或运营机构积极统筹规划城市群内各港口、机场的功能定位。日本东京湾沿岸分布着东京、川崎、横滨、横须贺、木更津以及千叶等六大港口，分工相对明确：东京港主要进口食品及其他消费品，横滨港主要接纳工业品，川崎港聚集了不少炼钢厂和发电厂，大量进口原料和燃料。伦敦都市圈分布有五个民用运输机场，分别为希思罗机场（LHR）、盖德威科机场（LGW）、斯坦斯特德机场（STN）、卢顿机场（LTN）和伦敦城市机场（LCY），每个机场在伦敦机场系统中都有明确的市场定位和服务对象，在区域机场体系中扮演着不同的角色。

3. 发展通道集约利用土地

国外非常重视交通建设用地的集约利用，通过建设综合运输大通道，有效解决交通用地与城市群发展之间的矛盾。洛杉矶 Alameda 通道是连接圣佩罗湾港口群与内陆腹地的主要疏港通道，通道内有 4 条单线铁路，位于洛杉矶大都会区的重要建成区，与城市地面道路形成了多达 200 多个平面交叉口，承担港口集装箱集疏运的比例从 20 世纪 80 年代初的 50%以上降至 1995 年的 22%。为加强地面运输系统的集疏能力，洛杉矶地区所在的南加州政府组织协会成立了港口咨询委员会，研究提出 Alameda 疏港通道方案：包括一条全立交的地下/高架多线铁路、两侧公路、一系列立交设施。项目实施后到 2007 年，圣佩德罗港口群集装箱吞吐量中疏港铁路承担的比例已回升到 36%。由于疏港交通由公路向铁路的大规模回流，通道内公路拥堵状况得到显著缓解。同时，铁路快线开通后其他疏港铁路线即被废弃，铁路与相关干支线公路以及城市道路的交叉道口减少到 40 余个，区域道路的通行效率明显提高。

4. 重视城市群内通勤需求

交通基础设施的功能、布局力求适应城际客运需求日益显著的通勤特征。美国旧金山湾区的城际轨道交通系统的功能已由服务商务旅行为主转向服务本地居民为主，主要服务居民通勤出行，湾区快速轨道交通（Bay Area Rapid Transit）准时、快捷，城市间的旅行在 60 分钟之内即可完成。日本京阪神都市圈的郊区到市中心有着巨大的通勤客流量，这些客流主要是通过区域性的国铁和私铁线路进入市中心，国铁、区域性的私铁线路深入到城市中心并设站，与地铁线路换乘，方便旅客出行。

5. 推进道路运输服务一体化

2009 年 2 月，江苏省、浙江省、上海市联合发布了《长江三角洲地区道路运输一体化发展规划纲要》，把推进道路运输服务一体化作为重要切入点。成功推行了长三角地区高速公路联网不停车收费系统；协调统一区域内道路集装箱运输管理政策，规范异地经营行为；主要的道路运输信息系统进行了有效的整合，实现了资源共享，完成了两省一市“96520”运管热线一号联通网。三地道路运输管理部门共同建立长江三角洲道路运输协调委员会制度，就统一和规范道路运输监督和服务电话号码、统一道路运输有关的形象标志、加强客运异地联网售票系统的建设、联合研究开发统一的长江三角洲货运信息交易平台等问题进行协调。京津冀三地也力争在 2017 年实现区域公交、地铁“一卡通”互联互通。

6. 注重信息共享服务协同

跨地区交通信息的充分快速共享能有效提高跨界交通及多方联运的效率。北美跨界交通存在一些技术规则差异，包括货车的尺寸和载重规定、驾驶者的身体条件限制、道路标志和交通信号等，通过发展智能交通系统，可快速获取过境卡车的异地认证及货物信息，利用共享数据库监控司机违规记录，缩短了边检时间，提高了边检效率。欧洲推动 TRIDENT 研究并开展系统建设，利用规范的信息交换机制打破了各区域及国家间界限，实现了地铁、公交汽车以及铁路、道路交通之间的信息交换和共享。日本关西地区（包括京都、大阪、神户等）为游客提供统一的交通信息服务（包括机场、国铁、私铁、地铁以及公交汽车等），建立乘车卡系统，游客同一乘车卡可在多个地区的多种运输方式上使用。

7. 建立区域协调机制机构

为促进城际交通联系或实现区域内交通资源共享，不少地区成立了区域规划管理机构。纽约和新泽西州于 1921 年共同成立了纽约和新泽西港务局，目前该局仍然控制着纽约、新泽西州内多数交通运输设施，包括机场、桥梁、隧道和海港设施等。旧金山湾区于 1970 年成立（湾区）都市交通委员会（Metropolitan Transportation Commission），专门负责整个旧金山湾区交通的规划、融资和协调。长三角地区确立了省级主要领导座谈会这一协调模式，两省一市共同搭建了“构建区域大交通体系专题组”平台，每年定期召开交通专题联席会议，成立了道路运输管理、公路建设和管理、铁路建设、民航发展与建设、港口和航运发展共五个专业协调小组，建立了交通厅（委）层面的日常沟通协调机制，在规划衔接、项目协调、运输一体化等方面开展了卓有成效的工作。京津冀三地成立了“京津冀三省市交通一体统筹协调小组”，签署了《交通一体化合作备忘录》，同时进一步简政放权，激发交通一体化发展活力。

二、泛珠交通一体化现状及主要问题

（一）交通发展概况

2016 年国务院正式发布了《关于深化泛珠三角区域合作的指导意见》，明确了泛珠区域范围、总体要求和战略定位，从国家层面上为其发展指明了方向。同时相应出台了包括《泛珠三角区域合作发展规划纲要（2006～2020 年）》、《泛珠三角区域合作公路水路交通基础设施规划纲要》、《泛珠三角区域综合交通运输体系合作专项规划纲要》等总体和专项规划，为推进各领域合作发展奠定了良好基础。

1. “四纵两横”综合运输通道布局形成

十年来，泛珠区域一批重要交通基础设施项目完成或顺利推进，综合交通基础设施规模进一步扩大，综合交通运输保障能力和服务水平进一步提升，已经形成了以国家“五纵五横”综合运输大通道中的“四纵两横”（南北沿海、满洲里—港澳台、包头—广州、临河—防城、沿长江、上海—瑞丽）为主骨架，由铁公水航等组成的立体综合交通运输网络（见图 2-2）。

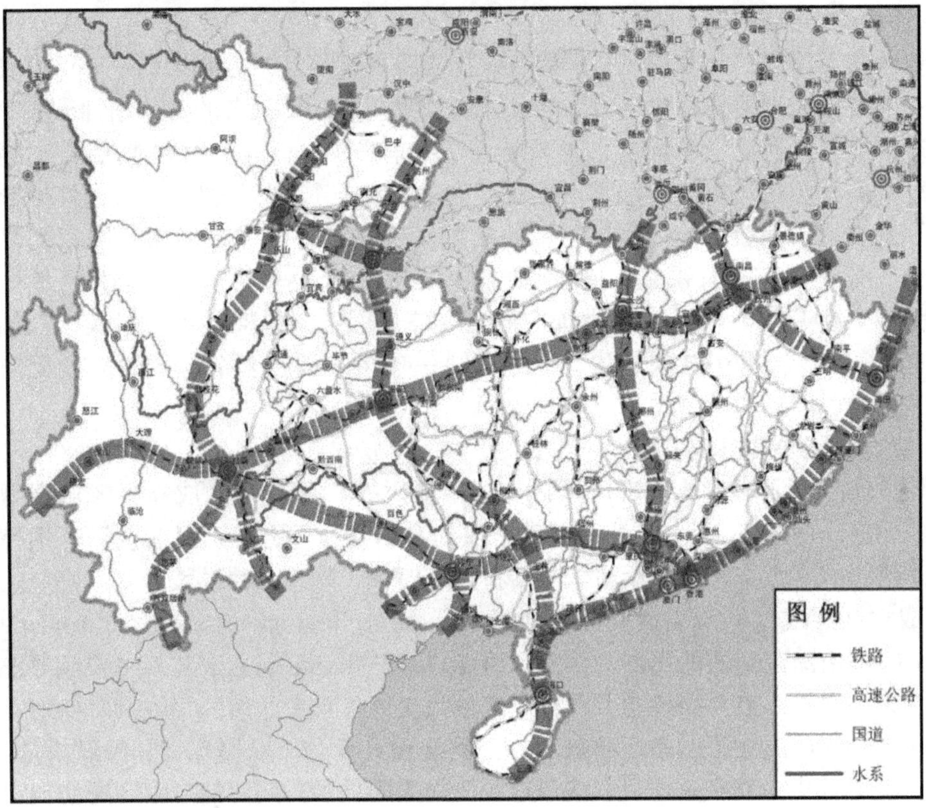

图 2-2 泛珠“四纵两横”综合运输通道布局示意图

2. 综合运输全面发展

到 2014 年底，泛珠区域除港澳地区外，综合运输里程达到 165.1 万公里，占到全国的 35.1%。其中，公路通车总里程为 156.5 万公里，其中高速公路 3.8 万公里；铁路营业里程达到 3.0 万公里；内河通航里程达 5.7 万公里，其中珠江水系涵盖最多，其流域横跨滇、黔、桂、粤、湘、赣六省通航里程 1.27 万公里；沿海港口码头 2706 个，其中万吨级以上码头 554 个，国家规划的主要港口中，有 9 个分布在泛珠区域的沿海省区，占总数的近一半；拥有港、穗、深、澳、珠等 20 多个机场，其中广州白云国际机场和香港国际机场为亚洲最大机场之一，香港国际机场是全球最繁忙的国际航空货运中心；管道以成品油和天然气管道为主，其中广东省和四川省最多（见表 2-1、图 2-3）。

表 2-1 2014 年泛珠综合运输里程 单位：公里

地区	合计	铁路营业里程	内河航道里程	公路里程	
					高速
全国	4702014.1	111821.1	126280.0	4463913.0	111936.0
福建	107194.4	2759.1	3245.3	101190.0	4053.0
江西	164855.1	3702.3	5637.9	155515.0	4484.0
湖南	252296.8	4550.5	11496.4	236250.0	5493.0
广东	228272.3	4027.0	12151.4	212094.0	6266.0
广西	125345.7	4741.5	5704.1	114900.0	3722.0

续表 2-1

地区	合计	铁路营业里程	内河航道里程	公路里程	
					高速
海南	27038.8	693.7	343.0	26002.0	757.0
四川	324438.4	3976.0	10720.4	309742.0	5506.0
贵州	185112.7	2373.1	3660.6	179079.0	4007.0
云南	236865.0	2915.9	3551.0	230398.0	3255.0
小计	1651419.2	29739.1	56510.1	1565170.0	37543.0
比例	35.1%	26.6%	44.7%	35.1%	33.5%

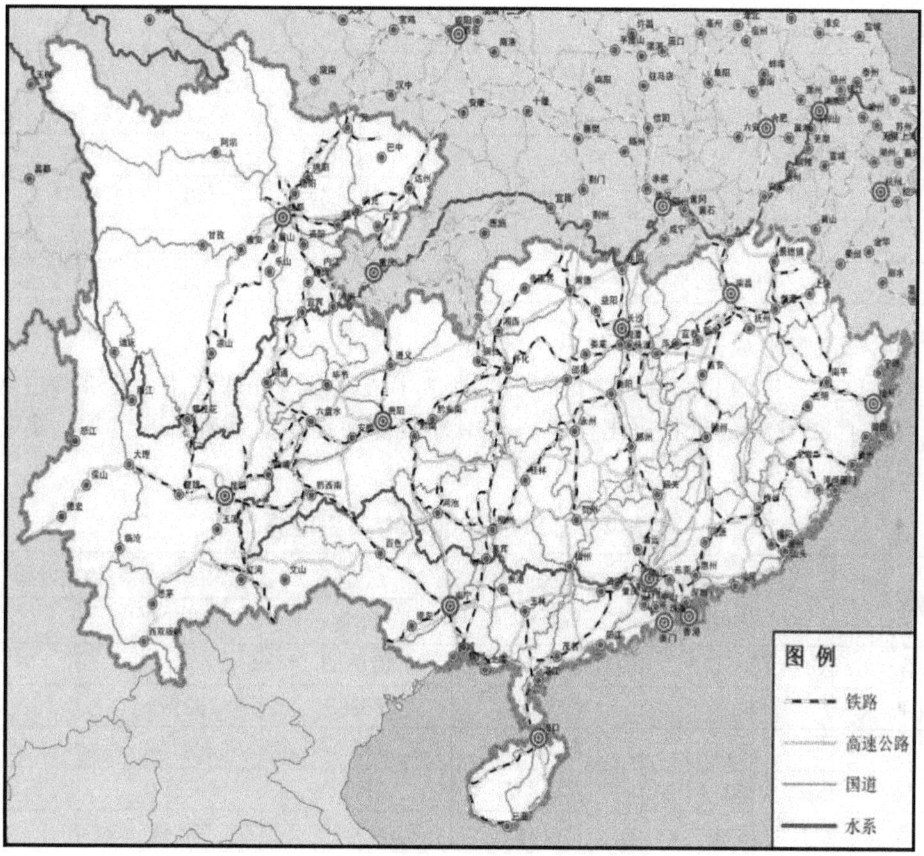

图 2-3　泛珠综合运输网络示意图

(1) 内河水运网发达。

本区域拥有长江和西江两大水系，内河水网发达，得天独厚。近年来，长江干流相对发展较快，而长江支流以及西江水系发展相对滞后，内河水运未能发挥其应有的作用。

(2) 公路在客货运中占据主导地位。

到 2014 年底，泛珠区域除港澳地区外，全社会客运量 80.9 亿人次，占到全国的 36.6%；全社会货运量 130.0 亿吨，占到全国的 30.7%。其中公路的客货运量分别占到了 89.6%和 82.9%，占据了绝对主导地位（见表 2-2）。

表 2-2　2014 年泛珠全社会客运量　　单位：万人

地区	客运量				货运量			
	合计	铁路	公路	水运	合计	铁路	公路	水运
全国	2209391	235704	1908198	26293	4386800	381334	3332838	598283
比例	—	10.7%	86.4%	1.2%	—	8.7%	76.0%	13.6%
福建省	58719	8345	48580	1794	111757	3402	82573	25782
江西省	67795	7840	59674	281	151878	4934	137782	9162
湖南省	161837	9806	150583	1449	203053	4753	172613	25687
广东省	180789	20942	157234	2613	343491	9136	257136	77219
广西区	51904	4770	46623	512	163023	6684	134330	22009
海南省	14210	1543	11042	1624	23632	854	11015	11763
四川省	138274	8905	126691	2678	159034	8541	142132	8361
贵州省	86571	4409	80231	1931	85672	6317	78017	1338
云南省	49080	3479	44502	1099	108544	4823	103161	560
小计	809178	70038	725159	13981	1350084	49444	1118759	181881
比例		8.7%	89.6%	1.7%	—	3.7%	82.9%	13.5%

（3）沿海港口形成三大港口群。

福建、广东、广西和海南四省区在沿海形成了福建沿海、珠三角、北部湾三大沿海港口群，承担了 22 亿吨的货物进出任务，其中外贸货物吞吐量达到 8.5 亿吨，集装箱吞吐量 6300 万 TEU（见表 2-3）。

表 2-3　2014 年泛珠港口吞吐量

地区	旅客吞吐量（万人）	货物吞吐量（万吨）		集装箱吞吐量	
			外贸	（万 TEU）	（万吨）
沿海合计	8061	803307	326667	18178	210055
福建	980	49166	20988	1271	16502
广东	2843	137631	48385	4752	51871
广西	20	20189	12773	112	1960
海南	1361	14164	2597	162	2784
内河合计	10238	441909	32341	2066	24806
福建	297	375			
江西	358	30975	269	32	394
湖南	1250	25322	368	34	411
广东	504	27824	3485	574	6205
广西		10890	144	61	1005
四川	1499	9159	51	44	500
贵州	3036	1014			
云南	1052	546	48		

（4）机场吞吐量逐年上升。

内地形成了以广州为枢纽，以深圳、成都、厦门、昆明等为干线机场的布局（见表2-4）。

表 2-4　2014 年泛珠主要机场客货吞吐量

机场	名次	旅客吞吐量（人）	名次	货邮吞吐量（吨）
合计		831533051		13560841
福建省				
厦门/高崎	11	20863786	10	306385.0
福州/长乐	26	9353414	21	121383.4
泉州/晋江	47	2784207	37	41232.8
江西省				
南昌/昌北	30	7240861	34	46066.4
湖南省				
长沙/黄花	12	18020501	20	125037.8
张家界/荷花	60	1091559	98	1404.4
广东省				
广州/白云	2	54780346	3	1454043.8
深圳/宝安	6	36272701	4	963871.2
珠海/三灶	43	4075918	45	22128.2
揭阳/潮汕	46	2870252	48	18569.3
广西区				
南宁/吴圩	25	9412246	25	90353.2
桂林/两江	31	6897741	41	35841.5
北海/福成	63	1003038	66	4011.0
海南省				
三亚/凤凰	18	14942356	29	75645.8
海口/美兰	19	13853859	22	121131.4
四川省				
成都/双流	5	37675232	5	545011.2
九寨/黄龙	51	1702527	115	890.3
绵阳/南郊	61	1084998	61	5464.0
贵州省				
贵阳/龙洞堡	22	12525537	26	82063.4
遵义	79	669726	141	205.5
云南省				
昆明/长水	7	32230883	9	316672.4
丽江/三义	39	4852284	53	7037.7
西双版纳/嘎洒	45	3360505	58	6123.7
德宏/芒市	62	1060650	59	5669.4

（二）流量流向分析

1. 客运

通过表 2-5 可以看出，目前省际客运交流主要集中在广东与相邻省份湖南、江西、广西、福建、四川之间，而其他省份之间的交流较为紧密的还有福建与江西、湖南与广西、云南与贵州和四川至云南等相邻省份之间。从通道角度来看，其主要客运交流量集中在沿海通道、京广通道、京九通道、沪昆通道、贵广通道和云桂通道等之间。

表 2-5　2013 年泛珠全社会客运交流量　单位：万吨

	福建	江西	湖南	广东	广西	海南	四川	贵州	云南
福建		675.4	136.4	727.8	50.8	34.9	109.9	108.9	49.7
江西	551.2		440.5	1252.0	56.5	16.8	52.1	61.4	41.6
湖南	163.4	522.2		3486.1	554.5	77.5	93.3	738.4	110.2
广东	736.6	1361.9	3290.1		2902.7	914.9	679.7	583.8	276.4
广西	91.1	81.5	429.4	3346.2		85.1	64.5	352.4	241.1
海南	39.4	18.8	70.0	929.5	94.6		60.9	33.5	30.4
四川	111.2	53.1	89.9	759.4	64.0	59.0		309.8	634.1
贵州	96.5	53.4	364.1	438.4	237.2	30.6	302.2		507.8
云南	55.8	42.0	108.0	251.3	165.3	30.4	581.9	651.6	

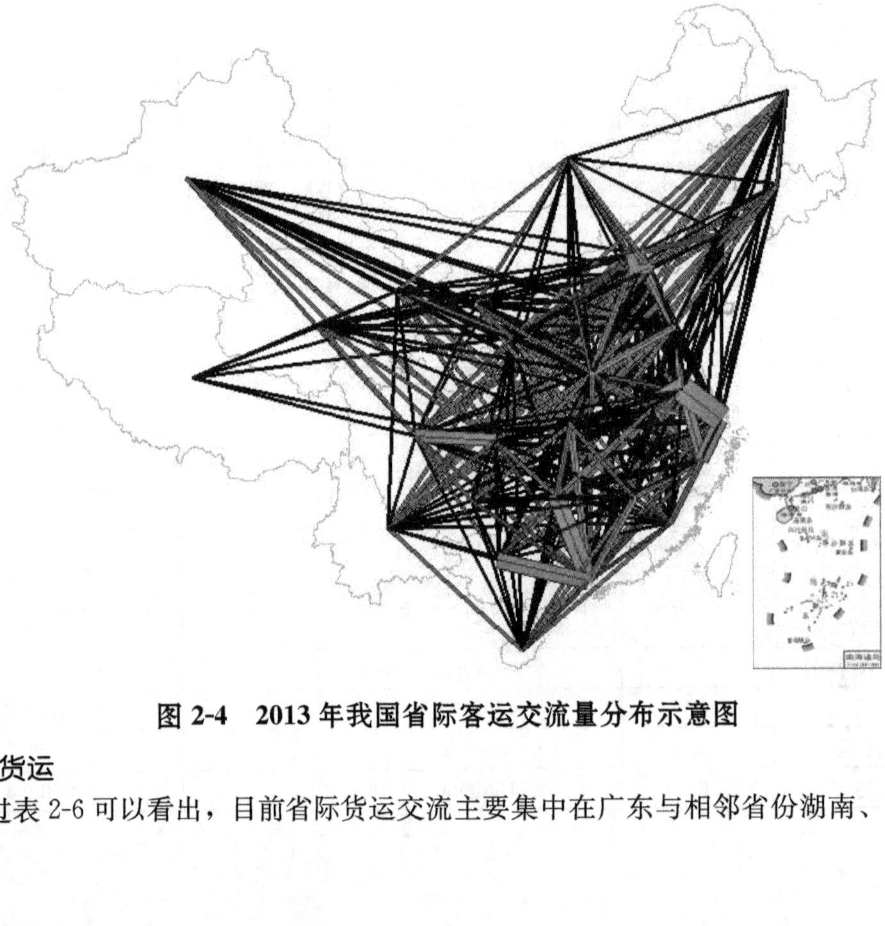

图 2-4　2013 年我国省际客运交流量分布示意图

2. 货运

通过表 2-6 可以看出，目前省际货运交流主要集中在广东与相邻省份湖南、江西、广西、福建、云南之间，而其他省份之间的交流较为紧密的还有福建与江西、江西与湖南、湖南与广西、湖南与贵州等相邻省份之间。从通道角度来看，其主要货运交流量集中在海上通道、京广通道、京九通道、西江航道和沪昆、成昆通道等之间。

表 2-6 2013 年泛珠全社会货运交流量 单位：万吨

	福建	江西	湖南	广东	广西	海南	四川	贵州	云南
福建		1858.9	135.6	5240.4	43.6	53.1	185.4	35.0	214.9
江西	2159.3		2703.7	4673.6	165.0	22.1	88.5	277.2	131.8
湖南	93.5	1994.9		11881.9	1519.4	47.1	173.8	1108.8	595.7
广东	1764.9	3009.2	4135.5		7078.2	2600.9	799.7	1011.1	1426.9
广西	79.6	200.1	1918.2	10339.7		352.3	539.5	1855.6	1689.5
海南	82.3	55.6	33.2	2913.9	253.9		8.3	2.0	22.5
四川	28.0	71.2	131.1	484.6	334.1	13.8		1094.4	2139.3
贵州	88.4	86.3	1037.8	945.2	2399.9	9.2	1752.6		1739.1
云南	181.3	111.4	259.2	1661.9	1290.2	8.5	2087.9	1337.4	

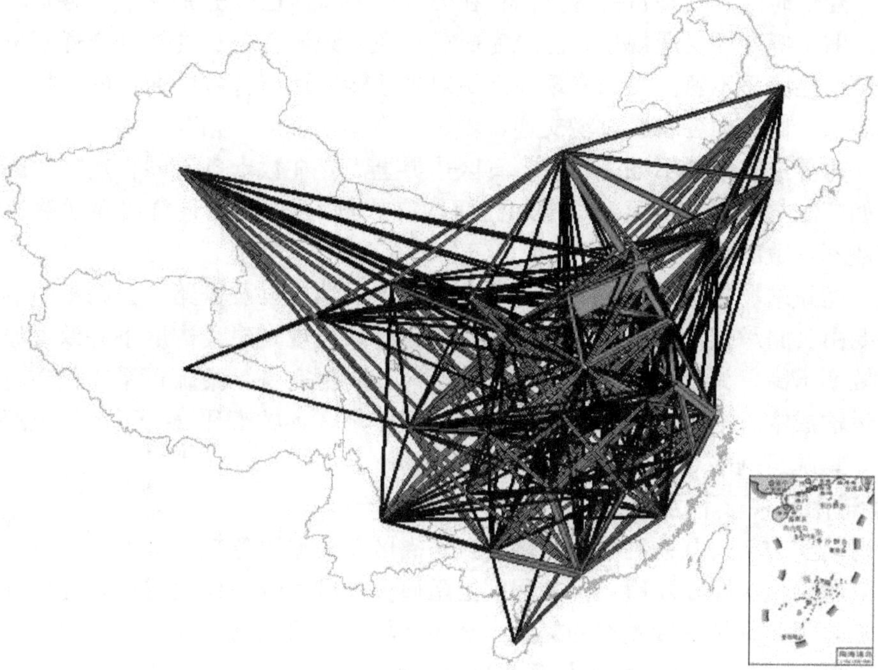

图 2-5 2013 年我国省际货运交流量分布示意图

（三）主要问题梳理

1. 供给结构矛盾突出，难以适应区域一体发展

第一，中西部与东部地区的连接综合运输走廊缺失。目前，泛珠已形成综合运输走廊均为纵横向布局，导致部分区域缺乏直接的走廊联系，尤其是四川至广东、福建地区、广东至云桂地区等区域，随着彼此间经济和产业发展联系的日益紧密，客货交流日趋频繁，迫切需要构建直通对接的综合运输走廊系统。

第二，综合运输走廊的快速客运系统尚在建设中，客运压力还未完全消除。随着区域间高速客运需求增长迅速，在一些主要运输走廊，尤其是西部与中部、西部相邻地区的走廊上，仅依托民航方式供给难以满足高速客运增长的需求，亟须加快铁路客运专线进程。综合运输走廊的物流化货运系统还不完善，区域专业货运系统仍需进一步加强，主要表现在铁路干线能力紧张，国家级干线公路主要通道能力不足等。目前，京广线、沪昆线等主要干线局部能力均已饱和或接近饱和，铁路集装箱集疏运通道发展明显滞后。

第三，联系城市群之间的综合运输走廊需要完善。随着城镇化水平的不断提高，城市群逐步成为城镇化的主体形态。城市群之间日益频繁的客货交流对交通运输的要求不断提高，推动了区际综合运输走廊的快速发展。从泛珠城市群的发展进程来看，需要在合理利用现有通道资源的前提下，优化综合运输走廊总体布局，建立发达完善的综合运输走廊系统。

2. 规划统筹协调不够，交通设施衔接仍需优化

第一，缺乏站在区域交通运输一体化的高度对各省区规划进行统筹协调。由于行政管理分割、各方利益不一致、协调机制不完善等原因，各省区在交通基础设施的规划方案、技术标准、建设时序、管理机制等方面存在分歧。各省区已经分别完成了各自的公路、轨道、港口、航空等专项交通规划，已经完成或正在组织研究各自的综合交通运输规划，但之间的协调衔接明显不够。突出表现在区域对外运输通道与各省区通道的衔接和功能定位缺乏统筹规划，区域内各省区过境交通、城际交通相互叠加、相互干扰。

第二，边界道路衔接不畅。目前各省区边界上尚存在数十条不同程度的“断头路”和瓶颈路，如广东与湖南、广西、福建和江西均有“断头路”，而且跨边界线路存在道路等级、车道数不一致的问题。

第三，枢纽站场集疏运网络不完善。主要机场、港口以及铁路、公路枢纽场站的客货流集散主要由公路承担，由于路网不完善、线路与站场规划建设进度不一致等原因造成客货流集散效率不高。为产业提供服务的物流园区布局不完善，集疏运系统仍在建设中，大大增加了运输成本。沿海主要港口后方多为城镇密集区，城市环境、用地与枢纽客货集散矛盾突出，集疏运网络对枢纽节点能力形成制约。

3. 运输市场共享不足，法规和技术标准不统一

由于财政实力与公共福利水平的差异，各省区在运输服务技术标准和市场管理法规上存在差异，联网执法存在障碍，一定程度上阻碍了区域运输一体化进程；地方保护主义做法仍然存在，阻碍资源配置效率的提升，运输市场共享机制尚未建立。

4. 信息化支撑不充分，协同服务水平有待提升

2012 年《泛珠三角区域综合交通运输合作（海南）协议》指出，要加强协调沟通，建立统一完善的交通运输管理信息系统，消除市场壁垒、打破地区封锁，明确市场准入条件、服务标准和工作规范。实际上，目前各省区根据自身需求以及资金、人才等条件自主建设信息化，缺乏一体化的交通运输信息化发展思路和实施步骤，在运用信息技术提升一体化水平方面仍有较多工作亟待推进。

第一，各省区协调的交通信息服务体系尚未建立。除主要高速公路出行信息可通过各省区“出行交通信息服务系统”获取外，大部分公路以及其他交通方式没有形成统一的出行信息服务平台。

第二，政府管理信息共享不足。各省区之间道路客货交流频繁，但道路运输管理仅通过全省运政系统交换基本信息，运政执法及许可等信息交换实时性较差，难以实现运输市场的一体化监管，不能够满足各省区各类营运车辆频繁往来带来的各类管理需求。

第三，基础设施管理及应急处置联动手段不足。实现交通组织与管理的精细化、网络化是改善基础设施利用效率的重要手段，但目前各省区之间尚且缺乏这些技术手段及管理机制，尤其是运行监测联网、组织管理协同等方面明显不够，难以实现交通基础设施运行管理及应急处置的协同联动。

5. 协同合作尚不完备，一体推进机制有待完善

2012 年《泛珠三角区域综合交通运输合作（海南）协议》指出，要探讨建立统一的交通运输政策、法律、法规，实现区域内交通运输资源的合理有效利用，提供无障碍运输服务。但是，行政分割和地方利益是推动区域一体化的根本制约因素。目前各省区已经从政府层面建立了联席会议制度，各省区交通主管部门也多次召开工作会议进行对接，但具体合作方案的深度和广度还不够，没有形成推进区域交通运输一体化的常态机制，交通运输一体化的协调推进机制还有待进一步完善。

尤其是粤港澳合作机制还有待进一步完善。一是协调以粤港、粤澳为主。目前粤港、粤澳间的协调力度较大，而粤港澳三方共同协调的力度较小，在地市级层面，深港、珠澳协调较多，珠三角各地市参与港澳协调较少。二是三地以一事一议协调为主。粤港、粤澳虽然进入全方位合作协调阶段，但因缺乏区域整体统筹规划，目前三地合作更多是一事一议，与区域协调发展要求存在一定差距。三是协调手段以行政协商为主。内地和港澳由于不同的法律和经济运行环境，相互间基础设施协调只能通过政府间行政协调方式进行，规划实施存在难度。四是三方运营合作存在难度。由于三方通关数据不能共享，公交卡不能跨地区使用等，导致区域基础设施在促进要素流动方面不能发挥更大作用。

三、区域交通一体化面临的形势

（一）国家发展总体战略的支撑和引领需求

服务国家战略，既是综合交通运输走廊发展的使命，也是其发展的机遇。当前，我国正加快推进“一带一路”、京津冀协同发展、长江经济带“三大战略”和实施西部开发、东北振兴、中部崛起、东部率先“四大板块”区域发展战略，“三大战略”和“四大板块”的战略组合成为主导我国新时期区域经济发展的重要战略，为区域经济一体化发展带来新的要求和机遇。泛珠区域是我国经济最具活力和潜力的区域，涉及我国“两大战略”和“三大板块”，需要统筹考虑。同时，自身作为第四大战略的牵引者，也需要强化交通运输在一体化中的作用。

1. 支撑“三大战略”

“一带一路”、京津冀协同发展、长江经济带三大战略，是开创我国全方位开放新格局，在经济新常态下保持经济持续、稳定、健康发展的重大战略。交通运输是实施三大战略的重要基础和支撑，三大战略分别从国际区域层次、国内区域层次和城市群区域层次对综合运输走廊发展提出了要求。其中，“一带一路”战略要求交通运输以促进我国与周边国家互联互通发展为导向，促进陆路骨干通道建设，强化海上战略通道的安全通畅。京津冀协同发展战略要求加强城际干线铁路建设，完善高速公路网络，推动港口和机场协同发展，推进区域内交通基础设施互联互通和运输服务一体化进程。长江经济带战略则要求加快建设长江经济带综合立体交通走廊。总体而言，“三大战略”的实施，尤其是“一带一路”和长江经济带的实施，需要交通运输继续加快完善重要通道建设，既要构建内联外出、连接中心城市的区域运输走廊，又要构建通江达海、连接东中西的国家运输大通道，并做好与境外国际通道的互联互通。

泛珠区域涉及我国“三大战略”中的“一带一路”战略和长江经济带战略，需要与已经出台的两大战略相互统筹，形成在战略层面的一致性，既要适应国家推进全方位开放格局的需要，也要加强与长江经济带战略的协同配合。同时，泛珠即将成为我国的第四大战略，将打造成为我国改革开放先行区、全国经济发展重要引擎、内地与港澳深度合作核心区、“一带一路”建设重要区域和生态文明建设先行先试区，对区域交通一体化提出了更高要求。

2. 服务“四大板块”

20世纪90年代以来，为了协调区域发展、缩小地区差距，国家先后制定了西部开发、东北振兴、中部崛起、东部率先“四大板块”的区域发展战略。“四大板块”区域发展战略的实施，培育了一批区域经济增长极，带动了欠发达地区的发展，有效遏制了我国地区发展差距扩大的势头，区域合作深度和广度不断加强。新时期下，“四大板块”区域发展战略仍将是我国区域协调发展的重要战略，其塑造的重点开发区域或建设区域的空间格局及内部空间组织体系决定了我国交通基础设施网络的基本框架。

泛珠区域涵盖了我国东中西部地区，除了东北振兴外其他三大板块均涉及。“三大板块”的协同发展离不开综合交通运输的有力支撑，对综合运输走廊的发展具有重要促进作用。“四大板块”依据各省市区的社会经济发展规划及相关空间规划，利用优势区位，培育发展了若干较具规模的经济区或城镇密集区，逐渐成为区域发展的核心和主要增长极。城镇密集区或重点经济区的发展，集聚了主要的人口和产业，并沿交通干线布局产业、人口和城市。其社会经济发展及相互间的社会经济联系，需要基础设施体系提供强大的支撑和保障。这就势必要求围绕着这些重点经济区或开发区域，加强交通基础设施建设，形成集约高效、快速便捷的重点区域性交通网络，尤其是各重点区域之间的大容量和高运能综合运输走廊。

3. 助力“重点区域”

改革开放以来，随着市场导向的逐步确立，我国经济总量开始向初始条件优越的特定区域集中。“十一五”以来，国家相继出台了一批促进重点区域经济社会发展的区域规划或指导性意见，我国经济和人口加速向这些区域空间集聚，形成区际客货运输增长点。根据统计分析，2014年国家27个重点区域经济区虽然仅占全国国土面积的36.7%，但承载了全国65.0%的人口，创造了全国74.9%的GDP。未来一段时间仍然是我国经济和人口加速集聚期，根据《全国主体功能区规划》，国家将优化国土空间开发格局，统筹谋划人口分布、经济布局、国土利用和城镇化格局，引导人口和经济向重点区域集聚。这些重点区域将成为我国承载经济、产业及人口的主导区域，其人口和GDP均将占全国的85%以上（见表2-7）。

表 2-7　泛珠各重点区域人口和经济指标

序号	区域名称	涉及省份	区域范围	面积（万平方公里）	人口（万人）	GDP（亿元）	人口密度（人/平方公里）	人均GDP（元/人）
1	珠三角地区	广东	广州、深圳、珠海、佛山、江门、东莞、中山、惠州和肇庆，9地市	5.5	5705	50847	1037	89133
2	海峡西岸经济区	福建、浙江、广东	福建省福州、厦门、泉州、漳州、莆田、宁德、龙岩、三明、南平，浙江省温州、丽水、衢州，江西上饶、鹰潭、抚州、赣州，广东省汕头、梅州、潮州、揭阳，20地市	26.9	8871	33537	330	37804
3	鄱阳湖生态经济区	江西	南昌、景德镇、鹰潭3地市，以及九江、新余、抚州、宜春、上饶、吉安的部分县（市、区），共38个县、市、区	3.8	1385	6312	365	45569
4	环长株潭城市群	湖南	长沙、株洲、湘潭、衡阳、岳阳、益阳、常德、娄底，3+5地市	9.7	4070	16951	420	41643
5	北部湾经济区	广西	南宁、北海、钦州、防城港，4地市	4.3	1234	4107	287	33284
6	成渝经济区	重庆、四川	重庆市，四川省的成都、德阳、绵阳、眉山、资阳、遂宁、乐山、雅安、自贡、泸州、内江、南充、宜宾、达州、广安15个地市	20.9	9282	30665	444	33035
7	黔中地区	贵州	贵阳、遵义、安顺，3地市，黔南州都匀市、黔东南州凯里市	10.5	1978	3959	188	20010
8	滇中地区	云南	昆明、曲靖、玉溪、楚雄，4市州	9.4	1758	5759	187	32760

注：基于《全国主体功能区规划》中主要城镇化地区。

泛珠区域涉及9个城镇化区域。重点区域间的客货运输也是泛珠客货运输的主体，随着重点区域经济的发展，经济及人口不断向这些区域集聚，各重点区域间的经济合作及人员流动将更加活跃，成为促进区域内部客货运输需求增长的重要因素之一，其对综合运输走廊的发展需求也将更加迫切。

（二）经济发展新常态背景下的机遇与挑战

我国经济发展已步入新常态，消费需求将由模仿型排浪式消费向个性化、多样化消费转变，运输需求也将发生明显转变；同时，新常态下的资源环境承载能力已达到或接近上限，土地、资源、环境等对交通运输发展的刚性约束也将进一步增强。

1. 运输需求转变的催化

经济发展新常态下，高附加值运输需求快速增长，特别是高端出行增长较快。适应新的运输需求，我国综合运输将向快速化、大运量、高附加值方向转变，对综合运输走廊的需求将不断加强。一是综合运输走廊快速大容量的基本特性决定了其在经济发展新常态下承担的运输需求将进一步加强。综合交通运输走廊是整个交通运输系统的骨干，其在交通运输网中具有全局意义，作为经济区域或行政区域内交通运输系统的重要组成部分，其承担了区域内主要的客货运输任务。经济发展新常态下产生的快速大容量运输需求，综合运输走廊可谓首当其冲。二是综合运输走廊是交通运输系统承载高端运输需求的重要载体。综合运输走廊具有运输能力大、运输成本低、信息化程度高、管理水平高等一系列优点，其相对先进的技术、设备和管理方式基本能够反应交通运输系统的整体水平。经济发展新常态下，高端运输需求的增长将带动综合运输走廊的快速发展以适应新常态下经济发展的基本需要。

2. 发展约束加强的倒逼

随着经济社会的快速发展，土地、能源等资源日益紧缺，生态环境压力持续增大。资源和环境的约束“倒逼”经济步入新常态，也进一步“倒逼”交通运输发展做出相应调整。新常态下，传统的单纯追求数量、规模、速度型的交通运输发展方式必须让位于速度、规模、效益相统一的发展方式，必须注重加强资源节约和环境保护，加快转变交通发展方式，节约集约利用交通运输资源，发挥综合运输走廊的集约优势。综合运输走廊客货运量大，运输集中，不同运输方式、多条运输线路在空间上集聚，互相协作，不但有助于降低运输成本，而且可以极大程度上降低对资源的占用和环境的破坏。综合运输走廊的集约节约和环境效益，吻合了经济发展新常态下的资源和环境约束对交通运输发展的基本需求，是综合交通运输适应经济发展新常态的必然选择。因此，新常态下，资源和环境约束的加强必然进一步“倒逼”综合运输走廊的发展。

（三）新型城镇化对综合运输走廊的新要求

当前，我国已进入全面建成小康社会的决定性阶段，正处于城镇化深入发展的关键时期。2014 年 3 月，国务院颁布了《国家新型城镇化规划（2014～2020 年）》，指出新型城镇化是实现现代化的必由之路，是保持经济持续健康发展的强大引擎和促进社会全面进步的必然要求。城镇化的发展对促进我国交通运输业发展起到重要作用，同时也是综合运输走廊发展的助推器。

1. 城市群推动综合运输走廊的构建

根据党的十八大制定的发展目标和战略部署，到 2020 年我国城镇化仍将保持快速增长势头，城镇化率年均增长大约一个百分点，到 2020 年达到 60%左右。城市群是城镇化发展的主体形态，新型城镇化的发展将在现有基础上加快培育和发展一批辐射能力较强的城市群。而城市群的发展，要求加快构建高效快捷的综合运输走廊，以提高运输能力和服务水平。

随着城镇化程度日益加深，作为我国重要人口密集区和产业承载区的城市群，其主要城际通道所面临的客货运输需求增强、通道资源紧张等挑战也将更为突出，这就要求建立以快速大容量的交通运输方式为主的综合运输走廊。在客运方面，城市群发展诱发了城市间客流的爆炸性增长，快速客流通勤需求急剧上升，通勤流与经商流、探亲流、旅游流相结合形成城际巨大的客运需求，使原有运输系统全面吃紧，需要加快构建城市群的大容量快速客运走廊。在货运方面，随着城市群经济及贸易的增长，城市群内的货物交流将更加集中、频繁，城市群与周边城市群、周边主要城市之间的货运需求也将快速增长，在城市群货运需求快速增长和供给约束共同作用下，必然需要构建更完善的运输走廊体系，满足城市群大运量、高密度的货运需求。

2. 消费需求转变带动区际客运发展

随着城镇化进程的加速发展，居民消费结构也将发生巨大转变。人们的消费将由以“衣、食、住”为主的生存型、温饱型，快速向享受型、发展型转变，由此引发的交通需求也日趋多元化。一方面，城市群地区客运出行的多样化、个性化特征将愈加明显；另一方面，货物运输需求将呈现明显的高频率、小批量、高价值、随机性等特征。这就意味着消费者对交通运输的安全性、舒适性、人性化、速度和质量等方面提出了更高的要求。

城镇化发展带来的消费模式变化对运输需求的转变，直接带动了交通运输走廊的发展，尤其是区际旅客运输走廊的发展。一方面，随着人们收入水平的提高，物质生活得到满足后，将更加追求生活质量和个人幸福指数。除必要的出行以及生产所需的出行外，以满足医疗保健、教育、休闲、社会情感为目的的就医、就学、旅游度假、休闲娱乐、探亲访友等消费性出行将快速增长，进而带动我国区际旅客运输需求的较快增长。另一方面，随着人们收入水平的提高，在解决基本生活所需后，人们的出行也变得越来越频繁，空间活动范围不断拓展，集中表现在旅客平均旅行距离的增加，而更长的出行距离意味着区际出行增加，从而推动区际客运需求的较快增长。

（四）产业转型升级与空间布局的发展要求

当前和今后一个时期，我国正处于产业结构战略调整和产业空间布局优化的关键时期。泛珠区域既有发达的港澳和珠三角地区，也有我国的西部省区，加快综合运输体系建设，尤其是重要运输通道建设，对于泛珠区域产业结构优化升级和产业空间布局优化，将起到重要的支撑和引领作用。

首先，产业转型升级影响货物运输的发展结构与布局。在我国进入经济发展方式战略性转变的关键时期，产业转型升级步伐加快，将着力调整原材料工业的产品结构和产业布局，加快技术密集、知识密集型产业的发展，积极培育发展新兴战略性产业，重点支持具有自主知识产权、自有品牌的装备制造以及新能源、信息技术、现代生物工程、新医药、新材料、航空航天等高技术产业，并将加快发展现代服务业。产业结构的优化升级带来货运强度的明显下降和对运输质量的明显提高，对货物运输结构产生巨大变化。同时，产业结构优化升级也对运输的全程化和规模化提出要求，促进交通运输向有效衔接和协调发展的方向发展，也将更加重视交通运输走廊的建设。

其次，产业转移及空间布局调整对综合运输走廊也会带来直接影响。从国际市场看，经济发展新常态下，我国仍将全方位、多层次、宽领域地加快对外开放步伐，国际产业转移将坚持“引进来”与“走出去”并行发展，一方面积极利用比较优势承接国际产业的引进，另一方面加快我国过剩产能的输出。从国内市场看，随着国家深入推进西部大开发，大力促进中部地区崛起，积极支持东部地区率先发展的区域经济协调发展战略，中西部地区承接东部和境外产业转移的能力将增强，吸引产业转移步伐加快，将促进区域间经济更加协调发展。产业转移及其引发的空间布局调整，不仅使各区域内部的经济更加活跃，而且使区域之间的经济交往更加紧密，必将促进东、中、西部地区之间的货物交流，进而引发对综合运输走廊的发展需求。

四、区域交通一体化的发展思路和主要目标

（一）战略定位

服务于国家小康社会建设和改革开放大局，支撑泛珠区域改革发展，促进城市群深度融合，带动经济结构调整，提升国际竞争力，建成以粤港澳湾区为核心，对外辐射亚太地区、对内连通泛珠区域的现代化综合交通运输系统，实现快速通畅、无缝衔接、便捷换乘、开放共享和集约发展，提供亚太地区最开放、最便捷、最高效、最安全的国际化运输服务。

1. 快速通畅

以布局合理的高快速路、城际轨道、铁路和功能完善的港口、机场为载体，建设世界一流的客流、物流中心，连通区域重要城市群，实现点到点高速直通，缩短时空距离，服务于现代产业体系构建和打造具有国际竞争力的经济圈。

2. 无缝衔接

由衔接顺畅、协作运营、统筹管理的边界道路铁路网、轨道交通和高效组织的城际公交、出租车、长途客运，共同组成无缝衔接的城际、对外运输服务网络，全面覆盖泛珠各省区交界区域，以及与港澳的跨界区域，普遍服务毗邻地区百姓出行和货物运输。

3. 便捷换乘（装）

以港口、机场、火车站等大型综合运输枢纽为核心，以发达的集疏运网络为基础，以达到国际先进水平的智能化运营管理为手段，实现国际国内、长途短途、对外交通和城市交通、私人交通和公共交通之间的便捷转换，引导更多的出行转向公共交通。

4. 开放共享

与港澳在基础设施建设、运营、管理以及运输服务等领域广泛开展合作，促进粤港、粤澳更紧密合作和构建绿色大珠江三角洲地区优质生活圈。打破各省区行政界限，实现交通基础设施、运输服务、交通管理的一体化，共享交通运输资源，构建泛珠区域国际化水平最高的经济圈。

5. 集约发展

通过优化交通组织、实施需求管理，提升已有交通基础设施运行效率、缓解交通拥堵；通过合理分工、整合资源、鼓励企业跨市合作，提高新建交通基础设施的资源集约节约利用水平，在服务区域经济一体化的同时，减少对资源的占用，减轻对环境的影响。

（二）发展思路

以促进泛珠区域改革发展和一体化为主题，以构建便捷、安全、经济、高效、绿色的现代化、国际化、一体化综合交通运输体系为主线，把泛珠区域作为一个整体，完善交通网络，提升运营水平，强化公共交通，运用先进科技，创新管理手段，发展适应多样化运输需求、引导城市发展和区域一体化进程的交通运输系统，实现客货无障碍、低成本的流动。

1. 以大能力综合运输通道支撑一体化

适应泛珠区域城市群空间结构演变和功能融合，由公路、铁路、轨道交通骨架线网以及大型综合运输枢纽共同组成的运输走廊，构成了区域客货流最主要的通道，通过扩大通道能力、提高通行效率、发展公共交通，承担区域大部分的城际、对外客货运输，并吸引人流、物流在运输走廊沿线集聚。

2. 以多层次立体交通适应多样化需求

适应各省区及城市群分圈层交通出行模式差异和多样化运输需求，形成多种运输方式组成的多层次立体交通网络。以轨道交通、高速公路为主体的快速交通系统连通区域各主要城市群。以港口、机场为主体的国际海港、空港辐射亚太地区。大型综合客运枢纽、物流园区，高效衔接城市内外交通网络，实现客货流快捷集散。

3. 以精细智能管理推进全方位一体化

遵循政府推动、市场主导，资源共享、优势互补，协调发展、互利共赢的原则，重视各省区在客货运输组织、运输市场规范管理、交通组织优化、信息技术应用等领域的统筹协调，对各省区之间、各方式之间的客货流，实施精细化、智能化管理，从发展多式联运、优化枢纽换乘系统、统一规范运输市场、开辟专用通道、发展智能交通等方面入手，推进交通运输全方位一体化。

4. 以创新体制机制破除行政界限障碍

开拓思路，先行先试，深化区域交通运输管理体制机制改革，优化区域交通运输一体化协调机制。针对各省区及港澳特点，探索在规划制定、基础设施建设运营、运输市场规范、运输企业合作、投融资等方面的一体化或协同发展模式，创新政策措施，打破行政界限，为交通运输一体化或协同发展提供根本保障。

（三）发展目标

随着泛珠区域一体化进程不断深入，运输需求和结构在发生变化，交通运输一体化各阶段的发展重点有所不同。推进泛珠区域交通运输一体化，将遵循“构建网络”→“优化结构”→“精细管理”的发展路径，在不同时期一体化目标各有差异。

到 2020 年，将建成亚太地区最开放、最便捷、最高效、最安全的客流和物流中心，实现区域内省会城市之间 3～5 小时互通，具备通达全球的国际航运、航空网络。形成区域综合客运枢纽体系和城际公交系统，实现居民出行快捷换乘和普遍服务。成为我国物流业与制造业联动发展的重要的供应链管理基地，实现对外、城际物资的高效率配送和高增值服务。实现方式间信息资源整合和服务共享，综合交通信息服务水平极大提高。

五、区域交通一体化设想

（一）形成“四环六射”综合运输大通道

1. 总体思路

（1）基本原则。

1）体现国家战略。国家综合运输通道的整体布局和“一带一路”、长江经济带等国家发展战略是泛珠区域综合运输通道布局规划的基础。泛珠区域综合运输通道的发展规划应实现与国家发展战略的对接，在此基础上，根据区域发展目标和需求进行优化和完善。

2）依托既有路线。既有交通路线是综合运输通道发展的基础，泛珠区域综合运输通道的发展应依托既有大型交通路线，充分发挥已有交通能力和基础，并对其进行扩能改造，提高现有路线通行能力；同时积极建设平行的、其他方式的交通线，考虑不同交通方式的替代作用，发挥各交通方式的优势，构筑综合运输通道。

3）培育开发轴线。综合运输通道是国土开发轴线的形成基础，坚持综合运输通道为经济、人口、国土服务的理念，其建设须有利于生产力的布局，连接区域主要经济中心和生产基地，并吸引沿线产业和人口的集聚，带来持续的客货流，形成带状地域经济综合体，培育国土开发轴线。

4）统筹区域发展。交通基础设施是实现区域经济一体化的前提，泛珠区域综合运输通道的建设对促进本地区发达与不发达地区的经济联系和社会交流，支撑扶贫开发具有特殊意义，是统筹区域发展和社会公平的重要途径。

5）衔接国际通道。“一带一路”背景下，泛珠区域综合运输通道的建设应具有国际视野，基于连接区域主要城市和生产基地，积极向沿边地区和港口延伸，连接主要边境开放城市和港口城市，并连通南亚和东南亚主要运输通道。

（2）规划思路。

从泛珠区域国土空间开发与区域经济发展的新格局出发，统筹考虑经济布局、国土开发、人口和资源分布，以及对外开放、国防建设、经济安全和社会稳定等因素对综合运输通道的要求，将建设综合运输通道与扩大交通网覆盖面相结合，全面适应区域国土开发、新型城镇化发展以及国家战略的要求，全面连通区域经济中心、重要工业和能源生产基地，充分发挥区域核心增长极和重点经济区的辐射带动能力，构筑国土开发的轴线系统。形成快速衔接区域主要陆路、海上和航空口岸、重点经济区（城市群）、实现国际互联互通的区域综合运输通道。

2. 布局方案

2006 年出台的《泛珠三角区域综合交通运输体系合作专项规划纲要》，提出了综合考虑与既有国家及地区铁路、高速公路、水运港口、民航机场的布局现状与规划的有机联系与衔接，合作框架下的区域综合运输骨干网络将按照“五横、六纵、七射”进行规划。

新形势下，结合国家综合运输通道规划整体布局，围绕“一带一路”、长江经济带等国家战略，服务于以粤港澳湾区为核心的泛珠区域经济社会发展，以“横畅东西、纵贯南北、内通外联”的快速、大能力综合运输通道，支撑泛珠区域经济社会发展和对外开放需要。因此，结合原有规划方案，充分考虑到现有发展态势，按照以下两个方案进行考虑：

（1）方案一：“三横八纵”综合运输通道。

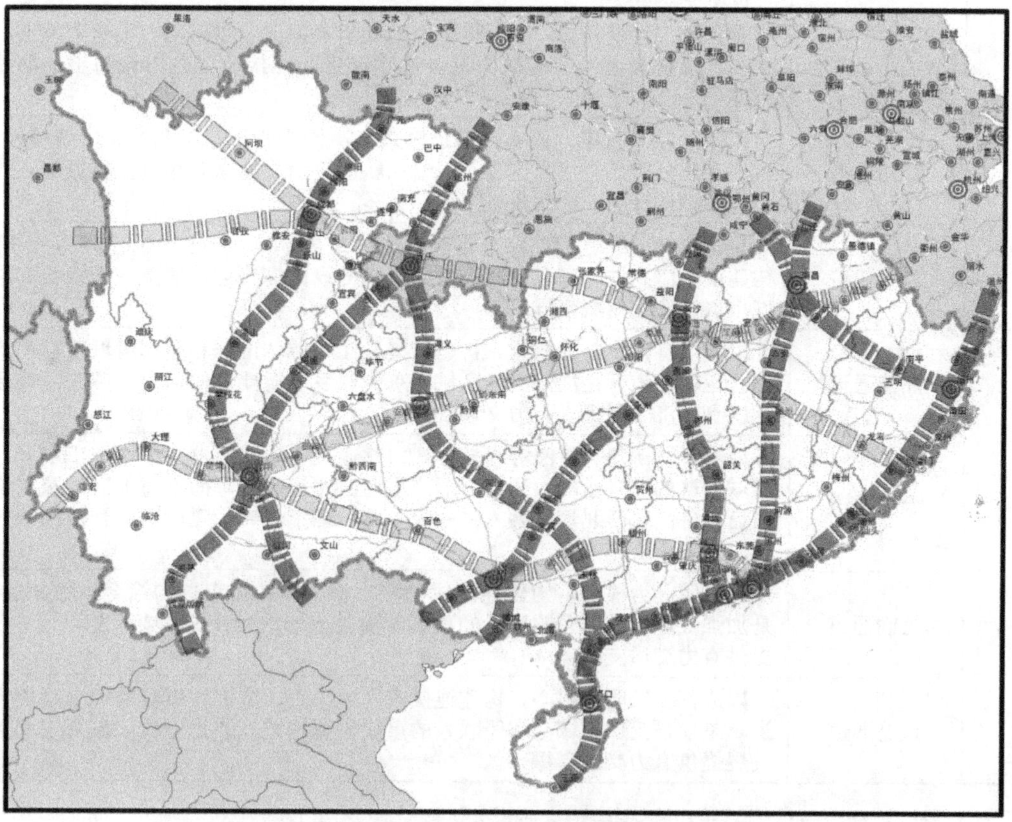

图 2-6 “三横八纵”综合运输通道空间布局示意图

表 2-8 “三横八纵”综合运输通道

	通道名称	主 要 内 容
三横	成渝长厦通道	以成都、重庆、长沙、厦门为核心，围绕长江经济带国家战略重点任务，构建以西福高铁为骨干，向莆铁路、福银高速等组成的横向综合运输大通道，连接21世纪海上丝绸之路和丝绸之路经济带，以及海西城市群、长江中游城市群和成渝城市群的主要运输通道
	沪昆通道	是国家“五纵五横”综合运输通道的组成部分，以南昌、长沙、贵州、昆明为核心，构建以沪昆高铁、沪昆高速公路为骨干的横向综合运输大通道，东接长三角城市群，西联长江中游城市群、黔中城市群、滇中城市群
	粤桂昆通道	以广州、南宁、昆明为核心，由桂昆、南广高铁等构成的横向通道，东接珠三角城市群，西联北部湾城市群、滇中城市群，是西南地区连接华南地区的重要交通通道

续表 2-8

	通道名称	主要内容
八纵	沿海通道	是国家“五纵五横”综合运输通道的组成部分，以福州、厦门、深圳、港澳、海口等为核心，构建沿海综合运输大通道，连接海西城市群、珠三角城市群、北部湾城市群
	武福通道	是国家“五纵五横”综合运输通道的组成部分，以南昌、福州为核心，构建以武福高铁为骨干的纵向综合运输通道，连接长江中游城市群、海西城市群
	京九通道	以南昌、深圳等为核心，构建以京九高铁为骨干，京九铁路、韶赣铁路、大广高速公路、吉樟高速公路、赣江航道等组成的纵向综合立体通道，连接长江中游城市群、珠三角城市群
	京广通道	是国家“五纵五横”综合运输通道的组成部分，以长沙、广州等为核心，构建由京广高铁、京广高速公路等组成的纵向综合运输通道，连接长江中游城市群、珠三角城市群
	湘桂通道	以衡阳、南宁等为核心，构建连接长江中游城市群和北部湾城市群的纵向综合运输通道，是加强泛珠区域与东盟联系的重要运输通道，并为沿线区域开发和经济发展提供有力交通支撑
	渝湛通道	以贵州、柳州、湛江等为核心，构建连接成渝城市群、黔中城市群和北部湾城市群的综合运输大通道，形成沟通西北地区与华南沿海地区的重要交通通道，是泛珠西北地区融入“一带一路”国家战略、建设内陆开放经济高地的主要交通支撑
	昆渝通道	以昆明等为核心，构建连接成渝城市群、滇中城市群的综合运输大通道，是加强泛珠区域与东盟联系的重要运输通道，并为沿线区域开发和经济发展提供有力交通支撑
	成昆通道	以成都、昆明为核心，构建连接成渝城市群、滇中城市群的综合运输大通道，是加强泛珠区域与东盟联系的重要运输通道，并为沿线区域开发和经济发展提供有力交通支撑

（2）方案二：“四环六射”综合运输大通道（参见第一章图 1-3）。

四环：大珠三角环线通道、厦赣桂粤通道、沪昆通道、昆成岳九通道

六射：粤福通道、粤海通道、京九通道、京广通道、粤桂黔通道、粤桂昆通道。

表 2-9 “四环六射”综合运输通道

	通道名称	主要内容
四环	大珠三角环线通道	以港澳、广州、深圳等为核心，充分发挥在泛珠的核心带动作用，以大珠三角轨道网、高速公路网和水运网为中心，构建强大的湾区综合运输通道
	厦赣桂粤通道	以长沙、厦门、南宁、湛江为核心，以厦门—长沙高铁、湘桂高铁、泉南高速公路等为骨干，连接 21 世纪海上丝绸之路和丝绸之路经济带，以及海西城市群、长江中游城市群和北部湾城市群的主要运输通道
	沪昆通道	是国家“五纵五横”综合运输通道的组成部分，以南昌、长沙、贵州、昆明为核心，构建以沪昆高铁、沪昆高速公路为骨干的横向综合运输大通道，东接长三角城市群，西联长江中游城市群、黔中城市群、滇中城市群
	昆成岳九通道	以成都、昆明、重庆、岳阳、九江为核心，构建连接成渝城市群、滇中城市群、长江中游城市群的综合运输大通道，是加强泛珠区域与长江经济带联系的重要运输通道，并为沿线区域开发和经济发展提供有力交通支撑

续表 2-9

	通道名称	主要内容
六射	粤福通道	是国家“五纵五横”综合运输通道的组成部分，以福州、厦门、深圳、港澳等为核心，构建沿海综合运输大通道，连接海西城市群、珠三角城市群
	粤海通道	是国家“五纵五横”综合运输通道的组成部分，以深圳、港澳、湛江、海口等为核心，构建沿海综合运输大通道，连接大珠三角城市群、北部湾城市群
	京九通道	以南昌、深圳等为核心，构建以京九高铁为骨干，京九铁路、韶赣铁路、大广高速公路、吉樟高速公路、赣江航道等组成的纵向综合立体通道，连接长江中游城市群、珠三角城市群
	京广通道	是国家“五纵五横”综合运输通道的组成部分，以长沙、广州等为核心，构建由京广高铁、京广高速公路等组成的纵向综合运输通道，连接长江中游城市群、珠三角城市群
	粤桂昆通道	以广州、南宁、昆明为核心，由桂昆、南广高铁等构成的横向通道，东接珠三角城市群，西联北部湾城市群、滇中城市群，是西南地区连接华南地区的重要交通通道
	粤桂黔通道	以贵州、柳州、广州等为核心，构建连接成渝城市群、黔中城市群和北部湾城市群、珠三角城市群的综合运输大通道，形成沟通西北地区与华南沿海地区的重要交通通道，是泛珠西北地区融入“一带一路”国家战略、建设内陆开放经济高地的主要交通支撑

(3) 方案选择：优选“四环六射”综合运输大通道。

国家区域发展战略思路的转变，是制定复合型综合运输走廊规划布局的重要依据。上述两种方案分别从国土开发的角度和发挥经济社会发展作用的角度研究得出两种不同方案，各有特点，异曲同工。前者要从国土开发的角度，构筑国土开发的轴线系统，具有较高的空间通达性和覆盖度；后者主要从促进城市群发展的角度，构筑基于国家级城市群的放射线，具有较高的城市群要素积聚和整合能力。新时期下，综合运输走廊的布局，既需要保持有原有规划的延续性，也需要适应区域经济发展的新思路。但是，充分考虑到泛珠区域未来经济社会发展的形势，以及发挥大珠三角的核心放射作用，本课题优选“四环六射”综合运输大通道方案。

3. 主要任务

(1) 以大珠三角为核心，打造“四环六射”综合运输大通道。

泛珠横跨我国南部东中西，推进一体化发展要求打通各省区之间的大通道，并形成大枢纽、大物流的效应。国家“五纵五横”综合运输大通道在泛珠区域强化了南北纵向之间的联系，而根据各省区之间的交流量和趋势显示，基本形成了以广东为核心、辐射各省区的格局。因此，加强广东省与中西部地区的放射型通道建设势在必行。根据前节综合运输大通道总体布局，未来将重点推进沿海通道珠江口和粤海关键节点区域的建设、京九通道扩能改造，打通成都至昆明、重庆至厦门通道，到 2020 年建成“四环六射”综合运输大通道。

（2）加快推进内河水运发展。

泛珠重点涉及国家两大内河区域，即长江流域和西江—珠江流域。内河水运具有运能大、成本低、能耗少等优势，是加快长江经济带云南、四川、湖南综合运输建设的主体，也是广东、广西货物调入调出的主要方式之一。依托长江流域和西江—珠江流域，布局了一批有色冶金、石油化工、火力发电、建筑材料、装备制造等水运优势产业，并发展成为沿江省份的重要产业集聚区。因此，内河水运在泛珠区域深化对外开放、促进沿江沿湖开发和优势产业集聚等方面发挥着越来越重要的支撑保障作用。

要以“两江一网”（长江、西江航道和珠三角高等级航道网）建设为重点，重点加快实施长江干线Ⅰ、Ⅱ级航道整治工程、西江干线Ⅰ、Ⅱ级航道整治工程、珠三角高等级航道网和水上枢纽建设等，加速内河船型标准化进程。

（3）发展“高速轨道上的泛珠”。

泛珠区域一体化发展，必然要求加强各省区之间联系、缩短相互之间的时空距离；这也是进一步推动东部沿海发达地区产业升级和梯度转移、促进和支持中西部地区发展的需要。从我国交通装备产业发展的实际来看，高速铁路成为推动泛珠区域交通一体化的最佳选择。泛珠要以“三环、六射”为主骨架，按照快速化、物流化的基本要求，提升现有铁路技术等级和能力，打通四川经湖南至福建、广东和四川至云贵的快速铁路大通道，加快省内城际铁路、干线铁路的建设，形成以广州为中心覆盖泛珠省区省会城市的“3～5”小时高铁经济圈，周边省会城市之间“1～3”小时高铁经济圈。

“三环”，即大珠三角城际轨道网、南宁—长沙—赣州—厦门，沪昆。“六射”，即广州—厦福、广州—海南、广州—南宁—昆明—成都、广州—南宁—贵阳—重庆、京广、京九。

（4）打通省际高速断头路。

打通省际高速公路断头段，联动省内高速公路建设，形成省区间便捷联通的高速公路网，充分发挥高速公路在区域经济一体化中的沟通联系作用。重点推进二广、包茂、厦蓉等国家高速公路以及一批地方高速公路断头路的建设，力争2020年前全部完成。

（5）推进国际互联互通。

云桂是发珠三角区域的两个边境省区，要求其在“十三五”时期既要按照国家“21世纪海上丝绸之路”和“丝绸之路经济带”发展要求，加快国际通道建设，强化与周边国家交通基础设施的互联互通，形成国际运输大通道，增强陆路国际运输延展能力、控制能力；又要主动对接国家运输大通道，加强与周边省区交通联系，吸引发达地区产业转移，实现客货交流、带动经济发展。广西要完善通往东盟国家的国际互联互通大通道建设，推动南宁—新加坡铁路和高等级公路网建设，加快形成南宁—河内—金边—曼谷—吉隆坡—新加坡运输大通道。云南要加快与东盟国家对接，推动中老泰铁路和中缅通道建设，形成我国通往印度洋出海的重要桥头堡。

（二）构筑“一核九极”综合交通枢纽

1. 总体思路

（1）基本原则。

在与综合运输走廊相衔接的基础上，以适应泛珠区域城镇化布局、充分发挥主要交通枢纽功能为重点，围绕区域客运和货运服务系统的发展要求与服务特点，兼顾城镇布局发展需求，充分整合和利用既有资源，依托便利的交通运输条件，适度超前构建服务泛珠区域布局合理的综合交通枢纽。泛珠区域综合交通枢纽空间布局在遵循“规划衔接、资源整合、交通便利、适度超前”等原则的基础上，还应体现以下几个转变：

1）从行政区向服务域转变。长期以来，交通枢纽的布局强调行政区划基础的行政规划与布局及管理，与行政区划挂钩的分级配置方式造成了枢纽配套不足及地域分布不均衡等问题。泛珠区域交通枢纽的布局应从传统的行政区均匀计划配置向面向服务域的分层分异供给进行转变，以规划空间结构划分单元为依托，形成不同的服务范围，并最终形成全覆盖网络。

2）从被动需求供给型向主动发展引导型转变。长期以来，我国交通枢纽布局与建设是以被动需求而形成供给为主的。随着枢纽体系的逐步完善，这种发展理念需要进一步的调整。交通枢纽的选择与布局应从被动的客货需求引发的空间配置规划，向主动引导客货发展、提高运输效率和均衡利益群体需求转变，关注重点从传统效率优先转向效率与公平全面发展，从单纯规模扩张向综合效益均衡进行转变。

3）从城市中心型向区域网络型转变。交通枢纽正在从简单的本地化服务向关注区域协调定位、满足多元多层次需求的复合体系转变，需要有效整合各种运输资源，提高综合服务水平，改变交通枢纽以城市中心区规划建设为主的布局模式，向统筹区域良性联动发展的层级式空间全覆盖的网络发展模式转变。在规划空间布局上，尽量保证对服务供给的均衡匀质和网络覆盖。

（2）规划思路。

遵照上述原则，综合考虑综合交通枢纽所处的区位、功能和作用，衔接的交通运输线路的数量，吸引和辐射的服务范围大小，以及承担的客货运量和增长潜力，参照各种运输方式中长期发展规划以及各城市未来区位优势、经济等的发展变化，按照“抓住重点、兼顾全局、突出效率、注重均衡”的空间布局优化思路，形成层次分明的综合交通枢纽体系，与“四环六射”综合运输通道共同构成泛珠区域综合交通网络骨架。

2. 布局方案

根据泛珠区域城镇空间布局、产业布局规划要求，基于综合运输通道布局，加快枢纽空间布局由“单中心、放射状”向“多中心、网格状”转变，构建“一核九极多中心”枢纽城市空间布局，引导经贸往来和人员交流的合理集散，支撑区域均衡发展（见表 2-10）。

“一核”是指大珠三角一体化的综合交通枢纽，是泛珠区域沟通全球、辐射区域内部的核心中枢。“九极”是指福州、厦门、海口、南宁、长沙、南昌、贵阳、昆明、成都。“多中心”是指区域性枢纽中心，主要包括各省的区域性交通枢纽（参见第一章图 1-4）。

表 2-10　“一核九极”综合交通枢纽

	枢纽名称	主要内容
一核	大珠三角核心枢纽	泛珠区域沟通全球的交通中枢，位于京广综合综合运输通道和粤桂昆综合运输通道交汇处，承担华南及周边地区的客货运输集散功能和全国及拓展至国际主要城市的客货运输中转功能

续表 2-10

	枢纽名称	主 要 内 容
九极	城市枢纽	成渝城市群综合交通枢纽的核心之一，是泛珠区域融入长江经济带的重要战略支点，位于成昆综合运输通道和成渝长厦综合运输通道交汇处，主要承担西北地区的客货运输集散和中转功能
	昆明枢纽	昆明是全国性综合交通枢纽（节点城市）、全国铁路区域性客运中心、全国机场区域枢纽，是滇中城市群综合交通枢纽的核心，是加强泛珠区域与南亚、东南亚联系的主要战略支点，位于沪昆、粤桂昆、成昆、昆渝等多条综合运输通道的交汇处，主要承担西南地区客货运输集散和中转功能
	福州枢纽	福州是我国海上丝绸之路核心区的核心城市，全国性综合交通枢纽（节点城市）、全国铁路区域性客运中心，是海西城市群综合交通枢纽的核心之一，是泛珠区域融入海上丝绸之路的重要战略支点，位于沿海综合运输通道和武福综合运输通道的交汇处，主要承担东南地区及周边地区的客货运输集散和中转功能
	长沙枢纽	长沙是长江中游城市群的核心城市之一，全国性综合交通枢纽（节点城市），位于京广、沪昆和成渝长厦等多条综合运输通道的交汇处，主要承担中部地区及周边地区的客货运输集散和中转功能
	南昌枢纽	南昌是长江中游城市群的核心城市之一，全国性综合交通枢纽（节点城市），是江西省的交通中枢，位于沪昆、京九和武福等多条综合综合运输通道的交汇处，主要承担中部地区及周边地区的客货运输集散和中转功能
	贵阳枢纽	贵阳是全国性综合交通枢纽（节点城市），黔中城市群的核心城市，是贵州省的交通中枢，位于渝湛综合运输通道与沪昆综合运输通道的交汇处，主要承担中西部地区及周边地区的客货运输集散和中转功能
	南宁枢纽	南宁是全国性综合交通枢纽（节点城市），北部湾城市群的核心城市，是泛珠区域面向东盟、连接华北地区的重要战略支点，位于湘桂综合运输通道和粤桂昆综合运输通道的交汇处，主要承担西南地区及周边地区的客货运输集散和中转功能
	海口枢纽	海口是全国性综合交通枢纽（节点城市），海南省的交通中枢，位于沿海综合运输通道上，主要承担海南及周边地区的客货运输集散和中转功能
	厦门枢纽	厦门是全国性综合交通枢纽（节点城市），我国海上丝绸之路核心区和海西城市群综合交通枢纽之一，是泛珠区域融入海上丝绸之路的重要战略支点之一，位于沿海综合运输通道和成渝长厦综合运输通道的交汇处，主要承担东南地区及周边地区的客货运输集散和中转功能

3. 主要任务

（1）促进沿海港口合理分工。

运输功能是港口的核心功能，也是临港工业、港航服务业等相关产业发展壮大的重要依托。目前，泛珠区域沿海港口已经基本形成了福建沿海、珠三角和北部湾沿海三大港口群的布局；在功能分工上也基本确立了以包括香港在内的大珠三角国际航运中心为核心，厦门国际航运中心和北部湾国际航运枢纽的定位。但由于行政区划等原因，沿海四省区相互之间资源不能合理共享，在岸线利用、航线开拓、市场开发等方面面临重复建设、同质化竞争等问题，既影响了港口群综合竞争力的有效发挥，也不利于资金、产业、人才等要素的合理配置。要以实现“资源共享、优势互补、互利共赢、共同发展”为目标，深度推进泛珠沿海港口协同发展，加快整合各类港口资源，联合港澳，构建常态化的交流合作机制和合作服务网络，进一步提升沿海港口综合竞争力和国际影响力，形成“一主、两副”国际航运中心。

1）形成“一主、两副”国际航运中心。

——“一主”：大珠三角国际航运中心。香港国际航运中心应当是指以香港为龙头的一个港口群，即香港国际航运中心的内涵不应局限在香港港口，而是应该包括大珠江三角洲地区港口群组成的国际航运群组。大珠三角地区港口应趋向错位发展，优势互补，形成综合优势，建设大珠三角国际航运群组，实现“互利共赢，风险共担”，提高整体竞争力。香港国际航运中心的竞争力不单单是香港港口的竞争力，而应该是大珠江三角洲地区港口群的竞争力。从近期来看，广东港口营运成本较低，适于运输成本不能过高的货物；而香港港口具有先进管理、较高运作效率及自由港优势，适于货物价值较高、交货时间紧迫的货物。从长远发展看，香港应增强航运中心的结算、采购、金融、保险、仲裁、法律、国际业务网络、基建、电信及资讯自由程度较大的贸易高端服务，继续增强金融、保险、仲裁、专业服务等与航运相关的功能性服务方面，向航运服务中心发展；内地港口则应充分发挥低成本优势，重点发展运输操作及与之关联的其他业务，向航运操作中心发展；互赢合作共同构建大珠江三角洲地区国际航运中心。

香港国际航运中心。香港国际航运中心的内涵应扩展到“两港群”（即海港群和空港群），包括大珠江三角洲港口群组成和五大机场群组成的国际航运中心。香港国际航运中心的竞争力不单单是香港港口的竞争力，而应该是大珠江三角洲地区港口群和机场群的竞争力。因此，在粤港澳港口合作和CEPA的框架下，香港应发挥比较优势，增强航运中心的贸易高端服务优势，继续增强金融、保险、仲裁、专业服务等与航运相关的服务功能，并将这种服务拓展延伸到大珠三角港群，提升港口群国际竞争力；同时，依托自由港及靠近国际航线的区位优势，抓住东盟一体化的有利时机，积极开辟东南亚市场，拓展国际集装箱中转业务，重新确立亚太地区首要国际集装箱中转港的地位；同时，继续发挥国际网络发达，远洋干线直达航班密集、综合服务功能强的优势，为珠三角地区经济社会发展服务。

深圳、广州枢纽港。为支持以香港为核心的大珠三角国际航运中心的整体发展，深圳、广州等枢纽港口应积极发挥靠近货源地、港口营运成本较低，有利于提高运输时效和整体上降低成本的优势，积极与香港在航运、物流组织服务上进行对接，依托香港的高端服务，做大深圳、广州港规模的同时，逐步实现自身水平的提升，最终通过港口在产业层次上的合作，建立航运、港口、物流产业链，形成对香港港口发展的两翼支撑，向构建大珠三角国际航运中心发展。

深圳港应在扩大远洋集装箱干线优势的基础上，发展集装箱内贸航线；积极提升港口国际服务功能，适度发展国际航运高端服务。

广州港应在巩固华南地区重要的综合性港口和中国内贸集装箱第一大港地位的同时，大力发展国际集装箱航线，推进国际航运高端服务的发展。

——“两辅”：厦门国际航运中心和北部湾国际航运枢纽

积极推进福建沿海三大区域港口整合，逐步深化合作方式，加强信息交流与共享，以闽台合作发展为特色，打造以厦门为核心的区域性国际航运中心。

北部湾国际航运枢纽将重点推进港区一体化发展，打造西南地区的重要出海口为目标，强化港口基础设施建设，完善后方集疏运系统，加快推动港口与物流的一体化发展。

2）完善四大货种运输系统。

——集装箱。形成以深圳港、广州港、厦门港、福州港、北部湾港为核心，其他沿海港口为重要补充的层次清晰、分工明确集装箱港口群。

——煤炭。重点发展两大体系，即以货主码头为依托的本地所需调入煤炭接卸体系和以公用码头为依托的为珠江三角洲水网地区、港口后方铁路沿线地区转运为主的煤炭中转体系；最终形成以广州港、珠海港、福州港、北部湾港为核心煤炭接卸和中转基地的沿海煤炭运输格局。

——铁矿石。考虑到腹地钢铁企业布局调整，沿海港口铁矿石运输最终形成以湛江港、北部湾港、宁德港为主的铁矿石接卸和转运体系。

——原油。形成以惠州港、揭阳港、湛江港、洋浦港等为主的原油接卸和转运体系。

3）深度推进港口协同发展。

一是推动港口联盟发展。推动建立港口联盟定期交流机制（年度会议形式），调动各方参与的积极性，逐步深化合作方式，加强信息交流与共享。继续采取共同开发新港区、资产整合等手段，进一步推动沿海港口与相关海航企业深入合作；充分利用联盟成员在港口经营、航线安排等方面的经验和优势，积极开拓港口经营市场，加强与临港产业等经营主体的合作，提升物流服务水平，推动环渤海资源整合提升和区域协调发展。二是按照国家相关费收制度，合理制定内地区域内港口、航运费收标准，或有利于形成港口分层次发展的差异化费收标准；简化区域内港口货物的中转手续，制定统一、便捷的海关、检疫工作流程，费收标准和查验尺度；形成有序、良好的发展环境与氛围。三是整合政府对外信息服务资源，形成统一的对外服务平台、窗口，实现政令统一、令行禁止。整合区域内港航企业信息资源。整合区域内商贸、物流、交易等信息资源。

（2）推动机场协同发展。

泛珠区域机场众多，初步形成了以广州为枢纽、各省区省会机场为干线，其他机场为支线的机场总体布局。未来将逐步培育成都成为区域内重要的枢纽机场。

1）推进形成香港、广州大珠三角“双枢纽”格局。

大珠三角机场的优势在于直接依托航空需求高速增长的腹地，更充裕的空港发展空间，更广阔的空港产业拓展空间，以及更强有力的政府调配能力；香港机场的优势在于长期发展所积累的发达的国际航空网络、优质服务水平、高端化的产业层级和体制不同所形成简捷通关。粤港澳机场应充分发挥各自优势，实现互补共同发展，进一步推动五大机场合作，形成以香港、广州机场为“双枢纽”的大珠三角区域机场发展格局。

——香港机场。香港机场对香港经济的贡献和在香港经济结构中具有重要地位，是保持香港繁荣稳定的重要因素之一。香港航空货运量虽然只占香港总货运量的1%左右，但货物总值在外贸总值的比重超过1/3。在“一国两制”框架下，保持香港长期繁荣稳定，保持香港机场亚太地区重要国际航空枢纽地位不容置疑。维护香港机场的国际航运中心地位，继续打造我国成熟的国际空港，巩固其国际枢纽机场地位。要充分发挥其自由港优势和顺应产业升级的趋势，以国际客运和国际货运为核心、积极发展国际中转，并拓展珠三角地区客货集散网络，加强与深圳机场、珠海机场和澳门机场的协同合作。

——广州机场。《珠三角改革发展纲要》将广州定位为国家中心城市、综合性门户城市，国际航空枢纽作为国家中心城市、综合性门户城市的核心功能必须要加快建设。加快白云机场扩建工程项目的建设，建立以白云机场为核心的综合运输体系，提升白云机场的通达能力和辐射能力，全力将白云机场打造成为全国三大门户复合型航空枢纽之一。未来广州机场将与香港机场共同形成大珠三角地区的“双枢纽”，继续扩展国内客货运航线网络，积极发展国际客货运航线，拓展国际航空网络，提高国际竞争力。

2）进一步推进干支线机场发展。

成渝地区未来将成为我国的第四增长极，也是引领西部发展的首要地区。成都机场作为进出西南地区的门户，必须要高瞻远瞩、加强规划引领，着眼于未来形成枢纽机场的可能性考虑。要规划建设新的成都机场，完善以机场为核心的综合交通网络建设，形成衔接城市和区域的重要节点，大力发展国际航线，拓展国际航空网络，提高国际竞争力。

各省会城市机场根据各自需求，推动有条件的干线机场加快扩建，新建一批省内支线机场；进一步密切与航空公司的协作，完善国际、国际航线网络；加强与星空联盟、天合联盟等国际性航空公司联盟的合作，通过共享联盟内航空公司的优质网络来吸引中转客源，并吸引基地航空公司落户。

3）加强空域和航线等资源的优化配置。

调整完善航路网络布局，建设区域内大容量空中通道，推进广州—成都、广州—北京等繁忙航路的平行航路划设，优化繁忙地区航路航线结构和机场终端区空域结构，增加广州、深圳、成都、昆明等繁忙机场进离场航线，在海洋地区增辟飞越国际航路。以充分开发和有效利用空域资源为宗旨，优化整合空管区划，实施分类管理。依托广东等试点区域，做好推进低空空域管理改革的配套工作，逐步形成一整套既有中国特色又符合低空空域管理改革发展特点的组织模式、制度安排和运行方式。

（三）推进综合运输服务一体规范发展

1. 促进道路市场统一规范

逐步推进各省区运输管理工作在各个层面的对接，积极消除地域管理壁垒，共同维护区域内运输市场秩序，实现道路运输管理政策一体化。

（1）推进道路客运管理一体化。

建立和完善长途汽车联网售票系统，为旅客出行提供便捷服务。加强和完善旅游包车管理，规范市场秩序，构建省区间旅游客运网络。依托品牌企业，加强运管联网，积极发展汽车租赁业，实现省区间异地租车与异地还车。

（2）推进道路货运管理一体化。

加强监管措施和规范的衔接、统一，提高危险品运输监管水平，确保运输生产安全；协调集装箱运输技术标准和管理政策的衔接、统一，取消对异地集装箱运输的政策性壁垒，实现集装箱运输管理一体化，使集装箱在出入各地区港口及主要道路上享受到与本地车辆同一政策。

（3）建立一体化的道路稽查制度。

加强运政稽查，开展联合执法，促进道路运管信息交流与共享。建立道路运输稽查联席会议制度，打破道路运政工作按照不同的行政区划实行属地管理的局限，定期对成员单位提出的议案或工作建议进行研究，制定相应的对策，对地区内联合稽查行动进行统一部署，实现信息互通、管理同步。

（4）建立统一的运输管理法规。

加强协调和沟通，强化地方性法规、规章、规范和标准的衔接。由内地七省区运管部门对旅客运输管理办法及相关标准、货物运输管理办法及相关标准等进行协商，努力消除地方性差异，促进道路运输在行政管理和监督处罚上逐步形成统一的标准尺度。

（5）积极推进省区相邻县市公交运营一体化发展。

省区相邻县市交通运输主管部门联合向各省交通运输厅和泛珠协调委员会申请适度放开省区间公交运营的有关政策、法规限制，完善一体化运营协调机制，推进公共交通资源共享。全面详细调查调研各省区间相邻县市跨界公交出行需求，开展公交运营评估工作。统筹规划线路布设，协调安排运营合作与服务监管，定期协调对运营线路进行优化调整，在相邻县市公交运营整体规划方案框架下编制年度实施计划，编制客运班线公交化运营管理规范。

2. 大力发展多式联运系统

（1）强化铁海联运发展。

依托区域沿海港口外贸航线，发展铁海联运将是腹地发展外向型经济的重要通道。海铁联运是一个跨区域、跨行业、跨部门的系统工程，需要统筹考虑、系统解决，要围绕出海铁路大通道建设，形成以大通关为支撑，便捷出海通道为依托，多式联运为运输组织形式，内陆港为节点的铁海联运网络体系。体制机制、运营组织模式和口岸通关便利化是破解海铁联运的三大关键点。

一是建议在泛珠协同发展框架下，由各省区相关部门共同成立海铁联运办公室，负责协调相关区域（城市）的信息沟通、规划编制、政策制定、重大问题协调等工作。同时，将海铁联运相关工程列入国家和泛珠区域的相关规划，如国家层面的“一带一路”实施具体方案、“十三五”综合运输体系规划和泛珠江三角洲发展规划等。

二是要积极探索以沿海港口企业、货主和铁路总公司共同组建公司运营海铁联运业务的合作模式，研究制定海铁联运价格浮动机制。

三是以区域内中西部省区地区为主攻方向，以控股和合作经营管理并重，按照“由近及远，沿线沿路、重点突出”的原则，加快推进陆上内陆港的布局，并争取开拓境外周边国家和亚欧大陆桥沿线的集装箱内陆港或办事处。

四是在铁路内陆港口岸建立海铁联运口岸通关便利化长效机制，完善属地申报、口岸放行的一体化通关体系，将启运港退税政策延伸至内陆港。

（2）拓展陆桥运输服务。

充分发挥泛珠区域中西部省区陆向向西开放的区位资源优势，强化与内陆延边省区同周边国家和地区的互联互通，特别是陆桥通道衔接和服务先行日益迫切。近年来，依托中欧快线发展陆桥运输已在全面展开，涌现了“渝新欧”、“郑欧”、“苏满俄”、“蓉新欧”、“汉欧”、“湘欧”、“义新欧”等中欧航线，已成为国家融入丝绸之路经济带向西开放的重要支撑和亮点。根据铁路总公司统计，2014 年纳入铁总安排管理的中欧班列 19 个车次、开行 308 列，发送集装箱 2.6 万 TEU。以“渝新欧”为例，其开行始于电子产业，也为重庆千亿级电子产业集群的发展奠定了重要基础。“渝新欧”东起重庆团结村集装箱中心站，终到德国杜伊斯堡，全程 11179 公里，运行时间 17 天。2011 年 3 月正式开始运行，到 2014 年底已成功开行 224 趟（2011 年 17 趟，2012 年 41 趟，2013 年 36 趟，2014 年 130 趟），货物运输总量 1.4 万标箱，货值超过 68 亿美元。

湖南、四川、广西、昆明等省份要充分发挥产业比较优势，瞄准东南亚、中西亚及中东等国际市场，以对接亚欧陆桥大通道为重点，创新国际联运制度安排，探索合作、运行组织、定价和通关等模式，拓展陆桥国际运输服务。一是建议在将长沙、南宁和成都打造成为区域性国际联运启运港，加强与陆桥运输通道的衔接，规划建设至西部的铁路新通道，优化整合向西、向南国际物流资源和中欧班列路径、中国—东盟铁路运输，通过中转集结方式，对货源实行就近集结，增强对中亚、欧洲、东盟等地区进出口货物的吸引能力。二是统筹协调各省区、沿海港口和沿线国家铁路局，避免各自为战，无序竞争的局面，形成规模化优势。近期，以政府补贴推动国际联运启动发展，并与铁总形成集合询价机制，推动境外运价下调和国内运价浮动机制，逐步实现中欧班列的长期运营和市场化操作。三是积极推进有条件的城市加入中欧安全智能贸易航线试点计划（参见专栏 2-1）。

专栏 2-1 中欧安全智能贸易航线试点计划

2005 年 6 月，世界海关组织（WCO）第 105/106 次理事会年会通过了《世界海关组织全球贸易安全与便利标准框架》。中国海关正式表达了实施《标准框架》的意向。为全面落实《标准框架》，中欧海关提出了“安全智能贸易航线试点计划”（以下简称“安智贸”），旨在建立安全便利的智能化国际贸易运输链，从而在便利国际贸易的同时，实现海关对国际物流的全程监控。“安智贸”以海关间数据交换、互认监管结果、经授权的经营者、以及集装箱安全设备的应用为基础，实现信息共享，确保贸易链安全。

经中欧双方的共同努力，“安智贸”项目于 2007 年 11 月 19 日首次在中国深圳港、英国菲利克斯托港和荷兰鹿特丹港正式实施。目前包括香港在内，共有 6 个中国海陆港口，以及包括比利时、法国、德国、意大利、荷兰、波兰、西班牙和英国在内共 8 个欧洲国家的港口参与“安智贸”试点计划。

目前，中欧海关计划进一步开展“安智贸”试点计划第三阶段运作，包括扩大试点航线范围及参与公司数目等。

3. 信息化引导一体化发展

促进交通运输信息资源共享和交换、信息服务管理的均一和联动，推进社会公共服务、基础设施运行、道路运输市场、安全监管与应急等领域的区域一体化。以信息公共服务为主要形式，促进形成均一化、标准化的交通运输服务；以业务协同为重要手段，建立基础设施通道运行监管的联动和客货枢纽运行效能的改善；以信息共享交换为基本渠道，保证运输市场管理和执法的统一规范、加强交通运输应急反应能力，促进交通运输精细化管理和动态化服务的顺利实现。

（1）建立相互衔接的公共信息服务平台。

1）逐步推进电子票务一体化。注重建立收费服务主体之间的业务协调和利益分配机制，开发收费信息交换接口和收费拆分系统，基本实现交通运输领域收费系统的联通。近中期推动各省区高速公路联网收费区域合并，减少道路主线收费站，逐渐将普通公路收费站纳入联网收费系统，逐步增加ETC车道数，提高道路通行效率。

2）基本提供一体化的出行信息服务。建立区域统一的交通信息热线电话，便于旅客向各省区主管部门咨询交通出行信息，投诉运输过程中的违规违法行为。中远期，建立跨省区、跨方式的出行信息交换渠道，以城市（际）公共交通、跨境公路客运、综合客运枢纽、机场及候机楼、铁路及轨道为重点完善出行网站、电子站牌、信息亭（板）、手机等信息发布手段、丰富信息内容。

3）实现一体化的综合客运枢纽信息服务和交通导向。在综合客运枢纽的前期立项阶段，首先要实现通信系统、弱电系统、交通导向标识的统一规划设计；积极创造条件，将周边道路监控系统与枢纽信息系统对接；建立集中的运行指挥中心，实现平急结合的统一调度和高效管理。依托枢纽，实现人性化的旅客出行信息服务、实时准确的运行状态监控以及清晰统一的导向标识。

（2）建设物流公共信息平台。

物流公共信息平台为园区各种经营、管理主体提供公共信息共享与硬件平台，为管理决策提供数据支持及信息共享服务，为园区交易各方提供电子商务交易平台。未来将发展成为区域物流信息资源的整合子中心，实现区域物流信息共享，最大限度地发挥信息系统的效益。要紧密衔接国际运输和物流信息标准，充分利用物联网等先进技术手段，形成区域统一合作的物流公共信息平台标准和规范，共同建设区域物流公共信息平台，引导公铁场站、港口、机场、各类承运企业和货运代理以及海关、检验检疫等物流环节加入，实现物流信息共享和信息数据交换的无缝衔接，推动多式联运各环节之间实现信息交换，进行物流智能管理与全程追踪，支持电子通关、网上支付和各部门协同作业服务。

（3）协同联动的综合交通运输运行监管体系。

1）逐步实现运行信息监测一体化。逐渐整合现有交通情况调查、道路通行费、养护施工、道路阻断以及民航、铁路、港口等动态信息，完善干线公路和主要城市道路交通运行监测覆盖范围（线圈、视频、微波和超声等）。加强“两客一危”车辆（长途客运、旅游包车和危险货物运输）、公共汽车以及“四客一危”船舶（客渡船、高速客船、客滚船、旅游船和危险品运输船）的动态位置监测，实现浮动车数据监测与分析。

2）异地港口航道航运信息基本实现共享。一是推进港航部门、企业的信息共享、系统对接。建立统一的港航信息平台和管理系统，实现港航的信息资源共享。建立港口信息资源数据库，实现港口之间、港航之间、港口与其他部门之间非保密信息的交换和共享。制定统一的信息技术标准、制度法规和管理规范，使港航信息系统之间实现互联互通。二是推进内河航运信息服务一体化。建立港航信息共享平台，实现航道状态、码头服务、货物装卸、集装箱场站、仓储服务和运输船舶状态等信息共享；建立共同的货源信息平台，实现货源分布及数量、货物种类、货物流向、配送时间要求等信息共享；建立跨地区的物流电子口岸通关平台，实现跨地区的物流信息交换和共享，提高货物的通关效率。最后，通过整合内河航运行业的信息资源，推进业务信息融合和资源共享，实现内河航运部门应用系统之间的数据交换与共享。

（4）一体化的运输市场执法与信息监管。

1）运输执法信息基本共享。实现路政执法、运政执法信息化，实现了与道路运政系统的数据共享和业务协同，加强运政执法的即时性和互联性。

2）逐步实现“车联网”监管。在道路运输IC卡电子证照管理工作的基础上，推广应用IC卡道路运输证及IC卡从业资格证，构建电子证件应用系统，在区域内建立以识别验证和协调管理为主的营运车辆物联网系统，基本实现道路运输市场信息化监管的一体化。

（5）及时准确的应急处置反应联动。

积极整合各省区公路水路交通运输的养护设备设施、专业施工机械、各类运载工具（车辆船舶）、应急救援队伍、决策支持专家等应急信息资源，围绕交通拥堵、基础设施通行阻断以及地质气象灾害等交通突发事件，建设应急信息资源管理和调度指挥系统，实现应急信息交换和反应联动。

4. 加强与港澳运营管理合作

粤港澳地区基础设施建设合作是一项涉及三地法律、政策和管理，以及企业运营的复杂工程，为加快粤港澳在基础设施建设上的广泛、顺畅合作，必须建立适应三地政治体制和管理体制的建设合作制度安排及机制，共同制定建设合作的运营管理机制与政策，并通过管理制度创新与相关的配套改革，保障合作的高效率和高质量。

（1）建立基础设施管理基本架构。

粤港澳三地政府部门应按照大都市圈基础设施建设合作的需要，建立和完善涉及三地的基础设施管理基本架构。在符合《基本法》要求的前提下，三地立法机构或行政管理机构对不适合基础。同时设立专门的组织机构，明确工作机制。充分利用现有粤港、粤澳合作联席会议和深港合作会议等三地高层合作机制，深化粤港澳基础设施合作的组织管理体制和机制。提升现有跨界基础设施、口岸等专责小组职能，或设立包括三地政府在内的基础设施协调机构，负责编制三地重要的基础设施特别是跨境基础设施建设的统一规划，并争取纳入国家相关规划安排和组织实施。设施合作要求的法律、法规等法律制度不断进行补充、修改、完善。

（2）完善基础设施管理机制和政策。

1）明确利益协调机制。从目前的合作条件和环境出发，对涉及三地共同利益的基础设施，三方应从大都市圈内基础设施整体效益最大化原则出发，根据三方各自成本收益合理分担建设成本，并对三地受损的产业和特定人群建立补偿机制。对三地跨境基础设施，按照“以粤港、粤澳分界线为界，各自投资，共同建设，各自拥有，各自管理”的原则进行建设和管理。

2）制定规划机制和政策。由协调机构制定专门的政策，对合作建设的基础设施，三方共同参与或委托独立规划机构对跨境基础设施进行详细设计，注重功能的相互对接，并为未来三地货物、人员跨境流动制度等改革预留空间。

3）完善市场政策。从统一的粤港澳基础设施建设市场培育出发，充分引入竞争机制，在统一的市场中，对三地跨境基础设施中需要共同投资的部分面向三地企业或面向全球公开招标。

（3）改善通关条件和环境。

1）扩大口岸容量。粤港澳三方共同规划和组织建设跨境陆路口岸，并同期建设、同期完成、同期开通，确保粤港澳口岸能够满足大都市间不断增加的人流、物流通关需要。及时进行与港珠澳大桥相配套的粤港澳陆路口岸建设，确保大桥与口岸同时开通。视深港机场快线研究和建设情况，及时开展口岸的研究和建设。粤港间要加强协调，广深港铁路香港段建设与相关口岸建设同步进行。粤港澳三方在口岸设计和建设时，需要考虑口岸与各自境内交通方式接驳和口岸配套设施建设，确保口岸能够高效使用。到2020年基本形成粤港澳之间数量充足、布局合理、人货分流、运作高效的陆路口岸体系。

2）提高口岸服务能力。延长口岸通关时间，加强三地陆路口岸部门及时沟通，高峰时同时增加开放过境通道数量，减少旅客和货物口岸等待时间。鼓励各口岸将通关平均等待时间作为向社会公开承诺的服务标准。

3）创新三地口岸通关制度。三地口岸部门加强研究、协调、合作，共同制定实施有利于三地人员、货物便利流动的通关制度。在三地陆路有条件的口岸逐步推广一地两检模式，方便旅客通关。按照先易后难的原则，三方出入境、检验检疫、海关口岸部门逐步实行单证统一。

4）改进和优化通关管理流程。三地口岸部门在保障监管有效性的前提下，继续推进便利化通关改革，减少货物通关时间，降低货物运输成本。不断提高口岸通关的技术手段，在全部陆路口岸和有条件的港口口岸推广使用旅客自助查验系统，广东在全部陆路口岸推广货物“单一窗口”通关模式和车辆“一站式”电子验放系统。三地各自口岸部门之间积极推进电子化建设和“大通关”改革，对货物通关实现单证统一、数据共享、一次放行。

（4）促进三地人员便利流动。

逐步放宽内地人员进入港、澳的限制。分阶段、分地域逐步实施广东特别是珠三角人员进入港澳免签证政策。2020年将“144小时便利免签证”政策扩大到全部珠三角城市群和广东省全境。同时，提高人员跨境流动效率。配合粤港澳交通基础设施网络的建设和完善，在三地口岸开辟为大都市圈人员通关的专用通道，鼓励使用自助通关模式，加快大都市圈人员双向流动的速度。积极创造政策环境，尽早允许香港八达通卡在珠三角跨城公共交通系统中使用，并逐渐构建大都市圈通用的公共交通“一卡通”系统。

六、“十三五”时期行动计划

（一）轨道交通

重点推进高速快速铁路建设。重点续建重庆—贵阳高铁、西安—成都高铁，湘桂铁路改造，新建南宁—贵阳高铁、柳州至肇庆、成都—昆明、京九铁路客专、福州至厦门，打通沿海高铁珠江口深中及粤海通道，加快推动广深港高铁香港段，规划重庆至厦门客专，宜昌至柳州快速铁路、京广第二双线等。加快推进中老泰、南宁至河内等国际铁路的前期工作。

加快实施一批铁路改造和新建项目。推进蒙西—华中、韶柳、岑溪至罗定、合浦至湛江、鹰梅、吉抚武、桂（林）永（州）郴（州）赣（州）、常岳九等铁路建设，实施成都至贵阳、成都至昆明、益阳至湛江、黎塘至湛江铁路、焦柳铁路等扩能改造工程，统筹规划推进川藏铁路、成都至格尔木铁路等开发性铁路建设。

（二）内河航道

推进长江航道系统化治理。加快实施重大航道整治工程，充分利用航道自然水深条件和信息化技术，进一步提升干线航道通航能力。中游重点实施荆江河段航道整治工程，抓紧开展宜昌至安庆段航道工程模型试验研究；上游重点实施重庆至宜宾段二级航道整治工程，研究论证宜宾至水富段三级航道整治工程。积极提高支流航道等级，形成与长江干线有机衔接的支线网络。加快建设沅水、湘江、乌江、岷江、嘉陵江等高等级航道航电枢纽工程，研究论证金沙江攀枝花至水富以及其他具有开发潜力航道升级改造的可能性。

提升西江航运干线的通过能力。建设高等级航道网，提高西江航运干线的通过能力，打通西南水运出海通道。大力推进西江黄金水道建设，积极推进西江航道改造工程，抓紧开展西江 3000 吨级航道升级改造项目工作，加快建设广州至梧州段Ⅰ级航道。有效开发内陆水运，重点建设南宁、贵港、梧州、肇庆、佛山等主要港口。适度发展包括百色、柳州、百色、来宾、清远、云浮、惠州、富宁、景洪、南平等地区性重要港口。积极推进龙滩水电站通航设施和洋溪、落久、大藤峡水利枢纽设施等项目建设，启动湘桂运河建设前期工作，大幅提高珠江—西江水道通航能力，打造云贵湘桂直通珠三角的黄金水道。

建设珠江三角洲高等级航道网。加快珠江三角洲出海深水航道建设，结合梯级开发逐步打通三条西南水运出海通道，逐步完善水运支持保障系统，基本实现干支相通、江海直达。

（三）“断头路”建设

以省区间互联互通为重点，打通省际高速公路断头段，联动省内高速公路建设，重点推进二广、大广、包茂、厦蓉、泉南、上瑞、广昆、汕昆、沪蓉等国家高速公路以及港珠澳大桥建设，以及各省区等一批地方高速公路“断头路”的建设，力争 2020 年前全部完成。

（四）综合交通枢纽

机场。实施广州、长沙、贵阳、南宁、深圳、昆明、成都等机场扩建和新建工程，新建一批支线和通用机场。优化航线网络，科学论证，提高主要城市间航班密度，增加国际运输航线。深化低空空域管理改革，发展通用航空。依托空港资源，发展临空经济。

港口。广东加快海港集装箱码头建设，重点是深圳港的盐田港区、大铲湾港区、蛇口港区，广州港南沙港区，珠海港高栏港区、厦门港海沧、嵩屿、招银港区、福州港的江阴港区。加快大型临港工业码头建设，重点是湛江港、惠州港、珠海港、湄洲湾港、福州港、八所港、钦州港等港口的石化及干散货原料码头。提高港口综合通过能力，加快深圳港铜鼓航道、广州港出海航道二期、湛江港 30 万吨级航道、汕头港防沙导流堤二期工程、珠海港高栏港区航道工程、厦门港 20 万吨级主航道、湄洲湾 30 万吨级主航道、福州港罗源湾 30 万吨级主航道和兴化湾 20 万吨级主航道、钦州港进港航道、防城港 20 万吨级航道等的建设。

（五）运输服务

交通“一卡通”工程。近期推进“岭南通”与香港八达通的互联互通工作。中远期推进各省区交通卡实现互认并推广实施统一的交通卡，并扩大使用范围至城际轨道、城际公交甚至班线客运，在较大范围内实现“一票到底”。

枢纽服务一体化。推动区域内联程通票、代码共享、信息共享、离港系统前置等门户型枢纽共享服务，通过运行图及班次信息系统共享等手段促进轴辐式中转换乘组织和多模式集散组织。

统一的物流信息平台建设。充分利用物联网等先进技术手段，形成区域统一合作的物流公共信息平台标准和规范，共同建设区域统一的物流公共信息平台。

（六）能源通道

油气管道建设。加快中石油西气东输三线天然气管道中东段、中石化新疆煤制天然气外输管道建设，建设中缅线贵州铜仁—湖南凤凰天然气管道、楚雄—攀枝花—西昌天然气管道；推进泉州至赣州、梅州至赣州、兰郑长江西支线等成品油管道，抓紧启动中石化江西九江—岳阳长岭原油管道复线工程、规划西南成品油管道复线工程。

电网工程建设。积极推进福建与广东电网联网工程，四川至华中特高压直流输电工程、金沙江中游电站送电广西直流输电工程、云南至广东直流输电工程等，规划福建至江西、雅中至湖南等输变电项目，推进“云电送泰”直流工程相关前期工作。

七、主要政策措施

考虑制约泛珠区域交通运输一体化的体制、机制等现实障碍以及各省区一体化发展的共同愿望和不同利益诉求，展望未来泛珠经济社会环境和体制机制变革的可能性，创新思路、先行先试，从规划、资金、体制、法规等方面提出一系列的措施建议。

（一）发挥规划指导作用

建议编制《泛珠交通运输一体化规划》，并在编制完成、经各省区政府共同审议通过后，应切实发挥指导区域交通运输发展的作用。各省区交通运输管理部门可相应成立《规划》专项工作组，主要职责为：制定年度实施项目方案建议；加强与相关部门之间的沟通与联系，协调跨市项目的建设方案、建设进度、技术标准等；对《规划》实施情况进行年度评估和五年一次的检讨；适时修订《规划》。同时，由于行政体制、立法等方面的原因，存在一些各省区层面不能解决的问题或事项，需要得到国家行业管理部门的支持和指导。如高速公路联网收费、交通卡的互联互通、跨市公路客运的管理审批、省区间公交的定价以及过桥过路费优惠等问题。

（二）完善法规标准体系

1. 推进制定协调统一的法规

政府立法的不一致是区域深层次合作的主要障碍之一，要真正实现区域交通运输的一体化，就必须有协调统一的法规作为保障。如统一运输市场准入标准和市场管理规则，鼓励客运企业异地参加客运班线投标等。研究并制订规范的物流业发展区域性法规和政府规章，进一步规范区域市场准入条件，增加管理透明度；整顿和规范区域物流市场秩序，对不适应现代物流业发展的规定、政策进行修改与完善，制止不正当竞争、限制竞争及其他违法行为。

2. 完善标准体系

规范轨道交通网络设施建设技术标准、信息平台建设技术标准、多式联运服务标准，逐步建立和完善交通基础设施对接标准体系，参与涉及物流领域有关信息、设施与技术装备、管理、服务等国家标准或行业标准的制订，促进铁路、城际轨道交通、城市轨道交通运输方式标准的统一，实现多方式间顺利对接。

逐步推进港航市场准入标准、行政执法尺度、地方优惠政策、规费征收、诚信体系建设和信息透明程度等方面的统一，为区域间港口企业资本经营、异地投资、合作经营乃至兼并或组织企业联盟创造更为宽松、规范和公平的市场环境，同时也为地区之外的各类资本进入港口建设和经营提供条件。

加强物流行业协会职能，制定物流技术标准。充分发挥协会作为行业管理部门的功能，使其成为物流行业与政府部门之间的一个重要桥梁和纽带，规范行业操作，维护行业合法权益，对行业内企业进行协调，避免企业间恶性竞争。组织行业咨询、教育培训、资格认证、物流技术交流等活动，加强对各种中介机构的管理与引导，提高全行业素质。

推进信息化标准体系建设。加强面向信息化应用和服务的标准化建设，重点是信息资源目录体系与交换体系、信息资源开发利用、平台建设和统一接口等方面；加强标准实施，强化标准在信息化建设各个环节中的应用。联合制定并强制执行业务应用、市场执法、运营维护、系统管理、系统建设等交通运输管理与服务信息化标准。

（三）探索资金政策合作

建议研究设立交通运输一体化政府专项基金，用于支持已经确定的年度实施项目，主要投向跨界、省区交通基础设施（线路及站点）工程建设、公共航道建设、省区间公交（含出租车）开通、公共信息平台建设、多式联运开展等领域；用于奖励积极推进交通运输一体化的企业等。

共同研究公路收费、轨道交通及综合客运枢纽定价等相关的价格机制。例如，适时调整高速公路货车收费标准。以促进便捷换乘为核心，引进综合客运枢纽区域票制，在城际功能为主的枢纽逐步推进实现不同公共交通方式间票制、票价一体化。

制定综合客运枢纽资金政策。对于跨地域联程运输、P＋R停车换乘等票制改革提供政府资金补贴；对于采取“三地互认、联合监管”的专业客运服务公司，如香港直通客运公司、异地机场快线公司等采取必要的成本规制措施。统筹协调跨境经营的公交、出租的财政补贴政策，完善相关的利益补偿机制。

深化投融资改革。筹集跨省区、跨界公路、轨道交通、枢纽建设等重大项目的建设资金。鼓励投资主体多元化，广泛吸收社会资本，积极探索通过建立省区级融资平台发行中期票据、信托（用）贷款、建设债券、股权融资等多种融资方式，筹集交通项目建设资金。通过财政投入、交通建设与营运税费转移等方式筹措资。制定鼓励物流企业进行投资与再投资的相关政策，鼓励和扶持一些骨干物流企业在境内外上市；鼓励银企合作建立长期信用政策。

（四）深化管理体制改革

深化大交通管理体制改革。按照建立一体化交通运输体系的要求，深化区域大交通行政管理体制改革，整合交通管理资源，建立高效科学的综合交通运输管理体制。

确立交通厅长联席会议制度。定时召开，强化各省区交通运输部门之间的对接协调。其下可设立道路、轨道、港航、民航、枢纽、物流等多个专项工作小组，职责是推进某一领域一体化工作，制定专项规划，指导实施具体项目。

（五）探索铁路融资模式

率先探索铁路网运分离的投融资模式，为铁路大规模建设添砖加瓦。一是进一步支持地方设立铁路发展基金，明确合理的投资回报及退出机制，引导和扩大民间资本投入。建议支持地方发展基金与国家铁路发展基金享受同等优惠政策，即通过发行优先股的方式筹集社会资本，并对利息费用所得税、印花税等实行税收减免优惠。二是探索 PPP 方式参与铁路建设的模式。通盘考虑项目的全生命周期，积极借鉴浙江以杭温、杭绍台项目率先探索铁路网运分离的 PPP 模式，温州“幸福股份”的股权融资模式的经验，在引入社会资本形成多元化渠道，项目业主选择标准、流程和工作机制，确定项目合理稳定的回报率等方面先行先试，探索建立投融资机制、运营移交机制、项目补亏机制、风险评估机制等。三是对城际、市域（郊）、资源开发性以及支线等有条件的铁路，开展自主运营管理尝试，培育运营管理团队，积累经验。

（六）推进口岸环境提升

学习国际通行做法，借鉴长江经济带和京津冀协同发展经验，继续推动大通关建设，推动实施“一次申报、一次查验、一次放行”和全天候通关。建议加强海关、质检、工商、税务、外汇等管理部门的协作，加快完善一体化监管方式，推进组建统一高效的口岸监管机构。推动构建一体化的口岸信息化平台，建立对口岸通关的综合评价常态机制。推动航区监管协同，推动江海联运发展。

第三章 泛珠三角区域现代产业体系和泛珠创新中心建设研究

一、泛珠区域现代产业体系建设的现状分析

"9+2"泛珠三角合作区于2003年7月由广东省政府发起，由广东、广西、海南、云南、贵州、四川、湖南、江西、福建九个省区和香港、澳门两个特别行政区组成，随着2004年6月《泛珠三角区域合作框架协议》的签订而正式启动，成为我国最大的区域经济合作组织。泛珠九省区区域面积达199.45万平方公里，约占全国面积的20.8%，2014年九省区常住总人口达到4.8亿，占全国人口的35.0%；GDP总量204408.8亿元，占全国GDP的近30%。

（一）经济实力稳步提升，产业规模不断壮大

1. 泛珠区域经济发展水平

自2005年以来，泛珠区域进入经济增长快车道，九省区年均GDP增速达到11.8%，显著高于京津冀、长三角及全国平均增速（见表3-1、图3-1）。持续高速增长使得泛珠区域占全国经济比重从2004年的28.87%增加至2015年的29.87%，与长三角、京津冀在全国所占经济比重不断下降形成对比。人均GDP也从2005年的12774元/人增加至2014年的42867元/人，9年间增长了235.58%，远高于京津冀、长三角及全国平均增长幅度。

表3-1 2005～2014年三大区域经济实力变化（%）

地区	占全国GDP的变动	年均经济增速	人均GDP增长幅度
京津冀	−0.77	11.15	171.71
长三角	−1.89	10.86	182.76
泛珠九省区	1	11.8	235.58
全国		9.82	227.02

数据来源：相关年份《中国统计年鉴》，经济增速为可比价格计算。

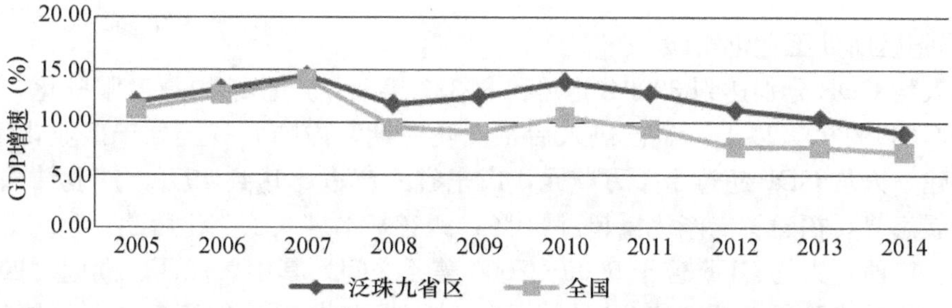

图3-1 2005～2014年泛珠九省区经济增速

数据来源：相关年份《中国统计年鉴》。

除九省区外，港澳地区也在稳步发展，2014 年两地生产总值分别达到 2.90 亿美元和 0.56 亿美元，相比 2005 年分别增长了 36%和 156%。

2. 泛珠区域产业总体规模

经济实力稳步提升的同时，产业规模不断壮大，特别是第二、第三产业上升迅猛，2005 年以来，第二产业的产值年均增长 13.85%，高于京津冀、长三角两个区域以及全国平均水平，到 2014 年占全国第二产业产值的比重达到近 40%。第三产业的产值年均增长 11.14%，高于全国平均水平，略低于京津冀和长三角，到 2014 年占全国第三产业产值的比重达到 32.69%（见表 3-2、图 3-2）。

表 3-2 2005～2014 年三大区域产业规模比较

地区	第一产业	第二产业	第三产业	第一产业	第二产业	第三产业
	2014 年（亿元）			2005～2014 年均增长率（%）		
京津冀	2251.90	26288.16	25501.09	3.81	12.06	11.26
长三角	3289.20	55528.81	45553.47	3.35	10.80	11.76
泛珠九省区	11597.10	83962.90	61014.40	4.49	13.85	11.14
全国	31693.05	214359.11	186624.82	4.24	10.52	10.34

数据来源：CEIC 中国经济数据库，产业规模及增速均为 2005 年不变价格计算。

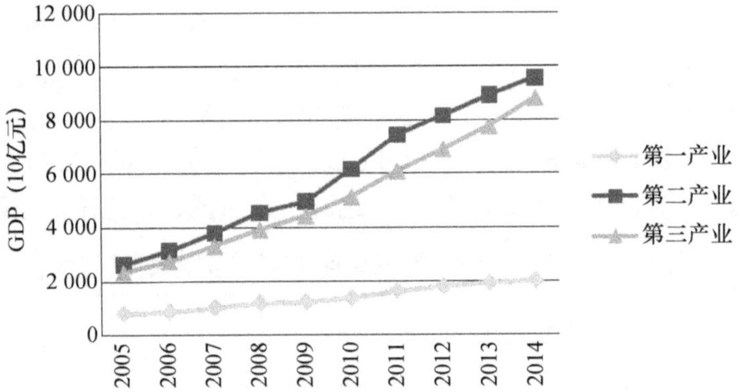

图 3-2 2005～2014 年泛珠九省区三次产业走势

数据来源：相关年份中国统计年鉴。

（二）工业化快速推进，产业结构优化提升

1. 各省区所处工业化阶段

港澳人均 GDP 分别达到 39994 美元和 89333 美元，产业结构高度服务化，第三产业占比达到 GDP 的 90%以上，早已进入后工业化时期。内陆九省区处于工业化不同阶段：广东和福建，人均 GDP 超过了 1 万美元，广东省三产占比达到 49%，产业结构呈现“三二一”发展态势，福建省二产比重超过 50%，两省基本进入工业化后期。湖南、海南、四川、江西、广西，人均 GDP 位于 5000～7000 美元之间，其中，江西、湖南、四川、广西都处于工业化扩张阶段，第二产业发展迅猛，占比不断提升，但第三产业发展相对缓慢，三产比重低于全国平均水平。海南省是以服务业为主的经济结构，第二产业占比仅 1/4。地处西部的云南、贵州，人均 GDP 不到 5000 美元，虽然三产占比高于二产，但农业比重

较高，工业结构相对单一（见图 3-3、表 3-3）。

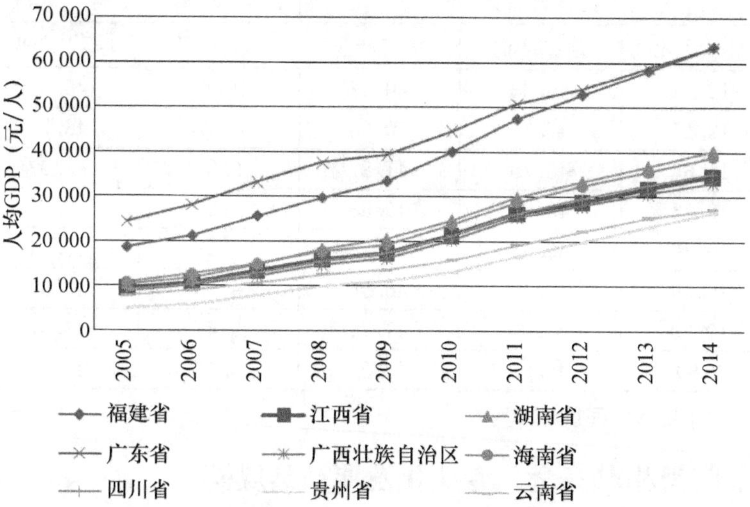

图 3-3 2005～2014 年泛珠九省区人均 GDP

数据来源：相关年份中国统计年鉴。

表 3-3 2014 年泛珠九省区产业结构

省区	第一产业	第二产业	第三产业
广东	4.67	46.34	48.99
广西	15.40	46.74	37.86
海南	23.12	25.02	51.85
福建	8.38	52.03	39.60
江西	10.71	52.49	36.80
湖南	11.65	46.17	42.19
四川	12.37	48.93	38.70
贵州	13.82	41.63	44.55
云南	15.53	41.22	43.25

数据来源：《中国统计年鉴 2014》。

2. 各省区产业结构

分产业来看，泛珠九省区产业结构不断优化提升，工业基础日渐雄厚。2005 年以来，第一产业占比逐步下降，到 2014 年达到 9.8%，相比 2005 年减少了 3.78 个百分点。第二产业占比不断提升，到 2014 年达到 46.95%，高出全国平均水平 4.23 个百分点。第三产业占比到 2014 年达到 43.25%，相比 2005 年提高了 2.25 个百分点（见表 3-4）。

表 3-4 泛珠九省区和全国国内生产总值的产业构成 单位：%

年份	泛珠九省区			全 国		
	第一产业	第二产业	第三产业	第一产业	第二产业	第三产业
2005	13.58	45.42	41.00	11.73	46.87	41.40
2006	12.61	46.52	40.87	10.71	47.40	41.89

续表 3-4

年份	泛珠九省区			全国		
	第一产业	第二产业	第三产业	第一产业	第二产业	第三产业
2007	12.44	46.63	40.92	10.37	46.69	42.94
2008	12.17	47.15	40.68	10.34	46.76	42.91
2009	11.35	46.78	41.87	9.88	45.67	44.45
2010	10.73	48.69	40.58	9.62	46.17	44.20
2011	10.70	49.12	40.18	9.53	46.14	44.32
2012	10.59	48.47	40.94	9.53	44.97	45.50
2013	10.29	48.00	41.71	9.41	43.67	46.92
2014	9.80	46.95	43.25	9.17	42.72	48.11

数据来源：相关年份《中国统计年鉴》。

（三）产业门类相对齐全，专业化发展初具规模

1. 港澳产业结构

香港、澳门均是以服务业为主的商贸城市。香港经济的四大支柱产业是贸易及物流业（24.6%）、旅游业（4.7%）、金融业（15.9%）、专业服务及其他生产性服务（12.8%）。香港已在20世纪80年代中期和90年代将制造业转移到了深圳、东莞一带，目前已进入后工业社会阶段。作为全球化城市，香港服务于全球金融业、贸易转运和其他商业，第三产业比重高达93.1%。从产业发展速度看，香港近年来制造业继续萎缩，服务业似乎也增长缓慢，2007～2012年，制造业产值的年增长率为－11.01%，服务业产值的年增长率为2.13%。

澳门第三产业比重高达94.3%（2014年数据），且近年来继续向第三产业倾斜，其中博彩业（46.1%）、公共行政、教育、医疗及其他服务业（10.9%）、不动产业务（8.7%）、批发零售业（7.6%）、银行保险业（6.2%）、酒店业（4.6%）贡献度最高。除了优化旅游博彩业之外，澳门政府亦冀望能趁势重新将澳门定位，计划变身成区域性的旅游、会议展览中心及泛珠三角发展框架范围内中小企业的服务平台。

2. 内陆九省区农业生产布局

农业方面，2013年，泛珠九省的农业总产值达到31090亿元，占全国农业生产总值的32%，其中农林牧渔四部门占比分别为49.9%，6.5%，28.7%，11.5%。在九省区中，湖南、江西、四川是我国粮食主产区，广西、广东、福建是主要的木材产区，四川、湖南是重要的生猪调出大省，福建、广东是渔业强省（见表3-5）。

表3-5　泛珠九省区主要农产品产量分布　　单位：%

省区	稻谷	薯类	油菜籽	麻类	甘蔗	烟叶	蚕茧	茶叶	柑橘
广东	10.5	10.9	0.1	0.4	12.3	2.4	17.8	5.5	18.5
广西	11.6	4.8	0.3	7.5	64.0	1.6	56.3	4.2	17.2
海南	1.5	1.7	0.0	1.2	3.5	0	0.1	0.1	0.3
福建	5.0	7.8	0.3	0.4	0.5	7.0	0	27.3	13.2

续表 3-5

省区	稻谷	薯类	油菜籽	麻类	甘蔗	烟叶	蚕茧	茶叶	柑橘
江西	20.0	4.3	11.3	8.2	0.5	2.2	1.2	3.4	16.6
湖南	25.6	8.3	31.1	16.9	0.6	11.3	0.0	11.5	17.0
四川	15.5	31.4	35.8	56.4	0.4	10.7	19.7	17.3	14.0
贵州	3.6	17.2	13.1	1.0	1.3	18.7	0.1	7.0	1.0
云南	6.7	13.6	8.1	8.0	17.0	46.1	4.9	23.7	2.3
省区	香蕉	木材	橡胶	松脂	油桐籽	油茶籽	猪肉	海水养殖	淡水养殖
广东	34.8	15.0	2.0	17.3	2.9	5.4	11.7	37.2	29.1
广西	20.5	42.5	0.1	46.9	29.3	10.9	11.0	13.7	10.9
海南	16.8	2.3	48.7	1.1	0	0	2.1	3.2	3.6
福建	7.6	10.6	0	8.0	8.8	6.3	6.6	46.0	6.3
江西	0	5.0	0	8.1	3.0	26.6	10.3	0	17.5
湖南	0	8.8	0	3.3	14.9	46.8	18.1	0	18.1
四川	0.3	4.4	0	0.2	5.8	0.3	21.5	0	9.7
贵州	0	3.4	0	0.6	28.4	2.7	6.9	0	1.2
云南	19.9	8.0	49.2	14.6	6.9	1.0	11.6	0	3.6

数据来源：《中国统计年鉴 2014》。

3. 内陆九省区工业比较优势

区位商分析通过测定各个产业部门在各地区的相对专业化程度来间接反映区域间经济联系的结构和方向，常用的测定指标有产值、就业人数等。本文采用工业销售产值计算区位商。当区位商大于 1 时，表明该行业在该地区专业化程度超过整个区域，属于地区专业化行业；当区位商小于 1 时，表明该地区该行业的专业化程度低于整个区域。

以 41 个工业行业作为分析对象，根据公式：i 省 j 产业区位商＝(i 省 j 产业的工业销售产值/i 省规上工业企业的工业销售产值总和)/(全国 j 产业的工业销售产值/全国规上工业企业的工业销售产值总和)，计算九省区各行业区位商，再分别以区位商大于 2 和区位商小于 0.3 为临界标准，来判断九省区专业化水平非常高和非常低的工业行业，具体结果见表 3-6。

表 3-6　泛珠九省区工业行业专业化水平高低分析表

省区	专业化水平高的行业	专业化水平低的行业
广东	计算机、通信和其他电子设备制造业（3.04）；文教、工美、体育和娱乐用品制造业（2.73）；废弃资源综合利用业（2.65）；家具制造业（2.14）	开采辅助活动（0.2）；有色金属矿采选业（0.2）；化学纤维制造业；黑色金属矿采选业；煤炭开采和洗选业；其他采矿业
广西	木材加工和木、竹、藤、棕、草制品业（3.12）；有色金属矿采选业（2.94）；废弃资源综合利用业（2.06）；非金属矿采选业（2.05）	仪器仪表制造业；金属制品、机械和设备修理业；石油和天然气开采业；煤炭开采和洗选业；开采辅助活动；化学纤维制造业；其他采矿业

续表 3-6

省区	专业化水平高的行业	专业化水平低的行业
海南	石油加工、炼焦和核燃料加工业(6.79)；造纸和纸制品业（5.21)；医药制造业（2.89)；仪器仪表制造业（2.45)；金属制品、机械和设备修理业（2.32)；水的生产和供应业(2.32)；黑色金属矿采选业（2.15)	有色金属矿采选业；非金属矿采选业；印刷和记录媒介复制业；家具制造业；黑色金属冶炼和压延加工业；文教、工美、体育和娱乐用品制造业；皮革、毛皮、羽毛及其制品和制鞋业；纺织业；化学纤维制造业；专用设备制造业；有色金属冶炼和压延加工业；铁路、船舶、航空航天和其他运输设备制造业；通用设备制造业；纺织服装、服饰业；其他制造业；煤炭开采和洗选业；开采辅助活动；其他采矿业
福建	皮革、毛皮、羽毛及其制品和制鞋业（6.46)；金属制品、机械和设备修理业（3.69)；化学纤维制造业(3.01)；其他制造业（2.94)；文教、工美、体育和娱乐用品制造业(2.63)；纺织服装、服饰业（2.40)	煤炭开采和洗选业；石油和天然气开采业；开采辅助活动；其他采矿业
江西	有色金属冶炼和压延加工业(4.12)；有色金属矿采选业（2.5)；纺织服装、服饰业（2.09)	煤炭开采和洗选业；金属制品、机械和设备修理业；石油和天然气开采业；开采辅助活动；其他采矿业
湖南	其他采矿业（3.82)；烟草制品业(2.83)；专用设备制造业（2.54)；有色金属矿采选业（2.46)；有色金属冶炼和压延加工业（2.28)	化学纤维制造业；石油和天然气开采业；开采辅助活动
四川	开采辅助活动（5.37)；酒、饮料和精制茶制造业（4.55)；其他采矿业（2.10)；非金属矿采选业（2.06)	纺织服装、服饰业；仪器仪表制造业；文教、工美、体育和娱乐用品制造业
贵州	煤炭开采和洗选业（6.5)；烟草制品业（5.24)；酒、饮料和精制茶制造业（4.53)；非金属矿采选业(3.19)；电力、热力生产和供应业(2.99)	废弃资源综合利用业；家具制造业；专用设备制造业；皮革、毛皮、羽毛及其制品和制鞋业；电气机械和器材制造业；通用设备制造业；仪器仪表制造业；计算机、通信和其他电子设备制造业；纺织服装、服饰业；文教、工美、体育和娱乐用品制造业；金属制品、机械和设备修理业；纺织业；开采辅助活动；其他采矿业；化学纤维制造业；石油和天然气开采业
云南	烟草制品业（17.4)；有色金属矿采选业（3.41)；有色金属冶炼和压延加工业（3.36)；电力、热力生产和供应业（2.34)；煤炭开采和洗选业（2.04)；黑色金属矿采选业(2.01)	专用设备制造业；汽车制造业；金属制品业；化学纤维制造业；铁路、船舶、航空航天和其他运输设备制造业；仪器仪表制造业；通用设备制造业；废弃资源综合利用业；电气机械和器材制造业；纺织业；皮革、毛皮、羽毛及其制品和制鞋业；纺织服装、服饰业；计算机、通信和其他电子设备制造业；家具制造业；开采辅助活动；金属制品、机械和设备修理业；其他采矿业；石油和天然气开采业

数据来源：《中国工业统计年鉴 2014》。

从表 3-6 可以看出，广东工业发展综合实力强，有 13 个行业的区位商高于全国平均水平，具有突出比较优势的产业是计算机、通信和其他电子设备制造业，文教、工美、体育和娱乐用品制造业，废弃资源综合利用业，家具制造业；不具备比较优势的是采矿业以及化学纤维制造业。广西在木材加工、有色金属和非金属矿采选、废弃资源综合利用等资源依赖型产业上具备比较优势，但由于煤、石油等大宗矿产短缺，石油天然气开采、煤炭开采等产业相当薄弱。海南工业基础较为薄弱，由于经济体量小，工业体系不完备，多达18个工业部门的区位商在0.3以下，但石油加工、造纸、医药制造等产业已初具规模。福建在皮革、毛皮、羽毛及其制品和制鞋业，金属制品、机械和设备修理业，化学纤维制造业等行业具备显著的比较优势，在41个部门中，福建省在20个部门的区位商高于全国平均，只有4个采矿业相关的部门区位商低于0.3，表明福建省工业发展较为均衡，但区位商较高的部门大多是劳动密集型以及轻工业部门。江西在有色金属冶炼和压延加工业、有色金属矿采选业、纺织服装、服饰业具备比较优势，这与江西拥有丰富的有色金属矿产资源密不可分。湖南在其他采矿业、烟草制品业、专用设备制造业、有色金属矿采选业、有色金属冶炼和延压加工业具有比较优势，可见湖南省的优势产业多基于矿产资源禀赋，由于资源禀赋相似性高，湖南和江西存在一定程度的结构雷同，但三一重工、中联重科等装备制造行业龙头企业的涌现，湖南省近年来在专用设备制造业的优势地位逐渐凸显。四川的比较优势体现在采矿业以及酒、饮料和精制茶制造业，也与其资源禀赋密切相关，专业化程度较低的产业是纺织服装、服饰业，仪器仪表制造业，文教、工美、体育和娱乐用品制造业。云南、贵州的优势产业几乎全部集中在资源禀赋型产业上，云南作为烟草大省，烟草行业占据绝对优势，此外，两省在电力、热力生产和供应业的区位商显著高于泛珠其他省区，表明两省能源供应充足，为产业发展和能源输出奠定了良好基础，两省在煤炭开采业上也具备优势，弥补了泛珠其他省区煤炭资源匮乏的不足，但两省在许多制造业上专业化水平较低，较其他省区有明显落差。

4. 内陆九省区服务业发展比较

广东省第三产业规模遥遥领先其他八省区，2013年增加值达到2.97万亿，占泛珠九省区增加值总和的38.2%。紧随其后的是湖南、四川和福建，占比分别达到12.7%，11.9%和11.0%。可见各省第三产业规模与其经济总量和经济发达程度存在密切联系（见图3-4）。

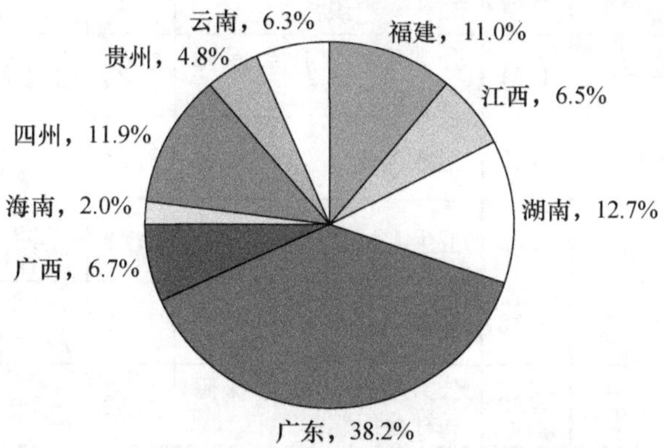

图3-4　2013年泛珠九省区第三产业增加值比重

数据来源：《中国统计年鉴2014》。

分产业来看，仍然呈现广东省一头独大的局面，房地产比重最高，接近泛珠九省区房地产增加值总和的一半，其次是批发零售业，占比达到42.5%，其他部门占比也都在

30%以上。除此之外，福建交通运输仓储业、金融业、房地产业均呈现良好发展势头；湖南的交通运输仓储业、批发零售业、住宿餐饮业发展较好，四川的住宿餐饮业、金融业发展较好。总体而言，泛珠九省区服务业的发展差异显著，广东省一头独大，福建、湖南、四川三省处于中游位置，江西、广西、海南、贵州、云南的服务业体量相对较小，优势不显著（见表3-7、表3-8）。

计算公式：

例：i省服务业中j产业区位商=（i省j产业的从业人数/i省第三产业的从业人数）/（全国j产业的从业人数/全国第三产业的从业人数）

表3-7 九省区在主要服务业的增加值占比

单位：%

省区	交通运输、仓储	批发和零售业	住宿和餐饮业	金融业	房地产业	第三产业
福　建	14.3	10.8	7.9	12.0	14.2	11.0
江　西	8.2	6.3	7.6	5.1	5.8	6.5
湖　南	14.2	12.4	11.3	7.2	7.4	12.7
广　东	31.6	42.5	31.3	39.1	48.9	38.2
广　西	8.2	6.5	9.0	7.2	6.1	6.7
海　南	1.7	2.1	2.5	1.6	3.4	2.0
四　川	9.1	8.9	15.4	16.2	8.9	11.9
贵　州	9.4	3.5	6.6	4.4	2.4	4.8
云　南	3.3	7.0	8.4	7.1	3.1	6.3

数据来源：《中国统计年鉴2014》。

表3-8 泛珠九省区排名前列的服务业优势产业

省区	区位商排第一		区位商排第二		区位商排第三	
福建	文化、体育和娱乐业	1.14	住宿和餐饮业	1.13	公共管理、社会保障和社会组织	1.12
江西	交通运输、仓储和邮政业	1.43	公共管理、社会保障和社会组织	1.34	教育	1.21
湖南	文化、体育和娱乐业	1.51	公共管理、社会保障和社会组织	1.28	卫生和社会工作	1.16
广东	租赁和商务服务业	1.45	房地产业	1.31	居民服务、修理和其他服务业	1.29
广西	教育	1.52	卫生和社会工作	1.43	水利、环境和公共设施管理业	1.37
海南	住宿和餐饮业	2.18	房地产业	1.92	水利、环境和公共设施管理业	1.47
四川	卫生和社会工作	1.33	公共管理、社会保障和社会组织	1.32	教育	1.26
贵州	公共管理、社会保障和社会组织	1.67	教育	1.66	卫生和社会工作	1.32
云南	公共管理、社会保障和社会组织	1.37	金融业	1.35	教育	1.34

数据来源：全国及各省第三次经济普查公报。

（四）产业转移与合作持续推进，协作配套不断深化

1. 主要地区承接产业转移情况

广东：截至2012年年底，距离珠三角核心区100～300公里环形辐射带上的36个广东“产业转移园”累计吸引项目2988个，总投资约7030亿元，工业产值超5000亿元，税收250亿元。这些产业园有效承接了珠三角的产业转移，极大促进了广东省欠发达地区的快速崛起。

湘南：湘南毗邻粤港澳，一直享有“粤港澳后花园”的美誉，具有产业承接的先天优势。2013年，湘南衡阳、郴州、永州三市共承接产业转移项目1293个，到位内资1528亿元，新建标准厂房797万平方米，湘南地区成为湖南吸引珠三角产业转移有名的“湘南板块”。

赣南：江西省凭借全国唯一毗邻长三角、珠三角和闽东南三角区独特的区位优势，凸显出在承接东部地区产业转移上的综合竞争优势。2013年，赣州市共引进省外5000万元以上项目182个，合同引资825.18亿元，实际进资454.15亿元。其中，亿元项目93个，实际进资287.82亿元。实际利用省外5000万元以上项目进资数及亿元以上项目进资数列全省第三。

广西西江经济带：2013年，玉林市进出口总额达4.17亿美元，实际利用外资2702万美元，同比增长43.8%；梧州市对外贸易17.65亿美元，增速达45.9%，增速居全区第一位，实际利用外资2927万美元（前10月）；贵港市进出口总额达1.21亿美元，增长14%，实际利用外资2035万美元，增长20%；贺州市进出口总额达2.00亿美元，增长27.9%，实际利用外资9740万美元。

2. 跨省区合作共建产业园区情况

自泛珠三角合作区成立以来，“香港接单、广东设计、内地制造”等各种优势互补型产业分工模式蓬勃发展。以广东省为例，仅2011～2012年两年间，广东与泛珠省区共达成产业转移项目170多个，合作金额超过700亿元。跨省区合作共建工业园成为沿海和内陆产业合作的重要载体。昆明深圳工业园、衡阳深圳工业园、湘西广州工业园、广西凭祥广东工业园、赣州香港工业园等已顺利建成。滇桂、川桂共建北部湾临海产业园，福建与湖南娄底、益阳共建闽商产业园区，湖南与广西钦州共建广西钦州（湖南）临港工业园区，江西与深圳共建吉安深圳产业园，黔桂糖产业扶贫示范园区，四川与18个对口支援省市共建的产业园区，闽粤经济合作区，粤桂特别合作试验区等建设进展顺利，闽粤经济合作区发展规划正在制定。

3. 泛珠产业转移相关政策规划情况

产业转移与合作的顺利推进离不开泛珠各省区出台的一系列产业政策和规划。十年来，泛珠各省区共同研究出台了《关于推进泛珠三角内地区域产业转移和合作的指导意见》试行本，起草了《关于合作共建泛珠三角区域跨省区产业园区的若干政策措施》。各省区也针对性地出台了一些政策措施。例如，贵州加快推进产业承接区规划建设前期工作；湖南加快推进蓝宁道新产业转移工业走廊建设；云南抓紧研究出台承接产业转移的政策措施；广西编制的《广西桂东国家西部大开发承接产业转移示范区规划》已上报国家审批；四川深入实施《关于进一步加快推进承接产业转移工作的意见》等。

（五）创新能力不断增强，发展潜力日益显现

1. 内陆九省区总体创新能力

创新及科技是经济增长的动力及加强产业竞争力的关键。从投入角度看，泛珠研发投入全国占比逐年提高。2005 年，泛珠九省区研发经费内部支出总计 515.56 亿元，占全国总量的 21.04%。到 2014 年，泛珠九省区研发经费内部支出提升到 3200.9 亿元，占全国总量的比例也上升到了 24.59%。研发经费占 GDP 的比重从 2005 年的 0.9%上升至 2014 年的 1.57%，虽然有所提升，但与京津冀、长三角区域相比仍然存在较大差距，甚至低于全国平均水平（见表 3-9）。

表 3-9　2005 年和 2014 年三大区域及全国 R&D 经费支出比较

地区	R&D 经费支出（亿元）		R&D 经费支出占 GDP 比重（%）	
	2005 年	2014 年	2005 年	2014 年
京津冀	513.57	2046.6	2.46	3.07
长三角	641.48	3422.7	1.55	2.66
泛珠九省	515.56	3200.9	0.9	1.57
全国	2449.97	13015.63	1.32	2.05

数据来源：相关年份《中国统计年鉴》。

2. 各省区科技创新重点领域

分省区来看，各省的科技创新能力差距较大。在九省区中处于第一梯队的是广东省，广东省区域创新能力位居全国前列，科技进步对经济增长的贡献率达 50%以上，专利授权量居全国首位。国家工程实验室、重点实验室、工程技术中心、公共研发平台等总数居全国前列。科技投入逐年提高，2014 年全社会研究与开发投入 1605.4 亿元，比 2005 年增长 5.6 倍。数控、核电、风电、农机等领域装备产品、关键技术取得突破，以企业为主体的技术创新体系初步建立。在九省区中处于第二梯队的是福建、湖南和四川。福建省拥有国家级重点实验室 9 个，国家级企业技术中心 30 家，国家级工程技术研究中心 7 个，国家技术转移示范机构 11 家，近年来，在茶叶、甘蔗等农业科技领域，以及生物医药、新能源等战新产业领域的创新能力不断增强，闽台科技合作的深化也为福建省创新能力增强起到有力推动作用。湖南拥有独立科研与技术开发机构 252 个，国家重点实验室、国家工程（技术）研究中心 30 个，居中部地区第 2 位，“天河一号”超级计算系统、高性能碳/碳复合材料、超级杂交稻育种等重大科技成果享誉全球。四川省研发机构和科技人才数量在全国名列前茅，是“信息产业国家高技术产业基地”、“国家软件产业基地”、“国家生物产业基地”、“民用航空产业国家高技术产业基地”，拥有成都高新区、绵阳科技城、国家中药现代化（四川）基地和攀西钒钛工业园区等多个创新载体，目前初步形成了以电子信息、先进制造、民用航空、生物医药、新材料、核技术和新能源为优势特色的高新技术产业体系。江西、广西、云南、贵州和海南五省的科技创新能力在“泛珠三角”九省中相对落后。

3. 内陆九省区科技创新合作情况

泛珠各省区市围绕区域重点发展的基础研究、应用研究领域和高新技术产业集群，加强各类重点实验室、工程技术研究中心等技术创新平台的建设，推动建设具有泛珠三角区

域特色和优势的相互开放和共享共用的科技创新基础条件平台。例如，广东、广西、福建、海南共同参与实施“泛珠三角区域大型科学仪器协作共用网建设”项目。广东和广西两省区通过加强与泛珠三角区域内高等院校和科研院所的合作，合力解决生物质能源产业方面的共性问题，共同推进甘蔗、木薯等生物质能源作物品种选育及产业化基地建设，重点开展非粮生物质能源及生物基产品开发综合技术研究与示范，顺利推进了一批国家科技支撑项目的实施。此外，通过双边合作，在两广星火产业带建设、南海海水养殖产业、特色生物中药产业、农产品优质高效产业化、数字媒体开发等领域大力推进多种形式的科技合作，有力推动了区域内特色产业集群的发展。针对有关国计民生和可持续发展的重大课题，泛珠三角成员开展了多种方式的科技合作并取得成功。广东、广西、福建、海南共同开展冬暖夏热地区建筑节能技术研究，研究开发建筑环境相关的软件。粤桂合作的广西北部湾经济区基础研究重大专项，加强生态环境保护与防灾减灾等方面研究，促进北部湾经济区可持续发展。

云南省结合院士专家工作站的建设，引进湖南、广东等地的袁隆平院士、古德生院士、刘颂豪院士在云南省内建立工作站，开展了“水稻两用核不育系选育及应用”、“深埋高价值复杂难采矿体协同高效无废开采技术研究”、“300kA 大型预焙铝电解槽曲面阴极技术的开发与产业化”等合作项目。广东、广西、云南共同签署了《广东、广西、云南共享专家资源的协议》，协议提高基础研究项目立项评审质量，推动区域科技全面合作与发展，为做好“十二五”开局之年自然科学基金项目安排，推进基础研究发展打下良好基础。广西与海南省联合展开关于环北部湾海洋生态保护与修护研究，在地下管网红树林原位生态养殖技术与工程示范，红树林、海草、珊瑚礁、盐沼和滨海植被的生态监测与评价，海岸生态恢复与修复等方面开展合作①。

4. 港澳与内陆科技创新合作情况

港澳与内陆科技产业化合作不断深化，广东和香港于 2004 年开始推行“粤港科技合作资助计划”，以鼓励两地的科研机构和产业合作。截至 2014 年 2 月底，该计划由创新及科技基金共拨款支援 209 个项目，拨款总额约为 7.52 亿元，当中 56 个项目为广东省或深圳有关政府单位与香港特别行政区政府共同资助的项目，涉及的香港创新及科技基金金额约为 1.48 亿元。深圳和香港于 2007 年签署了合作协议，成立“深港创新圈”。双方同意加强在人才及资源方面的交流和共享，并鼓励两地的科研机构进一步合作。香港城市大学、香港理工大学、香港科技大学和香港中文大学分别在深圳南山高新区建有产学研基地，而香港大学及香港浸会大学该区亦设有研究中心。

二、协同建设泛珠区域现代产业体系的基本思路

（一）建立加快区域经济协同发展的现代产业体系

1. 稳步提升泛珠区域经济占全国总量的比重

近十年来，泛珠九省区无论地区生产总值还是人均地区生产总值在全国的位次均表现

---

① 李菁、石福华：《泛珠三角区域科技联席会议机制是建设创新型国家的有益尝试》，《科技管理研究》，2014 年第 3 期。

得稳中有进。从生产总值看，广东省经济发展近十年稳居全国各省区市首位，福建、湖南、四川、云南在全国的排名均有所上升，江西、广西、海南、贵州保持了相对稳定的位次。从人均生产总值看，福建、湖南、广西、四川、贵州的排名都有所上升，江西、云南保持了相对稳定的位次，广东、海南的排名有所下降（见表 3-10、表 3-11）。

表 3-10 泛珠内地九省区地区生产总值及在全国位次 单位：亿元

省区	2005 年		2010 年		2014 年	
	地区生产总值	位次	地区生产总值	位次	地区生产总值	位次
福建	6554.7	13	14737.1	12	24055.8	11
江西	4056.8	17	9451.3	19	15714.6	18
湖南	6596.1	11	16038	10	27037.3	10
广东	22557.4	1	46013.1	1	67809.8	1
广西	3984.1	18	9569.9	18	15672.9	19
海南	918.8	28	2064.5	28	3500.7	28
四川	7385.1	9	17185.5	8	28536.7	8
贵州	2005.4	26	4602.2	26	9266.4	26
云南	3461.7	24	7224.2	24	12814.6	23

数据来源：相应年份中国统计年鉴。

表 3-11 泛珠内地九省区人均地区生产总值及在全国位次 单位：元/人

省区	2005 年		2010 年		2014 年	
	人均地区生产总值	位次	人均地区生产总值	位次	人均地区生产总值	位次
福建	18353	9	40025	10	63472	8
江西	9440	24	21253	24	34674	25
湖南	10562	21	24719	20	40271	17
广东	24647	5	44736	7	63469	9
广西	8590	28	20219	27	33090	27
海南	11165	19	23831	23	38924	21
四川	9060	25	21182	25	35128	23
贵州	5394	31	13119	31	26437	30
云南	7809	29	15752	30	27264	29

泛珠区域在全国经济中所占比重逐年上升，依据各省区的“十三五”预计增速，九省区在“十三五”期间的增速均高于全国平均增速，到 2020 年，九省区经济总量将达到 32.1 万亿，占全国经济总量的比重可从 2014 年的 32.1%提高到 2020 年的 34.4%。也就是说，泛珠区域对中国经济健康稳定持续协调增长的支撑作用将会越来越显著，泛珠区域经济良性发展事关中国经济的全局。

表 3-12 “十三五”期间泛珠九省区 GDP 增长目标

省区	2014 年 GDP 总量（亿元）	2015 年预期增速（%）	“十三五”预期增速（%）	2020 年 GDP 总量（亿元）
福建	24055.8	10	8.5	39788.8
江西	15708.6	9	8.5	25746.2

续表 3-12

省区	2014 年 GDP 总量（亿元）	2015 年预期增速（%）	“十三五”预期增速（%）	2020 年 GDP 总量（亿元）
湖南	27048.5	8.5	8.5	44128.7
广东	67792.2	7.5 左右	7	102213.2
广西	15673.0	8	7	23740.8
海南	3500.7	8	7	5302.7
四川	28536.7	7.5 左右	7	43026.0
贵州	9251.0	10	10	16388.7
云南	12814.6	8.5 左右	8.5	20906.6
泛珠九省区（在全国占比）	204381.1（32.1%）		7.8 左右	321241.8（34.4%）
全国	636139	7 左右	6.5	932575.1

2. 发挥优势，增强动力，加快构建现代产业体系

现代产业体系是体现一个区域经济发展水平和综合实力的重要标志。新中国成立特别是改革开放以来，泛珠各省区已经形成了门类齐全、特色鲜明和各具优势的产业基础及产业体系。但总体来看，科教、人才、历史文化、区位等资源优势尚未得到充分挖掘，自主创新能力整体较弱，工业实力仍然不强，产业分工布局有待进一步优化，战略性新兴产业和高技术产业发展相对滞后，经济发展水平与长三角地区相比存在较大差距。面对不足和差距，必须立足自身基础，充分利用资源优势和各种有利条件，加快构建现代产业体系，增强产业发展活力，为经济持久快速发展注入强大内生动力。

3. 凝聚泛珠各省区在建立现代产业体系方面的共同诉求

从“十三五”期间的产业发展重点领域来看，泛珠九省区共同关注以下方面：①加快农业现代化建设，在发展现代农业时，注重农业内部的结构调整。②强调推动工业结构优化升级，改造传统产业，推动产业结构迈向中高端，大力发展战略性新兴产业，化解过剩产能。③强调大力发展服务业尤其是现代服务业，按照产业结构演变的一般规律，现代服务业将成为经济持续健康发展的新的引擎和推动力，因此，各省份都十分重视现代服务业的发展。④强调发挥创新在经济结构调整中的重要作用，各地均提出要实施创新驱动战略，依靠创新加快调整，优化产业结构，引领带动产业转型升级。⑤强调产业融合发展，包括工业化与信息化的融合，三次产业的融合，以及军民融合。从这些共同的关注点出发，探索产业合作的重要领域、重点方面，有助于各省区在合作中提升产业层次、在合作中创造发展机遇（见表 3-13）。

表 3-13 “十三五”泛珠九省区产业发展方向

省区	“十三五”产业发展方向
福建	（1）推动建设先进制造业大省；（2）推动现代服务业大发展；（3）推动互联网经济加速发展；（4）推动建设海洋经济强省；（5）加快现代特色农业发展
江西	（1）建设现代农业强省；（2）改造提升传统产业；（3）实施战略性新兴产业倍增计划；（4）坚持数字化、网络化、智能化方向；（5）走产业集聚集群集约发展道路；（6）提升服务业发展水平；（7）建设信息江西

续表 3-13

省区	“十三五”产业发展方向
湖南	(1) 推动三次产业协调发展；(2) 加快推动农业现代化；(3) 实施湖南制造强省建设五年行动计划；(4) 推动传统优势产业转型升级；(5) 实施网络强省战略，推行“互联网+”行动计划；(6) 大力推进服务业现代化
广东	(1) 加快构建具有国际竞争力的产业新体系；(2) 改造提升传统产业；(3) 推进农业现代化；(4) 以信息化建设拓展发展新空间；(5) 大力提升创新驱动发展能力；(6) 统筹推进珠三角国家自主创新示范区建设和全面创新改革试验试点省建设
广西	(1) 加快产业转型升级；(2) 大力发展先进制造业和战略性新兴产业；(3) 大力发展现代农业；(4) 提升发展现代服务业
海南	(1) 促进以旅游业为龙头的现代服务业突破性发展；(2) 把热带特色现代农业打造成海南富足农民、服务全国的王牌产业；(3) 集约集群发展新型工业；(4) 实施海洋强省战略
四川	(1) 大力推进农业现代化；(2) 建设先进制造强省；(3) 实施加快发展现代服务业行动；(4) 加快建设旅游经济强省；(5) 推动信息化与经济社会深度融合
贵州	(1) 推动新兴产业发展壮大；(2) 推进传统优势产业转型升级；(3) 做大做强现代山地特色高效农业；(4) 提升现代服务业发展水平；(5) 构建优势突出、特色鲜明的贵州产业体系；(6) 坚持产业园区发展路子
云南	(1) 培育具有云南特色的现代产业体系；(2) 加快工业转型升级；(3) 推进服务业提质增效；(4) 加快高原特色农业现代化建设

（二）协同促进产业结构优化升级

1. 积极推动供给侧改革

从供给端看，产业发展模式要从过去以铺摊子为主转向上台阶为主。上台阶的核心不是扩大规模，而是提升产业价值链、产品附加值。五中全会已勾勒出未来产业升级的路线图，主要表现在几个方面：一是制造业本身，提升制造业的价值链，加快建设制造强国。虽然从规模上来讲，中国已经是制造业第一大国，但是大部分产品处在价值链的中低端，要提升价值链，推进制造业生产方式向柔性、智能、精细转变。二是实施工业强基工程，支持企业标准按照国际同行业标杆推进技术改造，提高产品的技术和工艺水准，工业产品要提升附加值。三是要在战略性领域占据地位。四是在生产方式上，要推进更多的智能制造方式。可以将物联网、大数据、3D 打印等新一代技术融入制造环节，来提升中国装备的智能化水平。制造业要提升价值链离不开服务业的专业化，要提供专业化的服务，还要加快服务业转型，从推动生产型服务业向专业化和价值链的高端延伸。

2. 依托消费和服务需求打造经济增长新动力

从需求端看，未来一段时期内，我国经济将向形态更高级、分工更复杂、结构更合理的阶段演化，经济发展进入新常态，消费对经济增长的拉动作用和服务业发展对经济增长的促进作用将有所提高。这为泛珠深挖消费领域潜力，推进金融、信息服务、文化体育、住房、旅游休闲、健康养老等生产性和生活性服务业的发展，促进电子商务增长，把消费和服务培育成为泛珠经济增长重要动力提供了机遇。2014 年泛珠内陆九省区人均 GDP 已接近 7000 美元，城乡居民人均收入突破 2 万元，达 20130 元/年，居民基本生活已得到有效满足，消费需求正处在加快上升时期，发展型消费、服务型消费以及其他新型消费结构升级蕴含着巨大的消费潜力。泛珠各省服务业近年来的发展也取得较好成绩，2014 年服务业增加值达到 6.1 万亿元，以服务业为主的第三产业占 GDP 的比重达到了 43.25%。但和长三角地区相比，泛珠服务业区域差异较大，水平偏低、质量不优等状况并未得到根本改变，服务业未来发展空间巨大。

（三）加快形成优势互补的产业分工格局

1. 综合高效开发泛珠区域能源资源

泛珠区域能源资源丰富多样，但分布与需求不平衡，如能整合资源优势，营造协同发展的制度环境，将有利于区域内各成员提升竞争力、实现共同发展。例如，水能资源主要集中在四川和云南，两省占区域技术可开发装机容量的 75.6%；煤炭资源主要集中在贵州和云南，其中贵州的煤炭资源约占区域内煤炭探明储量的 55%；广东（南海海域）石油储量占区域内总量的 74%；而四川天然气储量占区域内总量的 70%。广东是泛珠三角区域能源消费大省，2013 年泛珠三角区域内地九省区煤炭消费量的 19.6%、石油消费量的 34.8%、电力消费量的 32.4%都集中在广东省；而云南、四川的电力生产量均高于消费量。泛珠三角区域煤炭、石油和电力均具有较大的合作空间。

2. 充分利用区域要素禀赋差异实现合作共赢

泛珠各省区的要素禀赋结构不尽相同，禀赋结构变动的趋势亦有不同，合理选择、培育和提升主导产业，充分提高区域比较优势的发挥度，对保持和提升区域竞争力，实现区域可持续协调发展至关重要。

用资本存量、土地资源（可耕地面积）、人力资本（高等教育劳动力）、普通劳动力（初等教育劳动力）四个要素来分析泛珠各省区的要素禀赋丰裕度。要素丰裕度的大小取决于两方面原因：一是要素禀赋数量是否相对较大，二是 GDP 比重是否相对较小。例如，海南的资本要素丰裕度较高，可能是因为要素禀赋数量相对较高，也可能是因为 GDP 比重相对较小。要素丰裕度的提高有两方面原因：一是要素禀赋相对数量的上升，二是产出比重相对下降。例如，福建人力资本要素丰裕度的提高可能是因为人力资本数量相对其他省区增加更多，也可能是因为该地区的产出比重相对下降（见表 3-14、表 3-15）。

表 3-14　2005～2013 年要素的年变化率　　单位：%

省区	物质资本	人力资本	普通劳动力	土地资源
福建	18.8	20.4	2.3	2.2
江西	16.8	16.1	1.2	4.9
湖南	20.9	15.6	−1.7	1.1
广东	15.9	14.4	1.6	2.8
广西	24.2	9.8	−0.2	7.1
海南	16.2	15.4	2.8	0.1
四川	17.3	15.9	0.1	7.0
贵州	14.9	10.7	−0.5	12.7
云南	18.3	18.7	3.0	−0.4

要素相对丰裕程度由泛珠各省区要素所占份额除以 GDP 所占份额表示：

$$\frac{v_{mr}/\sum_r v_{mr}}{GDP_r/\sum_r GDP_r}\times 100$$

表 3-15　要素相对丰裕程度

省区	物质资本		人力资本		普通劳动力		土地资源	
	2005 年	2012 年	2002 年	2013 年	2002 年	2013 年	2002 年	2013 年
福建	0.7	0.8	0.9	1.3	0.6	0.7	0.4	0.3
江西	0.8	0.7	1.0	0.9	1.3	1.2	1.2	1.2
湖南	0.9	0.9	1.2	1.1	1.3	1.0	1.4	0.9
广东	1.0	1.0	0.7	0.8	0.5	0.6	0.2	0.2
广西	1.0	1.3	1.3	0.8	1.7	1.4	1.5	1.7
海南	1.7	1.5	1.2	1.1	0.9	1.0	1.1	0.7
四川	1.2	1.1	1.2	1.1	1.5	1.3	1.3	1.4
贵州	1.5	1.0	2.0	1.2	2.4	1.8	2.1	3.2
云南	1.1	1.1	1.2	1.5	1.6	1.9	4.4	2.9

通过比较泛珠九省区各种生产要素存量的年变化率以及相对丰裕程度，可以看出每个省区要素结构及变化趋势都不尽相同：工业化程度最高的广东省反而各种要素的相对丰裕度都不高，这意味着广东省的产业发展更多取决于本地市场的循环累积效应以及技术进步；福建省人力资本条件优越，受高等教育的劳动力规模自 2005 年以来大幅提升；广西壮族自治区物质资本存量积累速度在泛珠九省区中排名第一，劳动力和土地资源也比较充裕；湖南省的人力资本条件较好；海南省的物质资本充裕；四川省的劳动力和土地资源相对丰富；贵州省的劳动力资源以及土地资源相当丰裕；云南的人力资本、劳动力以及土地资源都比较丰裕。

3. 按照比较优势和产业发展规律引导产业布局优化

泛珠区域按经济发展水平存在三个明显梯队：第一梯队的港澳地区应进一步发挥在国际金融中心及现代服务业方面的优势，着力构建泛珠三角区域进入全球商务链的前端环节；第二梯队的广东、福建等沿海发达地区加快产业升级换代，着力发展资本和技术密集型的产业，打造泛珠三角区域的国际现代制造业基地。第三梯队的中西部内陆省区准确把握产业转移的规律和特点，主动承接东部产业转移，尽快实现资源输出型经济向资源加工型经济转变，提高产品、产业的市场竞争能力，推进新型工业化进程。

4. 适应消费市场的阶段性差异化需求引导产业转移

随着现代信息技术的广泛运用，以及中西部市场潜力的逐步释放，加上运输成本的提高、产品生命周期的缩短和定制化生产等，部分龙头企业采取“区域化制造”战略，选择在销售地附近生产，优化区域布局。如世界 500 强企业中，已有 247 家落户四川；上汽、东风、一汽等相继进入中西部，在成都、长沙等城市建成了相当规模的整车和零部件生产基地。

珠三角出口导向的加工型产业在中西部省区具有广阔的市场前景和发展空间。泛珠中西部欠发达省区可遵循“以市场换转移”的思路，有规划有目的地引进部分传统轻工产业，一方面满足阶段性差异化的市场需求，另一方面促进工业结构优化升级。

（四）将创新作为区域经济增长的主要动力

1. 强调技术创新成为区域发展共识

产业结构低端化、能源危机、环境恶化等问题凸显使得区域经济发展方式转型刻不容缓。纵观国内重要的区域规划，无不特别重视技术创新的部分。例如，珠三角规划中指出，完善自主创新的体制机制和政策环境，构建以企业为主体、以市场为导向、产学研结合的开放型区域创新体系，率先建成全国创新型区域，成为亚太地区重要的创新中心和成果转化基地，全面提升国际竞争力。长三角区域规划中提出，以关键领域和核心技术创新为突破口，增强自主创新能力，形成优势互补、资源共享、互利共赢的具有国际竞争力的区域创新体系，率先在全国建成创新型区域。

2. 加快释放泛珠区域巨大的创新潜力

泛珠区域，特别是港澳地区以及广东、福建、湖南、四川等省创新人才和人才储备丰富，综合科技创新能力较强，在电子信息、装备制造、生物育种、矿产开采等领域具有较强的研发基础和技术优势，可以借此机遇，通过进一步完善从基础研究到应用研发、从企业孵化到产业培育、从实验数据到成果转化等新兴产业发展平台体系，推动泛珠区域基础性产业由要素驱动向创新驱动转变，大力发展战略性新兴产业，大幅提高现代服务业比重，引导产业合理布局和有序转移，培育新的经济增长点。

三、共同培育世界级产业集群

（一）合作建设高水平现代农业示范区

加强区域农业规划和资源配置；继续完善九省区鲜活农产品“绿色通道”，促进农产品有序流通；建立农业龙头企业合作机制，推动区域农业投资及农产品生产、加工、销售发展；开展区域内农业科技合作与交流，促进区域内特色农产品开发和农业名牌产品保护；大力推动供港澳农产品基地建设，积极推进南繁育种合作和南菜北运合作。积极推进海洋渔业产业发展，联合推进扶贫攻坚。推进农产品主产区特别是农业优势产业带和特色产业带建设，建设一批高水平现代农业示范区，推进国家有机食品生产基地建设，着力打造现代农业发展先行区。

1. 优化泛珠区域农业发展布局

依据各省区农业生产条件、环境资源承载力，在湖南、江西以治理农业面源污染和耕地重金属污染为重点，建立水稻、生猪、水产健康安全生产模式，确保农产品质量，巩固农产品主产区供给地位，改善农业农村环境；在广东、福建、海南等地以减量施肥用药、红壤改良、水土流失治理为重点，发展生态农业、特色农业和高效农业，构建优质安全的热带亚热带农产品生产体系；在广西、云南、贵州、四川东部等区域突出小流域综合治理、草地资源开发利用和解决工程性缺水，在生态保护中发展特色农业，实现生态效益和经济效益相统一。

2. 推进优势特色农产品供应基地建设

依托各省区特色农业资源，联合建设柑橘、热带水果、冬春蔬菜、水产品、生猪、茶叶、中药材、林产品等全国性供应基地和专业产地市场，打造特色农业规模开发区域，提升高附加值农产品比例。与此同时，依托产地市场大力推动供港澳及出口农产品基地建设，加强内陆省区与港澳农产品供销合作，加大对种植养殖基地基础设施、品种品质改良和检测仪器设备的投入，提高对出口农产品农残自检自控的能力和水平，增加泛珠各省区的优势、特色农产品的出口份额，提高在国际市场的竞争力。

3. 引导林业重点区域与品种的投入开发

深化完善现有林业产权改革，发挥政策潜力，充分利用泛珠区域生态林业资源优势，优化林种结构，支持鼓励社会资金投入经济林果、林下特产、木本粮油、名贵树种的长期开发与高附加值综合利用。选择一批资源条件具备的地区，给予一定支持，引导社会资金投入木本粮油和名贵树种，规划建设具有一定规模的油茶、黄花梨、柚木、楠木、紫檀、香樟树等种植基地，纳入国家战略性储备资源建设。

4. 推进农产品绿色通道建设

一是采取加开“直通车”等方式，打造快速便捷的农产品流通网络，构建全国体量最大的“南菜北运”一体化产销营运体系；二是加快建立相互承认、共同管理、成果共享的质量检测与追溯体系，确保农产品以最快的时间从绿色庄园走进流通市场；三是协调整治涉及区域农产品“绿色通道”的价格、收费，加强监督检查，营造良好的价格（收费）秩序，促进区域内农产品流通的顺畅；四是以泛珠三角区域—东盟农产品贸易平台为依托，构建可提供农产品实时价格信息、农产品物流信息、农产品电子商务、农业政策、农产品展示等综合服务功能的农产品流通信息平台。

5. 推动与台湾、东盟农业合作

利用海峡西岸经济区对台前沿平台作用，积极推进和扩大泛珠区域与台湾地区农业经贸合作，支持海峡两岸农业合作试验区和台湾农民创业园建设，推动内地与台湾行业协会结成产业联盟，加快建立农产品质量安全和农业投入品互认机制，加强甘蔗、水果、养殖等新品种研发合作。

发挥广西、云南等省区作为中国—东盟合作重要门户和前沿地带的区位优势，搭建统一的泛珠三角区域—东盟农产品贸易平台，整合涉农信息和服务资源，联手办好中国—东盟博览会，使博览会更好地成为推动中国与东盟以及泛珠各方与东盟加强产业对接、增进相互投资、扩大贸易服务、开展信息交流等合作的重要平台。

6. 开展区域内农业科技合作与交流

依托区域内众多的国家现代农业示范区，鼓励联合开展农业科学研究、农业科技开发和农业科技人才培养等，加强南繁育种，加强适合该区域资源和生态特点的农业高新技术引进与合作研究，加强区域内特色农产品的开发、新技术推广、标准化生产基地建设、原产地保护制度和地理标识等领域的交流与合作。

（二）打造世界级装备制造业基地

1. 推进产业的专业化协调发展

根据各省区产业基础、配套能力和要素供应情况，合理布局，发展各有侧重的先进装备制造业，实现差异化有序发展；引导装备制造业及其基础零部件、原材料等外围配套产业梯度转移和布局，实现优势互补、分工协作，推进泛珠先进装备制造产业带一体化发展。

2. 打造特色鲜明的产业基地

以珠江西岸、长株潭、成德绵等产业基础雄厚的区域为支点，联动江西南昌、九江，广西玉林、柳州等装备制造业强市，加快推进装备制造业产业基地、专业化园区建设，通过“龙头企业—产业链—产业集群—产业基地”的模式，形成专业化分工、上下游产品衔接配套的若干重点产业链，打造一批特色鲜明的产业集群，按照全产业链规划建设一批具有国际水平的智能装备制造基地、轨道交通装备制造基地、船舶与海洋工程装备制造基地、新能源装备制造基地、通用航空装备制造基地、汽车制造基地等重点领域产业基地。

3. 大力推进智能制造

顺应“互联网＋”发展趋势，积极发挥国家超级计算广州中心、深圳中心、长沙中心，贵阳国家大数据中心的作用，推进制造业数字化、网络化和智能化。大力推广集成制造、敏捷制造、柔性制造、精密制造等先进制造，大力发展规模化、高端化、智能化、节能化、配套化产品及高新技术，全面提升行业的自动化程度和整体竞争力，进一步加快优势传统装备制造产业向高端化、两型化、高新化方向迈进。

（三）培育具有引领示范作用的战略性新兴产业集群

依托国家高技术产业基地和国家新型工业化产业示范基地，集聚创新资源，重点发展电子信息、生物医药、新能源、新材料、航空航天、节能环保等领域，着力向产业链高端环节延伸，形成具有国际影响力的新兴产业基地。

1. 支持重点区域重点领域发展

大力支持广东、四川、福建等省信息产业发展，推动北斗导航、物联网、云计算等新一代信息技术研发和产业化。大力支持广西、云南、福建、海南等省区生物制药产业发展，充分发挥南海海洋生物资源优势，重点发展海洋药物和生物制品。重点支持江西、湖南、广西、贵州等省区有色金属新材料发展，支持四川页岩气开发，广东、湖南等地发展新能源汽车产业。支持合作共建重大科技创新平台、公共检验监测技术服务平台等。

2. 打造新兴产业发展策源地

依托香港、深圳、广州、长沙、成都、厦门等创新资源密集城市，深化全面创新改革试验，推动“大众创业，万众创新”，着力创造有利于创新的生态环境，加快集聚全球技术、人才、创业投资等创新要素，形成引领新兴产业发展的知识技术源头和新技术、新产品研发设计汇聚地，服务和带动泛珠区域战略性新兴产业快速发展。

3. 建设若干具有引领带动作用的新兴产业发展基地

依托具有优势的产业集聚区，培育一批创新能力强、创业环境好、特色突出、集聚发展的战略性新兴产业示范基地，形成增长极，辐射带动区域经济发展。

4. 形成一批差异化、协同化发展的新兴产业集群

在泛珠区域内大力发展各具特色的新兴产业集群，积极发挥各地特色和优势，强化产业协同，加强区域合作，通过市场化机制形成一批特色鲜明、创新能力强的新兴产业跨区跨省协同发展集群。

（四）陆海统筹共建海洋经济示范区

加强闽港闽桂琼紧密合作，加快重要领域开发，共同打造海洋经济产业链，做大做强

海洋经济。

1. 加强现代海洋渔业合作

发挥福建、广东海洋捕捞技术优势，开展南沙捕捞、深海养殖合作，加快远洋渔业发展。共同组建大吨位钢质渔船赴南沙捕捞生产，采取集中捕捞方式，形成海上渔业企业化、规模化生产的局面；共同研究推进西南中沙渔业补给基地建设，为西南中沙生产作业渔民提供补给和应急服务；在可持续发展前提下，共同争取增加双控（南海捕捞渔船数量和功率实行总量控制）指标，并对船型补贴范围进行适度调整，促进国家出台南沙渔业资源开发政策；共同引导和鼓励大型企业和养殖户从港湾传统网箱养殖逐步转移到深海，发展南沙深水网箱养殖产业；共同开展南海渔业资源调查，增进信息交流共享，为南海渔业可持续发展奠定扎实基础。

2. 加强海洋新兴产业合作

联合开展海洋生物医药、海洋能源开发、海水淡化等技术攻关，加快海洋科技创新步伐。依托南沙新区丰富的海洋科技资源，吸引内地与港澳各类涉海科研资源在南沙集聚，加强海洋科技的重点攻关，推进海洋生物资源综合开发技术研发和产业化。推动组建国家级海洋科学研究院；支持海洋重点实验室和工程技术研究中心建设，争取建立国家海洋技术中心和科考基地；构建南海经济技术开发服务平台，比如组建国家级热带海洋大学等；重点引进和培养海洋高层次创新创业人才，建设海洋产业园区，加快海洋高科技产业化进程。

3. 加强港口物流业合作

推进电子口岸建设，大力发展海铁、海公、海空等多式联运，支持泛珠区域内外省区在沿海合作建设更多“飞地港”，共建面向世界、连接两岸三地、服务中西部地区发展的对外开放综合通道。

形成以广州港、深圳港、珠海港、湛江港、汕头港、厦门港、福州港、防城港港、海口港为主要港口，虎门港、阳江港、惠州港、茂名港、汕尾港、莆田港、泉州港、漳州港、北海港、钦州港、洋浦港、八所港、三亚港为地区性重要港口，潮州港、揭阳港、海安港、宁德港、清澜港、乌场港等一般港口为补充的沿海港口分层次布局。

珠江三角洲港口将与香港港口优势互补、共同发展，成为泛珠江三角洲区域沿海港口的核心和最活跃的部分，在区域能源、原材料和外贸物资运输中发挥枢纽作用，提供优质和高效的综合物流服务。

（五）改造提升传统特色制造业集群

推动石化、钢铁、有色金属等产业转型升级，促进炼化一体化和园区化发展，提升油品质量，加快钢铁、有色金属产品结构调整，淘汰落后产能。

1. 改造提升有色金属及制品产业集群

从资源禀赋看，铜矿主要集中在长江中下游、赣东北；铝土矿主要分布在广西、贵州地区；铅锌矿主要分布广西、湖南、广东、江西、云南；锡矿主要分布在湖南、云南、广西。产能整合的总体思路是：积极引导能源短缺地区相关有色金属加工产业向能源资源丰富西部地区有序转移，推进部分城市有色金属企业转型或环保搬迁，建立若干规模化的再生金属基地，支持建设优势互补、合作共赢的东、中、西部产业转移合作示范区。分省区来看：湖南省环境容量小，湘江流域重金属污染问题突出，未来铅锌生产增速应适当放慢，考虑将现有存量生产产能向环境容量大的西部地区转移。两广地区铅和锌的生产可以紧密合作，广西利用丰富资源重点打造铅锌生产基地，广东将原生铅存量生产向广西转移，并发展再生铅。四川、云南来年各地环境容量大，水资源丰富，铅锌矿产资源储量高，是产业转移的首选之地。①

2. 改造提升优势轻工产业集群

依托广东、广西、福建、江西业已形成的特色鲜明、基础雄厚的专业镇，加强创新支撑和产业合作，加快产业转型升级，重点发展具备比较优势的纺织服装、皮革制品、文体娱乐用品、家具制造、木竹制品、食品等产业，提升发展质量和水平。重点提升广东、福建、江西的纺织服装业优势，四川、贵州等地的国优名酒生产工艺水平，广东、广西的家具制造、木竹制品、玩具制造等产业，福建、广西、海南的造纸产业等。

（六）推进文化旅游业协调可持续发展

充分发挥区域内各地独具特色的历史文化、自然山水和民俗风情等优势，打造旅游城市、精品线路、旅游景区、旅游度假休闲区和生态旅游目的地，大力发展特色旅游业，把泛珠三角区域培育成为国际黄金旅游区。

1. 充分挖掘泛珠区域综合多元又特色鲜明的旅游资源

泛珠区域旅游资源相当丰富，具有传统文化、民族民俗、自然生态、红色旅游、美丽乡村等综合优势，四川、湖南的自然和文化遗产，广西的山水民俗，云南、贵州的生态民族风情，江西的红色旅游，海南的海岛旅游，广东、福建的开放，香港的购物旅游、澳门的博彩业等特色都很鲜明。

区域旅游资源综合优势为泛珠地区发展做大红色旅游提供了丰富的资源。在全国红色旅游发展规划中，全国 12 个“重点红色旅游区”，泛珠地区有 5 个，全国 30 条红色旅游精品线路，泛珠地区有 13 条。只要加大线路整合、产品升级和市场营销的力度，泛珠旅游可以发展成为世界一流的最具国际影响力的红色旅游目的地。

2. 率先规划探索实施全域旅游

借鉴海南全岛旅游开发经验，可选择云南、贵州等省份及其他省份部分市县，试点推广规划实施全域旅游，通过多种产业融合发展，使旅游业成为当地既能开拓就业渠道，带动美丽乡村建设，又具有经济效益的主导产业。

3. 共同打造泛珠精品旅游线路

满足国内外不同客源群体需要的旅游产品体系，重点打造海峡之旅、邮轮之旅、红色之旅、生态之旅等“一程多站”精品旅游线路的建设合作，实现合作各方互利共赢。合作各方共同努力，加大与民航部门的合作力度，增开区域内支线机场与主要客源城市之间的直飞航线，共同推出更多优惠的旅游产品和航班航线，实现资源共享，客源互送。

4. 对接港澳提升泛珠旅游服务水平

联合港澳，通过旅游资源及讯息的共享、客源市场的共同开拓、联合促销、功能分工、整体形象的构建和提升等方面的合作，有效激发互补效应，提升泛珠地区整体旅游竞争力。共同推动“诚信旅游”，提升旅游服务质素，落实便利互访措施。借助港澳先进的

---

① 孙麟：《中国有色金属产业整合研究》，武汉理工大学博士论文，2012 年。

管理水平、理念和丰富的人才资源，大力提升九省区旅游服务培训、景点包装、旅游投资项目推介等，建设泛珠区域旅游服务人才的培训基地。

5. 创建无障碍旅游区

鼓励优势旅游企业开展“9＋2”跨区域的境内、境外经营活动，消除旅游壁垒，推出旅游便利化措施，共同推进无障碍旅游区建设；建立泛珠三角区域旅游信息库，实施旅游信息互通，推动内地九省区电子行程单一体化建设，共同构建区域旅游营销网络和旅游电子商务服务平台、共同策划和推广区域精品旅游线路、打造区域旅游品牌；大力扶持发展海洋、山区等旅游产业。

支持泛珠区域先行先试，实现泛珠区域与东南亚国家实行互免签证，简化邮轮、游艇通过手续。充分利用广州白云国际机场72小时过境免签政策，宣传和优化144小时便利签证政策，吸引国际游客来泛珠区域旅游。支持在广州南沙、深圳前海蛇口、珠海横琴、福建平潭设立免税购物中心。

共同推进泛珠三角“1＋1”、“1＋X”次区域合作，以推动相邻省区无障碍旅游为突破口，逐步实现泛珠三角区域无障碍旅游区的目标；继续鼓励和支持其他省区资质高、规模大、信誉好的旅游企业在本省区设立机构和开展业务，实现与本地区旅游企业同等的待遇，逐步消除政策壁垒；推动旅游交通指南和旅游地图的标准化建设，切实为游客提供便利。

6. 加强旅游市场开发与营销联合推广

联合打造区域旅游形象，携手提升区域旅游竞争力。加强各省区旅游宣传营销深度合作，支持各自举办的旅游推广活动。联合在境内外举办主题促销活动，共同拓展旅游客源市场。联合策划制作旅游宣传册，共同打造旅游品牌，树立旅游产品形象。各省区可通过各种方式在合作各方开展旅游促销活动，并积极提供必要的帮助。支持和推动地方旅游管理部门和旅游企业开展多层次、全方位、实质性的合作。积极参加区域内举办的重要节庆活动、大型会展等。

建立区域内旅游质监所联系制度，共同协调和管理好区域内的旅游市场，协调解决和完善突发事件的应对机制及重大事件通报制度；联手整治市场秩序，联合打击不正当竞争行为和侵害消费者权益的行为，建立跨区域的旅游诚信体系。

（七）推动现代服务业协同发展

改革服务业发展体制，创新发展模式和业态，扩大服务业对内对外开放，放宽外资准入限制。围绕服务实体经济，优先发展金融保险、节能环保、现代物流、航运服务等生产性服务业；围绕满足居民需求，加快发展旅游休闲、健康养老、家庭服务、文化教育等生活性服务业。依托国家高技术服务业基地，发展信息技术、电子商务、研发设计、知识产权、检验检测、认证认可等服务产业。积极推动区域中心城市逐步形成以服务业为主的产业结构。推动广州金融城、广东中德工业服务区、广东金融高新区建设。

1. 构建区域协同的现代物流体系

加快智能物流网络建设。推进交通运输物流公共信息平台发展，促进不同运输方式信息系统的互联互通和交换共享，建设面向东南亚、南亚的区域性国际物流公共信息平台。着力构建泛珠区域国际物流主干网络，大力推进蓉欧快铁等国际物流通道建设。

物流运输体系建设的合作。加强区域内物流枢纽城市、物流园区与交通主干线规划的衔接；进一步加大区域内公路、铁路、水运、航空、管道和城市道路等设施建设力度，特别是加快九省区之间的通道建设；协调建立公路、铁路、民航、航运的货运信息共享平台，开辟和完善区域内现代物流枢纽城市之间的民航直达航班、铁路和公路直达班车，提高物流速度；简化通关程序，加快口岸快速通关改革，推行物流企业与口岸通关监管部门信息联网，对进出口货物实施“提前报检、提前报关、货到验放”的通关新模式。

规范物流市场的合作。共同清理、废止涉及地方保护的制度和规定，推进区域“大通关”建设；共同开展泛珠三角现代物流标准化建设，制定并推广国际和国家通用标准、信息技术标准、强制性安全环保标准，形成协同统一的现代物流标准化体系；共同推进工业品和农产品质量标准、检验检测标准和认证标准的互认；共同构建泛珠三角区域鲜活农产品“绿色通道”，促进各方蔬菜、水果、肉类等鲜活农产品快速流通。

培育物流市场需求的合作。大力推进电子商务和连锁经营，拓展配送市场空间；努力推动运输、仓储、邮政、货运代理等企业向现代物流服务企业转型，积极发展农产品、医药等行业物流，加快发展第三方物流服务企业，重视引导社会资源进入现代物流服务领域。组建一批跨区域物流基地、产品集散中心和商贸流通集团，支持物流企业跨区域发展连锁经营、特许经营、物流配送、多式联运等新型业态。积极引进现代物流企业，合作建设保税区、保税物流园区、保税港区及综合性、专业性物流园区和基地。积极推进与毗邻国家“通路、通商、通电、通关”，共建面向东南亚、南亚的商贸物流基地和出口商品加工基地。

2. 构建功能完善的区域金融服务体系

完善金融组织体系。联合完善金融组织体系，构建多层次金融服务体系，增强金融市场功能，在进一步发展银行、证券、保险金融机构的同时，根据区域经济社会发展的实际需求，大力发展村镇银行、小额贷款公司、金融租赁公司、股权投资基金及证券融资、资产管理、投资银行、要素交易市场等新型金融机构；相互推动有条件的金融机构以参股、控股、交叉持股、兼并重组等方式跨省区参与地方金融改革，以及跨省区互设机构和开展业务，促进资本跨区域流动与融合。

鼓励金融创新探索。努力积极创造条件，共同探索开展离岸金融业务、跨境贸易人民币结算、居民个人本外币兑换特许业务等试点，并积极争取金融监管部门及全国性金融机构总部将更多的金融创新放在区域试点；鼓励金融机构开展资本、业务和管理等方面的合作，丰富金融服务产品，在风险可控的前提下，推动不同金融业态之间的合作，支持各金融机构在股权投资基金、融资租赁、信托资金、上市融资等领域的合作。

共享金融资源。共同创造良好的投资环境，发挥区域内发达地区的金融带动和辐射功能，建立适应不同企业的多层次、多种类金融市场，实现融资结构多元化；促进跨省区融资活动，鼓励银行开展异地信贷业务，帮助银行做好信贷异地流动的基础工作；探讨建立区域内保险服务合作体系，共同探索为不同保险人承保业务异地提供保险后续服务的灵活模式；支持港澳金融机构到区域内省区设立分支机构，推动区域内省区金融机构与港澳金融机构开展业务合作、技术合作和股权合作；充分利用香港、深圳的证券市场资源，支持区域内企业到香港、深圳证券交易所上市融资；鼓励和支持股权投资基金互设分支机构和拓展业务，加强股权投资基金风险防范，推动同业合作，促进股权投基金业规范健康发展；积极开展要素市场领域合作，互通有无，实现业务合作与资源共享；发挥各省区的地域和经济优势，推动各省区与东盟开展金融交流与合作。

四、引导产业有序转移承接

（一）明确产业转移承接重点

按照区域资源禀赋条件、生态环境容量和主体功能定位，促进产业布局调整和集聚发展。在着力推动下游地区产业转型升级的同时，依托中南、西南地区广阔腹地，增强基础设施和产业配套能力，引导具有成本优势的资源加工型、劳动密集型产业和具有市场需求的资本、技术密集型产业向中西部地区转移。

1. 劳动密集型产业

在劳动力资源相对丰裕的贵州、云南、四川、广西、江西承接纺织、服装、玩具、家具、家电等劳动密集型产业转移，引进具有自主研发能力和先进技术工艺的企业，吸引内外资参与企业改制改组改造，推广应用先进适用技术和管理模式，加快传统产业改造升级。

2. 加工贸易

鼓励广西、云南、福建的沿边地区承接加工组装产能的转移。鼓励中西部地区基于环境容量和承载能力，承接珠三角的整机生产、零部件、原材料配套和研发结算环节转移，形成产业集群。

3. 先进制造业

装备制造业。充分发挥湖南、四川、福建、广西等省区装备制造产业优势，重点承接发展成套设备和关键零部件的研发制造，引进发展航空航天、海洋等领域高端铸锻件产品和城市轨道交通设备、高速铁路设备、隧道掘进设备、大型环保成套设备等产品。

汽车制造业。依托具备一定产业配套能力的地区，重点引进具有自主知识产权的国内汽车生产企业和国际知名汽车整车项目。积极承接和整合发展新能源汽车、高性能重型载货车、轻型卡车、轿车等整车项目，建设汽车整车及零部件生产研发基地。

4. 能源矿产开发和加工业

在云南、贵州、四川等西部地区积极吸引国内外有实力的企业，大力发展能源矿产资源开发和精深加工产业，加快淘汰落后产能。在有条件的地区适当承接发展技术水平先进的高载能产业。加强资源开发整合，允许资源富集地区以参股等形式分享资源开发收益。

5. 农产品加工业

在湖南、四川、江西、广西等农业大省大力引进农产品深加工龙头企业和重大项目，建设国家重要的农产品精深加工基地，在海南、云南、贵州等省区大力发展优势特色产业，应用先进适用技术改造升级传统加工产业，完善农产品市场流通体系，提高农业产业化水平。

6. 现代服务业

适应新型工业化和居民消费结构升级的新形势，大力承接发展商贸、物流、文化、旅游等产业。积极培育软件及信息服务、研发设计、质量检验、科技成果转化等生产性服务企业，发展相关产业的销售、财务、商务策划中心，推动服务业与制造业有机融合、互动发展。依托服务外包示范城市及省会等中心城市，承接国际服务外包，培育和建立服务贸易基地。

7. 高技术产业

发挥国家级经济技术开发区、高新技术产业开发区的示范带动作用，承接发展电子信息、生物、航空航天、新材料、新能源等战略性新兴产业。鼓励有条件的地方加强与东部沿海地区创新要素对接，大力发展总部经济和研发中心，支持建立高新技术产业化基地和产业“孵化园”，促进创新成果转化。

（二）促进承接产业集中布局和集聚发展

支持和鼓励开展产业园区战略合作，建立产业转移跨区域合作机制，以中西部地区国家级、省级开发区为载体，建设承接产业转移示范区和加工贸易梯度转移承接地，推动产业协同合作、联动发展。借鉴负面清单管理模式，加强对产业转移的引导，促进产业布局与区域资源生态环境相协调，防止出现污染转移和环境风险聚集，避免低水平重复建设。推动高铁沿线经济带、珠江—西江经济带和北部湾经济带等的合作发展。推动广州南站泛珠合作商务区、粤桂黔高铁经济带合作试验区建设。共同推进粤桂合作特别试验区、闽粤经济合作区、北部湾临海产业园等合作区和产业转移建设。

1. 做好重点产业与重要节点的转移承接

以国家级、省级开发区为主要载体，重点支持国家级桂东承接产业转移示范区、湘南承接产业转移示范区、赣南承接产业转移示范区建设，发挥示范引领作用。桂东地区重点发展船舶修造、机械装备制造、有色金属加工、建材、原材料加工等重化工业和食品轻工、林产林化等优势产业；湘南重点承接珠三角、长三角、海西经济区的装备制造业、高技术产业、矿产开发和加工业、加工贸易、劳动密集型产业；赣南积极融入珠三角、海西经济区发展分工，重点承接稀土、钨等有色金属精深加工及应用、电子电器、食品及生物制药、现代轻纺、氟盐及精细化工、机械制造、新型建材、矿山机械、家用电器、电线电缆、军工配套等产业。

2. 部署增设一批产业转移的重要载体和平台

支持广西北部湾经济区四川临海产业园和云南临海产业园、龙潭香港产业园、东兴国家重点开放开发试验区、云南瑞丽国家重点开发开放试验区、国家级桂东承接产业转移示范区建设，扶持云南滇中产业聚集区（新区）、湖南衡阳（深圳）工业园、湘西自治州（广州）工业园、娄底（佛山）工业园、湘南承接产业转移示范区、赣南承接产业转移示范区和永州“蓝宁道新”加工贸易走廊建设，加快推进贵州大龙（湖南）产业园、广州与黔南州共建都匀产业园、深圳与毕节共建织金、金沙产业园建设，积极探索建立产业合作、园区管理等机制，共同培育新型产业链和产业集群，促进产业合作与发展。积极促进泛珠省区在海南建立高技术产业第二研发基地，共同推动技术进步。黔川两省进一步加强沟通协调力度，抓紧研究白酒产业合作发展事宜，合力提升“白酒金三角”的整体实力，共同对赤水河川黔两省区域开展污染防治和环境保护，促进白酒产业可持续发展。

3. 促进产业集群、全产业链整体转移

结合中西部地区产业环境和配套发展，以龙头企业和大企业为核心，实行组团式或产业链式整体转移，推动产业转移从生产要素约束型向产业布局的优化进行过渡和升级。

4. 鼓励双向转移、高端产业转移和各领域产能对接

综合考虑转移承接地区的生产制造成本、产业配套能力、消费市场需求，鼓励产业转

移的领域从传统低端产业逐步扩展到包括电子信息、装备制造、新能源等高端产业；鼓励在优势产能端多向转移合作，互联互补，共同提升市场竞争力。

打破东部向中西部单向转移的态势，按照优化布局的原则，鼓励中西部的龙头优势企业将总部和研发基地迁往东部地区，充分利用当地的科技、人才和总部企业聚集优势；石化、有色金属等部分产业沿海化布局。

（三）改善产业转移承接环境

1. 完善产业承接区的物流保障

建设通江达海的内河运输体系，利用泛珠优越的水运资源，大力发展长江、珠江—西江水运，加快内河航道整治工程建设，统筹规划岸线资源和港口布局，利用大型区域性物流中心，大力发展港口物流。构筑综合运输保障体系，按照区域产业布局和城市发展定位，加强不同交通系统的总体平衡与统筹规划，完善内畅外通的公路网络，加快实施一批铁路建设项目，加强重要物资的铁、水、公联运的通道项目建设，加密机场布局，尽快建成一批功能完备、布局合理、集疏运网络完善的现代综合交通枢纽站场。

2. 加快产业承接区的信息化建设

加快产业承接区网络基础设施、基础信息数据库等信息化建设，提升基础信息网络能力。完善区域电子政务网络平台，建设区域性公共信息中心和服务平台。加强与沿海地区在电子口岸、信用建设、交通信息、空间地理信息、应急指挥联动、社会事业等多个领域内的信息合作与共享。建立信息化工作协调推进机制，制定信息资源共享标准及规范。

3. 强化产业承接区的公共服务支撑

发展跨区域产业技术创新战略联盟，建立完善公共信息、公共试验、公共检测、技术创新等服务平台，规范发展技术评估、检测认证、产权交易、成果转化等中介机构。加快社会诚信体系建设，建立区域间信用信息共享机制。

4. 优化产业承接区软环境

规范政府行为，防止越位和错位，不得采取下硬性指标等形式招商引资，清理各种变相优惠政策，避免盲目投资和恶性竞争。整顿和规范市场秩序，促进投资贸易便利化。推进依法行政，加强知识产权保护，完善法制环境，保障投资者权益。

5. 切实加强环境保护

产业承接区要按照发展循环经济的要求，完善产业链，集中供电、供气、供热、供冷和环境污染治理，提高节能减排水平。严禁引进不符合产业政策的淘汰类项目，严格控制引进限制类项目。产业承接区及转移园的入区入园项目应严格执行环境评价制度，环保设施要与园区同时规划、同时建设、同时投入运营，确保环境保护与产业发展、产业承接区建设同步推进。设定符合当地产业发展的能耗、环保、技术和安全标准，促进产业承接区可持续发展。

（四）建立产业转移合作机制

1. 深化行政管理和经济体制改革

加快转变政府职能，减少行政审批，简化办事程序，提高服务效率。推动相关行政许可跨区域互认，做好转移企业工商登记协调衔接。继续推进国有企业改革，大力发展非公有制经济，进一步放宽市场准入，扩大民间投资的领域和范围。发展和完善土地、资本、劳动力、技术等要素市场，促进生产要素优化配置。加快资源型产品价格和环保收费改革。

2. 创新园区管理模式和运行机制

鼓励中西部地区通过委托管理、投资合作等多种形式与东部沿海地区合作共建产业园区，积极探索承接产业转移新模式，实现优势互补、互利共赢。支持中西部毗邻地区之间合作共建产业园区，创新管理体制和运行机制，实现资源整合、联动发展。

3. 加强区域互动合作

推动建立省际产业转移统筹协调机制、重大承接项目促进服务机制等，引导和鼓励东部沿海地区产业向中西部地区有序转移。充分发挥行业协会、商会的桥梁和纽带作用，搭建产业转移促进平台。提升各类大型投资贸易会展活动的质量和水平。在中西部条件较好的地方设立承接产业转移示范区，充分发挥其典型示范和辐射带动作用。做好产业转移与对口支援、对口帮扶工作的衔接。

4. 科学制定产业转移指导目录

产业转移指导目录的制定需要考虑以下几个方面：一是泛珠区域发展规划与各地重点发展产业相衔接，具体发展产品方向体现出地方的需求；二是现有产业基础和比较优势相结合，既依托现有基础加快产业升级，又发挥资源禀赋等优势提出承接发展的方向；三是产业分工与区域协作相结合，即相邻区域的产业既错位发展，又形成产业链；四是政府引导与市场机制相结合，即转移目录突出对方向的指导，充分尊重市场的主体地位。

产业转移目录应着力推进现有产能的布局调整和优化对接，对泛珠各省区主要的传统行业、对一部分先进制造业、高技术产业和战略性新兴产业提出转移的方向和重点。产业转移目录需要在省区层次，分行业提出承接发展的重点，并明确落实到具体的产业带、产业园区。加强与国家相关部委的衔接，使产业转移指导目录内的产品、项目享受国家鼓励类产业产品相关支持政策，并定期对指导目录进行调整完善。

五、优化产业布局与区域分工

（一）做强做优区域优势产业

1. 加快集中连片区域的现代农业建设

依托各具特色的农业优势资源，在湖南、江西、四川、广东、广西建设全国重要的粮食生产保障基地；在赣南、湘南、桂北，闽粤，鄂西、湘西布局全国性柑橘生产基地；在粤桂南部、闽东沿海、海南、滇南干热河谷、四川布局全国性热带水果生产基地；依托海南、广东、广西、福建等亚热带南部区域建设销往三北、长江流域、港澳地区以及日、韩的冬春蔬菜生产基地，依托川、滇、黔、湘、赣建设销往三北地区、珠江三角洲地区的冬春蔬菜生产基地，依托滇、黔、湘建设销往珠江中下游、长江中下游、港澳地区、东南亚、日、韩的夏秋蔬菜生产基地；在广东、广西、海南、福建等东南沿海建设全国性海产品生产加工基地，在福建、广东、广西等东南沿海以及江西、湖南、四川等长江流域建设全国性淡水产品生产基地；在江西、湖南、广西、四川、云南、贵州建设全国性生猪生产基地；在四川、福建、贵州、湖南、江西建设全国性茶叶生产基地；在云南、广西、海南建设全国重要的林产品生产加工基地；在江西、湖南、广西、云南等地建设油茶、核桃等木本油料基地；在四川建设全国性禽蛋产地市场；在云南、广东等地建设全国性鲜切花产地市场。

2. 加强完善装备制造产业的区域联动载体

以深圳、广州、珠海为中心，建设高技术船舶和海洋工程装备产业发展带；依托长沙、株洲、湘潭等地产业基础，着力发展工程机械、能源装备、轨道交通装备；以长沙、南昌、成都为重点，建设汽车生产基地，完善汽车零部件产业集群，增强沿江城市内河船舶、特种船舶、关键船舶配套产品的市场竞争力；以成都、德阳、绵阳、自贡为中心，重点发展大型成套设备、节能环保装备、汽车等产业，建设成都、德阳、自贡、绵阳、乐山、内江、南充、遂宁装备产业带；以柳州、玉林为重点，做强内燃机、工程机械、汽车及零部件产业。

3. 促进电子信息产业的区域互联互动

以珠三角为研发设计与生产中心，加快推进软件和信息服务、平板显示、光电显示、移动智能终端、通信设备等产业集群发展，建设世界级电子信息产业基地。提高珠江东岸电子信息产业带综合竞争力，推动广东省新一代显示技术产业区域集聚发展。加快建设福厦沿海高端电子信息产业基地，湘南、赣南电子信息产业转移基地，长株潭区域性电子信息产业基地建设。以成都为中心，以南宁、北海、绵阳、广安、昆明、贵阳等为重要集聚区，重点发展计算机、电子元器件、电子材料、新一代移动通信、平板显示、网络信息家电、下一代互联网核心设备和智能终端、信息安全产业，加快发展新能源、石油、电力等领域应用电子产品。

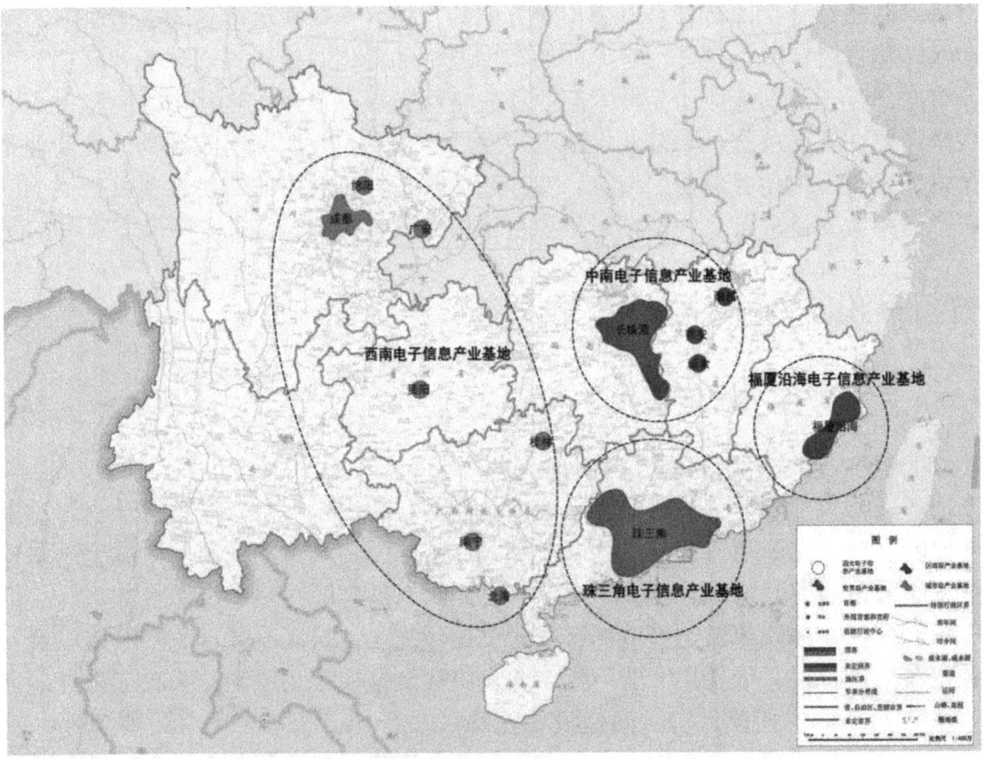

图 3-5 泛珠区域主要的电子信息产业基地

4. 协同做强东南沿海区域海洋经济

建设粤港澳大湾区，以深圳前海地区、珠海横琴新区、广州南沙新区、深港河套地区、珠澳跨境合作区五个粤港澳重点合作区域为核心，加强粤港澳在海洋运输、港口物流、海岛开发、滨海旅游、海洋战略性新兴产业、环境保护与治理等方面的合作，共同打造国际一流的现代海洋产业基地和珠江口湾区优质生活圈。

建设粤闽台海洋经济合作圈，加强粤闽在基础设施建设、海洋生态环保、海洋产业、海洋文化等领域的合作，加强两省邻接海域在综合管理、生态环保等方面的对接和海洋战略性新兴产业、高新技术产业合作，加强对闽台旅游合作，打造"一程多站"的海西精品旅游线路，加强与台湾的海洋运输与物流合作，拓展与台湾在现代海洋渔业方面的合作。

建设粤桂琼海洋经济合作圈，联手加强与东盟国家在矿产、能源、海洋等资源开发利用、农业综合开发和基础设施建设等方面的合作，构建与东盟合作的新高地。重点加强海洋资源开发、海洋交通运输业、滨海旅游、海洋基础设施建设等方面的合作。粤琼加大海洋资源合作开发力度，共建南海蓝色经济区域。粤桂共同开发建设北部湾经济区，打造面向东盟的物流基地、商贸基地、加工制造基地和信息交流中心。以海南建设国际旅游岛为契机，整合环北部湾旅游资源，共同打造滨海旅游"金三角"。加强海域环境治理协作，合作制订北部湾、琼州海峡等海区海洋环境保护共同行动计划，建立应急响应机制。

5. 构建区域一体联通的文化旅游体系

发挥泛珠区域旅游资源丰富、互补性强的优势，共同策划和推广泛珠区域海峡之旅、邮轮之旅、红色之旅、生态之旅等"一程多站"区域联线游，打造经福建循"小三通"航线延伸至台湾本岛等黄金旅游通道及"香港—澳门—广州—长沙—海口—桂林—贵阳—昆明—曼谷"国际旅游、"古田—井冈山—韶山—遵义—百色—广安—扎西"等红色旅游、"港澳粤桂黔滇珠江源寻源探源游"等精品旅游线路。继续扩大"中国大香格里拉生态旅游区"影响，积极促进贵州生态旅游示范区建设，合作开发闽粤桂琼滨海旅游资源，推动区域旅游的国际联合推介，提高泛珠三角旅游品牌的国际知名度和美誉度，在澳门特区建设成为"世界旅游休闲中心"的过程中，共同促使泛珠区域成为重要国际旅游目的地（见图 3-6）。

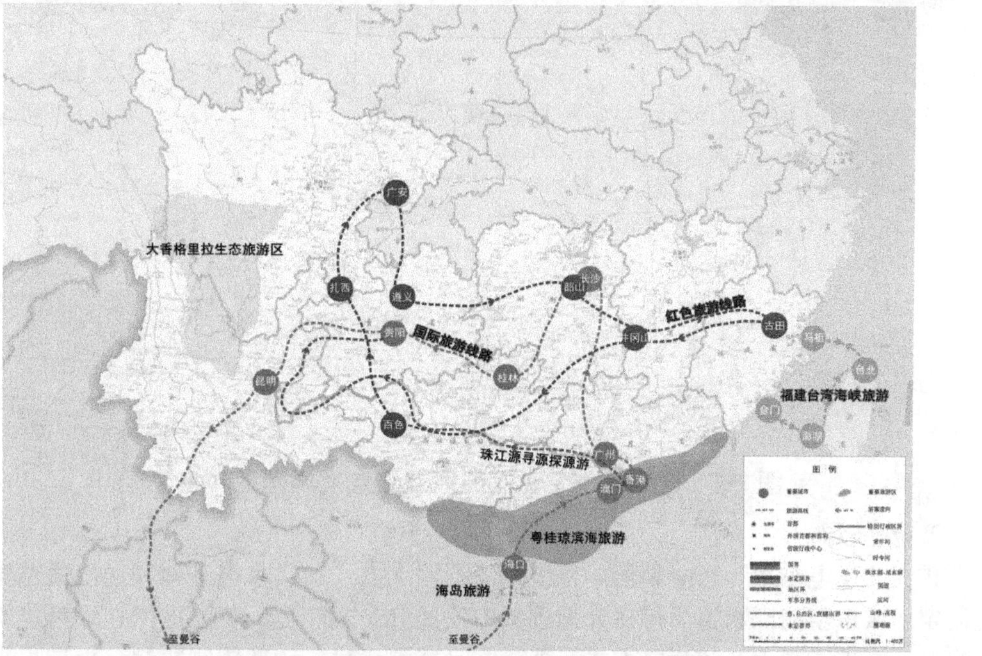

图 3-6　泛珠区域主要旅游产品及线路

（二）加快培育区域新兴产业集聚基地

1. 生物医药产业

依托深圳、广州、厦门、长沙、成都、昆明、南宁、南昌等国家生物医药产业基地建设，以及中山、珠海、贵阳、玉溪、樟树等生物医药领域国家新型工业化基地，重点发展医疗器械、基因工程、干细胞工程、生物育种、现代中医药开发、海洋药物开发、非粮生物质能源等领域。

依托广东、福建、海南、广西的海洋生物资源，建设海洋生物产业关键、共性技术研发平台，开展海洋生物活性物质分离、提取、纯化技术研究和产业化，开发一批防治重大疾病的海洋生物药物和新型海洋生物制品，推进海洋生物基因资源研究和利用。

发挥湖南、广东、海南等省区在水稻、油菜、花卉、果树等主要农作物育种技术优势和农业区域特色，建设海南南繁育种基地，建设若干生物育种关键、共性技术研发和验证平台，联合开展主要农作物育种技术与产业化开发，进行提高产量、改善品质和抗虫抗病基因工程研究，形成我国南方农作物育种基地。

依托贵州、云南、四川、广东、广西、江西等地丰富的中药材资源和种植优势，结合香港中药科技研发力量，重点支持中药的剂型改造和二次创新，建设中药现代化产业基地，使泛珠三角区域逐步成为中药健康食品及药物研制的国际中心。

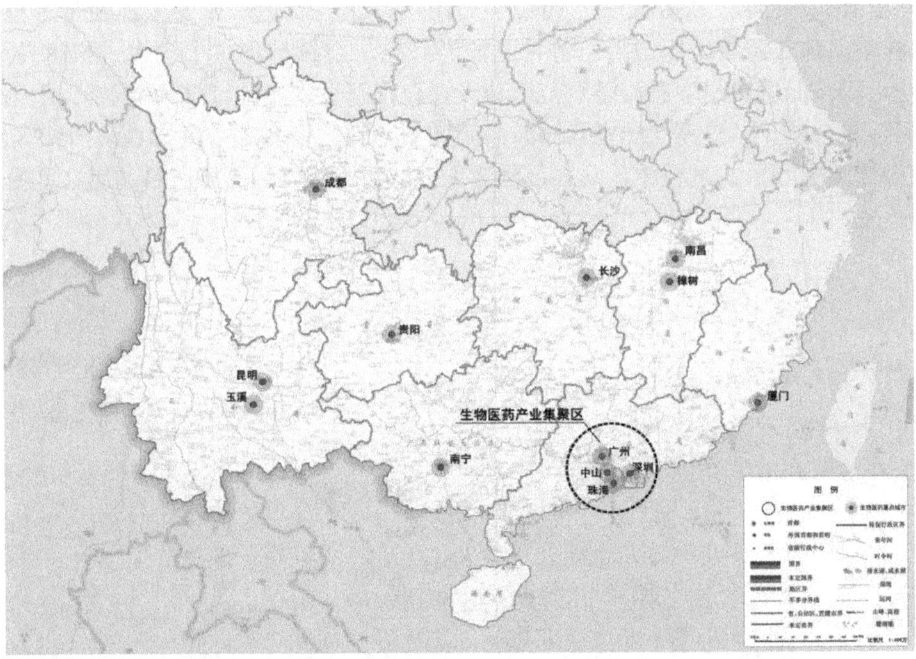

图 3-7 泛珠区域生物医药产业重点发展基地和集聚区

2. 新能源

扩大“西电东送”送电规模，积极开发利用水电，加快水电基地和送出通道建设。研究制定新城镇新能源新生活行动计划，大力发展分布式能源、智能电网、绿色建筑和新能源汽车，推进能源生产和消费方式变革。立足资源优势，创新体制机制，推进页岩气勘查开发，通过竞争等方式出让页岩气探矿权，建设四川长宁—威远、滇黔北、修水—武宁等国家级页岩气综合开发示范区。稳步推进沿海液化天然气接收站建设，统筹利用国内外天然气，提高居民用气水平。积极打造太阳能、风能和生物质能等新能源产业链，重点发展叶片、齿轮箱、电控系统等风能设备关键零部件和新型硅基、多元化合物等薄膜太阳能电池及高效率的晶硅太阳能电池及生产设备等。加快建设成都新能源产业国家高技术产业基地，建设成都、乐山、新余、上饶等硅材料开发及光伏应用产业基地。建设中山、吉安、湘潭等风电装备成套研发及制造基地。支持珠江三角洲地区新型动力电池产业区域集聚发展，支持广州、长沙、成都、柳州、梧州等地发展新能源汽车产业。

图 3-8　泛珠区域新能源产业重点发展基地和集聚区

3. 新材料

重点发展有色金属新材料、新型化工材料、特种功能材料、高性能稀土材料等。打造珠三角高端电子信息材料产业集群。建设成都生物医用材料、绿色建材基地。加快建设攀西国家级战略资源创新开发试验区，打造世界级钒钛产业基地、我国重要的稀土研发制造中心。建设鹰潭铜精深加工基地，赣州钨和稀土精深加工产业基地，做强九江有机硅产业、郴州石墨产业。发挥广西、贵州铝资源优势，建设铝精深加工产业基地。建设云南、贵州磷化工产业基地。

4. 航空航天

支持珠海通用飞机制造、广州空港经济等航空产业基地做大做强。加快建设南昌、景德镇、长沙、株洲等中南部航空航天产业基地，发展航空制造和通用航空产业。形成以成都、安顺市、贵阳市、遵义市为核心的西南航空航天产业聚集区，积极推动军民合作，培育发展民用航空整机，加快航空发动机研发体系和产业集群的形成。

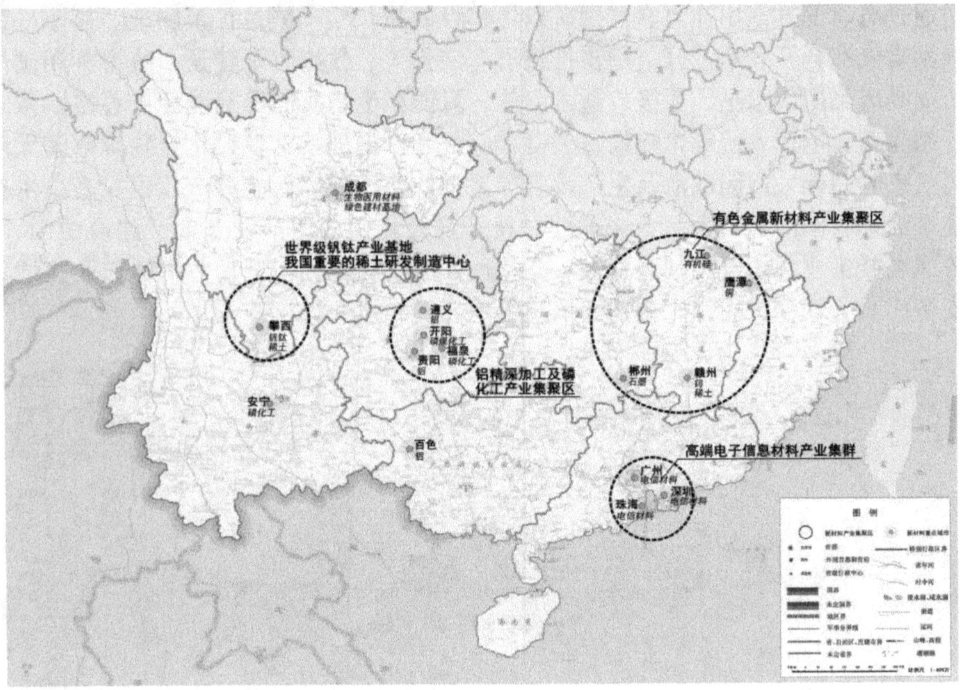

图 3-9 泛珠区域新材料产业重点发展基地和集聚区

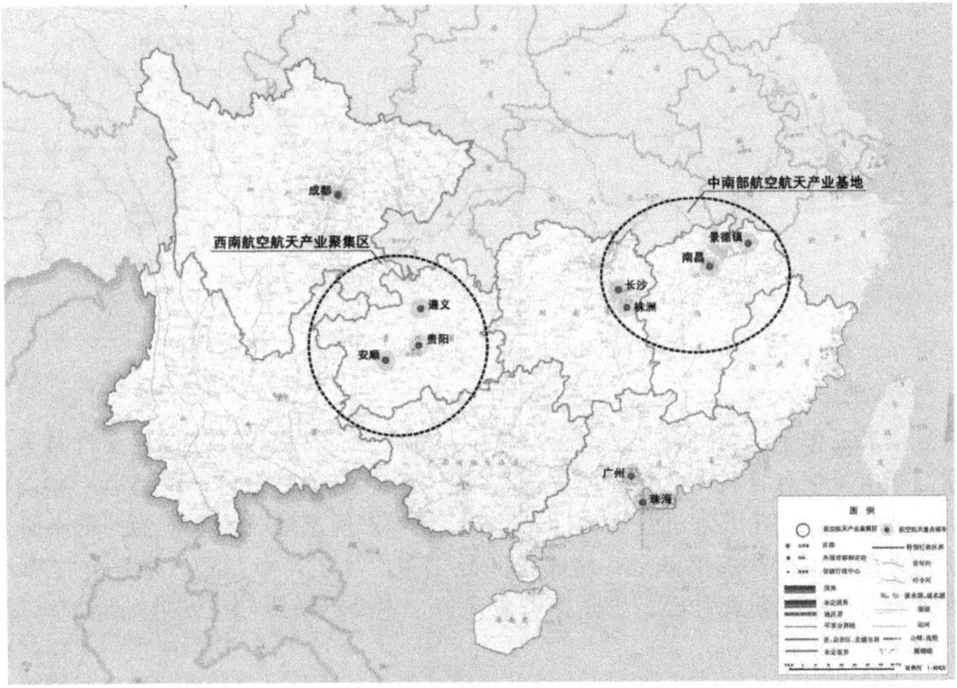

图 3-10 泛珠区域航空航天产业重点发展基地和集聚区

5. 节能环保

以广州、深圳、珠海为中心创建一批节能环保产业基地，推动在珠三角地区形成以节能环保技术研发和总部基地为核心的产业集聚带。以长株潭城市群和鄱阳湖生态经济区为中心，打造再生资源和再制造产业集群，构建资源循环利用产业链条。依托成都、自贡、金堂、攀枝花、贵阳、安顺等市的技术研发和产业基础，大力发展重大节能环保技术及高端装备产业、矿产资源综合利用，打造全国一流的节能环保装备制造、再制造及综合配套服务产业基地。

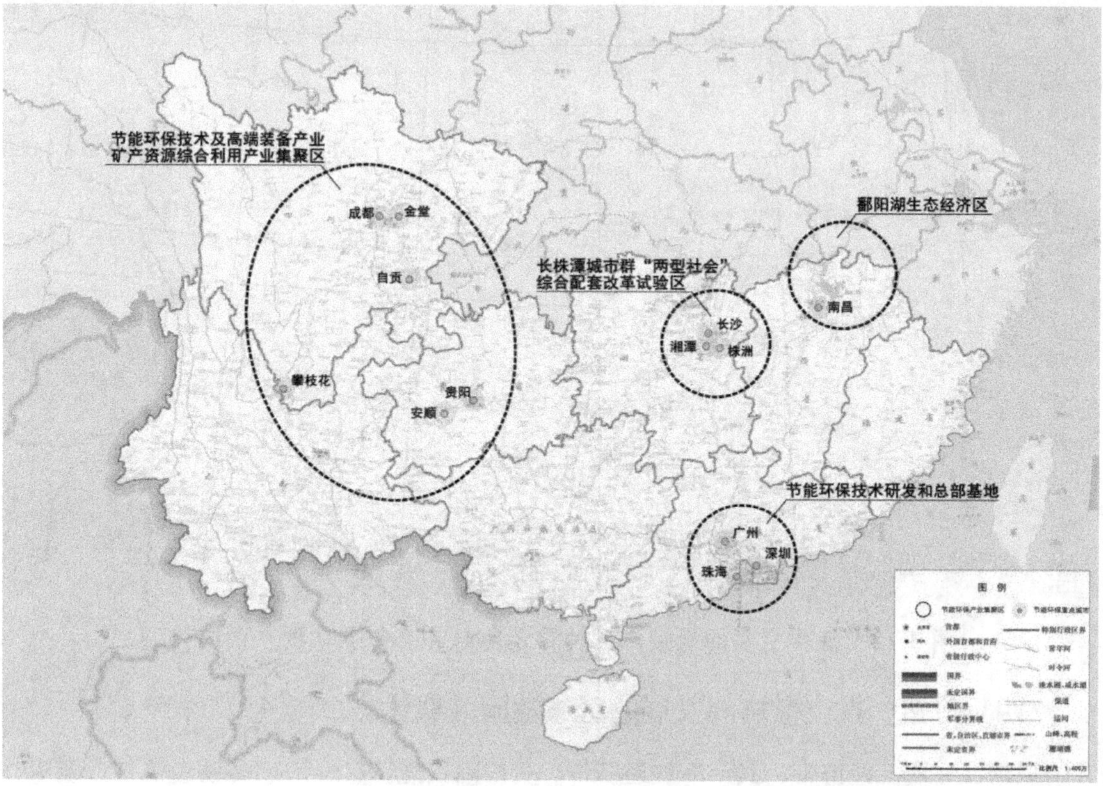

图 3-11　泛珠区域节能环保产业重点发展基地和集聚区

（三）共同促进建设区域产业转移园区

1. 评估效益，优化现有转移承接园区

重点支持国家级桂东承接产业转移示范区、湘南承接产业转移示范区、赣南承接产业转移示范区建设，发挥示范引领作用。推动昆明深圳工业园、衡阳深圳工业园、湘西广州工业园、广西凭祥广东工业园、赣州香港工业园、北部湾临海产业园、闽商产业园区、广西钦州（湖南）临港工业园区、吉安深圳产业园、闽粤经济合作区、粤桂特别合作试验区等已建成和正在建设的承接产业转移示范园区的提质增效，利用产业转移加快转型升级与产业融合，发挥对当地经济发展的带动作用。

2. 优化规划，完善转移承接布局

继续打造一批产业转移的重要载体和平台，扶持云南滇中产业聚集区、永州“蓝宁道新”加工贸易走廊建设，加快推进娄底（佛山）工业园、广州与黔南州共建都匀产业园、深圳与毕节共建织金沙产业园建设，积极探索建立产业合作、园区管理等机制，共同培育新型产业链和产业集群，促进产业合作与发展。

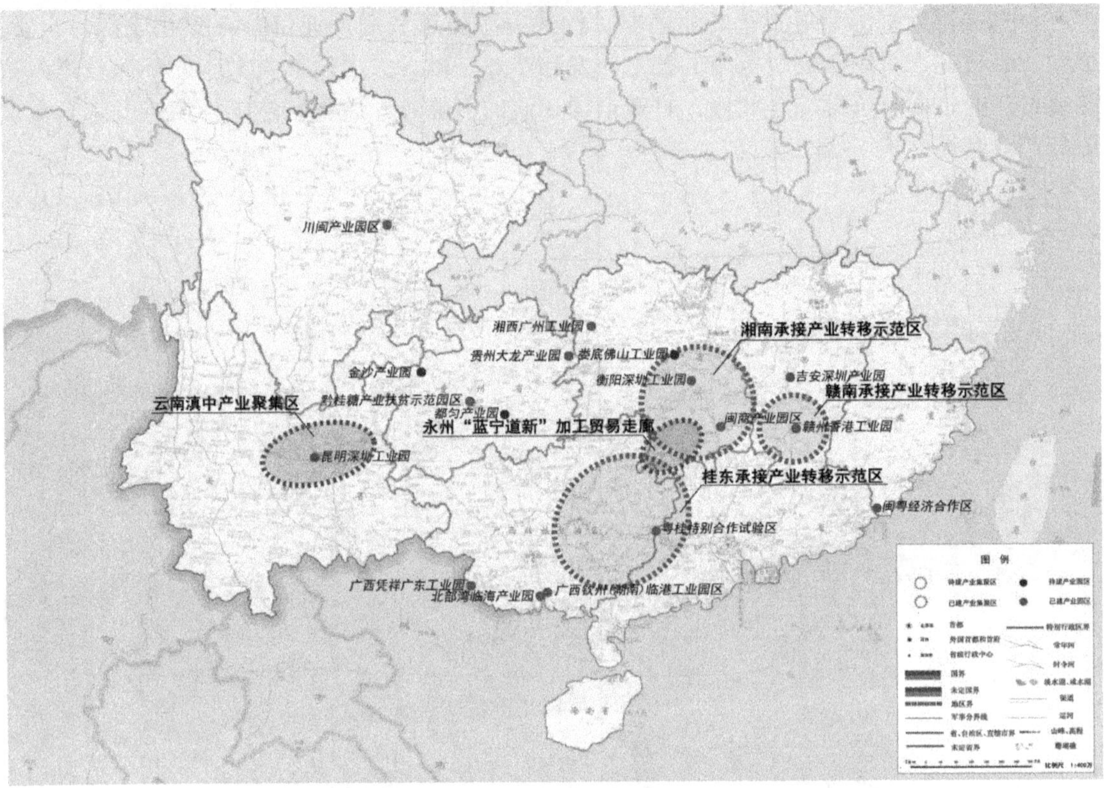

图 3-12 泛珠主要的承接产业转移示范区和合作共建的产业转移园

(四) 打造一批支撑协同发展的区域性园区载体

以珠江—西江经济带、武广高铁经济带、贵广高铁经济带、南广高铁经济带以及粤桂合作特别试验区①、粤桂黔高铁经济带合作试验区、湛江—北海跨省特别经济合作区②、闽粤经济合作区③、广州南站泛珠省会城市合作示范区为重大区域发展平台，加强沿海、沿江、沿路经济带和合作园区建设。

根据效益、规模、辐射带动等情况，可将若干省级园区、开发区等产业集聚载体，升级为跨省国家战略层面的泛珠经济合作园区，纳入区域产业规划协同重点管理，实施机制一体、政策共享。

(五) 协同规划，促进集聚若干经济走廊

统筹考虑交通、区位、物流通道及产业联系，在泛珠区域内重点打造粤港澳大湾区、珠江—西江经济带、海洋经济带、沿边开放经济带、高铁经济带等经济集聚区和经济走廊

① 以梧州和封开两地边界为轴心，在靠近西江和 321 国道的 100 平方公里区域（两地各 50 平方公里）建立“粤桂特别合作试验区”。

② 湛江—北海跨省特别经济合作区规划建设面积 100 平方公里，其中两省区相邻的廉江市、合浦县各 50 平方公里。

③ 闽粤经济合作区位于广东潮州饶平、福建漳州诏安两县交界区域。

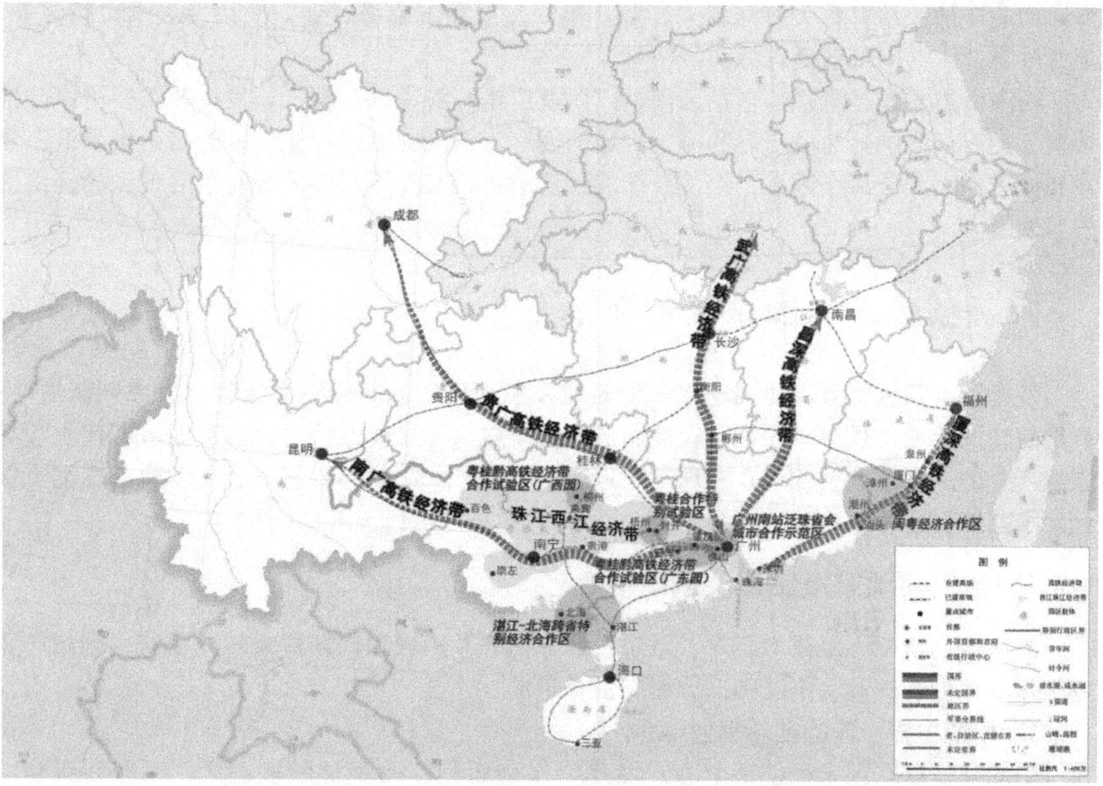

图 3-13　泛珠主要的跨省合作共建园区

（参见本书第一章图 1-10）。

粤港澳大湾区：以粤港澳合作区为龙头，立足于广东自贸试验区的南沙、前海蛇口和横琴三大支点，发挥集自贸区、经济特区、国家级新区、综合配套改革试验区等综合优势，推动三地基本率先实现服务贸易自由化，积极引进港澳现代服务业，加快现代服务业发展，构建要素集聚、辐射带动作用强的现代服务体系，重点推进现代金融、现代物流、商贸会展、信息服务、科技服务、专业服务等服务业发展，建设具有国际影响力的现代服务业集聚区。

珠江—西江经济带：统筹广东省的广州、佛山、肇庆、云浮 4 市，广西壮族自治区的南宁、柳州、梧州、贵港、百色、来宾、崇左 7 市，以及西江上游贵州黔东南、黔南、黔西南、安顺，云南文山、曲靖的沿江部分地区，充分发挥经济带通道和纽带作用，以产业园区为载体，强化产业合作对接，推进产业集聚和转型升级，提高自主创新能力，构建优势互补、协同配套、联动发展的现代产业集聚带。

高铁经济带：依托武广、贵广、南广、厦深、昌深等高铁线路，推动珠三角与长株潭城市群、成渝经济区、海峡西岸经济区等区域经济增长极互联互动，提升珠三角对中南、西南腹地的经济辐射带动能力，促进向高铁沿线地区的产业梯度转移、科技协同创新、园区合作开发等，培育形成合理分工、布局优化的沿高铁经济发展带。

泛珠海洋经济带：按照陆海统筹、创新驱动、优势集聚、联动发展的要求，充分发挥广东、海南、福建、广西以及港澳的海洋资源优势，协同推进珠三角海洋经济区、海峡西岸经济区、北部湾经济区、海南国际旅游岛建设，不断优化海洋开发布局，转型升级传统海洋产业，加快培育壮大海洋新兴产业，集约发展高端临海产业，加快发展港口物流业、滨海旅游业，共同打造泛珠海洋经济带。

西南沿边开放经济带：包括云南、广西及广东、海南部分地区，发挥与东盟国家陆地接壤、拥有众多国际边境口岸和海上沟通的便利，形成支持“中国—东盟自由贸易区”建设和促进“大湄公河次区域”经济合作的经济廊道，支撑区域经济相对落后地区的经济开发与发展。

六、创建泛珠国家级创新中心

发挥粤港开放优势，协同泛珠区域政府及民间研发创新资源，组建国家级创新中心；开展前瞻性研究，重点引领推动智能制造、航空航天、海洋经济、信息产业、现代农业等领域产业的战略性转型升级；在珠三角地区汇聚“9+2”优势要素，合作创建泛珠国家级创新示范区。

（一）组建国家级制造业创新中心

国家级创新中心由技术研发、系统设计等前瞻性领域和创新成果转化实施、创新产业集聚领域即创新产业示范区两部分相互融合组成。

1. 打造世界一流的创新创业中心

启动建设泛珠国家级创新中心。发挥广州全面创新改革试验核心区、深圳创新型城市、长株潭国家自主创新示范区、珠三角国家自主创新示范区的创新引领作用，依托广州科学城、中新知识城、深港创新圈等创新平台，协同泛珠区域政府及民间研发创新资源，着力营造良好的创新创业环境，搭建开放共享的创新创业基础性平台，积极参与和承接国家重大科技项目、重要创新基地建设，前瞻布局和推动实施一批重要产业核心技术攻关项目，打造世界一流的创新创业中心。

2. 集聚国内外优质创新资源要素

加强深港创新圈等区域科技创新合作，加快构建以企业为主体，市场为导向，产学研相结合的区域协同创新体系。着力突破产学研用结合的体制机制障碍，引进培育一批站在行业科技前沿、具有国际视野的领军人才和创新团队，集聚一批具有战略思维、创新意识、管理能力、运作经验的企业家和职业经理人。

3. 协作共建双创示范基地

结合全面创新改革试验区域、国家综合配套改革试验区、国家自主创新示范区等，依托深圳、广州、长沙、成都等双创资源集聚的城市以及区域内知名高校、科研院所、创新型企业等不同载体，支持多种形式的双创示范基地建设，积极探索改革，推进政策落地，形成一批可复制可推广的双创模式和典型经验。

4. 设立泛珠科技创新投资基金

在相关省市区自愿协商的基础上，研究设立泛珠科技创新投资基金。分期确定基金规模，采用直接投资与参股设立子基金（新兴产业创业投资基金）相结合的运作模式，鼓励社会资本参与基金设立和运营，重点投向跨区域创新体系共建、战略性新兴产业跨区域协同创新、创新示范区建设等领域。完善基金治理结构，构建基金支出监督和绩效评估机制，确保基金合理高效利用。有效利用国家科技成果转化引导基金，通过股权投入、风险补偿等形式，支持科技研发与成果转化。

5. 推动共性技术联合攻关

在统筹考虑现状和优化整合科技资源的前提下，布局一批国家工程中心（实验室）和企业技术中心，前瞻研究区域经济、社会及生态环境发展科技问题，选择开展泛珠区域技术预见及关键技术攻关。聚焦区域性、公共性、互补性重大科技项目，加大泛珠联合攻关计划项目投入，在珠江—西江水域动植物资源保护与利用、亚热带农业生物资源保护与利用、中医药新产品创制、非粮生物质能源、轨道交通装备、大数据应用、南沙海洋生物资源综合开发等基础性研究和战略性新兴产业领域，以及有色金属、纺织服装、船舶、汽车、软件等具有比较优势的产业领域，突破一批区域共性同时也是国家战略层面的关键技术。

6. 推动科技资源开放共享

推动区域科技资源的开放和共享，相互开放国家级和省级重点实验室、工程技术研究中心、中试基地、大型公共仪器设备、技术标准检测评价机构；加快推进科技文献、科技信息、专家库、动植物资源和水文资源等基础性科技教育资源的联网共享。

重点在以下技术领域实施开放共用：

——新材料领域：光电材料与技术国家重点实验室（广东）、粉末冶金国家重点实验室（湖南）、高分子材料工程国家重点实验室（四川）和国家非织造材料工程技术研究中心（海南）、国家贵金属材料工程技术研究中心（云南）、国家特种矿物材料工程研究中心和新材料产业化基地（广西）、国家复合改性聚合物材料工程技术研究中心（贵州）、纳米技术及先进材料研发中心（香港）、国家日用及建筑陶瓷工程技术研究中心（江西）。

——生物医药领域：医学遗传学国家重点实验室（湖南）、植物化学与西部植物资源持续利用国家重点实验室（云南）、新发传染性疾病国家重点实验室（香港）、香港赛马会中药研究院（香港）、贵州中国科学院天然产物化学重点实验室和国家天然药物工程技术研究中心（四川）和国家中药现代化工程技术研究中心（广东）等。

——先进制造技术领域：微细加工光学技术国家重点实验室（四川）、固体表面物理化学国家重点实验室（福建）、国家高效磨削工程技术研究中心（湖南）、汽车零部件研发中心（香港）等。

——现代农业领域：国家杂交水稻工程技术研究中心（湖南）、国家农产品保鲜工程技术研究中心（广东）、农业生物多样性应用技术国家工程研究中心（云南）、热带作物生物技术国家重点实验室（海南）等。

——电子信息技术领域：宽带光纤传输与通信系统技术国家重点实验室（四川）、国家863微硬盘研发中心（贵州）和国家新型电子元器件工程技术研究中心（广东）、资讯及通信技术研发中心（香港）等。

（二）开展前瞻性研究，引领产业转型升级

以高新技术及产业化开发为主，逐步建立区域科技项目合作机制和成果转化平台，推进区域产业协作和战略合作联盟。研究制定泛珠三角区域创新驱动产业转型升级方案。推动广州超算中心、中国（东莞）散裂中子源项目建设。

1. 推进工业化与信息化深度融合

加快新一代信息基础设施建设，完善广州、深圳、长沙、南昌、成都、昆明、贵阳、南宁、厦门等骨干节点，进一步加强网间互联互通，增加东部地区光缆路由密度。大力推进有线和无线宽带接入网建设，扩大4G（第四代移动通信）网络覆盖范围。推进下一代互联网示范城市建设，优化布局数据中心，继续完善面向国际的陆海缆建设。充分利用互联网、物联网、大数据、云计算、人工智能等新一代信息技术改造提升传统产业，培育形成新兴产业，推动生产组织、企业管理、商业运营模式创新。推动国家电子商务示范城市建设，加快农业、制造业和服务业的电子商务应用。加强与国家及国际相一致的电子商务规则标准和法规等方面的建设。

2. 提升高端装备创新能力

组织实施大型飞机、航空发动机及燃气轮机、民用航天、智能绿色列车、节能与新能源汽车、海洋工程装备及高技术船舶、智能电网成套装备、高档数控机床、核电装备、高端诊疗设备等一批创新和产业化专项、重大工程。开发一批标志性、带动性强的重点产品和重大装备，提升自主设计水平和系统集成能力，突破共性关键技术与工程化、产业化瓶颈，组织开展应用试点和示范，提高创新发展能力和国际竞争力，抢占竞争制高点。

3. 推进海洋科技自主创新

加快现代海洋渔业、海洋生物工程、海洋矿产勘探等技术集成攻关与产业化研究，推动海洋产业技术更新换代。加快海洋工程装备制造、海洋可再生能源利用、海水综合利用、海洋环境监测预测等高新技术重大专项攻关，为培育壮大海洋新兴产业提供技术引领和支撑。加强海洋防灾减灾、海洋生态环境保护与修复等技术开发与应用，提高海洋科技对海洋经济发展、海洋生态保护和海洋综合管理的支撑能力。

4. 提升现代农业创新能力

支持农业基础性、前沿性、公益性科技研究。在农业基因调控及分子育种、农作物抗逆机理、资源高效利用、生态修复、有害生物控制、生物安全和农产品质量安全等方面突破一批重大基础理论和方法。紧紧围绕粮食等重要农产品有效供给、农产品质量安全、农业机械化、农业防灾减灾、农产品加工、农业资源环境保护与节本增效等，加强前沿技术、关键共性技术、核心技术和系统集成技术攻关，取得一批具有重大应用价值和自主知识产权的突破性科技成果。

5. 协调低碳环保技术创新

针对重点区域、重点行业、重点企业，探索建立低碳企业创新规划，联合发展节能减排、清洁生产、绿色环保、能效评估等技术和产品，联合研究制定低碳企业产品优胜劣汰标准和单位GDP能耗指标、协同建设泛珠“绿色产品”试验场和投放地，探索低能耗、低污染、低排放为基础的创新型经济模式。合作开发展核电、水电、风电、太阳能光伏、生物质能源等清洁能源，不断完善西电东送的电量分配和电价形成机制。实施泛珠低碳企业创新示范工程，支持鄱阳湖生态经济区建设，打造低碳与生态经济的国家级实验区。

6. 深化内陆与港澳创新联动

重点支持维修检测试验、互联网技术应用、生物制药、精密仪器等高科技产业领域的深港科技合作。将香港作为内地的国际认证中心，帮助泛珠各省区的科研成果、产品、技术标准等获得国际认证和认可。解决仪器设备和实验材料的通关检验、科研及商务人员的往来常驻、税制差异、资金的跨境流动使用等问题，促进香港与内陆的科研和生产要素的流动。设立两地科技创新合作的日常办事机构，负责协调处理两地科技创新合作中的日常事务，便利两地机构的合作。

（三）合作创建泛珠国家级创新示范区

利用珠三角地区现有创新要素、产业集聚和对外开放窗口优势，汇聚9+2优势要素，合作创建泛珠国家级创新示范区，通过创新产业的集聚、集群、融合，加快创新步伐，加快创新技术推广、辐射与覆盖。

1. 以国家高新区和区域重点园区为依托实行联合共建

通过规划调整与优化，在珠三角划定一定范围，允许跨区域建立“飞地式”共建园区，联合创建创新示范园区，立足多省优势，充分吸收人才、资金、成果等创新资源，加快创新技术转化和创新产业联动融合式率先发展。鼓励“园区共建”，通过开发区与开发区、园区与园区的结对共建，采取并购、参股控股等方式，共享园区先进品牌、管理和先进理念，推动高新技术产业开发区“二次创业”，共同加快推动泛珠区域产业创新水平整体升级。

2. 共同组建示范区产业技术创新平台

优化科技资源配置，组建产业技术创新平台和企业技术中心。推动示范区国家重点创新实验室建设，支持工业骨干企业普遍建立省级以上工程技术研究中心、企业技术中心、重点实验室、工程实验室等研发机构，牵头建设泛珠区域国家级制造业协同创新体系。广泛建立与高等学校、科研院所基础研究和源头创新的紧密联系，重点聚焦面向产业的核心技术、关键共性技术、重大装备和标准的研发攻关，重视颠覆性技术创新。加快国家大科学装置和工程的建设和应用。大力发展新型研发机构，增强服务企业和孵化科技成果的能力。实施重大科技专项，研发推广一批关键技术和重大战略产品。

3. 利用示范区平台合作组建产业技术创新战略联盟

重点围绕区域内具有技术创新优势和特色的产业技术领域，通过联合组建科技战略联盟，共同制定领域科技发展战略和联合发展计划，根据各地科技资源优势各有侧重，分别投资、分别研究，所获专利和科技成果由科技战略联盟共享。科技战略联盟的形式包括：R&D联合体、企业技术联盟和产学研合作组织，可以由跨省区的多家企业、研究机构自主联合组织，或由政府有关部门出面组织。

泛珠区域产业技术创新战略联盟的主要方向如下：

——组建现代中药产业技术研究开发联盟：依托贵州、四川、云南省的国家中药现代化科技产业基地，广东、广西、江西的国家中药研发中心，香港的香港赛马会中药研究院，组建现代中药产业技术研究开发联盟，发展“四体系一网络”，即中药材生产体系、中药研究开发体系、中药现代化科技产业保障服务体系和中药现代化科技产业市场网络，使泛珠三角区域逐步成为中药健康食品及药物研制的国际中心。

——组建北斗卫星导航应用和相关产业发展联盟：依托香港、广东、四川、湖南、贵州等地科研机构与企业优势，组建北斗卫星导航应用和相关产业发展联盟，联合开展北斗卫星在交通运输、气象、林业、海洋渔业、工程机械、智慧城市、现代物流等领域的产业化进程，形成产业联盟。

——组建轨道交通产业技术创新战略联盟：以广东、湖南、四川等地为依托，组建轨道交通产业技术创新战略联盟，支撑轨道交通产业的可持续发展与走出去战略的实施，建立产学研一体化协调发展的轨道交通技术创新平台。

——组建有色金属新材料技术开发联盟：有色金属新材料研发关系到泛珠三角区域诸多省区的有色产业转型升级，走出产能过剩困局。发挥区域内技术优势，组建有色金属新材料技术开发联盟，加强合作，依托领军企业，联合开展基础性前沿性创新研究，协助区域内企业发展高科技新材料和高增值商业产品，开拓具有竞争优势的市场。

——组建航空航天产业研究与开发联盟：以广东、江西、四川等地为依托，开展联合技术攻关，组织和参与行业标准制定，与金融资本合作促进航空航天技术成果转化和产业化，实现产业融合发展。

——组建南海资源综合开发与保护联盟：依托香港、广东、福建、广西、海南等沿海省区，深化周边省市区域合作，加强南海环境监测、灾害预警、生态保护、科学研究、产业发展等方面合作，加快区域间基础设施建设，共同构建南海区域合作开发新模式。

4. 通过示范区加快区域产业技术转移基地建设

根据区域产业发展规划，充分发挥示范区产业创新策源地作用，通过创新技术的应用推广，引导跨区域产业链优化整合，合理部署和加快区域产业技术转移，统筹协调中心城区产业转移与产业转化的关系，优化区域产业结构。共同支持海峡西岸地区、粤西南、鄱阳湖生态经济、环长株潭城市群、广西北部湾、桂东、成渝、黔中、滇中等承接产业转移重点地区的建设。引导和促进中国科学院、中国工程院及有关部委科研机构在泛珠地区的重点投入和深度合作，建立技术转移基地，融入泛珠区域创新体系。健全区域高新技术产业化组织体系，加快科技创新成果的产业化及示范应用，探索科技成果产业化商业新模式。

（四）打造区域协同创新公共服务平台

依托示范区统一建设区域科技公共服务平台，促进服务链与创新链的对接，为科技创新创业提供信息交流、技术交易、企业孵化、人才流动、知识产权、投融资等配套服务。围绕区域科技成果转化重点，加快区域科技中介体系建设，着力优化区域科技创新创业环境，携手打造科技创新创业的适宜区。

1. 共建科技公共服务平台

争取国家支持，强化分工协作，有序推进区域科技公共服务平台建设，着力完善平台的服务功能和标准制订，打造一体化、高效共享的区域科技公共服务平台网络体系。如进一步提高泛珠大型科学仪器协作共用网、网上技术市场和技术产权交易中心、区域内优势基础科技平台的服务能力。同时，要集中建设一批工业研发设计平台，服务于工业的升级，提升工业竞争力。

2. 构建泛珠科技中介联盟

积极建设区域一体化科技中介服务机构，切实提高科技中介服务质量，为泛珠科技合作与协同创新提供融资、产权交易、评估和保险等多层次、宽领域、全方位的服务。大力推进区域性行业协会、学会建设，积极争取全国性、协会、学会、研究会等落户泛珠。促进省区间各类科技中介服务机构的交流合作，形成市场化、专业化、一体化的创新创业服务网络。

3. 强化科技资本对接

强化金融对科技创新创业的支持力度。选择科技和金融资源相对集中的城市和高新技术区，在创业风险投资、科技贷款、多层次资本市场建设、科技保险、知识产权质押、信用担保、企业债券等领域推动科技金融创新的综合试点。推行跨行政区开设账户、存贷款等相关金融服务，鼓励跨省区开展科技风险投资活动，鼓励国外风险基金和其他各类经济成分参与创业风险投资事业。探索民间资本发起的区域型创业投资机制，增加对区域内中小型高科技企业的金融供给。探索共建泛珠科技开发银行。

（五）先行先试区域创新政策

联合推进科技体制改革和政策创新，积极争取国家科技体制改革有关举措和政策规定在泛珠区域先行先试，为全国区域科技合作体制机制和政策创新提供经验和示范。健全区域合作机制，形成一批区域科技政策，优化创新软环境，促进技术创新过程在整个区域层面的合理配置。

1. 探索协同创新区域制度安排

建构区域创新系统模型，加强协同创新区域战略研究，统筹协调政府与市场，中心城市与城市群、开放创新与科技创新等区域创新力量，实现系统耦合和均衡配置。科学界定区域内各级政府在科技创新方面的财权和事权，探索建立与科技创新相适应的创新管理体制，建立与区域创新体系相适应的行政管理与法律框架。在国家有关部委统一指导下，联合制定《泛珠科技创新管理条例》、《泛珠科技合作指导意见》，在区域性法律条例和行政法规方面进行探索。

2. 实施区域协同创新管理

强化国家相关部委与泛珠合作区之间的沟通、联动与合作，依托现有的部省（市）科技合作机制，在区域性政策法规制定、联合攻关和协商机制建设方面，探索建立定期的部—区会商机制，制定部—区联合研究计划。推动各省区现有各类国家级自主创新示范区、全面创新改革试验试点的改革试点联动发展，形成区域协同效应。

3. 促进科技创新政策突破

根据科技创新政策需求和特点，研究探索区域一体化进程中的政策推进路线图。研究地方和区域落实国家科技创新政策的影响因素，选择国家支持科技创新 60 条政策中的若干条关键政策，评价政策效果，探索落实路径。围绕科技政策制定、实施、协调中的难题，重点在跨国公司研发中心政策、产学研合作政策、招商引资政策，提高创新质量与效率政策，人才流动政策、科技金融财税金融政策、科技创新产品联合采购和收购政策等方面取得突破，在提高政策的知晓度、便捷度与兑现度等方面取得进展。

4. 建构区域一体化创新政策

梳理各省市区域科技政策，简化审批事项，逐步取消限制条款，促进现有科技创新政策的协调对接，形成统一的税收、土地、金融、人才政策，促进资源无障碍流动。建立健全区域科技创新政策体系，推动产业政策、金融政策和科技政策融合，在联合制定、共同实施区域科技创新政策方面取得突破。推进区域创新体系与地方、国家、国际创新体系融合，使泛珠区域创新体系成为国际创新体系重要一极。

5. 加强区域创新人才队伍建设

联合培养优秀人才，促进人才跨地区交流，更好地吸引和使用海内外科技创新人才。通过政府购买培训成果、制定专项计划、定期发布重点领域和行业人才开发目录等方式，加快培养高技能人才和工程化人才。启动泛珠科技专家库建设，促进各省区科技专家库共享共用。共建泛珠科技人才网，定期发布人才需求、供给信息和高新技术人才目录。

6. 加强跨省区知识产权保护

推动建立跨省区知识产权保护联盟，支持中新广州知识城开展国家知识产权运用和保护综合改革试点。发挥各知识产权服务业集聚区的辐射作用，促进知识产权服务与区域产业融合发展。发挥广州知识产权法院的积极作用，加强区域内知识产权司法协作。

7. 加强组织保障

在政府层面，进一步完善区域科技合作的“联席会议制度”，建立健全“科技发展规划与科技资源布局联动机制”、“定期研讨制度”和“重大项目合作选择机制”等统筹科技创新资源的工作和管理机制，增强联席会议推动相关项目组织实施与合作的实际效用，并以部分地区开展科技金融试点工作为契机，加强推进区域投融资体系建设，促进区域科技合作活动。建立科技工作的联动机制，编制泛珠区域“十三五”科技合作规划，做好科技合作规划与产业规划的衔接，积极推进各省区有关部门在重大科技计划与项目上有效对接。

在民间层面，建立泛珠区域科技合作协会和各种专业技术协作组织，共同对区域科技合作发展出谋划策；定期举办区域科技合作论坛，为学术界、企业界和政府官员共商科技合作热点问题提供交流平台；定期举办泛珠科技合作研讨会，就泛珠科技合作的领域、发展、机制等提供建议，就科技协作与发展中的问题及时提出建议并进行协调，确保科技合作取得成效。

第四章 泛珠三角区域开放带动战略研究

一、泛珠三角区域开放现状及发展所面临的形势

（一）开放现状

对外开放是我国一项长期的基本国策，是我国历史经验教训的总结，是对当代世界经济发展趋势的科学判断，对我国的改革和现代化建设起到了重要的促进作用。泛珠区域集沿海、沿边、沿江开放多种优势，是我国改革开放的前沿阵地，也是两岸三地、中国—东盟自贸区合作的主战场。近5年来，泛珠区域各省市充分发掘和利用各自优势，努力克服国际金融危机带来的不利影响，不断提高开放型经济发展水平，对外贸易总额不断扩大，吸引外商直接投资能力也不断增强，企业“走出去”动力不断增强，对外直接投资规模不断扩大。

对外贸易总额不断扩大。2015年泛珠九省（不含港澳）对外贸易进出口总额累计实现14189.1亿美元，其中出口总额为9013亿美元，进口总额为5176.1亿美元。2011～2015年5年间，泛珠九省进出口总额年均增速为7.13%，出口总额年均增速为8.98%，进口总额年均增速4.31%（如图4-1所示）。2015年泛珠九省对外依存度达到39.8%，比全国（不含港澳）整体水平高出5.8个百分点（如表4-1所示）。

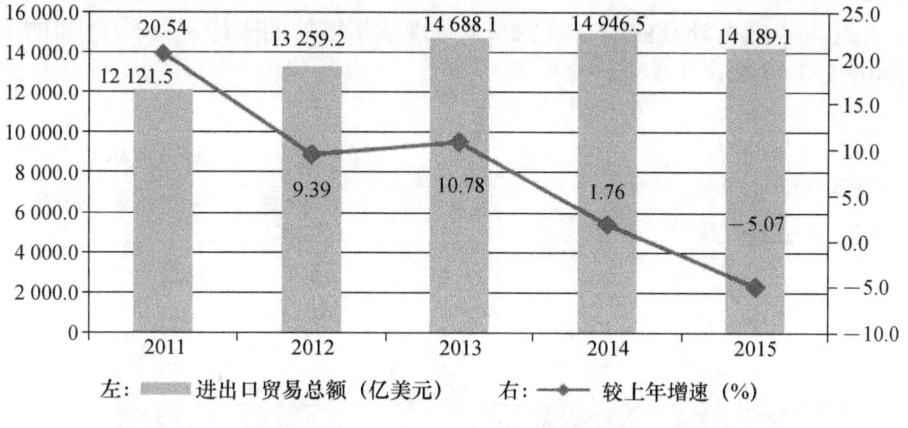

图4-1　泛珠九省2011～2015年进出口贸易总额及增速

数据来源：国家统计局。

表4-1　泛珠九省2011～2015年对外依存度　　单位：%

省区	2011年	2012年	2013年	2014年	2015年
广东	111.4	108.9	108.5	97.5	86.4
福建	53.1	50.0	48.1	45.3	40.1

续表 4-1

省区	2011 年	2012 年	2013 年	2014 年	2015 年
海南	32.8	31.7	29.3	27.4	23.1
江西	17.5	16.3	15.8	16.7	15.8
广西	12.9	14.3	14.1	15.9	18.8
四川	14.7	15.6	15.2	15.1	10.6
云南	11.7	12.9	13.3	14.2	11.0
贵州	5.6	6.1	6.4	7.2	7.3
湖南	6.3	6.3	6.3	7.0	6.2
泛珠九省	51.8	49.6	48.7	44.9	39.8
全国	45.3	42.3	40.7	38.6	34.0

注：各省对外依存度＝各省进出口贸易总额/该省 GDP×100％。

数据来源：根据国家统计局统计数据整理。

从图 4-1 中也可看到，由于受到世界经济复苏缓慢、我国低成本比较优势削弱以及国际市场大宗商品价格的快速下滑、地缘政治和大国关系博弈等因素的影响，泛珠九省对外贸易增速存在明显的减慢。2015 年泛珠九省进出口总额较上年减少 5.07％，增速较 2014 年减少了 6.83 个百分点，更是较 2011 年大幅减少了 25.6 个百分点。

吸引和利用外资能力不断增强。2015 年泛珠九省（不含港澳）实际利用外商直接投资额总计达到 749 亿美元。2011～2015 年 5 年间，泛珠九省实际利用外商直接投资额年平均增速达到 10.02％，较全国平均增速高出 6.25 个百分点；泛珠九省实际利用外商直接投资额占全国的比重也从 2010 年的 44％上升到 2015 年的 59％（如图 4-2 所示）。2011～2015 年，泛珠九省吸引外资业绩指数也基本呈现逐年增加的态势，从 2011 年的 1.62 上升到 2015 年的 1.94（如表 4-2 所示）。

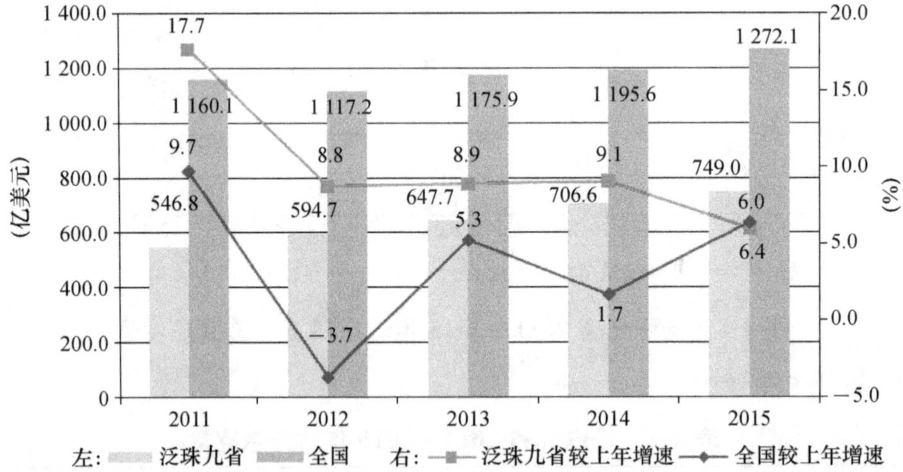

图 4-2　泛珠九省及全国 2011～2015 年实际利用外商直接投资额及增速

数据来源：国家统计局。

表 4-2 泛珠九省 2011～2015 年吸引外资业绩指数

省区	2011 年	2012 年	2013 年	2014 年	2015 年
江西	2.33	2.72	2.83	3.08	3.22
海南	2.71	2.97	3.07	3.09	3.08
湖南	1.41	1.70	1.91	2.17	2.26
广东	1.84	2.13	2.15	2.27	2.10
四川	2.03	2.12	2.10	2.06	1.90
福建	1.59	1.66	1.65	1.69	1.68
贵州	0.57	0.83	1.05	1.28	1.37
云南	0.88	1.10	1.15	1.21	1.24
广西	0.39	0.30	0.26	0.37	0.58
泛珠九省	1.62	1.82	1.87	1.98	1.94

注：某省吸引外资业绩指数=(某省 FDI/全国 FDI)/(该省 GDP/全国 GDP)。

数据来源：根据国家统计局统计数据整理。

“走出去”动力不断增强，对外投资流量快速增长，对外投资的存量规模不断扩大。近年来，随着中国经济发展速度放缓，内需对经济的拉动力有所减弱，在国家“一带一路”战略、区域自贸战略以及互联互通进程的大力推动下，越来越多的企业将目光投向国外市场，尤其是亚非等较落后国家与部分新兴市场。2014 年泛珠九省（不含港澳）非金融类对外直接投资流量达 173.2 亿美元，对外投资存量达到 761.2 亿美元；2010～2014 年 5 年间，对外直接投资流量年均增速达到 43.5%，存量年均增速达到 38%（见图 4-3）。

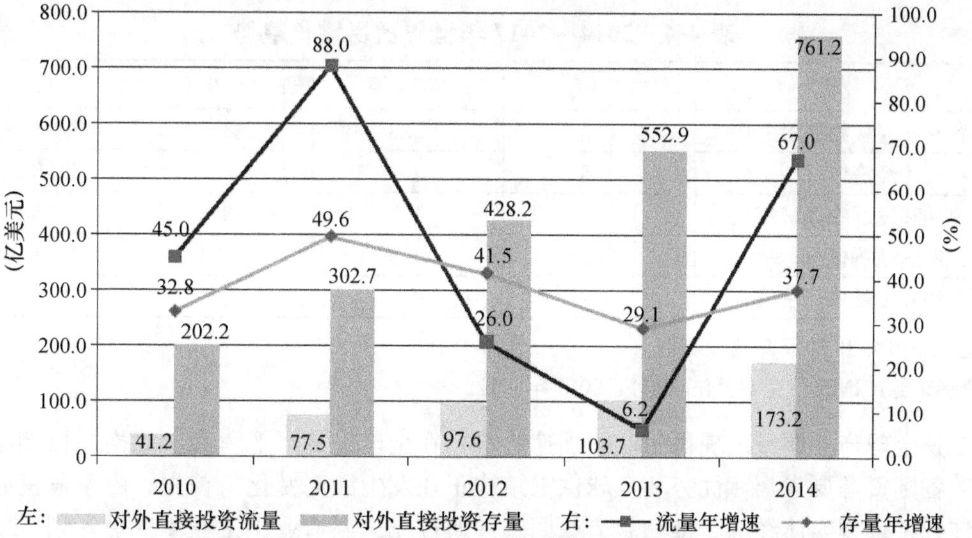

图 4-3 泛珠九省 2010～2014 年非金融类对外直接投资流量及存量

数据来源：中国商务部和国家统计局。

（二）面临的形势

1. 国际环境变化带来新机遇和新挑战

一是世界经济低增长局面难有根本改变。国际金融危机的爆发，标志着世界经济高速增长阶段已告一段落。经过恢复发展，世界经济虽整体已逐步走出衰退的阴影，但全球经济的结构性调整仍在不断深化，新经济增长点的培育仍有待时日，世界经济将在较长一段时间内保持中低速增长态势。据 IMF 估计，2016 年全球经济增速仅略有提高，为 3.2%。其中，发达国家增长 1.9%，与 2015 年持平；新兴市场和发展中国家增长 4.1%，较 2015 年提高 0.1 个百分点（见表 4-3、表 4-4）。世界经济增长减速导致中国外需增长速度明显回落，全球性产能过剩问题日益突出，竞争更加激烈。与此同时，贸易保护主义也在抬头。

表 4-3 2014～2017 年世界经济增长趋势 单位：%

地区	2014 年	2015 年	2016 年	2017 年
世界经济	3.4	3.1	3.2	3.5
发达国家	1.8	1.9	1.9	2.0
美国	2.4	2.4	2.4	2.5
欧元区	0.9	1.6	1.5	1.6
日本	0	0.5	0.5	−0.1
新兴市场和发展中国家	4.6	4.0	4.1	4.6

注：2016 年和 2017 年为预测值。

资料来源：IMF，《世界经济展望》，2016 年 4 月。

表 4-4 2014～2017 年世界贸易增长趋势 单位：%

项目	2014 年	2015 年	2016 年	2017 年
世界贸易量（货物和服务）	3.5	2.8	3.1	3.8
出口：发达经济体	3.5	3.4	2.5	3.5
新兴市场和发展中经济体	3.1	1.7	3.8	3.9
进口：发达经济体	3.5	4.3	3.4	4.1
新兴市场和发展中经济体	3.7	0.5	3.0	3.7

注：2016 年和 2017 年为预测值。

资料来源：IMF，《世界经济展望》，2016 年 4 月。

二是全球产业调整出现再工业化加速趋势。在全球经济再平衡和产业格局再调整的背景下，各国资源要素禀赋优势和全球供需结构正在发生深刻变化。首先，由于危机后发达经济体开始重视实体经济，推动制造业回归并通过先进制造业、工业 4.0 等计划，重塑其在高端制造业方面的优势，制造业已经成为拉动此轮发达经济体经济复苏的重要动力。未来发达经济体“再工业化”趋势将进一步确立。其次，随着中国等传统制造业大国劳动力、资源成本上升，劳动力密集型产业出现向东南亚、南亚等劳动力成本更低地区的转移趋势，进而推动这些国家在全球和区域产业链位势的新一轮调整，提升区域专业化分工和融合水平。

三是新一轮科技革命蓬勃兴起，新兴产业在世界范围大发展趋势日益明显。目前世界正处在由新能源、新材料、生物工程、移动互联网与云计算等所引领的第三次产业革命之中。新能源、新技术、新材料和信息技术的广泛运用，新兴产业与传统产业的深度融合，正在引发新的科技革命，形成新的经济增长点。无论发达国家还是发展中国家都把争夺科技创新和新兴产业发展的制高点作为国家发展战略的核心，力图通过综合运用财政、税收、金融、贸易、技术标准与知识产权等政策工具，提升国家创新能力，强化国家竞争优势。如美国制定了《美国创新战略》，引导企业回归实体经济，大力发展制造业，实施出口倍增计划；欧盟发布了《欧盟 2020 战略》，提出未来十年的智慧增长、可持续增长、包容性增长计划，确定了就业、研发、气候变化、教育、减贫等五大目标；日本公布了《2020 年增长战略》，提出了环境及能源、科学技术和人才培养计划；韩国发布了《创造经济战略》，提出将实现从追赶型经济增长模式向领先型经济增长模式转变；俄罗斯提出“2020 年前俄罗斯创新发展战略”；等等。

四是在贸易投资低迷的背景下，国际贸易投资规则体系面临深刻变化与复杂调整。随着全球经济结构调整的不断深入，全球化规则建设的重点也由原有规则的修复转向新规则的构建，这一点尤其体现在世界贸易和投资规则的转变上。一方面，不仅是发达经济体寻求扩大出口的途径，而且是其构建全球贸易投资新秩序、巩固其在全球经贸格局中优势地位的重要手段。发达经济体将加速推进以 TPP（跨太平洋伙伴关系协议）和 TTIP（跨大西洋贸易与投资伙伴协议）为代表的“21 世纪的贸易自由化”进程。由于较当前全球已经实施的自贸协定标准更高、范围更广，两项协议达成后将成为未来全球贸易投资规则谈判的新标杆，并将引发世界经贸格局的新一轮调整。另一方面，当前贸易区域集团化趋势的加剧，也可能促使以 WTO 为代表的多边贸易谈判体制取得新进展，推动全球货物贸易自由化和便利化程度进一步提高。

2. 中国经济向新常态过渡，对开放提出新的要求

一是经济增速由从高速增长转为中高速增长。中国自 2008 年以来开始面临“刘易斯拐点”到来、人口红利减少、资源环境约束加剧、资源能源密集型重化工业发展高峰期已过、部分地区基础设施趋于饱和、国际环境趋于恶化、基数效应开始发挥作用等约束，潜在经济增长率明显下降。2015 年国内生产总值 67.67 万亿元，按可比价格计算，比上年增长 6.9%，增速较 2014 年下降 0.4 个百分点，较 2010 年下降 3.4 个百分点。

二是经济结构逐步调整，不断优化升级。近年来，中国政府不断加大结构调整的力度，密集出台了一系列着眼于调结构、稳增长的政策措施，中国经济结构调整不断取得新进展。根据 2015 年最新公布的数据显示，中国最终消费支出对 GDP 增长贡献率为 66.4%，比上年提高 15.4 个百分点；第三产业增加值增长 8.3%，高于 GDP 增速，第三产业增加值占 GDP 比重为 50.5%，比上年提高 2.4 个百分点，高于第二产业 10.0 个百分点；城镇化率达到 56.1%，较上年上升 1.3 个百分点；高技术产业增加值比上年增长 10.2%，比规模以上工业快 4.1 个百分点；中、西部地区规模以上工业增加值比上年分别增长 7.6%和 7.8%，分别快于东部地区 0.9 和 1.1 个百分点；全年单位 GDP 能耗比上年下降 5.6%。经济结构优化，一方面为经济提质增效提供了支撑；另一方面为未来的经济平稳健康增长奠定了基础。

三是经济增长从要素驱动、投资驱动逐步转向创新驱动，新的增长动力正在逐步形成。长期以来，中国经济增长主要依赖于投资、出口和消费“三驾马车”，但如今“三驾马车”的边际效应递减，而且副作用越来越大，故要从供给侧寻找新的动力，通过改革、转型、创新“三大发动机”来形成新的增长动力。根据2015年最新数据显示，中国经济增长动能正在发生重大转变：一方面，“三驾马车”日渐式微。2015年出口下降1.8%，远低于2014年的增长6.1%；投资增长10%，低于2014年的15.7%；消费增长10.7%，低于2014年的12%。另一方面，新产业、新企业、新业态等新的动力日渐形成。深圳、上海等沿海地区一批战略性新兴产业增速达到10%以上；新能源汽车增长了1.6倍；规模以上股份制企业工业增加值增长7.3%，高于全国工业增加值6.1%的增速，远高于国有控股企业和集体企业的1.4%、1.2%增速；全国网上零售额增长33.3%，其中实物商品网上零售额增长31.6%，占社会消费品零售总额的比重达10.8%。

在新常态下，如何用好外部资源、外部市场，来提升经济质量，加速技术进步，推动经济结构升级成为中国各地对外开放战略新的发展方向和要求。

3. 建设“一带一路”、自由贸易实验区等国家战略的实施为区域开放发展带来新的机遇

(1)“一带一路”战略实施带动区域全面提升对外开放水平。

“一带一路”是指“丝绸之路经济带”和“21世纪海上丝绸之路”的简称。习近平总书记在2013年9月和10月分别提出建设“新丝绸之路经济带”和“21世纪海上丝绸之路”的战略构想，以期开创中国全方位对外开放新格局（见图4-4）。经过一年多的酝酿，2015年3月国家发展改革委、外交部和商务部联合发布《推动共建丝绸之路经济带和21世纪海上丝绸之路的愿景与行动》（以下简称《“一带一路”愿景与行动》），从时代背景、共建原则、框架思路、合作重点、合作机制等方面阐述了“一带一路”的主张与内涵，提出了共建“一带一路”的方向和任务，标志着“一带一路”正从战略构想走向落实。

“一带一路”建设，是以习近平同志为总书记的党中央主动应对全球形势深刻变化、统筹国内国际两个大局做出的重大战略决策。“一带一路”贯穿亚欧非大陆，一头是活跃的东亚经济圈，一头是发达的欧洲经济圈，中间广大腹地国家经济发展潜力巨大。丝绸之路经济带将重点畅通中国经中亚、俄罗斯至欧洲（波罗的海）；中国经中亚、西亚至波斯湾、地中海；中国至东南亚、南亚、印度洋。21世纪海上丝绸之路重点方向是从中国沿海港口过南海到印度洋，延伸至欧洲；从中国沿海港口过南海到南太平洋。

“一带一路”沿线国家接近60个，大多是新兴经济体和发展中国家，普遍处于经济发展的上升期，总人口约46亿，超过全球总人口的60%，GDP总量达20万亿美元，约占全球总产出的1/3。沿线各国资源禀赋各异，经济互补性较强，彼此合作潜力和空间很大。根据世界银行数据计算，1990～2013年，全球贸易、跨境直接投资年均增长速度为7.8%和9.7%，而“一带一路”相关65个国家同期的年均增长速度分别达到13.1%和16.5%；尤其是国际金融危机后的2010～2013年，“一带一路”对外贸易、外资净流入年均增长速度分别达到13.9%和6.2%，比全球平均水平高出4.6个百分点和3.4个百分点。“一带一路”正在形成除大西洋贸易轴心和太平洋贸易轴心之外，新的以亚欧为核心的全球第三大贸易轴心。

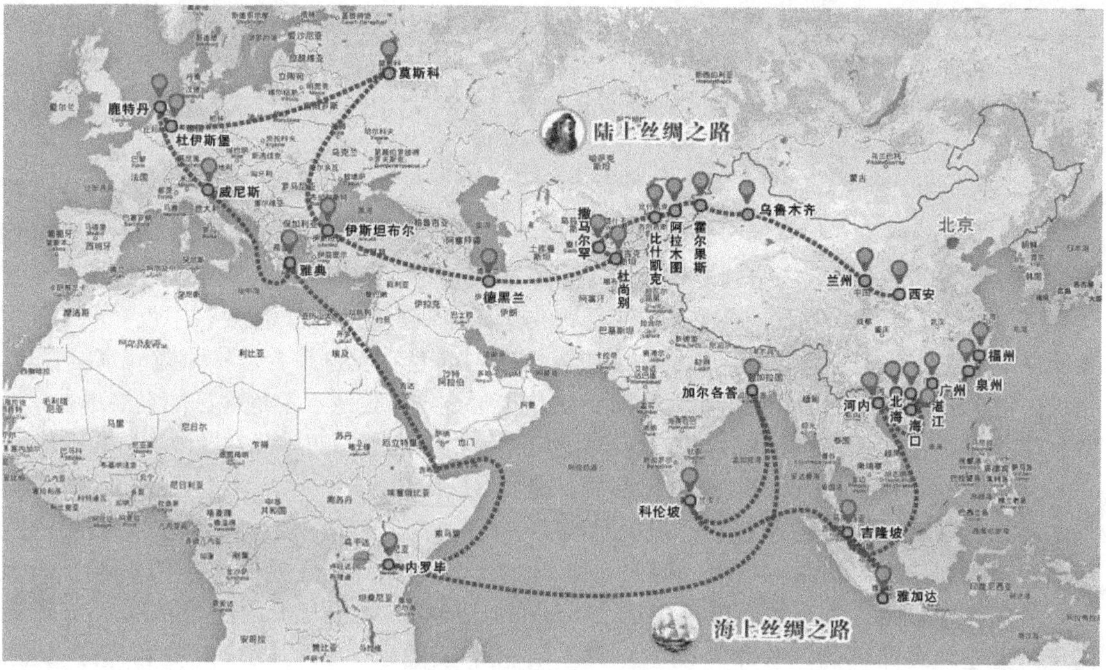

图 4-4　图解“一带一路”

资料来源：新华网。

《“一带一路”愿景与行动》倡议，沿线各国以政策沟通、设施联通、贸易畅通、资金融通、民心相通为主要内容，多方面加强合作。一是政策沟通。加强政策沟通是“一带一路”建设的重要保障。二是设施联通。基础设施互联互通是“一带一路”建设的优先领域。抓住交通基础设施的关键通道、关键节点和重点工程，优先打通缺失路段，畅通瓶颈路段，配套完善道路安全防护设施和交通管理设施设备，提升道路通达水平。此外，还有加强能源基础设施互联互通合作。共同推进跨境光缆等通信干线网络建设，提高国际通信互联互通水平，畅通信息丝绸之路。三是贸易畅通。投资贸易合作是“一带一路”建设的重点内容。着力研究解决投资贸易便利化问题，消除投资和贸易壁垒，构建区域内和各国良好的营商环境，积极同沿线国家和地区共同商建自由贸易区，激发释放合作潜力，做大做好合作“蛋糕”。另外，沿线国家宜加强信息互换、监管互认、执法互助的海关合作具体措施，包括加快投资便利化进程，消除投资壁垒，以及优化产业链分工布局，推动上下游产业链和关联产业协同发展的举措。四是资金融通。资金融通是“一带一路”建设的重要支撑。深化金融合作，推进亚洲货币稳定体系、投融资体系和信用体系建设。扩大沿线国家双边本币互换、结算的范围和规模。推动亚洲债券市场的开放和发展。包括共同推进亚洲基础设施投资银行、金砖国家开发银行筹建，就建立上海合作组织融资机构开展磋商。加快丝路基金组建运营。深化中国—东盟银行联合体、上合组织银行联合体务实合作，以银团贷款、银行授信等方式开展多边金融合作。资金融通还包括加强金融监管合作，推动签署双边监管合作谅解备忘录，逐步在区域内建立高效监管协调机制。五是民心相通。民心相通是“一带一路”建设的社会根基。

《“一带一路”愿景与行动》还提出，推进“一带一路”建设，中国将充分发挥国内各地区比较优势，实行更加积极主动的开放战略，加强东中西互动合作，全面提升开放型经济水平。发挥全国不同地区的区位优势和独特优势，无论西北、西南还是沿海开放城市及港澳台地区，还是内陆地区都参与到“一带一路”建设当中。共同打造和建设丝绸之路经济带和21世纪海上丝绸之路。

“一带一路”战略是新时期我国统筹陆海开放、协调东西开放，深化与丝绸之路沿线国家经贸、人文、科技、生态等多领域合作交流共同发展的战略安排，顺应了我国对外开放区域结构转型的需要，顺应了中国要素流动转型和国际产业转移的需要，顺应了中国与其他经济合作国家结构转变的需要，顺应了国际经贸合作与经贸机制转型的需要，不仅有利于形成中国全方位对外开放的新格局，建设一个包容性很强的互利互惠平台，扩大对外直接投资，将加快中国资本走出去的步伐，而且有助于促进欧亚非大陆腹地不发达地区的经济增长，改变全球经济政治的空间布局和活动方式及其流向，为世界范围内的均衡发展做出新的贡献。

自《“一带一路”愿景与行动》出台后，全国31个省、市、自治区以及新疆生产建设兵团都相继制定了相关实施方案，积极对接“一带一路”战略。泛珠区域合作囊括福建、江西、湖南、广东、广西、海南、四川、贵州、云南九省区及香港、澳门两个特别行政区，跨东、中、西三大区域，覆盖中国1/5的国土面积，北接丝绸之路经济带，南接21世纪海上丝绸之路，是“一带”与“一路”有机衔接的承载区，战略地位和作用凸显。“一带一路”战略的实施，必将为带动区域形成全方位对外开放格局（见表4-5）。

表4-5 泛珠三角区域（9+2）在国家“一带一路”战略中的定位

省区	战略定位
广东	战略枢纽、经贸合作中心和重要引擎
福建	21世纪海上丝绸之路核心区
海南	国际旅游岛和21世纪海上丝绸之路的重要战略支点
广西	构建面向东盟区域的国际通道，打造西南、中南地区开放发展新的战略支点，形成21世纪海上丝绸之路与丝绸之路经济带有机衔接的重要门户
云南	打造大湄公河次区域经济合作新高地，建设成为面向南亚、东南亚的辐射中心
贵州	内陆开放型经济高地
四川	内陆开放型经济高地
湖南	内陆开放型经济高地
江西	内陆开放型经济高地
香港	重要组成部分
澳门	重要组成部分

（2）广东、福建自由贸易试验区建设探索对外开放的新路径和新模式。

泛珠地区的保税区、保税港区、综合保税区、保税物流园区、出口加工区以及边境经济合作区等主要集中在广东、福建等东部沿海省份，而云南、贵州、四川、江西、湖南等中西部地区海关特殊监管区域相对较少（见表4-6）。2013年8月，在现有综合保税区的基础上，国务院正式批准设立中国（上海）自由贸易试验区（Free Trade Zone，FTZ），2013年9月发布《中国（上海）自由贸易试验区总体方案》，同月正式挂牌成立上海自由贸易区，并于2014年6月国务院批准了《中国（上海）自由贸易试验区进一步扩大开放的措施》。中国自由贸易区是指在国境内关外设立的，以优惠税收和海关特殊监管政策为主要手段，以贸易自由化、便利化为主要目的的多功能经济性特区。可以说，自由贸易试验区是综合保税区的升级版，致力于建设具有国际水准的投资贸易便利、货币自由兑换、监管高效便捷、法制环境规范的自由贸易试验区。

在中国（上海）自由贸易试验区经验探索的基础上，2014 年 12 月 28 日第十二届全国人民代表大会常务委员会第十二次会议通过关于授权国务院在中国（广东）自由贸易试验区（以下简称“广东自贸区”）、中国（天津）自由贸易试验区、中国（福建）自由贸易试验区（以下简称“福建自贸区”）以及中国（上海）自由贸易试验区扩展区域暂时调整有关法律规定的行政审批的决定。2015 年 3 月 24 日召开的中共中央政治局会议上，天津、广东和福建等第二批自贸区的总体方案获得通过，标志着天津、广东和福建自贸区正式进入实施建设阶段。

福建自贸区涵盖平潭片区、厦门片区（含象屿保税区、象屿保税物流园区、厦门海沧保税港区）和福州片区（含福州保税区、福州出口加工区、福州保税港区），总面积 118.04 平方公里。其战略定位是围绕立足两岸、服务全国、面向世界的战略要求，充分发挥改革先行优势，营造国际化、市场化、法治化营商环境，把自贸试验区建设成为改革创新试验田；充分发挥对台优势，率先推进与台湾地区投资贸易自由化进程，把自贸试验区建设成为深化两岸经济合作的示范区；充分发挥对外开放前沿优势，建设 21 世纪海上丝绸之路核心区，打造面向 21 世纪海上丝绸之路沿线国家和地区开放合作新高地。

广东自贸区包括南沙新区、前海蛇口片区、珠海横琴新区，总面积 116.2 平方公里。其功能定位是依托港澳、服务内地、面向世界，以制度创新为核心，促进内地与港澳经济深度融合，深入推进粤港澳服务贸易自由化，强化粤港澳国际贸易功能集成，探索构建粤港澳金融合作新体制，创新监管服务模式，建设与国际投资和贸易规则体系相适应的行政管理体系，培育法治化国际化营商环境，为全国全面深化改革和扩大开放探索新途径、积累新经验。

自由贸易试验区是党中央、国务院做出的重大决策，是新形势下全面深化改革和扩大开放而采取的重大举措。2014 年 12 月，国务院发布《关于推广中国（上海）自由贸易试验区可复制改革试点经验的通知》，在全国范围内复制推广，改革事项包括投资管理、贸易便利化、金融服务、服务业开放以及事中事后监管措施等，同时鼓励在其他海关特殊监管区域开展海关监管制度和检验检疫制度创新。

泛珠区域内广东和福建两大自由贸易试验区挂牌成立，将为区域对外开放探索新路径和新模式提供宝贵的经验，政策优惠必将辐射到泛珠框架下经贸往来，搭建对接港澳、面向东南亚的新型贸易框架，带动泛珠三角区域向更高层次发展。

2015 年 8 月，国务院印发《加快海关特殊监管区域整合优化方案》，提出要推动海关特殊监管区域创新升级，支持中西部和东北地区符合条件的大众城市设立综合保税区，逐步统一各类海关特殊监管区域的监管模式，规范海关特殊监管区域政策，如在自由贸易试验区内的海关特殊监管区域积极推进内销选择性征收关税政策先行先试。这意味着国家将对各种类型的海关特殊监管区域给予统一的政策，逐步将现有出口加工区、保税物流园区、跨境工业区、保税港区及符合条件的保税区整合为综合保税区，而新设立的海关特殊监管区域统一命名为综合保税区，并促进海关特殊监管区域发展保税加工、保税物流和保税服务等多元化业务；同时规范、完善海关特殊监管区域税收政策，实施统一的监管模式。

表 4-6 泛珠三角区域国家级保税区、保税港区、综合保税区及保税物流园区、出口加工区和边境经济合作区

广东	汕头保税区（1993.01）、珠海保税区（1996.11）、深圳沙头角保税区（1991.05）、广州保税区（1992.05）、深圳盐田港保税区（1996.09）、深圳前海湾保税港区（2008.10）、广州南沙保税港区（2008.10）、广州白云机场综合保税区（2010.07）、深圳盐田港保税物流园区（2004.08）、广州保税物流园区（2007.12）、广州出口加工区（2000.04）、深圳出口加工区（2000.04）、南沙出口加工区（2005.06）、惠州出口加工区（2005.06）
福建	厦门象屿保税区（1992.10）、福州保税区（1992.11）、厦门海沧保税港区（2008.06）、福州保税港区（2010.05）、厦门象屿保税物流园区（2004.08）、福州出口加工区（2005.06）、福清出口加工区（2005.06）、泉州出口加工区（2005.06）
海南	海口保税区（1992.10）、海南洋浦保税港区（2007.09）、海南海口综合保税区（2009.04）
广西	广西钦州保税港区（2008.05）、广西凭祥综合保税区（2008.12）、北海出口加工区（2003.03）、凭祥边境经济合作区（1992.09）、东兴边境经济合作区（1992.09）
云南	昆明出口加工区（2005.06）、瑞丽边境经济合作区（1992.06）、畹町边境经济合作区（1992.09）、河口边境经济合作区（1992.09）
贵州	贵阳综合保税区（2013.09）、贵安新区综合保税区（2015.01）
四川	成都综合保税区（2010.10）、成都出口加工区（2000.04）、绵阳出口加工区（2005.06）
湖南	衡阳综合保税区（2012.10）、郴州出口加工区（2005.06）、湘潭综合保税区（2013.09）
江西	九江出口加工区（2005.06）、南昌出口加工区（2006.05）、赣州出口加工区（2007.05）、赣州综合保税区（2014.01）

资料来源：据网络资料整理。

（3）依托长江经济带打造中国经济新的支撑带，推动泛珠区域与长江经济带互动发展、开放合作。

2014 年 9 月 25 日，国务院印发《关于依托黄金水道推动长江经济带发展的指导意见》（以下简称《意见》），部署将长江经济带建设成为具有全球影响力的内河经济带、东中西互动合作的协调发展带、沿海沿江沿边全面推进的对内对外开放带和生态文明建设的先行示范带。长江是货运量位居全球内河第一的黄金水道，在区域发展总体格局中具有重要战略地位。依托黄金水道推动长江经济带发展，打造中国经济新支撑带，是党中央、国务院审时度势，谋划中国经济新棋局做出的既利当前又惠长远的重大战略决策。

长江经济带覆盖上海、江苏、浙江、安徽、江西、湖北、湖南、重庆、四川、云南、贵州等十一个省市。在泛珠内地九省区中，有五个省处在长江经济带，泛珠区域与长江经济带地域相连、关系密切。推动泛珠区域与长江经济带互动发展，是泛珠省区面临的重大机遇，也是推进开放合作的重要任务。

（4）珠江—西江经济带建设有助于泛珠区域开放合作全面升级。

2014 年 8 月 1 日，国家发改委正式印发《珠江—西江经济带发展规划》，标志着珠江—西江经济带发展正式上升为国家战略。规划提出，根据“统筹规划、协同发展，生态优先、绿色发展，转型升级、创新发展，深化合作、开放发展”的原则，把珠江—西江经济带打造成为“西南中南开放发展战略支撑带”、“东西部合作发展示范区”、“流域生态文明建设试验区”、“海上丝绸之路桥头堡”。发展目标是到 2020 年，综合实力显著增强，区域一体化发展水平明显提升，支撑西南、中南地区开放发展的能力显著提高，成为我国西南、中南地区的重要增长极。

珠江—西江经济带规划范围包括广东省的广州、佛山、肇庆、云浮四市和广西壮族自治区的南宁、柳州、梧州、贵港、百色、来宾、崇左七市，珠江—西江经济带横贯广东、广西，上联云南、贵州，下通香港、澳门。《珠江—西江经济带发展规划》的获批将从内部给泛珠合作带来质的提升，有助于泛珠合作从地区自发的区域性战略上升为南部地区新经济增长极的国家层面战略规划。

（5）海峡西岸经济区打造服务周边地区发展、拓展两岸交流合作的综合通道。

海峡西岸经济区，是指台湾海峡西岸，以福建为主体包括周边地区，南北与珠三角、长三角两个经济区衔接，东与台湾岛、西与江西的广大内陆腹地贯通，具有对台工作、统一祖国，并进一步带动全国经济走向世界的特点和独特优势的地域经济综合体。2009 年 5 月 6 日，国务院印发《关于支持福建省加快建设海峡西岸经济区的若干意见》，表明海峡西岸经济区发展战略已从区域战略上升为国家战略。根据意见，海峡西岸经济区将被打造成为两岸人民交流合作先行先试区域和服务周边地区发展新的对外开放综合通道，推动两岸交流合作向更广范围、更大规模、更高层次迈进，服务、引导和促进区域经济协调发展。

（6）北部湾经济区通道建设将极大缩短泛珠区域与东盟大市场的距离。

广西北部湾经济区是西部唯一沿海的地区，处于中国—东盟自贸区、泛北部湾经济合作区、大湄公河次区域、中越“两廊一圈”、泛珠三角经济区、西南六省（区、市）协作等多个区域合作交汇点，南拥北部湾，背靠大西南，东连珠三角，面向东南亚，西南与越南接壤，是中国沿海与东盟国家进行陆上交往的枢纽，是促进中国与东盟全面合作的重要桥梁和基地，区位优越，战略地位突出，发展潜力巨大。2008 年 1 月 16 日，国家批准实施《广西北部湾经济区发展规划》。规划提出，将立足北部湾、服务“三南”（西南、华南和中南）、沟通东中西、面向东南亚，充分发挥连接多区域的重要通道、交流桥梁和合作平台作用，以开放合作促开发建设，努力建成中国—东盟开放合作的物流基地、商贸基地、加工制造基地和信息交流中心，成为带动、支撑西部大开发的战略高地和开放度高、辐射力强、经济繁荣、社会和谐、生态良好的重要国际区域经济合作区。

广西北部湾经济区统筹规划建设和完善国际大通道，积极构筑对接东盟的“海陆空”立体交通网，通过构建泛北部湾地区便捷的海上通道和陆上通道，将大大缩短中国泛珠经济板块、大西南地区与东盟大市场的距离，极大地推进中国和东盟之间的互通，提升双边贸易、投资与技术合作水平。

二、泛珠三角区域开放带动总体战略

（一）指导思想

坚持以邓小平理论、“三个代表”重要思想、科学发展观为指导，全面贯彻落实党的十八大、十八届二中、三中全会和五中全会精神，贯彻《泛珠三角区域深化合作共同宣言（2015～2025 年）》，把握国家推进“一带一路”建设、中国（广东、福建）自由贸易试验区建设、珠江—西江经济带和长江经济带建设等国家区域发展战略的重大机遇，充分发挥各省区自身区位和市场比较优势，明确合作领域，共同参与全球经济合作和竞争，深化内地省份与港澳台的合作，加快建立与国际接轨的开放型经济新体制，强化内外联动，提高开放水平，共同培育对外开放的新优势，构建全方位开放发展新格局，努力争创区域对外开放新优势，以扩大开放带动创新、推动改革、促进发展。

（二）开放原则

1. 坚持优势互补、协调发展的原则

统筹沿海、内地开放与沿边开放，充分发挥区域各省区自身区位和市场比较优势，明确合作领域，共同参与开放平台建设，联手开拓国际、国内两个市场，互利共赢、协调发展。

2. 坚持扩大开放和深化改革相结合的原则

实施更加积极主动的开放战略，用开放的理念和办法解决改革和发展中出现的矛盾和问题，推进扩大开放体制机制创新，以开放促进改革创新和发展升级，在全面扩大开放中拓展发展空间，最大限度地激发泛珠区域济社会发展动力和活力。

3. 坚持对内开放和对外开放相结合的原则

立足区域资源禀赋和产业基础，充分利用国际国内两个市场、两种资源，重视国内国际经济联动效应，把坚持内外需协调、进出口平衡、引进来和走出去并重、引资和引技引智并举，推动对内对外开放相互促进。

4. 坚持做大总量与优化结构相结合的原则

坚持做大开放型经济总量，在做大规模和总量的同时加快转变发展方式，着力推动开放型经济朝着优化结构、拓展深度、提高效益转变，努力实现更有质量、更有效益、更可持续的发展。

5. 坚持稳定传统优势和创新驱动相结合的原则

坚持稳定和发展现有产业优势，保持外贸传统优势，稳定出口，坚持制度创新、科技创新，加快形成开放型经济新体制，营造创新发展环境，创新商业模式和贸易业态，形成新的竞争优势。

（三）发展目标

分为两个阶段：

第一阶段的发展目标是通过加快落实重大基础设施的规划对接，加快互联互通，努力畅通泛珠各个省区开放发展大通道，推动建立更加紧密的联系；加强区域间合作平台建设，打造合作交流新载体，促进分工协作和布局优化，形成依托港澳、面向东盟等的对外开放新体系，增强区域经济竞争力。

第二阶段的发展目标是区域统一开放的市场体系基本成熟，打造区域经济共同体，进一步深化对外开放格局，促进国际国内要素有序自由流动、资源高效配置、市场深度融合，积极推动广东、福建自由贸易试验区先行先试的经验成果在泛珠区域全区推广共享，深化内陆与港澳台的开放政策衔接，逐步形成互利共赢、多元平衡、安全高效的开放型经济新体制，共同培育形成全方位开放新格局和国际合作竞争新优势。

三、泛珠三角区域开放带动战略重点及主要任务

（一）以融入“一带一路”战略为契机，带动区域开放协调发展

深入融合“一带一路”战略，以政策沟通、设施联通、贸易畅通、资金融通、民心相通为主要内容，发挥泛珠区域对外开放的先行先试优势和港澳台的对外窗口优势，继续加大开放重塑竞争新优势，增强区域内基础设施水平、通关便利化等能力水平，提高整个区域的经济竞争力与国际化水平。重点继续发挥好广东省的排头兵、试验田、示范窗口的枢纽作用，发挥福建面向两岸开放合作的平台作用，发挥海南建设国际旅游岛的特色优势，发挥广西、云南沿边地区面向东盟开放的辐射作用，以沿海、沿边开放带动沿江内陆地区联动发展，积极探索贵州、四川、湖南、江西等内陆开放的途径，使内地通过沿海沿边省份接力港澳台开放窗口，促进泛珠区域一体化，使泛珠区域作为一个有机整体，全方位推进与沿线国家共享共建，构建利益共同体、命运共同体和责任共同体，通过深化与沿线国家多层次经贸合作，在带动泛珠区域开放协调发展的同时，成为推进21世纪海上丝绸之路建设的排头兵。

1. 围绕区域“一带一路”通陆达海的重要节点，推进基础设施互联互通

加快构建“一带一路”通陆达海的重要节点，形成联通内外、安全通畅的综合交通运输网络，实现陆海空联动发展。支持广西发挥与东盟国家陆海相邻的独特优势，构建面向东盟区域的国际通道，打造西南、中南地区开放发展新的战略支点，形成21世纪海上丝绸之路与丝绸之路经济带有机衔接的重要门户。支持云南发挥区位优势，推动建设内连西南及东中部腹地、外接南亚东南亚的综合交通体系、能源管网、物流通道和通信设施，依托节点城市、口岸城镇合理布局物流基础设施，加快形成与周边各国通畅便捷的口岸通道和物流体系，建设成为面向南亚、东南亚的辐射中心。支持广东、福建和海南加强广州、深圳、湛江、汕头、福州、厦门、泉州、海口、三亚等沿海城市港口建设和广州国际枢纽机场功能，与沿线友好城市共建空港联盟或港口联盟，推动海上物流大通道、海上丝绸之路空中走廊和数字海上丝绸之路建设，畅通连接丝绸之路经济带的陆上通道，形成服务中西部地区对外开放的出海通道。支持贵州、四川、湖南和江西等内陆省份，拓宽对外开放通道，实现与国家“一带一路”陆海空大通道的互联互通。

加强能源基础设施互联互通合作，共同维护输油、输气管道等运输通道安全，推进跨境电力与输电通道建设，积极开展区域电网升级改造合作。

2. 促进与沿线国家经贸合作，统筹推进区域优质富余产能向外转移

以境内自贸区建设为引领，推动泛珠区域省区与“一带一路”沿线国家的贸易往来，制定符合国家利益的简洁清晰的负面清单，加大泛珠区域开放辐射能力。重点通过各类开放口岸和合作平台，深化与南太平洋岛国合作，拓展与东盟的经贸合作，争取中国—东盟自贸区升级版等相关政策在泛珠区域先行先试，合作建设一批经贸合作示范园区，提升中国—马来西亚“两国双园”产业园区、中国—新加坡产业知识城等的合作水平；积极开拓南亚、西亚、非洲东海岸等印度洋沿岸地区新兴市场，参与孟中印缅国际经济走廊建设和大湄公河次区域合作，密切与中南半岛国家的经贸往来。

统筹推进区域优质富余产能向外转移，引导优势产业扩大对外投资，积极参与国际产能合作和重大项目开发建设。鼓励企业参与沿线国家矿产资源能源开发，建设境外能源矿产基地。支持企业积极走出去，在沿线国家设立仓储物流基地和分拨中心，完善区域营销网络。推广中马“两国双园”产业园区双向投资模式，加强与沿线国家的产业投资合作，加快建设一批跨境经贸产业园和跨境旅游合作区。

3. 共同拓宽与沿线国家和地区科教文体卫全方位合作，密切科技人文交流

加强与沿线国家科技合作，采取多种方式联合开展重大科研攻关。推动产学研协同配合，把重点经贸项目合作与科技人文交流紧密结合起来。充分发挥博鳌亚洲论坛、世界华文传媒经济论坛、生态文明贵阳国际论坛和中非合作圆桌会议等平台的影响力，全方位开展国际经贸文化交流，建立东盟文化产业园区、华侨经济文化合作试验区等合作载体，办好中国—东盟教育交流周、酒博会、数博会、茶博会、民博会等活动，构建多层次常态化交流合作机制，密切与“一带一路”沿线国家和地区的人文往来、智库交流，拓展与沿线国家文化产业合作领域。加强与沿线国家旅游投资合作，支持建立泛珠区域与沿线国家旅游便利签证合作机制，在泛珠区域实施入境旅游 144 小时免签证政策，以及亚洲邮轮合作基金在泛珠区域的全覆盖，共同打造粤桂琼滨海旅游“金三角”，策划开发海上丝绸之路主题旅游线路，联合打造具有丝绸之路特色的国际精品旅游线路和旅游产品。

4. 积极推进海洋经济合作，提升区域海洋经济国际竞争力

积极推进与沿线国家在应对全球气候变化与海洋防灾减灾、海洋生态保护等方面的合作，大力发展海洋经济，打造南部海洋经济圈。加强泛珠区域合作，协调发展，优化布局，加快发展海洋工程装备、海洋生物制药、海洋运输业和物流业、海洋旅游业、现代海洋渔业和海岛开发等产业，构建区域现代海洋产业体系，提升海洋空间资源开发利用水平，提升区域整体海洋经济国际竞争力。推进海洋经济合作试验区建设，探索对外开放合作新模式。充分发挥中国香港在海洋贸易、港口航运、渔业等方面具有的资源和基础优势，加强合作，丰富和发展贸易及航运相关的“海洋金融”及“海事法律与仲裁”的服务，积极促进贸易融资、船舶及航运项目融资、海商海事保险、海事与航运争议裁决和法律服务等行业的发展，提升海洋经济发展水平。

实施科技兴海战略，加强海洋科学研究，提升海洋科技支撑能力。加强海洋综合管理，创新海洋资源开发管理方式。妥善处理争议和分歧，建设中国—东盟海洋利益共同体，扩大利益汇合点，建设和平之海、友谊之海、合作之海，积极发展海洋合作伙伴关系。

5. 扎实推动中巴、孟中印缅经济走廊等区域经济合作建设

发挥云南、广西等省区面向西南沿边开放重要门户的作用，构建连接东南亚、南亚国家的多条经济走廊，打造中国—东盟自由贸易区和大湄公河次区域合作升级版。中巴经济走廊和孟中印缅经济走廊是中国与中亚、南亚、中南亚国家发生紧密联系的大通道，是打通“21 世纪海丝之路”与“丝路经济带”两个战略的连接区、交汇区、受益区，正在成为中巴深层经贸合作的新平台。泛珠各省应充分发挥资金和技术优势，积极推动中巴经济走廊港口建设、能源管道、交通基础建设、产业合作等重点领域建设，积极参与中巴商贸、物流、教育等方面的合作，促成中巴实现全方位的互联互通、多元化的互利共赢。

发挥云南、广西通向南亚、东南亚的重要战略支点的作用，重点依托已有的滇中产业新区、凭祥综合保税区、沿边金融综合改革试验区、瑞丽重点开发开放试验区等开放型园区，以及中国—南亚博览会、昆明进出口商品交易会、中国—东盟博览会等重要机制平台，开拓孟中印缅经济走廊的战略通道和市场空间。孟中印缅经济走廊辐射作用将带动南亚、东南亚、东亚三大经济板块联合发展。云南和广西是中国加强孟中印缅经济合作走廊建设的具体承担者。积极参与孟中印缅经济走廊建设，探索孟中印缅经济走廊框架下四方合作模式，积极开展与周边各国、友城、毗邻地区间的高层互访、经贸往来、人文交流等活动，落实一批重点合作项目，加大民生援助和民间交往力度，筑牢社会和民意基础（参见图 1-11）。

（二）精准对接国家对外开放的战略布局，联合打造粤港澳大湾区，充分发挥其龙头带动作用，形成横贯东西、连接南北的对外经济走廊

充分利用 CEPA（建立更紧密经贸关系的安排）和自贸区双重叠加政策，积极推进广东和福建自由贸易区建设和打造粤港澳大湾区，发挥其示范引领作用，立足东中西协调、陆海统筹，扩大内地省份与港澳台开放合作，认真落实 CEPA 及其补充协议，在经贸往来、基础设施、现代服务业、教育医疗、海洋管理以及社会文化等领域的合作，共同培育对外开放的新优势，推动形成全方位的区域开放新格局，以区域开放的提质增效带动经济的协调发展。

1. 高标准推进广东和福建自由贸易区建设，深化与港澳合作，积极打造粤港澳大湾区，形成沿海开放新高地

解放思想、改革创新，大胆实践、积极探索，统筹谋划、加强协调，按照《中国（广东）自由贸易试验区总体方案》和《中国（福建）自由贸易试验区总体方案》的要求，高标准推进广东和福建自由贸易区的建设，有效防控各类风险。以制度创新为核心，营造法治化、国际化、便利化营商环境，构建与国际高标准投资、贸易、管理规则接轨的自由贸易园区。广州南沙新区片区重点建设以生产性服务业为主导的现代产业新高地和具有世界先进水平的综合服务枢纽；深圳前海蛇口片区重点建设我国金融业对外开放试验示范窗口、世界服务贸易重要基地和国际性枢纽港；珠海横琴新区片区重点建设文化教育开放先导区和国际商务服务休闲旅游基地，促进澳门经济适度多元化，打造与葡语系、西语系国家经贸合作新平台。统筹平潭、厦门、福州规划布局，推动片区之间结合功能定位差异化发展，平潭片区重点建设两岸共同家园和国际旅游岛，在投资贸易、资金人员往来方面实施更加自由便利的措施；厦门片区是重点建设两岸新兴产业和现代服务业合作示范区、东南国际航运中心、两岸区域性金融服务中心和两岸贸易中心；福州片区重点是建设先进制造业基地和 21 世纪海上丝绸之路沿线国家和地区交流合作的重要平台，以及两岸服务贸易与金融创新合作示范区。

充分利用 CEPA 和自贸区的双重叠加的政策优势，创新粤港澳合作机制，深入推进粤港澳合作，打造粤港澳大湾区，形成沿海开放新高地。全面落实粤港、粤澳合作框架协议，深入实施 CEPA 有关协议，引入港澳的体制资源和社会管理模式，率先打造与国际规则相衔接的优良营商环境，加快推进符合国际规则的质量、技术、安全、环境、劳工等标准，提升对高标准国际规则、标准的适应力。充分发挥香港作为重要的以世界金融、贸易、物流为主的服务中心作用，利用澳门作为世界上具有吸引力的博彩、旅游中心这一区

域性的商贸服务平台，推进粤港澳服务贸易自由化，通过发挥港澳的服务业优势推动服务贸易加快发展积极发展服务贸易，重点在金融服务、交通航运服务、商贸服务、专业服务、科技服务等领域取得突破。鼓励引进港澳创新人才和创新资源，建设粤港澳人才合作示范区。发挥港珠澳大桥等跨境基础设施功能，辐射带动珠江西岸地区加快发展。深化粤台在高新技术产业、新兴产业、服务业和现代农业等领域的合作。

2. 发挥粤港澳大湾区的辐射引领作用，共同分享自贸试验区建设的创新成果

粤港澳大湾区率先打造与国际规则相衔接的优良营商环境，形成可复制推广的经验，引导泛珠三角区域经济更加重视形成国际化、市场化、法治化的营商环境，提升对高标准国际规则、标准的适应力，从而推动泛珠三角深化与东盟国家合作，推进海上丝绸之路建设，进一步拓展国际市场。借鉴粤港澳大湾区加快发展方式转变的先行经验，引跨国公司在泛珠三角设立研发中心、采购中心和地区总部，支持泛珠三角研究机构、高等院校和大型企业与国际前沿研究机构建立合作关系，开拓重大科技计划和专项成果的全球市场。制定港澳服务业投资泛珠三角的促进政策，改善 CEPA 框架下港澳服务业进入泛珠三角的便利化措施，通过发挥港澳的服务业优势推动泛珠三角的服务贸易加快发展。借鉴粤港澳大湾区搭建优良投资环境的先行经验，加快“走出去”的管理体制改革，把握“一带一路”建设机遇，提升泛珠三角国际经济合作的竞争新优势。

借鉴国内外区域合作的成功经验，加强自由贸易试验区与周边区域的对接合作，推动区内区外联动发展，发挥自由贸易试验区的溢出效应。及时总结自由贸易试验区创新成果，努力形成可复制、可推广的制度框架和经验做法，率先在泛珠区域内复制推广，共同推进开放型经济建设，为国内其他地方开展区域合作、实现协同发展提供示范。在推动海关特殊监管区域整合优化的基础上，进一步升级综合保税区功能，争取把广东、福建等自贸区的创新做法复制推广至沿江、沿边及内陆省份，使其泛珠地区综合保税区享有一致的开发政策，彻底打破地域限制和市场壁垒，共同培育区域市场体系和投资促进机制，促进要素资源自由流动。

3. 完善内陆开放新机制，积极承接产业转移，促进内陆地区协调发展

抓住全球产业重新布局机遇，发挥广东在泛珠合作中领头羊的角色，鼓励广东实施双转移战略和“腾笼换鸟”发展模式，推动内陆地区承接东部沿海产业转移，构成沿海、沿边、沿江、内陆一体化的开放型经济大区域。重点推动泛珠区域由外向内的开放合作，以贵阳、成都、长沙和南昌等内陆中心城市和长江中游城市群和成渝城市群为依托，以开发区和产业聚集区为平台，积极探索承接产业转移新路径，创新加工贸易模式，以加工贸易梯度转移重点承接地为依托，稳妥推进有条件的企业将整机生产、零部件、原材料配套和研发、结算等向内陆地区转移，形成产业集群，支持在内陆中心城市建立先进制造业中心。

以珠江—西江经济带、武广高铁经济带、贵广高铁经济带、南广高铁经济带以及粤桂合作特别试验区、粤桂黔高铁经济带合作试验区、湛江—北海跨省特别经济合作区、闽粤经济合作区、广州南站泛珠省会城市合作示范区为重大区域发展平台，推动建设一批省际产业合作园区和合作项目，鼓励区域合作共建产业园区，重点支持粤桂合作特别试验区建设，为跨省交界地区协同发展积累经验，注重与长三角、京津冀等地区的交流合作，推动泛珠区域与长江经济带合作互动，促进内陆贸易、投资、技术创新协调发展。

共同打造以高铁为引领的泛珠区域高铁经济带。紧紧抓住泛珠区域高铁快速发展的历史机遇，构建以高速铁路为基础的综合交通网、特色产业带、生态旅游带、新型城镇带。推进跨省铁路、公路和港口等重大基础设施统筹规划布局与协同建设，推动区域内公路、铁路、水路、航空等基础设施实现“无缝链接”，深化沿海港口与内陆省之间的物流供应链协作，推进内陆与沿海省区口岸通关协作，支持跨省区“陆地港”、“飞地港”建设，支持内陆城市增开国际客货运航线，发展江海联运，以及铁水、陆航等多式联运，形成横贯东中西、联结南北方的对外经济走廊。

4. 支持桂滇等省沿边经济带开发开放，加快培育沿边开放新支点

围绕泛珠广西和云南两省沿边的区位优势，抓住国家支持沿边重点地区开发开放和批准桂滇沿边金融综合改革试验区等重大机遇，加快推进广西东兴、云南瑞丽、勐腊（磨憨）国家重点开发开放试验区建设，加强边（跨）境经济合作区建设，强化综合保税区等海关特殊监管区建设，完善跨境交通、口岸以及沿边干线公路等基础设施。

全面规划、因地制宜、突出重点，扶持边境地区特色优势产业发展，深化与周边地区产业和市场合作，建设能源矿产、农林产品进口加工基地和承接产业转移示范区，加快形成沿边经济带。促进加工贸易向边境口岸城镇转移，加快边民互市贸易发展。

扎实推进沿边金融综合改革试验区建设，加快完善金融组织体系，推动跨境人民币业务创新，促进人民币周边化、区域化。加强金融对外交流与合作，促进跨境贸易投资便利化，推进边民金融服务创新。支持云南加快昆明区域性国际金融中心建设。

5. 巩固和提升珠三角城市群核心竞争力，打造沿海开放新高地

巩固提升珠三角城市群核心竞争力，将其建设成为服务全国、面向世界的国际化大都市和城市群，充分发挥珠三角区域对外开放门户的作用。全面完成《珠江三角洲地区改革发展规划纲要（2008～2020 年）》的目标任务，实现珠三角地区“九年大跨越”。全面提升珠三角综合实力和核心竞争力，在实施创新驱动发展战略、发展先进装备制造业、实施“互联网＋”行动计划、推动加工贸易转型升级上走在全国前列。深入推进珠三角一体化发展，充分发挥广州、深圳中心城市的辐射带动作用，积极推进“广佛肇”、“深莞惠”、“珠中江”三大经济圈一体化建设，加快基础设施建设、基本公共服务等领域的一体化进程。加强珠三角地区与粤东西北地区双向交流与合作，带动韶关、河源、汕尾、阳江、清远、云浮等环珠三角市融入珠三角发展。

6. 深化内地与香港、澳门和台湾地区之间的开放合作

发挥港澳台地区的开放平台与示范作用，发挥泛珠区域沿海沿江沿线的优势，深化内地与港澳更紧密经贸关系安排，在不同体制框架下加大内地对港澳台开放力度，尤其是加大与港澳台在商贸、旅游、金融、物流、会展、文化等的合作力度，加快粤港澳合作平台建设，促进港澳台的持久稳定繁荣。同时促使泛珠区域九省市积极联手港澳台共同发展，重塑泛珠三角地区的新优势，强化大珠三角的辐射力、带动力、服务力。

加快实现与港澳服务贸易自由化，重点在金融服务、交通航运服务、商贸服务、专业服务、科技服务等领域取得突破。鼓励内地企业与港澳企业联合走出去。支持内地企业赴港融资，将境外产业投资与香港金融资本有机结合。加强内地与港澳台的金融服务业的对接，促进境内外资本在更大范围优化配置。发挥港澳台在市政建设等公共服务提供方面的先行优势，支持泛珠内陆地区在规划城市建设和营运公共设施时，探讨借鉴港澳台的投融

资模式，如政府与社会资本合作模式（PPP），充分利用港澳台地区多元化的金融平台，让更多社会资本参与城市建设和营运，参与更多公共品的供给。

鼓励内地企业与港澳企业联合成立投资基金，通过多种方式开展投资合作。促进澳门经济适度多元。创新粤港澳合作机制，打造粤港澳大湾区，形成最具发展空间和增长潜力的世界级经济区域。发挥港珠澳大桥等跨境基础设施功能，辐射带动珠江西岸地区加快发展。

促进海峡两岸经济关系正常化、制度化、自由化，逐步健全两岸经济合作机制。加强两岸产业合作、双向贸易投资及便利化方面的合作。充分发挥海峡西岸经济区和平潭综合实验区的先行先试作用。

鼓励引进港澳台创新人才和创新资源。深化和拓展内地与港澳台地区高校、科研院所、企业间科技研发和创新创业方面的合作。重点发挥港澳台国际化人才充裕的优势，推动泛珠区域服务领域对外开放，共享国际化的服务管理经验，实现与国际规则的有效接轨，推动泛珠区域创新资源的自由流动，支持港澳台与泛珠内地区域的知识交流，构建泛珠区域“引进来”和“走出去”的双向平台。

（三）创新外商投资管理体制，完善区域整体外商投资环境

改善区域投资环境，扩大服务业市场准入，进一步开放制造业，稳定外商投资规模和速度，提高引进外资质量。改革外商投资审批和产业指导的管理方式，向准入前国民待遇加负面清单的管理模式转变，促进开发区体制机制创新和转型升级发展。

1. 完善外商投资市场准入制度，推进准入前国民待遇加负面清单的管理模式

完善外商投资市场准入制度，探索对外商投资实行准入前国民待遇加负面清单的管理模式，促进内外资企业一视同仁、公平竞争。在做好风险评估的基础上，分层次、有重点放开服务业领域外资准入限制，推进金融、教育、文化、医疗等服务业领域有序开放，放开育幼养老、建筑设计、会计审计、商贸物流、电子商务等服务业领域外资准入限制，进一步放开一般制造业。在维护国家安全的前提下，对于交通、电信等基础设施以及矿业等相关领域逐步减少对外资的限制。

2. 创新利用外资方式和工作机制，提高引进外资质量

支持广东、福建等沿海发达地区要着力提升开放型经济竞争力，创新招商引资方式和工作机制，加强与欧美发达国家的多层次经贸合作，以引进先进技术、高端人才和优质管理为重点，集聚高端生产力，培育有全球影响力的先进制造基地和经济区。重点加强与欧盟在高端装备制造、新能源汽车、生物医药、节能环保、工业设计等领域的合作，推动与美国在高端制造、电子信息、金融服务、科技服务、电子商务等现代服务业和战略性新兴产业领域的合作。

支持内陆沿边后发地区加速培育产业、区位、营商环境和规则标准等综合竞争优势，完善投资布局，积极有效引进境外资金、技术、人才和管理，构建全国重要的承接产业转移基地，深化与重点国家和地区的对接合作，瞄准世界和国内500强企业、跨国公司、行业龙头企业，引进一批科技含量高、产业链条长、辐射带动强的大项目好项目。

3. 完善外商投资监管体系，加强事中事后监管

按照扩大开放与加强监管同步的要求，加强事中事后监管，共同建立区域外商投资信

息报告制度和外商投资信息公示平台，充分发挥企业信用信息公示系统的平台作用，形成各政府部门信息共享、协同监管、社会公众参与监督的外商投资全程监管体系，提升外商投资监管的科学性、规范性和透明度，防止一放就乱。

4. 推动开发区转型升级和创新发展，全面提升产业承载平台

共同分享区域内国家级经济技术开发区、高新技术产业开发区、海关特殊监管区域以及省级开发区等各类开发区建设经验，加强开发区规划指导、创新发展。发挥开发区的引领和带动作用，大力发展先进制造业、生产性服务业和科技服务业，推动区内产业升级，建设协同创新平台，实现产业结构、产品附加值、质量、品牌、技术水平、创新能力的全面提升。推动开发区绿色、低碳、循环发展，继续深化节能环保国际合作。不断改善投资环境，进一步规范行政管理制度，完善决策、执行、监督和考核评价体系，避免同质竞争，努力把开发区建设成为带动地区经济发展和实施区域发展战略的重要载体、构建开放型经济新体制和培育吸引外资新优势的排头兵、科技创新驱动和绿色集约发展的示范区。

（四）建立促进走出去战略的新体制，深入实施“走出去”战略

共同搭建境外投资合作信息平台建设，实施走出去战略，加强统筹谋划和指导。确立企业和个人对外投资主体地位，努力提高对外投资质量和效率，促进基础设施互联互通，推动优势产业走出去，开展先进技术合作，增强区域企业国际化经营能力，避免恶性竞争，维护境外投资权益。

1. 搭建境外投资合作信息平台建设，强化对“走出去”的指导和服务

加强泛珠区域境外投资合作信息平台建设，建立“走出去”区域协调机制，共同推进“走出去”管理体制改革。贯彻企业投资自主决策、自负盈亏原则，制定境外投资项目、企业、外汇备案流程，落实境外投资管理备案制。搭建政府、企业、高校、研究机构的政产学研交流平台，加强企业“走出去”投资咨询服务，组织面向企业家、高级管理人员和专业技术人员的专题培训，为“走出去”企业提供投资政策、环境信息和优质高效法律服务等支持。为对外投资、对外承包工程输出的设备、材料等物资提供通关便利。建立外事审批绿色通道，优化企业人员出国（境）审批流程。完善境外突发事件应急处理机制。

2. 引导建立区域“走出去”企业联盟，联合打造境外合作园区

发挥骨干企业的龙头带动作用，引导支持有条件的优势产业组建行业商会协会，建立区域“走出去”企业联盟，联合打造境外重点经贸合作区或产业合作园区。促进区域优势产业参与国际产业分工，深度融入全球产业链、价值链、物流链。

创新对外投资合作方式，允许企业和个人发挥自身优势到境外开展投资合作，允许自担风险到各国各地区承揽工程和劳务合作项目，允许创新方式走出去开展绿地投资、并购投资、证券投资、联合投资等。

创新境外经贸合作区发展模式，支持国内投资主体自主建设和管理。鼓励有实力的企业采取多种方式开展境外基础设施投资和能源资源合作，带动设备、技术、标准、服务和人员“走出去”。

3. 加大“走出去”金融支持，探索建立对外合作发展基金

构建政策性金融和商业性金融相结合的境外投资金融支持体系，推动金融资本和产业资本联合走出去。完善境外投融资机制，探索建立境外股权资产的境内交易融资平台，为

企业提供“外保内贷”的融资方式。用好国家推进“一带一路”建设、鼓励企业“走出去”的各类资金，探索建立泛珠区域对外合作发展基金，对区域内企业在境外建设经贸合作区、建设资源基地、建立海外营销网络、对外承包工程和对外劳务合作等给予资金支持。积极对接国家开发银行、中国进出口银行、中国出口信用保险公司等政策性金融机构，引导企业用好出口信用保险、海外投资保险、援外优惠贷款、优惠出口买方信贷等扶持政策。用好投融资国际合作机制，选准重点，积极推进与“一带一路”沿线国家合作。

充分发挥香港国际金融中心的优势和产业跨境转移桥梁作用，推动构建以香港为基地的国际融资体系，从全球资本市场，把各种机会、各个领域、各个客户撮合起来，提供贷款、债券、股权等不同类型资金，满足企业“走出去”的多元化资金需求。积极鼓励和支持港澳台地区金融机构跨区参股和控股，通过相互参股、控股、交叉持股、兼并重组等方式，实现金融机构业务范围和功能在泛珠区域的拓展，探索建设泛珠金融数据交流平台，促进泛珠区域金融企业以产权为纽带的综合经营，推动资本的跨区域流动与融合，共同促进内陆地区金融业发展水平的提高。

4. 借鉴香港国际化经验，健全走出去服务保障体系

充分利用香港在法律制度、市场规则以及语言文化等方面与国际接轨的优势，共同推动、参与或发起建立针对促进企业“走出去”的行业组织或争议处理机制，共同构建一套行之有效的多边参与、产权及投资保护机制。

加快同有关国家和地区商签投资协定，完善领事保护制度，提供权益保障、投资促进、风险预警等更多服务，推进对外投资合作便利化。保障境外人员人身和财产安全。发挥中介机构作用，培育一批国际化的设计咨询、资产评估、信用评级、法律服务等中介机构。

5. 积极培养和引进国际化人才，促进企业“走出去”

充分发挥海外华人华侨的力量，共同建立海外国际人才网和数据库，随时保持与海外华人华侨的联系，跟踪他们的动态，定期宣传国内企业境外投资的国际人才需求。加强本土国际化人才的培养，帮助企业提高管理队伍的国际化水平。

充分挖掘香港国际性人才充足的优势，发挥其在投资项目评估、尽职调查、商业谈判、工程咨询、法律服务、财务顾问等方面的积极作用，为内地企业“走出去”提供更加专业的服务。

6. 引进来和走出去有机结合，推动有关国家营造良好的投资环境

推进引进外资与对外投资有机结合、相互配合，推动与各国各地区互利共赢的产业投资合作。鼓励企业开展科技创新、项目对接、信息交流、人力资源开发等多方面国际合作。

通过各类投资合作机制，分享我国引进来的成功经验，推动有关国家营造良好投资环境。

（五）推进外经贸发展转型升级，构建外贸可持续发展新机制

保持外贸传统优势，加快培育外贸竞争新优势，着力破解制约外贸持续发展和转型升级的突出问题。全面提升外贸竞争力，提高贸易便利化水平，完善进出口促进体系，健全贸易摩擦应对机制，大力发展服务贸易，促进外贸提质增效升级。

1. 强化区域大通关协作，提高贸易便利化水平

推进以珠三角为中心的区域一体化大通关体制建设。强化泛珠区域大通关协作机制，实现口岸管理相关部门信息互换、监管互认、执法互助，提高通关便利化水平。加快区域国际贸易“单一窗口”建设，全面推行口岸管理相关部门“联合查验、一次放行”等通关新模式。加快泛珠区域电子口岸平台建设，推动口岸管理相关部门各作业系统横向互联，建立信息共享共用机制。探索开展口岸查验机制创新和口岸管理相关部门综合执法试点。加快海关特殊监管区域整合优化。全面推进通关一体化，推进通关作业无纸化，提高通关效率。与主要贸易伙伴开展检验检疫、认证认可和技术标准等方面的交流合作与互认。加强口岸检验检疫综合能力建设，完善产品质量安全风险预警和快速反应体系。整合和规范进出口环节经营性服务和收费。

充分利用香港国际自由港优势，加快内地省份国际贸易和投资自由化与便利化进程。加快以中国—东盟自贸区升级版为基础，发挥广西、云南等沿边开放高地作用，建设面向东南亚、南亚的自由贸易区；依托广东、福建的自贸区优势，建设面向中国南海、海峡两岸以及亚太地区的自由贸易区。

2. 加强区域外贸诚信体系建设，规范进出口秩序，稳定传统优势，优化市场布局和贸易结构，培育外贸竞争新优势

共同加强区域外贸诚信体系建设，规范进出口秩序，整顿和规范进出口环节经营性服务和收费，建立金融、商贸、物流等政策支撑体系，拓宽进出口企业融资渠道，优化贸易结构和市场布局。

稳定传统优势产品出口，实施优进优出战略，扩大自主知识产权、自主品牌、自主营销网络和高技术含量、高附加值、高效益产品出口，提升出口产品质量、档次和创新要素比重；巩固传统市场，拓展新兴市场，推动出口市场多元化。优化进口商品结构，鼓励先进技术、关键设备和零部件进口，稳定资源性产品进口，合理增加一般消费品进口。

深入推进国家加工贸易转型升级示范区和外贸转型升级示范基地建设，推动加工贸易转型升级，提升产业层次，提高加工贸易的质量和附加值，延长加工贸易产业链，提高加工贸易增值率。

鼓励发展跨境电子商务、市场采购贸易等新型贸易方式。积极解决电子商务在境内外发展的技术、政策问题，在标准、支付、物流、通关、检验检疫、税收等方面加强国际协调，参与相关规则制定，创新跨境电子商务合作方式，融入国外零售体系，化解相关贸易摩擦。鼓励企业开展科技创新和商业模式创新，加快培育以技术、标准、品牌、质量、服务为核心的外贸竞争新优势。

3. 建立健全服务贸易促进体系，提升区域服务贸易发展水平

提升服务贸易战略地位，着力扩大服务贸易规模，推进服务贸易便利化和自由化。鼓励发展生产性服务贸易。依托大数据、云计算、物联网、移动互联网等新技术，推动服务业转型，培育服务新业态。

创新服务贸易金融服务体系，建立与服务贸易相适应的口岸管理和通关协作模式。提高货物贸易中的服务附加值，促进制造业与服务业、货物贸易与服务贸易协调发展。

推进区域服务市场健全制度、标准、规范和监管体系，为专业人才和专业服务跨境流动提供便利。制定与国际接轨的服务业标准化体系，加强与服务贸易相关的人才培养、资格互认、标准制定等方面的国际合作。促进服务外包升级，提升服务跨境交付能力，建设好广州、深圳、成都、长沙和南昌等服务外包示范城市。

4. 统一实施质量效益导向型的外贸政策

支持技术含量高、附加值大、资源和能源消耗低、环境污染小、产业关联度强的对外贸易活动，实现外贸绿色低碳可持续发展。进一步完善出口退税制度，优化出口退税流程。健全出口信用保险体系。加强贸易风险、汇率风险监测分析，适时公布有关风险提示，引导企业有效规避出口风险。

5. 共同建立应对贸易摩擦协调机制，积极应对国际贸易摩擦

共同建立应对贸易摩擦部门协调机制，加强贸易摩擦和贸易壁垒预警机制建设，强化贸易摩擦预警信息公共服务，积极提供法律技术咨询和服务，指导相关行业和企业应对贸易摩擦。

充分利用世界贸易组织规则，有效化解贸易摩擦和争端，对滥用贸易保护措施和歧视性做法，要善于运用规则进行交涉和制衡。分析评估国外贸易投资法律、政策及措施，调查涉及我国的歧视性贸易壁垒措施并开展应对。依法开展贸易救济调查，维护企业合法权益。

（六）加强区域金融合作，提升金融服务水平

提升金融业开放水平，稳步推进人民币国际化，扩大人民币跨境使用范围、方式和规模，加快实现人民币资本项目可兑换。

1. 扩大金融业开放，提升区域金融机构国际化经营水平

提升区域金融机构国际化经营水平，鼓励金融机构审慎开展跨境并购，完善境外分支机构网络，提升金融服务水平，加强在支付与市场基础设施领域的国际合作。建立健全支持科技创新发展的国际金融合作机制。

2. 推动资本市场双向有序开放，便利境内外主体跨境投融资

积极稳妥推进人民币资本项目可兑换。便利境内外主体跨境投融资。扩大期货市场对外开放，允许符合规定条件的境外机构从事特定品种的期货交易。研究境内银行、证券公司等金融机构和企业在有真实贸易和投资背景的前提下，参与境外金融衍生品市场。在风险可控的前提下，研究逐步开放金融衍生品市场。

3. 充分发挥香港离岸人民币市场领先作用，促进人民币跨境流通

在现有人民币流动性管理基础上，进一步完善香港多层次的流动性支持机制，为全球离岸市场开发利率风险对冲、利率互换、浮息产品提供更为稳定的利率基础。重点发展人民币相关的衍生产品，进一步推动香港以人民币计价的RQFII、股票、债券等产品发展，鼓励内地企业在香港市场进行人民币IPO，同时着重考虑以大宗商品为基础，推出更多以人民币计价的大宗商品期货产品，强化离岸人民币市场的风险对冲、投资功能、融资功能。

通过与国际合作，以产业合作和贸易往来提升人民币作为区域贸易结算的货币地位，通过银团贷款和发债等方式，推动香港离岸人民币市场进行人民币资金循环和跨境流通，提升人民币在贸易融资、项目投资、跨境贷款中的使用比例，推动人民币的国际化进程。

（七）共同营造稳定、公平、透明、可预期的区域营商环境

学习推广广东、福建等自贸区建设经验，推进投资、贸易、金融、综合监管等领域制

度创新，建立有利于合作共赢并同国际贸易投资规则相适应的体制机制，坚持依法开放，大力培育开放主体，充分发挥行业协会商会作用，完善法治化、国际化、便利化的营商环境。

1. 加强开放型经济法治建设，共同营造规范的法治环境

适应对外开放不断深化形势，完善涉外法律法规体系，重大开放举措要于法有据，营造规范的法治环境。发挥法治的引领和推动作用，加快形成高标准的贸易投资规则体系。以保护产权、维护契约、统一市场、平等交换、公平竞争、有效监管为基本导向，推进对内对外开放的立法、执法与司法建设。积极参与国际经贸法律交流。强化涉外法律服务，维护我国公民、法人在海外及外国公民、法人在我国的正当经济权益。

2. 大力培育开放主体，鼓励企业深度参与国际产业分工协作

完善国有资本对外开放的监管体系，积极发展混合所有制经济，鼓励各类所有制企业发挥自身优势，深度参与国际产业分工协作。支持区域内企业吸纳先进生产要素，培育国际知名品牌，增强参与全球价值链的广度和深度，形成一批具有国际知名度和影响力的跨国公司。鼓励区域优势企业建立海外生产加工和综合服务体系，在全球范围内配置资源、开拓市场，拓展企业发展新空间。

3. 优化区域市场竞争环境，保证各类企业公开公平公正参与市场竞争

建立统一开放、竞争有序的市场体系和监管规则。加快转变政府职能，完善经济管理体制和运行机制，逐步建立权力清单制度，加强知识产权保护和反垄断制度建设，健全全社会诚信体系，清理妨碍区域统一市场和公平竞争的各种规定和做法，保证各类所有制企业依法平等使用生产要素、公开公平公正参与市场竞争、同等受到法律保护。

4. 改善科技创新环境，积极融入全球创新网络

加快实施创新驱动发展战略，积极融入全球创新网络，全面提高科技创新的国际合作水平，更多更好利用全球创新资源。着力构建以企业为主体、市场为导向、产学研相结合的技术创新体系，健全技术创新激励机制，支持企业参与全球创新资源配置，在开放合作中提高自主创新能力。完善引进消化吸收再创新的机制，鼓励企业加强技术研发国际合作，加快新技术新产品新工艺研发应用。积极参与国际大科学计划和工程，开展多层次、多领域、多形式的国际科技合作。

5. 发挥行业协会商会作用，为企业、行业、市场服务

充分发挥行业协会商会在制定技术标准、规范行业秩序、开拓国际市场、应对贸易摩擦等方面的积极作用，提高协会商会组织协调、行业自律管理能力。坚持行业协会商会社会化、市场化改革方向，推进行业协会商会工作重心转向为企业、行业、市场服务。支持协会商会加强与国际行业组织的交流合作，建设国际化服务平台，改革内部管理体制和激励机制，增强可持续发展能力。加强境外中资企业协会商会建设。

四、泛珠三角区域开放战略支持保障机制建设

（一）建立区域协调机制

为更好地推进区域整体对外开放战略的实施，区域各省市应建立区域间协调机制，实

现区域对外开放政策的协调、信息的共享以及合作。

1. 建立政府协调机制，协调推进区域对外开放合作事宜

建立泛珠各省管理部门加强相互间的协商合作，协调推进对外开放事宜，落实合作事项。

2. 建立信息共享平台，加强信息的即时互联互通

建设区域对外开放信息化交流网，实现区域对外开放资讯和资源的共享。

3. 创新合作平台，共同提升对外开放发展水平

按照市场化和政府引导的运作模式，共同打造泛珠三角对外开放合作平台，互利共赢、共同提升各省区对外开放发展水平。

（二）加强支持保障机制建设

培养适应开放型经济新体制要求的人才队伍，健全对外交流渠道，做好人文交流和对外宣传，进一步完善支持保障措施。

1. 实施开放的人才政策

加强人才培养，构建科学有效的选人用人机制，充分集聚国际化的人才资源。健全引进人才制度，完善外国人永久居留制度，营造吸引海外高层次人才的良好工作、生活环境。支持和推荐优秀人才到国际组织任职工作。积极探索职业资格国际、地区间互认。鼓励并支持从事国际合作的社会化专业队伍加快发展，更好利用社会资源开展国际合作。

2. 打造对外开放战略智库

加强新型智库建设，发挥智库作用，增进国际间的智库研究交流，打造拥有国际视野和战略意识的智库力量，提高对外开放战略谋划水平和国际经贸合作服务能力。加强对有关国家、区域、重点合作领域的前瞻性研究，为政府和企业提供政策建议和智力支持。

3. 做好人文交流和对外宣传

坚持与时俱进，强化国际传播能力建设，推动中国文化走出去，在对外开放中切实保障文化安全和教育安全。综合运用国际国内两种资源，培养造就更多优秀国际化人才。办好博鳌亚洲论坛，深化与世界经济论坛的合作，利用国际平台发出中国声音，深化世界各国与我国的相互了解和信任。与世界各国政党、政府、企业、民间组织、学术界和媒体广交朋友。鼓励走出去企业以多种方式培养本土技术人才，增信释疑，推动民心相通，凝聚共识和力量，营造于我有利的国际舆论和外部发展环境。

第五章 泛珠三角区域统一市场建设研究

一、泛珠三角区域统一市场体系的必要性和意义

经过30多年的高速发展，我国经济社会发展步入新常态，未来几年不仅是我国全面建成小康社会的攻坚阶段、全面深化改革的决战阶段和全面推进依法治国的关键阶段，也是我国第一个“百年”的中国梦初步实现阶段，泛珠三角是中国经济的重要引擎，该区域的发展对于中国梦的实现具有重要的支撑作用。在这样的历史时期，通过深化改革，全面推进区域统一市场体系建设，对于泛珠三角区域国民经济的平稳发展和社会转型都具有重要意义。

（一）泛珠统一市场的建立符合新常态下国家对区域发展的新要求

改革开放前，区域经济主要由国家计划主导，垂直关系高度强化，横向联系十分微弱。1979年，国务院提出“扬长避短、发挥优势、保护竞争、促进联合”十六字方针，地方开始寻求地区间的经济技术协作。1986年，国务院印发《关于进一步推动横向经济联合若干问题的规定》（国发〔1986〕36号），有力推动了区域合作工作开展。20世纪90年代，随着社会主义市场经济体制逐步建立，我国区域合作进入了市场驱动的新阶段。1999年，原国家经贸委商原国家计委等部门印发了《关于进一步推进经济技术协作工作的若干意见》（国经贸综合〔1999〕365号），就加强经济技术协作等工作提出了指导意见。

进入新世纪特别是党的十八大以来，党中央、国务院高度重视区域合作工作，对促进各地区协调发展、协同发展、共同发展作出重大决策部署、提出明确工作要求。近年来，全国区域合作系统认真贯彻落实中央决策部署，积极投身“一带一路”建设、京津冀协同发展、长江经济带发展重大国家战略，推动泛珠三角、环渤海、长三角、长江中游等重点地区合作和一体化进程，推动建立重大合作平台，积极探索区域合作新模式、新路径。2015年10月，中共十八届五中全会在京召开，强调要实现“十三五”发展目标，必须牢固树立并贯彻五大发展理念，其中协调发展理念也包括了区域协调发展的要求，要塑造要素有序自由流动、主体功能约束有效、基本公共服务均等、资源环境可承载的区域协调发展新格局。

2015年12月28日，在多次征求有关地方和部门意见、广泛听取专家和区域合作组织意见的基础上，经国家发展改革委主任办公会议审议通过后，《关于进一步加强区域合作工作的指导意见》正式印发实施，成为指导我国开展区域合作工作的纲领性文件。《意见》对促进我国区域协调发展提出了明确要求，要支持内地与港澳台侨合作平台建设，推动深圳前海深港现代服务业合作区、广州南沙新区、珠海横琴、平潭综合实验区、汕头华侨经济文化合作试验区等内地与港澳台侨合作平台建设，加强与港澳台地区的交流，深化经济、社会、文化等领域合作。《意见》在重点领域合作中，明确提出要推进统一市场建设，

具体包括深化行政管理体制改革、推动区域信用体系建设联动合作、推动建立相对统一的市场执法标准以及强化跨部门跨区域的内陆沿海沿边通关协作。在这样的背景下，泛珠三角地区的一体化发展在我国的区域合作中占据着重要的地位，提出建立泛珠统一市场体系，符合国家对区域发展的新要求。

（二）泛珠统一市场的建立有助于区域经济的统筹协调发展

泛珠所涵盖的省区分别位于东、中、西部地区，具有较大的差异性，明显反映出我国区域经济发展状况与水平，如果让这种不平衡发展状况延续下去，必将影响社会的发展与民族的团结，进而导致经济发展的不可持续，通过市场一体化的建设拆除各种行政壁垒，一定程度上缓解了区域之间差异过大所带来的问题。

实际上，建立泛珠三角共同市场也有助于区域内各经济体的协调发展。譬如，港澳强大的资本、发达的金融业和服务业，珠江三角洲日益增大的资本积累、高水平的制造业等，都具有强烈的外扩发展动力，要寻找新资源、新市场，扩展腹地。同时，粤港澳经济体具有较强的凝聚力和向心力，周边省区愿意接受其辐射和带动，而西部地区虽然很多省份均属欠发达地区，但资源丰富、市场广阔，急待寻找经济合作伙伴，以将这些资源优势转化为产业优势和经济优势。粤港澳与其他省份具有优势互补的基础，有共同发展的愿望，因此，加强区域合作，建立区域统一的市场体系，可以使劳动力和自然资源由中西部向沿海地区更加自由地流动，产业则由沿海地区向中西部转移，同时促进沿海地区与中西部在基础设施建设与生态环境治理方面的合作，这将有利于泛珠三角区域的共同发展。

（三）泛珠统一市场的建立有利于提升区域资源的配置效率

资源的配置效率与其配置的市场空间大小具有相关性，市场空间范围越广，一体化程度越高，资源配置的效率就越高。因为这更有利于生产要素的自由流动和优化配置，形成经济聚集和互补效应。

党的十八届三中全会明确提出经济体制改革的核心问题是处理好政府和市场的关系，使市场在资源配置中起决定性作用和更好地发挥政府作用，这是适应完善社会主义市场经济体制新要求做出的创新和发展，是对社会主义市场经济认识的新升华。市场合理配置资源能够大大提升资源的配置效率，其前提是要保证市场机制在没有行政分割的更大范围内发挥作用，要在消除人为障碍和市场封锁的条件下，让各类商品和要素资源能够按照市场规则、价格信号自由流动，这就对泛珠统一市场的建立和完善提出了更高的要求。只有通过深化改革，消除长期形成的市场分割和行政壁垒，打破现有行政区划的束缚和一切人为障碍，才能减少各种非市场因素在资源配置中的负面影响，营造有利于公平竞争的市场环境，促进各类商品和要素资源的优化配置。因此，泛珠三角区域统一市场的形成是决定区域资源配置效率的关键和必然要求。

（四）泛珠统一市场的建立是区域加快构建开放型经济新体制的必然要求

十八大以来，我国实施新一轮高水平对外开放，加快构建开放型经济新体制和全方位开放新格局的目标更为明确，2015 年 5 月 5 日中共中央国务院颁布了《关于构建开放型经济新体制的若干意见》，提出要积极促进国际国内要素有序自由流动、资源全球高效配置、国际国内市场深度融合，加快推进与开放型经济相关的体制机制改革，建立公平开放、竞争有序的现代市场体系，开放发展业已成为指导我国“十三五”期间经济发展的重要理念。一是“一带一路”战略在顶层设计和系统规划下稳步实施，加快互联互通、大通关和国际物流大通道建设步伐，双边和多边合作全面展开，并伴随一系列相关的法律法规和制度安排。二是进一步扩大内陆和沿边开放，促进经济技术开发区创新发展，提高边境经济合作区、跨境经济合作区发展水平。三是在积极开展上海自贸实验区试点，大胆先行先试、取得经验的情况下，进一步推动广东、天津和福建自贸区建设，并在全国推广成熟经验，形成各具特色的改革开放高地。

这种开放型经济新体制和全方位开放格局的构建，对统一、开放、竞争有序的市场体系提出了新的更高要求。一方面，只有打破地区分割和市场封锁以及地方保护，才有利于形成泛珠区域的统一市场，实现高水平的对内对外全方位开放格局。另一方面，只有建立全国统一的市场法律、竞争规则和标准体系，才有利于形成统一的对外开放规则、统一的负面清单和开放原则，才能统一对外谈判和合作。泛珠三角区域拥有珠三角、海西、北部湾三个沿海开放地区和云南沿边开放地区，在我国的对外开放格局中占用重要地位，是连接国内和国外市场的重要枢纽地区，客观上要求加快互联互通、大通关和国际物流大通道建设，而其前提必须是在泛珠内部形成有利于商品和要素自由流动的统一市场体系。

二、区域统一市场建设的案例研究

（一）欧盟统一市场体系建设的主要经验

1. 欧洲统一市场的历史沿革

常被称作“区域化”的经济一体化最初被定义为：各个独立的国民经济在体制上组合成为更大规模的经济集团或共同体。这种意义的经济一体化可追溯到 20 世纪 20 年代。当时，库丹霍夫·步勒尔提出“泛欧洲运动”，宣扬复兴一战后没落的欧洲并对抗美、苏，主张从波兰直到葡萄牙所有欧洲国家结成同盟。这一主张对二战后欧洲的联合产生了实质性影响。

进入 20 世纪 50 年代后期，根据 1956 年的罗马条约，“欧洲经济共同体”（EEC）得以成立。20 世纪 60 年代，欧洲经济共同体完成了一个重要目标，即形成了关税同盟（CU）。20 世纪 70 年代以后，欧洲经济共同体开始了其“强化”、“扩大”、“完成”的进程，努力在各成员国之间消除贸易、投资等要素流动的种种障碍，目的是实现市场一体化以至经济一体化的最高形态——经济与货币联盟。随着区域经济一体化的迅速发展，许多发展中国家也受到启发，采取一体化方式来提高经济的发展速度，从而形成了世界范围内区域经济一体化运动的高潮。1993 年《马斯特里赫特条约》的签订标志着欧盟统一大市场的建立。

欧盟统一市场开始建设后，其成员国不断增多，发展到今天共 28 个，基本涵盖了欧洲经济区的所有国家。统一货币欧元的问世和正式进入流通领域，标志着欧盟在建设统一的内部市场方面取得历史性突破。

2. 欧洲统一市场的基本框架

人员自由流动、货物自由流通、服务自由贸易、资本自由流动这四大自由构成了欧盟统一市场的四大支柱，并深刻体现在《欧盟条约》中，构成了欧盟统一市场框架的基础。《欧盟条约》（2008年修订版）第三部分第3款就统一市场的目的给出了明确要求，“欧盟将建立统一市场，它在平衡经济增长、价格稳定、提升竞争力的基础上，促进可持续发展，实现充分就业和社会进步，促进环境保护，促进科技进步”。第三部分第26款指出：“①欧盟必须按照《欧盟条约》的要求，采取措施建立统一市场，并确保其有效运行。②统一市场是由商品、人员、服务和资本按照相关规定，可以自由移动的且内部无边界的区域组成。③欧盟理事会根据欧盟委员会的建议，制定所有部门均衡发展的规划和政策。”

（1）人员自由流动。《欧盟条约》的第二部分“欧盟非歧视和公民权”第21款规定，欧盟成员国每个公民有权在成员国领土内自由居住和迁移。如果欧盟证明有必要采取措施实现该目标，而条约尚未给予必要的权力，那么欧洲议会和理事会按照正常的法定程序，会采取措施，以促进目标的实现。

（2）商品自由流通。欧盟建设商品统一市场的基本指导原则是促进市场整合，创造商品自由流通的商品市场，商品只需遵守一套规则，便可进入整个欧盟市场。为此欧盟制定了商品统一市场的法令，给企业建立了一个确定的可预测的规制框架，并协调各成员国的有关产品的标准和规制措施，其目的是确保欧盟市场内的产品符合健康、安全和环保要求，被允许在欧盟内销售的产品能无障碍的自由流通。

（3）服务自由流动。由于欧盟经济活动和就业的70%是服务业，所以服务业对欧盟统一市场建设至关重要，《欧盟条约》在统一服务业市场方面坚持两条中心原则：一是在欧盟任何成员国内可自由设立企业，二是服务性企业可自由地向非所在地的成员国提供服务。经过多年发展，这两条原则通过欧盟法院的判例日益明晰，并得到深入细化。此外在具体的服务业，如金融、运输、通信、广播和专业资格认证等行业，统一市场建设也取得重要进展。

（4）资本自由流动。统一资本市场及其密切联系的金融服务是资源有效配置和经济稳定的关键，《欧盟条约》第63条界定了资本自由流动的总原则；“欧盟内部成员国之间以及欧盟与第三国之间的资本流动的所有障碍都必须禁止。”这是非常严格的条款，因为该条款对谁享有该项权利并无限制，而且该条款具有直接效应，因为它不需要任何执法条例而直接把权利赋予个人。

2008年金融危机后，国际上普遍认为需要加强对金融体系的监管，欧盟也面临需要加强成员国金融监管机构能力的压力。但统一市场建设者认为，由成员国加强对其国内金融的监管可能导致欧盟金融市场碎片化，更易遭受损害，因此应立足于长期利益，促进欧盟金融市场的整合。2014年欧盟理事会提出建立资本市场联盟计划，目标是在28个成员国内建立一体化的资本市场，多元化其金融资源，促进资本跨国流动，提高企业尤其是中小企业的融资获取性。

3. 欧洲统一市场的运行机制

（1）立法机制。欧盟统一市场的立法机制与欧盟其他方面的立法机制相同，首先是欧盟委员会收集统一市场建设情况，确定重点问题，向欧洲议会和部长理事会同时提交立法提案。根据简单的投票多数原则，欧洲议会和部长理事会通过后交由统一市场司负责执行。

（2）执行机制。欧盟统一市场建设的执行机构统一市场司在 28 个成员国和列支敦士登、冰岛和挪威三个国家设立分支机构，从而形成市场建设、监管和评估网络，解决统一市场建设中的问题。为推进统一市场建设，欧盟统一市场评估部门建立了记分板机制，建立了统一市场推进和运行评估指标体系，并给每个指标赋予一定的权重，然后对各国统一市场的建设和运行状况进行评估，因此各成员国在统一市场建设方面的位次及不足之处就一目了然，从而给位次落后的成员国施加压力。

（3）补偿机制。由于各成员国产业竞争力不同，统一市场建设必然会给不同国家造成不同的影响，为激励产业竞争力较弱的成员国开放市场，降低进入障碍，欧盟设立了一套补偿机制，针对那些产业受损的成员国给予一定的补偿，并帮助成员国发展其优势产业。

（4）基础设施建设。基础设施的互联互通是建立统一市场的必要条件，公路和交通运输的连通，电网、通信和供水网络是确保区域融合的关键要素。为此，欧盟审视相关规制框架是否使投资者关注基础设施项目，同时制定优惠政策，在基础设施融资方面给予最大的法律保障，并通过 PPP 模式推进建设。

（二）长三角统一市场体系建设的主要经验

1. 长三角统一市场的历史沿革

长江三角洲地区是我国综合实力最强的区域，在社会主义现代化建设全局中具有重要的战略地位和突出的带动作用。改革开放以来，长三角地区锐意改革，开拓创新，实现了经济社会发展的历史性跨越，已经成为提升国家综合实力和国际竞争力、带动全国经济又好又快发展的重要引擎。作为我国东部沿海经济最发达地区，长三角区域是我国市场体系发育最为完善的区域之一，但是长三角内部由于行政地域界限和地方利益的限制，还存在着对商品服务流动和要素资源流动的有形或无形壁垒，与真正的现代市场体系相比还有一定差距。

2008 年，国务院印发了《关于进一步推进长江三角洲地区改革开放和经济社会发展的指导意见》，成为指导长三角地区社会经济发展的纲领性文件，要求长三角地区着力推进改革攻坚，率先建立完善的社会主义市场经济体制。《意见》要求加快长三角地区的市场化进程：建立统一开放的产品、技术、产权、资本、人力资源等各类市场，实现生产要素合理流动和资源优化配置；进一步整顿和规范市场秩序，以信贷、纳税、合同履约等信用记录为重点，建立区域社会信用平台与体系，构建经济、金融信息共享平台；实施统一的准入标准和技术标准，建立区域市场准入和质量互认制度；抓紧清理和修订阻碍要素合理流动的法规和政策，逐步统一企业创业和经营的地方性法规；完善财税管理体制；建立科技、人力资源共享和联动机制以及人力资源的合理流动机制，建立信息资源的开放共享机制，建立知识产权的协调保护机制。

经过近几年的统一市场建设，随着商品市场上画地为牢的市场分割行政手段逐步减少，长三角建设和完善统一市场的内涵已经发生了变化，尤其是在中共十八届三中全会提出全面深化改革的条件下，长三角统一市场建设体现出更深层次的含义（刘志彪，2013），这其中包括：从商品市场开放到要素市场开放的深入改革，涵盖信息、技术、人力和资本等市场的开放；长三角地方政府职能改革，改革阻碍统一市场建立的行政权力；围绕上海自贸区的建立，长三角统一市场建设要从制造业开放深入到现代服务业开放；消除改革中普遍实施的双轨制导致的利益群体固化和社会歧视等问题。虽然尚未形成完全统一的市场体系，但长三角相关做法依然值得泛珠三角地区进行借鉴。

2. 长三角统一市场的建设经验

为更好的贯彻落实《国务院关于进一步推进长江三角洲地区改革开放和经济社会发展的指导意见》（国发〔2008〕30 号）、进一步提升长江三角洲地区整体实力和国际竞争力，国务院于 2010 年 5 月正式批准了《长江三角洲地区区域规划》，就如何建设统一市场体系进行了部署，近年来长三角地区就是在这一部署下积累了丰富的建设经验。

（1）推动市场一体化。建立统一开放的人力资源、资本、技术等各类要素市场，实现生产要素跨区域合理流动和资源优化配置。建立区域统一的人力资源市场，完善人才评价体系和人力资源开发配置机制，建立有利于人才交流的户籍、住房、教育、人事管理和社会保险关系转移制度。建立区域统一的资本市场，推动产权交易市场合作，支持银行等金融机构跨地区经营，加快金融机构组织创新，建立中央与地方共同监管、各负其责的机制。建立区域统一的技术市场，实施统一的技术标准，实行高技术企业与成果资质互认制度。开展异地购票、异地托运、异地交费及异地“一卡通”业务。共同开发旅游市场，打造旅游整体品牌。全面开通鲜活农产品运输“绿色通道”。

（2）进一步整顿和规范市场秩序。清理和修订阻碍要素合理流动的法规和政策，努力营造公平合理、平等互利、统一规范的市场环境。打击各种违法经营活动，规范市场主体行为和市场竞争秩序。清理整顿对企业的乱收费、乱罚款和各种摊派。加强价格监管，禁止价格欺诈、价格操纵等行为。加强区域信用体系建设，以完善信贷、纳税、合同履约等信用记录为重点，推进区域社会信用信息交换共享，规范信用服务行业发展，开展联合监督管理，构建“信用长三角”。

（3）推进大通关建设。深化口岸管理体制改革，完善口岸联络协调机制，推进电子口岸互联互通和资源共享，建立大通关电子口岸统一信息平台。积极推进分类通关改革，建设上海、南京、杭州、宁波四个直属海关“大通关协作区域”，实现跨关区申报、审单、验放，加快区域内进出口货物流动。推进海关特殊监管区域整合和业务流程再造，简化货物流转的环节和手续，加强关检业务协作和物流信息共享。

（三）国内外统一市场建设经验的启示

发达国家和地区在其经济发展过程中，也曾经历过市场封锁、地方保护和不公平交易等问题。研究这些国家和地区统一市场演变模式和治理方法，对促进泛珠统一市场建设、发挥市场在资源配置中的决定性作用有着重要的借鉴和启示意义。

1. 统一市场建设是与经济发展要求相适应的渐进过程

从案例地区统一市场建设历程来看，统一市场建设是经济发展和市场优化配置资源的内在要求。从 20 世纪 50 年代开始的欧洲统一市场建设，也是适应各国在更大范围内销售煤炭、钢铁等商品和资源的要求开始起步，从早期的商品和资源的流动和市场的统一，逐步向人员、资本等要素自由流动推进，呈现出明晰的渐进性特点。对泛珠地区而言，统一市场体系的建设也将是一个从商品到生产要素、从劳动力到资本、从内部到外部逐步统一的过程。

2. 统一市场建设需要强化顶层决策的权威性和法律保障

统一市场建设的立法权、执行权和司法权需要得到法律的保障，强化顶层决策的权威性，有利于制定统一的市场规则，降低地方政府对统一市场建设的干扰，消除地方保护的行为。在欧盟，具有象征宪法意义的《罗马条约》及其补充中对统一市场建设有明确规定，而且统一市场的纲领性文件《完成内部市场》得到各成员国议会或全体国民表决通过，由欧盟委员会具体执行，司法解释和最终裁决权归属欧盟法院。在这样的制度安排下，成员国必须根据《罗马条约》和《完成内部市场》的规定对其国内的法律进行清理和修改，不得和欧盟宪法和统一市场法相抵触。迄今欧盟已制定了286项立法来消除成员国之间阻碍货物、人员、资本自由流动的各种非关税壁垒。

3. 统一市场需要完善的治理体系和有效的治理工具

欧盟统一市场建设的执行机构统一市场司在28个成员国和列支敦士登、冰岛和挪威三个国家设立分支机构，从而形成市场建设、监管和评估网络，解决统一市场建设中的问题。为推进统一市场建设，欧盟统一市场评估部门建立了记分板机制以及统一的市场推进和运行评估指标体系，并给每个指标赋予一定的权重，然后对各国统一市场的建设和运行状况进行评估，因此各成员国在统一市场建设方面的位次及不足之处就一目了然，从而给为此落后的成员国施加压力。

三、泛珠三角区域统一市场体系建设的成绩和主要问题

（一）泛珠三角区域统一市场体系建设的成绩

2004年6月泛珠地区“9＋2”省区经共同商议，签署了《泛珠三角区域合作框架协议》，标志着“泛珠”合作正式起步。从《框架协议》中提出开放市场、打破贸易壁垒的目标，到目前“泛珠”各成员在实际经济合作中取消了数十项与统一市场相违背的地方性政策、法规，从“泛珠”各省区规划工商、流通、人力资源等各市场运行职能部门专项联席会议开始，到各项会议在合作中每隔一年、半年召开一次，在实践中不断解决问题，推进了相关合作向前发展，泛珠三角区域合作已经形成了宽领域、多形式的区域合作新局面。

1. 统一的法律规则基本建立，省区之间已经达成各类多项合作协议

随着商品市场和要素市场的有序放开，在国家层面维护市场秩序和规范的法规体系逐步建立，如《反垄断法》、《反不正当竞争法》、《关于制止低价倾销行为的规定》、《国务院关于禁止在市场活动中实行地区封锁的规定》等法规先后出台，市场管理方面，《价格法》、《证券法》、《期货市场管理条例》、《商品市场登记管理办法》等陆续实施。同时，对商品市场组织形式创新、营销方式创新的制度规范也相继颁布。这些法律法规和行政规章的出台，对规范泛珠地区乃至全国的市场秩序和市场行为、促进统一市场建立发挥了重要作用。

与此同时，泛珠三角区域合作以来，“9+2”政府积极推动区域市场建立开放市场准则，加快市场规范和协调管理。签署了一系列外经贸（商务）和贸易投资类协议和备忘录，各方在区域市场环境、市场监管、企业合作、商标保护、知识产权保护、质量检验相互认证、联合打假、物价管理以及行政执法和信息交流等方面达成共识与合作。

2. 市场化价格形成机制已经确定，为市场配置资源发挥决定性作用奠定了基本条件

时至今日，我国商品价格形成机制的市场化程度已经较高，除了与国计民生关系重大的少数重点商品和服务项目外，我国绝大多数商品和服务的价格已由市场决定，使得商品和要素在比较利益基础上自由流动，是促进统一市场建设和市场机制发挥配置资源作用的内在动力。2015 年 10 月 21 日，国家发改委对外公布了重新修订的《中央定价目录》（国家发展改革委 2015 年第 29 号令），自 2016 年 1 月 1 日起施行。此次修订最突出的变化体现在两个方面：一方面是大幅缩减定价范围。定价种类减少了 46%；具体定价项目减少了 80%。保留的 20 项定价项目中，由国家发改委为主管理的有 13 项，由行业主管部门为主管理的有 7 项。另一方面是定价项目清单化。保留的 20 项定价项目均以清单化的形式列出，并明确了具体定价内容和范围。这是中央定价目录修订的情况。与此同时，新一轮地方定价目录修订工作很快完成。截至 10 月底，全国已有 30 个省份完成定价目录修订工作，地方定价目录项目数量平均减少 55%。

在要素市场，劳动力价格已基本由市场机制决定，劳动者根据市场信号自由流动。2002 年《招标拍卖出让国有土地使用权规定》正式实施，土地出让价格由市场决定。在房地产、产权、信息、技术等市场上，价格也基本由市场供求调节。在金融市场，利率市场化改革取得重要进展，商业银行的贷款利率上限已基本由市场调节；有价证券发行价格基本实现了市场定价。

3. 在加强区域质量合作方面取得了的成绩

自 2004 年首届泛珠三角区域质量技术监督合作局长联席会议在广州成功举办以来，泛珠各省区质监局共同签署了《泛珠三角区域质量技术监督合作框架协议》、《泛珠三角区域质量技术监督合作方案》、《泛珠三角区域（9+1）省（区、直辖市）标准化技术机构合作项目备忘录》；制定了《泛珠三角区域质监合作局长联席会议制度》和《泛珠三角区域质监合作局长联席会议秘书处工作章程》。在此背景下，福建、江西、湖南、广东、广西、海南、四川、贵州、云南等泛珠九省（区、市）的质监部门，认真贯彻泛珠三角区域合作行政首长联席会议精神，建立了泛珠三角区域质监合作局长联席会议制度，构建了优势互补、合作互动的质量推进机制，在各方积极参与、共同努力推进下，各项工作取得明显成效。从 2015 年起，“泛珠三角区域质监合作局长联席会议”更名为“泛珠三角区域质量合作会议”。

在标准化合作方面，成立泛珠区域标准化委员会，建立标准化研究项目及成果通报制度，签订相关合作项目备忘录，确定地方标准互认、企业标准互信、标准信息资源共享等多项合作内容。创新开展区域标准制定工作，对具有共性需求的标准项目统一格式、统一内容、统一发布、共同执行。广东、广西、福建、海南四省还共同筹建国家技术标准创新基地（华南中心），探索建立区域团体（联盟）标准，促进科技成果转化。

在品牌建设合作方面，建立并落实泛珠区域省级名牌产品质量互认制度，共同维护区域内名牌产品信誉：对已获名牌产品称号的转移企业建立名牌互认、备案制度；对区域内名优企业设立分厂、立项投资等给予政策支持和技术指导，为区域内名牌企业发展提供广阔空间。

在推动互认互信方面，不断深化计量、认证认可、技术机构合作，对依法出具的检验、检测、计量检定结果实现互认；加强技术交流，建立技术机构专家数据库；开展实验室资质认定交叉评审和区域性实验室能力验证活动，加强省际科研项目合作，提升区域内技术研发能力。

此外，还加强监管协作，营造区域一体化的市场环境。如泛珠区域质监部门及时通报有关企业生产产品的抽检异常情况，有关部门迅速开展源头排查或流向追踪，有效控制质量安全风险。加强执法打假联动，加强区域内联合执法和合作。以广东为例，近年来通过泛珠区域质量部门的协查办案，共为权益人挽回经济损失近亿元。

4. 部分省区的通关合作取得实质进展

泛珠三角地区是中国外贸总量最大、开放型经济最活跃的地区之一，2004 年 6 月首届“泛珠三角区域合作与发展论坛”举办后，海关总署积极推动泛珠三角区域海关合作，授权广东分署全权协调泛珠三角区域海关合作。制定实施了以“协调简化通关手续，提高通关效率；整合创新通关模式，营造守法便利的通关环境”为核心理念的《海关参与和支持泛珠区域合作的十项措施》。在九省区地方政府的大力支持下，泛珠三角区域各海关齐心协力，建立健全了泛珠三角区域海关关长联席例会制度、联络员联系协调工作机制，以及泛珠三角区域海关情况通报制度，按照“以项目为主线，稳步推进，务求实效”的原则，认真抓好《十项措施》的落实，取得了一系列积极成果，各省区逐渐形成多元化的通关协作模式。

泛珠区域的 22 个直属海关加强区域通关合作，采取一系列新的通关便利化措施，完善“属地申报、口岸验放”模式。广西、广东、福建、深圳、厦门、珠海、海南检验检疫部门于 2015 年联合制订了《泛珠三角检验检疫一体化实施方案》，共同构建泛珠三角检验检疫一体化工作体系，以通报、通检、通放为基础，对进出口货物实施出口直放、进口直通，实现泛珠三角区域检验检疫通关放行业务一体化运作。

从 2015 年 5 月 1 日起，桂粤闽琼四省区海关通关一体化启动，福州、厦门、南宁、海口等泛珠地区海关将纳入广东地区海关区域通关一体化改革范围，区域内所有企业可按照实际物流需求，自由选择申报、纳税、查验放行地点，自主选择口岸清关、转关、“属地申报、口岸验放”、“属地申报、属地放行”、区域通关一体化等任何一种通关方式，自主设计最适合自身的物流方案；代理报关企业可以“一地注册、多地报关”，以往需在多关办理的手续可在一关统一办理，省去企业往返奔波之苦，有效降低物流成本，企业进出口便利将大大提高。这次海关区域通关一体化改革，不仅将进一步密切泛珠四省之间合作，加强四省海关跨区域监管统一、协同配合，促进市场要素的流动，还将有力推动 21 世纪海上丝绸之路国家和地区的经贸关系深入发展。

5. 跨省区人口流动障碍基本清除，全方位劳务合作正逐步展开

改革开放以来，珠三角地区成为我国外来人口打工最集中的地区，广东和其他省区的劳务合作早在多年前就已自发进行。2004 年 7 月 13 日，泛珠三角区域劳务合作第一次联席会议在广州召开，会议审议通过了《泛珠三角九省区劳务合作协议》和《泛珠三角区域劳务合作联席会议章程》，并出台了《泛珠三角区域劳务合作中长期计划》讨论稿，这标志着泛珠三角区域劳务合作全面启动。

《泛珠三角九省区劳务合作协议》的签订有利于改善区域就业环境、消除劳动就业的壁垒以及提高劳动力技能水平和整体素质。2008年在第四届泛珠三角区域合作与发展论坛暨经贸洽谈会上，九个成员省区的劳动保障部门行政首长共同签署了《泛珠三角区域九省区劳动力市场信息网络平台建设建议书》，随后成立了泛珠三角区域劳动力市场建设工作领导小组，明确由各省劳动保障部门牵头，负责劳动力市场信息联网的规划、建设和协调工作。近十年来，泛珠三角区域内部的劳动力流动更加频繁，农民工进城的各种社会保障制度也在不断完善，各方政府在推进就业服务、职业培训等领域的交流合作也越来越多。

（二）泛珠三角区域统一市场体系建设存在的主要问题

通过十几年的实践，泛珠区域合作已经取得了一定的成绩，统一的法律规则基本建立，市场在资源配置和价格形成中的主导地位得以确定，商品在跨区域流通中也越来越自由，但地方行政权力、地方领导GDP考核指标与中国特色市场经济体制相结合，带来“行政经济区”模式下的地方政府壁垒依然存在，阻碍了省区之间资本、技术等生产要素的流动，同时统一的产品质量标准、市场运行规则、市场监管规则也尚未建立，从而影响到泛珠产品质量和行业影响力的提升。

梳理统一市场体系建设的各个环节，结合泛珠三角区域发展的实际，我们不难发现在生产要素流通流域，劳动力市场正逐渐一体化，人员的自由流动不再受限，人才会选择合适自己的区域发展，资本市场在对外投资领域已经没有制约，但股票、证券等跨区域融资仍受到国家监管，尚未形成统一的资本市场，土地要素因其不可移动的属性，以及城市建设用地指标禁止跨区域的交易，造成发达地区用地指标的不足和欠发达地区的用地浪费并存的现象，电力、能源等生产要素的价格仍然受国家管控，区域价格差异不利于部分省区的发展；在商品市场领域，产品质量仍然存在大量的地方标准，这在一定程度上提高了市场准入的门槛，同时也增加了产品的跨区域流通成本；在对外贸易领域，缺乏统一标准不利于区域产业整体竞争力的提升以及产品品牌的塑造，同时区域通关一体化机制尚未形成，增加了企业的出口成本；同时统一市场所需配套的信息化建设也比较滞后，影响到人力、资本、技术以及商品供需双方的平衡。

1. 市场规则和行业标准存在区域差异，不利于商品及生产要素的流通

市场规则的统一是市场体系统一的重要标准之一，而1994年我国进行分税制改革后，因为行政分权和地方政府所承担的事权及财权不匹配，地方政府为保护本地市场和企业利益，会采取特定手段限制外来企业进入本地市场，以及设定地方标准使得外来企业在竞争中处于劣势。

在市场准入方面，某些地方政府会在特定领域设立有利于本地企业的准入门槛，对进入本地区的外地企业或产品设置障碍，包括实行许可证管理、收取额外费用等手段。地方政府的相关机构，对来自外地与本地有替代关系和竞争关系的产品进行名目繁多的检疫、检验和检查，提高了外地产品的交易成本，间接地对外地产品的进入起到了抑制作用。

在产品标准化方面，泛珠“9+2”省区都存在着一些地方标准，包括农产品和工业制

品的质量标准、产品的检测检验标准以及在流通过程中产品包装方式的标准等很多方面，地区间标准不统一以及信息沟通渠道的缺乏，使得跨区域发展的企业增加了很多的运营成本。除了内部九省区的标准不统一外，内陆和港澳以及进出口的国外市场相关标准也有差异，这在很大程度上影响了泛珠产业整体竞争力的提升以及品牌企业、龙头企业的成长。

部分行业管理政策方面，建筑、旅游、交通等行业的资质管理还是以省为单位进行管理，各省区相关企业的资质只在本省有效，到外省后要重新申请确认或备案，这不利于相关企业跨区域经营和产业转移。

2. 统一的泛珠区域社会信用合作体系尚未建立

加强信用体系建设合作，有利于优化信用资源配置，提供覆盖更广的信用服务保障，规范市场经济秩序，降低区域内的社会管理和市场交易成本。2011 年 9 月第七届泛珠三角区域合作与发展论坛暨经贸洽谈会的专题活动之一，泛珠三角区域信用体系建设磋商会在南昌举行，会上广东、福建、江西、湖南、广西、海南、四川、贵州、云南九省区社会信用体系建设工作领导小组共同签署了《社会信用体系共建协议》。根据共建协议，社会信用体系建设部联席会议办公室与泛珠三角区域九省区社会信用体系建设工作领导小组将通过建立信用体系共建合作机制，推动泛珠三角区域九省区信用体系的发展。经过 5 年的实践，我们可以看到泛珠区域社会信用合作体系尚未建立，还存在着诸多问题。从区域信用合作机制来看，九个省区没有建立一个常态化的沟通协调机制，从行业信用评价的标准来看，各省区还存在着很多信用评价标准的不统一，而且缺乏信用信息的共享平台，所以各省区在信用约束制度方面也缺乏进一步的合作。

3. 泛珠“9+2”区域通关一体化机制尚未形成

为了更好地应对加快构建外向型经济新体制的要求，加速“9＋2”各省区融入国家“一带一路”战略，需要在泛珠范围内形成更加高效的通关一体化机制。泛珠区域包括有四个沿海省份、一个沿边省份、四个内陆省份以及港澳两个特别行政区，在我国的对外开放格局中占有重要地位，其中广东主要依托港澳指向欧盟、北美及亚洲等全球市场，福建主要指向台湾地区，广西和云南主要指向东盟。虽然部分省区在通关一体化机制建设方面进行了有益的尝试，但泛珠区域跨区域通关合作尚未完全建立，极大地制约着货物、资金、人员等生产要素跨区域流动，具体还存在通关程序、口岸建设标准、通关信息不通畅三个方面的问题。

从通关程序方面来看，申报、纳税、查验、放行等程序被限定在特定口岸或机构办理，不同关区的进出口货物不能实现异地放行、监管互认，有时还要经过多次的申报、查验手续，大大增加了出口商品的运作时间和资金成本。

从口岸建设方面来看，口岸是对外开放的门户，也是国际物流大通道的重要节点，当前泛珠区域有大量的国家开放口岸，但各口岸在监管场所规范建设上与国家对外口岸的建设标准仍有差距，有的口岸仅有临时性的简易监管场所，制约了口岸物流的发展。

从通关信息共享来看，各海关、口岸不能对泛珠区域内的所有进出口货物进行整体信息管理，没有搭建区域通关信息平台，就难以从技术上实现区域通关一体化。

4. 资本市场一体化存在体制机制的瓶颈，制约资本的自由流动

从资本市场的发育状况来看，泛珠区域内部“9＋2”省区的差异非常大，港澳两个特

区拥有不同的金融特性，存在不同的制度与货币差异，资本市场非常发达，而内地九省区中广东、福建相对完善，其他省区则相对落后。由于各省区之间的经济实力、科技水平、制度环境、生产要素存在较大差异，因此省区之间寻求金融合作、实现资本的顺畅流动就显得颇有难度。从目前的状况来看，泛珠资本的自由流动主要存在两个方面的瓶颈：一是港资进入内地投资或者内地企业通过在港上市融资还依然受到国家外汇管理条例的束缚；二是内地九省区银行跨区域业务依然存在行政壁垒。

2003 年内地与港澳政府共同签署了 CEPA 协议，尽管其政策在内地普遍有效，但在具体条款规定上对广东省有明显倾斜，与港澳自由贸易政策只在广东、福建等自贸区先行实施，内地企业在香港融资，依然按照境外地区外汇条例办理，内地企业要在境外融资或上市，既要遵循国务院、中国证监会和外汇管理局等境内相关部门的有关规定，同时也要遵循香港交易所的条件，但更要遵循境内证券监管部门的规定。而内地对赴香港上市的内地公司的某些条件有的要比香港交易所的条件更为严格，有些条件又缺乏透明性。例如 1999 年 7 月中国证监会发布的《中国证券监督委员会关于申请境外上市有关问题的通知》中规定，要求赴境外上市的境内公司必须满足净资产不少于 4 亿元人民币，过去一年税后利润不少于 6000 万元人民币，筹资额不少于 5000 万美元；但根据香港交易所主板《证券上市规则》中对申请在香港主板市场的盈利条件，仅要求过往 3 年合计盈利 5000 万港元（最近一年须达到 2000 万港元，在之前两年合计则须达到 3000 万港元）。同时该“通知”也规定申请境外上市的公司其筹资用途符合国家产业政策、利用外资政策及国家有关固定资产立项等规定之外，还要符合证监会规定的其他条件，这使证券会在批准是否允许公司申请境外上市时缺乏透明度。同时港资进入大陆投资也依然受到外汇管理条例的束缚，这在一定程度上也限制了境外资本对内地的投资，而各地政府为吸引港资，制定了各自的优惠政策，进而引发了地区间的恶性竞争。

面对泛珠区域内跨省区的经济联系日益紧密，跨国公司和跨区域企业集团的跨区域发展业务需求日益迫切，各类商业银行近几年来一直在关注和探索跨区域金融服务的模式，在思考如何建立区域性金融服务框架。尽管国有银行和一些股份制商业银行通过跨区联动或其他方式在“试水”泛珠金融合作积累了一些经验，但由于区域的金融机构是按行政区划设置的，自身的管理体制也存在先天不足，不仅受到本系统内异地金融服务管理中的难题而且还受到金融监管和地方政府的制约，空间配置过于分散化，组织结构的趋同，资源配置效率是比较低的，因此需要重新整合。

5. 跨区域的土地指标交易市场建设有待完善

泛珠三角区域地域广阔，各省区发展阶段差异较大，港澳及广东福建等省的土地资源非常紧缺，土地利用效率的提升空间也不大，在现行《城乡规划法》、《土地管理法》等法律法规的指导下，未来可利用的城市建设用地指标非常有限，制约了城市的进一步发展，而四川、贵州、湖南、江西等内陆省份的土地利用效率较低，且建设用地指标相对较多。虽然四川、重庆、安徽等多个地方都在尝试土地指标交易的方法和模式，但目前的交易更多是在地级市层面，对城乡土地的指标进行流转交易，在泛珠这种跨省区域内尚没有尝试土地指标的交易，省区之间可利用土地资源的差异没办法通过交易进行平衡。

四、泛珠三角区域统一市场体系建设的总体目标和思路

（一）统一市场建设需要把握泛珠区域的特殊性

不同于长三角及京津冀地区的统一市场建设，更加不同于欧盟、美国的市场建设，泛珠地区的统一市场体系建设要牢牢把握该区域的特殊性，从此出发构思发展的策略。对比国内另外两个协同（一体化）发展的区域——长三角和京津冀，泛珠区域还是具有非常明显的自身特色。不同于长三角区域发展内部的差异比较小、发展阶段相对接近，京津冀和泛珠区域发展的内部差异比较大，泛珠更是跨越了中国的东中西三部分。京津冀国土范围较小，新一届政府对其协同发展的行政推动力度较大，因此短期内见效快，而泛珠区域内部港、澳、广东、福建等部分省区的市场发育相对完善，且在泛珠区域合作中占据主导地位，因此统一市场体系的建设就显得尤为重要。具体而言，泛珠区域合作的特殊性主要体现在以下两个方面。

1. 紧邻粤港澳，有利于内地各省区进一步对外开放

2003 年 6 月和 10 月，中华人民共和国中央政府分别与香港特别行政区政府、澳门特别行政区政府，签署了《内地与香港关于建立更紧密经贸关系的安排》和《内地与澳门关于建立更紧密经贸关系的安排》。可以说 CEPA 的签署为泛珠区域合作注入了灵魂，为港澳及内地九省区的统一市场建设、进一步对外开放创造了制度平台。从近十年发展的历程来看，CEPA 促成的粤港澳经济一体化需要一个能够长期支撑其发展的战略腹地，因此粤港澳在泛珠合作中表现出前所未有的积极性。虽然 CEPA 的条款设定是对内地全部有效，但目前更多的作用是体现在广东的发展上，因此周边八个省份希望通过泛珠合作更好地运用这一制度安排，加强与港澳之间的经济联系和互动。

2015 年 11 月 3 日颁布的《中共中央关于制定国民经济和社会发展第十三个五年规划的建议》中，中央强调要深化内地和香港、澳门特区的合作发展，加大内地对港澳的开放力度；并首次提出深化泛珠三角区域合作，将泛珠区域在国家发展过程中的角色提升至战略地位。香港澳门具备“一国”和“两制”的双重优势，泛珠统一市场体系的建设，有利于内地九省区更好地加强同港澳的合作交流。

香港作为全球主要的人民币离岸中心，有世界先进的基础建设、金融体系和金融市场、高素质服务业，以及信息、资金开放流通等诸多优势，是内地和世界之间的“超级联系人”。推动“一带一路”建设，也为香港社会、经济持续发展提供新的动力。应重视香港的多功能平台地位。香港经济体系非常开放，包含广泛的国际网络和优秀的经贸专业人才，内地企业与之进行优势互补后更容易“走出去”。在吸引外资方面，外企更熟悉香港的运营环境，外资通过香港的平台能更方便进入内地。“十三五”时期在香港这个平台进行融资、管理或相关交易，香港将会扮演“超级联系人”的独特角色。

澳门也应抓住国家制定“十三五”规划、实施“一带一路”战略部署的重大机遇，发挥澳门的独特优势，推动经济适度多元化和可持续发展；不断完善民生，建设宜居、宜游、宜业、宜行、宜乐城市，建设好世界旅游休闲中心，发挥好中国与葡语国家商贸合作服务平台的作用，办好中国—葡语国家经贸合作论坛。

2. 空间范围大，地区发展差异大

泛珠三角区域幅员辽阔，跨越我国的东中西三大地区，各省区的发展差异也比较大。珠三角城市群为核心的广东经过20多年的改革开放，基础设施比较完善、工业基础发达，人力资源丰富，以及其沿海沿江的区位、政策优势等等，吸引了众多投资，现在已是中国经济最发达的地区之一。相比较而言，泛珠三角区域其他地区在以上方面都比较欠缺，而在资源方面则具有相对优势。除上述这些因素外，广东省由于经过这么多年改革开放的洗礼，人们的观念比较开放、经济意识强烈，更容易接受新的事物，而中西部地区由于发展水平以及地理、历史等原因，信息相对闭塞，观念也会相对保守一些。区域发展不平衡一方面利于双方形成一种优势互补、互利共赢的合作关系，但另一方面也使各方之间的协调、沟通增加了一些困难。

具体来说，从能源和劳动力方面看，川滇黔桂无疑具有比较优势，在区域合作中向粤港澳及福建等省区流动；从投资上看，作为发达地区的粤港澳闽无疑具有优势，特别是香港作为世界金融中心与欧美、日韩都具有广泛的联系，其资本必然会向处于弱势的川滇黔桂以及江西、湖南、海南流动；从科技教育水平来看，粤港澳集中了较多的高校和科研院所，四川、湖南、福建在某些领域也具有比较优势，未来区域合作要加强人才、信息的区际流动。

从产业发展来看，香港作为国际贸易中心、国际金融中心和国际航运中心，在泛珠区域合作中发挥重要的对外开放平台功能；澳门的旅游博彩业、离岸金融、专业服务具有优势，也是泛珠加强同葡语国家交流的平台；广东作为中国第一经济大省，计算机通信和其他电子设备制造业、文美体和娱乐用品制造业、废弃资源综合利用以及家具制造业在全国具有明显的比较优势，但面临着市场空间受限、能源缺乏、资源有限、生态环节压力大等可持续发展问题；福建以电子信息、汽车和石化为其支柱产业，是我国加强同台湾地区合作交流的前沿窗口，但处于长三角和珠三角的发展夹缝中，产业竞争压力较大；江西和湖南具有类似的发展区位和条件，是我国的鱼米之乡，农业基础好，并且在有色冶金、工程机械、纺织服装和食品医药等产业具有明显的发展优势；广西是我国华南、西南与东盟的结合部，具有沿海、沿边、沿江的独特区位优势，是重要的能源、矿产、生物、海洋等资源大省，木材加工、有色金属和非金属矿采选、电力等资源依赖型产业发展具有一定优势；海南作为国际旅游岛，以旅游业、服务业和特色农产品加工业为主导；贵州是我国的资源大省，煤炭储量大，旅游资源丰富，工业基础相对薄弱，但三线建设时期奠定了航空、航天、电子三大军工技术优势；四川处于西南内陆地区，水资源、矿产资源、劳动力资源同粤港澳的资金、技术、管理优势具有良好的互补性，在机械装备、采矿业以及酒、饮料和精制茶制造业具有发展优势；云南是泛珠地区乃至全中国面向东盟自由贸易区的最前沿，旅游及水电资源丰富，烟草制造、电力热力生产和供应业、煤炭开采业具有发展优势。

（二）统一市场建设需要正确处理的几个关系

在我国经济进入新常态、经济增长动力转换的背景下，泛珠统一市场建设是适应新常态、引领新常态的重要举措，在这一过程中，需要处理好以下几个关系。

1. 正确处理政府和市场的关系

处理好政府和市场的关系，就需要更清晰的明确政府和市场的角色定位。就政府职能

而言，目前仍然存在对微观经济活动干预过多的问题，这种资源配置方式不仅缺乏科学性，而且造成行政成本过高、效率低下、资源浪费和腐败等问题。因此需要最大程度地减少政府对商品及资源配置的干预和对企业经营活动的干预，最大程度地缩小投资项目审批、核准、备案范围，最大可能地减少对各类机构及其活动的认定，让市场发挥决定性作用。凡是市场有能力做好的事情就交给市场去做，政府的职责和作用主要是保持宏观经济稳定，加强和优化公共服务，保障公平竞争，加强市场监管，维护市场秩序，推动可持续发展，促进共同富裕，弥补市场失灵。准确把握区域市场机制与区域行政机制的边界是“泛珠”区域合作中市场体制创新的关键。

2. 正确处理中央政府和地方政府的关系

统一市场的形成，关键是要减少地方保护对市场的分割。一方面要在市场规则制定和监管方面提升中央政府的作用和权威性，更有效地推进市场规则的统一和强化对统一市场的监管，减少地方政府利用规则和制度强化地方保护和地方利益；另一方面要更好地调动地方促进市场经济发展的积极性，发挥地方政府在市场监管、提供公共服务等方面的作用，规范引导、激励地方经济发展的手段和方式，促进各地市场之间的公平竞争和发展。

3. 正确处理地方政府之间的关系

在泛珠区域合作的原则下，既要鼓励各地方的改革创新和适度竞争，更要促进地方政府之间的合作和联动，特别是要着力促进地方政府之间实现信息共享和规则对接，相互配合，共同提升各地政府的行政和管理能力，促进各地方市场之间的相互开放，为企业和商品要素在更大范围流动创造条件，实现各地区协调、协调和共同发展。

（三）泛珠三角区域统一市场体系建设的总体目标

“泛珠三角”区域统一市场体系建设的根本目标是建立统一、开放、高效的市场体系，创造一个公平竞争、公开透明、真诚合作的市场环境，促进省区间要素自由流动、资源高效配置和市场深度融合，建设统一开放、竞争有序的现代市场体系，最终服务于区域经济整体实力的提升，更好地发展对外贸易，参与国际竞争。

具体来说，包括四个方面目标：

1. 市场的高度开放

泛珠区域统一市场是一个开放性的市场，不仅仅对外开放，更主要是对内开放，即各地区市场之间相互开放，没有地域之间的封锁和限制。各地区相互开放的市场是促进商品和要素自由流通的基础，也是促进社会总需求和总供给实现动态平衡、各地区分工协作协调发展的必要条件。

2. 市场规则统一和规范

在泛珠乃至全国范围内，市场的运行由统一、一致的市场规则来维系，不仅包括一系列事关市场主体及其交易行为的规则、标准和法律法规，也包括保障统一规则实施和对全国各地区、各类市场进行统一管理、调控的一系列规则和制度安排，如监管制度、司法体系等，以确保所有市场参与主体都按照一致的规则行事，促进市场有序运行和高效发展。

3. 商品和要素自由流动

商品和要素在比较利益基础上具有自由流动的内在动力，交通、通信、信用等各种市场基础设施的发展和畅通，是商品和要素在更大范围内顺畅流动的必要保障。交通和通信条件的改善，是促进市场范围扩张、增强不同地域市场联系的基础硬件；良好的商业氛围和健全的社会信用体系，是不同市场主体进行交易的基础软件。

4. 信息化的统一市场管理手段

进入21世纪以来，信息通信技术和移动通信网络的不断发展催生了商业模式的不断创新，对市场的管理方式也相应发生着变化。未来泛珠区域要实现全方位的信息化市场管理，通过搭建各类信息共享平台，实现各省区之间各类资源信息的及时沟通协调，包括产品信息、企业信息、用户信息、社会信用信息、报关信息、人力资源信息、物流信息等。

（四）泛珠三角区域统一市场体系建设的核心思路

在以上目标的引导下，本研究在确定泛珠统一市场体系建设的重大任务时主要遵循以下原则：

1. 重点突破

从泛珠区域合作存在的问题出发，在具有战略意义的重要领域和节点寻找突破口，紧抓那些对企业效益和政府利益都具有积极影响力的节点进行重点研究，以此撬动泛珠区域统一市场建设的全面展开。

首先，统一市场规则是泛珠统一市场建设的根本，其中涉及统一的市场准入、产品标准和市场监督执法机制，以及在此基础上的产权交易市场建设；其次，面对泛珠大范围的发展条件和发展阶段差异，要积极推进统一要素市场的建设，尤其是金融和土地资源的共享；再次，建立泛珠区域社会信用合作体系建设和区域大通关建设，能够有效发挥市场的规范性作用和提升物流贸易的效率；最后，有效推动统一市场建设需要在法律法规层面给予相应的保障。

2. 落实事权

在面对不同的重大任务寻求对策时，要关注国家和泛珠各省区的不同事权。泛珠内部需要各省通过政府协议和经贸洽谈会达成共识，由不同部门协同解决，比如产权交易公共平台建设、信用信息平台、取缔地方歧视性法规等；在国家层面重点解决需要通过法律法规和部委进行推进安排的工作，比如市场准入负面清单试点、区域大通关体制建设、金融创新等。

3. 关注逻辑

从涉及统一市场建设的方方面面出发，从生产要素流动、商品生产和流通、贸易通关、信息化建设四个大的方面梳理泛珠遇到的问题，从中总结本研究的重大任务，并提出相应的对策和政策建议（见表5-1）。

表5-1 泛珠三角区域统一市场体系建设面临的问题及相应对策和政策建议

市场领域		问题	对策	政策建议
生产要素流动	资本	内地企业利用港澳资本的限制、国内商业银行跨区业务限制	跨区域金融服务	放开CEPA政策在全国实行，自贸区政策在泛珠全域复制
	土地	各省区土地资源的稀缺度与可利用土地指标的不匹配	搭建全国土地指标交易平台	对土地管理相关法律法规进行修改

续表 5-1

市场领域		问题	对策	政策建议
商品生产和流通	市场准入	各地方市场准入标准不同，造成行政壁垒	取缔地方性准入门槛，推动泛珠九省区共同出台统一的许可证管理制度	争取在全域试点国家市场准入负面清单制度
	产品质量标准	各类商品尤其是农产品的生产标准不统一； 有些省区缺乏特定产品的检验检测能力，且省区之间的标准不统一	推行农产品和工业制品统一标准，建立区域标准化信息平台，并与国外的相关标准对接； 完善部分省区相关产品的检验检测能力； 推进各省区产品检验检测和认证标准的统一及结果互认	国务院标准化行政主管部门或相关行业行政主管部门尽快出台分行业、分产品全国统一标准
	市场监管执法	各省区的监管协调机制不一样，市场执法标准不统一	统一泛珠区域内的监督和执法标准	
	企业信用分类标准	信用评价标准统一	建立完善统一的企业信用分类标准	
	产权交易	行政分割、各自为政，没有统一的交易规则和有效的监管	对内逐步取消人为设置的各种市场壁垒，对外强调与其他市场的相互联系和相互依存	
	交通运输设备设施标准化	同类货物运输包装方式的地区差异、不同类货物混合运输困难	统一同类货物的运输包装方式，并与区域外及境外的包装进行对接，提高货物运输的效率	
贸易通关	口岸建设	口岸建设标准层次不齐	提升建设标准，搭建电子口岸信息平台	
	区域通关一体化	跨区域通关程序复杂	全面推进“一次申报、一次查验、一次放行”模式	海关总署批准泛珠区域通关一体化
信息化	工商信息	跨区域信息沟通不畅	共同建立产品及食品药品安全信息平台	
	物流信息	跨区域信息沟通不畅	建设区域物流中心，推进区域内省际物流公共信息平台互联互通和信息共享	
	人力资源信息	劳动力输出省和劳动力匮乏地区的信息沟通不畅	建立泛珠区域人力资源平台	
	信用信息	不同地区信用信息不共享	泛珠企业信用查询平台	
	口岸信息	报关信息不连通	报关信息互通互认	

五、泛珠区域统一市场体系建设的重大任务和对策建议

（一）实施统一市场规则

建设区域统一市场的前提条件是在泛珠三角区域范围内实施统一的市场规则。首先要清理阻碍要素合理流动的各种规定和做法，实施统一的市场准入制度和标准，在此基础上建立区域统一的产品质量标准，并通过搭建信息共享平台，推动在区域范围内进行统一的市场监管和执法，规范发展综合性产权交易市场。

1. 建立公平统一的市场准入规则

各地政府应在区域合作协调机构的指导下，加快清理有关市场管理的政策法规，打破行政区划带来的阻隔，破除地区封锁和地方保护主义，消除行政性市场壁垒，建立起竞争、有序、统一、开放的市场体系。

（1）争取国家市场准入负面清单试点。2015 年 10 月国务院发布《关于实行市场准入负面清单制度的意见》，明确提出要把发挥市场在资源配置中的决定性作用与更好发挥政府作用统一起来，把转变政府职能与创新管理方式结合起来，放宽和规范市场准入，精简和优化行政审批，加快构建市场开放公平、规范有序，企业自主决策、平等竞争，政府权责清晰、监管有力的市场准入管理新体制。《意见》提出按照先行先试、逐步推开的原则，从 2015 年 12 月 1 日至 2017 年 12 月 31 日，在部分地区试行市场准入负面清单制度，积累经验、逐步完善，探索形成全国统一的市场准入负面清单及相应的体制机制，从 2018 年起正式实行全国统一的市场准入负面清单制度。目前广东和福建两省已经成为市场准入负面清单的试点地区，而为了形成泛珠区域统一的市场体系，应该积极争取把泛珠九省全域作为负面清单管理的试点，加强组织领导和统筹协调，完善流程管理、预警预报、信息反馈、动态绩效考核等工作机制，确保改革取得实质性进展。

泛珠九省区要共同制定市场准入负面清单，行政审批事项清单中对市场主体投资经营的行业、领域、业务等限制性措施，原则上都要纳入市场准入负面清单。对未列入《国务院各部门行政审批事项汇总清单》、已经取消的涉及市场准入的事项，不得纳入市场准入负面清单，其余经审查合格的市场准入负面清单事项，在市场准入负面清单中逐条列出。共同推进落实《内地与香港关于建立更紧密经贸关系的安排》和《内地与澳门关于建立更紧密经贸关系的安排》及相关补充协议，特别是服务贸易项下的行业准入事项的落实工作，改善市场主体准入环境。

（2）营造平等竞争的市场环境，支持市场主体跨省区合作投资。有关部门要按要求清理和废除制约市场在资源配置中发挥决定性作用、妨碍全国统一市场和公平竞争的各种规定和做法，严禁和惩处各类违法实行优惠政策行为，反对地方保护，反对垄断和不正当竞争，防止相关政策妨碍泛珠统一市场的建立。完善产权界定、运营、保护的一系列体制机制，依法保护物权、债权、股权和知识产权等各类财产权。坚持权利平等、机会平等、规则平等，废除对非公有制经济各种形式的不合理规定，消除各种隐性壁垒，制定保障各类市场主体依法平等进入自然垄断、特许经营领域的具体办法。

以珠江—西江经济带、武广高铁经济带、贵广高铁经济带、南广高铁经济带以及粤桂

合作特别试验区、粤桂黔高铁经济带合作试验区、湛江—北海跨省特别经济合作区、闽粤经济合作区、湘粤开放合作试验区、湘赣开放合作试验区、渝黔长江上游区域合作示范区、黔湘中西区域合作示范区等为重大区域发展平台，加强跨界合作园区建设，支持各方投资主体在跨界地区开展投资建设及合作开发。打破行业、地区、部门壁垒，按照“非禁即入”原则，依法建立公开透明的市场准入标准和运行规则，推动旅游市场一体化发展。全面取消泛珠三角内地九省区旅游地陪制及其他旅游壁垒和进入障碍，开放市场和优化服务，推出旅游便利化服务措施。鼓励和支持其他省区资质高、规模大、信誉好的旅游企业在本省区设立机构和开展业务，实现与本地区旅游企业同等的待遇。全面推进旅游市场向社会资本开放，打造共同的市场推广和促销平台，实现合作区域旅游企业与本地企业同等待遇，真正实现区域旅游市场一体化。

（3）建立与市场准入负面清单制度相适应的商事登记制度。深化商事制度改革，加快实施“三证合一”、“一照一码”，推行法人和其他组织统一社会信用代码制度。要精简前置性审批事项，削减资质认定事项，凡是市场主体基于自愿的投资经营行为，只要不属于法律、行政法规和国务院决定禁止和限制的领域，不得限制进入。要清理现有涉及市场准入的管理措施，没有法律、行政法规和国务院决定依据的，一律取消。要加快清理各地有关市场管理的政策法规，消除区域内的行政性市场壁垒，推动市场主体登记注册一体化，实行“三证合一”互认制度，积极协调和解决涉及商事登记方面的纠纷和问题。

（4）建立统一便利的外商投资管理体制。有关部门要按照准入前国民待遇加负面清单管理模式，抓紧制定外商投资负面清单。按照规范化、便利化的要求，逐步简化外商投资领域的许可手续，探索实行一站式审批，减少许可环节。改革外商投资审批和产业指导的管理方式，深入推进服务业重点领域改革，建立健全服务业市场准入机制，实施负面清单和特许经营权管理，全方位开放除国家明确规定以外的服务业领域，有序放开建筑设计、会计审计、商贸物流等领域外资准入限制。加强粤港澳合作、海峡西岸经济区、北部湾经济区等对外开放窗口和平台在政策和措施等方面交流，相互借鉴，促进各开放平台政策协调、协同招商引资、信息共享与产业链整合，探索外商投资管理体制的创新。

根据维护国家安全的需要，抓紧完善规范严格的外商投资安全审查制度。外商投资涉及国家安全的，按照国家安全审查制度和有关办法进行安全审查。加强事中事后监管，建立外商投资信息报告制度和外商投资信息公示制度，形成政府部门间信息共享、协同监管，社会公众参与监督的外商投资全程监管体系。

2. 建立区域统一的产品质量标准和管理标准

《中共中央关于制定国民经济和社会发展第十三个五年规划的建议》和《国务院关于印发深化标准化工作改革方案的通知》（国发〔2015〕13 号）明确提出要推动实施标准化战略，加快完善标准化体系，研究建议在泛珠范围内率先加强产品质量标准化建设和标准统一化管理，实现区域内产品、技术的无缝对接，在泛珠区域内推行工业制品和农产品质量标准、检验检测标准和认证标准的互认，互相认同法定检验单位出具的鉴定结果，促进商品自由流通，有序推动服务业区域标准制定。加强区域内“全国知名品牌创建示范区”的交流与合作，建立与国际接轨的行业标准、品牌培育、管理和评价工作体系，提升泛珠区域制造业品牌价值和市场影响力。

深化标准化工作改革，把政府单一供给的现行标准体系，转变为由政府主导制定的标准和市场自主制定的标准共同构成的新型标准体系。进一步提升国家标准委员会在制定国家标准方面的监督指导作用，各部门制定的国家标准，应有国家标准委负责审定和监督。加快形成以行业协会为主导、企业为主体、相关研究机构共同参与的研究和制定机制，在企业实践的基础上加快完善各类行业标准。

（1）完善适应现代农业发展的标准体系。健全标准体系，加快制定和完善农业重点领域及新兴业态的相关标准，扩大标准化种植规模和养殖规模。围绕安全种植、健康养殖、绿色流通、合理加工，构建科学、先进、适用的农产品安全标准体系和标准实施推广体系。进一步完善覆盖农业产前、产中、产后全过程，从农田到餐桌全链条的农产品安全保障标准体系，有效保障农产品安全。围绕农业综合标准化示范、良好农业操作规范试点、公益性农产品批发市场建设、跨区域农产品流通基础设施提升等，大力开展以建立现代农业生产体系为目标的标准化示范推广工作，打造一批安全优质标准化农产品品牌，加大著名商标、名牌产品、气候品质认证和有机产品认证等评定力度（见专栏 5-1）。

专栏 5-1　泛珠部分省区完善农业发展标准体系的重要举措

湖南：推广环境友好、安全生态的标准化生产技术，推进园艺作物标准园、畜禽规模化标准养殖场、水产健康养殖场建设。

福建：农产品质量安全保障工程：农业标准化生产基地、农业综合执法监管能力、农产品质量安全检验检测体系、农药兽药监管信息平台、农产品可追溯管理信息平台等。

四川：现代特色效益农业标准化基地建设工程。新建、改造提升现代特色效益农业标准化基地 1000 万亩，推动现代农业产业基地提质增效。

贵州：大力推进农业标准化建设，扩大标准化种植规模和养殖规模。大力发展夏秋蔬菜、早熟蔬菜、反季节蔬菜，提高蔬菜商品化、规模化、标准化发展水平。建立无公害、绿色、有机农产品和地理标志产品的发展机制，塑造“多彩贵州·绿色农业”的总体品牌。

（2）加强制造业标准体系的统一建设。在国务院发布的《国家标准化体系建设发展规划》的指导下，深入推进《战略性新兴产业标准化发展规划》、《国家智能制造标准体系建设指南》实施，促进泛珠三角地区制造业先进标准体系的统一建设，进而带动整体创新能力和产业发展水平提升。加快建设国家技术标准创新基地（华南中心），合作开展先进标准体系课题研究、重大技术标准攻关研究和技术评估，共同加快建设先进制造业标准体系（见专栏 5-2）。

专栏 5-2　泛珠三角地区制造业标准化重点

1. 能源。研制海上油气勘探开发与关键设备等关键技术标准。优化天然气产品标准，开展天然气能量计量、上游领域取样、分析测试、湿气计量的标准研究。研制煤炭清洁高效利用、石油高效与清洁转化、天然气与煤层气加工技术等标准。研制油气长输管道建设及站场关键设备、大型天然气液化处理储运及设备、超低硫成品油储运等标准。

研制风能太阳能气候资源测量和评估等标准。研制先进压水堆核电技术、高温气冷堆技术、快堆技术标准，全面提升能源开发转化和利用效率。

2. 机械。加强关键基础零部件标准研制，制定基础制造工艺、工装、装备及检测标准，从全产业链条综合推进数控机床及其应用标准化工作，重点开展机床工具、内燃机、农业机械等领域的标准体系优化，提高机械加工精度、使用寿命、稳定性和可靠性。

3. 材料。完善钢铁、有色金属、石化、化工、建材、黄金、稀土等原材料工业标准，加快标准制修订工作，充分发挥标准的上下游协同作用，加快传统材料升级换代步伐。全面推进新材料标准体系建设，重点开展新型功能材料、先进结构材料和高性能复合材料等标准研制，积极开展前沿新材料领域标准预研，有效保障新材料推广应用。

4. 消费品。加强跨领域通用、重点领域专用和重要产品等三级消费品安全标准和配套检验方法标准的制定与实施。

5. 医疗器械。开展生物医学工程、新型医用材料、高性能医疗仪器设备、医用机器人、家用健康监护诊疗器械、先进生命支持设备以及中医诊疗设备等领域的标准化工作。

6. 仪器仪表及自动化。开展智能传感器与仪器仪表、工业通信协议、数字工厂、制造系统互操作、嵌入式制造软件、全生命周期管理以及工业机器人、服务机器人和家用机器人的安全、测试和检测等领域标准化工作。

7. 电工电气。加强核电、风电、海洋能、太阳热能、光伏发电用装备和产品标准制修订，开展低压直流系统及设备、输变电设备、储能系统及设备、燃料电池发电系统、电力电子系统和设备、高速列车电气系统、电气设备安全环保技术等标准化工作。

8. 空间及海洋。推进空间科学与环境安全、遥感、超导、纳米等领域标准化工作，促进科技成果产业化。制定海域海岛综合管理、海洋生态环境保护、海洋观测预报与防灾减灾、海洋经济监测与评估、海洋安全保障与权益维护、生物资源保护与开发、海洋调查与科技研究、海洋资源开发等领域标准。研制大洋矿产资源勘探与开发、深海探测、海水淡化与综合利用、海洋能开发、海洋卫星遥感及地面站建设等技术标准。

9. 电子信息制造与软件。加强集成电路、传感器与智能控制、智能终端、北斗导航设备与系统、高端服务器、新型显示、太阳能光伏、锂离子电池、LED、应用电子产品、软件、信息技术服务等标准化工作，服务和引领产业发展。

10. 信息通信网络与服务。开展新一代移动通信、下一代互联网、三网融合、信息安全、移动互联网、工业互联网、物联网、云计算、大数据、智慧城市、智慧家庭等标准化工作，推动创新成果产业化进程。

11. 生物技术。加强生物样本、生物资源、分析方法、生物工艺、生物信息、生物计量与质量控制等基础通用标准的研制。开展基因工程技术、蛋白工程技术、细胞工程技术、酶工程技术、发酵工程技术和实验动物，以及生物农业、生物制造、生物医药、生物医学工程、生物服务等领域标准的研制，促进泛珠区域生物技术自主创新能力显著提升。

12. 汽车船舶。制订、修订车船安全、节能、环保及新能源车船、关键系统部件等领域标准，加强高技术船舶、智能网联汽车及相关部件等关键技术标准研究，促进我国汽车及船舶技术提升和产业发展。

（3）完善区域现代服务业标准体系。加强现代服务业标准化交流与合作，共享、吸收、转化服务业发达地区先进经验，促使泛珠各地加快建立与国际接轨的现代服务业标准体系。加快建设区域标准、联盟标准，推广应用联盟标准经验，以产业集群联盟标准打造区域品牌。

统筹规划区域特色明显的地方标准信息服务平台建设，加强对标准信息的综合加工、深度开发，创新服务形式，拓展服务渠道，建立竞争充分、便捷高效的标准技术服务市场，支持科研院所、社会团体、产业技术联盟和企业开展标准化技术服务，强化信用体系建设，促进标准化服务专业化、市场化、产业化发展。

推动促进区域医疗服务标准化，重点发展康复疗养、老年护理、家庭护理、运动健康服务、亚健康调理服务等生命养护产业和预防医疗（体检）、健康咨询、营养保健指导、健身、医学美容等健康管理服务产业。

全面提升新兴服务领域的标准化水平，加强信息技术服务、研发设计、知识产权、检验检测、数字内容、科技成果转化、电子商务、生物技术、创业孵化、科技咨询、标准化服务等服务业标准化体系建设及重要标准研制，研制会展、会计、审计、税务、法律等商务服务标准。

开展银行业信用融资、信托、理财、网上银行等金融产品及监管标准的研制，开展证券业编码体系、接口协议、信息披露、信息安全、信息技术治理、业务规范以及保险业消费者保护、巨灾保险、健康医疗保险、农业保险、互联网保险等基础和服务标准制修订，增强泛珠区域金融业的综合实力、国际竞争力和抗风险能力。

（4）建设区域旅游服务标准化体系。全面推进旅游标准化行动计划，充分发挥旅游标准化在规范旅游市场秩序、保障旅游服务安全、提升旅游服务质量、促进旅游产业升级、增强旅游产业竞争力等方面的作用，全力推进泛珠三角区域的旅游城市和旅游景区（点）服务水平与国际标准接轨，助推世界级旅游休闲目的地和旅游线路的打造。

健全旅游标准体系，夯实标准工作基础。加强在旅游标准制修订、旅游标准体系构建等方面的交流合作，按照国家相关标准的要求，共同建立和健全“层次分明、结构合理、覆盖全面、定位准确”的泛珠三角区域旅游服务标准体系，围绕旅游业“食、住、行、游、购、娱”六大要素，重点开展旅游公共服务设施标准、接待服务标准、监督管理标准、特色专项旅游和旅游新业态发展所需标准研制，探索制定泛珠三角区域具有通用共性的旅游业区域联盟标准。

实施标准示范工程，全面提升旅游服务质量。在各省广泛开展服务标准化试点的基础上，共同研究制定标准化示范工程建设的目标、程序和要求，并选择区域内有条件的单位开展旅游标准化示范城市、示范景区、示范企业的创建活动，通过泛珠三角省、市之间互派专家、共同参与、联合验收的方式，在开展管理体系认证、服务等级评定和标准化示范工程评估等方面加强交流合作，引导旅游企业贯彻实施各级旅游服务标准，增强优质旅游品牌的影响力。

（5）推动区域物流管理标准化。加强协调和沟通，强化地方性法规、规章、规范和标准的衔接。由内地七省区运管部门对旅客运输管理办法及相关标准、货物运输管理办法及相关标准等进行协商，努力消除地方性差异，促进道路运输在行政管理和监督处罚上逐步形成统一的标准尺度。

规范轨道交通网络设施建设技术标准、信息平台建设技术标准、多式联运服务标准，逐步建立和完善交通运输业标准体系，参与涉及物流领域有关信息、设施与技术装备、管理、服务等国家标准或行业标准的制订，促进铁路、城际轨道交通、城市轨道交通运输方式标准的统一，实现多方式间顺利对接。

逐步推进港航市场准入标准、行政执法尺度、地方优惠政策、规费征收、诚信体系建设和信息透明程度等方面的统一，为区域间港口企业资本经营、异地投资、合作经营，乃至兼并或组织企业联盟创造更为宽松、规范和公平的市场环境，同时也为地区之外的各类资本进入深莞惠港口群建设和经营提供条件。

加强物流行业协会职能，制定物流技术标准。充分发挥协会作为行业管理部门的功能，使其成为物流行业与政府部门之间的一个重要桥梁和纽带，规范行业操作，维护行业合法权益，对行业内企业进行协调，避免企业间恶性竞争。组织行业咨询、教育培训、资格认证、物流技术交流等活动，加强对各种中介机构的管理与引导，提高全行业素质。

3. 完善泛珠区域信息共享平台建设

泛珠三角区域应积极在政府、经济和社会各领域开展信息化建设及创新成果应用，并率先开展大数据的应用试点工作，加快建立地方信息共享平台，加快实现跨地区、跨部门的信息互联互通，推动社会服务体系的完善和产业的整合发展。

加快泛珠区域网络基础设施、基础信息数据库等信息化建设，提升基础信息网络能力。重点完善区域电子政务信息、电子商务信息、就业服务信息、交通物流信息、区域旅游信息等多个领域内的信息合作与共享。建立信息化工作协调推进机制，制定信息资源共享标准及规范。改变过去泛珠区域普遍存在的“信息孤岛”现象，整合各地区、各部门的信息，搭建各类公共信息共享平台。

（1）推进大数据在市场建设领域的深度应用。围绕大数据的汇聚、融通、应用，着力打造大数据示范、集聚、应用、交易、金融服务、交流合作和创业创新七大平台，以大数据资源中心和大数据产业发展集聚区为依托，积极推进大数据在市场建设领域的深度应用，推进区域内市场、科技、金融等信息共建共享、互联互通。

加快建设人口、法人单位、自然资源和地理空间、宏观经济等基础信息数据库，推动金融、交通、医疗、旅游、食品安全和公共安全等重点领域的数据集聚，建立大数据服务平台。建立健全数据采集、管理、开放、应用等标准规范，推动大数据的资源挖掘、整合处理和开发应用。建立完善泛珠区域基础信息资源共享平台，分类分级推进公共信息资源开放，促进数据资源融合共享。

支持鼓励各省区大数据产业发展集聚区及服务应用基地的建设，加快建设贵阳·贵安大数据产业发展集聚区、黔中大数据应用服务基地、国家超级计算长沙中心和东南亚南亚国际标准数据处理中心等大数据示范平台，吸引一批国际级、国家级、行业级数据中心集聚泛珠区域。继续办好贵阳国际大数据产业博览会，统筹办好中国电子商务创新发展峰会等，打造全球大数据领域交流合作的国际化平台。

支持金融机构与互联网企业开展多元合作，构建大数据金融服务平台。全力建设“云上贵州”应用平台，推进贵阳全国移动电子商务金融科技服务创新试点城市建设，以贵阳大数据交易所为载体，加快打造全国大数据交易中心。推进大数据创业创新孵化器建设，办好大数据商业模式大赛，建成一批大数据创客产业园和众创空间。

（2）完善区域电子政务信息平台。推进重要政务信息互联互通，构建统一高效的政府电子政务信息平台，加强地理、人口、法人、金融、税收、统计等基础信息资源开发利用，强化信息资源整合，推动数据资源开放共享。实施大数据战略，发展大数据公共服务，建设区域统一的政务数据信息资源库和政务数据互连共享机制。加强信息安全保障，完善信息安全基础设施，建设政务信息安全监管平台。

加强泛珠各省区政务云平台和备份中心等公共支撑平台建设，推进各省信息资源整合和应用模式创新。推行空间互补、设施共用、感知整合、信息共享，整合建设一批物联网、智慧城市公共服务平台。统筹建设遥感数据平台、位置信息服务平台、天地一体化卫星通信平台、北斗地基增强系统以及卫星应用工程研究中心、高分辨对地观测系统分中心等卫星应用基础设施。

建立跨省区举报投诉平台，完善举报投诉信息互转、协调查处制度，鼓励企业和公众举报地区封锁、隐形壁垒行为，定期在区域内公开共享有关信息。

（3）打造区域电子商务信息平台。进一步完善内地九省区与港澳地区合作体制机制，加强区域招商合作，实行招商信息共享、项目资源共享、商务平台共享。完善电子商务管理体制，加强信用服务、标准规范、在线支付、物流配送等支撑体系建设，围绕优势产业打造交易和服务平台，积极发展农村电商和跨境贸易电商。

建设智慧农业信息平台，强化农业综合信息服务能力，提升农业生产要素、资源环境、供给需求、成本收益等监测预警水平，推进农业大数据应用，完善农业信息发布制度，开发精准应用系统。以泛珠三角区域—东盟农产品贸易平台为依托，构建可提供农产品实时价格信息、农产品物流信息、农产品电子商务、农业政策、农产品展示等综合服务功能的农产品流通信息平台。

促进物联网在工业制造、农业生产、商贸流通、公共服务等领域应用示范，支持企业探索构建跨行业物联网运营和支撑平台，打造农业互联网小镇、建设农业物联网示范基地，建设面向供应链一体化的企业联盟信息平台。

（4）建立区域就业服务信息平台。提高泛珠三角公共就业服务信息化水平，以建设“大市场、大资源、大就业”的人力资源市场为目标，按照“统一建设、省级集中、业务协同、资源共享”的原则，整合内地九省区各类就业管理服务信息资源，在现有泛珠人才服务联盟大平台的基础上，建立和完善“省际用工求职信息交流平台”，为求职者提供岗位信息查询、匹配、求职登记等服务，以省级为核心建立泛珠三角区域统一的就业信息数据库，形成覆盖城乡的公共就业服务信息网络和就业信息监测体系，实现就业管理服务工作全程标准化和信息化，推动区域内人力资源率先实现通过信息网络享受自助式公共就业服务。

加快建立内地九省区结构性就业技能人员需求数据库，统筹目前各省区的人资资源市场供求和企业用工监测数据（季度数据），建立动态技能人才需求数据库，有效引导职业教育同社会需求紧密对接，根据需求调整专业设置和资源投入，加强个性化教育与培训，使结构性就业人员既能提升原有技能又能掌握符合新产能要求的新技能。

（5）打造区域物流公共信息平台。加快建设区域公共物流信息服务平台，开展物流标准化区域合作试点，共同提高物流配送效率。推进区域基础交换点建设，实现与国家交通运输物流公共信息平台的对接和物流信息互联互通。优化信息平台建设，建设面向供应链一体化的企业联盟信息平台、提供第三方物流服务平台、运输业务在线交易平台，集成交通运输资源公共信息平台，全面提高物流信息化水平。

(6) 完善区域旅游信息共享平台。深入推进区域旅游信息合作与交流，建立泛珠三角区域旅游信息库，加快实现各省区旅游局、景区、旅游企业的网站无缝链接，创建泛珠智慧旅游服务平台，推动内地九省区电子行程单一体化建设，打造信息资源共享、统一高效开放的旅游信息服务平台。建立健全信息互通共享机制，及时发布泛珠各省区旅游、交通等各方面政策法规、办事信息和动态信息，向企业和公众提供一站式的信息服务；定期向各省区间通报各省区每季度的统计信息、旅游市场监察信息，尤其是违规（非法）企业与个人名单等情况，实现跨区域的信息互动与合作。共同构建区域旅游营销网络和旅游电子商务服务平台、共同策划和推广精品旅游线路、打造区域旅游品牌（见专栏 5-3）。

专栏 5-3 泛珠九省区重大信息平台建设工程

广东：广东省电子政务网络平台、广东省电子政务云平台、广东自贸试验区大数据平台、国家信息中心深圳大数据研究院、广东省制造业大数据平台、广东省数字公共文化服务信息管理平台、广东省云计算产业促进工程、广东省云计算应用服务工程。

江西：国家电子政务外网数据备份中心、江西省政府数据统一共享交换平台、江西省互联网政务数据平台和信息惠民服务平台、南昌高新区大数据中心、南昌临港经济区大数据中心、江西省文化传播大数据综合服务平台、中国电信江西云计算基地、江西航天云网、中华工业云、抚州云计算中心。

四川：四川省大数据交易中心、四川大数据公共云平台、郫县四川省大数据特色产业基地、中国电信四川云计算基地、云计算产业技术创新中心。

云南：云南省政务信息中心、昆明中国移动国际数据中心、华为玉溪云计算数据中心、浪潮昆明云计算中心、保山国际数据服务产业园、呈贡信息产业园等项目。

福建：数字福建（长乐）云计算中心、数字福建社会企业云平台、城镇基础设施智能化改造工程、位置信息服务平台、多卡融合公共平台、物联网公共支撑平台、视频能力服务平台等。

湖南：推进国家超级计算长沙中心、三大运营商云计算中心、互联网数据中心（IDC）等公共服务平台建设。

海南：海南省物流公共信息平台，中国—东盟物流公共信息平台，海口城市共同配送公共信息服务平台，供销大集马村物流园区仓储物流管理系统等。

广西：中国东盟信息港、北部湾数据资源交换中心、珠江—西江经济带信息枢纽港、黄金水道无线电监测网、桂林数据备份中心、南宁大数据产业园。

贵州：智慧物流云、智慧交通云、电子商务云、贵州大数据资源中心等信息平台。

4. 建立统一的市场执法标准和监管协调机制

建立统一的市场执法标准和监管协调机制，依托企业信用信息公示系统，推动实现市场主体基础信息互联互通、市场监管信息共享共认、市场监管措施协调联动、消费者权益保护异地受理处置和行政执法相互协作。规范行政处罚自由裁量权，探索建立区域行政处罚裁量基准制度，逐步统一内地九省区行政处罚裁量权的运用，为企业跨区域发展营造更加良好的行政执法环境。

深化监管执法合作，进一步建设公平、开放、有序市场环境。加强企业监管工作交流，强化打击传销合作机制，加强反不正当竞争执法合作，建立联合打击贩私的工作机制，在区域知识产权合作框架下积极探索建立跨境侵犯商标知识产权案件的协作机制。

统一监督标准，促进监督和执法分离。尽快清理各地、各部门的各类监督执法标准，建立泛珠区域统一的监督执法标准，促进各地、各部门监督执法部门之间信息共享和联合执法，避免多头执法、重复监督和一事多罚。与此同时，探索监管和执法分离，监管机构负责日常监督检查、发现和认定违法违规事实，具体处罚则交由专门的仲裁机构或法院负责，减少监督执法人员的自由裁量权。

搭建泛珠市场监管信息平台，包含了市场准入监管、质量监管、市场竞争秩序监管、消费维权和社会监督、食品安全监管、网络交易监管等六大系统信息，实现全域和全流程监管。建立跨省区市场主体信息交换与共享机制，全面加强企业商标、专利、原产地证明等知识产权保护合作，实现商标网上查询、公示、统计、监管、横向交流等功能，联手打击各种违法、违规行为，规范市场秩序。构建异地维权网络平台，建立失信企业“黑名单”相互通报制度。

加强事中事后监管。鼓励各级、各类监管部门尽快建立监管信息记录制度和违法违规企业黑名单制度，对守法合规经营企业减少年检，对进入黑名单企业则加重检查和日常监督，并通过取消经营资质、经营者禁入等措施，加大对违法违规企业的处罚。

健全区域执法打假联动机制，建立泛珠三角区域质量技术监督部门联合执法打假工作制度，实现执法打假信息和资源共享。深化质量监督和风险研判合作，建立监督抽查不合格产品信息共享与后处理工作移送机制，联合开展重点产业、重点产品质量分析、质量预警和趋势研判。建立执法信息交流、会议协商机制、区域执法办案协作和快速协调机制。

规范泛珠九省区行政处罚自由裁量权，研究建立区域行政处罚裁量基准制度，逐步统一内地 9 省区行政处罚裁量权的运用，为企业跨区域发展营造更加良好的行政执法环境。

建立社会化监管机制。充分发挥行业协会、征信机构、保险金融等中介服务组织的作用，在资质检查、标准实施、经营行为记录、信用评估等方面发挥社会监督作用，并利用保险费率、贷款利率、对标评估、信用评价等经济杠杆和行业自律手段，促进企业自觉规范经营行为，加快形成规范有序的市场竞争格局。

5. 建立区域一体化的运输服务管理体制

逐步推进各省区运输管理工作在各个层面的对接，积极消除地域管理壁垒，共同维护区域内运输市场秩序，实现道路运输管理政策一体化。

（1）推进道路客运管理一体化。建立和完善长途汽车联网售票系统，为旅客出行提供便捷服务。加强和完善旅游包车管理，规范市场秩序，构建省区间旅游客运网络。依托品牌企业，加强运管联网，积极发展汽车租赁业，实现省区间异地租车与异地还车。

（2）推进道路货运管理一体化。加强监管措施和规范的衔接、统一，提高危险品运输监管水平，确保运输生产安全；协调集装箱运输技术标准和管理政策的衔接、统一，取消对异地集装箱运输的政策性壁垒，实现集装箱运输管理一体化，使集装箱在出入各地区港口及主要道路上享受到与本地车辆同一政策。

（3）建立一体化的道路稽查制度。加强运政稽查，开展联合执法，促进道路运管信息交流与共享。建立道路运输稽查联席会议制度，打破道路运政工作按照不同的行政区划实行属地管理的局限，定期对成员单位提出的议案或工作建议进行研究，制定相应的对策，对地区内联合稽查行动进行统一部署，实现信息互通、管理同步。

（4）建立统一的运输管理法规。加强协调和沟通，强化地方性法规、规章、规范和标准的衔接。由内地七省区运管部门对旅客运输管理办法及相关标准、货物运输管理办法及相关标准等进行协商，努力消除地方性差异，促进道路运输在行政管理和监督处罚上逐步形成统一的标准尺度。

（5）积极推进省区相邻县市公交运营一体化发展。省区相邻县市交通运输主管部门联合向各省交通运输厅和泛珠协调委员会申请适度放开省区间公交运营的有关政策、法规限制，完善一体化运营协调机制，推进公共交通资源共享。全面详细调查调研各省区间相邻县市跨界公交出行需求，开展公交运营评估工作。统筹规划线路布设，协调安排运营合作与服务监管，定期协调对运营线路进行优化调整，在相邻县市公交运营整体规划方案框架下编制年度实施计划，编制客运班线公交化运营管理规范。

（二）建立统一要素市场

打破资金、人才、技术、产权、产品、信息等自由流动的各种障碍，积极培育和发展金融、土地、技术、产权等要素市场，实现区域内的市场开放和要素的自由流动，促进区内及区外之间的交流合作，推动劳动力、资本、技术等要素跨区域流动和优化配置。

1. 完善市场决定价格机制

2013 年 11 月中共中央发布了《关于全面深化改革若干重大问题的决定》，其中第 3 部分第 10 条明确提出了要完善主要由市场决定价格的机制，凡是能由市场形成价格的都交给市场，政府不进行不当干预。推进水、石油、天然气、电力、交通、电信等领域价格改革，放开竞争性环节价格。政府定价范围主要限定在重要公用事业、公益性服务、网络型自然垄断环节，提高透明度，接受社会监督。完善农产品价格形成机制，注重发挥市场形成价格作用。要推动泛珠三角地区统一要素市场的建设，就要进一步推动改革，减少政府对价格形成的干预，全面放开竞争性领域商品和服务价格，放开电力、石油、天然气、交通运输、电信等领域竞争性环节价格。

坚持市场配置资源的决定性作用，全面放开竞争性领域商品和服务价格。按照市场化方向，深化能源、水资源、环境服务、医疗服务、交通运输、公用事业和公益性服务等重点领域价格改革，放开竞争性环节价格。

健全政府定价机制，推进政府定价项目清单化。规范政府定价程序，加强成本监审和成本信息公开。完善价格调控机制，健全市场价格行为规则，强化市场价格监管，健全市场价格监管体系，完善反垄断执法机制，逐步确立竞争政策的基础性地位。创新价格调控手段，健全价格异常波动预警防范机制和重要商品储备制度。建立健全公用事业和公益性服务政府投入与价格调整相协调机制。加强价格监测、成本监审和社会监督，预防和应对市场价格异常波动。

完善重点领域价格形成机制，加快推进水、电、气等价格改革，完善城镇污水处理费、排污费、城市生活垃圾处理费、排污权有偿使用等环境服务价格政策，积极稳妥地推进医疗服务价格改革，健全交通运输价格机制，创新公用事业和公益性服务价格改革。落实好大用户直购电价格政策，降低电力价格，加强价格调控；建立完善居民用电、用水、用气阶梯价格制度和企业超定额用水加价制度，以及差别化电价和超限额能耗惩罚性电价制度；加快建立天然气价格动态调整机制。落实资源税改革，将重要资源产品由从量定额征收改为从价定率征收。

2. 统一区域金融市场体系

提高泛珠区域金融市场一体化程度，在区域范围积极推广自贸试验区金融改革可复制试点经验，加快推进金融信息、支付清算、票据流通、信用体系、外汇管理的区域一体化进程，提升金融服务实体经济能力。强化金融监管合作和风险联防联控，合力打击区域内非法集资，建立金融风险联合处置机制。

（1）优化区域内金融资源配置。共同创造良好的投资环境，发挥区域内发达地区的金融带动和辐射功能，建立适应不同企业的多层次、多种类金融市场，实现融资结构多元化；促进跨省区融资活动，鼓励银行开展异地信贷业务，帮助银行做好信贷异地流动的基础工作；探讨建立区域内保险服务合作体系，共同探索为不同保险人承保业务异地提供保险后续服务的灵活模式；支持港澳金融机构到区域内省区设立分支机构，推动区域内省区金融机构与港澳金融机构开展业务合作、技术合作和股权合作；充分利用香港、深圳的证券市场资源，支持区域内企业到香港、深圳证券交易所上市融资；鼓励和支持股权投资基金互设分支机构和拓展业务，加强股权投资基金风险防范，推动同业合作，促进股权投基金业规范健康发展；积极开展要素市场领域合作，互通有无，实现业务合作与资源共享；加快速度构建一套统一的金融支付结算体系，降低各项流通成本，提升银行的竞争力。

（2）推进区域金融标准化建设。开展银行业信用融资、信托、理财、网上银行等金融产品及监管标准的研制，开展证券业编码体系、接口协议、信息披露、信息安全、信息技术治理、业务规范以及保险业消费者保护、巨灾保险、健康医疗保险、农业保险、互联网保险等基础和服务标准制修订，增强我国金融业综合实力、国际竞争力和抗风险能力。

（3）鼓励区域金融创新探索。

一是推动港澳在内地投资体制机制改革。目前，CEPA 政策只在广东省实施，与港澳自由贸易政策只在广东、福建等自贸区先行实施。港澳在内地的投资均按外资管理，限制条件较多，审批程序较为复杂。建议共同推动广东 CEPA 负面清单先行先试政策率先在泛珠区域实施，尽快推广实施自由贸易区相关政策，对港澳在内地的投资参照内资进行管理，对资本流入实行国民待遇，并同时适当放宽对资本流出的限制，简化并放宽境内企业境外融资及上市的程序和规定，要适时修订境内企业赴境外上市的法律法规，推动泛珠区域与港澳经济的深度合作。

二是完善金融组织体系。联合完善金融组织体系，构建多层次金融服务体系，增强金融市场功能，在进一步发展银行、证券、保险金融机构的同时，根据区域经济社会发展的实际需求，大力发展村镇银行、小额贷款公司、金融租赁公司、股权投资基金及证券融资、资产管理、投资银行、要素交易市场等新型金融机构；相互推动有条件的金融机构以参股、控股、交叉持股、兼并重组等方式跨省区参与地方金融改革，以及跨省区互设机构和开展业务，促进资本跨区域流动与融合。

三是推动金融业态创新，促进金融租赁公司、消费金融公司、科技银行、小微企业金融服务专营机构、社区银行等新金融业态发展。培育和规范互联网金融发展，开展大数据金融产品和服务创新，鼓励发展互联网银行、互联网保险、互联网征信、网络支付等新业态，全面提升互联网金融服务能力。

（4）加强区域金融合作创新。

一是共享金融资源。共同创造良好的投资环境，发挥区域内发达地区的金融带动和辐射功能，建立适应不同企业的多层次、多种类金融市场，实现融资结构多元化；促进跨省区融资活动，鼓励银行开展异地信贷业务，帮助银行做好信贷异地流动的基础工作；探讨建立区域内保险服务合作体系，共同探索为不同保险人承保业务异地提供保险后续服务的灵活模式；支持港澳金融机构到区域内省区设立分支机构，推动区域内省区金融机构与港澳金融机构开展业务合作、技术合作和股权合作；充分利用香港、深圳的证券市场资源，支持区域内企业到香港、深圳证券交易所上市融资；鼓励和支持股权投资基金互设分支机构和拓展业务，加强股权投资基金风险防范，推动同业合作，促进股权投基金业规范健康发展；积极开展要素市场领域合作，互通有无，实现业务合作与资源共享；发挥各省区的地域和经济优势，推动各省区与东盟开展金融交流与合作。

二是加强金融合作创新。适时推进符合条件的民间资本发起设立民营银行等中小金融机构。引导区域内符合条件的创新型、创业型、成长型中小企业到全国中小企业股份转让系统挂牌进行股权融资、债权融资、资产重组等。探索创新金融产品，鼓励开展融资租赁服务。推动泛珠三角区域内地方政府、金融机构、大型企业集团、民间资本等各类主体出资设立股权投资基金，支持区域经济转型升级项目和重大基础设施建设。支持保险资金以债权、股权、基金、信托计划等多种形式投资区域内交通、能源、通信、市政、环保等基础设施建设项目。加强泛珠三角区域股权交易市场合作，促进泛珠三角区域融合创新发展。

三是探索建立区域金融平台。继续加强金融基础设施建设，大力推广现代化支付系统，积极发展区域票据交换系统；鼓励金融产品创新，探索开办跨市场金融工具，组建泛珠三角区域商业银行和泛珠三角银团信贷中心，支持泛珠区域能源、交通、油气通道、旅游、环保等重大项目建设，持久推动区域产业结构调整、基础设施建设和实施“走出去”战略；充分利用香港、深圳交易所的直接融资功能，改善区域融资结构；强化地方金融机构改革，鼓励跨区域收购、兼并、重组，鼓励港澳外资金融机构到泛珠三角各城市特别是区域内中、西部地区开设分支机构；促进区域内银行与保险、银行与证券、证券与保险的合作，培养具有加强核心竞争力的金融集团，做大金融资本，增强服务区域经济发展能力。加快建立区域金融风险监测指标体系，定期发布区域金融稳定评估结论，制定完善区域金融业应急预案。

3. 搭建区域跨省土地指标交易平台

从现有我国土地指标交易的经验来看，指标交易能够提升土地利用指标的运作质量，发挥最大的利用效率，推动土地资源利用的集约化。同时指标交易可促进城乡要素的流动，加快城乡一体化建设进程，在满足城镇发展建设的同时，给农村地区发展提供一定的发展资金，保障农村基础设施配套以及综合治理，提高农民的生产、生活水平。

但鉴于泛珠区域内各省区土地资源及利用效率的差异较大，且缺乏跨省区的土地交易机制设计，建议未来亟须加强指标交易的顶层设计，不仅是从省、市层面，而且更多从国家层面进行相关制度的制定以及相关法规的修改，同时做好实施细则，做好各省市的土地指标具体交易指导工作，让土地指标交易沿正确航向前行，充分发挥作用，切实服务于经济、社会发展和生态保护，促进区域和城乡一体化的发展进程。

4. 促进技术要素的自由流通

积极推动实现区域内科技资源的相互开放和共享，制定区域科技创新基础平台共享规则，率先相互开放国家级和省级重点实验室、中试基地等试验平台，缩小科技发展水平差异。依托示范区统一建设区域科技公共服务平台，促进服务链与创新链的对接，为科技创新创业提供信息交流、技术交易、企业孵化、人才流动、知识产权、投融资等配套服务。围绕区域科技成果转化重点，加快区域科技中介体系建设，着力优化区域科技创新创业环境，携手打造科技创新创业的适宜区。

（1）共建科技公共服务平台。争取国家支持，强化分工协作，有序推进区域科技公共服务平台建设，着力完善平台的服务功能和标准制订，打造一体化、高效共享的区域科技公共服务平台网络体系。如进一步提高泛珠大型科学仪器协作共用网、网上技术市场和技术产权交易中心、区域内优势基础科技平台的服务能力。同时，要集中建设一批工业研发设计平台，服务于工业的升级，提升工业竞争力。

（2）构建泛珠科技中介联盟。积极建设区域一体化科技中介服务机构，切实提高科技中介服务质量，为泛珠科技合作与协同创新提供融资、产权交易、评估和保险等多层次、宽领域、全方位的服务。大力推进区域性行业协会、学会建设，积极争取全国性、协会、学会、研究会等落户泛珠。促进省区间各类科技中介服务机构的交流合作，形成市场化、专业化、一体化的创新创业服务网络。

（3）强化科技资本对接。强化金融对科技创新创业的支持力度。选择科技和金融资源相对集中的城市和高新技术区，在创业风险投资、科技贷款、多层次资本市场建设、科技保险、知识产权质押、信用担保、企业债券等领域推动科技金融创新的综合试点。推行跨行政区开设账户、存贷款等相关金融服务，鼓励跨省区开展科技风险投资活动，鼓励国外风险基金和其他各类经济成分参与创业风险投资事业。探索民间资本发起的区域型创业投资机制，增加对区域内中小型高科技企业的金融供给。探索共建泛珠科技开发银行。

专栏 5-4 泛珠区域开放共用的科技领域

新材料领域：光电材料与技术国家重点实验室（广东）、粉末冶金国家重点实验室（湖南）、高分子材料工程国家重点实验室（四川）和国家非织造材料工程技术研究中心（海南）、国家贵金属材料工程技术研究中心（云南）、国家特种矿物材料工程研究中心和新材料产业化基地（广西）、国家复合改性聚合物材料工程技术研究中心（贵州）、纳米技术及先进材料研发中心（香港）、国家日用及建筑陶瓷工程技术研究中心（江西）。

生物医药领域：医学遗传学国家重点实验室（湖南）、植物化学与西部植物资源持续利用国家重点实验室（云南）、新发传染性疾病国家重点实验室（香港）、香港赛马会中药研究院（香港）、贵州中国科学院天然产物化学重点实验室和国家天然药物工程技术研究中心（四川）和国家中药现代化工程技术研究中心（广东）等。

先进制造技术领域：微细加工光学技术国家重点实验室（四川）、固体表面物理化学国家重点实验室（福建）、国家高效磨削工程技术研究中心（湖南）、汽车零部件研发中心（香港）等。

现代农业领域：国家杂交水稻工程技术研究中心（湖南）、国家农产品保鲜工程技术研究中心（广东）、农业生物多样性应用技术国家工程研究中心（云南）、热带作物生物技术国家重点实验室（海南）等。

电子信息技术领域：宽带光纤传输与通信系统技术国家重点实验室（四川）、国家863微硬盘研发中心（贵州）和国家新型电子元器件工程技术研究中心（广东）、资讯及通讯技术研发中心（香港）等。

5. 规范发展综合性产权交易市场

产权交易市场化是市场一体化的重要内容，通过产权交易能使泛珠区域经济合作达到更加深入的程度，对实现经济整合和资本的低成本扩张，形成规模经济、范围经济及合理的产业分工具有重大作用。建议考虑以广东省产权交易集团为核心，强化同其他省区产权交易中心的联系，整合中小交易所，统一产权交易的制度体系，建立服务于整个泛珠三角区域的综合产权交易平台，并逐步扩大与国内沪京津渝四大产权交易机构的协作关系，争取最大限度地实现区域资源配置最优化的目标。探索将交易种类拓展至国有企业实物资产、知识产权、农村产权、环境产权等各类权属交易，实现交易凭证互认。推进水、矿产、森林等资源使用权跨省交易。

（1）统一泛珠区域内产权交易的交易制度体系，包括交易规则、信息披露办法、受理办法、竞价办法、资金结算办法、审核办法、收费办法和纠纷调解办法等，逐步解决各省区产权交易相对封闭、割裂的不利局面，更好地发挥泛珠三角区域各产权交易市场的集聚、扩散和示范功能，促进以产权为纽带的跨地区存量资产盘活与增量资本投入，为各类生产要素在区域间的合理流动创造良好条件，同时为产权要素形成一个良好的公开、透明、高效的交易平台，推动开放、统一、有序的区域产权大市场的最终形成。

（2）深入推进矿产资源整合配置改革，建立区域非煤矿产资源整合机制，实行矿产资源分级分类管理，全面推行优势矿种矿业权招拍挂出让制度。完善矿业权一、二级市场体系，探索勘探权和采矿权分离机制、共生伴生矿业权一体化配置，健全矿产资源储备和矿产勘查开发准入、退出机制。推进形成多层次的矿业权资本市场运作机制。创新地质找矿机制，加大整装勘查力度，推进国有地勘单位体制改革。

（3）健全要素市场，打造各类商品交易市场。推动形成具有区域影响力的糖、粮食、木材、矿产品等大宗商品交易中心，花卉、果蔬、农机产品等商品交易市场，打造天然橡胶、三七、有色金属等一批具有辐射带动力和定价影响力的专业市场交易平台。

（4）加快建立统一规范的公共资源交易平台，建立公共资源出让收益合理共享机制。发展城乡建设用地二级市场，扩大国有土地有偿使用范围，减少非公益性用地划拨。深化林权制度改革和国有林场改革，完善林权抵押贷款制度，建立公益林补偿稳步增长和林权收储机制，健全规范有序统一的林权流转市场。整合不动产登记职责，推进不动产统一登记。

（5）加快推进国家电力体制改革综合试点，建立电力资源交易机制。形成泛珠区域独立的输配电价体系，组建相对独立的电力交易中心，培育社会资本参与的配售电主体，建立跨省、跨区电力交易机制。

（6）建立健全生态环境性权益交易制度和平台。加强碳排放管理合作，依托广州碳排放交易平台，率先在泛珠区域开展碳排放交易，推进区域内排污权交易工作。

（三）建立区域社会信用合作体系

建立泛珠三角区域统一社会信用代码制度和相关实名登记制度，建立健全企业、单位和个人诚信数据库（信用记录），建立区域信用联动机制，开展区域信用体系建设合作与交流，促进信用建设经验成果及信用市场服务的互通、互认和互用。通过完善社会信用体系建设，进一步提升全社会的信用观念。

1. 加快推进信用信息系统建设和应用

健全社会成员信用记录是社会信用体系建设的基本要求。发挥行业、地方、市场的力量和作用，加快推进信用信息系统建设，完善信用信息的记录、整合和应用，是形成守信激励和失信惩戒机制的基础和前提。

（1）推进信用标准化建设。制定信用信息数据库标准，实现信用信息标准化，建立以公民身份证号码和组织机构代码为基础的统一社会信用代码制度，同时推进信用信息征集、存储、共享等管理环节的标准化，为信用信息共享和开放提供统一技术支持。

（2）行业信用信息系统建设。

一是加强重点领域信用记录建设。以工商、纳税、价格、进出口、安全生产、产品质量、环境保护、食品药品、医疗卫生、知识产权、流通服务、工程建设、电子商务、交通运输、合同履约、人力资源和社会保障、教育科研等领域为重点，完善行业信用记录和从业人员信用档案。

二是建立行业信用信息数据库。各部门要以数据标准化和应用标准化为原则，依托国家各项重大信息化工程，整合行业内的信用信息资源，实现信用记录的电子化存储，加快建设信用信息系统，加快推进行业间信用信息互联互通。各行业分别负责本行业信用信息的组织与发布。

三是围绕产品和要素市场，建设和完善相关行业或领域的专业性信息共享平台，不断拓展各类交易平台中有关市场主体登记类、监管类、判决类、执行类、违约类信息记录的广度和深度，并逐步实现与信用平台的信息共享与交换。

（3）地方信用信息系统建设。

一是加快推进政务信用信息整合，加快建成覆盖县级行政区域的信用信息征集记录和查询应用网络体系。各地区要对本地区各部门、各单位履行公共管理职能过程中产生的信用信息进行记录、完善、整合，形成统一的信用信息共享平台，为企业、个人和社会征信机构等查询政务信用信息提供便利。

二是加强地区内信用信息的应用。各地区要制定政务信用信息公开目录，形成信息公开的监督机制。大力推进本地区各部门、各单位政务信用信息的交换与共享，在公共管理中加强信用信息应用，提高履职效率。

2. 完善区域社会信用信息合作机制

（1）建立区域社会信用信息共享平台。通过加强泛珠区内信息系统建设的合作，共同开发、建设综合性和专门性的区域信息交流网络，实现企业登记、企业监管等信用信息的共享；由政府部门牵头，以行业协会、社会中介组织为主体，构建各种以商品贸易、技术咨询、投资信息、劳务合作等为主要内容的跨省区信息网络平台，为企业提供低成本、全时段的信息服务；推动区域信用评估评级市场开放，加强信用信息和评估评级的归集应用。

（2）开展区域信用体系建设合作与交流，促进信用市场服务的互通、互认和互用。支持内地九省区建立健全各行业各领域信用记录，并与全国统一的信用信息共享交换平台实现对接，以统一社会信用代码为标识，实现企业登记、产品质量监管等信用信息的共享交换。推动区域信用评估评级市场开放，加强信用信息和评估评级的归集应用；建立区域违法失信黑名单公开曝光制度，对区域内企业联动实施信用激励、预警、惩戒等措施，实现跨地区信用联合奖惩，完善“一处失信、处处受限”的失信惩戒机制；建立区域内驰名商标、著名商标重点保护名录，相互通报重大商标侵权案件情况，加强跨省商标侵权案件的联动协查；支持内地九省区制定实施相互衔接直至统一的《信用信息管理办法》、《守信激励失信惩戒规定》。

3. 健全知识产权保护机制，加强跨区域知识产权执法力度

推动建立跨省区知识产权保护联盟，支持中新广州知识城开展国家知识产权运用和保护综合改革试点。发挥各知识产权服务业集聚区的辐射作用，促进知识产权服务与区域产业融合发展。完善专利代理信用信息查询系统，发挥广州知识产权法院的积极作用，加强区域知识产权司法协作。加强内地九省区与香港、澳门知识产权交流合作，共同推动区域知识产权执法协作。

一是修改相关知识产权的法律条款，强化行政执法力度，增加处罚手段。专利侵权和假冒专利之所以会反复发生、屡禁不止，其根本原因就在于当前知识产权保护特别是行政执法力度偏软。修改知识产权的相关法律条款，对反复性、群体性侵权和假冒专利、屡查屡犯等违法行为做出严厉的处罚，不仅是彰显法律的威严，更能把不良企业的不良想法遏制在萌芽之中，促进企业守法，更好地维护市场秩序，保护企业健康发展。

二是充分发挥专利行政执法跨区域、跨省份协作机制的作用，提高全国或者跨区域知识产权行政执法的效率，同时加快执法人员队伍建设，以增强行政执法力度。对于跨区域专利行政执法协作机制，应按照各负其责、协作配合、信息共享的原则，使立案协作、联合执法达到更好的效果，这将会对遏制反复性、群体性侵权案件起到重要的作用。

三是建立全国性的知识产权违法企业曝光查询平台，这样既可以彰显法律的神圣，也可以震慑违法企业，更为长远的是，为政府职能部门和社会各界提供信息查询的手段。这一平台的建立，有利于建立知识产权行政执法的权威性，有利于相关职能部门或企业在招投标项目申报等方面对相关企业进行信用查询，维护自己和其他企业的权益，同时有利于维护权利人的权益，推动违法企业改过自新，有利于建设和谐健康有序的市场秩序。

（四）构建区域大通关体制

1. 强化通关协作，推进大通关建设改革

（1）深入推行关检合作“三个一”。完善口岸综合服务体系和口岸联络协调机制，推动内陆口岸同沿海、沿边口岸通关协作，实现口岸管理相关部门信息互换、监管互认、执法互助，逐步实现关检合作“三个一”通关模式全面覆盖泛珠区域所有海关和检验检疫机构、所有通关现场、所有依法需要报关报检的货物和物品。海关、检验检疫部门的报关报检信息和查验放行指令实现数字化、电子化，通过泛珠电子口岸平台交换、对接和共享，

关检部门联合开展查验业务。

（2）加快建设单一窗口。在全面实施关检合作“三个一”（一次申报、一次查验、一次放行）的基础上，逐步实现“单一窗口”制度，推动口岸管理相关部门各作业系统的横向互联，实现数据共享交换，实现申报人通过“单一窗口”向口岸管理相关部门一次性申报。口岸管理相关部门通过泛珠电子口岸平台共享信息数据、实施职能管理，执法受理状态和执法结果通过“单一窗口”反馈给申报人。

（3）开展“一站式作业”试点。在广州、深圳、南宁、厦门等重要口岸先行开展“一站式作业”试点。以泛珠电子口岸为公共平台，口岸管理相关部门实行“联合查验、一次放行”。海关、检验检疫、边检、海事、交通运输等部门对同一运输工具实施联合登临检查；对同一进出口货物实施联合查验；在旅检、邮递和快件监管等环节推行关检“一机两屏”。

（4）整合利用监管设施资源。规范建设新设口岸和口岸功能区，共享共用查验场地，同步建设电子口岸。各级政府统筹协调利用本辖区内原有口岸基础设施等资源，加强口岸基础设施改造，推进口岸管理相关部门以口岸为单元共同使用卡口、视频监控、X光机等监管查验设备。

（5）打造高效的口岸通关模式。探索区域内铁路、水路和公路运输方式实行“多点报关、口岸验放”的监管模式，简化铁路转关作业手续，促进铁路运输在“9+2”的快速转关。口岸管理相关部门广泛实施无纸化通关和许可证联网核查核销。简化通关现场执法程序，通关现场仅保留必要的查验、检验检疫等执法作业环节，通过属地管理、前置服务、后续核查等方式将口岸通关现场非必要的执法作业前推后移，把口岸通关现场执法内容减到最低限度。加强九省区海关与香港和澳门海关的行政互助，实现信息资源的共享，加快建立与港澳跨境快速通关新模式。

（6）建立联合执法和安全联防机制。口岸管理相关部门依据各自职责，完善口岸应急处置机制，开展部门合作、风险研判，联合防控暴恐、应对突发事件，打击走私、骗退税、虚假贸易和反偷渡，查处逃避检验检疫和制止不安全产品及假冒伪劣商品进出境等，建立健全常态化的联合工作机制。

2. 强化泛珠区域通关一体化建设

（1）深入推进泛珠区域通关一体化改革。加强区域大通关协作，建立跨部门跨地区的通关协作机制，在现有福建、广东、广西、海南四省区海关区域通关一体化的基础上，加快推动泛珠三角区域贸易便利化和海关通关一体化改革，加强与长江经济带海关区域通关一体化衔接，逐步扩大一体化范围。除特定商品管理需求外，配合做好逐步取消许可证件指定报关口岸的管理方式，实现申报人自主选择通关口岸。

（2）全面推广自贸试验区可复制改革试点经验。主动跟进广东、福建自由贸易试验区在全国和海关特殊监管区域范围内可复制推广的改革经验，研究制定泛珠区域内可借鉴推广方案，全面推广“简化无纸通关随附单证”、“批次进出、集中申报”、“简化统一进出境备案清单”、“集中汇总纳税”、“全球维修产业检验检疫监管”、“检验检疫通关无纸化”、“第三方检验结果采信”、“出入境生物材料制品风险管理”等自贸试验区贸易便利化政策。

（3）完善内陆省区快速通关体制建设。在内陆省区加快合作建设“无水港”，沿海飞地港，完善口岸功能，争取国家支持在有条件的城市增设航空一类开放口岸、设立铁路一类开放口岸，规划建设铁路陆港，实现直接报关，打造一批高水平的贸易支点，共建面向世界、连接两岸三地、服务泛珠地区发展的对外开放综合通道。口岸管理相关部门要相互配合、联合执法，“一站式作业”，发现违法行为依职权分别处置。

3. 完善口岸平台建设，提高大通关便利化水平

口岸是对外开放的门户，也是国际物流大通道的重要节点，当前泛珠地区有数量众多的国家级开放口岸，但部分口岸在监管场所规范建设上与国家对外口岸的建设标准仍有差距，有的口岸仅有临时性的简易监管场所，制约了口岸物流的发展。建议泛珠区域要按照开放口岸现代化与专业化的规范要求，提高标准，配备完善的口岸配套设施，加强港口间优势互补，积极培育外贸共同航线，参照上海经验开展内外贸同船运输、国轮捎带、国际航班国内段货物运输，进一步提升泛珠区域港口竞争能力，提高对外开放和口岸互联互通水平。

（1）加快电子口岸系统和配套建设。加快建立大通关电子口岸信息平台，推进电子口岸互联互通和资源共享，大力发展海铁、海公、海空等多式联运，在口岸通关环节上继续搞好与海关、商务等部门的信息共享及协调配合。优化信息平台建设，建设面向供应链一体化的企业联盟信息平台、提供第三方物流服务平台、运输业务在线交易平台，集成交通运输资源公共信息平台。推动电子口岸建设成为共同的口岸管理共享平台，实现泛珠区域口岸管理相关部门信息互换、监管互认、执法互助。

加强对口岸卡口设施的信息化改造，实现进出车辆、集装箱等信息自动采集和电子识别自动放行。目标实现所有国家级口岸和海关特殊监管区之间的海关、检验检疫系统实现区港联动、区间联动。

（2）科学规划建设口岸，打造对外开放新平台。抓住国家支持泛珠开放合作发展的机遇，积极申报新设更多口岸，并科学规划、合理布局口岸功能区（口岸作业区），积极申报海关特殊监管区。从类型、功能、政策和管理四方面推进海关特殊监管区域整合，逐步将各类海关特殊监管区域整合为综合保税区，促进海关特殊监管区域发展保税加工、保税物流和保税服务等多元化业务。规范完善海关特殊监管区域税收政策，优化结转监管，提升管理效能，促进区域内外生产加工、物流和相关服务业的深度融合，促进区内企业参与国际市场竞争，打造高水平对外开放平台。加快建设一批新的双边多边开放合作平台，加快金砖国家新开发银行及亚太示范电子口岸网络运营中心建设，高起点推进各类跨国园区的建设。

（3）加快跨境电子商务平台建设。依托电子口岸平台建设跨境电子商务公共平台，推进与海关、检验检疫、税务、外汇管理等监管平台实现数据联网、参数配置。建立国际快件监管中心，引进龙头物流企业，推动跨境电子商务发展。加快培育跨境电子商务、外贸综合服务平台等新型贸易方式，推动建成大宗商品交易、跨境贸易电子商务和高端进口商品展示交易等外向型平台。

（4）健全通关诚信和法治体系。利用电子口岸平台建设进出口企业综合资信库、口岸管理政策资讯库，与相关部门实现数据互联互通、共享交换。依据守信激励、失信惩戒的原则，支持诚信、激励守法者，限制失信、惩戒违法者，实现差别化通关管理。积极推动口岸管理相关部门简政放权、放管结合，逐步取消和下放前置审批，完善事中事后监管。按照口岸管理部门执法权力清单和责任清单，依法公开行政审批、行政执法的依据、流程和结果，提高执法透明度和公信力。

（5）加强和规范口岸通关服务。口岸管理相关部门要结合口岸进出境物流、客流实际，动态调整口岸开闭关时间，拓展 24 小时通关服务。积极参与全国进出口货物口岸放行时间评价体系测评，公布口岸收费项目、标准和依据，优化出口退税服务，营造舒适、高效、便捷的大通关环境。要加强泛珠三角区域口岸基础设施建设，支持入境指定口岸和启运港建设，扩展和完善口岸功能，支持在区域内国际铁路货物运输重要节点和重要内河港口设立直接办理货物进出境手续的查验场所，提高通关便利化水平。

第六章 泛珠三角区域社会事业均衡发展研究

社会事业是关系人民生活福祉的重要内容，涵盖教育文化、医疗卫生、人力资源与社会保障、旅游事业和社会治理等多个方面，促进社会事业更好发展是保障最广大人民根本利益的重要途径。党的十八届五中全会建议提出，要把增进人民福祉、促进人的全面发展作为发展的出发点和落脚点，“十三五”期间就业、教育、文化、社保、医疗、住房等公共服务体系将更加健全，基本公共服务均等化水平将稳步提高，人民生活水平和质量将普遍提高。

泛珠三角区域包括福建、江西、湖南、广东、广西、海南、四川、贵州、云南等九省区（以下称内地九省区）和香港、澳门特别行政区，人口约5亿，约占全国的36%，因此加快推进以保障和改善民生为重点的社会事业发展意义重大。要加强泛珠三角区域社会事业领域合作，加快推动区域率先实现基本公共服务均等化和社会保障一体化，实现区域人民群众共享发展。

一、泛珠三角区域社会事业发展现状分析

自2003年泛珠三角区域合作提出以来，泛珠区域人民群众生活取得巨大进步，教育、文化、社会保障和就业、医疗卫生、社会治理等社会事业财政支出不断增长，2014年各省区社会事业财政支出占财政公共支出总额的比重平均达到40%以上。

（一）城乡居民收入明显提高

十多年来，泛珠城乡居民生活水平日益提高，多数省区城镇居民人均可支配收入2015年水平较2004年水平增长了2倍以上，农村居民人均可支配收入2015年水平较2004年水平增长了3倍以上。（见图6-1、图6-2）

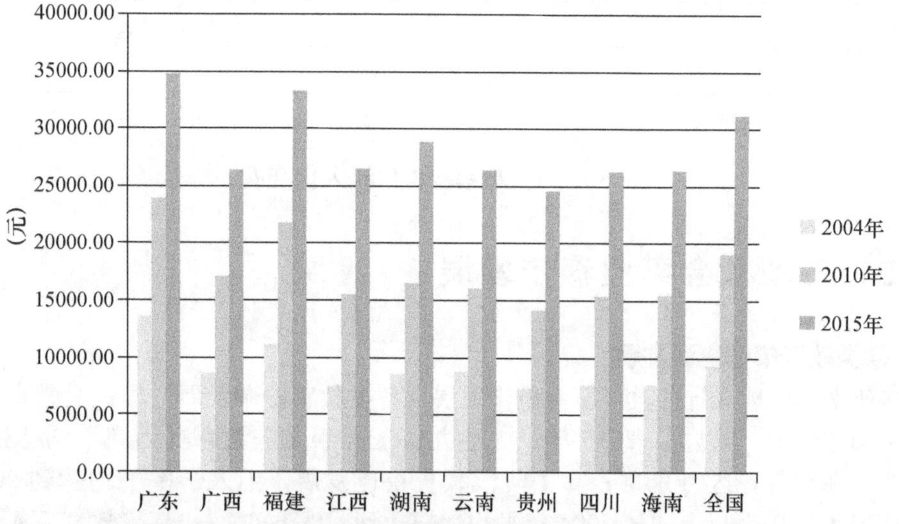

图6-1 泛珠区域城镇居民人均可支配收入变化

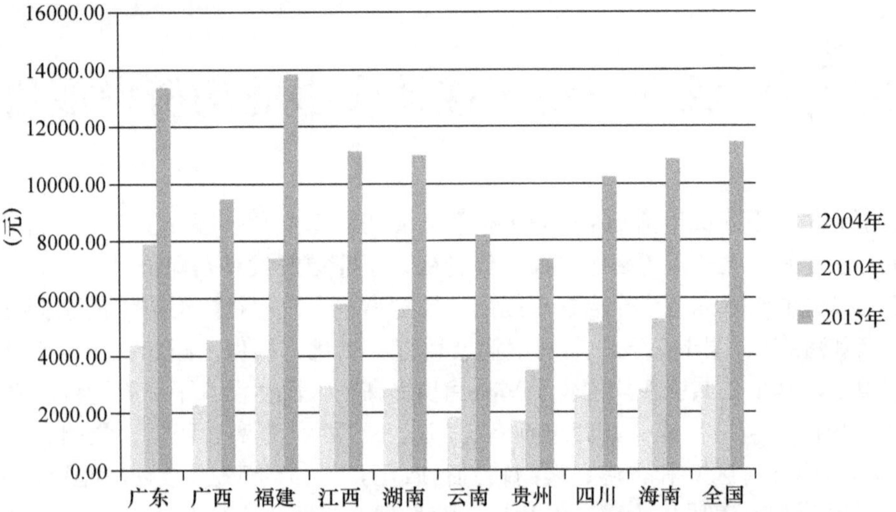

图 6-2 泛珠区域农村居民人均可支配收入变化

城乡居民收入比日趋缩小，多数省区低于全国水平。其中，福建、海南、江西降为2.4∶1，广东、四川、湖南降为2.6∶1，均低于全国的2.73∶1的水平。（见图 6-3）

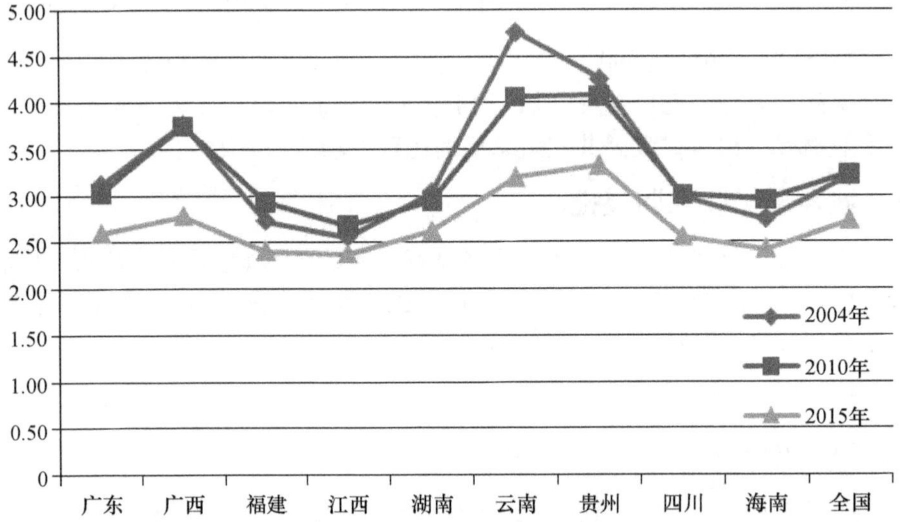

图 6-3 泛珠区域城乡收入比变化

（二）各项社会事业稳步发展

1. 各类教育事业协调发展

十多年来，内地九省区教育事业稳步发展，各类教育协调发展，居民受教育年限显著提高，平均达到 10 年以上。2015 年，内地九省区九年义务教育巩固率平均达到 93%以上，福建、湖南两省达到 98%；高中阶段教育快速发展，毛入学率平均达到 90%左右，广东、福建达到 93%以上，较 2004 年平均增幅达到 40%～60%；高等教育毛入学率平均达到30%左右，广东省达到33%，各省区研究生、普通本专科招生、毕业人数都有较大幅度提高。

从变化趋势上看，十年来九省区九年义务教育进入巩固发展阶段。中等职业教育和高中阶段教育进入平稳发展期，其中中等职业教育招生人数和在校人数都呈现下降趋势；高中教育招生人数和在校人数除广东、福建呈现下降趋势外，其他省区仍呈现缓慢增长态势。普通本专科教育、研究生等高等教育各省区都呈现较快增长趋势，无论是招生人数，还是在校人数、毕业生人数都呈现快速发展态势；从集中度上看，高等教育资源主要分布在广东省和四川省，两省的招生、在校、毕业人数均占到九省区的40%左右。

表 6-1　内地九省区重点大学名单

省区	985 工程	211 工程
广东	中山大学、华南理工大学	中山大学、暨南大学、华南理工大学、华南师范大学
广西		广西大学
福建	厦门大学	厦门大学、福州大学
江西		南昌大学
湖南	湖南大学、中南大学	湖南大学、中南大学、湖南师范大学
云南		云南大学
贵州		贵州大学
四川	四川大学、电子科技大学	四川大学、西南交通大学、电子科技大学、西南财经大学、四川农业大学
海南		海南大学

表 6-2　2010 年和 2015 年九省区高等教育情况对比　　单位：万人

2010 年九省区高等教育情况对比						
省区	研究生招生	在校生	毕业生	普通本专科招生	在校生	毕业生
广东	2.58	7.25	1.79	44.02	142.67	33.42
广西	0.77	2.08	0.54	18.38	56.75	13.81
福建	1.03	3.09	0.82	20.25	64.78	15.34
江西	0.8	2.1	0.5	25.6	81.6	22.6
湖南	1.83	5.62	1.31	31.05	104.72	27.61
云南				14.25	43.9	9.54
贵州	0.4246	1.14	0.29	10.15	32.33	7.48
四川	2.6	7.8	1.9		108.6	27.9
海南				5.66	17.59	
2015 年九省区高等教育情况对比						
省区	研究生招生	在校生	毕业生	普通本专科招生	在校生	毕业生
广东	3.07	8.94	2.62	56.15	185.64	47.69
广西	0.96	2.67	0.84	24.14	75.12	18.27
福建	1.33	4.13	1.1	21.79	75.85	19.47
江西	1	2.9	0.9	31	98.5	23.5
湖南	2.2	6.9	1.9	36	118.1	30.1
云南	1.08	3.2	0.97	18.98	61.46	14.6
贵州	0.54	1.55	0.45	16.02	50.09	11.68
四川	2.9	9	2.5	43.7	138.8	36.2
海南				6.18	20.68	

2. 各项文化事业繁荣发展

十多年来，内地九省区各类文化机构蓬勃发展，公共文化服务体系更加健全，文化馆、公共图书馆、博物馆个数都有明显增加。2015 年各省区广播人口覆盖率、电视人口覆盖率平均达到 95%以上，其中广东省二者均达到 99.9%。

表 6-3 九省区主要文化机构变化对比

单位：个

省份	文化馆			公共图书馆			博物馆		
	2004	2010	2015	2004	2010	2015	2004	2010	2015
广东	142	145	146	128	133	140	143	156	176
广西	100	99	123	96	104	112	41	64	124
福建	88	94	97	82	85	88	79	95	98
江西	113	101	104	104	108	113	85	118	138
湖南	125	140	143	115	120	136	70	67	115
云南	143	148	148	149	150	151	28	113	86
贵州		53	98		95	96		93	107
四川	194	203	207	137	159	203	55	90	222
海南		21	21		20	21			18

此外，目前九省区文化遗产保护取得显著成效，各省区基本建立了历史文化遗产保护制度。各级人民政府核定公布了文物保护单位、历史文化名城、街区、村镇；大部分文物保护单位划定了保护范围和建设控制地带，建立了记录档案，编制了专门的保护规划，形成了较为完善的文物修缮工程管理制度。许多文物古迹和非物质文化遗产已经成为社会效益和经济效益相得益彰的教育基地和文化旅游场所，在物质文明和精神文明建设中发挥了重要的作用。目前，泛珠区域共有世界文化遗产 5 处，世界文化景观遗产 2 处，世界文化与自然双重遗产 2 处，全国历史文化名城约 30 个，国家历史文化名镇 15 个，国家历史文化名村 16 个，国家级、省级非物质文化遗产 2300 多项，博物馆 1000 多个。

3. 医疗卫生体系不断健全

从各类卫生计生机构数量上看，九省区都有明显增加，尤其是“十二五”期间，各省区平均增幅达到 2 倍以上，其中福建、江西、湖南增幅达到 3 倍以上，各省区逐步形成了医院、卫生院、妇幼保健院、专科医院、疾病防控中心、乡村卫生室为体系的医疗卫生体系，拥有的医疗床位大幅增加。

2015 年，九省区每千人执业医师（含执业助理医师）数达到 1.93 人，每千人注册护士数达到 1.97 人，分别比 2010 年高出 0.55 人和 0.81 人，分别增长 40%和 69%。

表 6-4 2010 年和 2015 年九省区医疗卫生情况对比

2010 年九省区医疗卫生情况对比								
省区	共有各类卫生计生机构（万个）	医院	卫生院	妇幼保健机构	专科疾病防治机构	拥有医疗床位（万张）	执业医师、助理医师（万人）	注册护士（万人）
广东	1.65	2444		126	147	27.71	16.85	16.56
广西	1.03	450	1278	103		13.39	6.73	6.99
福建	0.71	456	873			11.09	5.54	5.28

续表 6-4

省区	共有各类卫生计生机构（万个）	医院	卫生院	妇幼保健机构	专科疾病防治机构	拥有医疗床位（万张）	执业医师、助理医师（万人）	注册护士（万人）
江西	0.72	2092		114	109	10.30	5.9	5.8
湖南	1.45	770	2330	140	85	20.81	11.1	9.5
云南	0.94	780	1385	147	31	15.71	6.33	
贵州								
四川	7.25					29.60	14.5	10.1
海南	0.23		307	24	25	2.53	1.45	1.71
2015 年九省区医疗卫生情况对比								
省区	共有各类卫生计生机构（万个）	医院	卫生院	妇幼保健机构	专科疾病防治机构	拥有医疗床位（万张）	执业医师、助理医师（万人）	注册护士（万人）
广东	4.80	1318	1218	130	131	42.50	23.2	24.6
广西	3.44	527	1267	104		21.45	9.18	11.32
福建	2.79	567	880			17.32	7.97	9.16
江西	3.86	2159		112	111	18.00	7.7	9
湖南	6.26	1173	2296	139	88	27.60	15.1	14.9
云南	2.42	1101	1372	145	29	23.76	7.96	
贵州	2.87	2600				19.71	6.34	7.6
四川	8.00	1940	4508	201		48.90	18.2	19.1
海南	0.51		298	24	19	3.75	1.93	2.39

4. 人力资源与社会保障水平不断提高

十多年来，九省区新增就业持续增加，登记失业率不断下降，社会保障覆盖面进一步扩大，多数省区基本实现了社会养老保险和医疗保险城乡一体化和全覆盖。

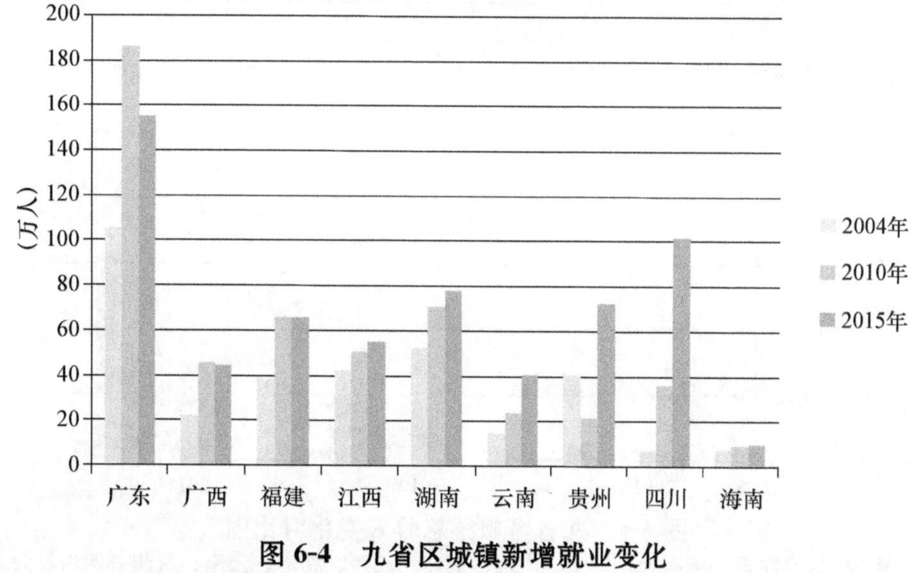

图 6-4　九省区城镇新增就业变化

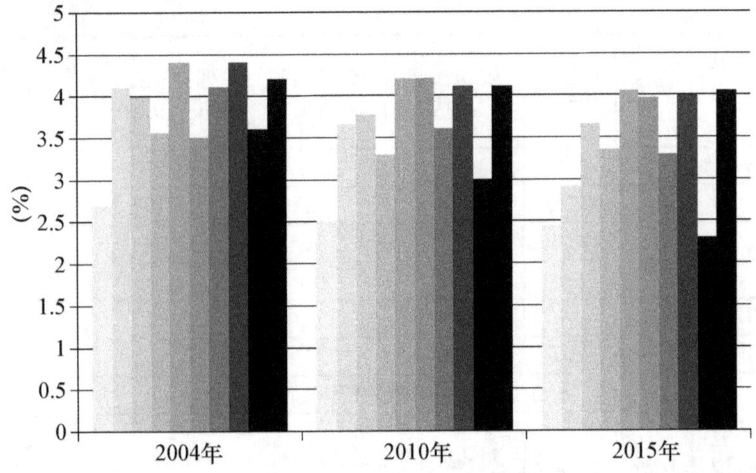

图 6-5 九省区及全国登记失业率变化对比

注：图中柱状自左至右依次为：广东、广西、福建、江西、湖南、云南、贵州、四川、海南、全国。

2015 年，九省区城乡基本医疗保险参保率达到 90%以上，其中广东省超过 98%；基本养老保险参保率平均达到 80%左右，其中广东省达到 94%。

十多年来，泛珠区域一直是全国就业的主战场，2004 年，九省区城镇新增就业总数为 332.7 万人，占全国新增就业总数的 33.95%，到了 2015 年，九省区城镇新增就业总数达到 625.01 万人，占全国新增就业总数的比重达到 47.64%。登记失业率也大都低于全国平均水平。

5. 旅游事业实现突破性发展

随着人们生活水平的日益提高和旅游配套设施的日益完善，十多年来，泛珠区域的旅游业实现突破性发展。2015 年，九省区旅游总收入达到 38797.76 亿元，是 2004 年的 9.1 倍，其中国内旅游收入达到 36887.33 亿元，是 2004 年的 10.2 倍，国内旅游人数达到 35.32 亿人次，是 2004 年的 7 倍。

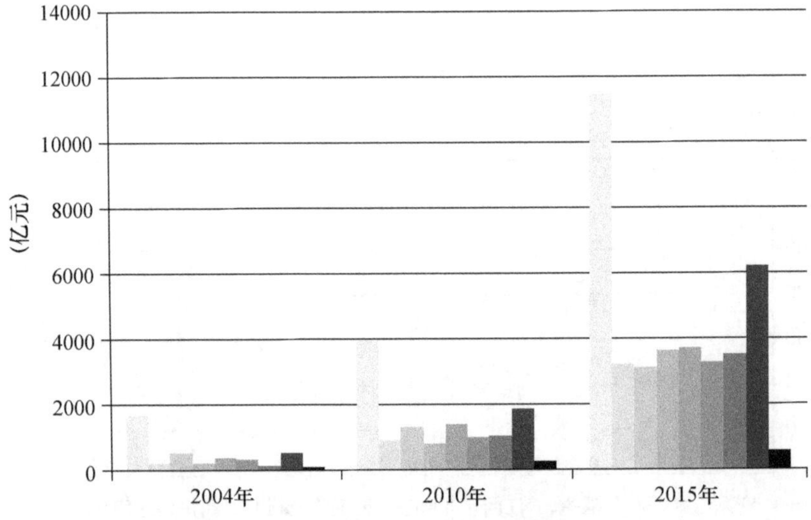

图 6-6 九省区旅游总收入变化对比图

注：图中柱状自左至右依次为：广东、广西、福建、江西、湖南、云南、贵州、四川、海南。

各省区都实现了快速发展，其中贵州、江西、广西、四川旅游总收入增长都达到了10倍以上。

（三）泛珠地区社会事业领域合作现状

泛珠地区合作以来，坚持以人为本，把改善民生、提高人民生活水平作为推进区域合作的根本保障，扎实推进教育文化、劳务输出、卫生防疫、医疗社保、食品安全、旅游事业、社会管理一体化等多方面的社会事业合作，不断加强区域对口支援和帮扶，促进城乡基本公共服务的一体化和均等化，努力缩小区域内发展差距，取得显著成效。

1. 省区间合作协议不断完善

目前，泛珠三角区域各方签署的社会事业方面的合作协议共50多份（见表6-5），基本涵盖了社会事业的各个方面，为各省区间社会事业合作指明了方向。

表6-5 泛珠区域社会事业领域相关合作协议列表

合作领域	协 议 名 称
教育文化	泛珠三角区域科技创新合作框架协议；关于加强泛珠三角区域教育交流合作的框架协议；泛珠三角省区社科院院长科研协作会议《广州共识》；泛珠三角区域科技合作长沙议定书；泛珠三角区域知识产权合作协议；泛珠三角区域（9+2）高等中医药院校合作发展框架协议；共建泛珠三角区域教育信息平台合作协议；泛珠三角区域基础教育课程改革与教学研究项目交流合作框架协议；泛珠三角区域科技创新合作框架协议；泛珠三角区域中心城市科技咨询合作协议书；泛珠三角区域城市科技咨询合作协议书；泛珠三角区域教育信息资源共建共享工程计划；泛珠三角电视媒体合作框架协议；泛珠三角出版合作框架协议；泛珠三角区域合作培养文化艺术领军人才意向书；泛珠三角区域合作与发展论坛文化合作专题磋商会体育合作磋商备忘录；泛珠三角区域广播电视媒体战略合作框架协议；泛珠三角主流媒体新闻报道合作框架协议；泛珠三角区域第23届全国书博会合作意向书
劳务（人才）	泛珠三角九省区劳务合作协议；泛珠三角九省区人才服务合作协议；泛珠三角区域维护跨省区务工人员合法权益联动协议；泛珠三角区域九省区劳动力市场联网合作议定书；泛珠三角九省区人才网站服务合作协议；泛珠三角区域质监系统人才培养和干部交流合作备忘录；泛珠三角区域九省区职业培训合作协议；泛珠三角区域九省区流动人员人事档案无障碍流转合作；泛珠三角区域人才网联盟合作协议；三省六市区域性人才合作框架协议
医疗卫生	泛珠三角九省区食品药品监管合作座谈会备忘录；泛珠三角区域疾病预防控制和卫生监督合作框架协议；粤港澳签署三地突发公共卫生事件应急合作协议；泛珠三角九省区食品药品监管合作框架协议；泛珠三角九省区药品监督稽查合作协议；泛珠三角九省区药品检验合作协议；共建泛珠三角区域食品安全体系合作协议；泛珠三角九省区食品药品监管信息化合作协议；泛珠三角地区人口和计划生育区域协作框架协议；泛珠三角区域流动人口计划生育信息共享协作协议书；第八届联席会议食品药品监督稽查合作协议；第八届联席会议食品药品检验检测合作协议；第八届联席会议药品医疗器械安全监测合作协议；第八届联席会议食品药品监管信息化合作协议；“泛珠三角应急协作区”食品药品安全应急协作框架协议；泛珠三角九省区食品药品监管药品广告和互联网药品信息监管合作协议；泛珠三角九省区食品药品监管医疗器械产品注册临床试验资料真实性核查合作协议；泛珠三角九省区食品药品监管人才培训交流合作协议

续表 6-5

合作领域	协 议 名 称
旅游事业	泛珠三角区域旅游合作框架协议；全面推进泛珠三角区域旅游协调发展合作协议；泛珠三角区域旅游合作指导性意见；泛珠三角区域以旅游标准化提升服务质量合作协议
社会治理	泛中南地区治安工作协作协议；泛珠三角省会市暨副省级市警务协作框架协议；中南暨泛珠三角十一省（区）刑侦协作框架协议；泛珠三角区域反走私合作协议；泛珠三角区域安全生产合作协议；泛珠三角省会市暨副省级市警务信息化合作协议；泛珠三角区域质监系统打击侵犯知识产权和制售假冒伪劣产品合作协议；泛珠三角区域严厉打击食品生产加工环节非法添加和滥用食品添加剂违法行为合作协议；泛珠三角九省区食品药品监管保健食品化妆品安全风险监测合作协议；泛珠三角九省区食品药品监管基本药物不良反应/事件应急、预警信息互通合作协议；泛珠三角九省区食品药品监管药品注册现场核查合作协议

2. 教育文化资源逐步开放共享

2004 年泛珠三角教育合作框架签署以来，泛珠区域着力在推动教育资源共享方面不断加强合作交流，取得显著成效。一是推进学校对口支援，帮扶贫困地区中小学发展；二是加强大学间合作，共享优质教育资源和专家资源；三是推进教育合作交流，开展教师挂职学习和青少年科教文化之旅。四是流动人口随迁子女在学前教育、义务教育、中职教育、高中教育基本实现顺畅衔接，在高考接续方面也积极进行了探索和实践。

此外，泛珠各方不断加强文化交流和文化市场合作，逐步消除区域文化壁垒，整合区域文化资源，逐步实现区域文化市场一体化。一是共同推动泛珠区域各省区大中型博物馆组建泛珠三角区域博物馆合作平台，整合区域内文化资源，推动文博合作交流。二是加强知识产权保护合作，大力推进泛珠三角区域知识产权执法协作，积极推进泛珠三角区域知识产权信息化建设。三是加强文化遗产保护合作，在海上丝绸之路已列入《中国世界文化遗产预备名单》的基础上，泛珠有关省区加强沟通协调，积极推进海上丝绸之路史迹申报世界文化遗产。四是不断加强文化人才培养和交流，启动文化艺术人才领军人物计划。五是省区间文化交流机制不断完善，尤其是粤港澳三地文化及文化产业交流合作正不断成熟；成昆火车线（川滇）沿线地市州规定按照成昆火车线顺序每年开展一次文化交流活动，举行美术、书法、摄影联展，文艺联合演出，以及学术交流等活动；此外，川澳、闽港等也在不断加强文化体育等方面的合作交流。

3. 劳务和社会保障合作不断完善

劳务合作是泛珠地区最早开展的合作之一，尤其是区域内的湖南、四川、湖北、江西等省都是每年向广州市输出劳务人员较多的省，达到十万人以上。2004 年泛珠地区签订《泛珠三角九省区劳务合作协议》，通过了《泛珠三角区域劳务合作联席会议章程》，标志着泛珠三角区域劳务合作全面启动。2004 年在粤就业半年以上的跨省流动就业人员达 1300 万人，其中来自泛珠三角八个省区的人员超过 1000 万，可以说，泛珠三角区域首先在劳务合作上已基本形成。

随着劳务合作的深入，2004 年职业资格九省区开始互认。2005 年九省区首届网上人才交流会举办；签订《泛珠三角区域维护跨省区务工人员合法权益联动协议》，取消跨省区务工就业条件限制，各省区对跨省区务工人员应与本省区就业人员一视同仁；签署了

《泛珠三角区域九省区劳动力市场联网合作议定书》，共同建立政府公益性的“泛珠三角区域九省区劳务合作信息网”，实现了区域内劳动力市场信息网络联网和信息共享。2008年，香港人才交流中心及香港人才网激活，香港加入“泛珠‘9+2’区域人才服务合作协议框架”，推动区域内的人力资源交流，优势互补。2009年，泛珠三角九省区签署人力资源信息共享框架协议，逐步实现了区域人力资源市场的统一。2012年九省区共同签署了职业培训合作协议，约定在五大方面进行合作，包括：建立健全泛珠三角区域就业失业监测信息平台；在泛珠三角区域信息网络基础上，建立泛珠三角区域职业培训信息平台，及时发布各个技能培训机构、各类技能培训专业及报名信息、各职业技能鉴定考试信息、各人事考试信息等；建立健全区域内职业技能培训平台；建立健全区域内人才科学评价认证体系，使各技能培训合格人员在区域内都能参加国家职业技能鉴定、专项能力考试、职称考试等评价考试；健全完善区域培训、就业一体化服务平台。2015年，泛珠举行人才服务合作第十七次联席会议，以“重建泛珠人才服务联盟大平台”为主题，深入探讨了“互联网+”时代下如何深化泛珠三角区域人才服务合作、创新泛珠三角人才网联盟平台运营模式等重要议题，签署了《泛珠三角区域人才网联盟合作协议》。2015年，泛珠各省区在粤纳入就业登记管理的务工人员数量达1005万人，占外省籍在粤务工人员总量1614万人的62.3%。

随着泛珠各省区间大力开展劳务交流合作，异地就医联网结算、公共服务和权益维护等服务也在深度对接。在跨省异地就医联网结算方面，2011年广州市与海南、湖南、云南3个省级平台以及福州、南昌、南宁、长沙、成都5个市级平台签订合作协议，建立了泛珠三角区域异地就医结算协作机制；2013年粤川实现就医跨地区跨机构结算，广州、南宁、长沙、南昌、成都、福州六市实现了医保异地就医即时结算；2014年，粤16个地市31家医疗机构实现异地就医联网结算，2014年10月起四川省实现异地就医人员住院医疗费用即时结算；2015年，国家开展跨省就医费用核查和即时结报试点，湖南、海南成为试点；海南省还与全国17个省（区、市）的89个统筹区签订合作协议，实现异地就医结算；2015年底，云南医疗保险异地就医联网即时结算工作在全国率先实现省内城镇职工、居民参保人群的省内异地就医购药持卡即时结算，并率先实现了辐射西南地区及泛珠三角等部分发达省市的跨省异地就医联网即时结算；广西也基本实现了全区异地就医购药直接结算。

同时，为保障劳动者权益，2012年广东联合各省（区、市）驻粤（劳务）办事机构，率先在全国成立在粤务工人员服务协会，并给予资金扶持，目前，已推动包括江西、湖南、广西、海南在内的九省区成立了在粤务工人员服务协会，在弥补政府服务上发挥了积极作用。此外，广东还着力加强劳动保障监察交流，严厉打击恶意欠薪逃匿和重大劳动保障违法行为，切实做好跨省区务工人员劳动保障维权工作，有效促进了在粤异地务工人员稳定就业和融入城镇。

4. 医疗卫生合作全面开展

2004年泛珠各省区签署《泛珠三角区域疾病预防控制和卫生监督合作框架协议》以来，各省区在医疗卫生应急、食品药品监管和人口计生等方面全面开展合作，取得显著成效。一是区域疾病防控网络体系初步建立，尤其是粤港澳珠三角大湾区已基本建立了完善的疾病防控一体化体系。十多年来泛珠各方不断加强卫生应急合作，多次开展了医疗救援跨境联合演习，不断加强传染病等突发公共卫生事件的交流合作。二是不断开展医疗合作，积极推进医疗卫生一体化建设，成立跨区域医疗联合体，逐步实现区域公共医疗卫生资源合作共享。三是加强食品药品监管合作，成立食品药品监督稽查协作区，实现药品、食品、化妆品、医疗器械等检验检测体系资源共享，初步形成跨区域食品药品监管机制，2015 年泛珠首届“食品安全链”产业发展创新论坛举行，发起成立“食品安全链”战略联盟，建立了“食品安全链”生态圈服务平台。四是开展人口计生合作，第六次全国人口普查显示，泛珠区域仍是人口流动迁移的重要区域，2010 年，国家人口计生委下发《关于加强泛珠三角地区人口和计划生育区域协作的意见》（国人口发〔2010〕41 号），提出在“十二五”期末，区域人口发展统筹协调机制要基本建立；区域全员人口信息资源共享要初步实现，流动人口信息协同管理要进一步完善；区域内计划生育基本项目免费技术服务要实现全覆盖，目前这些目标已基本实现。

5. 区域旅游环境不断优化

泛珠三角区域各省区拥有丰富的旅游资源和独具特色的旅游产品，旅游市场互补性强，旅游产业具有共同发展的广阔前景和良好的合作潜力。自 2004 年泛珠区域合作启动以来，由广东率先提出的“泛珠合作，旅游先行”这一主张得到了各方大力支持。

十余年来，泛珠区域围绕无障碍旅游发展，建立完善旅游合作工作机制，加强旅游宣传促销和人才培养合作，加快区域统一旅游市场建设管理，加大旅游项目投资领域合作，促进泛珠区域旅游线路跨地区对接，促进旅游客源互动，共同策划和推广泛珠区域海峡之旅、邮轮之旅、红色之旅、生态之旅等“一程多站”区域联线游，打造经福建循“小三通”航线延伸至台湾本岛等黄金旅游通道及“香港—澳门—广州—海口—桂林—贵阳—昆明—曼谷”国际旅游、“古田—井冈山—韶山—遵义—百色—广安—扎西”红色旅游、“港澳粤桂黔滇珠江源寻源探源游”等精品旅游线路。继续扩大“中国大香格里拉生态旅游区”影响，积极促进贵州生态旅游示范区建设，合作开发闽粤桂琼滨海旅游资源，推动区域旅游的国际联合推介，提高泛珠三角旅游品牌的国际知名度和美誉度，在澳门特区建设成为“世界旅游休闲中心”的过程中，共同促使泛珠区域成为重要国际旅游目的地。

目前，泛珠三角区域已经成为中国涵盖面积最大和最具有发展潜力的区域旅游合作区。

6. 社会治理方面实现广泛合作

在社会治理方面，泛珠地区在综合治安、应急管理、公共安全、司法等领域开展了广泛的合作。2004 年广州等 11 市签署《泛珠三角省会市暨副省级市警务协作框架协议》，共织“天网”，提高打击犯罪效率。2008 年，粤港澳三地建立联合反恐机制，建立了 24 小时反恐热线，随时进行点对点的情报信息交流，方便联手打击跨境犯罪。2010 年，粤赣警方签订警务协作协议，建立高效警务协作平台。2011 年，九省区公安厅签订了《泛珠三角警务合作框架协议》，规定相关警种之间在情报信息和联勤指挥、防范处置暴力恐怖活动、打击刑事犯罪、治安防控、重大安保任务、外国人管理、道路交通安全管理、网络安全等方面建立具体、实操的警务合作机制。2013 年，泛珠内地九省区联合印发了泛珠区域内地跨省区重大矿山事故救援应急预案、重大道路交通突发事件应急预案、重大突发环境事件应急预案、重大突发森林火灾应急预案等。近两年，九省区在跨省区打击贩毒、造假、诈骗、流窜作案、传销、盗窃、走私、反恐等领域，泛珠地区开展了广泛的合作，对维护区域社会治安和公共安全做出了巨大贡献。

（四）存在的主要问题及制约

1. 区域间差异和不均衡现象突出

由于泛珠三角区域地跨东中西部，沿海和内陆并存，尽管经过多年的努力，泛珠三角区域内部各项社会事业差距不断缩小，但由于内地九省区经济发展差异较大，各省区间的社会事业不均衡特征仍较明显，主要表现在：

（1）财政支出结构性差异明显。从图 6-7 中可以看出，广东省无论从支出总额还是各专项支出上（除社会保障和就业外）都远超其他省区。

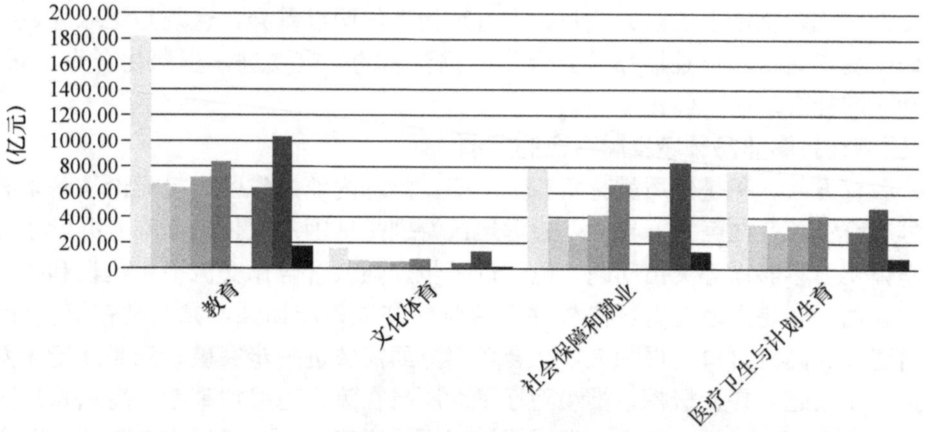

图 6-7　2014 年内地九省区社会事业支出对比

注：图中柱状自左至右为：广东、广西、福建、江西、湖南、云南、贵州、四川、海南。
资料来源：各省区 2015 年统计年鉴（云南省数据缺失）。

2014 年广东省在教育、文化体育、社会保障和就业、医疗卫生与计划生育上的总支出达到 3551.69 元，从总量上看远高于其他各省区，但从人均支出上看，广东省又落后于海南、贵州和江西。

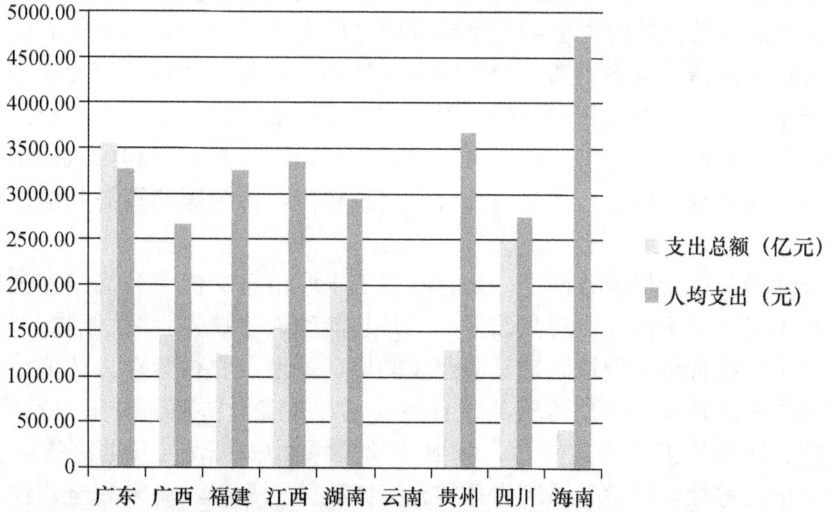

图 6-8　2014 年内地九省区社会事业支出总额及人均支出对比

资料来源：各省区 2015 年统计年鉴（云南省数据缺失）。

（2）社会事业发展水平存在不均衡性。主要表现在教育方面，尤其是高等教育方面不均衡显现显著，2015年广东省、四川省研究生招生数量达到2.9万人以上，而贵州、海南在5000人左右，其他省区也都在1万人左右；普通高等教育招生，2015年广东省达到56.15万人，海南省仅为6.18万人，其他省区也多在40万以下。医疗方面，无论是医院数还是床位数、医生数，广东省都要远高于其他各省区。旅游事业方面，广东省的国内外游客数量和旅游收入都在泛珠三角区域排首位，云南、福建、广西的入境游客数也较大，四川、湖南的国内游客数较大，海南、福建相对于其他省区旅游发展相对缓慢。

因此，从以上分析中更可以看出，泛珠各方，主要是内地九省区社会事业发展存在较大不均衡性，既有总量上的巨大差距，也有结构上的明显差异，这既是泛珠区域社会事业领域合作的主要问题，也是加强各方合作的重要制约，需要进一步深化合作、联动发展，尽快推动区域社会事业一体化发展。

2. 区域社会事业各领域发展存在的问题

（1）教育方面。一是优质教育资源不均衡，泛珠内地九省区直接无论从基础教育资源还是高等教育资源存在巨大差异性，边远地区特别是贫困地区依然面临着办学条件差、师资队伍整体实力不够强等突出问题，亟须进一步加强教育合作交流平台建设和扩大优质教育资源覆盖面。二是内地九省区高校联合共建尚需进一步加强，尤其是在招生计划安排、优势学科建设、高校对口支援和人才联合培养方面需要进一步突破。三是随迁子女高考问题尚需进一步破题，要积极探索推动随迁子女顺畅在流入地参加高考、高职等升学考试。

（2）文化方面。一是文化存在发展粗放、质量不高问题，区域内各省区内部文化所有制结构、文化产业结构、产品结构等还不尽合理，文化产业的核心产业发展不如外围产业，文化服务发展相对落后。二是区域文化影响力、辐射力有待提升，主要表现在：对外文化形象不鲜明，缺乏统一对外文化标识；区域间文化交流活动、文化市场一体化发展不足，区域文化消费规模较小。三是区域内丰富的文化遗产和非物质文化遗产资源的研究、保护和开发合作不足，缺乏资源整合。

（3）医疗卫生方面。一是区域疾病预防控制、突发卫生事件一体化联防联控网络尚未完全建立，缺乏统一的区域突发公共卫生事件应急联合指挥平台。二是优质医疗卫生资源分布不均，边远地区诊疗水平不高，缺乏资源合作共享机制，远程医疗发展不足，同级医疗机构检查结果互认尚需进一步加强规范引导和法律法规保障。三是食品药品监管能力有待提高，食品安全问题仍较突出，缺乏区域食品原产地可追溯制度和质量标识制度和跨区域重大安全事故应急联动机制。四是对外合作交流较少，传统医药资源和医疗保健优势发挥不足。

（4）劳务就业与社会保障方面。一是省际用工求职信息交流平台尚未完全建立，公共就业信息服务不足，结构性失业现象凸显。二是技能型人才缺失，“就业难”与“民工荒”现象并存。三是一些特殊类型地区缺乏职业技能培训基地，农村劳动力技能培训不足，影响了部分劳动力有序转移。四是劳资关系日益复杂，在工资协商、劳工权益维护等方面，代表工人与资方谈判的工会严重缺位，和谐劳动关系面临挑战。五是跨省区基本医疗保险、基本养老保险等社会保险关系跨省区转移接续政策不完善，尚未完全建立医保基金跨省结算机制，影响劳动力持续稳定就业和融入流入地生活。

（5）休闲旅游方面。一是仍存在行业、地区壁垒，区域无障碍旅游区尚未完全建立。

二是省区间优势旅游资源整合不足，缺乏区域旅游精品路线和旅游品牌，跨省区旅游合作尚需进一步加强。三是缺乏区域统一旅游标识，区域旅游市场仍存在一定的地域保护和条块分割现象。四是国际旅游合作机制尚未建立，尚未发挥泛珠三角区位优势和“一带一路”的旅游市场整合效应，旅游入境人数增长较慢。五是外国人入境、过境旅游便利化措施，包括72小时和144小时过境免签政策只在个别口岸实现，部分省区尚未享受相关优惠政策，影响了其旅游产业发展。

(6) 社会治理方面。一是缺乏区域协调一致的社会公共事务管理机制，尚未形成社会服务和管理合力。二是在跨地区、跨部门协调配合、军地联动、信息报告与通报、紧急征用与调用、应急预案编制与演练等方面尚缺乏具体明确的统一规定和操作性强的指导规范。面对突发事件，个别地方、个别领导有时仍以经验式管理为主，尚未做到完全根据事态自动启动应急响应，实现标准运行。三是泛珠全域的司法警务合作尚未建立，社会治安一体化防控体系尚未建立。

除此以外，目前部分合作机制还仅停留于签订合作协议、召开联席会议层面，由于缺乏统一、有约束力的领导机构，部分合作框架协议尚难实现实质性推进，没有发挥应有作用。未来要加强顶层设计和跨区域制度性、平台性机构和机制设计，推进社会事业领域优质资源覆盖面和共建共享，提高泛珠三角区域社会事业均衡发展和联合协作水平。

二、加强社会事业领域合作的基本思路

（一）总体思路

全面贯彻落实党的十八大、十八届二中、三中、四中、五中全会精神和习近平总书记系列重要讲话精神，以均衡发展与联合协作为主线，以改革创新为动力，以增进区域民生福祉和激发区域发展活力为目标，着力构建泛珠三角区域基本公共服务均等化和社会保障一体化的体制机制，全力推进跨区域教育文化、医疗卫生、人力资源和社会保障、旅游事业、社会治理等重点社会领域的合作，促进公共服务资源在区域间共建共享，逐步缩小东中西区域之间、城乡之间差距，不断增强区域内人民群众的幸福感，让人民群众享有更多发展成果，助推区域经济更快更好发展。

1. 通过合作带动欠发达区域实现均衡化发展

泛珠内地九省区内民族地区、边境地区、深山地区等连片贫困地区较多，这些地区社会事业发展相对落后，社会基础设施建设滞后，严重影响了这些地区的基本公共服务均等化水平，不仅造成内地九省区之间差距明显，有的省区多个指标也远远落后于全国平均水平。如广西目前校舍面积基本达标的学校不到50%，危房校舍面积依然庞大，60%的幼儿园园舍建设达不到标准，高中阶段和高等教育毛入学率分别低于全国平均水平8个和9.5个百分点；全区仍有超过半数的乡镇收不到或收不好广播信号。因此，要通过区域合作机制和模式的创新，促进社会事业发展滞后地区的公共服务资源实现供需平衡，实现泛珠三角区域社会事业的均衡发展。

2. 加快建立覆盖泛珠全域的联合协作机制

基于泛珠三角区域十余年的合作进展分析，推进泛珠地区省区间加强合作交流，有利

于促进区域经济体的快速健康发展。但同时，由于各方发展不均衡和发展诉求不一致，更多合作还限于几个省区、个别地市间的合作交流，一些好的经验、试点没有及时推广到泛珠三角所有区域，造成区域内部的条块分割和竞争。比如旅游合作，随着高铁时代的到来，多条高铁沿线城市成立旅游联盟，而缺乏泛珠三角全域的高铁沿线城市旅游联盟合作协议约束，不利于区域旅游市场的整体推广。再比如随着区域间劳务合作的加深，医保异地即时结算目前多在相关省区间达成合作，但还没有建立覆盖泛珠全域的合作体系，有的省区内部还没有实现医保异地就医一体化机制，此外养老保险等其他社保异地接续等问题也急需破解，这些都影响着区域人才市场一体化的建设。

3. 加快务实推进和完善各项合作框架协议

泛珠合作十余年来，各方签署了大量合作框架协议，仅社会事业合作领域就多达50多项，还不完全包括部分省区、地市间签的小区域性合作协议。框架协议大都明确了各方合作的具体内容和合作机制，但纵观实际合作进展，也有部分合作协议没有完全落实到位，部分合作协议也需要重新完善。比如教育领域，目前合作比较广泛的领域是高校资源共享，在职业教育、基础教育及毕业生就业等方面的合作也较少；文化方面，在非物质文化遗产保护和开发、公共文化服务体系建设、区域文化市场一体化建设等方面合作较少；医疗方面在疾病防控一体化、依托互联网的远程诊疗、跨区域重大安全事故联动、与东盟等国家合作交流的内容较少；劳务方面在建立统一的公共就业人才服务体系和公共就业服务信息平台、农村劳动力转移、区域养老、失业等社保关系转移接续等方面合作较少；旅游方面在区域旅游一体化、旅游人才培养、市场监管等领域合作较少。这些问题或薄弱环节是新时期泛珠三角区域社会事业领域合作的重要内容。

4. 推动国家相关重大改革事项落地

党的十八大以来，党中央、国务院出台了一系列改革文件，其中包括社会事业的教育、医疗、文化、科技、体育、旅游等多个领域，给出了今后一段时期的重要发展方向。作为国家的重要区域经济体，泛珠三角区域必须在发展内容和改革方向上与国家保持高度一致，已有合作框架中已经涉及的要坚定不移地加快推进，没有涉及的要加快签署补充协议，抢抓国家新一轮改革机遇，顺势而为，争取为国家深化改革、全面开放先试先行、总结经验，同时，也推动泛珠三角区域在国家区域发展总体战略中占据更重要地位，带动区域各省区的全面可持续发展。

当前，从国际上看，国际金融危机深层次影响还在继续，世界经济仍然处在深度调整期，存在较多的不稳定性和不确定性。从全国看，经济下行趋势明显，经济发展进入新常态，多地经济增速下降，发展压力巨大。因此，在此背景下，大范围的区域合作面临严峻挑战，但也是机遇。由于泛珠三角省区间经济的巨大差距，多数省区面临经济追赶压力，加快发展是落后地区必须坚持的基本原则，区域间竞争不可避免。同时，社会事业作为“非经济”事项也容易被合作忽视，更加有限的财政资金也可能减少相关投入。因此，作为泛珠三角区域的各方必须更加紧密合作，积极应对挑战，通过合作把挑战转化为机遇，抱团发展，互利共赢，努力使社会事业成为区域经济发展的润滑剂和催化剂。

（二）战略重点

统筹规划和开展泛珠三角区域社会事业发展和公共服务体系建设，优化和提升基本公共服务设施资源配置，构建资源共享、制度对接、要素趋同、流转顺畅、城乡统一、待遇互认、公平透明的基本公共服务体系。实现公共资源的区域共享和优势互补，推进泛珠三角区域公共服务产品均等化，完善社会治理，构建区域协调一致的社会公共事务管理机制，形成社会服务和管理合力，为区域和谐发展提供有力保障。

1. 广泛开展教育文化合作交流

大力推进教育信息化建设，充分利用现代信息技术和资源，建设开放式远程教育网络，实现区域内优势教育资源共建共享。建立教育人才交流平台，开展师资交流和合作培养。开展区域内发达地区与欠发达地区教育对口协作、基层教师交流培训、职业教育实训基地建设及师资培训合作，共建一批现代职业学校，提升区域整体教育水平。建立泛珠三角区域校企联盟，搭建省际间就业资源与服务合作平台，实现毕业生就业信息互通，共同开展毕业生就业市场招聘活动。加强区域内高校专家资源和教师培训交流合作，推进高等院校、科研院所等资源共享，积极探索区域高等院校合作模式，联合培养高层次人才。积极完善进城务工人员随迁子女就学政策，确保平等接受学前教育、义务教育，确保符合条件的顺利在流入地参加高考。推动内地九省区重点高校与港澳地区著名大学之间科学研究、人才培养和学术交流的合作，着力培养具有国际视野的人才。

支持区域间开展多样化的文化和体育交流。重点深化遗产保护合作，推动文博合作交流，充分发挥知名展会平台作用，展现泛珠各方文化特征和内涵，共同提升文化影响力。建立“9+2”非物质文化遗产展演展示、公共文化服务体制建设合作交流机制，组建区域演艺联盟。

2. 加强医疗卫生合作

扩大卫生应急协作机制，建立泛珠三角卫生信息化中心，加强信息标准化和公共服务信息平台建设，完善以疾病控制网络为主体的公共卫生信息系统，建立突发公共卫生事件防治协作机制、卫生监督协查和疾病预防控制联防机制，实现疫情通报、卫生监督、技术支援和资源共享。加大公共卫生科研合作与学术交流力度，推进医疗卫生资源共享、医院检验结果互认、疑难杂症远程会诊，建立同级医疗机构结果互认制度。建立区域食品药品安全检验检疫监测、信息监控、风险监测、技术标准和认证审评等技术支撑体系。建立食品药品安全信息平台。

3. 加强人力资源和社会保障合作

构建泛珠三角区域就业服务信息平台，逐步建立泛珠三角区域统一的就业市场，加强区域各城市人才交流和劳务合作，建设共享的人才和劳动力供求信息网络，逐步实现区域人力、人才资源的合理配置和无障碍流动。加强区域劳动者权益保护，建立劳动保障维权信息沟通制度和劳动保障违法案件协同处理制度。推动建立社会保障信息互通平台，实现区域保险政策对接，尽快实现区域劳动力医疗保险异地结算和养老保险关系顺畅转移接续。

4. 共同繁荣旅游市场

构建区域旅游发展共同体，共建休闲旅游市场。鼓励优势旅游企业开展跨区域的境内、境外经营活动，消除旅游壁垒，制定实施旅游便利化措施，建立互为目的地和客源地的联动机制，共同推进跨省区无障碍旅游区建设。充分发挥区域内各地独具特色的历史文化、自然山水和民俗风情等优势，统一旅游标识，联合打造世界级旅游目的地、旅游精品线路和旅游品牌。建立泛珠三角区域旅游信息库，实施旅游信息互通，推动内地九省区电子行程单一体化建设，共同构建区域旅游营销网络和旅游电子商务服务平台。共同协调和管理好区域内的旅游市场，协调解决和完善突发事件的应对机制及重大事件通报制度，联手整治市场秩序，联合打击不正当竞争行为和侵害消费者权益的行为，建立跨区域的旅游诚信体系。支持泛珠区域旅游发展先行先试，逐步实现泛珠区域与部分国家实行互免签证，简化邮轮、游艇出入境手续。

5. 加强区域社会治理协作

推进泛珠三角区域立体化治安防控体系建设，构建跨省区矛盾纠纷排查预警机制和案（事）件应急处置机制，创新社会治安治理体制。打破地域界限，共同应对安全生产、重大事故、卫生应急、环境污染、社会救助和灾害救助等方面的突发事件，加强区域统一应急预案制定，建立综合风险管理系统和应急救助指挥系统，提升联合处置能力。深化区域反走私合作，加强区域司法警务合作，共同筑牢区域反恐防线。加强泛珠区域流动人口信息协作，遵照国家信息系统（PADIS）流动人口子系统数据交换相关要求，交换流动人口个案和通报服务信息，提高区域流动人口管理服务能力。

三、促进教育文化合作

泛珠三角区域是我国综合实力最强、教育资源、文化资源最丰富的地区之一，教育文化发展在全国处于领先水平。近年来，泛珠区域各省市不断创新区域教育文化合作机制，区域教育协作和文化合作发展取得了显著成效，为全国其他区域教育文化合作提供了经验和示范。借势国家出台《关于深化泛珠三角区域合作的指导意见》机遇，进一步深化泛珠区域教育文化合作交流发展，对于发挥泛珠区域的区位优势，推进泛珠区域率先实现教育现代化，建立区域统一文化市场，进一步增强泛珠区域国际竞争力具有积极作用和重要意义。

（一）深入推进教育合作交流和联动发展

经过多年发展，泛珠三角区域教育已在全国占据重要地位，2015 年，内地九省区研究生招生、在校生规模占全国的 1/5 以上，普通高等教育招生规模占全国的 34%以上，在校生规模占 31%以上，中等职业教育招生、在校生规模占 36%左右，普通高中招生、在校生规模占 38%左右。泛珠三角区域已拥有一批知名高校及重大科技创新平台和大批重点学科及特色专业资源，这为教育合作及联动发展提供了重要资源基础，也为联合培育区域产业和经济发展需要的各类人才提供了合作条件。

1. 扩大优质教育资源覆盖面

教育不均衡，主要是由于优质教育资源缺乏造成的区域间、校际间优质教育资源不均衡。扩大优质教育资源覆盖面将有利于解决泛珠区域优质教育资源结构性数量不足、分布不均及部分省区自我造血能力不够等不均衡问题。

（1）构建利用信息化手段扩大教育资源覆盖面的有效机制。以教育信息化“三通两平台”建设为载体，加快推进区域教育信息一体化平台建设，共通人才信息库、教育资源数据库、教育资源与管理平台等，推进优质教育资源的开发、共享和利用，将优质教育资源数字化，加快区域教育信息一体化进程。

筹建泛珠三角区域优质教育资源（教学教研）网，实现内地九省区优质教育资源的互联互通，打造泛珠三角区域教育资源的信息交流与共建共享平台。引导加盟学校开展线上线下的交流活动，合作编制优秀教学课例，共享数字化校园建设典型案例以及开展其他形式的特色项目合作。

（2）建设泛珠三角区域优质教育资源共建共享联盟。建立区域内优质教育资源合作交流机制。一是在基础教育阶段推广学区化、集团化办学模式，支持和推动优质学校组建集团，实现学区和集团内课程、教师、设施设备等优质资源共享；建立优质学校集群式发展模式，推动学校之间组建学校联盟、试行集团化办学；鼓励品牌幼儿园以承办新园、托管薄弱园等形式扩大优质学前教育资源。二是建立职业教育优质资源共建共享机制，完善优质职教资源遴选共享机制，推进职业教育优质资源跨省区、跨行业共建共享，重点为区域内贫困地区职业院校“量身定做”一批职业教育优质课程资源，有效实现贫困地区职业院校共享区域优质职业教育资源。支持贵州实施教育“9＋3”计划，黔粤、黔桂等共建现代职业学校。三是改革高等教育公共资源平台建设及管理，改进高校数字图书馆运行和管理办法，建设一批开放共享的高校数字教学资源中心，加强高校在线开放课程开发和应用；建立和完善各省区内高校重点实验室和大型仪器设施共享数据库等公共信息平台，促进大型仪器向全社会开发共享，打造泛珠高等教育的区域性公共资源共享体系。

2. 建立教育合作交流平台

（1）组建泛珠三角教研发展共同体。重点合作开展基础教育研究和深化以促进学生全面发展为核心的中小学课程改革。探索开发体现区域共同地域特色的地方课程，并组织编写地方教材，推动教学方式、学习方式改革，推广自主学习、探究式学习、实践教学等方面的成功经验。完善区域教育交流年会制度，推进课程改革成果和教学资源共享及信息沟通。

（2）搭建师资培训共建共享平台。整合、利用九省区内有影响力的国内外教师培训基地、教师培训课程及教材，共建共享优质教育培训资源。加大互派教师交换任教的力度，编制泛珠三角区域中小学名师名校长联合培训计划，鼓励优秀的校长和教师到薄弱学校任职任教，探索和形成泛珠三角区域师资合作培养、共同提高的新机制。鼓励和支持泛珠三角区域在国家有关规定的基础上，探索建立相对统一的区域性教师任职标准与专职进修要求。

（3）打造泛珠三角教师教育联盟。以区域内高校教师为主体，在更高的层次上开辟区域内教师交流合作的新平台。着重利用各自教师教育的办学特色和优质资源，在教师教育模式创新、课程改革、师资队伍建设、资源优化、学生交流、理论研究等方面开展师资合作交流，协同推进卓越教师培养、教师教育课程、教师教育师生交流培训、教育实习实践基地建设、教师教育资源建设、教师教育理论研究等领域的改革与探索，促进资源共享、优势互补，提高高校教师培养质量。

（4）搭建实训基地共建共享平台。签署泛珠三角区域职业教育实训基地共享框架协议，积极遴选一批设备先进、管理一流的实训基地，增挂“泛珠三角职业教育共享实训基地”标牌，面向区域内所有职业学校开放，接纳异地学生实习培训。依托挂牌实训基地，积极打造国家级职业教育实训基地，共建区域性技能人才实训基地和合作培养平台。支持发展以区域产业发展需求为导向的“定点招生、定岗培训、定向就业”订单式职业培训，建立区域内政府、社会、企业多方参与的职业技能培训机制，加强区域内职业培训机构的交流互动。

（5）搭建区域毕业生就业信息平台。以职业教育和高等教育毕业生为主体对象，尽快搭建泛珠三角毕业生就业互动信息平台，建立大中专院校毕业生就业信息互通机制，实现泛珠三角区域高校、政府、企事业用人单位、学生信息的充分交流、互动与共享，根据需求定期发布数据提供给社会及相关部门，并建立跟踪调查体系，了解当年就业需求情况。

（6）搭建重要对话与交流平台。积极搭建各种对话交流平台，构筑泛珠三角教育联动发展的沟通渠道。支持各相关单位联合主办“泛珠三角基础教育论坛”、“泛珠三角职业教育论坛”、“泛珠三角高校教育论坛”、“泛珠三角校长高峰论坛”、“泛珠三角大学生（研究生）教育创新论坛”等。

3. 鼓励内地九省区高校联合共建

（1）分类组建泛珠三角高校合作联盟。一是努力建立泛珠三角名校联盟，以区域内的7所985工程大学为主体，打造有国际影响的教育合作品牌，打造南方教育高地。二是探索建立泛珠三角区域高水平大学、应用技术型高校、师范院校的发展联盟，鼓励和支持高等学校依托学科、专业优势，跨省区与其他高校、行业企业、科研院所、地方政府以及有关单位深度合作，形成协同创新的有效机制，推进若干高校尽快进入全国乃至世界高水平大学行列。支持推动南昌大学与海南大学深入合作，推动中山大学对口帮扶活动。三是支持加大对四川等西部人口大省的高校招生计划倾斜，支持提高西部人口大省高校招生录取水平。

（2）联合共建优势学科。一是依托高校联盟组建优势学科群，积极组建由优势带头学科、基础支撑学科、相关配套学科、新兴交叉学科同存共荣的学科群，促进学科间的协同与互动，增强学科的群体效应和共生效应，为优势学科的建设营造良好的学科生态。通过各学科之间的互相支撑、互为补充、深度融合，在进一步提升优势学科水平的同时，带动相关学科的发展，最终实现学科的整体优化和可持续发展。支持广东、福建等院校适当增加对海南旅游、海洋等方面招生计划。二是统筹推进优势特色学科建设，立足科学发展前沿和战略需求，完善重点学科建设体系，突出一流学科队伍建设，深化学科管理机制、评估机制、绩效机制和人才培养机制改革。建立优势特色学科评价指标体系和同行评议制度，实施高水平学科动态调整机制。

（3）联合共建研究机构，打造协同创新平台。依托高校重点实验室、研究机构等优质教育资源共享平台，鼓励高校之间、高校与企事业单位之间组建跨学科、跨领域的研究团队和研究平台，聚焦前沿领域开展高水平协同创新和特色新型智库建设，增强高校服务国家和泛珠三角区域发展的能力。

（4）构建区域人才协同培育模式。依托高校合作联盟，鼓励和支持区域内相关高校间的学分互认和跨校选课，探索启动高校交流生计划，探索合作培养、交叉培养学生的路径和体制。大力推进高校重点实验室、工程技术研究中心等研究基地和创新平台等向本科学生开放，深化以提升创新创业能力为导向的高校人才培养模式改革。

4. 完善跨区域就业人员随迁子女就学政策

（1）完善异地务工人员随迁子女平等接受义务教育政策。继续坚持以流入地为主、以公办学校为主的“两为主”政策，将常住人口纳入区域教育发展规划，推行按照进城务工人员随迁子女在校人数拨付教育经费，适度扩大公办学校资源，全力满足进城务工人员随迁子女在公办学校平等接受学前教育、义务教育。在公办学校不能满足需要的情况下，可采取政府购买服务等方式保障进城务工人员随迁子女在依法举办的民办学校接受学前教育、义务教育。

（2）落实并完善随迁子女在当地参加中考、高考升学机制。一是完善随迁子女在当地参加中考的政策，简化条件，原则上凡具有相关省区义务教育阶段学籍的应届初中毕业随迁子女，应均可参加当地中考和普通高中、中等职业学校录取。二是落实并完善随迁子女异地高考制度，各省区应结合自身城市功能定位和资源环境承载能力，尽快出台或完善实施方案，细化各项操作办法和工作流程，加大政策宣传，切实便利符合条件的随迁子女参加本地高考升学考试。

5. 推动与港澳教育合作

（1）支持港澳中小学与内地九省区中小学结对姊妹学校。加强在课程设置、教学方法、师资培训、教师协作、研讨交流、学生互换等方面的合作交流。推进内地九省区与粤港青少年交流活动基地建设。

（2）加强粤港职业教育培训合作和人才交流。支持港澳国际教育机构与内地机构合作在内地九省区开展职业培训服务。推进港澳与内地九省区职业教育在培养培训、师资交流、技能竞赛等方面的合作，引进高水平职业培训机构，建立职业技能实习实训基地，提供贴近企业需求的专业课程和人才培养项目。加强内地与港澳专业人才培训和交流合作。

（3）支持港澳知名大学到内地九省区开展合作办学。探索创新与港澳知名高校合作办学模式，在自主招生、课程设置、学位授予等方面给予合作办学高校更大的自主权，并在国家承认方面给予支持。支持港澳高校在内地招生政策和教育项目优先在泛珠三角各省区实施。支持港澳大学、科研机构及港资企业在内地九省区设立研发机构、研发中心（工程中心）、合作基地，合作省区要择优给予专项财政资金补贴。

（4）打造粤港澳国际教育中心。健全粤港澳教育发展合作机制，巩固教育交流合作平台，扩大合作领域，深化科研合作和学术交流，加强产学研合作。积极推进粤港澳三地在学生培养、联合办学、学历认可、师资培训、课程教学等诸多领域从政府高层、政策、理论研讨和教育实践展开合作与交流，努力打造粤港澳国际教育中心，使珠三角地区发展成为国际性的人才培养中心、学术研究中心和信息交流中心。

（二）推动区域文化合作交流和一体化建设

随着我国经济进入新常态，文化及文化产业正成为推动我国经济发展转型升级的重要力量。“十三五”规划纲要提出到2020年文化产业要成为国民经济的支柱性产业。目前，我国文化产业政策环境不断优化，顶层设计日渐完善，文化及文化产业发展活力将进一步释放。尤其是随着“互联网＋”的快速发展，“十三五”时期中国文化产业将全面进入大数据时代，互联网文化产业将成为文化产业发展的主流，整体发展格局将发生重大变化，互联网文化产业占文化产业整体市场价值将更加突出，文化产业跨界融合发展态势将更加明显，大量社会资本将被吸引投入到文化及文化产业领域，这为泛珠三角区域文化及文化产业发展带来巨大机遇。要抓住机遇，深入推进泛珠三角区域文化交流合作，努力建设联合协作的文化遗产保护安全体系、惠及全民的公共文化服务体系、一体化的现代文化市场体系、共建共享的文化支撑体系、覆盖广泛的文化传播和文化产品流通体系，扩大区域文化消费规模。

1. 深化文化遗产保护合作

文化遗产包括物质文化遗产和非物质文化遗产。物质文化遗产是具有历史、艺术和科学价值的文物，包括古遗址、古墓葬、古建筑、石窟寺、石刻、壁画、近代现代重要史迹及代表性建筑等不可移动文物，历史上各时代的重要实物、艺术品、文献、手稿、图书资料等可移动文物；以及在建筑式样、分布均匀或与环境景色结合方面具有突出普遍价值的历史文化名城（街区、村、镇）。非物质文化遗产是指各种以非物质形态存在的与群众生活密切相关、世代相承的传统文化表现形式，包括口头传统、传统表演艺术、民俗活动和礼仪与节庆、有关自然界和宇宙的民间传统知识和实践、传统手工艺技能等以及与上述传统文化表现形式相关的文化空间。

泛珠三角区域文化遗产资源丰富，国家级、省级物质文化遗产、非物质文化遗产分布广泛（见表6-6），各省区形成了独具自身特色的文化符号和品牌，包括广东的岭南文化、福建的闽南文化、江西的赣鄱文化、湖南的湖湘文化、四川的巴蜀文化、云南的云岭文化、海南的海岛文化、广西的山水文化、贵州的多彩文化等，以及具有大区域特征的客家文化、民族文化、边境文化、海洋文化、妈祖文化、红色文化、华侨文化、丝路文化等。随着“互联网+”的发展和区域综合交通体系（尤其是高铁）等基础设施的完善，为深化泛珠区域文化遗产保护合作提供了基础和条件。

表 6-6 泛珠三角区域主要文件遗产分布

<table>
<tr><th rowspan="2">省区</th><th rowspan="2">文化遗产</th><th rowspan="2">世界文化景观遗产</th><th rowspan="2">世界文化与自然双重遗产</th><th colspan="2">非物质文化遗产</th><th rowspan="2">国立博物馆（部分）</th><th rowspan="2">全国历史文化名村</th><th rowspan="2">全国历史文化名镇</th><th rowspan="2">全国历史文化名城</th></tr>
<tr><th>国家级</th><th>省级</th></tr>
<tr><td>广东</td><td>开平碉楼与村落</td><td></td><td></td><td>72</td><td>47</td><td>广州博物馆、广东省博物馆、河源市博物馆、客家民俗博物馆、番禺博物馆、深圳博物馆、鸦片战争博物馆、中山市博物馆、中山大学生物数字博物馆</td><td>开平市塘口镇自力村、东莞市茶山镇南社村、佛山市顺德区北滘镇碧江村、深圳市龙岗区大鹏镇鹏城村、佛山市三水区乐平镇大旗头村</td><td>吴川市吴阳镇、广州市番禺区沙湾镇</td><td>广州、雷州、肇庆、佛山、梅州、潮州</td></tr>
<tr><td>广西</td><td></td><td></td><td></td><td colspan="2">200</td><td></td><td></td><td>灵川县大圩镇</td><td>柳州、桂林</td></tr>
<tr><td>福建</td><td>福建土楼</td><td>武夷山</td><td></td><td>124</td><td>364</td><td>厦门博物馆</td><td>连城县宣和乡培田村、武夷山市武夷乡下梅村、南靖县书洋镇田螺坑村</td><td>邵武市和平镇、上杭县古田镇</td><td>长汀、福州、漳州、泉州</td></tr>
</table>

续表 6-6

省区	文化遗产	世界文化景观遗产	世界文化与自然双重遗产	非物质文化遗产		国立博物馆（部分）	全国历史文化名村	全国历史文化名镇	全国历史文化名城
				国家级	省级				
江西			庐山	69	427	江西省博物馆	吉安市青原区文陂乡渼陂村、婺源县沱川乡理坑村、乐安县牛田镇流坑村	浮梁县瑶里镇	赣州、景德镇
湖南	土司遗址			256		湖南地质博物馆、怀化博物馆	岳阳县张谷英镇张谷英村	龙山县里耶镇	凤凰、岳阳、长沙
云南		哈尼梯田		35	123	昆明市博物馆、纳西东巴文化博物馆、云南地质博物馆	会泽县娜姑镇白雾村	禄丰县黑井镇	昆明、建水、巍山、丽江、大理
贵州	海龙囤			107	436		安顺市西秀区七眼桥镇云山屯村	习水县土城镇、贵阳市花溪区青岩镇	遵义
四川	青城山—都江堰		峨眉山—乐山大佛	19		成都永陵博物馆、成都杜甫草堂博物馆、成都理工学院博物馆、成都市博物馆、成都大熊猫博物馆、凉山彝族奴隶社会博物馆、绵竹年画博物馆、四川大学博物馆、四川省博物馆、四川广汉三星堆博物馆	丹巴县梭坡乡莫洛村、攀枝花市仁和区平地镇迤沙拉村	大邑县安仁镇、宜宾市翠屏区李庄镇、邛崃市平乐镇、阆中市老观镇	成都、汉中、乐山、都江堰、泸州、阆中、宜宾、自贡
海南				29	74				琼山
澳门	澳门历史城区			8		澳门博物馆			
香港						罗屋民俗馆、香港海防博物馆、香港历史博物馆、香港太空馆、香港文化博物馆			

注：非物质文化遗产数量根据各省区非物质文化遗产网统计。

（1）加强物质文化遗产（文物）保护合作。重点开展重要文化遗产地、抢救性文物、国家历史文化名城、名镇、名村和传统村落保护建设合作。重点开展型基本建设文物考古和文物抢救工程、近现代重要史迹保护工程、民族地区重点文物保护工程、古村落古民居保护工程、世界文化遗产保护工程和水下文化遗产保护工程等方面的合作交流，鼓励内地九省区建设国家考古遗址公园，探索文物保护与区域经济社会协调发展的互赢新路。建设泛珠区域文物资源基础数据库和文物监测预警平台，开展文物共性技术和关键技术联合研发。

①建设泛珠三角区域大遗址保护联盟。支持广东省开平碉楼与村落，福建省万寿岩遗址、武夷山城村汉城遗址、福建印刷文化保护基地，湖南龙山里耶古城遗址、永顺老司城遗址、长沙汉王陵遗址，江西汉代海昏侯国遗址、景德镇御窑厂遗址，四川“蜀道”和“茶马古道”沿线重要文物、川渝石窟等保护合作。支持联合开展海上丝绸之路内外沟航线水下文化遗产调查、发掘和保护。重点支持广东省水下文化遗产保护中心、广东文物保护科技中心建设，努力打造泛珠三角区域文物保护重要技术支撑平台。

②积极推动泛珠区域联合申报世界文化遗产。重点推进海上丝绸之路泉州史迹、鼓浪屿、海上丝绸之路核心区史迹，万里茶路（湖南段），左江花山岩画文化景观、丝绸之路北海史迹、灵渠、三江侗族村寨等历史文化遗产申报世界文化遗产，加强同类项目联合协作。

（2）建立泛珠三角区域非物质文化遗产合作交流机制。

①建设泛珠区域非物质文化遗产信息平台，实现信息共享。着重在内地九省区各自非物质文化遗产网的基础上，打造泛珠统一的非物质文化遗产信息平台，建立便于检索的数字化非物质文化遗产数据库，推动区域非物质文化遗产的整体性保护，如福建省泉州市、晋江市、漳州市，湖南省邵阳县，广东省高州市、潮州市，海南省临高县，贵州省石阡县及四川省都拥有木偶戏非物质文化遗产，通过信息平台各地方可以相互交流保护经验，互相借鉴补充，提高区域非物质文化遗产的整体保护水平。同时，利用非物质文化遗产数字化信息共享平台可以协调区域集体商标的申请和使用，推动非物质文化遗产的生产性保护和文化传承，促进泛珠区域非遗文化品牌与相关产业融合发展。

②共建文化生态保护区。结合内地九省区特色文化资源，积极开展文化生态保护区建设工程，探索完善非物质文化遗产整体性保护方式，联合打造一批国家级文化生态保护区。支持广东充分发掘丝绸之路文化、海洋文化、华侨文化、禅宗文化等特色文化，加强保护、合理开发广府文化、客家文化、潮汕文化、雷州文化、少数民族文化等传统文化资源，打造一批岭南文化生态保护区。支持福建建设闽南文化、客家文化、畲族文化、妈祖文化、朱子文化、福建海洋文化、福建船政文化等文化生态保护实验区。支持贵州建设黔东南国家级民族文化生态保护试验区。支持湖南建设武陵山区（湘西）土家族苗族文化生态保护区。支持江西建设井冈山、苏区红色文化生态保护区。支持四川建设一批巴蜀文化生态保护区。支持云南建设一批少数民族文化生态保护区。支持广西建设壮族文化生态保护区。

③加强非物质文化遗产展演展示合作交流。依托非物质文化遗产数字化信息共享平台，加强非物质文化遗产传播，推进非物质文化遗产进校园、进课堂、进教材，组织共同出版非物质文化遗产普查成果、保护成果及普及读物。成立泛珠三角非物质文化遗产联

盟，举办泛珠三角非物质文化遗产博览会，搭建泛珠三角优秀非遗项目合作交流、展示交易的产业化平台。

支持广东非物质文化遗产展示中心建设，打造集展示、宣传、收集、保存非物质文化遗产及相关实物和资料的公共共享平台。提升中国成都国际非物质文化遗产节影响力，努力打造成为泛珠区域非物质文化遗产公共品牌。

④加强非物质文化遗产传承人的培养合作。健全传承机制，把非物质文化遗产传承人的培养作为一项重要战略，发现和培养一批基层文化能人、民间文化传承人。制定非物质文化遗产生产性保护传承人培养计划，建立传承人培养激励机制，为代表性传承人开展生产、授徒传艺、展示交流等活动创造条件、提供服务，鼓励和支持代表性传承人设立个人工作室，开展非物质文化遗产生产性保护。

⑤建立区域非物质文化遗产联合监督机制。加强政府监管，打击跨省区的侵权行为，防止非物质文化遗产开发过程中因片面追求经济效益而歪曲非物质文化遗产的特征及赖以生存的历史背景，使传统的非物质文化遗产在开发中完全商业化和庸俗化，避免只顾眼前利益，重利用、轻保护的破坏型开发和利用。

2. 加强公共文化服务体系建设合作交流

实施区域文化共享、文明共建行动，加强泛珠三角区域公共文化服务体系建设合作交流。通过建立联席会议制度、信息互通制度、人员互派制度，完善区域内公共文化交流与合作机制，推动区域合作与发展，实现人才资源的良性流动；通过开展文艺精品展演和群众文艺会演活动，搭建区域内公共文化交流与合作平台，互送活动，互为市场，共享优秀文艺创作成果，共同打造区域性公共文化活动品牌；着手研发包括区域内数字图书馆、数字文化馆、数字博物馆在内的共建共享、互通互联系统，拓展区域内公共文化交流与合作渠道，实现区域内重要公共文化资源的大整合、大流通及“零障碍”利用。

（1）加强公共数字文化建设，建设泛珠三角公共文化云大平台。以广东公共文化云平台为载体，拓展功能，综合运用云计算、云存储、大数据等技术，开发书籍阅读、艺术鉴赏、信息交流、特色文化传承推广、公共文化管理等功能，通过移动终端、电脑和电视接入，面向区域内广大用户提供一站式服务。

（2）建设区域文化精品创作联合体。扶持优秀文化产品创作，重点开展区域传统优秀文化振兴作品创作工程和文化人才联合培养工程，支持泛珠区域文化社会科学优势学科联合共建，打造文化创新协同中心。

（3）举办泛珠三角公共文化论坛。加强区域公共文化研究领域的合作与交流，共同研究在建设公共文化服务体系过程中遇到的热点及难点问题，推进区域内公共文化服务体系的建设。创办泛珠三角智库论坛。

3. 加强文化产业协作发展

文化是根、创意是魂、财富是实。要围绕把文化产业培育成为国民经济支柱性产业的目标，加强内地九省区文化产业发展协作，以市场为导向、企业为主体，推进文化与旅游、科技、生态等深度融合，发展壮大文化旅游、出版发行、影视、演艺娱乐、印刷复制、动漫游戏、创意设计等区域优势文化产业，提高区域文化产业规模化、集约化、专业化水平。

重点推进珠三角粤港澳文化产业示范区（基地）、福建闽台国家文化产业试验园区、海峡国家数字出版产业基地、广西文化产业城、桂林创意文化产业园、南宁东盟文化博览园、南宁动漫试验园、湖南马栏山创意集聚区、中南数字出版产业园、潇湘文化创意产业园、贵州贵安新区世界民间民俗博览城、江西国家综合性数字出版产业聚集区、四川藏羌彝文化产业走廊、丝绸之路文化产业带等一批区域文化产业集聚区项目建设，搭建泛珠三角区域文化产业创意创新、投资融资、展示交易、产业联盟等发展平台，联合培育打造一批文化龙头企业和跨界融合的产业集团。

表 6-7 内地九省区文化产业发展方向

省区	文化产业发展方向
广东	文化创意、广播影视、出版传媒、网络文化服务、演艺娱乐、文化会展
广西	文化创意、影视服务、广告服务、印刷出版、旅游演艺、数字内容与动漫游戏、文化会展
福建	新闻出版、创意设计、广播影视、工艺美术、文化旅游、休闲娱乐
江西	文化创意、新闻出版、广播影视、动漫展演
湖南	文化软件、广告服务、专业设计等创意设计产业、数字媒体、数字出版、影视传媒、出版发行、演艺娱乐、工艺美术、体育竞技与表演、文博会展、绿色印刷、艺术品收藏及拍卖、动漫游戏、移动多媒体
云南	新闻传媒业、出版发行印刷业、歌舞演艺业、影视音像业、文化休闲娱乐业、文化信息传输业、文化创意和设计服务业、会展业、“金木土石布”民族民间工艺品业、珠宝玉石业
贵州	民族演艺、音乐、工艺、节庆、出版、广播影视、会展、文化艺术、广播影视、新闻出版、休闲娱乐、数字出版印刷、绿色印刷、互联网新媒体、三网融合、动漫游戏
四川	文化旅游、出版发行、影视、演艺娱乐、印刷复制、动漫游戏、创意设计
海南	文化旅游、文化创意、出版发行、影视制作、演艺娱乐、文化会展、动漫旅游、体育健身、休闲疗养

资料来源：各省区国民经济和社会发展“十三五”规划纲要及相关文化产业发展规划。

4. 推动泛珠三角文化市场区域合作和一体化建设

优化区域文化市场发展环境，畅通省区间文化要素流动，减少市场主体准入条件，促进文化产品流通，努力扩大区域文化消费规模，推动泛珠三角文化市场区域合作和一体化建设。

（1）促进文化市场要素跨区域流动。突破文化资源分割和市场壁垒，探索建立统一开放的文化产品、技术、产权、人才等要素市场，探索建立泛珠三角文化产权交易平台，支持福建加快建设国家海峡版权交易中心。推动各类文化市场要素有序流动。加强区域文化行业组织和中介机构合作，积极发展版权代理、文化经纪、评估鉴定、技术交易、推介咨询、投资保险、担保拍卖等各类文化市场中介服务平台，健全行业规范、完善行业管理，为省区间各类文化市场主体提供全方位服务。

（2）支持跨地区企业连锁。进一步完善文化市场准入机制，探索扩大准入领域，拓展准入空间，创设准入条件，鼓励有实力的文化企业跨地区、跨行业、跨所有制兼并重组，推动文化资源和生产要素向优势企业适度集中，培育壮大一批文化骨干龙头企业，提高文化产业规模化、专业化水平，支持民营文化企业和小微文化企业发展。

（3）支持组建区域演艺联盟。支持组建区域演艺联盟和跨地区企业连锁，签署泛珠三角区域演艺领域深化合作协议。一是共享品牌项目，统筹区域资源，合作打造品牌演出剧目，通过院团合作、人才合作、共同委约创作等方式，强强联合，共享资源，共建品牌。二是建立演艺资讯推广平台，共建共享泛珠地区演艺资讯发布平台，通过媒体宣传、定期举办演艺项目推介会等方式推广区域优秀剧目。三是建立演艺资源统筹平台，建设泛珠演艺网络平台，实现剧本推介、演出营销、人才交流等线上线下双向资源统筹。四是成立泛珠地区剧院联盟，统筹区域剧场、剧院资源，实现区域剧院资源统筹协调。

（4）加强文化市场监管合作。规范区域文化市场秩序，加强文化市场管理，提高市场监管水平。建立省区间文化执法部门协调联动机制，推动内地九省区文化市场执法机构开展联合稽查，严厉打击各种违法违规行为，营造健康有序的文化市场环境。支持跨区域文化行业组织建设，推动行业自律。

5. 加强区域体育交流合作

适时签署泛珠区域体育合作框架协议，顺应国家支持发展体育产业趋势，成立泛珠三角区域体育产业协会，在市场开发、要素配置、产品研发等方面，搭建交流合作平台，促进企业间的合作发展，努力形成跨区域的产业集群。协力推进“泛珠三角区域体育健身休闲圈”建设，充分利用泛珠区域的山林、江河湖海等自然资源，谋划确定一批体育健身休闲基地。

重点打造珠三角一小时体育圈，加快深圳市国家体育产业基地建设，支持珠海横琴发展高端竞赛表演、体育培训、体育休闲业，努力把珠三角地区建设成为辐射华南、影响全国的体育产业先行区。重点打造广西柳州运动休闲之都。支持湘赣边区域等山水相依、民俗相近、文化同源的省区加强交流合作，建立跨区域文化体育交流合作平台。

联合打造区域体育赛事和活动品牌。举办多层次多样化的省区间体育赛事活动，加强与国际体育组织等专业机构的交流合作，引进和打造一批有吸引力的国际性、区域性专业赛事。丰富业余体育赛事，广泛举办各类体育赛事活动，打造区域公共体育活动品牌。重点打造广州国际马拉松赛、广州网球公开赛、深圳国际帆船赛、NBA 季前赛、珠海 WTA 超级精英赛、汕头“潮人杯”帆船大赛等专业赛事，打造“泛珠三角杯”足球赛、篮球赛、青少年足球联赛等业余体育赛事，举办国际龙舟赛、体育节、体育产业博览会等传统体育活动。

6. 推动与港澳文化交流合作

加强内地九省区与港澳的文化交流合作，提升公共文化服务水平，共同推进文化遗产保护传承与发展。一是在《粤港澳文化交流合作发展规划（2014～2018）》的基础上，扩大港澳与内地九省区的文化交流合作，深化在演艺节目、艺术节及节庆活动的合作，支持港澳创意企业在内地有序发展影视娱乐文化等业务，重点支持香港影视行业拓展内地省区市场，加强宣传和推广“香港电影”品牌，支持香港影片参与影展，推动香港发展成为电影融资平台。二是深化在文化创意产业、公共图书馆、非物质文化遗产、加强公共文化服务体系连接方面的交流和合作，重点支持澳门与内地九省区加强非物质文化遗产保护的交流与合作。三是促进区域间年轻文创精英的发掘及培养，推动内地九省区与港澳青年交流互动，增强民族认同感。

7. 加强文化对外交流合作

（1）共建海上丝绸之路文化遗产保护合作平台。继续做大“海上丝绸之路文化遗产保护论坛”，支持举办中国—东盟海洋（水下）文化遗产保护与研究论坛，实现海上丝绸之路文化遗产资源共享、信息互通，共同推进海上丝绸之路水下文化遗产保护工作，实现海上丝绸之路文化遗产保护论坛的机制化。支持海南加紧建设国家海上丝绸之路博物馆，推动各成员国秉承以文物互存、互换的展示交流方式，在藏品征集、陈列展示、文物保护等方面深化文化互信，推进海上丝绸之路南海段文化遗产研究，促使各成员国突破地域界限，在考古发掘、信息互通、物控技术等方面开展合作，实现资源共享。

（2）打造多元文化对外交流平台。依托各省区各类节庆、展会、论坛、文化中心等平台，加强区域文化活动推介，培育一批具有地域特色的文化对外交流活动品牌。重点支持广东、福建建设国内重要的华侨华人文化交流中心，支持广西建设中国—东盟文化交流枢纽，支持云南打造面向南亚东南亚文化融合发展的区域性人文交流中心，组建“中国—南亚研究中心”，积极开展与周边国家智库合作，深化对区域旅游、教育、媒体、文化、宗教、生态、科技交流与合作的调查与研究，为“一带一路”建设提供决策参考。

表 6-8 内地九省区文化对外交流合作平台

省区	文化对外交流合作平台
广东	中国（深圳）国际文化产业博览交易会、中国（广州）国际纪录片节、中国国际影视动漫版权保护和贸易博览会
广西	中国—东盟文化论坛、东盟中国图书展销会暨版权贸易洽谈会、桂林国际山水文化旅游节
福建	闽侨书屋、闽侨文化中心、“一带一路”国际高峰论坛
江西	艺术南昌国际博览会、中国（江西）红色文化博览会和（共青城）中国青年 APP 大赛、景德镇陶瓷博览会等
湖南	湖南文博会、湖南国际和文化艺术节展、张家界国际乡村音乐周等
云南	中国—东盟科技论坛、中国—南亚论坛、澜沧江—湄公河六国文化艺术节、云南文博会
贵州	贵阳生态文明国际论坛
四川	成都国际非物质文化遗产节、四川艺术节、四川电视节、中国成都国际青年音乐周、南充国际木偶艺术周
海南	亚洲博鳌论坛

资料来源：各省区国民经济和社会发展“十三五”规划纲要及相关文化产业发展规划。

四、加强医疗卫生合作

医疗卫生合作是泛珠三角区域合作的重要内容，十多年来，仅就签订的合作协议就达十多份，多集中在食品药品监管、稽查、检测等领域。随着食品安全问题和突发公共卫生事件地频繁出现，更加深入地推动泛珠区域医疗卫生合作，建立广泛的疾病预防控制和突发公共卫生事件联防联控机制，实现省区间医疗卫生服务资源合作共享，提升区域食品药品安全保障水平意义更加重大。

（一）建立健全区域协调机制和联防联控网络

1. 共建疾病防控一体化合作平台

加强重大传染病、慢性病、地方病、精神病等疾病综合防治合作和信息交流，建立以省会城市为中心，地级市为纽带，县域为主体，覆盖整个泛珠三角区域的疾病防控体系，构建区域健康防护屏障。

（1）加强日常通报和信息共享。内地九省区要积极实施工作对接，成立重大疾病防控指挥部，平时就疫情监测、报告和流行趋势等进行互通互报、分析研判和风险评估。同时，围绕传染病监测、疫情报告、实验室监测与评价等重点信息和技术资源，建立网络共享平台，实现省区间信息与技术的无偿分享与交互。

（2）建立健全区域内疾病联防联控网络。各省区要加强医疗卫生服务体系建设，完善妇幼保健、公共卫生、肿瘤、精神疾病防控、儿科等薄弱环节能力建设，重点提升县级医院、乡镇卫生院、小城镇中心卫生院、社区卫生服务中心能力。实施公共卫生服务体系达标建设工程，在各省区内部建设医疗中心、城市社区卫生服务体系、农村三级卫生服务网络。

同时，在此基础上，着重以国家级医疗中心、省级医疗中心（或重点医疗机构）为主体，打造泛珠三角区域医疗合作中心（一体化合作平台），重点支持建设广东珠三角大湾区医疗中心、闽粤区域医疗中心、湘赣边界区域医疗中心（支持长沙建设成为泛珠区域医疗中心）、北部湾区域医疗中心、云贵川区域医疗中心和西南（云南、广西）区域医疗中心建设，健全泛珠区域性疾病一体化防控网络。

2. 建立健全突发公共卫生事件应急处理协调和联防联控网络

突发公共卫生事件是指此事件在发生时较为突然，没有确定性，对区域内人们的健康造成严重影响，一旦发生就较难控制的传染疫情，重大食物中毒、群体性不明原因疾病等重大传染疫情都是公共卫生事件，突发公共卫生事件具有突发性、紧急性、高度不确定性、严重危害性、连锁性等特点，一旦发生疫情，会对公众身体与心理造成一定的影响与压力，因此，非常有必要加强区域间应急合作和联控协调。建立公共卫生事件的预防与应急处理协调机制，能够在一定程度上降低公共卫生事件发生的概率。

（1）完善联合处理公共卫生事件的程序。建立健全泛珠三角统一领导的指挥系统、灵敏的信息系统、迅速反应的救控系统、准备充足的支持系统和科学先进的评估系统。

指挥系统应该组织协调社会上的各种力量，共同制定科学有效的公共卫生应急决策，保证政令畅通和资源整合优化配置；公共卫生事件的监测部门、预警部门和信息部门应采用先进的技术对公共卫生事件的发展趋势进行科学的推测和判断，权威、及时、准确、全面地发布与公共事件相关的各种信息，减少因突发公共卫生事件造成的危害；快速反应的救控系统应该包括疾病控制机构和医疗救助机构，负责进行疾病的预防、诊断和救治工作，相关人员应做好疾病防治科学知识的宣传工作；支持系统应该为公共卫生事件提供必要的资金和物资；评估系统负责突发事件的技术调查、确认、处置、控制和评估工作，相关工作人员应该对预防与应急处理工作计划进行评价，并指出突发公共卫生事件预防与处理工作的成绩以及经验教训，除此之外，还要对公共卫生事件给社会带来的影响进行评估。

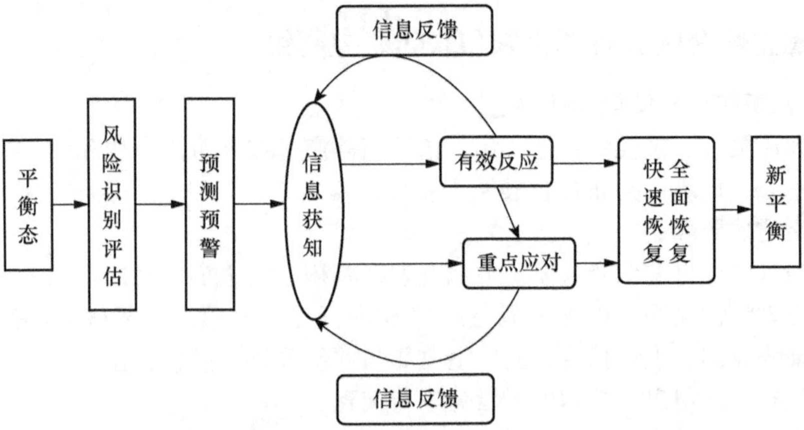

图 6-9　公共卫生应急管理全生命周期模型

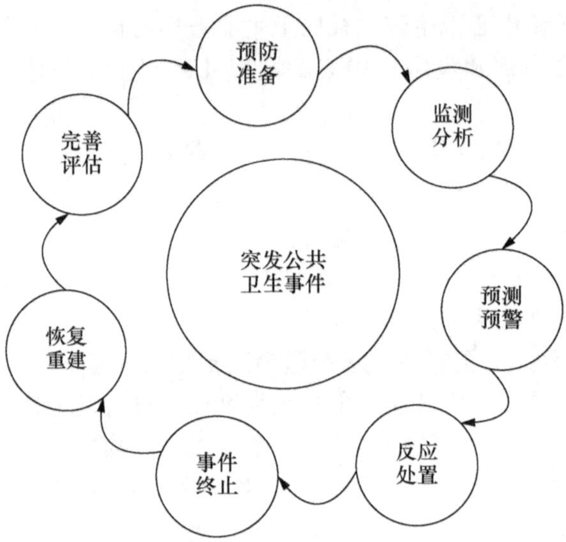

图 6-10　区域突发公共卫生事件应急管理业务流程图

（2）构建区域突发公共卫生事件应急联合指挥平台。在各省区省级应急指挥中心的基础上，建立泛珠三角区域突发公共卫生事件应急联合指挥平台，形成一个上连省区突发事件应急指挥中心和卫生部突发公共卫生事件应急指挥中心，下连各级各类医疗卫生机构信息系统的联防联控网络。实现对区域突发公共卫生事件的动态监测与预警分析，为决策指挥的领导和参与指挥的人员及专家提供各种通讯和信息服务，提供决策依据、分析手段、指挥部署手段和监督监控方法，通过联合指挥平台能使决策指挥领导及时下达命令，迅速有效地掌握、调拨、利用各种资源，实施对区域突发公共卫生事件的应急处理，力求最大程度地减轻突发事件对公众健康及生命安全以及社会经济稳定的威胁和破坏。支持加快建设突发公共卫生事件应急实验室网络，做好卫生应急基本物资储备体系信息对接，形成应急物资跨省区协调机制。

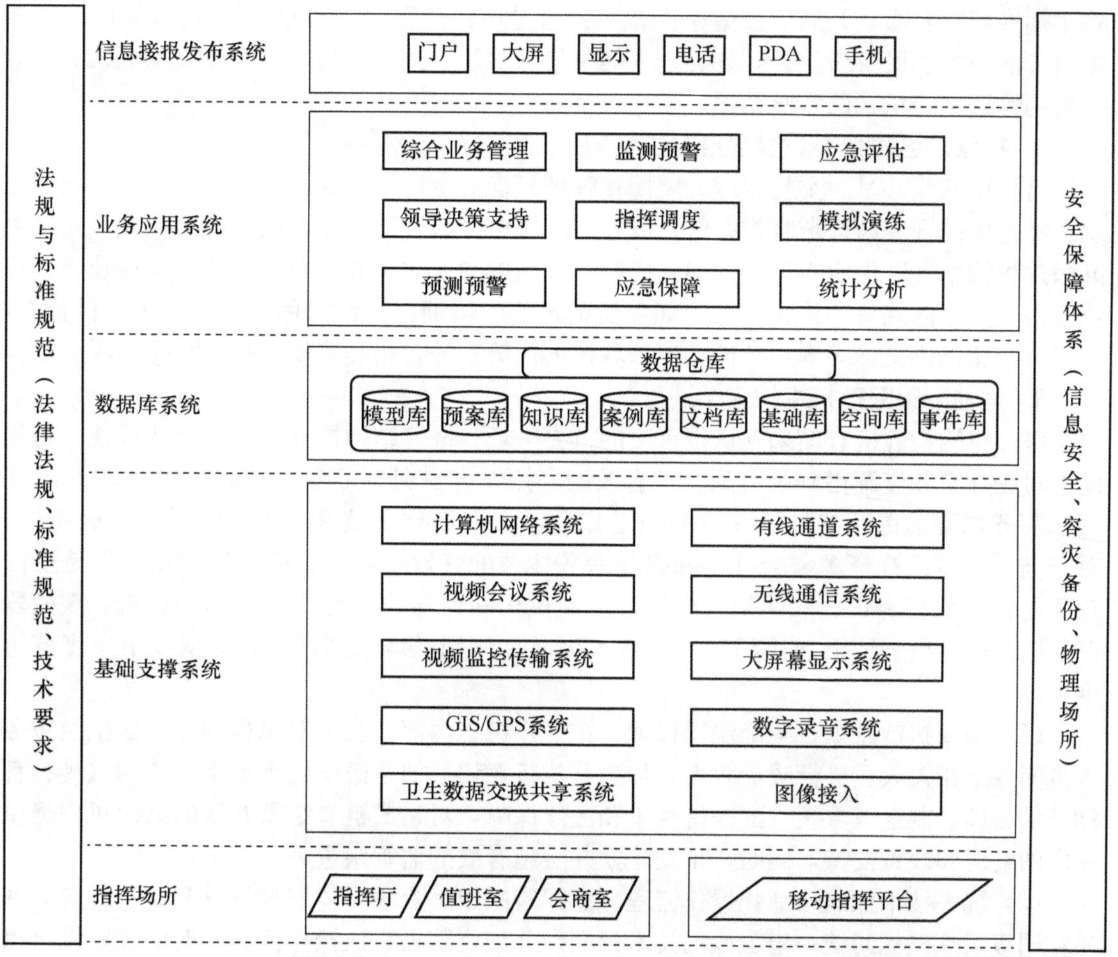

图 6-11　区域突发公共卫生事件应急联合指挥平台总体框架示意图

（二）促进区域公共卫生服务资源合作共享

1. 完善区域医疗卫生信息平台

实施泛珠三角“智慧医疗、智慧健康”战略，大力推进区域医疗卫生信息化建设，尽快建立规范、动态、安全共享的居民电子健康档案，普及应用居民健康卡，统筹推进区域内二级以上医疗机构应用标准化电子病历并实现共享，构建系统整合、信息共享的泛珠三角区域卫生信息服务平台，逐步实现互联互通、联合建设、资源共享、便民惠民的目的。

（1）加强区域医疗协作。积极建设双向转诊、区域影像、区域心电、区域临床检验、区域卫生 HIS、区域病理等系统，推广“发达地区带落后地区”、“大院带县院”、“县院带乡镇”、“乡镇带村庄”模式，建立覆盖泛珠三角各级医院和基层医疗卫生机构协作网络，建立和完善社区首诊、分级诊疗和双向转诊制度，实现区域医疗资源整合，提高资源共享率和利用效率。

（2）逐步实现区域居民健康“一卡通”。为方便区域内居民医疗卫生服务和进行个人健康管理，探索利用市民卡、社保卡、农保卡、身份证等现有系统和载体，鼓励有条件的区域和医院按照国家卫计委《居民健康卡管理办法》和《居民健康卡技术规范》及其相关技术标准规范要求，开展居民健康卡试点。通过居民健康“一卡通”，实现区域内医疗卫生服务活动中居民身份认证，各类个人健康信息归并、整合和共享，逐步实现个人医疗服务费用跨区域跨机构的实时结报。

2. 探索跨区域统筹设置医疗卫生机构

着重以共建共享、委托管理、集团化管理、优势专科引进等各种方式，加强区域大医院、特色医院开展跨区域合作办医，成立跨区域医疗联合体。允许医师多点执业，允许民办医疗机构纳入医保定点范围。加强医联体范围内的人才培养、技术支持、学科建设、规范管理、数字医院等一体化合作，如免费的进修、培训，转诊绿色通道，科研项目合作，专家讲师团巡讲义诊等等，从而实现医联体内优势互补，相互协作，共同发展。

3. 推动同级医疗机构检查结果互认

医疗机构检验检查结果互认是医改的重要一环。医疗结构检查结果互相认可在一定程度上对医疗服务资源得到了更加合理有效的利用，尤其是对于医疗机构间的技术改进和医疗服务水平的提升起到了一定的激励作用，大大简化了就医环节，降低了就医费用，对于推动区域医疗资源整合共享和提高服务体系配置效率有明显的促进作用。但是受医疗机构缺乏推行意识、法律缺乏保障、区域机构间标准缺乏统一等问题的影响，现阶段医疗机构检验检查结果互认仍存在一定难度。具体到泛珠三角区域，应从以下角度着力推进：

（1）提高执行意识，明确法律保障。在医疗机构内部，应当对机构领导、医生及服务人员等各个相关人员进行政策教育，加强其执行意识，加强医学检查结果互认的宣传教育和技术培训，制定区域统一的扶持政策和法律保障，对达成检查结果互认的医疗机构提供一定的经济和政策支持，同时，推动建立并实施有效的监管跟进。

（2）统一技术标准，细化操作流程。发挥跨区域医疗联合体资源统筹和共享优势，率先在同级医疗机构间统一检验检测技术标准，并细化结果互认操作流程。明确规定同级医疗机构检验检查结果只要未超出该检验项目周期性变化规律所允许的时间，在不影响正常诊断治疗，检验单据或复印件又能随同病例保存的情况下，可以互认。

（三）积极发展远程医疗，提高边远地区诊疗水平

依托区域医疗卫生信息平台，建立远程诊疗中心，健全专家队伍，大力发展远程医疗服务应用，推动优质医疗资源向区域内边远地区流动，让边远地区的患者通过远程会诊、移动医疗，享受大城市的优质医疗服务，为普通患者提供方便，也为急救患者争取时间。

当前，泛珠三角区域的贫困边远地区数量众多，共有 263 个县（市），占全国总数（634 个）的 41.5%，并且集中在云南、贵州、广西、四川四个省区（见图 6-12、专栏 6-1）。除此之外，如粤西、湘西、赣南等地区也存有边远地区。总体上看，泛珠三角发展基本医疗卫生服务任重道远，因此，必须依靠卫生信息化平台，尽快实现远程医疗全覆盖，提高边远地区医疗卫生服务能力水平，从而让边远地区人们能够共享区域医疗卫生事业发展成果。

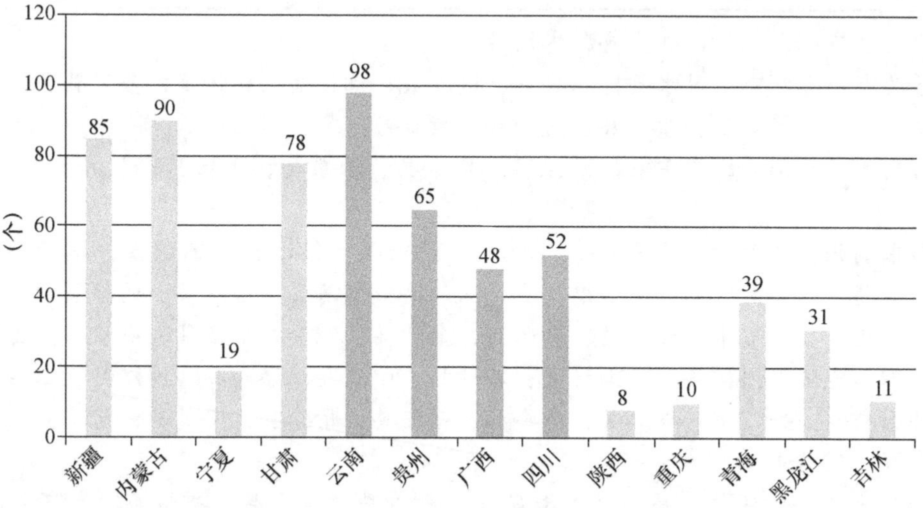

图 6-12　国务院规定的边远地区分布

专栏 6-1　泛珠三角边远地区名单

云南（98 个）

昆明市：东川区、寻甸县、石林县、禄劝县

昭通地区：昭通市、水富县、鲁甸县、盐津县、大关县、镇雄县、彝良县、威信县、巧家县、永善县、绥江县

曲靖市：宣威市、会泽县、富源县、罗平县、师宗县、马龙县

玉溪市：华宁县、易门县、峨山县、新平县、元江县

红河州：石屏县、泸西县、屏边县、河口县、金平县、元阳县、红河县、绿春县

文山州：文山县、砚山县、丘北县、广南县、麻栗坡县、马关县、富宁县、西畴县

思茅地区：思茅市、普洱县、景谷县、镇沅县、景东县、西盟县

楚雄州：双柏县、南华县、大姚县、永仁县、元谋县、武定县

大理州：漾濞县、宾川县、永平县、云龙县、祥云县、南涧县、巍山县、洱源县、剑川县、鹤庆县

保山地区：昌宁县、腾冲县、龙陵县

临沧地区：凤庆县、云县、临沧县、永德县、镇康县、双江县、耿马县、沧源县、江城县、澜沧县、孟连县、墨江县

西双版纳州：景洪市、勐海县、勐腊县

德宏州：潞西市、梁河县、盈江县、陇川县、瑞丽市

迪庆州：中甸县、维西县、德钦县

怒江州：兰坪县、福贡县、贡山县、泸水县

丽江地区：永胜县、华坪县、丽江县、宁蒗县

贵州（65 个）

贵阳市：开阳县、修文县、息烽县

六盘水市：六枝特区、盘县、水城县

遵义市：赤水市、习水县、正安县、道真县、桐梓县、仁怀市、务川县

安顺地区：普定县、镇宁县、关岭县、紫云县

黔南州：独山县、贵定县、龙里县、惠水县、长顺县、平塘县、荔波县、三都县、罗甸县

黔东南州：凯里市、黄平县、麻江县、施秉县、镇远县、三穗县、岑巩县、锦屏县、丹寨县、雷山县、黎平县、榕江县、从江县、剑河县、台江县、天柱县

毕节地区：毕节市、大方县、黔西县、金沙县、织金、纳雍县、威宁县、赫章县

县铜仁地区：松桃县、万山特区、石阡县、印江县、思南县、德江县、沿河县

黔西南州：兴义市、兴仁县、贞丰县、普安县、晴隆县、安龙县、册亨县、望谟县

广西（48个）

南宁地区：上林县、马山县、隆安县、天等县、崇左县、扶绥县、大新县、龙州县、宁明县、凭祥市

柳州地区：象州县、武宣县、融安县、忻城县、三江县、融水县、金秀县

贺州地区：昭平县、富川县

百色地区：百色市、田阳县、田东县、平果县、德保县、田林县、靖西县、那坡县、乐业县、凌云县、隆林县、西林县

河池地区：河池市、宜州市、南丹县、天峨县、罗城县、环江县、东兰县、凤山县、巴马县、都安县

桂林市：灌阳县、资源县、恭城县、龙胜县

梧州市：蒙山县

防城港市：上思县、防城区

四川（52个）

攀枝花市：米易县、盐边县

乐山市：峨边县、马边县

阿坝州：松潘县、金川县、黑水县、马尔康县、壤塘县、阿坝县、若尔盖县、红原县、汶川县、理县、茂县、九寨沟县、小金县

甘孜州：康定县、丹巴县、九龙县、雅江县、道孚县、炉霍县、甘孜县、新龙县、德格县、白玉县、石渠县、色达县、理塘县、巴塘县、乡城县、稻城县、得荣县、泸定县

凉山州：木里县、布拖县、金阳县、昭觉县、美姑县、西昌市、德昌县、会理县、会东县、宁南县、喜德县、冕宁县、普格县、越西县、盐源县、甘洛县、雷波县

资料来源：根据国务院规定的艰苦边远地区名单整理。

1. 积极开展远程医疗教育、咨询

远程医疗教育是指通过远程医疗教育系统或网络平台，把最新和最先进的医疗信息知识传播到各基层医院，将专家的经验传授给基层医疗工作者，解答基层医院在诊疗活动中遇到的各种疑难问题，帮助基层医院医师拓宽诊疗思路，规范诊疗程序，获取最新医疗信息和诊疗技巧。鉴于此，远程医疗教育是提升基层医务人员服务水平的重要手段之一。

远程医疗咨询是最具可操作性的一种方式，求医者与医生之间通过已经逐步普及的“互联网+”建立联系，进行健康方面的咨询更快捷、更方便。目前，国内外已经有一些网站设立了相关栏目，邀请一些医生“网上坐堂”，以便于求医者与之联系。目前来看，这种方式的效率并不高，因为不够及时，所交流的信息量太少，对于一些复杂的健康问题就无能为力了。

2. 大力发展远程会诊

通过网络，专家既能及时获得病史、检验报告和各种影像资料，又可以观察患者，并与患者对话；既可以与现场的医生“面对面”展开讨论，又可以指导与观察现场医生进行医疗操作，还能够立即送达诊断意见和治疗方案，犹如专家亲临现场会诊，使得那些在传统会诊中看似难以克服的困难迎刃而解。这种方式不仅可以节约大量的时间和费用而且可以及时得到专家的会诊咨询服务，可以大大改善医疗资源的合理配置，从而降低医疗成本。

3. 探索发展远程手术

世界上首例实验性远程手术已经在 1999 年进行过。远程手术是通过虚拟现实技术与网络技术结合，医生可以亲自对远程的患者进行一定的手术过程操作。也就是说，医生根据传来的现场影像通过键盘、鼠标、“数字手套”等输入设备进行手术操作，其一举一动可转化为数字信息传递至远程患者处，控制当地的医疗器械的动作。就如把“内窥镜”与“器械”的长度变得更长了。当然，这种手术对专家的操作技巧与相关设备的要求也是很高的。

（四）提升区域食品药品安全保障水平

习近平总书记曾提出：要切实加强食品药品安全监管，用最严谨的标准、最严格的监管、最严厉的处罚、最严肃的问责，加快建立科学完善的食品药品安全治理体系，严把从农田到餐桌、从实验室到医院的每一道防线。泛珠三角区域要落实食品安全战略，加快建立最严格的覆盖全过程的监管制度、食品原产地可追溯制度和质量标识制度；完善产地准出、市场准入、问题食品药品召回制度。

1. 加强区域食品药品监管能力建设

（1）加强区域食品药品行政监管体系建设。建立区域统一的食品药品安全预警和监督网络，实施食品安全保障战略和药品安全保障行动，健全各省区、各市县、各乡镇（街道）四级联动食品药品监管体系。探索推行风险分类分级管理，实现食品药品网格化监管。

（2）强化食品药品安全风险监测评估能力。开展食品药品安全风险和舆情监测，建立风险监测网络，建设智慧食药监冶重大工程，健全食品药品安全管理零容忍机制，强化质量抽检和检测。强化监测结果统一汇总分析，规范监测、评估工作管理，强化监测、评估结果应用。组织实施泛珠三角食品和药品安全风险监测年度计划，科学规范开展食品药品安全风险交流、预警工作，健全工作体系和机制。

（3）加快食品药品安全检验检测能力建设。加强食用农产品和食品快检、溯源技术和预警系统的研发和推广应用，进一步提高食品药品安全检测技术水平。实施食品药品安全检测能力建设规划，加快市县食品质量安全检测体系建设，加强基层食品药品安全检测能力建设，提高一线监管执法队伍技术水平。推进省区间市级食品药品安全检验检测资源整合。加强检验检测机构资质认定和监督管理工作，充分共享检验检测结果，减少重复检验检测。积极创造有利于第三方食品安全检验检测机构发展的环境，鼓励向第三方检验检测机构购买服务。

（4）推进区域食品药品安全监管工作信息化。充分利用现代信息技术，提高监管效能，推动区域内食品药品安全监管实时化和信息化。加快区域食品药品安全监管统计基础数据库建设，提高统计工作信息化水平和数据共享。建立假冒伪劣药品和医疗产品查处体系。建立产品档案。

2. 建立区域食品原产地可追溯制度和质量标识制度

《中共中央关于全面深化改革若干重大问题的决定》指出，要建立食品原产地可追溯制度和质量标识制度，保障食品药品安全。新修订的《食品安全法》第四十二条也规定“国家建立食品安全全程追溯制度”。

食品可追溯体系是指在食品生产、加工及销售的各个环节中，对食品、饲料、食用性动物及有可能成为食品或饲料组成成分的所有物质的追溯或追踪能力。一旦危害健康的问题发生后，可按照从原料生产至成品最终消费过程中的各个环节记载的信息中查找原因，回收存在危害的尚未被消费的食品，撤销其上市许可，切断源头，消除危害，减少损失的保障体系。也就是说，在食品供应链体系中，食品可追溯系统的应用不仅能够如实记录、有效传递和正确识别各个关键环节的食品质量安全信息，而且能够在出现食品质量安全问题时有效开展溯源、召回问题食品，从而保证整个食品供应链的安全性。

（1）建立多方参与、区域统一的食品原产地可追溯制度。由专门的监管机构、企业、消费者多方参与，建立泛珠三角统一、覆盖全程的食品原产地可追溯制度。成立专门的监管机构负责泛珠食品原产地可追溯制度的建立运行，并做好各省区已有追溯制度与新制度的衔接，保证真正做到全程监管。大力宣传和发挥食品原产地可追溯制度作为企业安全信用背书的作用，引导企业积极执行可追溯制度要求。通过积极宣传，鼓励消费者购买有可追溯标识的食品，推进食品原产地可追溯制度走上正轨。

食品原产地可追溯系统包括五大系统：一是记录管理系统，主要记录食品生产经营各个阶段的信息，是可追溯系统的基础；二是查询管理系统，消费者通过产品编号可以方便查询产品的有关信息；三是标识管理系统，其基本功能是能够对食品进行跟踪识别；四是责任管理系统，指在发生食品安全问题时，可以快速明确相关主体责任，减少消费者的疑虑和恐慌；五是信用管理系统，指食品可追溯链条上每一个相关主体必须对各自行为负责，并记入各自的信用档案。

（2）完善食品质量标识制度。规范“无公害农产品”、“绿色食品”、“有机产品”、“清真食品”等食品、农产品认证活动和认证标识使用，规范转基因食品标识的使用，提高消费者对质量标识与认证的甄别能力。

（3）发挥企业质量安全主体责任，推动社会共治。一是发挥追溯管理核心功能作用，将食品生产全过程追溯统一为“采购进货查验、生产过程控制、产品质量检验、产品销售管理”四大环节的“四环一链”追溯，确定四大环节关键控制点和追溯链接点。引导生产企业建立起食品原产地可追溯管理系统，督促企业落实过程管理，抓好关键风险点的控制，促进企业主体责任的落实，提升企业质量安全管理水平，降低生产风险。二是探索建立食品安全责任强制保险制度，确定部分重点行业、重点领域试点食品安全责任强制保险制度，充分发挥保险的风险控制和社会管理功能，建立政府、保险机构、企业和消费者多方互动共赢的激励约束机制。三是加快食品药品生产经营行业诚信体系建设，营造食品药品安全诚信环境。全面建立各类食品生产经营单位的信用档案，完善诚信信息共享机制和失信行为联合惩戒机制，完善和推进将食品安全信用评价结果与行业准入、融资信贷、税收、用地审批等挂钩，充分发挥其他领域对食品安全失信行为的制约作用。

3. 建立健全大案要案查处联动机制和跨区域重大安全事故应急联动机制

建立食品药品安全突发事件和重大事故应急反应联动网络平台，提升应急处置水平。

（1）加强应急能力建设。编制并实施食品安全应急体系规划，加快推进应急管理体系建设，健全各级应急管理机构。完善应急管理机制，加快应急处置装备、应急物资储备和应急队伍建设。加强应急预案建设，做好应急管理工作的指导、培训和演练，加快提升防范预警、应急响应、应急检验、应急评估等应急核心能力。

（2）妥善应对处置突发事件。加强和完善多部门共同参与的突发事件应对协调联动机制，明确和落实部门相关处置职责。加快研究制订食品安全事故调查处理办法，规范事故调查处理程序。加强和完善突发事件快速反应机制，迅速组织开展现场控制、安全评估、事件调查、信息发布等应急措施，妥善处置突发事件。

（3）严格监管执法，严惩违法犯罪行为。一是促进行政执法与刑事司法的无缝衔接。加强行政监管部门与公安机关在案件查办、信息通报、技术支持、法律保障等方面的配合，形成打击食品违法犯罪的合力；开放食品安全信息平台接入口，实现公安机关与行政监管部门信息共享，探索公安机关提前介入涉嫌食品安全犯罪案件的评估与应对；建立联合挂牌督办制度，对挂牌督办的大要案件，要依法从重从严查处。二是强化公安机关专业打击力量。加强食品安全犯罪侦查队伍建设，明确机构和人员专职负责打击食品安全犯罪；统一协调有关部门尽快明确技术鉴定机构、涉案问题食品处置办法，积极协调有关方面为公安机关提供技术支持等。

（五）推动内地九省区对外医疗卫生交流合作

1. 推动与港澳医疗卫生合作

（1）加强医疗卫生合作。一是扩大开放医疗服务市场，积极引入港澳先进管理模式到内地九省区，支持港澳服务提供者开办合资、合作医院及独资医院及养老机构，探索建立办医审批绿色通道。二是推动区域间突发公共卫生事件的应急协作。三是促进区域医疗卫生管理和专科护理培训合作，加强信息通报及专业人才交流培训合作。

（2）加强在食品药品安全方面交流合作。一是做好内地供港澳鲜活商品配额管理和服务工作，及时下达和调整企业年度、月度商品配额，鼓励企业“优质、适量、均衡、应时”完成任务，切实保障供港澳农副产品等生活必需品的稳定供应。二是加强供港澳食品农产品源头管理，加强供港澳种植养殖基地的备案、年度审核和日常监管，严格做好动植物疫情疫病防控和检验检疫工作，共同组织开展供港澳食品农产品原料种植养殖基地监督检查，加强禽流感防控信息沟通与合作，保障供港澳食品农产品质量安全。三是鼓励港澳业界参与内地供港澳食品农产品示范区建设，提供技术指导和便利化通关等支援措施。

表 6-9 CEPA 中直接涉及医疗卫生领域的有关规定

	货物贸易	服务贸易	贸易投资便利化
《安排》	（1）附件 1、附件 2 及附件 3 分别就货物贸易零关税、原产地规则及原产地证书的签发和核查程序作出安排； （2）附件 1 表 1 列明了包括氨苄青霉素制剂等在内的药品及医疗卫生用品的零关税产品清单	（1）CEPA 第 11 条、第 12 条及第 15 条，分别就市场准入、服务提供者及专业人员资格的相互承认作出规定，这些规定适用于附件 4 所列明的医疗及牙医服务（1－A－h）； （2）附件 4 规定了有关医疗及牙医服务的具体准入承诺	（1）CEPA 第 17 条第一款规定，双方将在包括商品检验检疫、食品安全质量标准、中医药产业合作等七个领域加强合作； （2）附件 6 明确列出了合作细节
《安排》第二阶段	（1）协议附件 1 增加包括药品及医疗卫生用品等实施零关税的现有生产产品及拟生产产品； （2）协议附件 2 在《安排》附件 2 表 1《享受货物贸易优惠措施的香港货物原产地标准表》中增加包括人血，治病、防病或诊断用动物血制品等药品及医疗卫生用品	（1）协议附件 3 在 1－A－h 项下进一步放宽医疗及牙医服务的市场准入； （2）协议附件 3 在 4－A/B/C 项下的佣金代理服务、批发服务及零售服务中开放药品、农药经营权； （3）协议对香港服务及服务提供者开放专业资格考试领域，其中包括执业药师、假肢与矫形器制作师等卫生专业技术资格认证	仍然实施在包括中医药产业合作在内的七个领域的加强合作
《安排》第三阶段		内地同意向包括医疗及牙医在内的 27 个服务领域的“香港服务提供者”提供优惠待遇	继续实施在包括中医药产业合作在内的七个领域的加强合作
《安排》第四阶段		（1）继续实施向包括医疗及牙医在内的 27 个服务领域的“香港服务提供者”提供优惠待遇； （2）在附件中承诺在药品分销服务方面允许香港服务提供者控股	在将加强合作的领域增加到八个的同时，明确规定了中医药产业合作的目标：加强双方在中医药法规建设、发展战略和行业发展导向等方面的信息共享，发挥各自优势共同推进中医药产业化和走向国际市场

资料来源：慕亚平、陈晓烁：《CEPA 框架下内地与港澳医疗卫生合作的法律思考》，《暨南学报（哲学社会科学版）》2008 年第 1 期。

2. 加强与东盟医疗卫生交流合作

加强与东盟国家在医疗保健、传统医药等方面交流合作，支持建设中国—东盟医疗保健合作中心及中国—东盟传统医药交流合作中心。

（1）建设中国—东盟医疗保健合作中心（广西）。加快推进项目建设，尽快促使其投入运营，提升广西乃至泛珠三角区域面向东盟的医疗服务、医疗培训和学术交流能力和影响力。

（2）建设中国—东盟传统医药交流合作中心。以广西为主体，抓住面向东盟“桥头堡”优势，积极推进中国—东盟传统医药交流合作中心建设。重点建设“一中心、二平台、三基地、四园区”：“一中心”即中国—东盟传统医药展示中心；“两平台”为信息共享云平台、技术交流与共享平台；“三基地”分别是人才培养基地、医疗与保健基地、资源保护基地；“四园区”是产业园区、养生康复园区、商贸园区及传统药物展示园区。努力将中国—东盟传统医药交流合作中心建设成为集传统医药医疗保健、人才培养、传统医药特色展示和文化观光、传统医药贸易物流等为一体的集散地，成为中国各地中医药、民族医药走进东盟以及东盟传统医药传入中国的枢纽。支持广西进一步做大做强中国—东盟传统医药高峰论坛。

五、加强人力资源和社会保障合作

人力资源和社会保障关系到区域劳动力和各类人才的切身利益，是人民群众最为关心的公共服务领域之一。十多年来，泛珠三角区域不断加强劳务合作，较早致力于推动区域统一劳动市场的建立，在人力资源交流与合作以及医保异地就医直接结算和社保跨省区转移接续方面开展了积极的探索，为区域经济社会发展和市场一体化建设提供了重要保障。

（一）推动建立统一的公共就业人才服务体系

建立和完善劳动就业公共服务体系是政府的重要公共服务职能，是开发人力资源和提高劳动者素质的基础和前提，是实现区域充分就业的重要保障。要加快推进泛珠三角公共就业服务制度化、专业化、标准化和信息化建设，不断改善公共就业服务环境，提高公共就业服务体系的服务能力和效率，推动区域实现更高质量的就业，促进泛珠三角人力资源的合理配置和有序自由流动。

1. 推进公共就业服务标准化体系建设

提高公共就业服务专业化、标准化水平，根据泛珠三角内地九省区经济社会发展的需求，逐步拓展基本就业公共服务范围，充实服务项目，细化服务内容，规范服务流程，完善服务标准，全面提高服务质量和效率，实现公共就业服务专业化。逐步建立公共就业服务标准体系，明确公共服务机构设施建设、设备配置、人员配备等具体标准，为服务对象提供规范、便捷、优质的公共就业服务。

（1）明确公共就业服务的范围。2012 年《国家基本公共服务体系“十二五”规划》明确提出“十二五”期间政府提供如下四个方面的劳动就业公共服务：一是为全体劳动者免费提供就业信息、就业政策咨询、职业指导和职业介绍、就业失业登记等服务；二是为就业困难人员和零就业家庭提供就业援助；三是为失业人员、农民工、残疾人、新成长劳动力等提供职业技能培训和技能鉴定补贴；四是为全体劳动者免费提供劳动关系协调、劳动人事争议调解仲裁和劳动保障监察执法维权等服务。可见，针对特定服务对象提供的专项公共就业服务项目得以延伸，包括就业援助、技能培训和鉴定等针对全体劳动者提供的公共就业服务范围得以拓展，如为全体劳动者免费提供劳动关系协调纳入了基本公共就业服务项目。

专栏6-2 劳动就业基本公共服务参考项目

1. 基本公共就业服务；2. 创业服务；3. 就业援助；4. 就业见习服务；5. 大中城市联合招聘服务；6. 流动人员人事档案管理服务；7. 职业技能培训和技能鉴定；8. 农民工培训；9. 12333 电话咨询服务；10. 劳动关系协调；11. 劳动保障监察；12. 劳动人事争议调解仲裁。

（2）构建区域公共就业服务标准体系。主要包括以下五大类：

①公共就业服务基础标准。一是实施公共就业服务工作的目标，如流程的统一、标准的统一、管理的统一等；二是日常工作原则，如服务民生、服务均等、客观真实、公益服务等；三是工作制度，在提供公共就业服务的过程中，应建立服务公开原则、首问负责制原则、限时办结原则和保密原则等；四是组织架构的建设，现有公共就业服务机构性质不一、名称不一、人员类别不一、服务内容不一，既不利于公共就业服务工作的开展，又不利于群众办事。因此在标准化体系建设过程中，统一机构名称、组织性质、组织体系、人员类别、服务内容，从根本上梳理公共就业服务组织架构。

②公共就业服务管理标准。一是组织层级工作标准，按工作层级明确划分权责，确保各层级公共就业服务机构有条不紊，各行其是。二是公共就业服务队伍建设标准，包括内设机构和部门的工作岗位标准，以明确要求工作人员的知识、技能和职业资格、设立公共就业服务队伍能力提升标准，通过在职培训岗位实习、轮岗轮训、学历提升等方式方法提高公共就业服务队伍服务意识和人员素质。三是就业专项资金的管理标准。对就业专项资金进行整合，实现省级统筹，就业专项资金统一管理、统一支付、全省流动，群众可在全省任一公共就业服务机构办理相关业务。四是其他管理标准。为推进公共就业服务工作设立的其他标准，例如档案管理标准和就业数据统计监测标准，同时应建立应急预案工作标准，如针对失业率陡升、工厂大规模倒闭等群体性事件的应对标准。

③公共就业服务信息技术标准。主要包括四个标准：一是信息工作的基础性标准，包括信息技术术语、技术平台和软件工程；二是信息资源标准，主要涉及数据的来源、数据的整理和数据库的建设等方面，具体可划分为数据元标准，信息分类及编码标准和数据库建设标准；三是信息安全标准，目标是确保信息的安全性，可划分为安全基础体系标准、安全技术标准和安全管理标准；四是信息应用标准，应用于数据的提取和应用方面的标准，主要包括业务流程标准、数据交换标准和项目管理标准。公共就业服务信息技术标准建设是标准化建设的重要抓手，通过公共就业服务信息技术标准化有利于实现就业公共服务对象的统一管理，以基础数据、业务信息、数字影像档案等数据资源统一管理为手段，做到“同人同域同库”管理，各类信息可以“入口独立、中心归并、全域共享、出口统一”，除了在公共就业服务内部的就业援助、创业、培训等业务领域内实现业务协同外，也可为其他业务领域（如公安、民政、财政等）提供统一的数据奠定基础，真正实现公共就业服务、全域通办，使广大市民从多个渠道享受到更直接便利的公共服务。同时，通过技术手段提升公共服务能力，实现一门式、一窗式经办和服务手段多渠道，让市民少浪费时间，少跑冤枉路。推行“互联网＋”就业服务，将就业服务政策信息、企业推介、失业登记等模块推行 APP 等移动客户端进行操作，还可以实现与办事群众互动，进行疑难解

答、接受投诉建议等。

④公共就业服务流程标准。一是消除就业登记，以社保缴交为判断基准，在审批环节中出现的无法律、法规、规章依据的材料一律取消；二是简化失业登记中提交社保清单等材料，通过自动化信息系统建设整合的一体化系统，从系统中直接读取社保缴交情况，在政策规范制定环节过程中，尽量减少办事人员应提供的材料：对于可交可不交的材料一律不需提交，对于提交过的材料，后续业务办理环节不再提交，所有审批材料一律扫描归档，再次申请或迁移不需提供重复材料等；三是整合就业指导和职业介绍，就业指导作为职业介绍的必要前提，对所有需要职业介绍的群众进行公益性专业化的就业指导，整合临近退休补贴与灵活就业补贴，整合公共培训和技能培训。

⑤公共就业服务工作标准。公共就业服务工作标准是工作人员为办事群众提供服务所设立的标准，是客户满意度的最直接体现：一是服务场所标识标准；二是工作人员行为标准，对工作人员在接待办事群众过程中的礼仪用语等方面提出的要求；三是服务信息化标准，对就业服务工作过程中的信息网络建设要求所提出的标准；四是服务设施标准，主要对场地面积、硬件设施、窗口数量等方面提出服务标准。

2. 建立统一的公共就业服务信息平台

提高泛珠三角公共就业服务信息化水平，以建设“大市场、大资源、大就业”的人力资源市场为目标，按照“统一建设、省级集中、业务协同、资源共享”的原则，整合内地九省区各类就业管理服务信息资源，在现有泛珠人才服务联盟大平台的基础上，建立和完善“省际用工求职信息交流平台”，为求职者提供岗位信息查询、匹配、求职登记等服务，以省级为核心建立泛珠三角区域统一的就业信息数据库，形成覆盖城乡的公共就业服务信息网络和就业信息监测体系，实现就业管理服务工作全程标准化和信息化，推动区域内人力资源率先实现通过信息网络享受自助式公共就业服务。

3. 统筹推进区域重点群体就业

把促进充分就业作为区域经济社会发展的优先目标，坚持分类施策，稳定并扩大城镇就业规模。

（1）落实高校毕业生就业促进和创业引领计划。坚持把高校毕业生就业摆在就业工作首位，实施大学生就业促进计划、创业引领计划，在泛珠三角区域内统筹实施“三支一扶”、村官选聘、志愿服务、服务社区等项目，推进高校毕业生就业信息化建设，优化毕业生就业服务，每年遴选扶持1000个高校毕业生创业项目，统筹支持建设100个省级大学生创业园。

（2）加强基层就业服务能力建设。将农村就业纳入整个社会就业体系，推进公共就业服务资源向农村地区和社会困难群体倾斜致力完善公共就业基层服务平台网络体系，加大对经济欠发达地区和基层基础公共就业服务的投入，有力保障公共就业服务体系的统筹发展和均衡建设逐渐形成城乡布点均衡、全面覆盖、信息畅通的就业组织网络，提高公共就业服务的可及性和均等化水平用好增量与调整存量并重，重点推进边远地区乡镇和村级基层公共就业服务平台、信息网络、保障机制建设引导就业服务、就业资金、就业政策向基层延伸，逐步实现城乡劳动者均等享有公共就业服务。

4. 建设区域性人力资源服务产业园区（示范区）

加强区域性人力资源产业园区（示范区）建设，着力打造人力资源市场公共服务枢纽型基地和人力资源服务产业创新发展平台，构建具有国际竞争力的人才制度。

重点支持广东粤港澳人才合作示范区、中国海峡人力资源产业园、中国—东盟人力资源服务产业园（广西）和西部人力资源服务产业园建设，实现工商、税务、金融、劳动用工、社会保障等综合性的一门式服务，打造集产业政策、产业技术、产业资金、产业用地、产业人才、产业机构于一体的聚合平台。

（二）支持内地九省区互派干部挂职交流

选派干部“走出去”是一种实现互促双赢的有利机制，对开阔干部视野、提升干部素质具有重要意义。挂职干部作为区域间合作交流的“使者”，进一步搭建了区域间沟通的桥梁，强化了区域间联系的纽带，能够及时传递信息、交流经验、传达友谊、增进感情。大力支持内地九省区实行城市间干部挂职交流制度，实职为主、取长补短，推动区域间实现更高层次、更高级别务实化合作，带动区域一体化发展。

1. 探索实施宽领域、高级别的干部挂职交流

以需求为导向，加强挂职单位工作岗位和专业需求调研，聚焦发改、交通、环保、产业、科技、水务、规划、国土等重点部门，聚焦经济社会发展追赶任务重、有重点项目、地域相邻的重点地区和特殊类型地区，聚焦有利于促进区域经济一体化发展的重点产业，每年统筹选派若干名优秀的干部到对口单位进行挂职交流，促进区域间联合协作和项目深度合作。

在此基础上，探索以县处级、局级干部为主体力量到挂职单位挂职，提高交流干部级别。高级别、实职化的交流干部能够在各自领域参与影响政策制定，有助于泛珠三角公共政策一体化水平的提高。

2. 完善规范化、务实化的挂职工作制度

（1）不免现职、双向任职。为确保互派干部跨省区挂职交流工作扎实推进，可在挂职锻炼干部原有的行政关系、职级待遇、工资待遇等合法权益均不变动的前提下，实行双向任职，以挂职单位工作为主的挂职制度，让干部真正有能力做事。

（2）多措并举，突出干部挂职的实效性。挂职干部由同级组织部、派出单位和挂职单位共同管理，以挂职单位为主，负责挂职干部的日常管理和考核。双方组织部门实行动态考核，并将考核情况作为干部提拔使用的重要参考依据，对挂职期间表现突出的优秀干部视情况优先提拔使用。

（三）探索建立技能人才库和技能人才培养引进使用机制

在人口红利逐步消失的大背景下，招工问题成为珠三角乃至泛珠三角共同面临的问题，经过 30 多年的快速发展，长期由劳动密集型产业为主导的珠三角地区必然要向高新技术业、高端制造业、服务业特别是现代服务业转变。在此背景下，民工荒事实上已经是技工荒。珠三角、泛珠三角更缺技工，即有一定技术、特殊技能，能适应产业转移、产生转型升级所提出的新要求的技能人才。

要加快区域技能人才库建设，探索建立技能人才培养引进使用机制，全面提升新时期背景下的劳动者职业技能素质。

1. 建立结构性就业技能人才库

着力解决区域结构性就业矛盾，一是建立基于已就业人员的技能人才库，二是实施区域重点产业技能人才培训培养计划，建立区域统一的、适应产业发展需要的技能人才库，推动实现更加充分、更高质量的就业。

（1）建立已就业技能人才数据库。有效掌握区域已就业就业人员的动态，为区域间产业合作和技能人才培养引进使用提供数据支持。

从目前三次产业的就业人数看，除广东第二产业就业比重占比最高外，其他省区第二产业比重都相对较低，其中，湖南、广西、贵州、四川等省区第一产业就业人数比重超过二、三产业就业比重，说明内地九省区之间的产业结构存在较大差异（见图 6-13、图 6-14）。

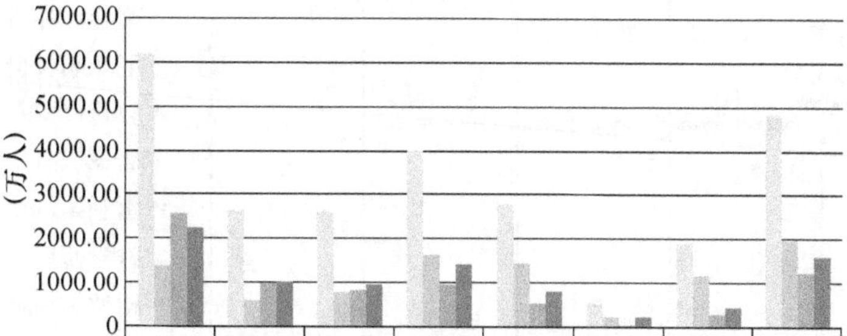

	广东	福建	江西	湖南	广西	海南	贵州	四川
就业人员人数	6183.2	2648.5	2603.3	4004.1	2795	543.1	1909.6	4817.3
第一产业	1382.4	615.77	801.4	1651.3	1450	231.14	1171.0	1955.7
第二产业	2560.6	1011.7	837.6	957.77	540	68.68	291.42	1254.5
第三产业	2240.1	1021.0	964.3	1434.9	805	243.28	447.25	1607

图 6-13　内地九省区 2014 年三次产业就业人员对比

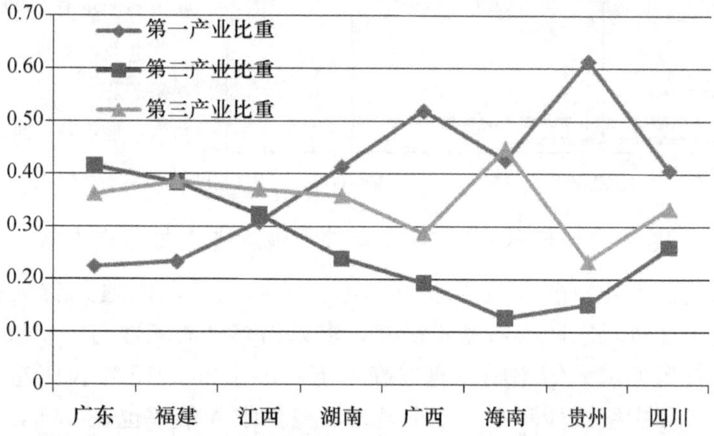

图 6-14　内地九省区 2014 年三次产业就业人员比重

同时，根据图 6-15 的分行业就业人数数据可以看出，内地九省区就业人员主要集中在农业、制造业、建筑业、批发零售业、交通运输、仓储和邮政业、租赁和商务服务业、教育以及居民服务、修理和其他服务业等领域。其中制造业和农业是就业人数集中度最大的行业，其中，2014 年广东省制造业就业集中度达到了 36.35%，是内地九省区占比最大的省。商务服务、金融业、信息服务业等现代服务业就业人数（总数）比重也较大，广东省在商务服务业领域就业人数较多。

结合现状，已就业技能人才数据库要着重以农业、制造业、现代服务就业技能人才为指标体系构建。一是农业要着重搜集内地九省区专业大户、家庭农场、农业合作社等新型经营主体经营能人，以及农业产业化龙头企业内部技术人员；二是制造业领域重点关注产业集中度、专业化系数较高、代表未来发展趋势的新兴产业等领域；三是现代服务业重点关注金融、商务服务、信息服务、工业设计等生产性服务业技能人才。

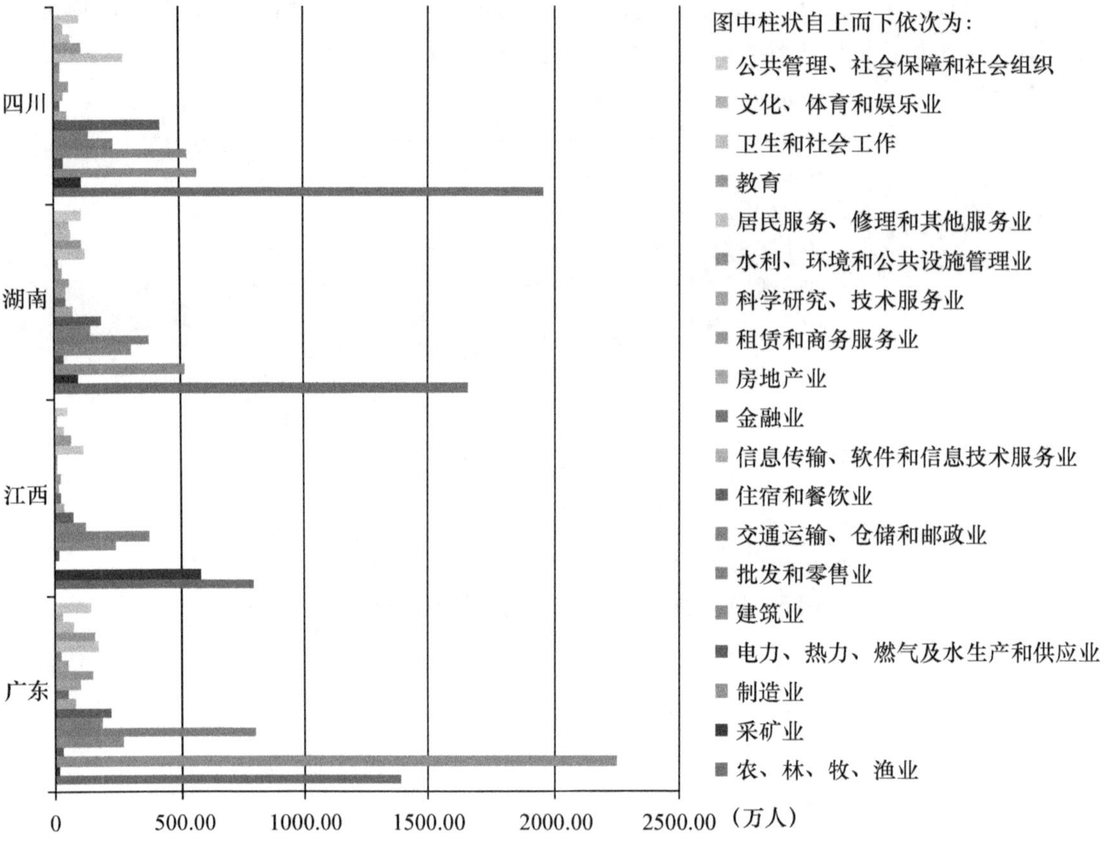

图 6-15　部分省区 2014 年按行业就业人员年末人数

（2）建立结构性就业技能人员需求数据库。整体上看，内地九省区就业形势总体稳定，市场用工需求和进场求职人数基本平衡，求人倍率（需求数与求职数之比）略大于 1。但从结构上看，技工的求人倍率则一直居高不下，广东省 2015 年技工求人倍率一直大于 1.4，湖南省 2015 年中级技能和中级专业技术职务的求人倍率也在 1.4 以上，说明企业市场供应与企业用工需求无法完全匹配，存在较大的结构性就业矛盾。

因此，要加快建立内地九省区结构性就业技能人员需求数据库，统筹目前各省区的人力资源市场供求和企业用工监测数据（季度数据），建立动态技能人才需求数据库，有效引导职业教育同社会需求紧密对接，根据需求调整专业设置和资源投入，加强个性化教育与培训，使结构性就业人员既能提升原有技能又能掌握符合新产能要求的新技能。

2. 加强技能人才培养合作

实施劳动者职业技能提升行动，着力加强高技能人才培养、在岗职工职业技能提升、战略性新兴产业紧缺劳动力技能提升等区域合作，重点打造一批区域性产业技能人才培训实训基地。推动广东省建设全国一流的职业技能开发评价示范基地。

（1）加大高技能人才培养力度。适应区域产业发展需要，大力加强高技能人才培养培训。依托职业院校、技工院校、龙头企业，深度开展校企合作，鼓励技工院校与企业通过共建技能大师工作室、组织技师研修、联合开展科技攻关和技术革新项目等方式，面向企业职工开展技师、高级技师培训。支持技师学院、高级技工学校建立国家级（或省级）高技能人才培训基地。支持企业设立“首席技师”岗位，完善高技能人才带头人制度，建立职业技能等级（岗位）与薪酬紧密挂钩激励机制。在泛珠三角全域范围内广泛开展职业技能竞赛活动，开展技能大师、技术能手评选活动。鼓励实施高技能人才联合国际培养计划，选择与各省区高端制造业、现代服务业、互联网技术关系紧密的骨干专业开办国际课程班，通过与境外职业院校、行业协会合作，采用联合举办国际课程班、师生互换、交流访问、远程教育等多种形式，大力引进先进的专业课程体系、职业资格认证体系，引进先进的职业教育理念和优质师资，组织派遣高职、中职毕业生赴境外应用型大学或职业院校留学，大力培养具有国际职业教育背景的高技能人才。

（2）实施优质技工院校联合建设计划。支持一批办学定位准确、专业特色鲜明、就业质量高、服务能力强、办学整体实力领先的优质技工院校率先进行各项技工教育改革试点，完善机制体制，提升创新能力，提高对区域经济发展的贡献度。支持各省区建设一批服务主导产业发展的技师学院和高级技工学校。推进泛珠三角区域优质技工院校协同化发展：广泛建立协同化招生体系、学分互认体系、课程改革体系、数字资源体系、师资培训体系、教育科研/教研体系、学生资助体系、就业创业指导体系和质量评价体系。努力在泛珠三角区域建设一批办学特色突出、高技能人才培养能力强，社会影响力大的国家级示范性技师学院和高级技工学校。

（3）创新产业技能人才培养模式。一是技工院校要以市场需求为导向，适应现代农业、先进制造业、现代服务业、战略性新兴产业发展需要，按照技工院校专业目录自主设置专业，建立专业动态调整机制。二是深化校企融合，加快推进“校企双制、工学一体”的产业技能人才培养模式，支持开展企业新型学徒制试点，由企业、学校和学术三方签订协议，明确三方权利义务，通过开办“招生即招工全日制班”或“招工即招生在职双制班”，工学交替贯穿于在校与在企教学实训全过程。

（4）进一步明确技工院校办学定位。技工院校是国民教育体系和人力资源开发的重要组成部分。技师学院主要承担通过学制教育培养高级工以上技能人才任务，属职业教育高层次技能人才培养范畴。高级技工学校主要承担中级工、高级工培养任务，普通技工学校主要承担中级工培养任务，属中等职业教育。技工院校是构建劳动者终身职业培训体系的重要载体，是培养技能人才的重要平台，是承担技工教育、职业培训、技能鉴定、竞赛集训、公共实训、就业服务等工作的综合性技工教育培训基地。

3. 实施技能人才综合服务计划

（1）探索实施技能晋升培训补贴计划。鼓励区域内个人积极提升技能，鼓励企业、技工院校、行业协会积极组织学员参加技能培训，经考核取得内地九省区颁发的资格证书的，对个人或企业、培训教育机构、行业协会给予补贴，积极做好面向各省区产业发展需求的技能人才培训需求引导。

（2）实施技能人才鉴定和评价优化服务计划。鼓励符合条件的企业、职业院校、行业协会（商会）申请设立职业技能鉴定所（站），实行政府购买鉴定服务。在此基础上，鼓励企业按照国家职业标准的统一要求和工作规范，结合企业生产特点和岗位要求开展企业技能人才评价，经评价后员工可取得国家职业资格证书。经评价取得的技能证书除了与岗位薪酬待遇挂钩外，还可按各省劳动力技能晋升培训补贴政策或者泛珠三角区域技能人才发展基金享受补贴。

（3）实施首席技师津贴计划和技能大师培育计划。设立泛珠三角技能人才发展基金，实施泛珠三角统一的企业"首席技师"津贴计划，鼓励企业在关键岗位、关键工序设立"首席技师"，解决企业的生产操作难题，参与技术攻关和技术革新。鼓励有条件的企业、行业协会（商会）和职业技术院校依托职业技能鉴定所（站）建立技能大师工作室（技师工作站），实现重点产业领域技能人才梯次发展。

4. 建立区域性产业技能人才培养培训基地

（1）建设一批国内外一流的职业教育园区。重点支持广州、东莞、湛江、平潭、长株潭、北部湾地区、昆明、清镇、南充等城市或区域建设职教城，打造集职业教育、职业培训、技能鉴定、科技研发等功能于一体，产学研一体、校企合作、功能多元的职教园区。

（2）加强产业技能人才培训实训基地建设。围绕内地九省区各自确定的重点产业，支持加快建设一批以培养中、高级技能人才为主要目标的技工院校和大中型企业职工技能培训（训练）中心。主要功能是面向相关重点产业的企业职工、职业院校学生及有技能培训愿望的劳动者开展技能实训活动，使之达到一定的职业技能水平。同时，实训基地还承担相关重点产业的技能人才考核与评价、职业技能竞赛、高技能培训或研修课程开发、技能成果交流展示等任务。

支持内地九省区重点以省级技工院校为项目建设单位，通过与龙头企业深度融合，建设省属技工教育产教融合示范基地，支持泛珠区域内国家级产教融合示范基地（示范区）联合申报。

（四）加强特殊类型地区职业技能培训基地建设

革命老区、民族地区、边疆地区、贫困地区一般是劳动力输出的重点区，也是区域产业发展和就业的难点区。因此，要加强对此类地区职业技能培训基地的建设，构建农民职业技能基地化培训模式，引导农村劳动力有序转移。

1. 提高职业技能培训的针对性

（1）新型职业农民培训。培训对象为各省区从事农业生产、经营和服务的农民和其他人员，返乡农民工、退伍军人、大学生农村创业者和农村"两后生"（农村高中、初中毕业生）等留守劳动力和新型职业农民，根据农业生产周期和农时季节分段安排课程，采取"分段式、重实训、参与式"培训模式，强化分类指导，对生产经营型、专业技能型和专业服务型分类分产业开展培训，注重实践技能操作，大力推行农民田间学校、送教下乡等培训模式，提高参与性、互动性和实践性。实行教育培训、认定管理和政策扶持"三位一体"培育，对符合条件者予以认定并颁发证书，制定相关政策予以扶持，着力培养一支有文化、懂技术、会经营的新型职业农民队伍，为发展特色现代农业提供有力的人才支撑。

（2）雨露计划培训。培训对象为各省区经精准识别的建档立卡农村贫困人口，主要开展农业实用技术和职业技能培训。紧紧围绕因户施策的工作要求，根据每个建档立卡贫困户的培训需求，因地制宜，创新培训形式，采取宜工则工、宜农则农，分类指导的办法，实行集中培训与分散点对点培训相结合，突出针对性，提高实效性。

（3）农民转移就业技能培训。实施农民转移人口职业技能提升计划和新生代农民工职业技能提升计划，结合转移劳动力主要承接地产业需求，积极与县内外用工企业和劳务需求单位联系，大力开展"订单式"、"对接式"、"储备式"培训和职业技能鉴定，培养出与市场需求衔接的劳动力，使劳务输出工作步入市场化、规范化发展轨道，促进农村劳动力转移输出由体能型向技能型转变，提升农村劳动力就业竞争能力。

2. 构建农村劳动力转移合作机制

（1）构建劳动力转移区域合作协调机制。加强省区、地市之间劳动力转移对接的合作和联动，鼓励农村劳动力转出地和承接地之间签订劳动力转移合作协议，支持主要农村劳动力聚集区在重点输出区设立劳动力转移驻点工作站。支持珠江三角洲地区打造全国农村劳动者转移就业职业技能培训示范区。

（2）构建一体化劳动力培训转移就业机制。鼓励省区、地市之间共同建立农村劳动力转移培训基地，开展承接式职业技能培训。建立劳动力培训、转移、就业一体化服务制度，明确不同区域、不同转移环节的责任和工作程序。

（五）加强劳动者权益保护合作

劳动关系是生产关系的重要组成部分，是最基本、最重要的社会关系之一。劳动关系是否和谐，事关广大职工和企业的切身利益，事关经济发展与社会和谐。泛珠三角区域正处于经济社会快速转型时期，作为劳务输出、输入的重要区域，人力资源的利益诉求越来越多元化，劳动关系矛盾已进入凸显期和多发期。因此，要加快构建和谐劳动关系，提高区域劳动者权益保护合作水平。

1. 共建和谐劳动关系综合试验区

以保障职工基本权益和健全劳动关系协调机制为目标，推广复制广东省构建和谐劳动关系综合试验区的模式和经验，着重在广东佛山顺德、广州花都、深圳盐田和惠州大亚湾、福建平潭、湖南长株潭、江西赣南地区、广西北部湾经济区、云南昆明滇中新区、贵州贵安新区、四川天府新区和海南三亚等重要产业集聚区或国家级新区内部建设和谐劳动关系综合试验区，着力在劳动者权益保护领域加强改革创新合作。

（1）全面实行劳动合同制度。贯彻落实好劳动合同法等法律法规，加强对企业实行劳动合同制度的监督、指导和服务，在用工季节性强、职工流动性大的行业推广简易劳动合同示范文本，依法规范劳动合同订立、履行、变更、解除、终止等行为，切实提高劳动合同签订率和履行质量。依法加强对劳务派遣的监管，规范非全日制、劳务承揽、劳务外包用工和企业裁员行为。指导企业建立健全劳动规章制度，提升劳动用工管理水平。全面推进劳动用工信息申报备案制度建设，加强对企业劳动用工的动态管理。

（2）推行集体协商和集体合同制度。以非公有制企业为重点对象，依法推进工资集体协商，不断扩大覆盖面、增强实效性，形成反映人力资源市场供求关系和企业经济效益的工资决定机制和正常增长机制。完善工资指导线制度，加快建立统一规范的企业薪酬调查和信息发布制度，为开展工资集体协商提供参考。推动企业与职工就工作条件、劳动定额、女职工特殊保护等开展集体协商，订立集体合同。加强集体协商代表能力建设，提高协商水平。加强对集体协商过程的指导，督促企业和职工认真履行集体合同。

（3）健全协调劳动关系三方机制。完善协调劳动关系三方机制组织体系，建立健全由人力资源社会保障部门会同工会和企业联合会、工商业联合会等企业代表组织组成的三方机制，根据实际需要推动工业园区、乡镇（街道）和产业系统建立三方机制。加强和创新三方机制组织建设，建立健全协调劳动关系三方委员会，由同级政府领导担任委员会主任。完善三方机制职能，健全工作制度，充分发挥政府、工会和企业代表组织共同研究解决有关劳动关系重大问题的重要作用。

2. 建立劳动关系矛盾协同处理制度

（1）健全区域劳动保障监察制度。全面推进区域劳动保障监察网格化、网络化管理，实现监察执法向主动预防和统筹城乡转变。创新监察执法方式，规范执法行为，进一步畅通举报维权投诉渠道，扩大日常巡视检查和书面审查覆盖范围，强化对突出问题的专项整治。建立健全违法行为预警防控机制，完善多部门综合治理和监察执法与刑事司法联动机制，加大对非法用工尤其是大案要案的查处力度，严厉打击使用童工、强迫劳动、拒不支付劳动报酬等违法犯罪行为。强化违法企业失信责任，加强劳动保障诚信评价制度建设，定期对企业重大违法行为信息公布，并纳入银行征信系统、企业信用信息公示系统，建立健全企业诚信档案。

（2）健全劳动争议调解仲裁机制。坚持预防为主、基层为主、调解为主的工作方针，加强企业劳动争议调解委员会建设，推动各类企业普遍建立内部劳动争议协商调解机制。大力推动乡镇、村依法建立劳动争议调解组织，支持工会、商会依法建立行业性、区域性劳动争议调解组织。完善劳动争议调解制度，大力加强专业性劳动争议调解工作，健全人民调解、行政调解、仲裁调解、司法调解联动工作体系，充分发挥协商、调解在处理劳动争议中的基础性作用。完善劳动人事争议仲裁办案制度，规范办案程序，加大仲裁办案督查力度，进一步提高仲裁效能和办案质量，促进案件仲裁终结。加强裁审衔接与工作协调，积极探索建立诉讼与仲裁程序有效衔接、裁审标准统一的新规则、新制度。畅通法律援助渠道，依法及时为符合条件的职工提供法律援助，切实维护当事人合法权益。依托协调劳动关系三方机制完善协调处理集体协商争议的办法，有效调处因签订集体合同发生的争议和集体停工事件。

（3）完善劳动关系预警和应急处理机制。加强对区域劳动关系形势的分析研判，建立劳动关系群体性纠纷的经常性排查和动态监测预警制度，及时发现和积极解决劳动关系领域的苗头性、倾向性问题，有效防范群体性事件。探索发布泛珠三角区域劳动关系指标体系和预警信息分级发布机制，形成及时处置劳动关系重大事件的应急预案，及时妥善处置群体性事件。

（六）加快区域社会保障一体化建设

随着泛珠三角地区经济快速发展，人员往来日益频繁，异地务工、居住现象越来越普遍，医保、社保异地互通需求量也越来越大。加快实现区域医疗保险异地就医直接结算和养老、失业等社保关系跨省区转移接续意义重大。

1. 推进区域社保信息共享和业务协同

积极推进金保工程建设，加快人力资源社会保障信息系统省级集中、跨区协调，推进一站式服务。一是加强泛珠三角区域跨省社保信息共享顶层设计，统一信息系统接口、操作流程、数据库标准和信息传输规则，以省级统筹平台为支撑，探索建立跨省区协作的业务支撑平台，在泛珠三角区域先行试点建设“跨省市参加社会保险人员基本信息交换机制”，实现基本信息的统一管理和联动共享。二是加快推进社会保障卡应用，尽快实现社会保障卡跨省区、跨业务直接办理个人的各项人力资源和社会保障事务，开放向其他公共服务领域的集成应用，加快实现泛珠三角区域社会保障一卡通。

2. 加快实现区域医疗保险异地就医直接结算

2009 年，中华人民共和国人力资源和社会保障部印发的《关于基本医疗保险异地就医结算服务工作的意见》（人社部发〔2009〕190 号）明确提出异地就医费用结算问题。2010 年通过的《中华人民共和国社会保险法》（主席令第三十五号）首次从法律上明确了流动参保人员异地就医即时结算制度。2014 年的《关于进一步做好基本医疗保险异地就医医疗费用结算工作的指导意见》（人社部发〔2014〕93 号）明确下一步基本医疗保险异地就医医疗费用结算（简称异地就医结算）工作的目标任务。这一系列文件的印发体现了我国政府对异地就医结算问题的重视。目前，在全国范围内，基本医疗保险市级统筹基本实现，大多数省份建立了省内异地就医结算平台并开展了直接结算，一些地区还进行了“点对点”跨省结算的尝试。泛珠三角内部目前大部分省区实现了地市、省内异地就医结算，海南、福建、云南等省也在积极探索与部分省区进行“点对点”跨省结算试点，但这些与泛珠三角区域各省区间日益频繁的劳务合作和流动人口往来相比省区间异地就医结算制度建设依然较落后，无法满足多样化的就医结算需求。

（1）加强合作交流，加快内地九省区内部市级统筹和省级异地就医结算平台建设。加强泛珠内部省域内部异地就医直接结算经验交流，加快推动各省区内统筹地区之间就医人员信息、医疗服务数据以及费用结算数据等信息的交换，并通过平台开展省内异地就医直接结算工作。

（2）加强泛珠三角跨省异地就医顶层设计。统筹考虑跨省异地安置退休人员、异地转诊人员、异地急诊人员等各类跨省异地就医人员需求，稳步推进跨省异地就医直接结算。一是对经登记备案的跨省异地安置退休人员，居住地的经办机构应一视同仁地将其纳入管理，在定点医疗机构和零售药店确定、医疗信息记录、医疗行为监控等方面提供与本地参保人相同的服务和管理。跨省异地安置退休人员发生的应由统筹基金支付的住院医疗费用，通过各省级异地就医结算平台实行跨省直接结算。二是对于异地转诊的参保人员，经办机构要适应分级诊疗模式和转诊转院制度，建立参保地与就医地之间的协作机制，引导形成合理的就医秩序。就医地经办机构应协助参保地经办机构进行医疗票据核查等工作，保证费用的真实性，防范和打击伪造医疗票据和文书等欺诈行为。三是对于异地急诊的参保人员，原则上在参保地按规定进行报销；需要通过医疗机构对费用真实性进行核查的，就医地经办机构应予以协助。

3. 加快实现社保关系跨省区转移接续

跨省区流动人才的社会保险关系接续转移问题是长期以来影响区域人力资源市场一体

化的重要制约因素，区域内各省区间也在不断探索突破，但目前总体进展不大。主要原因：一是泛珠各省区发展差异较大，各省区实行的社会保障政策互异，致使西部省区企业的社会保险缴费负担比东部地区还重，在阻碍产业转移的同时，也阻碍社会保险关系省际接续和转移。二是劳动力就业流动性大、不稳定，导致大量跨省区务工人员参加社会保险困难。但随着国家户籍制度改革的深化和新型城镇化的快速推进，劳动者稳定就业预期将逐步强化，融入就业地成为不少外来务工者的迫切诉求，同时，目前国家鼓励务工者回乡创业，未来一段时期，还将存在大量务工者往返转移现象，因此，加快建立跨省区养老、失业等社会保险关系顺畅转移接续机制势在必行。

（1）加快社会保障转移接续一站式网络服务平台建设。在全国转移接续网络平台的基础上加快建立区域内部社保一站式网络服务平台（也可探索泛珠三角区域内部统一的社保转移接续网络平台），构建相互衔接、相互配套、可转移接续的社会保障体系。同时，加大社会保障卡“一卡通”发放力度，拓展社会保障卡服务功能，探索实现区域内跨省区异地用卡。

（2）细化跨省区转移接续政策。加快破除影响社保关系跨省区顺畅转移接续的影响因素（包括视同缴费年限的认定和计算问题、统筹资金转移问题、重复缴费问题、待遇领取地确定问题、补缴后的养老保险关系转移问题等等），尽快研究出台细化跨省转移接续的统一政策。同时，加强转移接续经办能力建设，依托一站式网络服务平台，探索建立泛珠三角跨省区转移接续处理中心，细化转移接续经办规程，提高经办效率。

（七）推动与港澳人力资源和社会保障交流合作

以自贸试验区、国家级新区、开发区等为载体，鼓励引进港澳创新人才和创新资源在内地九省区就业创业、参加职业技能鉴定和职称评审，完善职业资格互认办法。支持加快建设粤港澳人才合作示范区，加快留学生创业园、博士后科研工作站和创业创新基地建设，创新人才服务体制机制，拓展职业技能“一试三证”模式，支持港澳服务提供者在广东省前海南沙横琴独资举办非学历职业技能培训机构。

探索提升内地九省区和港澳居民互相在当地就业、生活便利化水平，重点加强港澳居民在内地九省区工作的教育、医疗、养老等领域福利衔接政策，促进往来就业人员能够更好工作和生活。加快共建粤港澳优质生活圈，提高区域工作生活便利化水平。

六、共同优化休闲旅游环境

旅游业是我国的战略性支柱产业，也是泛珠三角各省区的支柱性产业，尤其是近十年，旅游业发展迅速，呈现跨越式、奔跑式发展。泛珠三角各地旅游资源丰富、产品特色鲜明，部分旅游目的地和旅游线路在国内、国际旅游市场上具有较高知名度和竞争力。从区域合作上看，旅游是泛珠三角区域最活跃的合作领域之一，十余年来，泛珠各方联手突破行业壁垒，打破地方保护主义，共建无障碍旅游区，正在逐步实现资源共享和区域内旅游资源要素配置最大化。近年来，随着交通一体化的快速发展，尤其是高铁网络的不断完善，区域旅游一体化和深度融合发展的条件已经成熟。应继续坚持“市场开放、客源互送、优势互补、互惠共赢”的原则，共同优化休闲旅游环境，共同塑造区域旅游形象和旅游品牌，联合打造世界级级旅游目的地和观光休闲线路。

（一）加快建设无障碍旅游区

以区域旅游一体化建设为目标，继续加强泛珠旅游合作，在泛珠全域范围内，依法建立公开透明的市场准入标准和运行规则，打破行业和地区壁垒，加快推进无障碍旅游区建设。

1. 全面开放旅游市场

打破行业、地区、部门壁垒，按照“非禁即入”原则，依法建立公开透明的市场准入标准和运行规则，推动旅游市场一体化发展。全面取消泛珠三角内地九省区旅游地陪制及其他旅游壁垒和进入障碍，开放市场和优化服务，推出旅游便利化服务措施。允许旅行社跨省区开办分支机构，支持区内港澳独资旅行社经营内地居民出国（境）（不含台湾地区）团队旅游业务。全面推进旅游市场向社会资本开放，打造共同的市场推广和促销平台，实现合作区域旅游企业与本地企业同等待遇，真正实现区域旅游市场一体化。加快推出“旅游一卡通”，游客只要手持一卡通，便可在泛珠三角区域的加盟联网景区点、旅游饭店和购物商家开展吃、住、行、游、购、娱消费。

2. 推进跨省区无障碍交通网络建设

以跨省相邻地区无障碍旅游交通网络建设为突破口，逐步消除妨碍泛珠三角区域旅游交通互通的障碍，力争为相互的旅游车辆进入城市、景区给予方便，大力为自驾车旅游创造条件。开放旅游客运市场，鼓励旅游客运企业跨省区设立分支机构和组建跨省旅游客运集团；鼓励企业开通中心城市直达旅游城市和景区的跨省区旅游客运班车、环线旅游客运班车、沿途旅游观光车和旅游包车。打破旅游客运包车区域限制和景区限制，实现跨省区旅游客运包车在承运旅游团队时无障碍运输，允许跨省区组织调度运力，实现旅游团队车辆无障碍旅游等。

加强泛珠区域道路交通旅游导向系统建设，对通往旅游景区点的导向标志进行统一规划、建设和管理，推动旅游交通指南和旅游地图的标准化建设，切实为游客提供便利。

3. 鼓励旅游企业跨地区连锁经营

积极培育壮大市场主体，扶持特色旅游企业，鼓励发展专业旅游经营机构，大力发展大型旅游企业集团，鼓励和支持优势旅游企业跨地区、跨行业、跨所有制兼并重组，打造跨界融合的产业集团和产业联盟。鼓励旅行社和旅游车船公司跨省设立分社、跨区域连锁经营。支持成立泛珠三角旅游企业联盟。

面向国内外市场，在更大范围内优化配置资本、人才、管理、技术等旅游生产要素。通过完善公开、平等、规范的旅游市场准入制度，放宽外来投资在泛珠区域旅游产业发展中的股权、业务范围等方面的限制，建立健全外来旅游投资项目立项审批、管理服务的“绿色通道”，吸引跨国旅游集团和国内外知名旅游品牌公司在泛珠区域设立总部、分支机构或销售中心。

（二）加快推进建设世界级观光旅游线路

1. 联合打造旅游精品线路

（1）深化“一程多站”精品旅游线路开发。加强泛珠各方旅游资源优势互补合作，推动旅游资源共享、游客互送。一是巩固并提升已有“一程多站”精品旅游线路，包括：福建、台湾的海峡之旅，广西、云南东盟国家的边境之旅，广东、香港和澳门的港澳之旅，广东、福建、江西、湖南、贵州、四川的红色之旅（古田—井冈山—韶山—遵义—广安、原中央苏区红色旅游圈等），四川、云南、贵州、广西的民族风情之旅，香港、泛珠沿海城市的邮轮旅游等。二是拓展开发新的“一程多站”精品旅游线路，着重加强海滨著名景区的海上观光旅游新航线开发、世界文化遗产之旅、“美食休闲游”、“寻根探祖游”、“文化历史游”、“滨海风光游”、区域特色专项旅游等；共同规划、开发南海旅游线路，打造“环南海旅游经济圈”；以川滇为主体打造中国南方丝绸之路旅游精品环线产品；着力打造经福建循“小三通”航线延伸至台湾本岛的黄金旅游通道。

（2）共同打造高铁旅游精品线路。交通瓶颈的突破，加快了泛珠三角的旅游市场一体化步伐。南广高铁、贵广高铁、沪昆高铁、京广高铁、厦深铁路开通后，铁路沿线城市不断加强旅游合作，开拓了多条精品旅游线路。空间距离大为缩短给跨城区域联游市场带来了巨大的增长空间，部分线路完全具备打造世界级观光旅游线路。一是依托贵广高铁、南广高铁，打造粤桂黔世界级旅游走廊。二是依托合福高铁、厦深铁路、向莆铁路，打造“一程多站”式“环海峡旅游圈”。

（3）联合打造“海上丝绸之路”系列精品旅游路线。以福建、广东两省为核心，联合打造“海上丝绸之路”精品旅游路线。一是打造海上丝绸之路文化名片之旅线路（湛江—阳江—广州—汕头—厦门—泉州），二是海上丝绸之路瓷器之旅线路（佛山—潮州—梅州—泉州），三是海上丝绸之路宗教文化线路（广州光孝寺、光塔寺—韶关南华寺—云浮国恩寺—肇庆庆云寺—新会玉台寺—中山集益寺、古香林寺—潮州开元寺—泉州寺庙群等），四是“中国海上丝绸之路古港行”邮轮航线（“湛江—珠海—广州—汕头—泉州—宁波”等沿线城市），五是“重走海上丝绸之路”邮轮航线。以广州、深圳、珠海、汕头、湛江等市为始发点，开发途经香港、海南，到达新加坡、马来西亚、文莱、越南等国的邮轮航线。

表 6-10 泛珠内地九省区主打精品旅游线路

省区	主打精品旅游线路
广东	八大海湾和海岛旅游圈，潮州、汕头、汕尾、揭阳等潮汕古镇古村旅游，中山、珠海、江门等岭南水乡特色旅游等
广西	高铁旅游、民族文化旅游、21 世纪海上丝绸之路旅游线路
福建	打造“两条旅游带”。蓝色生态旅游带。依托沈海高速公路福建段和温福、福厦、厦深铁路，以滨海度假、都市观光、商务会展、宗教朝圣、温泉休闲为主导功能。绿色生态旅游带。依托长深高速公路福建段、宁武等高速公路和衢宁、合福、峰福、向莆铁路，以山地休闲、生态体验、养生康体、红色旅游、客家民俗为主导功能
江西	环鄱阳湖五彩精华旅游线、赣中南红色经典旅游线、赣西绿色精粹旅游线
湖南	着力打造湘江旅游带、京广高铁旅游带、沪昆高铁旅游带、大湘东旅游带、大梅山文化旅游带、环洞庭湖旅游带、湘南山水人文旅游带、湘西南生态旅游带等八条黄金旅游带
云南	培育昆明—河内、昆明—曼谷、昆明—仰光、昆明—加尔各答四条国际旅游经济走廊和滇桂、滇黔、滇川、滇渝、滇藏五条国内旅游经济走廊

续表 6-10

省区	主打精品旅游线路
贵州	积极构建贵川、贵滇、贵桂、贵湘、贵渝、贵广等跨省旅游精品线路和贵广、贵昆高铁延伸至泰国曼谷的跨境国际旅游精品线路
四川	九环线、成乐环线、大熊猫生态文化、蜀道三国文化、川江水上旅游、攀西康养旅游、“长征丰碑”红色旅游、光雾山—诺水河巴山蜀水等精品旅游线路
海南	热带滨海休闲度假精品海湾旅游，西沙邮轮旅游航线，海上“丝绸之路”沿线国家邮轮旅游经济圈和环南海邮轮旅游线，环海南岛游艇休闲旅游线

2. 联合打造区域旅游品牌

实施区域旅游品牌化发展战略，加快培育一批国家级和省级旅游度假区，培育一批品牌景区、品牌酒店和旅行社，支持有条件的旅游企业“走出去”，积极开拓国际市场，努力打造泛珠三角“国民旅游休闲示范基地”和“世界级旅游休闲目的地”的品牌形象。

（1）实现区域旅游形象推广一体化。建立各省区核心旅游品牌宣传联盟，促进在各省级有关媒体相互播放宣传片。联合在境内外举办主题促销活动，共同拓展旅游客源市场。联合策划制作旅游宣传册，共同打造旅游品牌，树立旅游产品形象。在国内外重要的国家级旅游交易会展，以及重点区域性旅游会展上，以同展区、同设计、同主题，开辟泛珠三角旅游联合展区，联合推介泛珠区域旅游形象，增强市场号召力和吸引力。支持成立“海上丝绸之路旅游宣传推广联盟”，开展“美丽中国—海上丝绸之路”旅游联合推广活动。

表 6-11　泛珠内地九省区核心旅游品牌形象

省区	核心旅游品牌形象	核心旅游产品品牌
广东	活力广东	海湾和海岛旅游，岭南特色乡村旅游，文化旅游，老年旅游和养生旅游
广西	遍行天下，心仪广西	桂林山水、滨海度假、长寿养生、边关揽胜、民族风情、红色之旅
福建	清新福建	滨海度假、都市观光、商务会展、宗教朝圣、温泉休闲、山地休闲、生态体验、养生康体、红色旅游、客家民俗
江西	江西风景独好	生态旅游，红色旅游，赣鄱文化旅游，道教祖庭、佛教圣地旅游，医疗养生旅游，体育旅游
湖南	锦绣潇湘、快乐湖南	休闲度假旅游、乡村旅游、文化旅游、研学旅游、老年旅游、自驾旅游等
云南	七彩云南、旅游天堂	观光旅游、休闲度假、生态旅游、文化旅游、休闲度假旅游、康体运动旅游、会展商务旅游、科考探险旅游、边境跨境旅游、自驾车旅游以及红色旅游、工农业旅游
贵州	多彩贵州·山地公园	生态旅游、文化旅游、休闲农业、特色城镇、观光工业、山地户外运动、避暑休闲、温泉度假、健康养生、山地户外、商务会展、汽车露营、科普探险、修学旅行、乡村旅游

续表 6-11

省区	核心旅游品牌形象	核心旅游产品品牌
四川	四川，不仅仅有熊猫	生态文化、三国文化、水上旅游、康养旅游、红色旅游等
海南	海南国际旅游岛	海洋旅游、康养旅游、文体旅游、会展旅游、乡村旅游、森林旅游等

（2）联合打造滨海旅游品牌。以海南、广东、福建、广西沿海四省区为主体，联合打造泛珠滨海旅游品牌形象。重点推进美丽海湾和海岛旅游合作，重点推进海南国际旅游岛建设、广东八大海湾和海岛旅游圈建设、福建山海画廊旅游区和滨海文化旅游度假区建设（含平潭国际旅游岛）、广西北部湾国际旅游度假区建设，打造泛珠滨海旅游联盟。

表 6-12　滨海旅游资源

省区	滨海旅游资源
广东	环珠江口旅游圈：广州、深圳、珠海、中山、东莞市滨海地区，东澳岛、桂山岛、万山岛、庙湾岛、白沥岛、荷包岛等。 川岛—广海湾旅游圈：以川山群岛为核心，赤溪半岛、广海湾、银湖湾、镇海湾、浪琴湾、银澜湾等。 海陵岛—月亮湾旅游圈：阳江海陵岛和东平珍珠湾、沙扒月亮湾地区。 水东湾—放鸡岛旅游圈：茂名环水东湾地区的澳内湾、晏镜岭、虎头山、中国第一滩（滨海公园）、浪漫海岸、莲头岭和大小放鸡岛。 环湛江湾旅游圈：湛江市区、东海岛、特呈岛、硇洲岛、南三岛、南屏岛、吉兆湾、天成台、徐闻三墩、徐闻珊瑚礁保护区、廉江高桥红树林等。 环大亚湾旅游圈：稔平半岛、大亚湾滨海地区以及中央列岛、辣甲列岛等。 红海湾—品清湖旅游圈：汕尾红海湾和环品清湖城市区域。 南澳岛—汕头湾旅游圈：汕头、潮州、揭阳市海滨地区和海岛
广西	海上丝绸之路旅游带、北部湾旅游、涠洲岛
福建	平潭国际旅游岛、湄洲岛、南日岛、琅岐岛、嵛山岛、三都澳、厦门海湾城市、泉州东亚文化之都、海上丝绸之路史迹、漳州滨海火山、东山岛
海南	海棠湾、亚龙湾、清水湾、石梅湾、神州半岛、龙沐湾、棋子湾、博鳌、海口西海岸等热带滨海休闲度假精品海湾；三沙旅游

（3）联合打造区域专项旅游产品品牌。依托泛珠各省区的特色旅游资源，建立区域特色乡村旅游、文化旅游、生态旅游、红色旅游、康养旅游、自驾游联盟，联合打造区域专项旅游品牌。重点发展岭南特色乡村旅游、少数民族乡村旅游，大湘西文化旅游、闽西北文化生态旅游、赣鄱“千里客家文化长廊”旅游、民族民俗文化旅游，江西生态旅游（武夷山、三清山、龙虎山、泰宁、福建土楼等生态和文化旅游联动发展）、云南生态旅游、海南生态旅游、四川生态旅游，赣南红色旅游、湖南红色旅游、广西红色旅游，广东康养旅游、福建康养旅游、海南康养旅游、贵州康养旅游和四川康养旅游等专项旅游产品。支持有条件的省区建立养老服务业综合改革试点和康养产业发展示范区。

3. 共建世界级旅游休闲目的地

依托泛珠区域众多世界自然遗产、世界文化遗产等资源，共建世界级旅游休闲目的地。一是深化粤港澳区域旅游合作，联合打造粤港澳世界级旅游目的地，支持澳门建设世界旅游休闲中心。二是加快海南国际旅游岛建设，积极培育一批具有国际水平的滨海休闲度假品牌。三是加强世界遗产旅游联合开发，提升旅游整体环境，丰富旅游产品的文化内涵，加快建设国际知名的旅游养生、休闲、度假目的地。四是加快建设世界级旅游目的地建设，支持三明（泰宁）海峡旅游产业基地、桂林国际旅游胜地、北部湾国际旅游度假区、巴马长寿养生国际旅游区、大香格里拉文化生态旅游区、贵州世界知名山地旅游目的地、成都、昆明等世界级旅游目的地建设。

表 6-13　泛珠区域世界遗产表

省区	世界自然遗产	世界文化遗产	双遗产
广东	中国丹霞	开平碉楼与古村落	
广西	中国南方喀斯特		
福建	中国丹霞	福建土楼	武夷山
江西	三清山、中国丹霞	庐山	
湖南	武陵源、中国丹霞	永顺老司城遗址	
云南	三江并流、中国南方喀斯特、澄江帽天山化石地	丽江古城、红河哈尼梯田	
贵州	中国南方喀斯特	海龙囤	
四川	九寨沟、黄龙、四川大熊猫栖息地	都江堰及青城山	峨眉山及乐山大佛
澳门		澳门历史城区	

（三）共同规范区域旅游市场秩序

1. 建设区域旅游服务标准化体系

全面推进旅游标准化行动计划，充分发挥旅游标准化在规范旅游市场秩序、保障旅游服务安全、提升旅游服务质量、促进旅游产业升级、增强旅游产业竞争力等方面的作用，全力推进泛珠三角区域的旅游城市和旅游景区（点）服务水平与国际标准接轨，助推世界级旅游休闲目的地和旅游线路的打造。

（1）健全旅游标准体系，夯实标准工作基础。加强在旅游标准制修订、旅游标准体系构建等方面的交流合作，按照国家相关标准的要求，共同建立和健全“层次分明、结构合理、覆盖全面、定位准确”的泛珠三角区域旅游服务标准体系，围绕旅游业“食、住、行、游、购、娱”六大要素，重点开展旅游公共服务设施标准、接待服务标准、监督管理标准、特色专项旅游（如滨海旅游、休闲旅游、生态旅游、红色旅游、民族文化旅游、乡村旅游、高原特色旅游、农业旅游等）和旅游新业态（如潜水、攀岩、帐篷、营地、游艇等）发展所需标准研制，鼓励支持泛珠三角区域企事业单位和社会团体积极主导或参与旅游业国家标准、行业标准和地方标准制修订工作，探索制定泛珠三角区域具有通用共性的旅游业区域联盟标准。

（2）实施标准示范工程，全面提升旅游服务质量。在各省广泛开展服务标准化试点的基础上，共同研究制定标准化示范工程建设的目标、程序和要求，并选择区域内有条件的单位开展旅游标准化示范城市、示范景区、示范企业的创建活动，通过泛珠三角省、市之间互派专家、共同参与、联合验收的方式，在开展管理体系认证、服务等级评定和标准化示范工程评估等方面加强交流合作，引导旅游企业贯彻实施各级旅游服务标准，带动旅游行业实现科学化、规范化管理，促进旅游服务质量的整体提升，增强优质旅游品牌的影响力。制订《泛珠三角区域旅游质量发展纲要》，开展旅游企业质量等级和诚信等级评定，强化旅游服务质量控制。

(3) 统一旅游标识。加快泛珠区域旅游标识设计，统一区域旅游形象标识，打造泛珠区域旅游公共标识，助推区域旅游市场一体化建设。加快跨省区主要交通枢纽、商场等公众场所中英文双语标识、旅游指引标识建设，将通往重要旅游区的标志统一纳入道路交通标志设置范围。统一规范国家级、省级旅游度假区和A级旅游景区、星级乡村旅游点旅游指示标识。

2. 加强区域旅游监管合作

完善区域旅游综合协调机制，建立健全跨省区旅游综合协调、旅游市场联合执法监管、违法行为查处信息共享、跨部门跨地区督办和旅游安全突发事件应对管理综合协调机制，联合打击不正当竞争和侵害消费者权益的行为。

(1) 建立重大旅游安全事故和旅游投诉处理合作机制。进一步完善节假日期间旅游信息预测预报和重大旅游事件通报、协调、配合、处理机制，建立统一的旅游安全预警信息发布制度，将其纳入区域统一的应急体系。建立健全跨省区之间的旅游投诉处理合作机制，完善旅游、公安、物价、工商、交通和食药监管等部门协同机制，建立泛珠三角区域旅游投诉统一受理平台，解决旅游者和旅游企业在泛珠区域内遇到的旅游质量纠纷，对重大旅游安全事故提供积极有效的救援和帮助。

(2) 加强旅游联合执法合作。对跨省区违法和投诉案件，各方要加强协作，及时处理区域内的违法违规事件和旅游投诉，互相通报情况。加强执法协作，配合协助其他省区旅游主管部门依法对本省区旅游经营者和从业人员实施的行政处罚。重点联合打击“黑社”、“黑导”、“黑车”、“黑店”、“黑网站”及诱导、欺骗、强迫消费等行为，共同维护区域旅游环境。

3. 建设区域旅游诚信体系

建立和完善旅游市场秩序综合评价和督查督办制度、服务等级退出制度、旅游目的地警示制度、游客满意度调查和反馈制度，逐步建设覆盖泛珠内地九省区游客、旅游企业和从业人员的旅游征信系统，健全旅游投诉处理和服务质量监督机制。一是重点整治非法经营、虚假宣传、不合理低价、强迫消费等行为，建立旅游从业企业和人员“黑名单”制度和旅行社、A级景区、星级饭店等级退出制度，对违法违规旅游企业和从业人员进行曝光。二是积极开展文明旅游宣传工作，加快建立和完善“游客不文明行为记录”制度，不断提升公民文明旅游意识，推广深圳“全国文明旅游志愿服务示范市”建设经验，加强旅游志愿者队伍建设工作。

(四) 完善区域旅游合作机制

完善国内国际旅游合作机制，加强全方位合作，构建务实高效、互惠互利的区域旅游合作体系。

1. 完善区域信息共享机制

深入推进区域旅游信息合作与交流，建立泛珠三角区域旅游信息库，加快实现各省区旅游局、景区、旅游企业的网站无缝链接，创建泛珠智慧旅游服务平台，推动内地九省区电子行程单一体化建设，打造信息资源共享、统一高效开放的旅游信息服务平台。建立健全信息互通共享机制，及时发布泛珠三角各省区旅游、交通等各方面政策法规、办事信息和动态信息，向企业和公众提供一站式的信息服务；定期向各省区间通报各省区每季度的统计信息、旅游市场监察信息，尤其是违规（非法）企业与个人名单等情况，实现跨区域的信息互动与合作。共同构建区域旅游营销网络和旅游电子商务服务平台、共同策划和推广区域精品旅游线路、打造区域旅游品牌。

2. 加强旅游人才培养合作

加强各省区旅游人才教育培训的交流与合作，增进各层面的互动交流，充分挖掘和发挥泛珠三角区域旅游教育资源优势，加大旅游中高级管理人才和服务一线技能型人才培训力度。建立泛珠三角区域旅游人才交流信息平台，加快推进旅游人才市场信息联网，实现跨省区相互之间的导游人员交流制度、旅游教育与培训制度、中高层管理人员相互挂职锻炼、对口支援制度等。举办旅游专题培训班，共同建设高素质的旅游人才队伍。

3. 共建跨区域旅游合作区和旅游联盟

支持发展各种形式的旅游合作区和旅游联盟，推动泛珠三角多层次、大范围的区域旅游合作，建立务实高效、互惠互利的国内外旅游合作体系和机制，推动区域旅游一体化。

（1）建立跨省区旅游联合体和合作区。探索旅游合作区建设模式，形成跨地域旅游产业链，促进区域旅游市场一体化发展和资源优势互补。一是推进粤港澳旅游服务贸易自由化，完善粤港澳旅游合作协调机制，提升粤港澳地区旅游的国际影响力，共同打造“国际旅游黄金三角”，支持在横琴新区片区建设国际休闲旅游基地。二是推动湘桂黔旅游区域合作，加快形成区域性旅游联合体，打造“西南旅游金三角”。三是支持桂粤琼三省区合力打造北部湾（中国）旅游品牌，建设桂粤琼北部湾旅游联盟，打造泛北部湾旅游圈，推动设立跨境旅游合作区。四是支持川滇黔渝旅游合作区，共同开发“古田—井冈山—韶山—遵义—百色—广安—扎西”红色旅游、中国白酒金三角、大香格里拉环线、南丝绸之路之旅等精品线路，积极培育跨区域的生态休闲、红色旅游等国家级和世界级旅游目的地。五是推动浙闽赣皖国家东部生态旅游示范区建设。六是加强珠江—西江经济带旅游交流与合作，加快南广、贵广、湘桂等高铁旅游带和西江旅游带重点旅游项目建设和旅游线路开发，共同打造跨省区精品旅游线路，形成旅游发展合力。七是支持西部省份的藏区创建全国民族地区全域旅游实验区，支持西部省份创建全国旅游扶贫实验区。

（2）加强国际旅游交流合作。抓住“一带一路”建设战略机遇，鼓励和支持泛珠内地九省区与“一带一路”沿线国家和地区制定旅游交流合作中长期规划。大力开发欧美、东南亚、南亚、太平洋岛国、中东和非洲等客源市场，积极搭建旅游合作平台，建设泛珠为中心的丝绸之路黄金旅游通道。以海上跨国邮轮、陆上国际航空为主体，融合游览观光、商务会展、康体养生、文化体验、休学科考、休闲地产等功能为一体，共同打造以岛国风光、异域风情、民族特色、海洋开发等位主体功能的“泛珠—东盟区域旅游圈”；以沙滩度假、岛国游玩、宗教信仰、热带植被、民族风情为主体的“泛珠—南亚区域旅游圈”；以文化之旅、沙漠体验、特色建筑、历史古迹、民族节庆为主体的“泛珠—欧非区域旅游圈”。共同在当地设立一批旅游推广中心，充分调动当地华侨华人积极性，多渠道、立体化宣传推介旅游资源及产品。强化与相关国家和地区旅游管理机构、民间组织、重点企业及重要媒体的交流与合作，推动实现旅游资源共同开发、旅游线路相互推广、旅游信息及时共享。

以建成区域性国际旅游目的地和游客集散地为中心，①全面加强与泛北部湾地区各国的合作，形成泛北部湾地区跨国旅游一体化发展格局，加快推进中越德天—板约瀑布国际旅游合作区建设，推动设立中国东兴—越南芒街跨境旅游合作区。②积极推动海南构建“环南海经济合作圈”，推进构建“海南—东盟旅游合作区”，加强与环南海区域国家和地区合作，推动环南海经济合作进入国家战略层面。③依托云南连接东南亚、南亚和我国内陆腹地三大市场的区位优势，以中国—东盟自由贸易区、大湄公河次区域、孟中印缅地区的旅游合作为重点，支持打造云南红河河口、文山天保、西双版纳磨憨、德宏瑞丽、腾冲猴桥等跨境旅游区。④共同提升中国—东盟旅游合作，推进中国—东盟跨国自驾游常态化，推进环北部湾旅游圈、南宁—新加坡陆路跨国旅游通道建设。

4. 完善旅游合作交流平台

以节庆、会展、论坛等平台，完善国内外旅游开放合作机制。重点支持福建办好丝绸之路国际电影节、“海丝”（福州）国际旅游节以及“海丝”相关论坛、艺术节等重大活动，支持四川办好四川国际旅游交易博览会，支持海南将“海南国际旅游欢乐节”办成国际性旅游节庆品牌，支持广西办好中国—东盟博览会旅游展、世界旅游趋势与展望国际论坛、巴马论坛、中国—东盟旅游人才培训班、大湄公河次区域旅游人才培训班等国际性会展和教育培训活动，支持贵州办好生态文明贵阳国际论坛、中国（贵州）国际酒类博览会、中国（贵州）国际民族民间工艺品·文化产品博览会等合作交流平台。

（五）提升区域旅游市场开放水平

1. 争取入境、过境旅游便利化措施

推动完善外国人入境、过境旅游签证便利化措施，逐步推动符合规定条件的对外开放口岸开展外国人过境免签或入境口岸签证业务。争取把泛珠内地九省区全域纳入外国人 72 小时过境免签政策实施范围，大力拓展入境旅游市场。争取对东盟国家、一带一路国家和地区旅游团队率先实施泛珠全域 144 小时入境免签，旅游团队可从泛珠境内任一对外开放口岸出境。

探索扩大海南国际旅游岛旅游对外开放政策，发挥“落地签证”和“26 国免签”政策效应，积极争取“全球免签”政策，争取三沙游向港澳台游客开放政策。

结合便利签证政策和过境免签政策，有针对地推出集美食、观光、购物、休闲度假于一体的区域特色旅游产品。逐步建立多语种的旅游宣传推广网站，不断提升泛珠区域旅游资讯国际化水平。积极探索实施境外旅客购物离境退税政策，在条件成熟的航空、水运和陆路口岸设立出境免税店，重点支持在广州南沙、深圳前海蛇口、珠海横琴、福建平潭设立免税购物中心。充分依托跨境电商服务渠道和网络，在特色旅游商品购物点和各大商贸公司开辟跨境邮寄服务，扩大入境游客的消费比重。

2. 积极推进入境医疗旅游试点

医疗旅游是全球增长速度最快的新兴产业之一。世界旅游组织将其定义为“以医疗护理、疾病与健康、康复与修养为主题的旅游服务”，具有附加价值高且低污染的特点。我国是医疗资源大国，但目前国际医疗旅游还处于起步阶段。海南省在国内首次提出了中国

国际医疗旅游的概念，以三亚中医院为平台，主要面向俄罗斯、中亚、北欧地区，通过以中医药为主的服务模式，吸引国际游客，取得了显著的效果。要依托泛珠三角区域丰富的医疗卫生资源、良好的文化生态旅游资源，积极探索推进入境医疗旅游先行先试。

（1）探索建立多部门合作医疗旅游管理体制。由卫生计生委和旅游管理部门牵头建立多部门合作管理体制，整合行政部门、高校研究机构、医疗机构等资源，建立系统、科学、高效的协调体制。从政府、产业和学界三个维度将医疗旅游提高到战略层面，旅游部门与医疗机构要相互协调，及时化解在合作过程中遇到的问题和矛盾，实现医疗业与旅游业的共同发展。

（2）积极推进国际医疗旅游试点。在泛珠内地九省区各选择若干家公立医院或特色民营医院进行试点。争取每个机构推出1～3个特色病种为核心、治疗方案明确、疗效可期、时间可估、全流程服务、价格合理的医疗服务包。完善从游客咨询申请、接机、安排食宿、挂号就医、游览、医疗保险、结算、康复、治疗后跟踪服务等医疗旅游产业链服务模式。鼓励和支持试点机构积极开展国际认证。

重点支持博鳌乐城国际医疗旅游先行区建设，鼓励在业态创新、机制改革、集群发展方面先行先试，重点发展特许医疗、健康管理、照护康复、医学美容和抗衰老等产业，为游客提供体检、健康管理、医疗服务、康复、养生等完整的医疗健康旅游产品。重点支持江西上饶国际医疗旅游先行区建设，鼓励以干细胞技术为核心，依托生态资源、旅游资源和区位优势，逐步形成“治疗＋旅游”、“养生＋旅游”、“美容＋旅游”发展模式，打造国内外知名的医疗旅游产品和休闲度假品牌。支持海口、三亚中医医疗旅游示范基地建设，大力发展中医养生康复疗养。支持江西加快岐黄国医外国政要体验中心、武宁国际养生度假中心等基地建设，支持南昌梅岭、宜春樟树等打造中医药养生休闲区，探索设立国际医疗旅游产业先行区。

（3）突破政策限制、规范滞后、人才不足的壁垒。加快推进医生多点执业试点，促进名优医师自由流动，缓解高端医疗服务人才不足的瓶颈。在珠三角地区、海南国际旅游岛探索设立国际医疗旅游服务贸易示范区，引导国际竞争优势的企业和金融机构聚集，放宽国际先进的医疗设备与技术进口，逐步形成世界领先的医疗旅游产业集聚区，将医疗护理、健康管理、康复保健、休闲养生、旅游观光相结合。探索制定与国际接轨的医疗机构管理标准、健康服务业服务标准等国际医疗服务行业标准，规范从事医疗旅游的医疗机构及中介注册准入制度。

（4）试点医疗旅游签证。简化旅游签证手续，适度延长医疗旅游者入境停留时间，并增加往返次数，促进泛珠三角区域国际医疗旅游快速发展。

3. 简化邮轮、游艇出入境手续

（1）优化邮轮、游艇出入境政策。推动“两关一检”服务，不断提高口岸服务水平。试点国际邮轮旅客入境免签政策，简化游艇在港和移动方面的边检查验手续。深入推进粤港澳游艇自由行，便捷游艇在广州、深圳、珠海、中山等市与港澳间往返管理措施。

（2）加快形成以泛珠沿海旅游目的地为支撑的多港挂靠布局。积极发展广州、深圳、海口邮轮始发港，加快粤港澳国际邮轮母港、三亚凤凰岛邮轮母港、厦门邮轮母港建设，支持深圳设立中国邮轮旅游发展试验区。推动广州、深圳、珠海、汕头、惠州、中山等游艇示范基地建设，高水平建设海南秀英港、金沙湾、半山半岛、凤凰岛、红塘湾等帆船、游艇码头，加快广西北海、防城港、钦州滨海、福建平潭邮轮停靠港建设。

(3) 开辟邮轮精品旅游路线。一是积极推动21世纪海上丝绸之路邮轮旅游合作，以沿海主要港口城市为始发点，开发到达新加坡、马来西亚、文莱、越南等国的邮轮航线，打造以海上跨国邮轮度假旅游为主体的21世纪海上丝绸之路国际精品旅游线路和泛北部湾海上跨国邮轮旅游环线。二是引进国际标准大型邮轮，优化西沙邮轮旅游航线，尽快实现南沙邮轮定期游，适时开通一程多站的南海旅游线路。

七、完善社会治理协调机制

加强区域社会治理合作，完善社会治理协调机制是建设平安泛珠三角区域的重要举措，也是泛珠各方加强合作的重要领域。未来要着重在社会治安信息交流、健全突发事件应急处置体系、司法合作和流动人口管理服务方面加强深化合作。

(一) 加强社会治安信息交流

加强社会治安信息交流是完善区域社会治理协调机制的基础，要着重建立和完善矛盾纠纷排查预警、案件应急处置、交通安全部门协作及反走私区域合作机制。

1. 建立矛盾纠纷排查预警和案件应急处置合作机制

建立健全社会矛盾排查预警、利益表达、协调沟通、救济救助等机制。加强区域信访调解工作信息沟通，建立泛珠三角网上信访制度，构建多元化纠纷解决体系，依法有效预防和化解区域性、群体性社会矛盾纠纷，完善涉法涉诉信访依法终结制度。健全区域重大决策社会稳定风险评估机制，着重健全劳资纠纷、土地征用、房屋拆迁等引发的社会矛盾排查预警机制，维护群众合理合法的利益诉求。

2. 建立区域交通安全部门协作机制

加强区域道路交通违法行为整治，建立区域交通安全部门协作机制，确保行人行车安全和货畅其流。

(1) 加强交通运输信息资源共享合作。着重加强区域交通管理信息互联互通，交通地理信息、省际交通流量、营运车船、“两客一危”车辆和“四客一危”船舶运行、交通执法、信用信息、毗邻地区交通视频监控图像、交通服务信息等等数据资源共享。各省区在不涉及数据安全、部门机密和公民隐私的前提下，对共享信息数据进行交换共享。

(2) 实施省区边界地区交通整治行动计划。建立边界地区交通整治行动的联勤协作网络，深化区域整治协作机制，建立边界地区交通整治联动一体化机制。针对区域边界地区的特点，重点加强对机动车乱停车、乱占道、乱变道、路口违法及非机动车乱骑行、行人乱穿马路等突出违法行为的协作整治。

(3) 建立健全交通运输执法协作机制。合作建立泛珠区域治超协作机制，建立重特大交通事故和恶劣天气条件下突发道路交通事件的应急处置联动机制，建立事发地及车辆、船舶所属地的协查制度，从源头上加强安全监管，提高调查处理效率。加快建立泛珠区域水上安全管理协作机制。

3. 深化反走私区域合作机制

自2005年泛珠区域反走私合作机制建立开始，泛珠三角区域已初步建立了反走私合作平台，区域反走私合作呈现蓬勃发展的良好态势。尤其是在开展执法互助（联合打击跨区域走私犯罪活动）、交流情报信息（准确把握和科学分析研判区域走私动态）、注重源头治理（加强省际主干道的拦截和巡查）等方面取得了显著成绩，多层次的反走私合作平台日趋成熟，反走私合作的空间和渠道不断拓展。但部分地区、重点物品、主要渠道的走私问题仍比较突出，一些难点、热点问题仍未根本解决，同时还不断面临走私物品、走私渠道、走私方式发展变化带来的新问题和新挑战。未来要继续加强和努力推动区域反走私合作朝着宽领域、深层次、高水平的方向发展。

(1) 科学谋划区域反走私合作与发展。为确保区域反走私合作长期、稳定、有效开展，在强化泛珠“4＋2”（闽粤桂琼及港澳）反走私机制建设的基础上，积极推动出台《泛珠三角区域反走私合作专项行动规划》。谋划好每次联席会议的议题，推动区域反走私合作的重大事项提交联席会议研究和决策，切实提高联席会议的“含金量”。

(2) 有效落实区域反走私合作协议。新修订的区域反走私合作协议（泛珠三角区域反走私合作协议（2014 年修订稿）），进一步完善和细化了区域反走私合作的情报交换、资料协查、联合查缉、专项行动、交流互访等各项机制。要加强合作协议的具体落实工作：一是协调组织开展区域性打私联合行动，整合反走私执法力量，发挥各地、各部门优势，共同打击跨境跨省区走私贩私活动。二是定期交流和通报区域内打私动态、重点热点、存在问题及不足等，共商对策，逐步实现从阶段性的联合行动到常态化的联合执法的转变。三是各方要通过区域反走私合作平台，加强对共同关心的一些问题展开深层次的磋商，例如在打击利用高速公路跨省区走私、利用直通小汽车走私、冻品走私、“洋垃圾”走私以及粤港、粤澳电子产品走私、“水客”走私等热点、难点问题上加强合作。

(3) 进一步发挥联席会议秘书处协调引领作用。切实履行泛珠区域反走私合作联席会议秘书处的职责，认真落实联席会议的决定和交办事项，确保合作机制的协调运转和合作协议的贯彻实施。同时，继续保障和支持区域反走私合作工作，提高联席会议秘书处干部队伍素质和能力。

表 6-14　泛珠三角区域反走私合作工作机制

工作机制	具体内容
联席会议机制	建立健全泛珠三角区域反走私合作联席会议机制，联席会议每年召开一次，主要总结上一年度合作成果和经验，交流各省区反走私工作情况，通报当前走私动态，研究本年度或近年具体合作计划和安排
	联席会议成员由合作各方负责人组成，会议设常务秘书长和秘书处，负责休会期间日常工作。常务秘书长主持秘书处工作，由广东省海防与打击走私办公室指定的负责人担任；秘书处由各方指定的具体负责人组成，秘书处办公室设在广东省海防与打击走私办公室协调处
	会议于每年上半年举行，由合作各方轮流召集主持，每次会议确定下次会议的主办方。必要时可召集临时全体会议或临时部分成员会议
联络沟通机制	各方各确定两名泛珠三角区域反走私合作联络员，负责联络、沟通合作事务。联络员名单由各方提供，秘书处负责整理、更新和印发。各方联络员有变动时，应当在五个工作日内书面通知秘书处

续表 6-14

工作机制	具 体 内 容
信息情报交换机制	在不涉密的前提下，各方应当主动向本协议其他签署方和联席会议秘书处定期报送本省区走私动态，适时通报反走私工作情况，互通情报，共享经验。同时，加强与毗邻省区的交流和合作，及时通报省区结合部走私新情况、新动向，做好工作衔接，各负其责，共同开展治理，确保效果
执法合作机制	各方根据工作需要，应当主动提出执法合作建议，积极参与执法合作项目。可通过执法互助、综合演练和联合行动等方式，充分利用本地区、本单位优势，整合反走私执法力量，与其他省区共同预防和打击走私行为。联合行动结束后，参与方应尽快通报行动成果
研讨交流机制	统筹协调各方资源和人才优势，实时研究政府打击走私工作面临的共性问题和依法打击走私的有效措施、办法，探索有效解决问题的渠道，提高打击走私水平
	各方反走私工作人员加强反走私理论学习，交流反走私工作经验，探讨反走私工作有效方法。适时组织实地调研，相互学习、取长补短

资料来源：泛珠三角区域反走私合作协议（2014 年修订稿）。

（二）健全突发事件应急处置体系

“十三五”是我国全面建成小康社会决胜阶段，改革发展稳定任务更加艰巨繁重。而突发事件往往又具有不确定性和跨区域的特点，对区域稳定发展具有重要影响作用。因此，健全突发事件应急处置体系，加强跨部门、跨区域应急联动，提升联合处置能力具有重要意义。当前，泛珠三角区域已经初步建立了突发事件应急处理合作机制，但在顶层设计、应急预案完善、预警信息报告制度建设等方面还存在一些问题。未来要加快制度实施安全生产、重大事故、卫生应急、环境污染、社会救助和灾害救助等方面的突发事件应急预案，规范信息报告制度，加强“无边界、跨区域”性的合作，推动尽快实现跨平台、跨部门、跨地域“应急一张图”。

1. 建立跨区域应急指挥平台枢纽

大力推进应急体系信息化建设，运用云计算等新技术升级关键防控技术和定量监测技术，整合人民防空等各领域、各行业应急资源，加快推进泛珠三角区域各级政府应急指挥中心与各地区、各有关单位应急指挥中心、现场应急指挥中心互联互通；建立各地区应急管理数据库共建共享机制，实现各地、各级、各类应急管理相关数据动态管理、实时更新；加强协同会商，实现跨平台、跨部门、跨地域“应急一张图”。

2. 制定实施各类突发事件应急预案

实施泛珠三角区域公共安全风险制定应急预案编制计划，加快相关预案的编制和修订工作，实化细化具体措施，并作为区域间应急管理合作有约束力的制度性文件，确保在发生跨区域突发事件时，合作各方及时联合应对，建立应急联动机制，提高政府应对公共突发事件能力。

（1）推进应急管理全过程标准化。标准化是应急管理的重要基础。加快研究如何推进应急管理全过程的标准化工作。例如，在突发事件事前防范标准化建设方面，可研究制订政府系统值班工作地方标准，各级各类应急预案编制、演练指南，应急避护场所建设指导意见，应急救援队伍管理办法，应急物资物流体系建设指导意见等。在突发事件事中处置标准化建设方面，可研究制订突发事件现场指挥人员工作规范、突发事件处置标准、第一响应标准等。在突发事件事后恢复标准化建设方面，可研究制订突发事件损失报送程序和标准、突发事件损失评估标准化、突发事件赔偿救助标准化、突发事件总结评估工作标准化等。通过应急管理全过程标准化建设，推动泛珠三角区域加快形成完善的突发事件应急处置体系。

（2）提高区域安全生产水平。深化安全生产管理体制改革，在各地建立健全“党政同责、一岗双责、失职追责”的安全生产责任体系的基础上，加强矿山、道路交通、港口、烟花爆竹、化工和危险化学品及其他重点行业安全生产监管合作，加强区域危险物品一体化监管体系、寄递物流安全管理体系建设，构建区域事故风险一体化防控体系，坚决遏制重特大事故发生。支持安全工程类职业技术学院发展，支持中国—东盟安全生产警示教育基地和各省区安全生产应急救援基地建设。

（3）建立跨界环境污染事件应急联动联盟。泛珠三角区域山水相依、海陆相连，环境风险压力较大，要加快建立跨界污染纠纷处置和应急联动工作机制，突破行政区域局限，集中资源，提高效率，加大对跨界和跨流域环境污染隐患的排查和整治力度，共同打击环境违法和生态破坏行为。

一是建立跨界环境污染纠纷处置和应急联动机制，建立省际协调机制，指导省界相邻地区地方环保部门建立相应机制，联合打击环境违法行为，处置跨界污染纠纷或跨界突发环境事件。二是开展联合执法监督和联合采样监测，定期或不定期地组成联合检查组，共同对交界处环境污染防治情况开展现场检查和联合采样监测。对联合检查中发现的问题，所属方要督促落实整改措施，并将后督查情况通报有关各方。三是协同处置应急事件，一旦发生跨界突发环境事件，各省区应立即报请当地政府，协助做好污染控制和应急处置工作，立即启动突发环境事件应急调查方案，组织开展联合监测和联合调查，查清污染范围、来源及责任，并及时妥善采取各种应急措施。四是妥善协调处理纠纷。跨界污染纠纷或信访、群体性事件发生后，各省区应及时采取各种应急对策，必要时果断采取限产、停产等措施，避免污染进一步扩大。同时应及时将情况通报受污染方，必要时要开展跨界污染纠纷联合执法检查。五是做好信息互通共享。当发生跨界污染、生态破坏事件或其他可能威胁邻省环境的事件时，事发地政府或环保部门要在第一时间通知相邻政府和环保等有关部门。当本地区发生严重污染事件并确认由相邻地区所致时，要在第一时间通报相邻政府和环保等相关部门。六是加强预警工作，在敏感时段，各省区应及时了解重点污染源排污变化情况，必要时采取限产、限排等控制排污总量的措施。要加强与当地有关部门的协调与沟通，及时了解水文、气象等情况。七是开展后督查工作，对于引发跨界污染纠纷或事件的企事业单位，各方应依法处罚并提出限期整改要求，必要时要依法予以停产及关闭，事后应向受污染方通报处置情况，确保类似事件不再发生。

（4）加强区域社会救助和灾害救助应急处置能力建设。进一步建立健全以“应急响应、紧急救援、查灾报灾核灾、转移安置、灾民生活救助、物资保障、恢复重建”为主要内容的自然灾害应急救援体系，健全“救灾应急队伍和信息化指挥”为主要内容的综合减灾应急救援指挥体系，提升全民防灾减灾意识，着力提高防灾减灾能力，全面提高救灾减灾工作水平。

完善临时救助制度，着力解决城乡困难群众遭遇的突发性、紧迫性、临时性生活困难问题，积极推进支出型贫困家庭救助机制，健全重特大疾病救助和疾病应急救助制度。加强和改进对生活无着流浪乞讨人员救助管理。

（5）加强应急管理能力建设。加强宣传教育和应急联合演练，提高公众自救、互救和应对各类突发公共事件的综合能力。支持建设中国—东盟应急培训基地，支持建设泛珠三角应急物资储备基地。

3. 规范突发事件信息报告制度

突发事件信息报告是应急管理的重要环节。快速、准确地报告突发事件信息，既为政府把握全局、正确决策提供重要依据，也为做好突发事件的早期预警和科学应对提供可靠保障。

要按照“标准高、覆盖广、技术强、网络全、反应快、效能好”的要求，积极构建具有泛珠三角区域特色的突发事件预警信息发布“大应急”工作格局，加快建成省、市、县一体化的预警信息发布体系，着力打造区域防灾减灾“一张网”，加快形成重点目标、重大危险源、应急队伍、应急资源、应急预案等基础数据信息叠加的应急“一张图”。运用超高速无线局域网、物联网等技术手段，以实时联网方式，更好地盘活各省区、各部门、各领域所掌握的应急信息资源，及时发现隐患，全面消灭死角，实现应急资源共享的倍增效应。

（三）加强司法合作

加强司法合作，提供司法保障，运用法治智慧，提升泛珠三角社会治安综合治理现代化水平，提高管理效能和服务水平。

1. 规范社会治安综合治理基础数据

依据国家《社会治安综合治理基础数据规范》（GB/T 31000—2015），加快规范化的区域综治信息平台建设，统一规范泛珠三角区域综治信息的采集、案件和事件流转等工作，推进人、地、物、事、组织等信息动态管理，实现部门间业务数据快速交换、关联比对、资源共享，依靠新技术创新社会治理方法和手段，加快社会治安综合治理信息化进程，创新社会治理体制机制，进一步在防控风险、服务发展、破解难题、补齐短板方面求突破、下功夫，推进区域公共安全工作精细化，提高公共安全数字化、网络化、智能化水平，不断提升新形势下社会治安综合治理工作能力。

2. 统一司法标准，加强司法协作

司法合作是区域发展大势所趋。要在立案、刑事、民商事、行政、审判监督等审判业务和执行领域的协作交流，不定期召开审判执行业务研讨会，共同探讨审判和执行实践中带有共性的疑难、复杂和新类型案件法律适用问题，定时传递各地法律适用规范性文件，定期公布各地指导性案例，以便于统一司法标准，统一泛珠三角区域司法鉴定机构的准入资格，整合司法鉴定机构登记、管理和监督资源，建立泛珠三角区域法院司法鉴定机构目录，实现区域司法鉴定机构信息互通、共享。

同时，法院要在司法文书送达、案件调查取证、证据保全、案件管辖、区域法律服务等方面将继续加强司法协助，排除不当干扰。积极鼓励各地发挥资源优势，通过举办培训班、重大课题调研、互派人员挂职交流等，力争资源开发利用一体化。

3. 加强区域警务合作

面对区域经济一体化的新情况，公安机关在解决由此带来的社会管理中的新问题时，统筹规划地理区位相近、经济一体化程度较高地区的警务资源是促进泛珠三角区域经济社会发展的必然之选。区域警务合作的首要任务是维护社会稳定，基本任务在于提升情报信息联动警务合作的战斗力，两者缺一不可。要跳出单纯的行政封闭警务思维模式，高屋建瓴，筹划警务工作要站在区域经济发展的大局中，科学实施，深入研究，提高能力。应把泛珠三角区域经济发展放到重要位置，区域警务合作应顺应这一趋势并保障其平稳发展。泛珠三角区域经济发展要求多样化的警务模式和多元化的警务合作。

（1）建立完善的领导管理机制。泛珠三角区域警务合作的领导管理体制、机制应包括：设立轮值主席、定期开展联席会议并将工作的部署规范化、常态化。首先，轮值主席由联席会议定期选拔，具体负责领导区域警务合作各项工作、联席会议的筹备和组织工作、督促联席会议制定实施计划和方案、完成联席会议的各项任务并提出建议及意见。其次，定期召开联席会议制度。该会议保证区域警务合作在轮值主席的统一领导下，组织区域警力联战联勤高效有序，分析探讨合作形势，掌握警务合作进度，解决各项合作难题。明确划分不同种类区域警务合作的组织实施权责，使各公安机关及其所属警种明确职责，保证落实到位。最后，工作部署规范化、常态化，及时总结经验，推动工作进程，区域警务合作实现流程化运作。

（2）创新并推进区域警务合作的重要机制建设。泛珠三角区域警务合作的机制建设是改进和创新区域警务合作的核心。要研究建立跨省区沿海区域船舶管理协作机制、海上共同巡逻机制和处置海上突发事件合作机制、跨海扑救重特大火灾联动机制以及重要会议和重大活动安保协作机制，强化公安机关公共信息网络安全领域协作，共同筑牢区域反恐防线。要以点带面，以重点机制建设集中警力和警务资源，带动区域整体合作。

（3）充分发挥上级在区域警务合作中的主导作用。一是加强区域基础警务合作建设。按照分工，各警种按照计划展开分阶段的分类指导，集中建立起区域警务合作基础机制。系统开展区域警务合作的初期主要以基础合作为主，为机制的完善奠定基础。二是将区域警务合作引向深入。以区域警务合作的中心区为牵引，向纵深发展，推动小区域和次区域警务合作，集中统筹和指导对应警种在某一方向上的区域警务合作。该方式适用于单项特别紧迫任务、形势极为严峻、亟待合作治理的区域情况。三是区域专项警务合作常态化。按照业务分工，集中统筹相关问题突出的警务合作。区域性或阶段性治安形势较为严峻与复杂情况下适用区域专项警务，但上级有关部门需要集中区域力量进行集中整治。

（4）完善全方位的保障措施。泛珠三角区域警务合作的全方位保障主要是指建立集约化的区域警务合作保障体系，高效利用区域警务资源。一是区域警务合作素质强警。发挥区域优势，将警务装备包括通信技术、视频技术、行动技术、网监技术、刑事技术等集中调度，同时与警察院校和训练基地合作集中培训，取长补短，适应新形势，进一步提高警务实战水平。二是区域警务合作保障标准化。制定区域警务合作所需人、财、物的保障标准。三是建立区域警务合作信息平台。以公安网为依托，细化内网建设，改进信息情报研判渠道和交流平台，更好地服务实战。

4. 完善区域社会信用体系建设

建立泛珠三角区域统一社会信用代码制度和相关实名登记制度，建立健全企业、单位和个人诚信数据库（信用记录），建立公共信用信息平台和共享机制。通过完善社会信用体系建设，进一步提升全社会的信用观念。一是加强区域政务诚信、商务诚信、社会诚信和司法公信建设，增强区域内全社会的诚信意识。二是加快政府守信践诺机制建设，把政务履约和守诺服务纳入区域各级政府绩效考核评价体系。三是加快推进政务信用信息整合，推进区域内政务信用信息交换与共享。四是加快构建守信激励和失信惩戒机制，建立失信记录和失信信息披露制度。健全信用监管体制，强化信用信息安全管理，依法保护信用信息主体权益，加强对信用信息主体引导教育，不断增强维护自身合法权益的意识，大力净化经济社会发展信用环境，褒扬守信，惩戒失信，严厉打击各类失信违法行为。

（四）完善流动人口管理服务

泛珠三角区域是我国人口流动及迁移最为活跃的地区，目前在人口高度集聚与地区资源环境承载力、人口分布调整速度与区域经济集中过程、流动人口素质与产业转型升级需求、人口流动统计信息与不断增长的区域合作需求等多方面仍表现出不协调、不平衡和不完善的问题。新形势下，要突破行政区划限制，落实流动重点人员的“双向管控”措施，建立人口信息网上协查协助平台，完善流动人口管理服务，推进更多惠民利民便民新举措，提高人民群众满意度。

1. 建立人口信息网上协查协助平台

建立人口基础信息库，加强全员人口管理、实名登记、信用体系、危机预警干预等制度建设，建立人口基础信息共享机制，逐步实现跨部门、跨省区信息整合和共享，加快建立人口监测和预警机制。发展人口大数据，加强人口信息和统计数据综合分析，为区域内各级政府决策提供数据支撑。

2. 大力推进基本公共服务均等化

泛珠地区的发展离不开数以千万计的流动人口，应大力推进就业、教育、医疗、社会保障等重要民生领域的改革，重点关注流动人口养老保险转续、医疗保险跨区结算、子女教育和廉租房等问题，切实维护流动人口合法权益。通过流动人口服务管理体制机制创新，建立城乡统一的户籍登记制度，逐步消除不同人群间的福利差别，推进基本公共服务均等化，促进流动人口的社会融合。

（1）推进就业服务常态化。就业是根本。抓就业服务就是开展最好的公共服务。泛珠各方要引导流动人口有序就业，解决企业“用工荒”。全面实行区域统一、城乡统一、内外一致的就业服务政策。建立健全区域统一、城乡统一的人力资源市场，建立和完善劳动力用工信息发布平台，及时为流动人口提供各种招工就业信息。要广泛开展与省区间劳务对接工作，通过区域双向交流，促进更多流动人口实现就业。

（2）推行重点服务实效化。要紧紧抓住流动人口普遍关心的住房、社会保障、看病就医等问题，抓服务，求实效。流动人口集中地区要加强保障性住房的规划和建设力度，探索完善公积金制度向流动人口覆盖，激活企业和社会资金改建、新建、合建流动人口公寓。通过保障性住房扩面提供、流动人口公寓廉价租住等途径，不断改善流动人口的居住条件，确保居者有其屋。加强出租房屋管理。对违反国家房屋租赁政策出租的车棚、车库和消防安全不达标、乱搭乱建的房屋，依法予以坚决查处，让租者安其屋，真正达到以房管人。要致力于解决流动人口看病难、看病贵的问题。优化基本医疗卫生服务，建立健全流动人口医疗救助体系，设立流动人口重病、大病医疗救助基金。通过开设流动人口门诊部、流动医疗车、流动医院、就医绿色通道，让病者有处医、有钱医。积极探索无固定职业流动人口灵活参加城镇职工养老保险的途径，实施“五金”合征模式，切实提高流动人口参保覆盖面。

（3）加强流动人口计划生育区域协作。全面开展流动人口计生服务管理区域“一盘棋”协作，建立信息化监测、属地化管理、人性化服务的区域协作工作模式。坚持“以流入地为主，流出地流入地协调配合”的原则，强化对流动育龄妇女的监测、服务、管理，现居住地要为已婚育龄妇女提供免费药具、免费生殖保健服务和免费计生技术等服务。

3. 创新流动人口管理模式

（1）探索推行再组织化管理。对流动人口进行再组织化管理，探索建立“以外管外、以外帮外、以外联外”的模式，推广建立流动人口自治自律组织，充分发挥乡亲、亲情、友情优势，形成政府服务管理与流动人口自管自治的良性互动，促进自我管理、自我服务、自我提高。要通过组织找流动人口、流动人口找组织的方式，把流动人口党团员、妇女儿童等分别纳入各级党团、工会、妇联组织之中，做到“流动不流失、离乡不离党”。要加强村（社区）基层组织的民主建设，探索流动人口民主选举、民主决策、民主管理、民主监督的新途径，增强流动人口作为新市民、新居民、新职工的主人意识、集体团队意识和遵纪守法的意识。

（2）推动融入式管理。当前不少流动人口处于“城里呆不长，乡下不想回”、“城市融不进、老家回不了”的窘境。要大力发扬珠三角经济社会发展的优势，把流动人口当作自家人，纳入各地经常性管理范围。要切实尊重和维护流动人口的合法权益。畅通诉求渠道，倾听呼声要求，切实解决他们生活和工作的实际困难，在思想情感上，给予流动人口应有的关心关爱。在政治待遇上，要突破身份界限。各级党代表、人大代表、政协委员应有一定比例的流动人口代表参加，充分发挥他们在参政议政等方面的积极性、主动性。要切实将流动人口纳入优秀党团员、优秀人才、劳动模范、道德模范等评选范围，树立一批流动人口先进典型人物，努力使流动人口在政治、经济、文化等诸多方面处于平等地位，提高流动人口对流入地的认同感和归属感。

（3）推进分类式管理。针对流动人口来自多地区、多民族的特点，积极采取“政府主管、企业自管、社会协管”的方法，逐步推进分级分类管理。对企业务工的流动人口，要引导各类用人单位增强社会责任感，按照“谁用工、谁管理”的要求，务必强化本企业外来务工人员的服务管理。运用经济、文化等多种手段，运用教育、引导、约束等各种方法，服务管理好本企业外来务工流动人口，真正达到以“业”控人。针对少数民族流动人口特点，立足于民族团结和谐，不断了解少数民族特点、熟悉民族文化特色、熟知少数民族生活习性。讲究方法，注重策略，服务为先，教育为重，让他们在流入地也能安其居、乐其业。各级政府要紧紧盯牢未登记人员尤其是高危人群，加大发现、列管、控制和查处力度，严厉打击各种违法犯罪分子，最大限度地遏制流动人口违法犯罪高发态势，进一步净化社会环境，维护社会稳定。

八、保障措施

（一）进一步完善区域社会事业合作框架

围绕区域社会事业合作面临的新问题，主动顺应新形势变化，加强社会事业各领域合作框架补充完善。一是主动顺应国家相关领域改革精神，在新合作框架中体现相关改革事项。二是结合新时期合作面临的制约瓶颈，进一步丰富合作内容，建立更广泛的合作机制。三是加强政策支持，重点在财税、金融、便利化、开放、土地等方面加强区域政策协调，对于需要国家部委支持的政策，要积极争取，共同破解区域发展难题。

（二）强化省区间相关专项规划协调对接

泛珠三角区域属于省区间的合作，目前只是协议性质的合作，法律效力较弱，加之受行政分割的影响，省区间达成的合作内容有时可能与本省区相关规划不一致或产生冲突，致使相关合作事项不能顺利实施或落地。为此，各省区在泛珠三角区域发展规划及相关专项规划出台之前，不能等，要结合省区内各自正在编制的相关规划，尤其是“十三五”发展规划，加强对相关合作框架协议中的内容项目化，并及时纳入区域经济社会发展规划中，有条件的可以编制年度合作计划，深入推动泛珠三角区域合作与本省区发展融合，真正起到推动区域发展的作用。

（三）创新区域公共服务供给模式

社会事业本质上属于社会公共服务范畴，公共服务作为一种公共产品向全民提供，核心在保障供给，关键在形成机制。因此，必须处理好政府与市场、公平与效率、激励与约束等关系，建立起有利于保障供给、服务优良、提高效率的长效机制。要创新公共服务提供方式，探索政府和社会资本合作机制，推广政府向社会购买服务，鼓励和引导社会力量参与社会事业建设、运营和服务。积极培育扶持社会组织，大力发展志愿服务和慈善事业，形成多元化社会公共服务供给格局。

（四）加强区域公共服务质量监测

公共服务关系民生幸福，开展公共服务质量监测，是加强事中事后监管、提高公共服务质量的有效手段，是促进政府职能转变的创新举措。准确掌握第一手翔实的数据，通过数据统计分析，判断基本趋势、查找薄弱环节，有利于引导地方政府精准发力，把宝贵的公共资源投入急需的领域，把民心所系的公共服务抓好，实现质量共建共治共享，推动区域可持续发展和更好地加强合作。2015 年 7 月“华东地区城市公共服务质量 2014 年监测报告”正式发布，这是我国首个公共服务质量监测报告。作为经济体量、人口数在全国都占有重要比重的泛珠三角区域要积极响应，加快本区域公共服务质量监测体系的建立，及时发布区域公共服务质量报告，为泛珠三角区域社会事业均衡发展和联合协作提供精准指向和数据支撑。

第七章 泛珠三角区域生态保护和环境综合治理研究

一、泛珠三角区域生态环境现状及主要问题分析

（一）泛珠三角区域内地九省区总体生态环境情况

泛珠三角区域不仅是我国经济最具发展潜力和活力的地区，同时也是国内生态环境最优美、森林覆盖率最高、水资源量最大、水资源环境最好的地区。根据全国第八次森林资源普查，泛珠三角区域内地九省区的林业用地达到11757.9万公顷，占全国林业用地的37.61%；森林面积达到9522.90万公顷，占全国森林总面积的45.85%，内地九省区平均森林覆盖率达到47.45%，是全国平均森林覆盖率的两倍多，福建省、江西省的森林覆盖率更是分别达到65.95%、60.01%，另外广东、广西、海南、云南的森林覆盖率都在50%以上。同时，内地九省区水资源丰富，2014年，九省区的水资源总量为14241亿立方米，占全国水资源总量的52.2%，九省区人均水资源量是全国人均水资源量的1.66倍。同年，内地九省区自然保护区数量达到1385个，占全国自然保护区总量的50.75%，另有国家级生态示范区109个。泛珠三角区域的生态环境在国内首屈一指。

但是，泛珠三角区域在经济快速增长的过程中同样面临着生态环境的严峻挑战。改革开放后，珠三角等地长期“前店后厂”的生产模式以及港澳的产业转移给当地的经济发展带来了重大机遇，珠三角地区一跃成为全国首屈一指的经济发达地区，但在经济快速增长的同时，资源的大量消耗、污染物的大量排放对当地的生态环境造成了较大影响。同时，泛珠三角区域跨越东、中、西三大板块，经济较发达地区如广东省面临着因为经济总量大而导致的污染物排放总量居高不下所造成的环境质量下降，经济落后地区如广西、贵州等地则面临着经济和环境的双重遏制，生态环境更为脆弱。近年来，泛珠三角区域政府加强了对生态环境的治理，有效遏制了环境的进一步恶化，但仍面临着较大问题。2014年，内地九省区的废水排放量为254.2亿吨，占全国废水排放量的35.5%；化学需氧量排放量为726.6万吨，占全国化学需氧量排放量的31.7%；氨氮化物的排放量为86.9万吨，占全国氨氮排放量的36.4%；二氧化硫的排放量为510.2万吨，占全国二氧化硫排放量的25.8%；工业固体废弃物产生量72929万吨，占全国总量的22.4%。占国土面积不足21%的内地九省区排放了全国35.5%的废水、31.7%的化学需氧量、36.4%的氨氮化物、25.8%的二氧化硫和22.4%的工业固体废弃物，虽然内地九省区的经济总量占到全国经济总量的32.13%，但相比于其不足全国21%的面积，则排放了太多的污染物，生态环境形势不容乐观。

为进一步剖析泛珠三角区域的生态环境问题，下文对内地九省区的经济增长现状、水资源现状、空气质量现状、工业固废排放现状和总体的生态环境现状进行总结分析。

1. 泛珠三角区域内地九省区经济增长现状

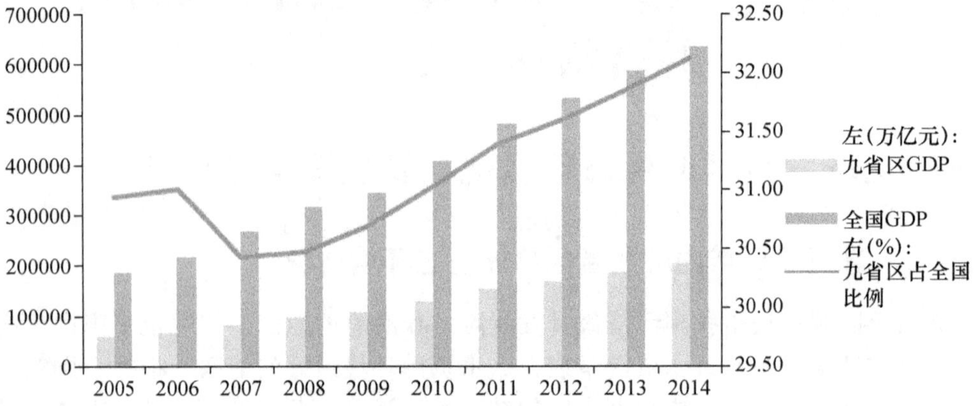

图 7-1 泛珠三角区域内地九省区与全国 GDP

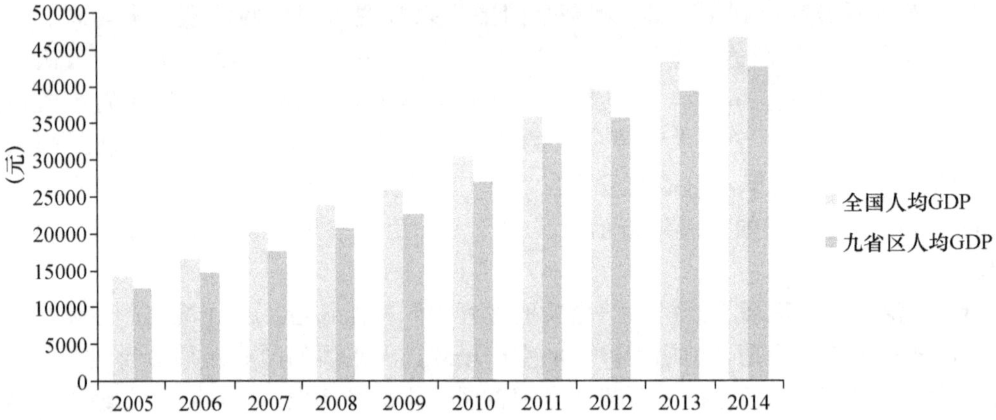

图 7-2 泛珠三角区域内地九省区与全国的人均 GDP

从图 7-1、图 7-2 中可见，近十年，内地九省区和全国的 GDP、人均 GDP 均呈上升趋势，内地九省区的经济总量占全国经济总量的比例除了金融危机前后有所下降以外，总体呈现上升趋势，内地九省区的经济增长速度要快于全国的经济增长速度。2005～2014 年，内地九省区经济总量年均名义增长率达到 15%，充分显示了内地九省区对我国经济增长的拉动作用。从图 7-2 可见，泛珠三角区域内地九省区的人均 GDP 低于全国人均 GDP，这主要有两方面原因，一是内地九省区人口众多，占到全国总人口的 1/3，二是因为内地九省区横跨东、中、西三个梯度，经济发展水平存在较大差距，2014 年，九省区中仅福建、广东省的人均 GDP 高于全国水平，其他七省区均低于全国平均水平，贵州、云南等省更是远低于全国平均水平，从而在整体上拉低了内地九省区的人均 GDP 水平。

经济快速增长的同时造成不小的环境破坏，随着环境质量的恶化，内地九省区政府认识到了环境保护的重要性，从 2008 年开始，内地九省区环保投资绝对量呈明显上升趋势，2010 年广东投入巨资进行环境治理。但是从环保投资比例来讲，与全国环保投资比例相比，内地九省区的环保投资比例较低，2012 年全国的环保投资比例为 1.59%，而内地九省区的环保投资仅为 0.95%，与欧美等发达国家的环保投资比例差距则更大，说明内地九省区的环境保护、环境治理力度有待加强。

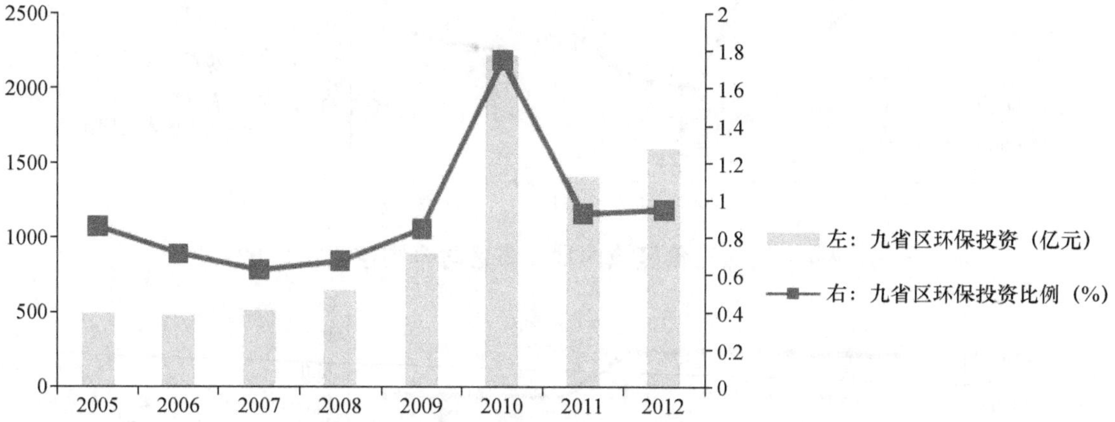

图 7-3　泛珠三角区域内地九省区的环保投资

2. 泛珠三角区域内地九省区水资源现状

（1）泛珠三角区域内地九省区水资源污染物排放情况。

泛珠三角区域水资源丰富，内地九省区的水资源总量占到全国水资源总量的 52.2%，人均水资源量为全国的 1.66 倍。水资源总量和质量总体上优于我国水资源平均水平。据 2014 年环保部对珠江流域的水质检测，珠江流域Ⅰ～Ⅲ类的断面比例为 85.5%，是七大水系里水质最好的流域。但是随着经济的快速增长，内地九省区的水资源也面临着严峻挑战，突出表现为水污染物排放量居高不下，水体有机污染、富营养化、重金属残留问题严重，水污染问题不容小觑。

从图 7-4、图 7-5、图 7-6 内地九省区的废水排放量、化学需氧量排放量和氨氮化物排放量中可直观地看出，内地九省区的废水排放量呈现稳步上升趋势，但上升的速度非常缓慢，总体上趋于稳定；化学需氧量和氨氮排放量在 2011 年猛然上升，随后逐渐下降，但下降幅度极其有限。分析内地九省区三类排放物占全国的比例可知，除化学需氧量排放量以外，废水排放量、氨氮排放量占全国的比例均呈现上升趋势，说明内地九省区废水排放量、氨氮排放量的增长速度高于全国水平。2014 年，内地九省区的废水排放量、化学需氧量排放量、氨氮排放量分别为 254.2 亿吨、726.6 万吨和 86.9 万吨，分别占全国废水排放量、化学需氧量排放量、氨氮排放量的 35.5%、31.7%和 36.4%，与内地九省区的 GDP 占比全国 GDP 的 32.1%相比，除化学需氧量基本与 GDP 比例持平以外，化学需氧量、氨氮排放量占比要超于 GDP 的占比，这表明，就水资源污染物来讲，内地九省区的发展方式没有全国平均水平集约，水污染物的排放强度要高于全国平均水平，而相对于内地九省区不足 21%的国土面积来讲，这片土地上集聚了大量的水污染物。

（2）泛珠三角区域内地九省区单位 GDP 水资源污染物排放情况。

分析泛珠三角内地九省区单位 GDP 的废水排放量、化学需氧量排放量、氨氮排放量可知，上述三类污染物的单位 GDP 排放量均呈下降趋势，表明随着经济的增长，技术的

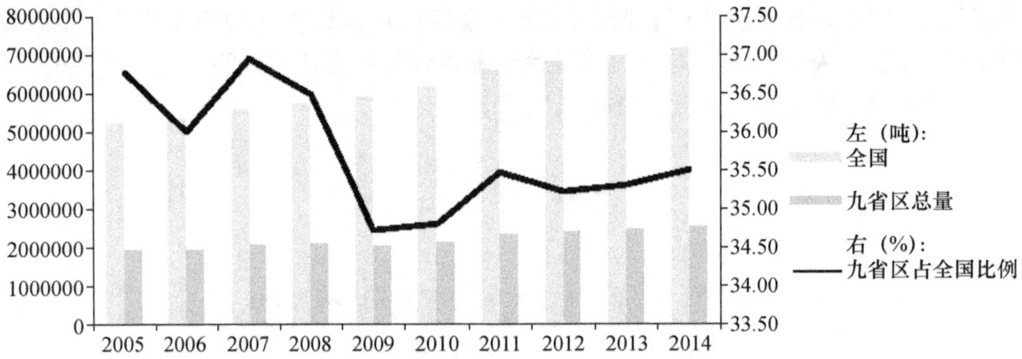

图 7-4　泛珠三角区域内地九省区与全国废水排放量

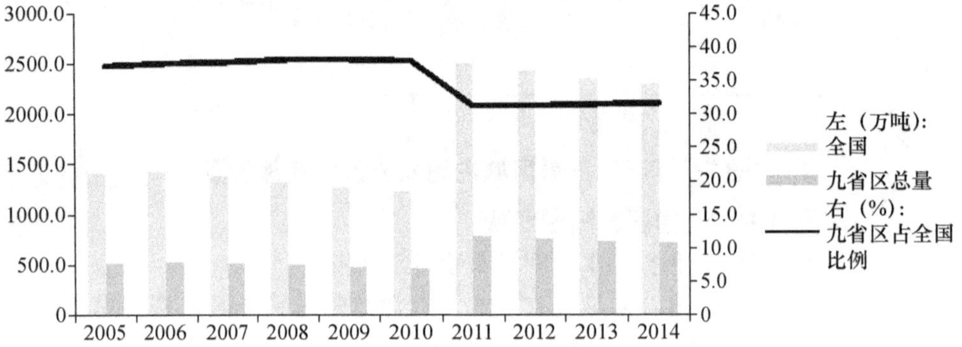

图 7-5　泛珠三角内地九省区与全国化学需氧量排放量

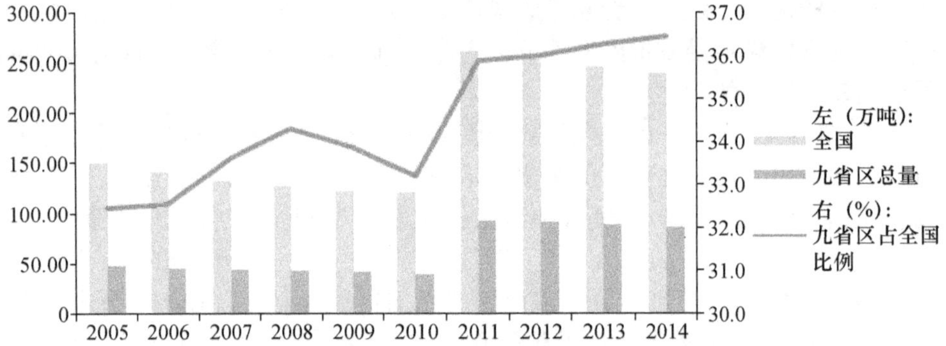

图 7-6　泛珠三角内地九省区与全国氨氮排放量

进步，内地九省区社会生产越来越清洁化、集约化。对比泛珠三角内地九省区和全国水资源污染物的排放强度可知，内地九省区单位 GDP 废水排放量、氨氮排放量高于全国平均水平，化学需氧量在 2011 年之后逐渐低于全国平均水平，但差别甚微，进一步说明了内地九省区水资源污染物的集约、节约、清洁化程度低于全国平均水平的结论。结合水资源污染物排放量情况可知，内地九省区的水资源形势仍十分严峻。

3. 泛珠三角区域内地九省区空气质量现状

（1）泛珠三角内地九省区二氧化硫、粉（烟）尘排放情况。

酸雨问题是内地九省区长期以来的重要问题，根据《酸雨控制区和二氧化硫污染控制

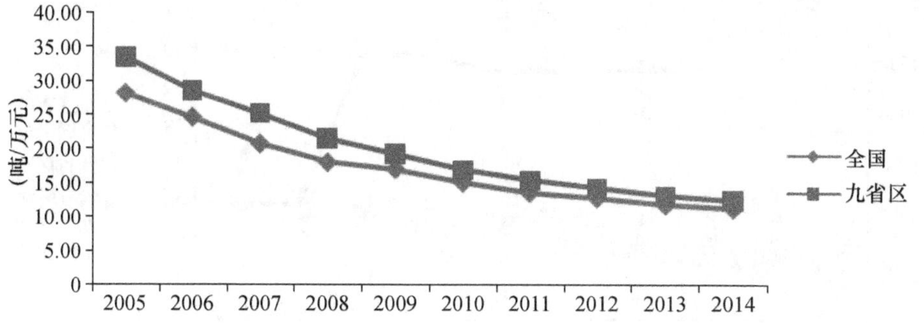

图 7-7 泛珠三角内地九省区与全国单位 GDP 废水排放量

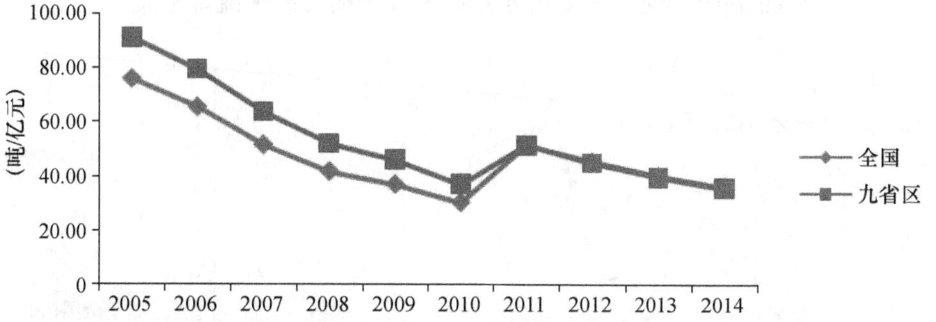

图 7-8 泛珠三角内地九省区与全国单位 GDP 化学需氧量排放量

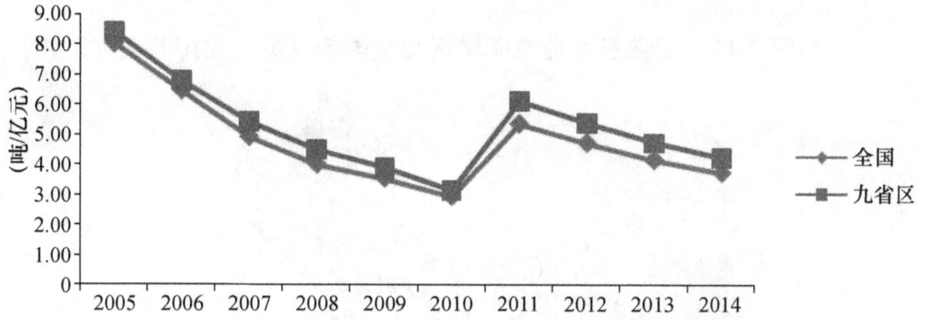

图 7-9 泛珠三角内地九省区与全国单位 GDP 氨氮排放量

区划分方案》，内地九省区中除海南省以外，大多数处于我国酸雨污染的主要分布区，其中有 79 个城市属于国家划定的酸雨控制区，酸雨污染严重。然而可喜的是，从 2006 年开始，内地九省区的二氧化硫排放量逐渐呈下降趋势，2014 年，内地九省区的二氧化硫排放量为 510.2 万吨，占全国二氧化硫排放量的 25.8%，比 2006 年下降了 33%，酸雨问题有所改善。2013 年之前，粉（烟）尘的排放量呈现稳定且明显的下降趋势，2012 年内地九省区烟（粉）尘的排放量为 257.6 万吨，比 2005 年下降了 57.5%，占全国粉（烟）排放量的 20.8%，然而从 2013 年开始，粉（烟）尘排放量开始上升，且在 2014 年，出现大幅上升。2014 年内地九省区的烟（粉）尘排放量比 2013 年上升了 20.8%，全国烟（粉）尘排放量比 2013 年上升了 36.2%，内地九省区、全国的空气质量压力激增。

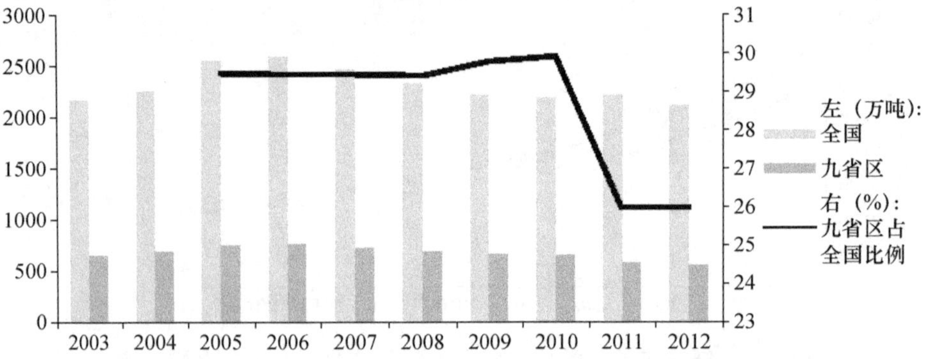

图 7-10　泛珠三角内地九省区与全国二氧化硫排放量

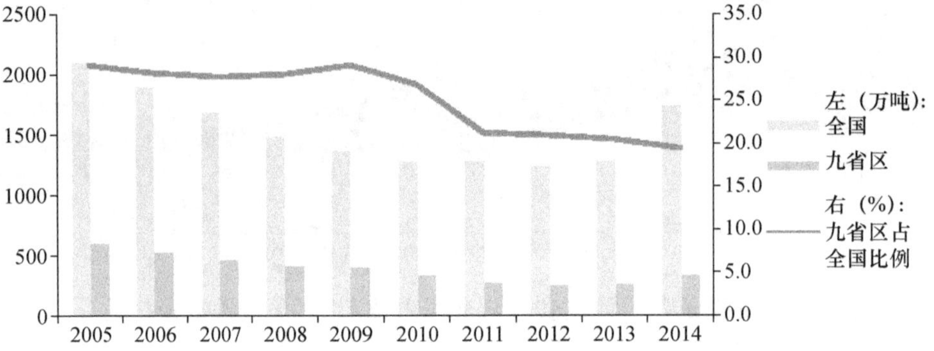

图 7-11　泛珠三角内地九省区与全国粉（烟）尘排放量

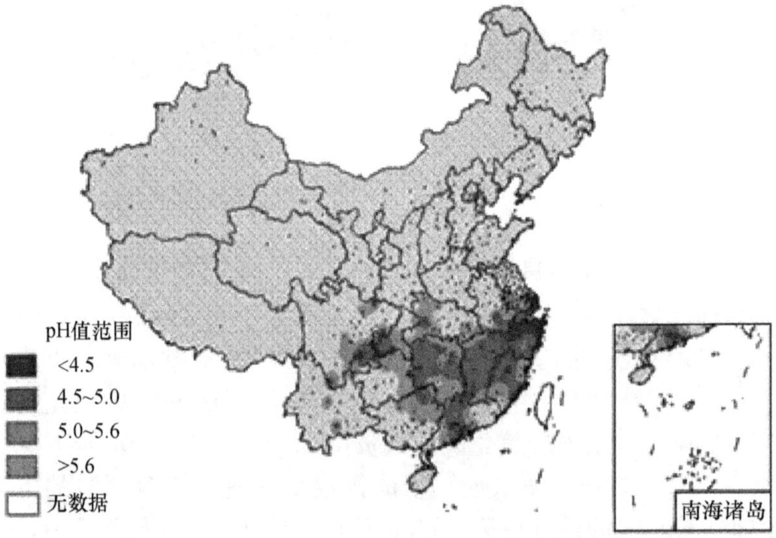

图 7-12　我国酸雨分布图

（2）泛珠三角内地九省区单位 GDP 二氧化硫、粉（烟）尘排放情况。

对比内地九省区和全国单位 GDP 的二氧化硫排放量和粉（烟）尘排放量可知，内地九省区单位 GDP 的二氧化硫排放量和粉（烟）尘排放量均小于全国平均水平，表明内地九省区大气污染物的节能减排水平要高于全国平均水平。分析泛珠三角内地九省区单位GDP的二氧化硫排放量和粉（烟）尘排放量的变化趋势可知，内地九省区单位GDP的二氧化硫排放量呈稳步下降趋势，单位GDP的粉（烟）尘排放量在2013年之前呈稳步下降趋势，表明内地九省区在节能减排上取得成就。但综合内地九省区的粉（烟）尘排放量以及单位GDP粉烟尘排放量可知，2013年开始内地九省区、全国的粉（烟）尘排放量、单位GDP的粉（烟）尘均开始上升，2014年出现剧烈上升，究其原因，一是"十一五"开始，国家环境保护规划取消了对粉（烟）尘的总量控制，加上我国目前多地出现的大扩大建现象，导致粉烟尘排放量不降反升；二是2013年我国经济进入新常态，在经济增速放缓，经济增长动力不足的情况下，部分省份在稳增长的压力可能出现了对粉（烟）尘的短暂性放松，导致其排放量上升。内地九省区、全国的粉（烟）尘减排压力剧增，粉（烟）尘排放的总量控制仍需进一步抓紧。

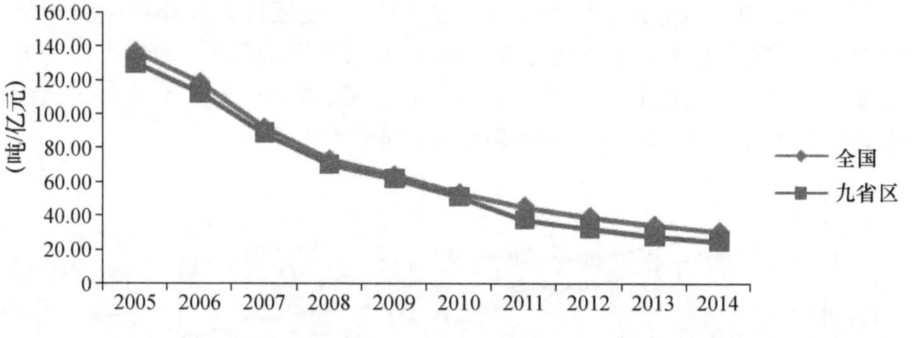

图7-13　泛珠三角内地九省区与全国单位GDP二氧化硫排放量

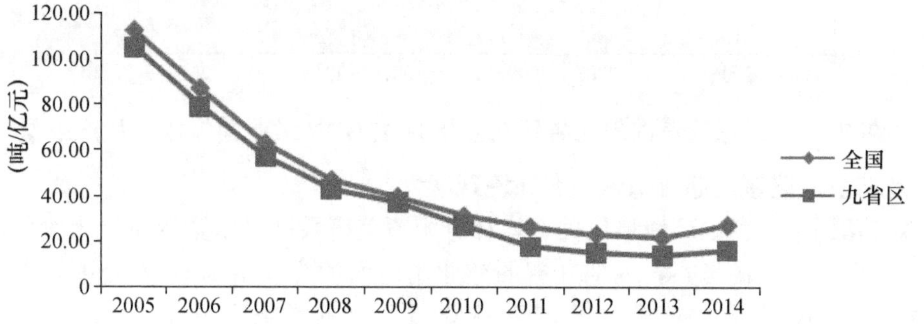

图7-14　泛珠三角内地九省区与全国单位GDP粉(烟)尘排放量

4. 泛珠三角区域内地九省区工业固体废弃物产生情况

（1）泛珠三角内地九省区工业固体废弃物产生情况。

从图7-15中可知，内地九省区的工业固体废弃物产生量在2013年之前逐渐上升，2014年呈现下降趋势。内地九省区工业固体废弃物产生量的变化趋势与全国的变化趋势基本一致。但鉴于2013年我国经济进入新常态，经济增速明显放缓，因此，2014年工业固体废弃物产生量的下降是由于经济增速放缓所引起的短暂性下降还是长期下降仍需进一步检验。

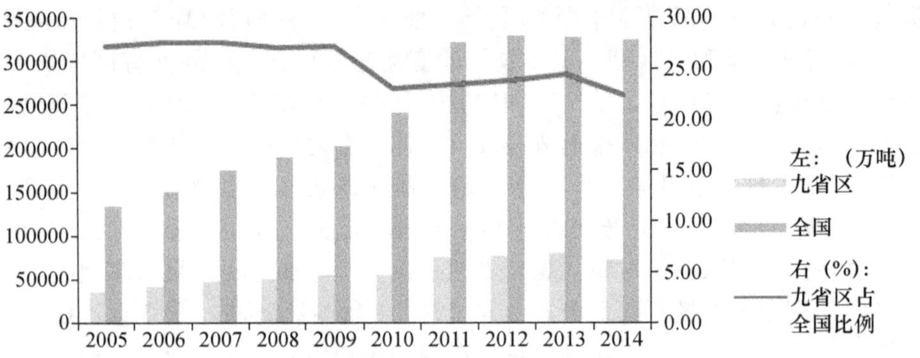

图 7-15 泛珠三角内地九省区与全国工业固体废弃物产生量

（2）泛珠三角内地九省区单位 GDP 工业固体废弃物产生量。

从图 7-16 中可知，内地九省区和全国单位 GDP 工业固体废弃物产生量均呈现下降趋势，表明内地九省区和全国在工业固体废弃物减排上取得的成绩。同时，内地九省区单位 GDP 工业固体废弃物产生量低于全国单位 GDP 工业固体废弃物产生量，表明内地九省区在工业固体废弃物减排方面取得的成绩要高于全国平均水平。

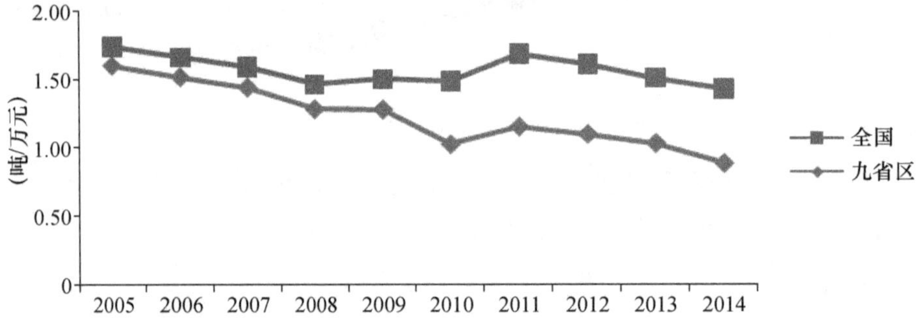

图 7-16 泛珠三角内地九省区与全国单位 GDP 工业固体废弃物产生量

5. 泛珠三角区域内地九省区生态环境现状

泛珠三角区域是我国环境最优美、森林资源覆盖率最高、水资源量最丰富的区域。根据第八次全国森林资源考察，内地九省的林业用地面积为 11757.88 万公顷，占全国林业用地总面积的 37.6%，比第七次全国森林资源考察的数据上升了 1.3%；森林面积为 20768.73 万公顷，占全国森林面积的 45.8%，比第七次考察上升了 5.5%；内地九省平均森林覆盖率为 47.45%，是全国平均森林覆盖率的 2 倍多；2005～2014 年内地九省累计造林面积 1617.2 万公顷，占全国总造林面积的 31.7%；另有 815 万公顷湿地资源，占全国湿地面积的 15.2%；草原面积 6575 万公顷，占全国草原面积的 16.7%，生态环境较好。但是，内地九省区目前也面临着严峻的生态环境挑战。主要表现为水土流失、土地沙化未得到有效控制，外来物种入侵危害本区生物多样性，农业生态环境恶化等。根据第三次全国沙漠化和沙化土地监测（2004 年），内地九省区的土地沙化面积为 152.98 万公顷，占九省区面积的 8%以上；第四次全国沙漠化和沙化土地监测（2009 年），内地九省区的土地沙化面积为 149.21 万公顷，比第三次监测只减少了 3.77 万公顷，土地沙化控制效果极其微弱。乱捕滥猎、乱挖滥采现象屡禁不止，野生动植物数量和种类不断减少，生物多样性受到威胁。以微甘菊、大米草、飞机草、水葫芦、一枝黄花等为代表的外来物种入侵危害已成片出现。单位土地面积农药使用量、化肥施用量高于全国平均水平，氮肥污染、农药残留与持久性有机污染有所加重，农业生态环境日益恶化。

表 7-1　泛珠三角区域内地九省林业用地、森林面积、湿地面积

省区	林业用地（万公顷）		森林面积（万公顷）		森林覆盖率（%）		湿地面积（万公顷）	
	2004	2009	2004	2009	2004	2009	2004	2009
福建	914.8	926.8	766.7	801.3	63.1	66.0	44.3	87.1
江西	1054.9	1069.7	973.6	1001.8	58.3	60.0	99.9	91.0
湖南	1234.2	1252.8	948.2	1011.9	44.8	47.8	122.7	102.0
广东	1073.1	1076.4	874.0	906.1	49.4	51.3	139.8	175.3
广西	1496.5	1527.2	1252.5	1342.7	52.7	56.5	65.6	75.4
海南	208.7	214.5	176.3	187.8	52.0	55.4	31.2	32.0
四川	2311.7	2328.3	1659.5	1703.7	34.3	35.2	96.2	174.8
贵州	841.2	861.2	556.9	653.4	31.6	37.1	7.9	21.0

注：2004 年、2009 年分别为第七次、第八次全国森林资源普查和第一次、第二次全国湿地资源调查。

6. 结论

通过对泛珠三角内地九省区总体生态环境现状的分析得出以下结论：①相较于内地九省区不足全国 21%的国土面积，内地九省区排放了远超于该比例的污染物，生态环境整体压力较大；②主要污染物排放方面：废水排放量仍然呈上升趋势，工业固废在 2014 年出现下降，但其趋势仍有待进一步考究，粉（烟）尘排放量总体呈下降趋势，但由于国家“十一五”开始取消了对粉（烟）尘的总量控制，加之近年来我国多地出现的大扩大建现象，粉（烟）尘排放量于 2013 年开始反弹，并在 2014 年出现大幅度反弹。其他三类主要污染物（二氧化硫、氨氮、化学需氧量）的排放量均已呈现下降趋势；③六类主要污染物除了粉（烟）尘的排放强度在 2014 年有所反弹外，其他五类污染物均呈下降趋势。表明了内地九省区在减排上取得的成绩，同时也体现了泛珠三角区域在治理空气质量面临的压力，粉尘的总量控制仍需抓紧；④六类主要污染物中，水资源污染物排放强度中，单位 GDP 废水排放量、氨氮排放量大于全国平均水平，单位 GDP 化学需氧量排放量在 2011 年之前大于全国平均水平，2011 年之后略小于全国平均水平；二氧化硫、粉（烟）尘和工业固体废弃物的排放强度小于全国平均水平，上述结果说明，在水资源污染物的减排方面，内地九省区需着重加大强度；⑤土地沙漠化、农药使用量、外来物种入侵等问题未得到有效改善，生态环境质量仍有待进一步改善。

（二）泛珠三角区域内地九省区生态环境现状分析

泛珠三角区域内地九省区跨越东、中、西部三大区域，其经济发展水平、技术水平、污染物排放水平、环境治理投资等方面均存在较大差异，因此，要建立泛珠三角区域生态环境保护的联合协作机制，必须理清泛珠三角区域内九省区的责、权、利，摸清区域内九省区的经济发展情况、污染物排放情况、生态环境现状、环境保护力度等，从而确定各省区在生态环境保护中的责权与义务，建立合理有效的联防联控和生态补偿机制。

1. 泛珠三角区域内地九省区的经济发展水平

泛珠三角区域内地九省区跨越东、中、西三大区域，经济发展水平呈梯度发展，属于东部地区的福建、广东经济发展水平较高，2014年福建、广东两省的人均GDP分别达到63472元和63452元，按照世界银行对经济发展水平的划分，福建和广东已接近高收入水平。然而同样作为东部省份的海南（38924元），其经济发展水平却远低于福建和广东。属于中部地区的江西和湖南人均GDP分别为34661元和40287元，与福建、广东的经济发展水平相差较大，属于西部地区的广西、四川、贵州、云南则更是远低于福建、广东两省，其中，贵州、云南的人均GDP尚不足30000元，泛珠三角区域内地九省区的经济发展水平存在较大差距。

从经济总量上看，广东省的经济总量最高，占到内地九省区经济总量的33%，之后依次是四川、湖南、福建、江西、广西、云南、贵州、海南，分别占到内地九省区经济总量的13.96%、13.23%、11.77%、7.69%、7.67%、6.27%、4.53%和1.71%，然相较于九省区的面积则可以发现，仅占内地九省区总面积8.96%的广东省创造了内地九省区经济总量的33%，而分别占到内地九省区总面积24.18%和19.45%的四川省和云南省，其经济总量仅为内地九省区的13.96%和6.27%，地域面积和经济总量占比的反差再一次表明了内地九省区经济发展水平的空间差距。

表7-2 2014年泛珠三角区域内地九省区经济发展指标及地域面积

省　区	福建	江西	湖南	广东	广西	海南	四川	贵州	云南
人均GDP（元）	63472	34661	40287	63452	33090	38924	35128	26393	27264
GDP总值（亿元）	24056	15709	27048	67792	15673	3501	28537	9251	12815
GDP占九省区总量比例（%）	11.77	7.69	13.23	33.17	7.67	1.71	13.96	4.53	6.27
面积（万平方公里）	12.4	16.69	21.18	17.98	23.67	3.54	48.5	17.6	39
面积占九省区比例（%）	6.18	8.32	10.56	8.96	11.80	1.77	24.18	8.78	19.45

2. 泛珠三角区域内地九省区水资源现状

（1）泛珠三角区域内地九省区水资源现状。

泛珠三角内地九省区水资源丰富，内地九省区的水资源总量占到全国的52.2%，人均水资源量是全国人均水资源量的1.66倍。从总量上看，泛珠三角内地九省区中，四川的水资源总量最大，为2558亿立方米，占到内地九省区水资源总量的18%，海南的水资源量最少，仅占内地九省区水资源总量的2.7%。从人均水资源量来看，海南的人均水资源量最丰富，为4266立方米，是全国人均水资源量的2.13倍；广东省人均水资源量最少，仅为1608立方米，不足全国平均水平，除广东省以外，其他八省区的人均水资源量均大于全国平均水平。广东省水资源匮乏，加之水污染较为严重，水资源将成为未来制约广东经济进一步发展的重要瓶颈因素。

表7-3 2014年泛珠三角内地九省区水资源现状指标

省　区	福建	江西	湖南	广东	广西	海南	四川	贵州	云南
水资源总量（亿立方米）	1220	1632	1799	1718	1991	384	2558	1213	1727
占九省区总量比例（%）	8.56	11.46	12.64	12.07	13.98	2.69	17.96	8.52	12.12

续表 7-3

省　　区	福建	江西	湖南	广东	广西	海南	四川	贵州	云南
人均水资源量（立方米）	3218	3601	2680	1608	4203	4266	3149	3461	3673
是全国人均水资源量的倍数	1.61	1.80	1.34	0.80	2.10	2.13	1.58	1.73	1.84

（2）泛珠三角区域内地九省区水污染物排放情况。

废水排放量方面，除了广西呈现下降趋势以外，其他八省区的废水排放量呈现上升趋势。化学需氧量排放量方面，除广西保持稳定下降趋势外，其他八省区在下降的过程中于2011年猛然上升，随后又呈现下降趋势，但下降幅度非常有限。氨氮排放量的变换趋势与化学需氧量相似，九省区在2010年之前呈现下降趋势，于2011年集体猛然上升，随后恢复下降。

内地九省区中广东省的废水排放量、化学需氧量排放量、氨氮排放量皆为最高，分别占到三类污染物排放总量的35.6%、22.99%、23.95%；海南的废水排放量、化学需氧量排放量、氨氮排放量均为最低，分别占到1.55%、2.7%、1.63%。同样对比于九省区的面积，仅占内地九省区面积8.96%的广东省排放了内地九省区35.6%的废水排量、22.99%的化学需氧量和23.95%的氨氮排放量，而占九省区面积19.45%的云南省只排放了6.2%的废水、7.35%的化学需氧量和6.5%的氨氮。虽各省份污染物排放量与经济总量有较高的相关性，但一定地域范围内的环境容量是相同的，超过环境容量必然会造成区域生态环境的破坏，且水资源作为跨界流动资源，也必然会造成污染物的跨界传输，影响周边地区的生态环境。

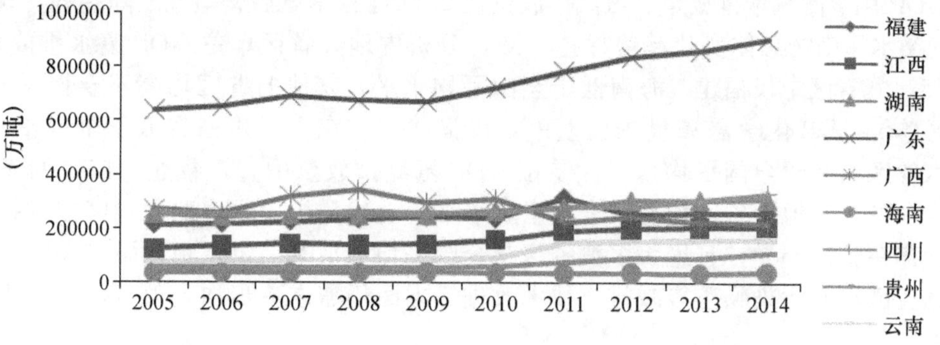

图 7-17　泛珠三角区域内地九省区废水排放量

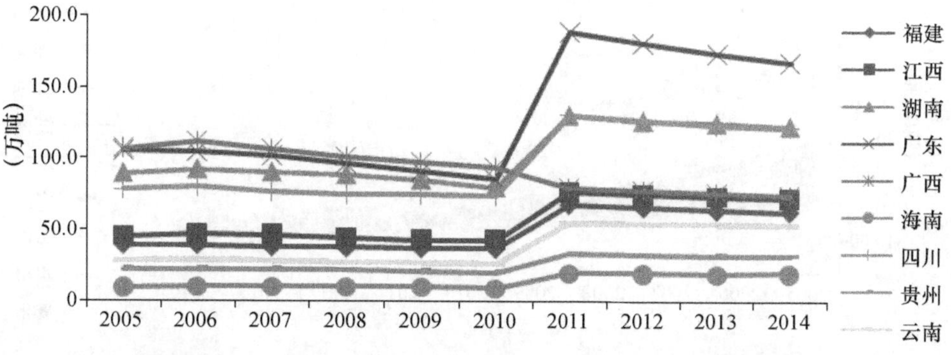

图 7-18　泛珠三角区域内地九省区化学需氧量排放量

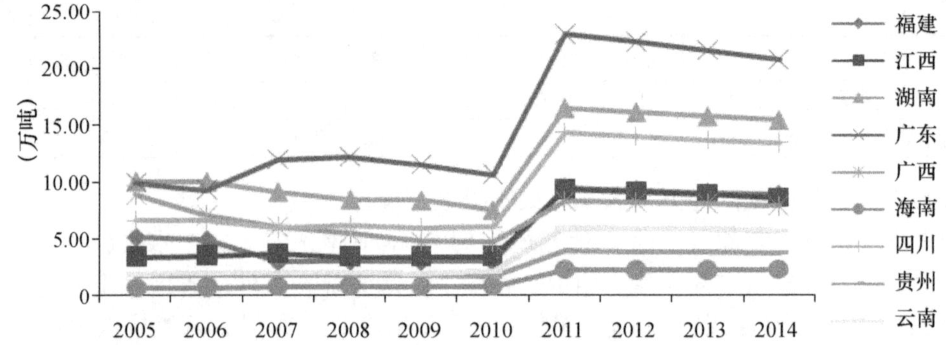

图 7-19 泛珠三角区域内地九省区氨氮排放量

表 7-4 2014 年泛珠三角区域内地九省区水污染物排放情况

省　区	福建	江西	湖南	广东	广西	海南	四川	贵州	云南
废水排放量占九省区比例（%）	10.25	8.19	12.19	35.60	8.63	1.55	13.03	4.36	6.20
化学需氧量占九省区比例（%）	8.67	9.91	16.91	22.99	10.24	2.70	16.74	4.50	7.35
氨氮排放量占九省区比例（%）	10.27	9.89	17.76	23.95	9.12	2.63	15.50	4.37	6.50
GDP 占九省区比例（%）	11.77	7.69	13.23	33.17	7.67	1.71	13.96	4.53	6.27
面积占九省区比例（%）	6.18	8.32	10.56	8.96	11.80	1.77	24.18	8.78	19.45

（3）泛珠三角内地九省区单位 GDP 水污染物排放情况。

从图 7-20、图 7-21、图 7-22 可知，九省区的单位 GDP 废水排放量呈稳定下降趋势，单位 GDP 化学需氧量排放量、氨氮排放量在 2011 年猛增之后又呈现下降趋势，与内地九省区三类水污染物总体变化趋势保持一致。分析内地九省区单位 GDP 废水排放量可知，2014 年，九省区中仅福建、海南低于全国平均水平，其他七省区均高于全国平均水平。九省区单位 GDP 化学需氧量排放量中，仅福建、广东、贵州三省低于全国平均水平，其他六省区均高于全国平均水平。单位 GDP 氨氮排放量中，仅福建、广东两省低于全国平均水平，其他七省区均高于全国平均水平。上述分析表明内地九省区减排技术、减排强度存在较大差异，且绝大多数省区与全国平均水平有一定差距，同时表明泛珠三角内地九省区在水污染物节能减排、技术改进等方面仍需进一步加大力度，减排仍有较大空间。

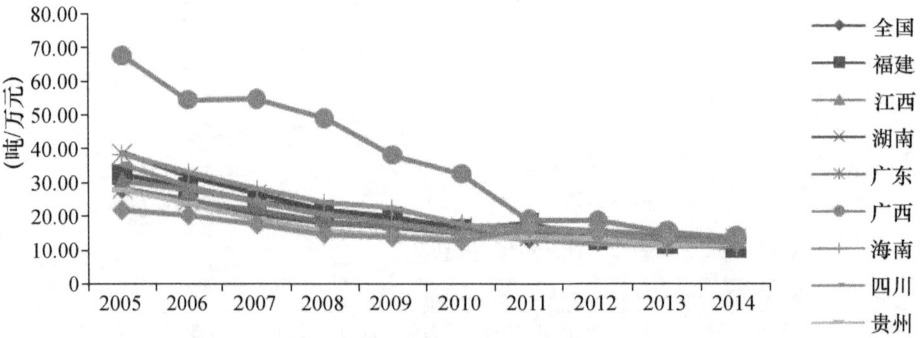

图 7-20 泛珠三角区域内地九省区单位 GDP 废水排放量

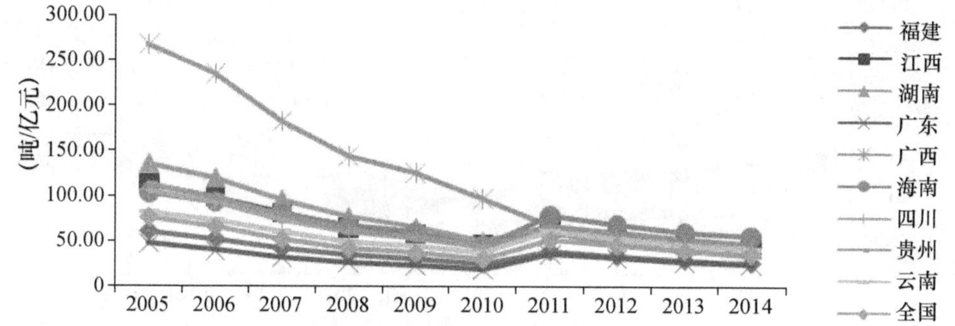

图 7-21　泛珠三角区域内地九省区单位 GDP 化学需氧量排放量

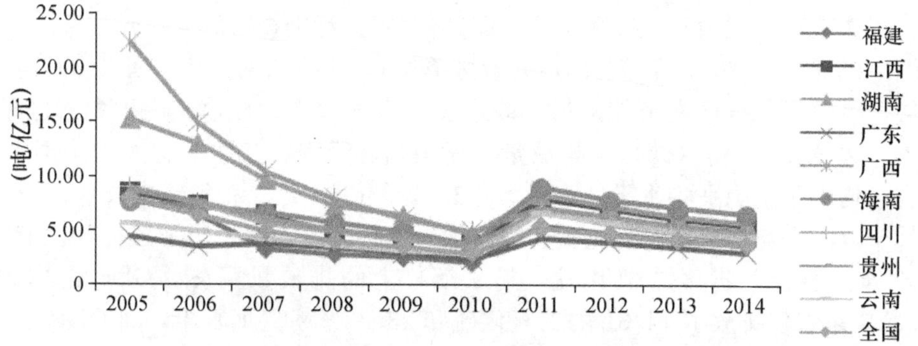

图 7-22　泛珠三角区域内地九省区单位 GDP 氨氮排放量

3. 泛珠三角区域内地九省区空气质量现状

（1）泛珠三角区域内地九省区空气主要污染物排放情况。

从图 7-23 中可知，除了云南的二氧化硫排放量在 2011 年突然上升，江西在 2011 年小幅上升以外，九省区的二氧化硫排放量整体呈现下降趋势，但 2011 年后下降幅度十分有限。从图 7-24 可见，粉（烟）尘排放方面，云南在 2011 年突然上升，随后逐渐下降，其他八省区在 2013 年之前总体上呈现下降趋势，但 2013 年大部分省区呈现上升态势，2014 年则全部上升，九省区均面临着激增的空气质量压力。

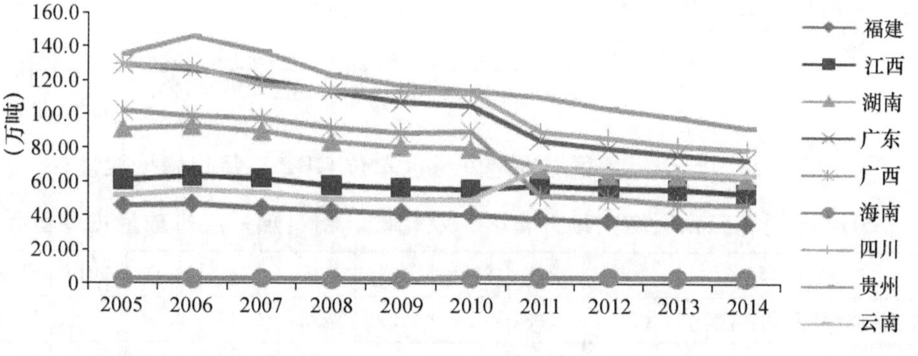

图 7-23　泛珠三角区域内地九省区二氧化硫排放量

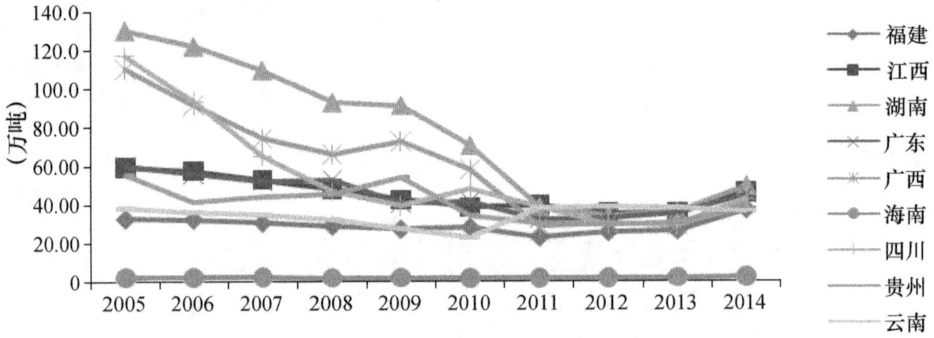

图 7-24　泛珠三角区域内地九省区粉（烟）尘排放量

(2) 泛珠三角区域内地九省区单位 GDP 空气主要污染物排放情况。

从图 7-25 和图 7-26 中可知，内地九省区单位 GDP 的二氧化硫、烟（粉）尘排放量呈下降趋势，表明了九省区在节能减排、改进技术方面取得的成就。内地九省区单位 GDP 二氧化硫、单位 GDP 粉（烟）尘排放量，仅贵州、云南、江西三省大于全国平均水平，其他六省区均小于全国平均水平，海南、广东的单位 GDP 二氧化硫排放量、粉尘排放量更是远低于全国平均水平。二氧化硫、粉（烟）尘的排放强度表明了各省区在节能减排技术上的差异。结合九省区二氧化硫、粉（烟）尘的排放量可知，GDP 占内地九省区 33.17%的广东省仅排放了 14.31 的二氧化硫和 13.32%粉（烟）尘，而 GDP 仅占内地九省区 4.53%的贵州省却排放了 18.15%的二氧化硫和 11.2%的粉（烟）尘（表 7-5），远超于其面积占九省区面积的比例，由此表明污染物排放强度在节能减排上发挥的重大作用，突出了技术水平的决定性作用，同时说明贵州、云南、江西等中、西部省区在空气质量治理上仍有较大发挥空间，应加强减排技术的应用，降低污染物排放强度。

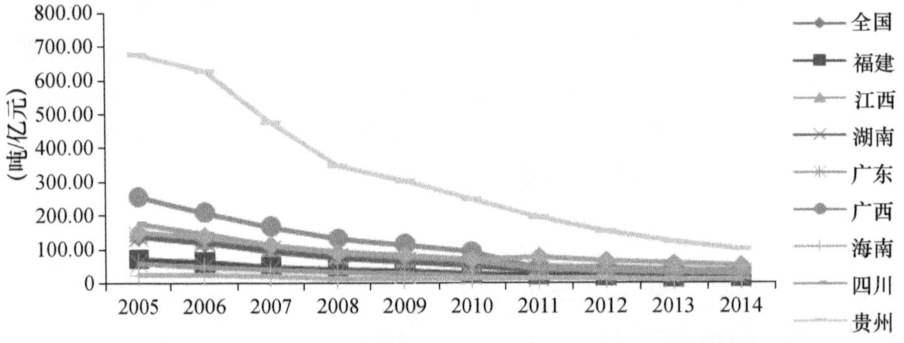

图 7-25　泛珠三角区域内地九省区单位 GDP 二氧化硫排放量

表 7-5　2014 年泛珠三角区域内地九省区二氧化硫、粉（烟）尘排放量占九省区总量比

指　　标	福建	江西	湖南	广东	广西	海南	四川	贵州	云南
二氧化硫排放量占九省区比例（%）	6.98	10.47	12.22	14.31	9.15	0.64	15.61	18.15	12.48
粉（烟）尘排放量占九省区比例（%）	10.90	13.70	14.70	13.32	11.94	0.69	12.70	11.20	10.87
GDP 占九省区比例（%）	11.77	7.69	13.23	33.17	7.67	1.71	13.96	4.53	6.27
面积占九省区比例（%）	6.18	8.32	10.56	8.96	11.80	1.77	24.18	8.78	19.45

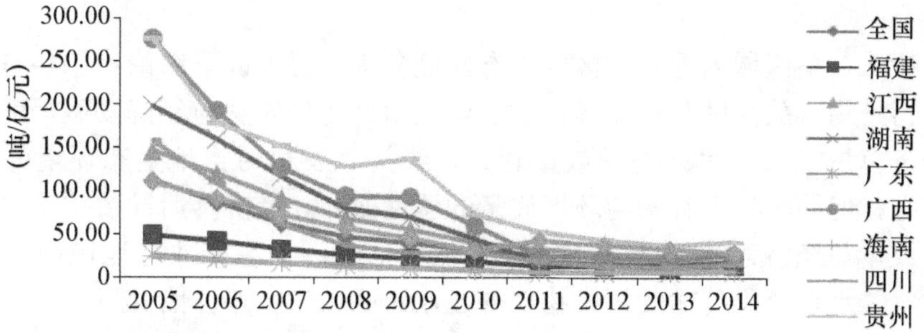

图 7-26　泛珠三角区域内地九省区单位 GDP 粉（烟）尘排放量

4. 泛珠三角区域内地九省区工业固体废弃物产生情况

（1）泛珠三角区域内地九省区工业固体废弃物产生量。

从图 7-27 中可知，内地九省区的工业固体废弃物产生量存在较大差异，除了海南省呈现平稳增长以外，其他八省区均呈现波浪形变动。云南、四川、江西、湖南、广西、广东六省区的工业固体废弃物产生量在 2011 年均出现较大幅度上升，除四川、广西以外，其他四省随后均呈现下降趋势。贵州省的工业固体废弃物产生量在 2013 年出现下降。福建省则呈现波浪形上升和下降，工业固体废弃物产生量在 2011 年突然下降，之后又剧烈上升，2013 年再次下降。海南省则保持平稳上升。九省区中，云南、江西、湖南、贵州、广东、福建六省出现拐点，海南、四川、广西三省区尚未出现拐点。

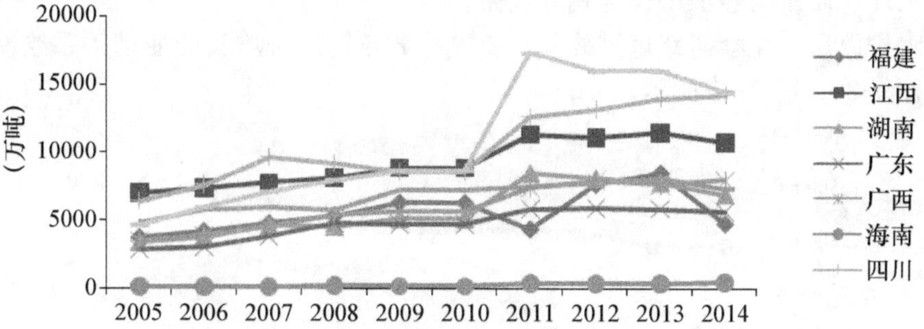

图 7-27　泛珠三角区域内地九省区工业固体废弃物产生量

（2）泛珠三角区域内地九省区单位 GDP 工业固体废弃物产生量。

单位 GDP 工业固体废弃物产生量中，除海南省在 2012 年之后仍然呈现上升趋势外，其他八省区均呈现下降趋势。九省区中仅云南、贵州、江西的单位 GDP 工业固体废弃物产生量大于全国水平，其他六省区小于全国水平。

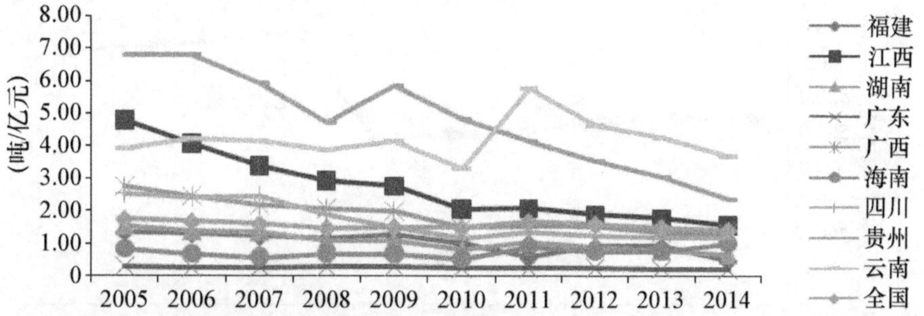

图 7-28　泛珠三角区域内地九省区单位 GDP 工业固体废弃物产生量

5. 结论

通过对泛珠三角区域内地九省区的生态环境分析，得出以下结论：①各省区的污染物排放趋势、污染物排放强度存在差异；②整体上污染物排放量与经济发展程度具有高度相关性，即经济总量越大，污染物排放量越大，经济越发达对当地生态环境的压力也就越大，如广东省；但同时存在贫困与环境质量的恶性循环，经济落后导致技术水平落后，导致污染物排放量与经济总量不成比例，如贵州省；③污染物排放与地域面积严重不成比例，对于大气、水等跨界传输的污染物，需建立跨区域的生态补偿机制。

综上所述，泛珠三角区域内地九省区在经济发展水平、污染物排放水平、技术水平、减排水平等方面存在较大差别，而泛珠三角区域的生态环境治理需协同共进，因此必须明确各省区在生态环境治理、保护上的责、权、利划分，建立联防联控机制和生态补偿机制，均衡利益分配。

（三）泛珠三角区域生态环境与经济互动机理分析

为了促进泛珠三角区域经济、生态环境的和谐共赢发展，理清生态环境与经济增长的互动机理，本研究对生态环境与经济增长之间的关系进行了分析。基于环境库兹涅茨曲线考察泛珠三角区域经济增长与生态环境之间的互动机理，反映泛珠三角区域生态环境随经济增长的变化情况。其中，用人均 GDP 表示经济增长，主要污染物排放量表示生态环境的变化。

1. 基于 EKC 曲线的生态环境与经济增长相互关系

（1）水环境质量与经济增长的相互关系。

将废水排放量、化学需氧量排放量、氨氮排放量与经济增长的变动关系绘制成图，如图 7-29、图 7-30、图 7-31 所示。

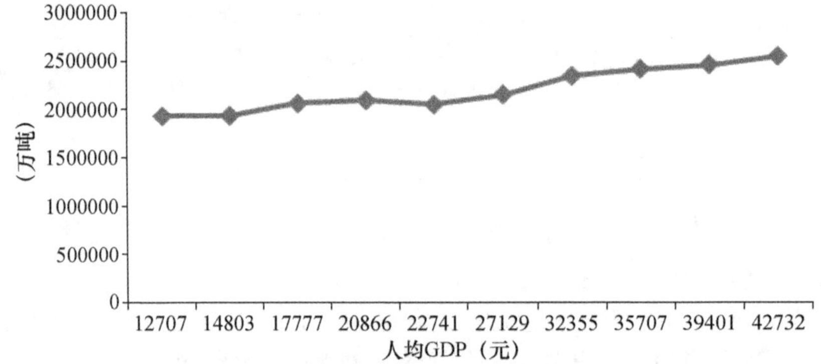

图 7-29 泛珠三角区域内地九省区废水排放量与经济增长的关系

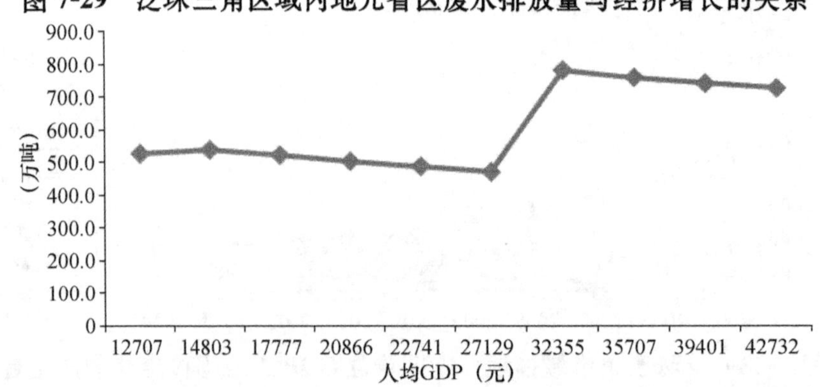

图 7-30 泛珠三角区域内地九省区化学需氧量与经济增长的关系

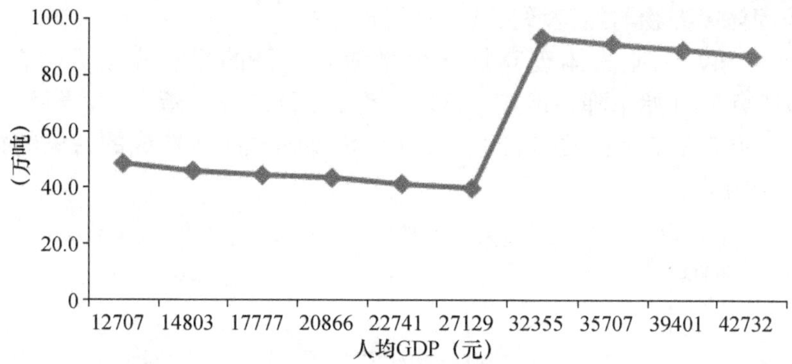

图 7-31 泛珠三角区域内地九省区氨氮排放量与经济增长的关系

从废水排放量与经济增长的关系图中可知，随着经济的增长，废水排放量呈上升趋势，但上升幅度较小。化学需氧量与氨氮排放量在人均 GDP 为 27129 元（2010 年）之前随着经济的增长逐渐下降，于 2011 年突然上升，之后恢复下降趋势，表明化学需氧量排放量和氨氮排放量在 2011 年发生了结构性转变。

（2）空气质量与经济增长的互动机理分析。

从二氧化硫排放量与经济增长的变化趋势中可知，在人均 GDP 在 14803 元（2006 年）之前，随着经济的增长，二氧化硫排放量逐渐上升，之后，随着经济的增长逐渐下降，表明二氧化硫排放量的拐点在人均 GDP 为 14803 元时已出现。粉（烟）尘排放量在人均 GDP 为 35707 元（2012 年）之前随着经济的增长呈下降趋势，2013 年开始反弹，2014 年大幅反弹。

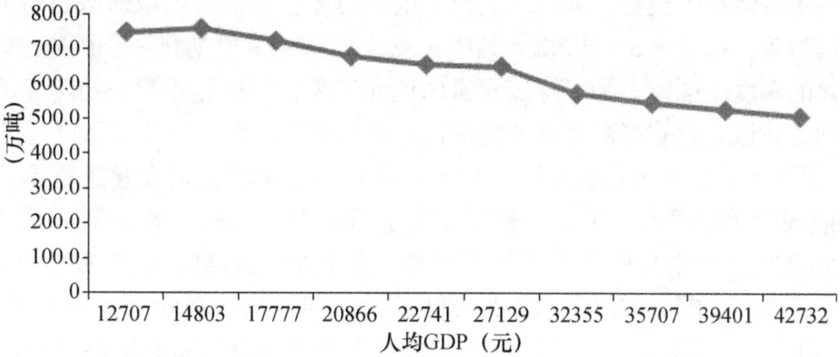

图 7-32 泛珠三角区域内地九省区二氧化硫排放量与经济增长的关系

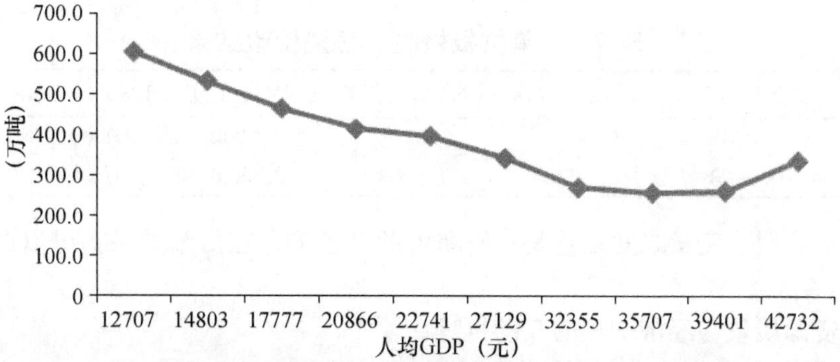

图 7-33 泛珠三角区域内地九省区粉(烟)尘排放量与经济增长的关系

(3) 工业固体废弃物与经济增长的互动机理分析。

从图7-34可知，工业固体废弃物产生量随着经济的增长先上升，在人均GDP为39401元（2013年）开始下降，但鉴于2013年我国经济进入新常态，经济增速放缓，增长动力不足，39401元是真正的拐点还是由于经济增速放缓所造成的污染物排放量的短期下降仍需进一步检验。

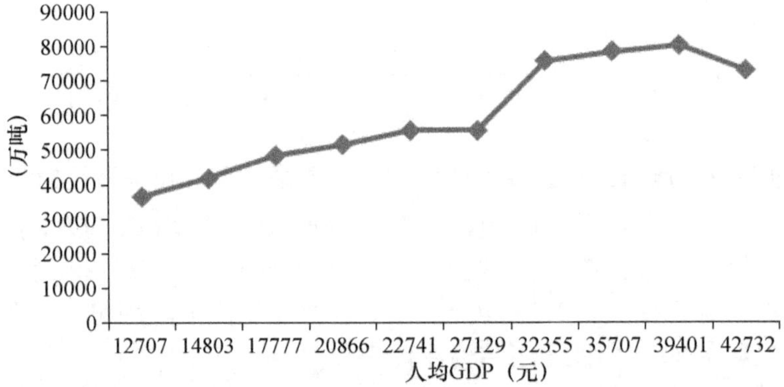

图7-34 泛珠三角区域内地九省区工业固体废弃物产生量与经济增长的关系

2. 基于EKC的生态环境与经济增长的实证分析

为了深入揭示生态环境与经济增长的关系，本部分对生态环境与经济增长的关系进行实证分析，用Y表示污染物排放量，X表示人均GDP，公式表达为：$Y=\alpha+\beta X$。但是从上文污染物排放量随时间的变化可推导出污染物排放量与人均GDP并非呈简单的线性关系，因此，为更好地拟合模型，同时减弱模型的异方差性，对模型取对数进行回归分析。取过对数后的模型为：$LNY=\alpha+\beta LNX$，其中β表示当人均GDP变化一个百分点时引起的污染物排放量变化的幅度。同时，为了深度探索内地九省区、九省总体污染物随经济增长的变化特征，对内地九省区、九省区总体及全国的污染物排放与经济增长的关系进行了回归分析。

采用EVIEWS 7.2对面板数据进行回归，在回归之前首先对变量进行单位根检验，若为平稳序列或同阶单整序列，需进一步对变量进行协整性检验，若变量之间是协整的，则可以进行回归分析。对本文所选取的取过对数之后的六大污染物的排放量（废水排放量、化学需氧量、氨氮排放量、二氧化硫排放量、粉（烟）尘排放量、工业固体废弃物排放量，分别用Y1、Y2、Y3、Y4、Y5、Y6表示）进行单位根检验和协整性检验，检验结果如表7-6所示。

表7-6 单位根检验、协整检验结果

	LNY1，LNX	LNY2，LNX	LNY3，LNX	LNY4，LNX	LNY5，LNX	LNY6，LNX
ADF（0，1）	0.0001	0.0001	0.0003	0.0000	0.0009	0.0001
Kao	0.0903	0.0638	0.0003	0.0856	0.0285	0.0104

检验结果表明，变量之间是均是一阶单整的，且都存在协整关系，可以对其进行回归分析。

(1) 水资源质量与经济增长的互动机理。

1) 废水排放量与人均GDP的互动机理。

分别用 Y11、Y12、Y13、Y14、Y15、Y16、Y17、Y18、Y19、Y10、Y1j 和 X1、X2、X3、X4、X5、X6、X7、X8、X9、X0、Xj 分别表示福建、江西、湖南、广东、广西、海南、四川、贵州、云南、全国、内地九省区总体的废水排放量和人均 GDP，对废水排放量与人均 GDP 进行回归分析，结果如表 7-7 所示。

表 7-7 废水排放量与人均 GDP 的回归结果

	LNY11	LNY12	LNY13	LNY14	LNY15	LNY16	LNY17	LNY18	LNY19	LNY10	LNY1j
	LNX1	LNX2	LNX3	LNX4	LNX5	LNX6	LNX7	LNX8	LNX9	LNX0	LNXj
αaver						10.0358					
p−value						0.0000					
α	0.2210	−2.2364	0.7267	−0.4519	4.5131	−0.0532	0.9532	−2.8938	−5.1041	2.1237	2.2017
β	0.2052	0.4257	0.1749	0.3695	−0.2089	0.0521	0.1553	0.4252	0.6908	0.2383	0.2333
p−value	0.0014	0.0000	0.0023	0.0000	0.0004	0.0840	0.0064	0.0000	0.0000	0.0004	0.0004
Adj. R^2						0.9832					
p−value (F)						0.0000					
DW						1.4863					

从回归结果显示回归方程通过了 F 检验，参数均通过了 t 检验，拟合度为 0.9832，且在 10%的置信水平下不存在自相关，回归结果较好。对比分析回归系数可知，除了广西以外，泛珠三角区域其他八省、九省区总体及全国的废水排放量随着经济的增长均呈现上升趋势，表明未来废水减排压力仍然巨大。其中，全国废水排放量的弹性系数为 0.2383，即人均 GDP 每增加一个百分点，将引起废水排放量增加 0.2383 个百分点；泛珠三角九省区总体的废水排放量的弹性系数为 0.2233，略低于全国平均水平；泛珠三角内地九省区中，仅广西的废水排放量保持下降趋势，其他各省均呈现上升趋势，其中江西、广东、贵州、云南的弹性系数大于全国水平，其他五省小于全国水平，由此可知，在废水排放量整体加强减排的同时，上述四省应重点加强。

2）化学需氧量排放量与经济增长的互动机理。

用 Y21、Y22、Y23、Y24、Y25、Y26、Y27、Y28、Y29、Y20、Y2j 分别表示福建、江西、湖南、广东、广西、海南、四川、贵州、云南、全国以及内地九省区总体的化学需氧量排放量，对其进行回归分析，结果如表 7-8 所示。

表 7-8 化学需氧量与经济增长的回归结果

	LNY21	LNY22	LNY23	LNY24	LNY25	LNY26	LNY27	LNY28	LNY29	LNY20	LNY2j
	LNX1	LNX2	LNX3	LNX4	LNX5	LNX6	LNX7	LNX8	LNX9	LNX0	LNXj
αaver						7.2380					
p−value						0.0000					
α	−0.1613	−0.6289	−0.3708	3.7371	−0.4060	−3.4336	0.0478	−2.7636	−2.2759	4.0606	2.1946
β	−0.2656	−0.2231	−0.1940	−0.5298	−0.3243	−0.0790	−0.2375	−0.0974	−0.0956	−0.3312	−0.2668
p−value	0.0000	0.0000	0.0000	0.0000	0.0000	0.0031	0.0000	0.0000	0.0001	0.0000	0.0000
Adj. R^2						0.9999					
p−value (F)						0.0000					
DW						3.2333					

从表 7-8 中可知，泛珠三角各省、总体、全国的化学需氧量随着人均 GDP 的增长呈现下降趋势，表明了在化学需氧量减排上取得的成绩。全国化学需氧量排放量的弹性系数为−0.3312，表明经济每增长一个百分点，化学需氧量排放量降低 0.3312 个百分点；泛珠三角内地九省区总体的化学需氧量排放量弹性系数为−0.2668，下降幅度小于全国水平。内地九省区中，仅广东省化学需氧量的下降幅度大于全国水平，其他八省区均小于全国水平，结合九省区的化学需氧量排放量可知，广东作为九省区中化学需氧量排放量最大的省份，化学需氧量仍有较大的减排空间。其他省区需加强减排力度，尤其是海南、贵州、云南三省。

3）氨氮排放量与经济增长的互动机理。

用 Y31、Y32、Y33、Y34、Y35、Y36、Y37、Y38、Y39、Y30、Y3j 分别表示福建、江西、湖南、广东、广西、海南、四川、贵州、云南、全国、内地九省区总体的氨氮排放量，对其进行回归分析，结果如表 7-9 所示。

表 7-9 氨氮排放量与经济增长的回归结果

	LNY31	LNY32	LNY33	LNY34	LNY35	LNY36	LNY37	LNY38	LNY39	LNY30	LNYj
	LNX1	LNX2	LNX3	LNX4	LNX5	LNX6	LNX7	LNX8	LNX9	LNX0	LNj
αaver						4.9511					
p−value						0.0000					
α	−0.2284	0.2015	0.1439	3.1707	−0.7065	−4.4242	−0.0229	−2.6460	−1.9249	4.1805	2.2563
β	−0.2292	−0.2867	−0.2223	−0.4598	−0.2086	0.0280	−0.2223	−0.0956	−0.1260	−0.3340	−0.2570
p−value	0.0000	0.0000	0.0000	0.0000	0.0000	0.0112	0.0000	0.0000	0.0000	0.0000	0.0000
Adj. R^2						0.9999					
p−value (F)						0.0000					
DW						2.8535					

从回归结果可知，除了海南以外，泛珠三角内地九省区、整体以及全国的氨氮排放量与经济增长均呈负增长，即随着人均 GDP 的增长，氨氮排放量逐渐下降。全国氨氮排放量的弹性系数为−0.3340，即经济每增长一个百分点将引起氨氮排放量降低 0.3340 个百分点。泛珠三角内地九省区总体氨氮排放量的弹性系数为−0.2570，下降幅度小于全国水平。内地九省区中，仅广东省的氨氮排放量下降幅度大于全国水平，其他八省区均小于全国水平，其他八省区应加大氨氮减排力度，尤其是海南、贵州两省。

（2）空气质量与经济增长的互动机理。

1）二氧化硫排放量与经济增长的互动机理。

用 Y41、Y42、Y43、Y44、Y45、Y46、Y47、Y48、Y49、Y40、Y4j 分别表示福建、江西、湖南、广东、广西、海南、四川、贵州、云南、全国、内地九省区总体的二氧化硫排放量，对其进行回归分析，结果如表 7-10 所示。

7-10 二氧化硫排放量与经济增长的回归结果

	LNY41	LNY42	LNY43	LNY44	LNY45	LNY46	LNY47	LNY48	LNY49	LNY40	LNYj
	LNX1	LNX2	LNX3	LNX4	−0.6735	LNX6	LNX7	LNX8	LNX9	LNX0	
αaver						6.9080					
p−value						0.0000					

续表 7-10

	LNY41	LNY42	LNY43	LNY44	LNY45	LNY46	LNY47	LNY48	LNY49	LNY40	LNYj
	LNX1	LNX2	LNX3	LNX4	−0.6735	LNX6	LNX7	LNX8	LNX9	LNX0	
α	−0.7832	−1.8451	0.6595	4.7184	3.9847	−9.4511	1.4296	0.2611	−5.0410	3.0371	3.0301
β	−0.2230	−0.1015	−0.3324	−0.6606	−0.6735	0.3553	−0.3749	−0.2562	0.2267	−0.2173	−0.3447
p−value	0.0000	0.0459	0.0000	0.0000	0.0000	0.0000	0.0000	0.0000	0.0000	0.0000	0.0000
Adj. R^2						0.9981					
p−value (F)						0.0000					
DW						1.4399					

回归结果显示，除了海南省外，泛珠三角其他八省区、九省区整体及全国的二氧化硫排放量随着经济的增长均呈现下降趋势。全国二氧化硫排放量的弹性系数为−0.2173，泛珠三角九省区整体的弹性系数为−0.3447，下降幅度大于全国水平，表明泛珠三角整体在二氧化硫减排上取得的成绩。九省区中仅江西的下降幅度小于全国水平，其他均大于全国水平。下降幅度最大的为广东和广西，分别为−0.6606、−0.6735，福建、贵州、云南的下降幅度略高于全国水平，结合九省区的二氧化硫排放情况可知，贵州、云南的二氧化硫排放量分别是内地九省区中第四大和第一大排放省份，因此两省应着重加大对二氧化硫的减排力度，加快二氧化硫排放量的降低。

2）粉（烟）尘排放量与经济增长的互动机理。

用 Y51、Y52、Y53、Y54、Y55、Y56、Y57、Y58、Y59、Y50、Y5j 分别表示福建、江西、湖南、广东、广西、海南、四川、贵州、云南、全国、内地九省区总体的粉（烟）尘排放量，对其进行回归分析，结果如表 7-11 所示。

表 7-11　粉（烟）尘排放量与经济增长的回归结果

	LNY51	LNY52	LNY53	LNY54	LNY55	LNY56	LNY57	LNY58	LNY59	LNY50	LN5j
	LNX1	LNX2	LNX3	LNX4	LNX5	LNX6	LNX7	LNX8	LNX9	LNX0	LNXj
αaver						8.800					
p−value						0.0000					
α	−4.2779	−1.5372	5.6721	1.0508	4.8759	−7.0526	3.5275	−2.2568	−5.7379	1.8665	3.8696
β	−0.1111	−0.3505	−1.0243	−0.5706	−0.9880	−0.1121	−0.8544	−0.3059	0.0488	−0.3272	−0.6670
p−value	0.3845	0.0040	0.0000	0.0013	0.0000	0.3603	0.0000	0.0020	0.6985	0.0164	0.0000
Adj. R^2						0.9895					
p−value (F)						0.0000					
DW						1.3445					

回归结果显示，除云南外，泛珠三角其他八省区、整体、全国的粉（烟）尘排放量随着经济的增长均呈现下降趋势。全国粉（烟）尘排放量的弹性系数为−0.3272，内地九省区整体的粉（烟）尘排放量的弹性系数为−0.6670，下降幅度是全国水平的两倍多，突出表明了泛珠三角区域在粉（烟）尘减排上的贡献。九省区中，仅福建、海南的下降幅度小于全国水平，其他七省区均大于全国水平。结合福建、海南的粉（烟）尘排放量可知，十年来两省的粉（烟）尘排放量下降幅度十分有限，因此福建、海南应加大减排力度。回顾

泛珠三角各省区的粉（烟）尘排放量可知，2014 年，九省区的粉（烟）尘排放量均出现了较大程度的上升，结合回归结果可知，2014 年仅为短暂性波动，粉（烟）尘排放量将恢复下降趋势。

（3）工业固体废弃物与经济增长的关系。

用 Y61、Y62、Y63、Y64、Y65、Y66、Y67、Y68、Y69、Y60、Y6j 分别表示福建、江西、湖南、广东、广西、海南、四川、贵州、云南、全国、内地九省区总体的工业固体废弃物排放量，对其进行回归分析，结果如表 7-12 所示。

表 7-12　工业固体废弃物排放量与经济增长的回归结果

	LNY61	LNY62	LNY63	LN64	LNY65	LNY66	LNY67	LNY68	LNY69	LNY60	LNY6j
	LNX1	LNX2	LNX3	LNX4	LNX5	LNX6	LNX7	LNX8	LNX9	LNX0	LNXj
αaver						2.4421					
p—value						0.0000					
α	2.0620	2.7588	−0.3442	−2.5485	0.0350	−7.7396	1.4717	3.8535	−2.9942	1.3796	2.0657
β	0.3908	0.3977	0.6517	0.8031	0.6304	1.0838	0.5382	0.2681	1.0123	0.8325	0.6382
p—value	0.0000	0.0000	0.000	0.0000	0.0000	0.0000	0.0000	0.0002	0.0000	0.0000	0.0000
Adj. R^2						0.9948					
p—value (F)						0.0000					
DW						2.2082					

回归结果显示泛珠三角各省区、总体、全国工业固体废弃物随着经济的增长均呈现上升趋势。这说明工业固废的减排仍是我国节能减排的重点领域。其中，全国工业固体废弃物排放量的弹性系数为 0.8325，泛珠三角九省区总体的弹性系数为 0.6382，增长幅度小于全国水平。九省区中仅海南、云南的工业固体废弃物排放量的弹性系数大于全国水平，这也说明在整体减排的同时，这两个省份更需加大力度。

3. 结论

从以上分析中主要可以得出以下结论：①总体上，内地九省区总体、全国的废水排放量、工业固体废弃物排放量仍将随着经济的增长逐渐上升，转折点尚未出现，废水、工业固废的减排压力巨大。就增长幅度而言，内地九省区废水排放量、工业固废产生量的增长幅度均小于全国水平；②泛珠三角区域、全国的化学需氧量、氨氮排放量随着经济的增长逐渐下降，泛珠三角区域化学需氧量、氨氮排放量的下降幅度小于全国水平；③泛珠三角区域、全国的二氧化硫、粉（烟）尘排放量随着经济的增长逐渐下降，泛珠三角区域二氧化硫、粉（烟）尘排放量的下降幅度大于全国水平；④内地九省区各自污染物排放随经济增长的变动存在较大差异，各省区情况不一。

综合文中对各省区的污染物排放量、污染物排放强度及污染物排放随经济增长变化的分析得出以下结论：①九省区的污染物排放情况存在较大差距，因而在减排任务、环境综合治理的责权划分上应有所区分；②在六类污染物减排并驾齐驱的过程中，需重点关注废水、工业固废的排放量。废水减排方面，江西、广东、贵州、云南更需加强减排强度。工业固废方面，四川、海南、广西、江西、云南、贵州需重点加强减排强度；③化学需氧量、氨氮、二氧化硫、粉（烟）排放量随经济增长均呈现下降趋势，但泛珠三角区域化学需氧量、氨氮排放量下降幅度小于全国水平，且九省区中仅广东一省的下降幅度大于全国平均水平，因此应整体应加强减排力度。二氧化硫减排方面，海南、贵州、云南、江西需加强减排强度；粉（烟）尘减排方面，贵州、云南、福建、江西、海南需重点加强。

（四）泛珠三角内地九省区生态环境的主要问题

从泛珠三角整体区域来看，目前，内地九省区主要面临着以下生态环境问题。

1. 水环境质量态势严峻，有下降趋势

污染物排放方面，工业废水、生活污水排放量仍在增加，化学需氧量、氨氮排放量虽呈现下降趋势，但下降缓慢，且低于全国下降幅度。珠江流域、珠江干流水质无明显变化，支流中深圳河和练江重度污染，比之前形势更加严峻；城市及工业区的江段和内河污染严重，部分河流呈富营养化趋势；水污染向农村蔓延，开始威胁到饮用水源和生活用水安全；近海海域环境不容乐观，赤潮时有发生，近海水生生态平衡受到威胁。

2. 酸雨、灰霾问题虽有所改善，但不容乐观

珠三角、江西、福建、湖南等地是我国酸雨分布的密集区，虽近十年来二氧化硫排放量呈下降趋势，酸雨问题有所改善，但相较于环境容量，二氧化硫排放量仍处于高位，加上气候因素，酸雨问题未从根本上得到解决。灰霾形势不容乐观，虽泛珠三角区域空气质量总体上优于全国平均水平，但湖南、四川、江西、广东、广西五省区的灰霾问题仍比较严重，尤其是湖南、四川两省。2014 年长沙、成都的年均 PM2.5 浓度分别为 $74\mu g/m^3$、$77\mu g/m^3$，全年空气质量达到二级以上的仅为 224、216 天，距海口、昆明等城市相差甚远。且 2014 年，内地九省区的粉（烟）尘排放量猛然上升，比 2013 年增加了 28.9%，空气质量压力激增，减排压力巨大。

3. 水

水污染物、大气污染物的跨行政区域传输突出表现为上中游水污染传输、跨区雾霾传输。水污染物跨行政区传输方面，由于我国尚未建立水权初始分配制度，也尚未建立生态补偿制度，水污染物存在严重的外部性，造成上、中、下地区的利益冲突，给中、下游地区造成严重损失。雾霾传输方面，雾霾随风向的传输进一步加剧了灰霾传输问题的复杂性。因此，建立生态补偿机制、区域联防联控机制是促进泛珠三角区域环境保护合作，实现区域社会经济的可持续发展的亟待解决的重点问题。

4. 生态环境态势严峻，未来压力巨大

主要表现为水土流失、土地沙漠化未得到有效控制，根据全国沙漠化和沙化土地监测，内地九省区第四次监测的沙漠化土地面积仅比第三次减少了 3.77 万公顷，治理效果极其有限。乱捕滥猎、乱挖滥采现象屡禁不止，野生动植物数量和种类不断减少。一微甘菊、大米草、飞机草、水葫芦、一枝黄花等为代表的外来物种入侵危害成片出现，生物多样性受到威胁。单位土地面积农药使用量、化肥施用量高于全国平均水平，氮肥污染、农药残留与持久性有机污染有所加重，农业生态环境日益恶化。同时需要注意的是，泛珠三角区域跨越东、中、西三大经济发展梯度，区域内各省经济发展水平、技术水平、资源禀赋差异较大。东部省份经济较发达，对生态环境的重视程度较高；而中、西部省份经济发展水平有限，未来较长一段时间仍将面临经济较快增长所带来的环境恶化。且 2013 年我国经济进入新常态，经济增速明显放缓，环境保护不确定性增强，污染物排放量有抬头趋

势，突出代表便是粉（烟）尘的排放量，如何统筹区域环境联合治理，均衡经济增长与环境质量的关系，实现经济与生态环境的共赢发展是面临的重要问题之一。

5. 各省区生态环境治理责、权、利不明晰，区域统筹难以实现

泛珠三角区域横跨东、中、西三个经济发展梯度，经济发展的不均衡、技术水平的不均衡导致污染物排放存在较大差异，造成区域内各省区生态环境质量的参差不齐，因此，在共同治理泛珠三角区域生态环境时所承担的责、权、利不同。同时，雾霾、水污染的跨行政区传输问题也要求必须明确责、权、利划分，而责、权、利划分正是目前泛珠三角区域所缺乏的。因此，共同治理泛珠三角区域生态环境，需编制泛珠三角区域生态环境保护规划，在此基础上根据各省区的经济发展水平、污染物排放水平、生态环境质量等制定各省区所应承担的生态保护任务，明确各省区的责、权、利问题。

二、生态建设与环境综合治理总体思路和目标

（一）总体思路

以生态文明建设为统领，坚持“生态优先，绿色发展”，率先在泛珠三角区域走出一条生态文明的新路子，正确处理发展与资源环境的关系，坚持在发展中保护，在保护中发展，大幅提高能源利用效率，推动形成节约资源和保护生态环境的空间格局、产业结构、生产方式，着力推进绿色发展、循环发展、低碳发展。

认真落实《全国主体功能区规划》，坚定不移地实施主体功能区制度，跨区域协同、全流域保护、江山原共治、海陆空共管，加快形成人与自然和谐发展新格局，给自然留下更多修复空间，给农业留下更多良田，给子孙后代留下天蓝、地绿、水净的美好家园。

加强生态环境协同监管和综合治理，共建环境保护市场化机制和生态补偿机制，建立跨区域生态建设和环境保护的联动机制；加强跨省区流域水资源水环境保护，恢复和提升江河湖海湿地水环境质量；加强跨区域大气污染综合治理；加快区域生态保护和修复，加快建设珠江防护林体系工程建设，发挥泛珠三角区域生态优良的优势，优化、美化生存空间，推进森林科学经营，促进生态系统良性循环，推动经济社会与资源环境协调发展。

健全生态环境协同保护和治理机制，编制泛珠三角区域生态环境保护规划，建立污染联防联治工作机制和生态环境应急管理合作机制，推动环境执法协作、信息共享与应急联动；建立泛珠三角区域生态环境保护合作基金，加大对生态环境的联合治理力度，把泛珠三角地区建成上中下游协调，省区紧密合作，生态环境良好，人与自然和谐、社会经济可持续发展的生态文明建设先行先试区。

（二）总体目标

加强主要大气污染物的联防联控联治，建立珠三角地区碳排放权交易试点。到 2020 年，泛珠三角区域地级及以上城市可吸入颗粒物浓度比 2015 年下降 10%以上，珠三角地区细颗粒物浓度分别下降 20%左右，优良天数逐年提高。水资源得到切实保护，水资源污染物大量削减，年平均用水总量控制在 634 亿立方米以内，万元 GDP 用水量降低到 110 立方米以下，珠江流域水质优良（达到或优于Ⅲ类）比例总体达到 80%以上，灌溉水有效

利用系数提高至0.53。地级及以上城市集中式饮用水水源水质达到或优于Ⅲ类比例总体高于93%，近岸海域水质优良（一、二类）比例达到70%左右，沿海各省（区、市）入海河流基本消除劣于Ⅴ类水体。泛珠三角区域力争消除丧失使用功能的水体。率先建立东江、西江、北江、汀江—韩江、九州江等流域生态补偿试点，基本建成流域水资源供给与保障体系。水土流失、石漠化得到较大改善，水土流失治理面积达到40%。土壤污染得到治理，土壤环境取得较大改善。海洋生态环境进一步改善。海洋生态系统保护与修复取得显著进展。海洋环境保护制度全面实施，陆源污染物排放总量得到控制，有效削减主要污染物入海总量；海洋环境质量明显改善，近岸海域环境功能区水质达标率达到90%以上。生态系统功能得到较大改善，基本建成生态环境修复体系。建设跨省区河流上中游地区生态文明示范区。建设珠江—西江生态廊道，建成南方丘陵山地带和川滇生态屏障。共建南岭山地和闽粤桂琼东南沿海红树林生物多样性保护重要生态区生态功能区。将以南岭山地、幕阜山、罗霄山、怀玉山、高黎贡山、哀牢山和无量山为核心的区域和江河源头、重要湖泊纳入国家重点生态功能区。开展福建、湖南、云南等地国家公园试点工作。

三、主要任务

优化泛珠三角区域空间开发格局，加快主体功能区建设，以主体功能区为基础划定资源环境生态红线。加强流域生态环境综合治理，加大大气污染治理力度，严控二氧化硫、氮氧化物、烟（粉）尘、PM2.5、PM10的排放。切实加强跨省区流域水资源水环境保护，实施最严格的水资源管制制度，划定水资源开发利用红线、用水效率红线和水域纳污红线，严控水资源污染物排放，加大水资源保护和治理力度。加强区域生态保护与修复，加强天然林资源保护、防护林建设，加强风景名胜资源保护、山地丘陵地区林草植被保护、生物多样性保护，加大水土流失和石漠化综合治理力度等。加快生态补偿机制建设，积极推动开展东江、西江、北江、汀江—韩江、九洲江等流域生态补偿试点。加强泛珠三角区域生态环境联防联控，建立覆盖全域的生态环境监测机制与应急管理合作机制，加强对全域生态环境的综合治理和保护；建立泛珠三角生态环境保护基金，探索环境污染第三方治理体系，合理应对跨界突发环境事件和纠纷。提高资源利用效率，加强节能减排、绿色环保技术应用，推动绿色低碳循环发展，全面促进资源节约集约高效利用。

（一）加快主体功能区建设，划定资源环境生态红线

1. 加快主体功能区建设

根据泛珠三角区域不同地区的资源环境承载能力、现有开发强度和发展潜力，统筹谋划人口分布、经济布局、国土利用和城镇化格局，确定不同区域的主体功能，并据此明确开发方向，完善开发政策，控制开发强度，规范开发秩序，逐步形成人口、经济、资源环境相协调的国土空间开发格局。秉承自然条件适宜性开发理念、区分主体功能理念、资源环境承载能力开发理念、严控开发强度理念、调控空间结构理念、提供生态产品理念，坚持优化结构、保护自然、集约开发、协调开发、陆海统筹的原则，实现泛珠三角区域空间

开发格局清晰、空间结构得到优化、空间利用效率提高、区域协调性增强和可持续发展能力提升的目标。

（1）优化开发区域：珠江三角洲地区。

主要生态问题：城市无限制扩张，污染严重，人居环境质量下降。

生态保护主要方向：加强城市发展规划，合理布局城市功能组团；加强生态城市建设，大力调整产业结构，提高资源利用效率，控制城市污染，推进循环经济和循环社会的建设。

具体保护方向：加强大气污染防治、水生态综合治理和生态修复，严格控制珠江口围垦和山体开发，保护河口和海岸湿地，提高水质，构建以粤北山地丘陵、近海岛屿湿地和珠江水系为主体的生态格局。

（2）重点开发区域。

该区域包括七个重点开发区域（海峡西岸经济区、环长株潭城市群、北部湾地区、黔中地区、滇中地区、成都经济区、鄱阳湖生态经济区）。

主要生态问题：城镇和城市无序发展，城镇/市环境污染严重，环保设施严重滞后，城镇生态功能低下。

生态保护主要方向（见表 7-13）：加快城市环境基础设施建设，加强城乡环境综合整治；建设生态城市，优化产业结构，发展循环经济，提高资源利用效率。

表 7-13 重点开发区生态保护方向

区　　域	生态保护方向
海峡西岸经济区	强化防台风能力建设，加强武夷山、雁荡山、戴云山等山区和沿海港湾、近海岛屿保护，加强入海河流小流域综合整治和近岸海域污染防治，推进水环境综合治理和水源涵养地保护，保护闽江、九龙江等水生态廊道
环长株潭城市群	保护好位于长株潭三市接合部的生态“绿心”，加强洞庭湖保护和湘江污染治理，构建以洞庭湖、湘江为主体的水生态系统
鄱阳湖生态经济区	以鄱阳湖水体和湿地为核心保护区，以沿湖岸线临水区域为控制开发带，以赣江、抚河、信江、饶河、修河五大河流沿线和交通干线沿线为生态廊道，构建以水域、湿地、林地等为主体的生态格局
北部湾地区	加强对自然保护区、生态公益林、水源保护区等的保护，加强防御台风和风暴潮能力建设，构建以沿海红树林、珊瑚礁、港湾湿地为主体的沿海生态带和海洋特别保护区
成都经济区	加强岷江、沱江、涪江等水系的水土流失防治和水污染治理，强化龙泉山等山脉的生态保护与建设，构建以邛崃山脉—龙门山、龙泉山为屏障，以岷江、沱江、涪江为纽带的生态格局
黔中地区	强化石漠化治理和大江大河防护林建设，推进乌江流域水环境综合治理，保护长江上游重要河段水生态及红枫湖等重要水源地，构建长江和珠江上游地区生态屏障
滇中地区	加强以滇池为重点的高原湖泊治理和高原水土流失防治，构建以高原湖泊为主体，林地、水面相连，带状环绕、块状相间的高原生态格局

（3）国家重点生态功能区。

该区域包括七个国家重点生态功能区（详见表 7-14、图 7-35、图 7-36）。

表 7-14　国家重点生态功能区的类型和生态保护方向

区域	类型	综合评价	生态保护方向
南岭山地森林及生物多样性生态功能区	水源涵养	长江流域与珠江流域的分水岭，是湘江、赣江、北江、西江等的重要源头区，有丰富的亚热带植被。目前原始森林植被破坏严重，滑坡、山洪等灾害时有发生	禁止非保护性采伐，保护和恢复植被，涵养水源，保护珍稀动物
桂黔滇喀斯特石漠化防治生态功能区	水土保持	属于以岩溶环境为主的特殊生态系统，生态脆弱性极高，土壤一旦流失，生态恢复难度极大。目前生态系统退化问题突出，植被覆盖率低，石漠化面积加大	封山育林育草，种草养畜，实施生态移民，改变耕作方式
川滇森林及生物多样性生态功能区	生物多样性维护	原始森林和野生珍稀动植物资源丰富，是大熊猫、羚牛、金丝猴等重要物种的栖息地，在生物多样性维护方面具有十分重要的意义。目前山地生态环境问题突出，草原超载过牧，生物多样性受到威胁	保护森林、草原植被，在已明确的保护区域保护生物多样性和多种珍稀动植物基因库
武陵山区生物多样性及水土保持生态功能区	生物多样性维护	属于典型亚热带植物分布区，拥有多种珍稀濒危物种。是清江和澧水的发源地，对减少长江泥沙具有重要作用。目前土壤侵蚀较严重，地质灾害较多，生物多样性受到威胁	扩大天然林保护范围，巩固退耕还林成果，恢复森林植被和生物多样性
海南岛中部山区热带雨林生态功能区	生物多样性维护	热带雨林、热带季雨林的原生地，是我国小区域范围内生物物种十分丰富的地区之一，也是我国最大的热带植物园和最丰富的物种基因库之一。目前由于过度开发，雨林面积大幅减少，生物多样性受到威胁	加强热带雨林保护，遏制山地生态环境恶化
若尔盖草原湿地生态功能区	水源涵养	位于黄河与长江水系的分水地带，湿地泥炭层深厚，对黄河流域的水源涵养、水文调节和生物多样性维护有重要作用。目前湿地疏干垦殖和过度放牧导致草原退化、沼泽萎缩、水位下降	停止开垦，禁止过度放牧，恢复草原植被，保持湿地面积，保护珍稀动物
秦巴生物多样性生态功能区	生物多样性维护	包括秦岭、大巴山、神农架等亚热带北部和亚热带—暖温带过渡的地带，生物多样性丰富，是许多珍稀动植物的分布区。目前水土流失和地质灾害问题突出，生物多样性受到威胁	减少林木采伐，恢复山地植被，保护野生物种

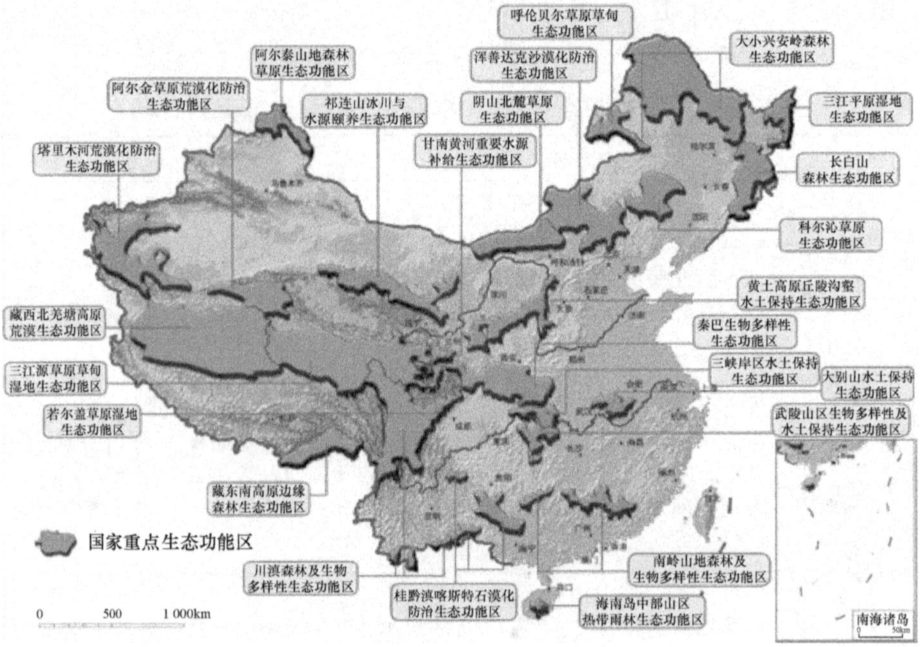

图 7-35 国家重点生态功能区示意图

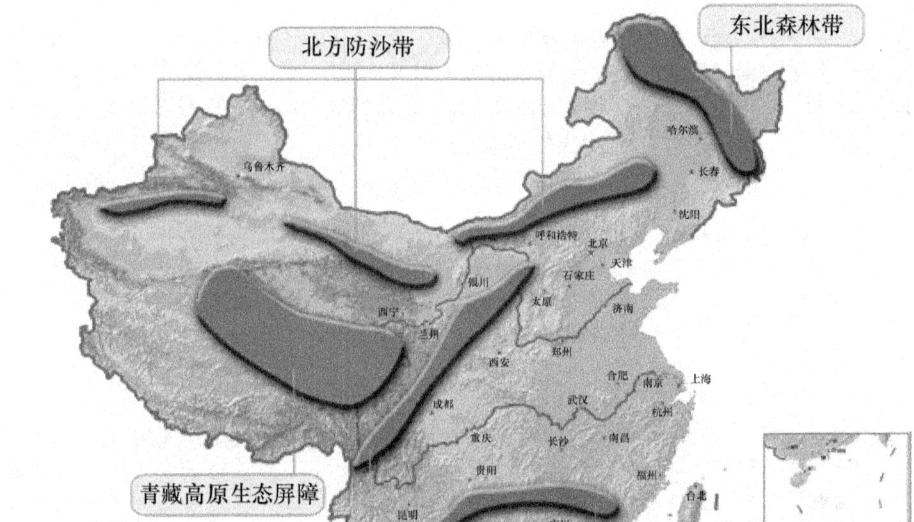

图 7-36 我国生态安全战略格局示意图

（4）生态功能亚区。

1）水源涵养重要区生态保护方向详见表 7-15。

表 7-15　水源涵养重要区生态保护方向

区域	综合评价	发展方向
秦巴山地水源涵养重要区	长江、黄河两大河流的分水岭，是我国重要的水源涵养区和生物多样性重要保护区。该区土壤侵蚀极为敏感，山地植被破坏和水电、矿产等资源开发带来的水土流失及山地灾害问题较为突出，生物多样性受到严重威胁	加大已有自然保护区保护和天然林管护力度，加强生态保护与修复，强化水土保持功能，严控开发强度和不合理的人为活动，发展生态旅游和特色产业，控制人口增长
江西东江源水源涵养重要区	东江是香港同胞的“生命之水”，该地森林覆盖率较高，生物多样性丰富，有国家级森林公园一个及省级自然保护区多处。由于历史、人口、经济发展等多种因素的影响，局部地区出现生态功能退化；采矿遗留下的尾矿和尾砂未能得到有效治理；山体滑坡等地质灾害较为频繁	加大天然林保护力度，增强生态系统水源涵养功能；加强项目论证与监管，严控矿产资源开发，加大清洁能源使用，发展发展生态旅游业、生态农业以及有机和绿色食品业
南岭山地水源涵养重要区	长江流域和珠江流域的分水岭，是沅江、赣江、北江、西江干流的重要源头区，具有重要的水源涵养、土壤保持和生物多样性保护等功能。原始森林植被破坏严重，次生林和人工林面积大，水源涵养和土壤保持功能较弱，以崩塌、滑坡和山洪为主的环境灾害时有发生，灾害损失较重，矿产资源开发无序，局部地区工业污染蔓延速度加快	严控矿产资源开发，杜绝人为破坏；合理控制人口规模，加强退化生态系统修复，提高森林植被水源涵养功能
珠江源水源涵养重要区	珠江为我国南部第一大河，珠江源区保存有较完整的岩溶地貌，具有重要的水源涵养、土壤保持和生物多样性保护功能。岩溶生态系统具有脆弱性特征，生态系统退化问题十分突出，主要表现为土层浅薄、干旱缺水、石漠化面积大、水源涵养功能下降	加大天然林保护力度，加快实施第三期珠江防护林工程，加强生态保护与修复；开展污水治理工程，减少面源污染，使珠江源头水资源得到有效保护
若尔盖水源涵养重要区	黄河与长江水系的分水地带，区内植被以高寒草甸和沼泽草甸为主，在水源涵养和水文调节、维系生物多样性、保持水土和防治土地沙化等方面发挥着重要作用。湿地疏干垦殖和过度放牧带来地下水位下降和沼泽萎缩及草甸退化和沙化问题突出	严禁沼泽湿地疏干改造，严格草地资源和泥炭资源的保护；加强对草甸和沼泽生态修通的修复，发展生态旅游、观光旅游和科学考察服务的第三产业，开发具有地方特色的畜产品产业，走生态经济型发展道路

2）土壤保持重要区包括西南喀斯特地区土壤保持重要区和川滇干热河谷土壤保持重要区（见表 7-16）。

表 7-16　土壤保持重要区生态保护方向

区域	综合评价	生态保护方向
西南喀斯特地区土壤保持重要区	位于西南喀斯特山区，发育了以岩溶环境为背景的特殊生态系统。该生态系统极其脆弱，土壤侵蚀敏感性程度高。毁林毁草开荒带来的生态系统退化问题突出，表现为植被覆盖度低、水土流失严重、石漠化面积大、干旱缺水	严控开发强度和人类破坏性活动，严格保护现存植被，对生态退化严重区采取封禁措施，对中、轻度石漠化地区，改进种植制度和农艺措施；对人口超过生态承载力的区域实施生态移民措施，发展生态农业、生态旅游及相关产业
川滇干热河谷土壤保持重要区	该区发育了以干热河谷稀树灌草丛为基带的山地生态系统。河谷区生态脆弱，土壤侵蚀敏感性程度高，生态系统保水保土功能弱，表现为地表干旱缺水问题突出、土壤坡面侵蚀和沟蚀加剧、崩塌和滑坡及泥石流灾害频发、侵蚀产沙量大，给金沙江乃至三峡工程带来危害	实施退耕还林工程，加强对生态系统的修复和保护，在立地条件差的干热河谷区，采取先草灌后林木的修复模式。合理布局和发展草地畜牧业和林果业，改变落后粗放的生产经营方式，禁止破坏性人为活动

3）生物多样性保护重要区生态保护方向详见表 7-17。

表 7-17　生物多样性重要保护区生态保护方向

区域	综合评价	生态保护方向
浙闽赣交界山地生物多样性保护重要区	华东地区森林面积保存较大和生物多样性较丰富的区域，是我国生物多样性重点保护区域和水源涵养区。但区内山地陡坡面积大，加之降雨丰富，多台风、暴雨，土壤侵蚀敏感性程度极高。主要生态表现为：森林针叶林化问题突出，森林生态系统破碎化程度较高，物种多样性保护和水源涵养功能较弱；采石业与生态保育矛盾突出	加强自然保护区的建设；通过人工抚育，恢复和扩大常绿阔叶林面积；加大矿产资源开发与监管力度，加强林产业经营区可持续的集约化丰产林建设，发展沼气，解决农村能源问题
武陵山山地生物多样性保护重要区	东亚亚热带植物区系分布核心区，长江支流清江和澧水的发源地，该区不但是生物多样性重要保护区域，同时又是水源涵养和土壤保持重要功能区。该区山地坡度大，降雨丰富，土壤侵蚀敏感性程度高。森林植被资源不合理开发利用带来生态功能退化问题较为突出，主要表现为土壤侵蚀加重、地质灾害增多、生物多样性受到威胁	扩大天然林保护范围，大力开展退耕还林、还草工程；恢复常绿阔叶林的乔、灌、草植被体系，优化森林生态系统结构，加强地质灾害的监督与预防；改变生产方式，发展中草药、生态旅游和有机农业，停止破坏性开发活动
东南沿海红树林生物多样性保护重要区	特殊动植物种类丰富，在世界红树林植物保护中具有重要的意义。主要面积：红树林面积锐减，红树林生态系统结构简单化，多为残留次生林和灌木丛林，生态功能降低，一些珍贵树种已消失，防潮防浪、固岸护岸功能较弱	加大红树林的管护，恢复和扩大红树林生长范围，禁止砍伐红树林，停止一切人为破坏活动；禁止在红树林分布区倾倒废弃物或设置排污口

续表 7-17

区域	综合评价	生态保护方向
海南岛中部山地生物多样性保护重要区	该区内植被类型主要有热带季雨林和山地常绿阔叶林，区内生物多样性极其丰富，是生物多样性保护极为重要的区域。主要生态问题：原始森林遭受破坏，生物多样性减少，水源涵养能力降低，局部地区土壤侵蚀加剧	加大自然保护区建设和监管力度，扩大保护区范围；实施退耕还林，防止土壤侵蚀；加强工业污染治理和农业面源污染控制，保护和增强生态服务功能；发展以热带水果、反季节瓜菜种植、林下花卉种植为主的热带高效农业和农产品加工业，以及热带雨林观光为主的旅游业
岷山—邛崃山生物多样性保护重要区	区内原始森林以及野生珍稀动植物资源十分丰富，是我国乃至世界生物多样性保护重要区域。但该区山高坡陡，雨水丰富，土壤侵蚀敏感性程度高。主要生态问题：长期以来山地资源的不合理开发利用带来的生态问题较为突出，表现为土壤侵蚀严重、山地灾害频发和生物多样性受到威胁	加大天然林的保护和自然保护区建设与管护力度；禁止陡坡开垦和森林砍伐，继续实施退耕还林工程；恢复已受到破坏的低效林和迹地；发展林果业、中草药、生态旅游及其相关产业；停止导致生态功能退化的不合理的人类活动，发展沼气，解决农村能源
桂西南石灰岩地区生物多样性保护重要区	该区地带性植被有热带季雨林、石灰岩常绿与落叶阔叶混交林，生物多样性比较丰富，是北热带岩溶生物多样性保护重要区域。但由于岩溶特殊地质和热带水热条件综合作用，土壤侵蚀敏感性高。自然资源不合理的开发利用导致该区土壤侵蚀严重；过度采挖野生植物，生物资源受到严重破坏，生物多样性降低	加大自然保护区建设和监管力度；严格执行天然林保护政策，禁止乱砍、乱挖，保护野生动植物资源；对生态退化区实施封山育林，恢复天然植被；调整产业结构，合理布局农业生产
西双版纳热带雨林季雨林生物多样性保护重要区	该区动植物资源丰富，素有“动物王国”、“植物王国”和“物种基因库”的美称。长期森林资源过量开发，原始森林面积大为减少，生境破碎化程度较高，野生动植物生存受到不同程度的威胁	扩大自然保护区范围，加强热带雨林和季雨林的保护；严禁砍伐森林和捕杀野生动物；改变传统粗放的生产经营方式，合理利用旅游资源，发展热带农业和生态旅游业
横断山生物多样性保护重要区	区内珍稀野生动植物种类丰富，其中三江并流区为世界级的物种基因库，是我国乃至世界生物多样性重点保护区域。区内土壤侵蚀、冻融侵蚀和地质灾害敏感性程度极高。主要生态问题：森林资源过度利用，原始森林面积锐减，次生低效林面积大，生物多样性受到不同程度的威胁，土壤侵蚀和地质灾害严重	加快自然保护区建设和管理力度；加强封山育林，恢复自然植被；防止外来物种入侵与蔓延；开展小流域生态综合整治，防止地质灾害；提高水源涵养林等生态公益林的比例；调整农业结构，发展生态农业，实施退耕还林还草，适度发展牧业；对人口已超出生态承载力的区域实施生态移民

4）洪水调蓄重要区包括洞庭湖区湿地洪水调蓄重要区、鄱阳湖区湿地洪水调蓄重要区（见表 7-18）。

表 7-18 洪水调蓄重要区生态保护方向

区域	综合评价	生态保护方向
洞庭湖区湿地洪水调蓄重要区	该区是长江中游的天然洪水调蓄库，对湖南省乃至长江流域的生态安全具有十分重要的作用。区内洲滩及湿地植物发育，为珍稀水禽动物提供了良好的栖息场所，同时还是我国重要的水产品生产区。主要生态问题：湖泊围垦和泥沙淤积导致湖泊面积和容积缩小，洪水调蓄能力降低；水禽等重要物种的生境受到一定威胁	实行平垸行洪、退田还湖、移民建镇，扩大湖泊面积，提高其洪水调蓄的能力；以湿地生物多样性保护为核心，加强区内湿地自然保护区的建设与管理，处理好湿地生态保护与经济发展关系，控制点源和面源污染
鄱阳湖区湿地洪水调蓄重要区	该区位于江西省北部鄱阳湖及其周边湿地分布区，鄱阳湖是我国第一大淡水湖，是长江流域最大的洪水调蓄区，同时是国际重要湿地和世界著名的候鸟越冬场所。主要生态问题：湖泊容积减小，调蓄能力下降，洪涝灾害加剧；湖区垸内积水外排困难，涝、渍灾害易发；湖区水域面积的减小，破坏水生生物生境；水质污染及疾病蔓延，危害人民身体健康	严格禁止围垦，积极退田还湖，增加调蓄量；加强自然生态保护，对湖区污染物的排放实施总量控制和达标排放，处理好环境与经济发展的矛盾

2. 以主体功能区为基础，划定资源环境生态红线①

以泛珠三角区域主体功能区划为基础，统筹泛珠三角区域经济发展、资源禀赋、环境容量、生态状况等情况，坚持严格管控、保障发展，分类管理、因地制宜，部门协调、上下联动，立足当前、着眼长远的原则，合理设置泛珠三角区域资源消耗上限、环境质量底线、生态保护红线，强化资源环境生态红线指标约束，构建红线管控体系，保障区域能源资源和生态环境安全。

（1）设定资源消耗上限。

合理设定泛珠三角区域及各地域单元资源消耗“天花板”，对能源、水、土地等战略性资源消耗总量实施管控，强化资源消耗总量管控与消耗强度管理的协同。

1）资源消耗上限划定范围。①能源消耗。依据泛珠三角区域各省区经济社会发展水平、产业结构和布局、资源禀赋、环境容量、总量减排和环境质量改善要求等因素，确定能源消费总量控制目标和能源消耗强度控制目标，明确各省区煤炭占能源消耗量的比例，煤炭消耗减量控制指标及清洁能源占能源消耗总量比例目标，并逐级分解到各地域单元。②水资源消耗。依据水资源禀赋、生态用水需求、经济社会发展合理需要等因素，确定用水总量控制目标。③土地资源消耗。依据粮食和生态安全、主体功能定位、开发强度、城乡人口规模、人均建设用地标准等因素，划定永久基本农田，严格实施永久保护，对新增建设用地占用耕地规模实行总量控制，落实耕地占补平衡，确保耕地数量不下降、质量不降低。严控城乡建设用地总量控制目标。

2）资源消耗上限划定原则。①系统性原则。资源消耗上限的划定与区域经济社会发展现状与发展目标、资源利用现状与目标、资源环境承载力等紧密衔接，必须充分考虑与

① 参见《关于加强资源环境生态红线管控的指导意见》。

政策的相符性、规划的协调性，是一项系统性工程。②强制性原则。强制泛珠三角区域内各地域单元划定资源消耗上限指标，一旦划定，必须严格实施，对于打破上限的地域应承担相应的法律责任。③合理可行性原则。资源消耗上限的划定必须是在与经济发展现状、资源利用、发展规划、技术水平等充分衔接的基础上确定的合理的、可行的、能够切实落实的资源消耗上限。④动态性原则。资源消耗上限并非一成不变，应根据社会发展、技术水平、资源环境、国土空间优化等分地区、分时段调整。建议资源消耗上限实行五年一划定，与“国民经济发展规划纲要”时间节点保持一致，总体上朝着集约节约方向发展。⑤差异性原则。资源消耗上限应具差异性，资源消耗上限的划定应结合不同区域的经济发展水平、技术水平、发展潜力与方向等进行差异性划定，做到因地制宜、均衡划定。

3）资源消耗上限划定技术流程。①资源消耗上限划定范围识别。综合考虑我国的资源消耗现状，结合泛珠三角区域环境、经济、社会发展中的主要资源约束，划定资源消耗上限范围。即水资源消耗上限、能源消耗上限、土地资源消耗上限。②资源承载力评价。根据泛珠三角的经济社会发展状况、资源禀赋及资源消耗现状、生态环境现状，科学评价泛珠三角各地域单元水资源承载力、能源资源承载力、土地资源承载力，预测资源承载潜力与风险。③资源消耗上限划定方案确定。依据《资源保护法》及单项资源保护法等相关法律法规和政策，结合土地利用与经济社会发展规划、主体功能区划等，确定资源消耗上限划定方案。④资源消耗上限确定。根据资源消耗上限划定范围及资源承载力评价，开展地面调查，确定区域水资源、能源资源、土地资源消耗上限（见图 7-37）。

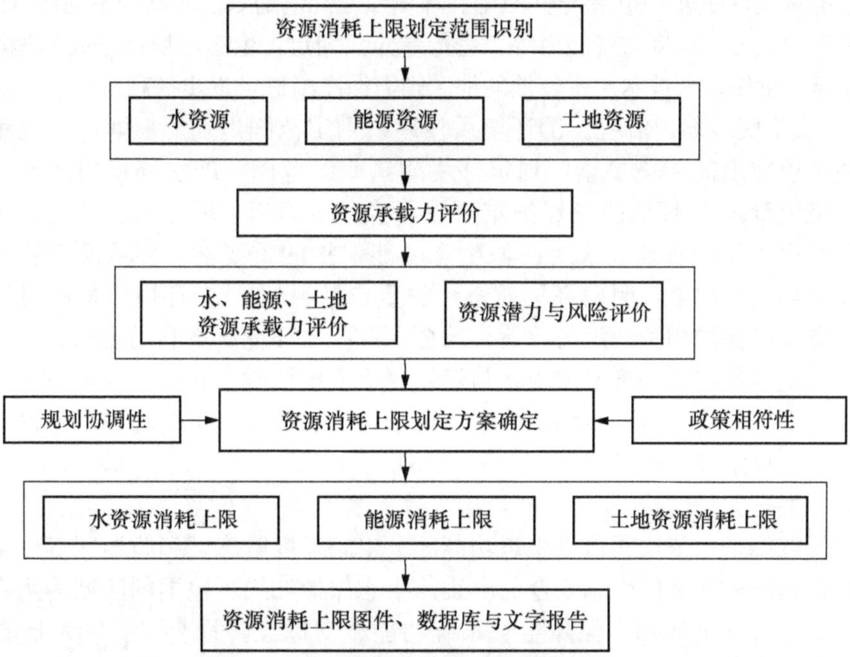

图 7-37　资源消耗上限划定技术流程

资料来源：《生态保护红线划定技术指南》。

（2）严守环境质量底线。

以改善环境质量为核心，综合考虑泛珠三角区域各省区环境质量现状、经济社会发展需要、污染预防和治理技术等因素，与地方限期达标规划充分衔接，分阶段、分区域设置大气、水和土壤环境质量目标，强化区域、行业污染物排放总量控制，严防突发环境事件。

1）环境质量底线划定范围。①大气环境质量。以改善大气环境质量为核心，以达到《环境空气指标》为目标，与《大气污染防治行动计划》相衔接，大力降低二氧化硫、氮氧化物、粉烟尘等大气污染物的排放量。②水环境质量。以水环境质量持续改善为目标，与《水污染防治行动计划》、《国务院关于实行最严格水资源管理制度的意见》相衔接，大力削减废水、化学需氧量、氨氮化物等的排放量。③土壤环境质量。以土壤环境质量不断改善为目标，与《土壤污染防治行动计划》挂钩，加强土壤环境保护与治理，降低土壤污染程度。

2）环境质量底线划定原则。环境质量底线划定原则与资源消耗上限划定原则在总体上保持了一致。即：① 系统性原则。环境质量底线划定应综合考虑不同区域的经济社会发展、生态环境现状、地方限期达标、环境质量保护规划等以及水、气、土等不同环境要素的功能，分别划定水、气、土的环境质量底线。②强制性原则。各地必须划定环境质量底线，一旦划定，必须严格执行，并制定相关配套政策，对打破环境质量底线的地方政府依法追究其法律责任。③ 合理可行性原则。环境质量底线的划定应结合各地的实际发展情况，划定的环境质量底线必须是合理可行的。④ 动态性原则。环境质量底线划定之后并非不变，环境质量底线应随着环境保护能力、环境质量变化和国土空间优化适当调整，但总体必须朝着环境质量不断改善前进。⑤ 差异性原则。环境质量红线的划定应结合不同区域的环境质量情况、环境保护能力、环境监管能力等，进行差异性划定，生态环境质量高的地区应保持高标准，而环境质量较差、技术水平较低的地区则需循序渐进，逐步提高。

3）环境质量底线划定流程。①环境质量底线划定范围识别。根据泛珠三角区域现阶段环境问题中较突出的环境要素，划定环境质量底线范围，即水环境质量、大气环境质量、土壤环境质量。② 环境质量保护重要性评价。根据相关环境保护规划、生态环境保护规划，科学评估环境质量底线对区域生态功能保护的重要性、环境质量脆弱性、敏感性，科学评价环境承载力，明确环境质量保护重点及目标。③ 环境质量底线划定方案确定。根据生态环境保护相关法规与政策，结合水资源水环境质量利用现状、规划，大气环境保护规划、土地利用与经济发展现状与规划，形成环境质量底线的划定方案。④环境质量底线确定。根据环境质量底线划定方案，科学划定水、气、土的环境质量底线，明确污染物排放上限，设定环境质量目标（见图 7-38）。

（3）划定生态保护红线①。

生态保护红线是指依法在重点生态功能区、生态环境敏感区和脆弱区等区域划定的严格管控边界，是国家和区域生态安全的底线。生态保护红线所包围的区域为生态保护红线区，对于维护生态安全格局、保障生态系统功能、支撑经济社会可持续发展具有重要作用。泛珠三角区域是我国生态环境最优美、水资源最丰富的地区，是我国重要的生态功能区、自然保护区集中地，在水源涵养、水土保持、防风固沙、生物多样性保护等方面具有重要作用。依法划定泛珠三角区域生态保护红线对保护该区域生态环境、维护社会可持续

---

① 参见《生态保护红线划定技术指南》。

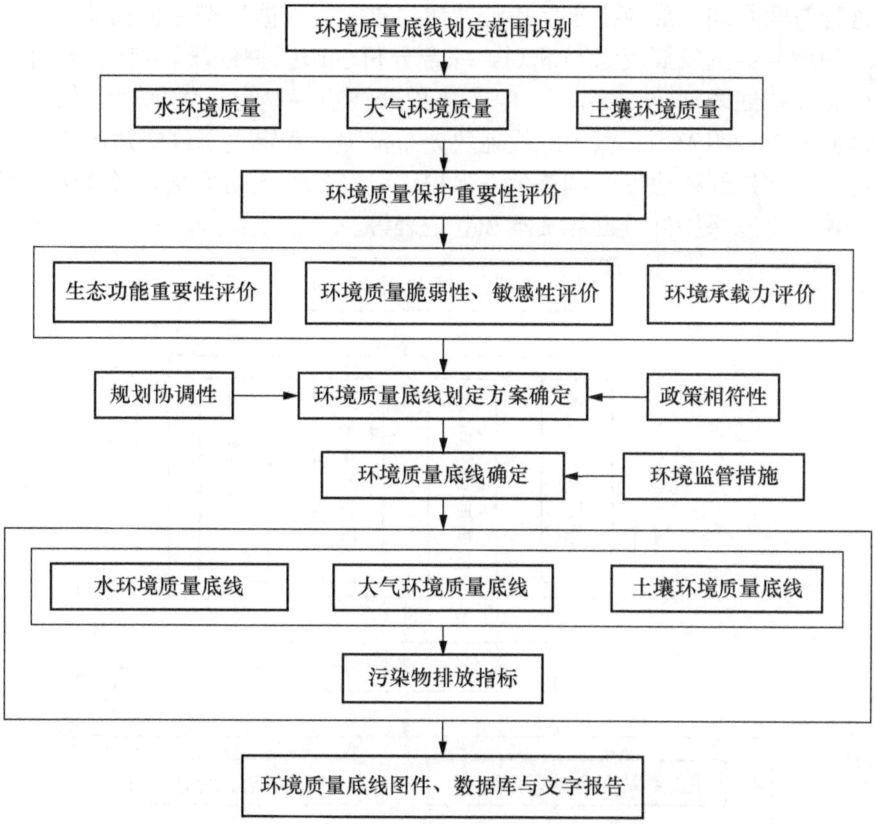

图 7-38　环境质量底线划定技术流程

发展具有突出作用。

1）生态保护红线划定原则。① 强制性原则。根据《环境保护法》规定，应在事关国家和区域生态安全的重点生态功能区、生态环境敏感区和脆弱区以及其他重要的生态区域内，划定生态保护红线，实施严格保护。② 合理性原则。生态保护红线划定应在科学评估识别关键区域的基础上，结合地方实际与管理可行性，合理确定国家生态保护红线方案。③ 协调性原则。生态保护红线划定应与主体功能区规划、生态功能区划、土地利用总体规划、城乡规划等区划、规划相协调，共同形成合力，增强生态保护效果。④ 可行性原则。生态保护红线划定应与经济社会发展需求和当前监管能力相适应，预留适当的发展空间和环境容量空间，切合实际确定生态保护红线面积规模并落到实地。⑤ 动态性原则。生态保护红线面积可随生产力提高、生态保护能力增强逐步优化调整，不断增加生态保护红线范围。

2）生态保护红线划定流程（见图 7-39）。① 生态保护红线划定范围识别。依据《全国主体功能区规划》、《全国生态功能区划》、《全国生态脆弱区保护规划纲要》、《全国海洋功能区划》、《中国生物多样性保护战略与行动计划》等国家文件和地方相关空间规划，结合经济社会发展规划和生态环境保护规划，识别生态保护的重点区域，确定生态保护红线划定的重点范围。② 生态保护重要性评估。依据生态保护相关规范性文件和技术方法，对生态保护区域进行生态系统服务重要性评估和生态敏感性与脆弱性评估，明确生态保护目标与重点，确定生态保护重要区域。③ 生态保护红线划定方案确定。对不同类型生态保护红线进行空间叠加，形成生态保护红线建议方案。根据生态保护相关法律法规与管理政策，土地利用与经济发展现状与规划，综合分析生态保护红线划定的合理性和可行性，最终形成生态保护红线划定方案。④ 生态保护红线边界核定。根据生态保护红线划定方案，开展地面调查，明确生态保护红线地块分布范围，勘定生态红线边界走向和实地拐点坐标，核定生态保护红线边界。调查生态保护红线区各类基础信息，形成生态保护红线勘测定界图，建立生态保护红线勘界文本和登记表等。

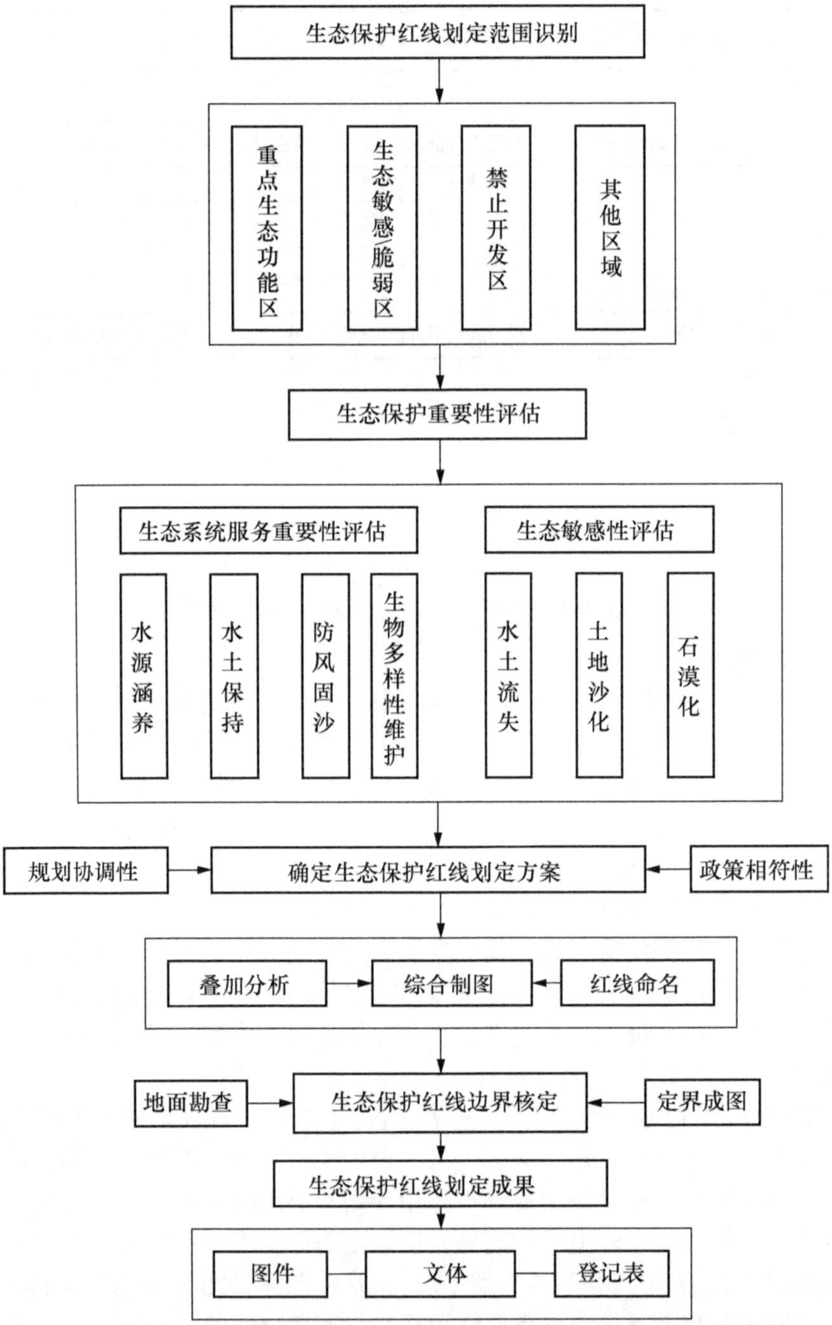

图 7-39 生态保护红线划定技术流程

（二）加强流域环境保护及综合治理

切实加强跨省区流域水资源水环境保护，实施最严格的水资源管理制度，划定水资源开发利用红线、用水效率红线和水域纳污红线，严格控制水污染物排放总量，加强水资源保护；积极推进城镇污水处理设施和配套管网建设，提高污水处理效率。加强推进珠江流域治理，实现珠江流域生态环境改善。完善污染物排放总量与强度“双控”制度，加强二氧化硫、粉（烟）尘、PM2.5（细颗粒物）等主要大气污染物的综合防治，严格控制煤炭消费总量。加强挥发性有机物排放重点行业整治，扭转珠三角地区、四川盆地等区域性雾霾、酸雨恶化态势，改善区域城市空气质量，支持泛珠三角区域率先在区域内建立碳排放管理和交易制度。推进农村环境综合整治，降低农药和化肥使用强度，加大土壤污染防治力度，强化重点行业和重点区域重金属污染综合治理，加强土壤环境保护与修复。大力推进工业园区污染集中治理和循环化改造，鼓励企业采用清洁生产技术。

1. 切实加强流域水资源水环境保护

（1）实施最严格的水资源管理制度。

落实最严格的水资源管理制度，明确水资源开发利用红线、用水效率红线和水域纳污红线，依法对区域内的年度用水实行总量管理，建立集约节约化的生产方式，实行以水定产、以水定城制度。严格相关规划和建设项目的水资源论证。严格水功能区监督管理，强化珠江流域水资源的统一管理、统一调度，加快制定出台珠江水量调度条例。加强饮用水水源地保护，优化沿江取水口和排污口布局，取缔饮用水水源保护区内的排污口，鼓励各地区建设饮用水应急水源。大力削减化学需氧量、氨氮排放量、工业废水、生活污水排放量，严控总磷、总氮排放等污染物控制力度。加快推进西南五省区大中型骨干水源工程及配套工程建设。建立沿江、沿河、环湖水资源保护带、生态隔离带，增强水源涵养和水土保持能力。加大沿江化工、造纸、印染、有色等排污行业环境隐患排查和集中治理力度，加强农业畜禽、水产养殖污染物排放控制及农村污水垃圾治理，强化水上危险品运输安全环保监管、船舶溢油风险防范和船舶污水排放控制。完善应急救援体系，提高应急处置能力。建立环境风险大、涉及有毒有害污染物排放的产业园区退出或转型机制。加强水体的水质监测和综合治理，强化重点水域保护，确保流域水质稳步改善。开展地下水监测工作，保障地下水环境安全。加强饮用水备用水源和水源地环境风险防控工程建设，确保饮用水水质安全。对于排污企业，严格落实排污收费制度。提高水循环利用强度，加强水循环利用技术开发与研究，实现废水的多次循环利用，提高水资源的利用率，降低用水量，逐步建立废水排放总量控制制度。

（2）建立跨省区水资源生态补偿机制。

强化跨界断面和重点断面水质监测和考核，建立跨省区水资源生态补偿机制，建立以地方投入为主，中央财政给予适当奖励的资金投入机制，支持开展东江、西江、北江、汀江—韩江、九洲江等流域补偿试点。在具体的流域生态补偿操作过程中，流域生态补偿应以水质和水量控制为核心，明确上中下游的水权初始分配和交易机制，上中下游政府等相关利益单元通过协商建立“流域环境责任协议”，明确流域不同河段水质和水量要求。通过财政转移支付、项目发展扶持、流域综合治理和环境服务付费等进行生态补偿。上游没有达到规定水质水量的情况下要给下游补偿，上游优于水质水量规定时，下游要给予上游补偿。

(3) 建立流域水生态环境功能分区体系。

充分衔接全国生态功能区划、主体功能区划以及水（环境）功能区划等相关成果，建立流域—控制区—控制单元三级水生态环境功能分区体系。将《水十条》中各项水质目标分流域、分省逐级分解到各控制单元。以建立污染源和水质间的水陆输入响应关系为主要目的，统筹汇水特征和行政区界完整性，划定流域控制单元，确定考核断面（单元考核目标与目标责任书要求一致），将控制单元作为落实环境管理政策措施的主要层级。

(4) 建立流域治污项目库。

建立"十三五"重点流域水污染治理骨干项目库和一般项目库，按照治理需求、项目成熟程度等因素，建立年度治理项目滚动清单。配合有关部门，拓宽投融资渠道，继续深化落实流域污染治 PPP 模式。

2. 加强跨区域大气污染综合治理

完善污染物排放总量与强度"双控"制度，严格控制煤炭消费总量，大力削减二氧化硫、氮氧化物、烟（粉）尘、PM2.5、PM10 等的排放量。加强大气污染物的联防联治，实施城市清洁空气行动，加强珠三角等重点区域火电、冶金、水泥、建筑陶瓷、石化等重点行业的大气污染防治，加强对工业粉尘、烟尘、城市扬尘和挥发性有机物等空气污染物排放的协同控制，推进实施清洁生产技术改造，开展工业产品生态（绿色）设计，从源头减少污染物的产生和排放。大力推进脱硫脱硝工程建设，促进工业固废及再生资源综合利用产业规范发展，加强黄标车和老旧车淘汰及机动车尾气治理工作。支持在泛珠三角区域开展排放权交易试点，支持港澳与内地省份开展大气污染防治及环保科研合作。加强大气污染联防联治，着力解决跨区域酸雨、灰霾等问题的综合治理。

(1) 酸雨。

因为二氧化硫溶解造成的微弱酸性作用，在降水化学中以 pH=5.6 为酸碱度分界点，pH<5.6 为酸性，pH>5.6 为碱性。我国酸雨敏感性主要受土壤、水分盈亏、生态系统类型的影响。酸雨敏感区主要分布在我国南方地区，酸雨极敏感区面积为 139.8 万平方公里，占全国国土面积的 14.6%，分布区包括四川省南部、重庆市、贵州省、湖南省、湖北省、广西壮族自治区、江西省、江苏省、浙江省、福建省、广东省和安徽省南部等（见本章图 7-12）。酸雨高度敏感区面积为 60.9 万平方公里，占全国国土面积的 6.4%，主要分布在四川省西部、云南省南部、广西宜山。因此应加强泛珠三角区域各省区在酸雨环境监测方面的交流合作和研究，编制年度区域酸雨监测报告，掌握区域酸雨特征和变化趋势。

从全国氮沉降空间分布图看出，自 2000 年以来泛珠三角区域氮沉降通量不断增加，尤其是广东和福建交接的区域增加非常快。其中工业排放、机动车燃油排放和农田化肥施用占了氮沉降通量来源中的大部分。

(2) 雾霾和大气跨境复合污染。

图 7-41 和图 7-42 分别是 2014 年 10 月 9～10 日雾霾期间全国 PM2.5 浓度空间分布图和我国天气图。在全国雾霾期间，泛珠三角区域形成了一条从南到北的雾霾带。从天气图中看到，夏季开始时，东南季风和西南季风盛行，在带来丰富降水的同时，可能把沿海地区的污染物带到内陆地区。同理冬季季风可能把内陆地区的污染物带到沿海地区。

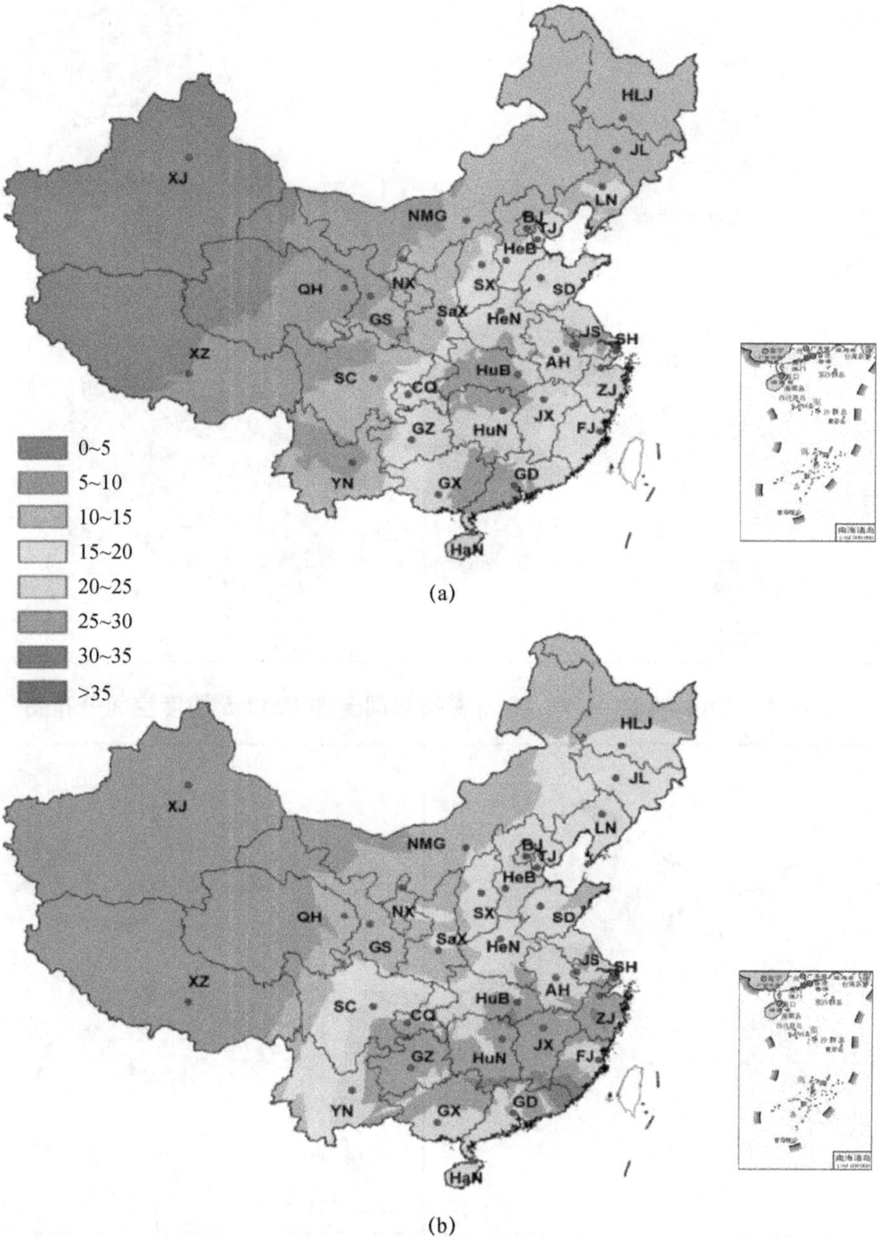

图 7-40　全国氮沉降空间分布图（kgPha^{-1}a^{-1}）

注：其中 a 图为 20 世纪 90 年代数据，b 图为 2000 年以后数据。

（3）酸雨和雾霾防治行动计划。

1）实行供给侧结构性改革，加快淘汰落后产能。结合泛珠三角区域产业发展实际和环境质量状况，进一步提高环保、能耗、安全、质量等标准，分区域明确落后产能淘汰任务，倒逼产业转型升级。完成钢铁、水泥、煤炭、有色金属冶炼、化工、平板玻璃等行业的“关停并转”落后产能淘汰任务。建立以节能环保标准促进“两高”行业过剩产能退出机制。制定财政、土地、金融等扶持政策，支持产能过剩“两高”行业企业退出、转型发展。发挥优

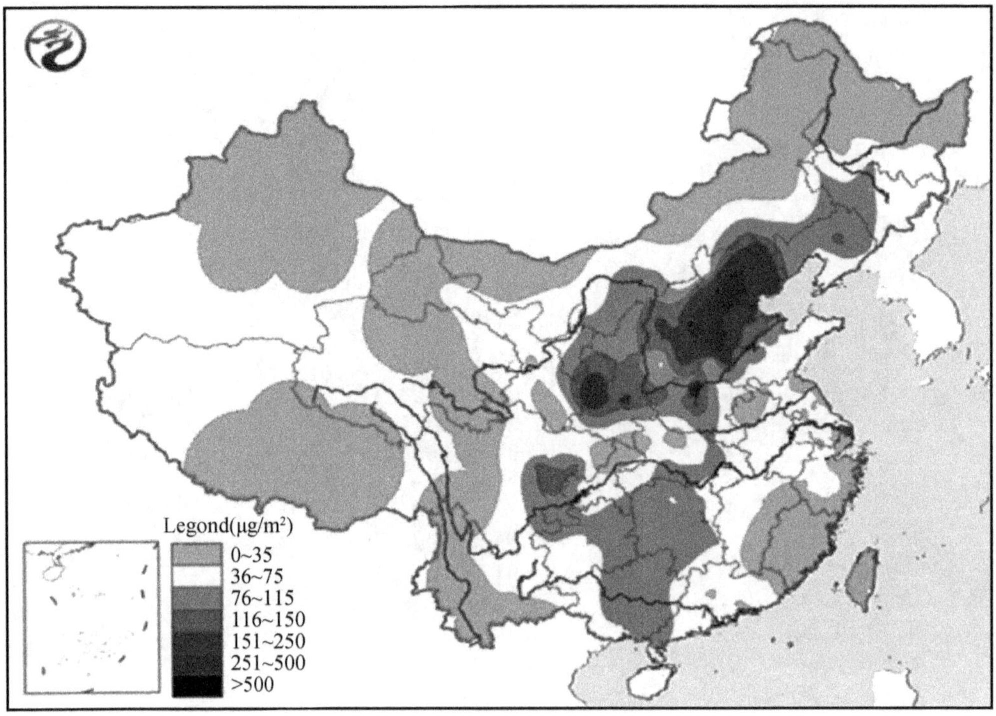

图 7-41　2014 年 10 月 9～10 日雾霾期间全国 PM2.5 浓度空间分布图

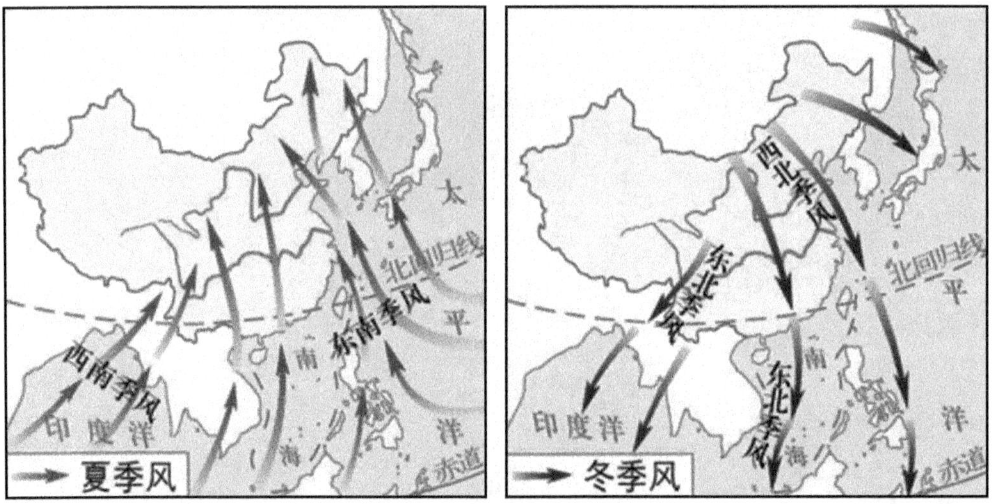

图 7-42　我国天气图

强企业对行业发展的主导作用，通过跨地区、跨所有制企业兼并重组，推动过剩产能压缩。

2）加快重点行业脱硫、脱硝、除尘改造工程建设。泛珠三角区域所有燃煤电厂、钢铁企业的烧结机和球团生产设备、石油炼制企业的催化裂化装置、有色金属冶炼企业都要安装脱硫设施，每小时 20 蒸吨及以上的燃煤锅炉要实施脱硫。除循环流化床锅炉以外的燃煤机组均应安装脱硝设施，新型干法水泥窑要实施低氮燃烧技术改造并安装脱硝设施。燃煤锅炉和工业窑炉现有除尘设施要实施升级改造。

3）大力发展循环经济。鼓励产业集聚发展，实施园区循环化改造，推进能源梯级利用、水资源循环利用、废物交换利用、土地节约集约利用，促进企业循环式生产、园区循环式发展、产业循环式组合，构建循环型工业体系。推动水泥、钢铁等工业窑炉、高炉实施废物协同处置。大力发展机电产品再制造，推进资源再生利用产业发展。

4）改善能源结构，严控煤炭消费量。严控煤炭消费总量，加大天然气、风能、水能发电的比例，推广分布式能源的使用；实施“西电东送”工程，加快推动页岩气勘探开发；启动核电项目建设。

5）加大环保执法力度。推进泛珠三角区域各省市联合执法、区域执法、交叉执法等执法机制创新，明确重点，加大力度，严厉打击环境违法行为。对偷排偷放、屡查屡犯的违法企业，要依法停产关闭。对涉嫌环境犯罪的，要依法追究刑事责任。落实执法责任，对监督缺位、执法不力、徇私枉法等行为，监察机关要依法追究有关部门和人员的责任。

3. 加强农村环境综合整治，加大土壤环境保护与土壤修复力度

（1）加快农村环境基础设施建设。

重视农村污水及垃圾处理问题，健全和完善农村环境基础设施建设。目前，环境设施建设在农村基础设施建设中问题最为严重，农村仍有相当大比例未建立污水处理和垃圾集中处理设备，农村生活和生产污水、畜牧业粪便、生活垃圾绝大多数未经处理就随意排放和堆放。而对于已建立污水处理设备和垃圾处理设备的农村，则存在较大比例的因管网配套设施不全及运营成本过高导致的设备闲置，从而对农村生态环境造成了严重的污染，并影响到农村饮水安全。因此在今后一段时期应把污水处理、垃圾集中处理等农村环境设施建设放在重要地位，加快农村环境基础设施、相关配套设备的建立。同时，加大对农村环境基础设施建设及其运营的财政支持力度，确保农村环境基础设施建得起，用得起，维护得起。

（2）大力发展绿色农业，降低化肥、农药使用量。

发展生态、绿色、高效、安全的现代农业技术，加快转变农业发展方式，大力发展绿色农业、有机农业、现代农业，大大降低化肥、农药的使用量，降低对土壤环境、土壤生物、农产品的危害，走产出高效、产品安全、资源节约、环境友好的农业绿色现代化道路。

（3）加大土壤环境保护与土壤修复力度。

1）开展土壤污染调查，掌握土壤环境质量。深入开展土壤污染环境质量调查，以农用地和重点行业企业用地为重点，开展土壤污染详查。设置土壤环境质量检测网络，统一规划、整合、优化土壤环境质量监测点位，建立土壤环境质量检测网络，构建土壤环境基础数据库，提高土壤环境信息化管理水平。

2）加强土壤环境保护制度建设。完善土壤环境质量标准，制定农产品产地土壤环境保护监督管理办法和技术规范。研究建立建设项目用地土壤环境质量评估与备案制度及污染土壤调查、评估和修复制度。出台土壤污染、修复等相关的法律法规，制定一套完整的法律惩防体系，明确治理、修复的责任主体和要求，使土壤污染在防治、追责时有法可依。

3）强化土壤环境监管。深化土壤环境调查，对粮食、蔬菜基地等敏感区和矿产资源开发影响区进行重点调查。开展农产品产地土壤污染评估与安全等级划分试点。加强城市和工矿企业污染场地环境监管，开展污染场地再利用的环境风险评估，将场地环境风险评估纳入建设项目环境影响评价，禁止未经评估和无害化治理的污染场地进行土地流转和开

发利用。经评估认定对人体健康有严重影响的污染场地，应采取措施防止污染扩散，且不得用于住宅开发，对已有居民要实施搬迁。

4）推进重点地区污染场地和土壤修复。以大中城市周边、重污染工矿企业、集中治污设施周边、重金属污染防治重点区域、饮用水水源地周边、废弃物堆存场地等典型污染场地和受污染农田为重点，开展污染场地、土壤污染治理与修复试点示范。对责任主体灭失等历史遗留场地土壤污染要加大治理修复的投入力度。

5）提高土壤修复行业的准入制度，加大对土壤修复行业的技术扶持，创新投资主体。目前从事土壤修复的企业缺乏高素质的技术人员，行业准入门槛低，造成土壤修复行业鱼龙混杂，许多土壤修复企业只是把污染土壤挖出、转移、再填埋或者干脆堆放在郊区或者农村，从而造成二次污染，从本质上没有达到真正意义的修复。且土壤修复成本很高，从而限制了土壤修复企业的发展。解决这个问题，首先应加大对土壤修复的技术支持，加大对土壤修复领域人才的培养，加大对科研机构的投入和扶持，关键技术上必须过关。同时创新投资主体，探讨政府与企业合作双赢的商业模式，引入民间资本，推进我国土壤修复产业的发展。

4. 加强珠江流域治理

（1）珠江流域治理、开发、保护的主要任务及控制指标①。

珠江流域由西江、北江、东江和珠江三角洲组成，由于其地理位置及生态环境状况，其主要功能及生态问题亦不相同。根据《珠江流域综合规划》，西江干流中南盘江以水土流失与石漠化治理、水资源保护与水生态环境修复为主。干流宜良以上河段以防洪、灌溉为主，结合发电；宜良至黄泥河口以发电为主，兼顾供水；黄泥河口以下以发电为主，结合水资源配置和航运等综合利用。红水河、黔江河段以防洪、发电、水资源配置为主，结合航运、灌溉、水资源保护和生态环境修复等。浔江、西江河段以防洪、航运为主，兼顾灌溉、供水、发电、水环境及水资源保护等。西江主要一级支流：北盘江以发电为主，兼顾航运、水土流失与石漠化治理及水资源保护；柳江以防洪、航运和发电为主，兼顾供水、灌溉以及水资源保护和水土保持等；郁江以防洪、航运为主，兼顾发电、灌溉、供水和城市水景观等综合利用以及水资源保护；桂江中上游以防洪、供水、旅游及水资源保护为主，下游侧重于水力资源开发，兼顾航运；贺江以发电、防洪为主，兼顾灌溉、航运、水资源与生态保护等。北江以防洪、水资源配置、航运为主，结合发电，兼顾灌溉、供水、城市水景观和水资源保护等。东江以防洪、供水、水资源保护和水资源配置为主，结合发电、航运，兼顾灌溉和水土保持、水生态修复等。珠江三角洲以防洪（潮）、供水、航运为主，结合水生态修复、灌溉等。根据珠江流域经济社会发展及建设绿色珠江的要求，围绕供水、灌溉、石漠化治理、发电、水资源保护等主要任务，《规划》确定了8项流域控制性指标，分别为流域内省（自治区）用水总量、单位工业增加值用水量、灌溉水有效利用系数、限制排污总量意见（COD、NH3－N），以及流域水功能区水质达标率、12个控制断面生态需水量和水质目标。

（2）珠江流域治理、开发、保护的主要措施。

结合珠江流域主要治理任务及流域开发利用和保护的控制指标，加强珠江流域治理

① 参见《珠江流域综合规划》。

应：①强化依法管水，严格执行各项政策法规及管理制度。②加快科技创新，提高技术水平，更新淘汰污染物处理设备，大力发展水资源循环利用，降低用水总量、污染物排放量。③加快推进第三期珠江防护林建设，加强水土流失、石漠化治理，发挥珠江上游防洪抗涝、水土保持等功能。④合理布局水电站、港口，加强选址论证，优化调整部分河流（河段）的梯级布局，合理开发水利资源，在保证不对水资源造成损害的前提下充分发挥水电、水利运输的作用。⑤深化泛珠三角区域跨省区流域水污染联防联治，探索跨省区流域生态补偿试点工作。建议粤赣两省共同推进东江流域国土江河综合整治与保护试点；粤桂将九洲江流域纳入国家农村环境连片整治试点和跨省流域水污染治理与保护有关项目；粤湘对武江流域重金属污染防控在经济、政策、资金和技术上倾斜，力争纳入珠江流域水污染防治规划；粤闽将梅江上游地区环境综合整治工程规划纳入中央振兴苏区发展规划的重点项目。建立与完善珠江—西江水环境污染联防联控机制和预警应急体系，提高对环境重大问题和环境突发事件的联合治理力度。⑥设立“珠江水环境保护治理基金”，实现多渠道筹措资金，建立长效稳定的投入机制。

（三）加强生态保护与生态修复

坚持保护优先、自然恢复为主，完善生态环境保护制度，推进区域生态保护和修复。建立国土空间开发保护制度，划定并严守生态保护红线，强化国土空间合作开发与保护，加大重点生态功能区建设和保护力度，构建生态屏障。建设珠江—西江生态廊道，共建南岭山地、闽粤桂琼东南沿海红树林生物多样性保护重要生态功能区。加大沿江天然林草资源保护和珠江防护林体系建设力度，加强风景名胜资源保护和山地丘陵地区林草植被保护，加强湿地保护与恢复，加强重点区域水土流失治理和土壤沙漠化、石漠化治理，加强生物多样性保护。按照中央建设国家公园体制试点要求，支持福建、湖南、云南等地国家公园试点工作，先行启动一批保护典型自然生态系统的国家公园规划。发挥泛珠三角区域生态优良的优势，优化美化生存空间，推进森林科学经营促进生态系统良性循环，推动经济社会与资源环境协调发展，支持跨省区河流中上游地区生态文明建设。

1. 加强重点生态功能区建设与保护

坚持以科学发展观为指导，加快实施主体功能区战略。坚持以生态主导、保护优先，严格准入、限制开发，示范先行、分布推进原则，树立尊重自然、顺应自然、保护自然的生态文明理念，以保障国家生态安全、促进人与自然和谐相处为目标，以增强区域生态服务功能、改善生态环境质量为重点，切实加强国家重点生态功能区环境保护和管理。严控开发强度，在资源环境承载力的基础上合理引导产业布局，优化泛珠三角区域空间开发格局。

2. 建设珠江—西江生态廊道

加强生态建设和环境保护，加强西江两岸防护林建设，联合云南、贵州珠江—西江上游地区加快实施第三期珠江防护林工程、湿地保护和恢复工程、九洲江流域生态环境综合治理等区域水土流失和污染综合整治工程。启动珠江流域退化防护林的改造工作，加大沿珠江—西江干支流天然林草资源保护和防护林体系建设力度，加强水源涵养、水土流失防治和生物多样性保护，全面推进防护林体系建设和水土保持综合治理。加强对珠江—西江上游水资源的保护，落实最严格的水资源保护制度，保护和利用好珠江—西江流域水资源，建立跨省区水环保检测联动机制和河流水资源保护与水污染防治联防联控机制，提升珠江流域水环境综合治理和监测能力，严控水污染物排放量。建立健全岸线开发利用和保护协调机制，统筹规划珠江—西江水道岸线资源，严格分区管理和用途管制，合理安排沿江工业与港口岸线、过江通道岸线与取水口岸线，加大生态和生活岸线保护力度。严格河道管理范围内建设项目工程建设方案审查制度。统筹岸线与后方土地的使用和管理，提高岸线资源集约利用水平。依法建立岸线资源有偿使用制度，有效保护岸线原始风貌、风景名胜和其他自然人文景观。

3. 共建南岭山地、闽粤桂琼东南沿海红树林生物多样性保护等重要生态功能区

包括南岭山地水源涵养与生物多样性保护重要区、闽粤桂琼东南沿海红树林保护重要区、罗霄山脉（包括幕阜山）水源涵养与生物多样性保护重要区、天目山一怀玉山区水源涵养与生物多样性保护重要区、天目山一怀玉山区水源涵养与生物多样性保护重要区、无量山—哀牢山生物多样性保护重要区。将南岭山地、幕阜山、罗霄山、怀玉山、高黎贡山、哀牢山和无量山为核心的区域和江河源头、重要湖泊等纳入国家重点生态功能区。

4. 加强沿江防护林体系建设、加大水土流失和石漠化综合治理力度

加强沿江防护林建设，加快推进第三期珠江防护林工程。通过人工造林、封山育林、退耕还林、低效林改造工程，加快推动南、北盘江流域水源涵养、水土流失及沙漠化治理区，左、右江流域水土流失及石漠化治理区，红水河流域水源涵养、水土流失及石漠化治理区，珠江中下游水土流失治理区及东、北江流域水源涵养、水土流失治理区的整治。加快推进南盘江水源涵养林建设，北盘江水源涵养林建设，左江流域水源涵养林建设，右江水源涵养林建设，红水河流域阶梯电站库水源涵养林建设，珠江中游水土保持林建设，东江水土保持、水源涵养林建设和北江水土保持、水源涵养林建设八个重点建设项目进度。针对不同区域地势地貌特点，在保护好现有植被的基础上，加快营造林步伐，增加植被面积，提高植被覆盖率，增强森林保持水土、防风蓄水的生态功能，有效遏制石漠化。

5. 加强湿地保护和恢复工程，支持开展国家公园、湿地公园等试点工作

加强泛珠三角区域湿地保护与恢复工程，划定湿地保护红线，加快国家公园建设。按照中央建设国家公园体制试点要求，支持福建、湖南、云南等地开展国家公园试点工作，先行启动一批保护典型自然生态系统的国家公园规划。目前福建武夷山国家公园和湖南城步国家公园体制试点实施方案均已顺利通过国家评审。2008 年，国家林业局正式批准云南省作为国家公园建设试点省，同意以具备条件的自然保护区为依托，开展国家公园建设试点。云南省按照“研究—试点—规划—标准—立法—推广”的步骤，先后已建立了八个国家公园，积累了丰富的经验。

（四）加强海洋生态环境保护和海洋生态文明建设

1. 南部海洋经济圈的功能定位及生态环境建设重点

南部海洋经济圈由福建、珠江口及其两翼、北部湾、海南岛沿岸及海域组成。该区域海域辽阔、资源丰富、战略地位突出，是我国对外开放和参与经济全球化的重要区域，是具有全球影响力的先进制造业基地和现代服务业基地，也是我国保护开发南海资源、维护国家海洋权益的重要基地（见表 7-19）。

表 7-19　南部海洋经济圈功能定位及生态环境建设重点

地区	功 能 定 位	生态环境建设重点
福建沿岸及海域	两岸交流合作先行先试区域、服务周边地区发展新的对外开放综合通道、东部沿海地区先进制造业的重要基地、我国重要的自然和文化旅游中心	加强沿海港湾、近海岛屿保护，加强入海河流小流域污染综合整治和近岸海域污染防治
珠江口及其两翼沿岸及海域	提升我国海洋经济国际竞争力的核心区、促进海洋科技创新和成果高效转化的集聚区、加强海洋生态文明建设的示范区、推进海洋综合管理的先行区	严格控制珠江口围垦，保护河口和海岸湿地，加强典型海洋生态系统、珍稀濒危物种和重要渔业资源的保护
海南岛沿岸及海域	我国旅游业改革创新的试验区、世界一流的海岛休闲度假旅游目的地、全国生态文明建设示范区、国际经济合作和文化交流的重要平台、南海资源开发和服务基地、国家热带现代农业基地	建设海南三亚珊瑚礁自然保护区生态教育基地和珊瑚礁修复基地。加强红树林、珊瑚礁、海草床等典型生态系统与生物多样性保护
广西北部湾沿岸及海域	中国—东盟开放合作的物流、商贸、先进制造业基地和信息交流中心、重要的国际区域经济合作区	加强红树林生态系统的保护和修复，构建海岸生态防护带，加强海洋保护区建设

2. 合作发展海洋生态环境保护

①加大保护区基础设施和管护能力建设投入，加强数字化保护区建设，重点抓好海洋保护区视频监控系统和实时自动生态环境监测系统建设。②合作制订北部湾、琼州海峡等海区海洋环境保护共同行动计划，建立应急响应机制。坚持开发与保护并重、污染防治与生态修复并举、陆海同防同治，加强海洋与海岸带生态系统建设，确保海洋经济发展规模、发展速度与资源环境承载能力相适应，进一步增强可持续发展能力，实现人海和谐。建立一批海岸、海湾及近海海洋环境整治与生态修复示范区。③严格实施重点海域入海污染物排放总量控制制度，建立海洋环境容量“以海定陆”的保护模式。④保护海洋生物多样性和重要海洋环境。加强对珊瑚礁、红树林、海草场等典型海洋生态系统的调查、监测和研究，逐步实施红树林栽种计划，恢复红树林生态系统的功能。⑤加强海洋监测观测能力建设，构建由沿岸和海岛基站、海上浮标、潜标、地波雷达、X 波雷达、海床基、船舶、验潮站、航空和卫星遥感监测等组成的海洋环境实时立体监测观测网，提升泛珠三角区域海洋环境监控和海洋灾害预警能力。在沿海重要经济带、热点开发区域和灾害脆弱区抓紧开展以沿岸海洋台站建设为起点的观测站（点）建设，并将其纳入全国海洋观测网。

（五）建立泛珠三角区域内地九省区生态补偿机制[①]

建立泛珠三角区域内地九省跨省区域生态补偿机制，以跨省区流域生态补偿为重点，按照责、权、利划分，建立现阶段以政府投入为主（其中以地方投入为主，中央财政给予适当奖励的资金投入机制）的生态补偿机制，并逐步建立生态补偿的市场机制，发挥市场

① 参考王金南、万军、张惠远：《关于我国生态补偿机制与政策的几点认识》；李文华、刘某承：《关于中国生态补偿机制建设的几点思考》；孔凡斌：《生态补偿机制国际研究进展及中国政策选择》。

机制在生态补偿中的作用。

1. 坚持生态补偿的原则

生态补偿机制作为一种新型的资源环境管理模式，是有效解决生态环境保护资金供求矛盾的重要手段。生态补偿的基本含义是一种以保护生态服务功能、促进人与自然和谐相处为目的，根据生态系统服务价值、生态保护成本、发展机会成本，运用财政、税费、市场等手段，调节生态保护者、受益者和破坏者经济利益关系的制度安排。狭义的理解一种是生态（环境）服务功能付费（Payment for Ecological Services or Payment for Environmental Services，PES），即指生态（环境）服务功能受益者对生态（环境）服务功能提供者付费的行为，这也是大多数国际组织和发达国家生态补偿的政策范围；另一种理解是在生态（环境）服务功能付费的基础上，增加生态破坏恢复的内容，即破坏者付费（Polluter Pays Principle，PPP）和受益者补偿（Beneficiary Pays Principle，BPP），这是生态补偿政策的核心。广义的生态补偿是指有利于生态环境保护的经济手段，不仅包括生态环境成本内部化的手段，也包括与自然地域环境相关的区域协调发展政策。

（1）生态补偿的原则。

按照广义的生态补偿概念，生态补偿的付费和补偿可根据以下五个原则确定：①破坏者付费原则。主要针对行为主体对公益性的生态环境产生不良影响从而导致生态系统服务功能退化的行为进行的补偿。②使用者付费原则。生态资源属于公共资源，具有稀缺性，生态环境资源占用者应向国家或公众提供补偿。③使用者治理原则。生态资源的使用者治理生态环境。④受益者付费原则。在区域之间或者流域上下游之间，应遵循受益者付费原则，即受益者应该对生态环境服务功能提供者支付相应的费用。⑤保护者得到补偿原则。对生态建设的保护做出贡献的集体和个人，应对其投入的人力、物力等直接成本和机会成本予以补偿和奖励。

（2）生态补偿的方式。

生态补偿的方式可以分为政策补偿、资金补偿、实物补偿和智力补偿。①政策补偿。中央政府对省级政府、省级政府对市级政府的权力和机会补偿。受补偿者在授权的权限内，利用制订政策的优先权和优惠待遇，制订一系列创新性的政策，促进发展并筹集资金。②资金补偿。常见的方式包括补偿金、财政转移支付、税收优惠、补贴等，是最常见的补偿方式。③实物补偿。补偿者运用物质、劳力和土地等进行补偿，解决受补偿者部分的生产要素和生活要素，改善受补偿者的生活状况，增强生产能力。④智力补偿。补偿者开展智力服务，提供无偿技术咨询和指导，培养（训）受补偿地区或群体的技术人才和管理人才，输送各类专业人才，提高受补偿者生产技能，技术含量和管理组织水平。

（3）生态补偿的主体。

按照实施主体和运行机制，生态补偿又可以分为政府补偿机制和市场补偿机制。①政府补偿机制。政府补偿机制是以国家或上级政府为实施和补偿主体，以区域、下级政府或农牧民为补偿对象，以国家生态安全、社会稳定、区域协调发展等为目标，以财政补贴、政策倾斜、项目实施、税费改革和人才技术投入等为手段的补偿方式。政府补偿方式中包括下面几种：财政转移支付，差异性的区域政策，生态保护项目实施，环境税费制度等。②市场补偿机制。交易的对象可以是生态环境要素的权属，也可以是生态环境服务功能，或者是环境污染治理的绩效或配额。通过市场交易或支付，兑现生态（环境）服务功能的价值。典型的市场补偿机制包括下面几个方面：公共支付，一对一交易，市场贸易，生态（环境）标记等。

（4）生态补偿标准的确定。

①按照生态保护者的直接投入和机会成本计算。将生态保护者为了保护生态环境直接投入的人力、物力、财力和生态保护者为了保护生态环境所放弃的收益纳入生态补偿标准的核算当中。②按照生态受益者的获利成本计算。生态环境的保护行为产生正的外部性，使得生态受益者没有支付使用生态环境服务的费用。这部分补偿标准可通过产品或服务的市场交易价格和交易量来计算。③按照生态破坏的恢复成本计算。通过计算生态环境治理和生态修复的成本核算生态补偿标准。④按照生态系统服务价值计算。生态系统服务价值包括生态产品、生态调节、生态支撑、生态文化价值，对这四种价值进行评估和核算。通常计算出的生态服务价值只能作为补偿的参考和理论上限值。

2. 建立泛珠三角区域六大生态补偿机制

主要包括基于主体功能区的生态补偿、自然保护区生态补偿、基于生态保护红线的生态补偿、农业政策生态补偿、流域生态补偿、资源开发生态补偿。前四个为纵向的政府补偿，后两个则设计横向的市场补偿。

（1）基于主体功能区的生态补偿。

按照四大主体功能区的功能划分，制定生态补偿政策，增强对限制开发区和禁止开发区的补偿力度。主要包括：①增加对限制开发区、禁止开发区的财政转移支付、税收优惠、补贴等力度，提高当地居民在收入、教育、医疗、基础设施等公共服务水平。②加大对限制开发区和禁止开发区的生态环境保护项目的投资力度，给予财政支持。中央政府和地方政府在财政转移支付和财政支持可以按比例承担，地方承担主要任务。③改革限制开发区、禁止开发区的政绩考核机制。按照生态保护优先原则，适当弱化对经济增长、城镇化水平等的考核。

（2）自然保护区生态补偿。

泛珠三角区域是我国生物多样性最丰富的地区之一，自然保护区数量占到全国的一半多。保护区性质属公益事业，对保护区的生态补偿主要通过政府手段进行，包括政府购买、国家财政转移支付、政策优惠、税收减免、补贴、建立自然保护区生态补偿专项基金等，禁止对自然保护区的开发。在政府手段的基础上严格实施保护者得到补偿、破坏者付费原则，对情节恶劣的生态环境破坏行为依法追究刑事责任。

（3）基于生态保护红线的生态补偿。

生态保护红线是指在自然生态服务功能、环境质量安全、自然资源利用等方面，需要实行严格保护的空间边界与管理限值，通过建立最严格的生态保护制度，以维护国家和区域生态安全及经济社会可持续发展，保障人民群众健康。生态保护红线主要分为重要生态功能区的保护红线、生态脆弱区或敏感区的保护红线，生物多样性保育区红线，划定生态保护红线是我国各省各地正在积极开展的工作。对地区划定生态保护红线，禁止对划定红线区域的开发和利用必然会影响到当地的经济发展，因而需上一级政府或国家对重要的生态保护区域，红线比例较高的地区建立生态补偿。基于生态保护红线的生态系统补偿主要依靠政府进行，国家或者地方政府给予当地财政转移支付、税收减免、补贴等，作为对禁止开发利用红线划定区域的补偿。

（4）农业政策生态补偿。

对农业发展项目中的特定物种保护、生态保护性农业活动及有机农业发展提供财政补助，如农业保护性生产活动、农民自愿保护生态环境、退耕还林等。补偿方式包括：①税收优惠或减免、补贴等。②直接给予资金补偿。③采取智力补偿，提高农民的生产技能，提高收入水平。④实物补偿，运用物质、土地等进行补偿，解决受补偿者部分的生产要素和生活要素，改善受补偿者的生活状况，增强生产能力。

（5）流域生态补偿。

随着经济的快速增长和城市化、工业化进程的进一步加快，流域上下游竞争性用水问题日益突出，水污染的跨界传输是目前省际及地区间水事纠纷的突出问题。为了保证上下游间在水资源利用上的公平性，保障下游地区的使用权、发展权，协调上下游地区的利益纠纷，建立流域生态补偿机制十分必要。目前，流域生态补偿机制是我国生态补偿中最受关注的领域，也是目前生态补偿机制建立的重点探索对象。流域生态补偿机制是指为了促进跨界水质达标和流域可持续发展，政府根据流域水污染防治规划，或者上下游政府达成的跨界断面水质目标协议或流域环境责任协议，依据跨界断面水质达标程度，核定生态补偿和污染赔偿资金，在相关政府之间达成的一种环境财政安排机制。目前流域生态补偿机制主要通过两种方式进行，第一种是纵向的生态补偿，由上一级政府对跨界出境水质超标的上游或下游政府扣缴生态补偿金，或者对跨界出境水质达标的上游或下游政府给予资金奖励；另一种是横向补偿，根据上下游政府协商建立的跨界断面水质目标协议或流域环境责任协议，上游没有达到规定水质水量的情况下要给下游予以补偿；上游优于水质水量规定时，下游要给予上游补偿。建立流域生态补偿应以水质和水量控制为核心，明确上中下游的水权初始分配和交易机制。上中下游政府等相关利益单位通过协商建立“流域环境责任协议”，明确流域不同河段水质和水量要求，通过财政转移支付、项目发展扶持、流域综合治理和环境服务付费等进行生态补偿。目前，需重点建设东江、西江、北江、汀江一韩江、九州江等流域补偿试点。

（6）资源开发生态补偿。

资源的开发与利用不可避免的会对当地的生态环境造成破坏，如林业资源、土地资源、水资源、矿产资源等。建立资源开发生态补偿机制可以通过以下方式进行：①使用者付费原则。资源开发者付费，由政府或者第三方承担资源的修复。②使用者治理原则。按照“谁使用，谁负责”、“谁破坏，谁修复”原则，由资源开发者承担资源修复的责任，同时建立自然资源开采许可证与生态修复相挂钩的机制，生态修复不达则不予颁发自然资源开采许可证。③生态修复保证金制度。企业事先缴纳生态修复保证金，只有在企业生态修复达标的情况下才予以退还保证金。④设立生态系统专项补偿基金，通过实施使用者付费、破坏者付费等原则，筹集生态补偿资金，用于生态系统修复或者异地生态系统重建。

3. 泛珠三角生态补偿机制实践过程中需注重三大问题

（1）政府与市场的问题。

在建立生态补偿机制的过程中，政府和市场都是发挥作用的重要手段，但就目前我国所处的环境保护阶段而言，政府是生态补偿建设中的主要力量，市场的力量十分有限。这一方面是由于我国的产权制度所造成的，另一方面是由于我国的市场机制发育尚不成熟，在以后较长的一段时间，生态补偿机制仍然是“政府为主，市场为辅”的形式，因此应有着重地培育生态功能市场的发展，这就要求明确自然资源的初始分配权，建立自然资源交易制度，建立公平合理科学的流域跨界监测制度、部门协商、仲裁制度，理顺交易流程与途径，同时尽快出台生态补偿政策的相关立法，为生态补偿机制的建立提供立法基础。

（2）新账与旧账的问题。

在生态补偿机制建立的过程中，必然会存在生态环境的历史遗留问题和当下的生态环境问题，即“新账”与“旧账”的问题。就目前的财政能力和机制建设，完全解决“旧账”问题是不现实的，应先解决新账再解决旧账问题。对于新账的解决，按照生态补偿机制的建立原则，采用环境付费原则、保护者受益原则等进行；而对于旧账问题则更多需要政府给予支持。

（3）输血与造血的问题。

生态环境脆弱区往往是贫困区，构成生态环境脆弱与贫困的恶性循环。生态补偿的对象大多是一些相对贫困的地区，需把生态补偿转化为当地的生态保护建设项目，通过鼓励当地居民承担生态保护建设项目，提高当地居民的收入水平，逐步变“输血”为“造血”。

4. 建立生态补偿机制亟须解决四大问题

（1）建立一套标准化的生态环境成本核算体系。

建立一套科学、完善、准确、可行性高的标准化生态环境成本核算体系，分情况、分类别、分重点地对生态环境成本进行核算，为生态补偿机制提供基本支撑。

（2）建立环境友好型的财税优惠政策。

①建立有利于生态环境保护的财政转移支付政策，增加对重要生态功能区、生态屏障区、自然保护区、生态保护红线区等的补偿力度，形成激励机制，对重要的生态服务功能、生态系统等实施国家购买。②完善税收优惠政策，对有利于生态环境保护的生产活动给予税收优惠或补贴，注重培育绿色生产、绿色生活、绿色消费模式。③将资源开发造成的环境污染治理和生态破坏恢复成本纳入资源产品的价格，实现生态环境成本内部化。

（3）加快建立生态环境服务市场，促进市场手段的应用。

目前，我国生态环境保护中政府起主要作用，市场手段应用极其有限。促进市场手段的应用要求有一定的市场运行机制，因此需建立生态环境服务市场，在此基础之上切实落实使用者付费、破坏者付费、保护者受益等原则。目前，环境保护领域较成功的案例有排污权交易、碳汇交易等。

（4）建立生态补偿相关法律法规。

生态补偿制度的建立，有法可依是根本，缺乏法律保障，一切皆为空谈。如日本颁布的《公害健康损害补偿法》建立了比较全面的环境外部性损害补偿体系；美国的《综合环境反应、补偿与责任法案》以环境管理法规方式全面体现了环境补偿。国外关于生态补偿的法案对我国生态补偿相关立法的建立具有重要的借鉴意义。

（六）建立泛珠三角生态环境联防联控、应急管理合作机制①

随着我国经济、社会的迅速发展，环境保护的任务越来越艰巨，生态环境恶化尚未得

---

① 参考付朝阳、金勤献：《环境应急管理信息系统的总体框架与构成研究》；陈海洋、滕彦国、王金生等：《环境应急指挥平台研究》。

到有效控制，环境污染事件频发。泛珠三角区域作为目前我国生态环境最好、最优美的地区，环境保护的任务艰巨。要促进泛珠三角区域生态环境保护与治理的协同合作，促进全域生态环境的改善，需建立跨全域的泛珠三角生态环境应急管理合作系统，构建全域的联防联控体系，完善定期会商、信息互通共享等机制，妥善处理跨界环境污染纠纷和环境突发事件。综合已有研究，生态环境应急管理合作系统应包括环境监测系统、数据中心与共享系统、环境预警系统、环境事故处置预案系统、决策支持系统、指挥调度系统、现场指挥与反馈系统、灾后评估与修复系统。这八大系统紧密相连、环环相扣，组成生态环境应急管理系统的闭合回路（见图 7-43）。

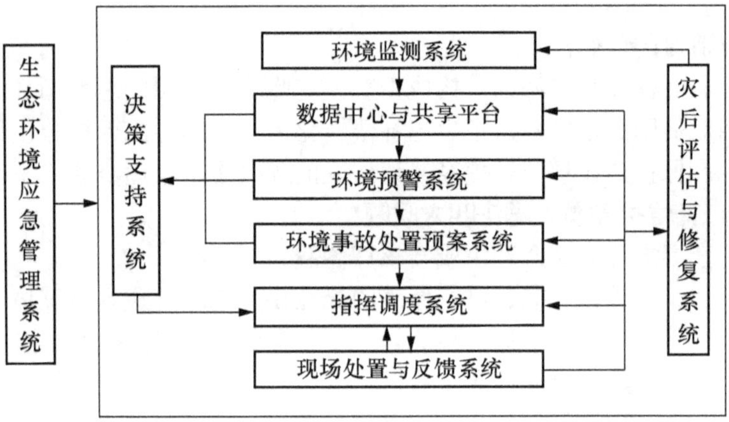

图 7-43 泛珠三角区域生态环境应急管理合作系统

1. 生态环境应急合作系统

（1）环境监测系统。

环境监测系统是指对生态环境的日常监测，通过现代科技手段实现对生态环境质量的自动监测与信息收集，为生态环境应急管理系统提供环境监测数据，是生态环境应急管理系统的基础、应急决策的依据，是整个系统的基础。

（2）数据中心与共享平台。

数据共享平台是指将泛珠三角全域的生态环境监测数据通过网络平台实现生态环境数据的集成、分类、共享、披露等，提供全面、翔实的生态环境监测数据，为各专业的应急工作提供相关的数据查询和检索服务。

（3）环境预警系统。

环境预警系统在数据中心与共享平台的基础上对生态环境进行预测，应包括信息监测与报告、防患分析与风险评价、预警分级与发布等功能。依托于科学分析方法对生态环境事故发生的概率、影响方式、影响范围、持续时间、危害程度等进行研判。

（4）环境事故处置预案系统。

环境事故的处置预案是针对突发事件，为保证迅速、有效、有序地开展应急与救援行动，降低事故损失而预先制定的有关计划和方案。是建立在地理信息数据库、应急信息数据库、模型库系统、决策技术库系统等之上，根据环境事件的不同特性，根据环境预警系统进行应急救援力量的调派部署和救援物资的调配。

（5）决策支持系统。

决策支持系统负责对突发环境事件的相关信息（尤其是环境预警信息）进行深入分析，帮助指挥中心、工作人员进行态势评估，并结合历史事件处理的实际情况给出突发事件处理的参考意见，为具体指挥调度提供决策参考和信息支撑。

（6）指挥调度系统。

指挥与调度系统负责突发环境事件处理过程中的指挥调度工作，落实具体的决策，是应急系统的核心。应急指挥调度系统主要实现应急决策指挥数据的指令发布、实时语音、图像和数据信息的反馈及态势显示、分级式决策指挥、协同指挥、资源调度配置、相关指挥文书与专题图的自动生成和发布。应着力建设应急指挥中心和一套指挥信息系统。

（7）现场处置与反馈系统。

在事件发生现场采取措施并向数据中心和应急指挥信息平台反馈信息，从而影响预案和决策的调整，影响指挥调度的内容。现场处置和反馈系统在应急管理系统中起到一个桥梁作用，为现场处置提供快捷有效的技术、物资支持。

（8）灾后评估与修复系统。

生态环境事故的灾后评估系统从社会、经济和生态环境等三个方面开展，采用评估模型对灾害损失进行量化评估，并以此对灾害损失进行修复。

上述八大系统构成生态环境应急管理系统，实现从数据监测到事故处理和事后恢复的全程管控，建立泛珠三角区域生态环境应急系统将有助于对泛珠三角区域生态环境的及时监测、应对、处理，是提高泛珠三角生态环境的重要工具。

2. 建立生态环境应急管理合作系统亟须解决的问题

（1）科学技术在生态环境应急合作管理系统的应用。

生态环境应急管理合作系统的建立对科技水平有较高的要求，科学技术是建立应急合作系统的第一步，因此必须重视环境监测技术的研发，包括数据监测、传输、网络、遥感、传感及信号处理等方面；提高基础数据管理，包括数据集成、分类管理等，提高对GPS、无线电通信技术、GIS等空间信息技术的应用，建立一套模型预测、预警体系，提高对环境事故的预判与管控能力。

（2）生态环境应急管理合作系统的演练与模拟。

应对环境突发事件要求有敏捷的反应力、精准的预判力、成熟的应对流程，这就要求加强对环境突发事件应急处理的演练和模拟，使相关负责人熟悉应急管理职责和协作流程，提高系统之间的契合度、环境事故的应急反应能力。

（七）建立泛珠三角生态环境保护基金，推动环境污染第三方治理

1. “泛珠三角生态保护基金”机构设立

成立泛珠三角区域生态保护基金，形成上中下游、全域利益共享、责任共担的补偿机制，形成稳定的资金来源渠道，保证泛珠三角区域生态保护长期发展的需要，保证全域和全社会的可持续发展。设立“泛珠三角生态保护基金委员会”，负责基金的筹集、使用规划和监督工作；成立“泛珠三角生态保护基金办公室”，负责基金项目的具体落实。

2. “泛珠三角生态保护基金”资金来源

泛珠三角生态保护基金的资金来源主要由三大块构成：①泛珠区域九省区财政的环境

保护建设资金。泛珠区域开征环境税，并从中按照一定比例每年划出一部分资金，纳入泛珠三角生态保护基金，专门用于泛珠区域生态环境治理和建设；②流域间的生态补偿资金。根据污染者付费，受益者补偿的原则，合理核算流域生态补偿资金，纳入泛珠三角生态保护基金；③社会各方面捐助。泛珠三角生态环境保护基金可直接接受社会各方面的捐款，发挥全社会保护生态环境的作用。

3. 推动环境污染第三方治理

目前我国工业污染治理设施的社会化运营比例仍相对较低，只有5%左右，而城镇污水处理设施的社会化运营比例已达到50%左右，究其原因，主要存在着责任划分、税收、融资、技术、风险等障碍。推动环境污染第三方治理须从以下方面着手：①加大对环境服务公司的扶持力度，包括低息贷款、税收优惠等政策；②拓展企业融资渠道。支持开展第三方治理的环境服务公司上市融资，发型企业债券、中小企业集合债券、短期融资券等融资工具，鼓励融资性担保机构加大对其担保力度；③实施环境保险制度。引导保险公司开发相关环境保险产品，鼓励和督促高环境风险企业投保；④加快立法进程，建立健全的法律法规，明确监管部门、排污企业和环境服务公司的责任和义务，明确排污企业和环境服务公司之间的法律关系，强化对第三方治理的监管；⑤建立第三方治理信息披露制度，设立诚信档案，环保监测部门公开向社会公布第三方治理项目的治理信息，诸如环境治理设施运行情况、污染物达标情况等。

（八）推动绿色、低碳、循环发展，促进集约、节约化生产

1. 推动绿色、低碳、循环发展

（1）全面贯彻落实绿色发展理念，完善能源结构，严控煤炭在能源消耗总量中的比例，提高清洁能源的比例，大力发展分布式能源、风能、水能、太阳能、生物质能、核能等，加快页岩气等非常规能源的开发利用，发展智能电网、绿色建筑和新能源汽车，推进能源生产和能源消费方式变革。

（2）创新驱动，科技引领，提高技术水平，坚决淘汰落后产能，加快对钢铁、石化、建材、有色金属等高耗能行业的节能技术改造，大力发展高新技术产业，降低能源强度。

（3）建立泛珠三角全域的碳排放总量控制分配制度，开展碳强度年度目标责任制考核，珠三角地区实施近零碳排放区示范工程。加大重点行业的能耗管控，逐步建立碳排放交易制度，支持优先在珠三角地区建立碳排放权交易试点。

（4）大力发展循环经济，积极构建循环型产业体系，制定循环发展引领计划，推进生产和生活系统循环链接，加快废弃物资源化利用，按照物质流、能量流和产业关联度统筹产业布局，推进工业园区循环化改造，大力发展循环经济产业园。加大对工业固废的再利用程度，健全废弃物回收利用网络，加强资源的循环利用度。

2. 提高资源利用效率，促进节约集约化生产

坚持节约优先，树立节约集约利用的资源观，转变生产方式，全面推动集约节约化生产。

（1）推动能源消费革命，实施全民节能行动计划，全面推进工业、建筑、交通运输、公共机构等领域节能，实施锅炉（窑炉）、照明、电机系统升级改造及余热暖民等重点工程。实施建筑能效提升和绿色建筑全产业链发展计划，大力发展绿色、节能建筑。

（2）全面建设节水型社会，落实最严格的水资源管理制度，实施全民节水行动计划。坚持以水定产、以水定城，加强重点用水单位监管，鼓励一水多用、优水优用、分质利用，建立节水型社会。

（3）实行最严格的节约用地制度，严控新增建设用地、农村集体建设用地，保障农业基本用地。推进建设用地多功能开发、地上地下综合利用，盘活农村闲置建设用地，全力推进土地集约节约化建设，建立一批生态文明先行示范区或绿色发展先行示范区。

四、政策建议

（一）创新驱动，绿色优先

"绿色发展"是目标，创新是实现绿色发展的源动力和根本途径，充分发挥创新在社会发展中的作用力，加大科技投入、提高技术水平，以创新为驱动，加快产业结构转型，提高发展质量。实现绿色发展要正确处理"加法"和"减法"问题，即培育新的绿色增长点与淘汰落后产能、对传统企业进行绿色改造等双管齐下，共同推进。这就要求：①加快推动绿色、循环、低碳产业的发展，最大程度地提高资源利用率，降低资源消耗；②延长产业链条，增加高附加值产业，发展环保产业，秉承"经济要环保"、"环保要经济"，积极发展环保产业核心技术和重大装备，扩大环保产品和服务供给，增强节能环保工程技术和设备制造能力，促进节能环保产业发展壮大，不断提高区域生态环境，充分发挥泛珠三角区域山清水秀生态美的优势。

（二）实施最严格的环境保护政策和制度

按照"源头严控、过程严防、后果严惩"的思想，实施最严格的环境保护制度。划定泛珠三角区域资源环境生态红线，实施最严格的环境保护制度。根据国家《关于加强资源环境生态红线管控的指导意见》，结合泛珠三角区域自身的资源禀赋、发展水平、生态环境、经济社会特征，划定泛珠三角区域资源环境生态红线。明确划定泛珠三角区域资源消耗上限、环境质量底线、生态保护红线，划定严格合理的耕地红线、湿地红线、森林面积、森林蓄积量、恢复荒漠植被面积等红线。以提高生态环境质量为目标，建立生态价值评估制度，落实环境质量目标责任制和评价考核机制，编制自然资源资产负债表，实行领导干部环境保护责任离任审计和生态环境损害评估和赔偿制度，落实损害责任终身追究制度。严守"生态红线"，确保生态功能不降低、面积不减少、性质不改变。

1. 源头严控

（1）建立严格的环境准入制度。完善高耗能、高排放和资源型行业准入条件，明确资源配置的具体要求及污染物排放等指标，强化对污染企业的停产整治、关停、淘汰制度，提高环境准入门槛。

（2）改革和完善环境影响评价。把环境质量和环境风险作为环境影响评价的基础，按照对环境质量的影响对战略、规划、项目等进行分级、分类评估。

（3）建立重大项目社会风险评估制度。对具有重大社会影响、涉及公众环境权益的项目进行论证评估，对其进行风险评估、环境影响评估、事故处理能力评估，同时建立社会风险评价制度执行的问责制度，提高对环境风险的管控程度。

2. 过程严防

（1）制定最严格的污染物排放标准，实施以环境容量为基础，逐渐实现以“浓度”控制向“浓度”与“总量”双向结合的排放标准。拓宽现有的总量控制指标，增加对重点行业工业粉（烟）尘的总量控制，对总氮、总磷和挥发性有机物实施重点区域和重点行业相结合的总量控制。

（2）建立覆盖全域的环境监测监控体系。对全域内的污染源安装污染物排放的自动监测报警设备，建立覆盖全域的环境监控网络。

（3）加大环境管理部门的监督管理力度。严格落实“有法必依、执法必严、违法必究”，加强环境管理部门的协作，提高环境执法力度，加强区域内环境质量监督与管理。重点把控水环境质量、大气环境质量，加大土壤环境保护与修复力度。

（4）加大环境基础设施建设。加快城镇垃圾处理、污水处理设施和配套的管网建设改造，实现城镇生活污水、垃圾处理设施全覆盖和稳定达标运行。

3. 后果严惩

（1）切实落实中共中央关于对领导干部实行自然资源资产离任审计制度，编制自然资源资产负债表；推行党政领导干部生态环境离任审计，实施责任追究制度。

（2）严惩排污超标企业，包括罚款、停产、关停等。对生态环境造成严重破坏的企业，则依法追究其刑事责任，落实损害责任终身追究制度，提高环境违法成本。

（三）建立标准化的生态补偿条例

加快建立全国生态补偿机制，建立一套标准化的生态补偿标准体系，明确生态补偿核算类别、核算方法、补偿机制等体系。建立健全生态补偿相关法律法规，明确各方的权利、义务、责任划分，建立第三方仲裁机制，为生态补偿制度的开展提供支持。加快建立生态环境服务市场，促进市场手段的应用，切实落实使用者付费、破坏者付费、保护者受益等原则。

（四）加大对区域内中西部省份的经济、技术扶持，实施差别化的生态环境考核体系

贫穷与生态脆弱通常相伴而生，贫穷地区通常也是生态环境脆弱区，为实现泛珠三角区域生态环境的联防联控、全面提升，这就要求东部省份加大对中西部省份的经济技术扶持，特别是技术上的扶持。在跨区域生态补偿的建设上，东部省份可通过向西部省份提供资金、项目、智力补偿，提高中、西部省份的技术水平，提高资源利用效率，降低污染物排放强度，提高环境治理水平。另外，对不同区域实施差别化的生态环境考核体系，除考虑主体功能区类型、生态管控红线外，对经济相对落后地区实行特殊政策，提供充足的发展空间，既体现统筹，又兼顾地区间的差异。在节能环保、绿色低碳重大项目、科技研发、低碳产品推广运用、机构能力建设等方面对西部经济欠发达省份和地区给予重点支持。

（五）注重海陆统筹，合作发展海洋生态环境

深入实施以海洋生态系统为基础的综合管理，推进海洋主体功能区建设，优化近海海

域空间布局，科学控制开发强度。加强海岸带保护与修复，实施海洋污染物达标排海和排污总量控制制度，建立海洋资源环境承载力预警机制。严格海岛资源保护和开发管理。加强海岛资源和生态、开发利用状况调查评价，建立海岛监视监测系统，全方位跟踪和监测海岛开发利用情况和海岛资源及生态状况，推进海岛生态修复等工作，海岛新建工程项目要符合海岛保护规划。

（六）建立生态友好型的税收体系

开征环境税，目前我国环境治理资金主要靠排污收费筹集，环境资金缺口较大，需改变现行税收方式，对企业和个人征收环境税。建立覆盖资源开采、消耗、污染排放及资源性产品进出口等环节的绿色税收体系，将资源开发过程中的环境影响纳入到资源产品的价格，实现生态环境成本内部化。扩大现行资源税的征收范围，开征水资源税、森林资源税、草场资源税等，提高非可再生资源、稀缺性资源的税率，突出稀缺资源的成本。

（七）加大环境经济手段的应用

构建排污交易市场，加快落实排污权交易制度，建立跨泛珠三角全域的排污权交易制度；加强环境经济手段在生态环境中的作用，严格执行排污收费、保证金、税收等手段，充分发挥经济手段在环境保护中的杠杆、调整作用。

（八）加强环保教育，推动公众参与

加强对公众的环保宣传教育，从小做起，从我做起，明确公民的环境权利和义务。提高环境 NGO 组织的法律地位，发挥环境 NGO 组织在环境保护中的监督作用，提高公众的环境参与度。

第八章 推动泛珠内地九省区与港澳更紧密关系研究

泛珠江三角洲经济合作区成立十多年来，在泛珠各方的共同努力下，区域一体化进展顺利，整体性显著增强，发展步伐加快，现已成为全国乃至亚太最具活力的经济区之一。本章旨在分析内地九省区与港澳合作态势、合作领域、合作潜力与合作路径等问题，为推动内地九省区与港澳建立更紧密合作、实现协同发展，提出科学性、针对性和操作性较强的政策建议，为推动新一轮泛珠三角区域合作发展提供理论支撑，为泛珠区域合作发展规划制定提供前期研究基础。

一、内地九省与港澳合作态势

（一）泛珠三角发展的总体态势

1. 区域概况

泛珠江三角洲经济合作区位于珠江流域及其外围，北及长江，南临南海，东至台湾海峡，西北抵青藏高原，西南与缅甸、老挝和越南接壤。全区陆地面积 200.68 万平方公里，海域 268.56 万平方公里，人口 4.86 亿，地区生产总值 20.44 万亿元（2014 年，不包括香港和澳门）。泛珠三角社会经济基本情况见表 8-1。

表 8-1 泛珠江三角洲经济区基本概况（2015 年）

省区	陆地面积（万平方公里）	海域面积（万平方公里）	人口（万人）	GDP（亿元）	人均 GDP（元）
福建	12.14	13.63	3839	25979.82	67966
江西	16.69		4565.6	16723.80	36724
湖南	21.18		6783	29047.20	42968
广东	17.98	42.00	10849	72812.55	67503
广西	23.67	12.93	4796	16803.12	35190
海南	3.40	200.00	910.8	3702.80	40818
四川	48.50		8204	30103.10	36836
贵州	17.61		3529.5	10502.56	29847
云南	39.40		4741.8	13717.88	29015
香港	0.1105		729.9	22672 亿港元	310618 港元
澳门	0.00303		64.7	3687 亿澳门元	569861 澳门元
合计	200.68	268.56	49013.3	240419.83	

注：①内地九省区人口为 2015 年年末数，而香港和澳门人口则为年中数；
②GDP 为 2015 年当年价格。

资料来源：根据 2015 年各省统计公报整理。

2. 区域特征

泛珠江三角洲经济区总体上具有如下几个基本特征。

第一，自然条件优越。泛珠江三角洲位于我国长江以南，地处亚热带，海南岛还深入到热带，水热充足，自然生产力旺盛，物产富饶，农业发达。同时，这里有山有水，树木常绿，自然环境优美，非常宜居。经过世世代代劳动人民的开垦和建设，泛珠江三角洲已成为我国人口稠密、经济富庶、生活安宁、社会繁荣的地区。

第二，发展环境多样。泛珠江三角洲南北跨距大，东西地域广，环境差异显著。首先是自然环境类型多样。泛珠江三角洲区域多为山地丘陵，地形破碎，起伏较大，小气候丰富，而且泛珠区域平原、山地、高原、盆地、湖泊、海洋等自然景观变化多样。其次是社会文化环境差异大。从东到西，自南而北，由沿海向内陆，从平原到高原，由于历史文化和民族成分上的不同，社会环境千差万别。再次是制度环境上的差异。我国最早实行改革开放的五个经济特区及已实施“一国两制”的两个特别行政区均集中在泛珠三角。可以说，这里是我国制度环境最复杂、最多样化的地区，这在世界上也是少有的。

第三，经济发展水平梯度落差大。由于区位条件、资源禀赋及发展历史的差异，泛珠三角各地的经济发展水平参差不齐，差距很大。从区域总体来看，港澳经济发展水平最高，并由沿海向内地发展水平呈逐渐降低之势。按 2014 年人均 GDP 指标（表 8-1），泛珠三角各地的经济发展水平可分为三个阶梯：第一阶梯为港澳地区，人均 GDP 接近美欧，已进入世界发达地区之列；第二阶梯为广东和福建两省，人均 GDP 远高于全国平均水平，在国内属于发达地区，但与港澳相比仍有较大差距；第三阶梯为江西、湖南、广西、海南、四川、贵州、云南七省区，人均 GDP 低于全国平均水平，与广东和福建之间存在着明显的落差，尤其是贵州、云南两省及四川省西部，一直是我国欠发达地区。在各省区内部，则以省会城市发展水平最高，向外围呈逐渐递减趋势。例如，四川省的人口和经济主要集中以成都为中心的成都平原上，向外发展水平显著降低，尤其是向西部山区落差非常大。在省区内部的不同地区，又以城市（通常为地级市）发展水平最高，向周围农村地区逐步降低。总之，泛珠三角区域呈现出明显的核心—边缘二元空间结构。

第四，对外开放程度高。泛珠三角扼守着我国的南大门，面向广阔海洋，与海外联系密切，受西方思想文化影响大，务实重商，发展外向型经济的社会基础较好，商贸活跃。不仅广州、深圳、厦门等一批城市正在向国际城市进发，香港、澳门早已成为世界级市场。泛珠三角一直在引领着我国对外开放的潮流。

3. 发展态势

泛珠江三角洲经济区成立十多年来，合作与发展取得了重大进展，成效显著。

首先，区域交通网络趋于完善。交通是区域合作的基础。在各省区积极努力及国家有关部门的大力支持下，区域内掀起了路桥建设的高潮。2004～2014 年，内地九省区公路通车总里程达到 148.35 万公里，是 2004 年（为 72.43 万公里）的 2 倍；其中高速公路总里程达到 3.46 万公里，是 2004 年（为 1.14 万公里）的 2.7 倍。仅 2015 年，泛珠九省区就开通约 50 条高速公路。现如今，国家规划的“五纵七横”高速公路主干线在泛珠三角部分全部完工，初步实现了省际间的高速公路联通。同时，铁路网络也进一步拓展。十年间，泛珠区域铁路营业里程增长了 25%，达到 2.38 万公里。尤其是武广、厦深、贵广、南广等铁路线投入运营，深茂、云桂、沪昆、成贵等铁路开通在即，广深港高铁全速建设，泛珠进入了“高铁时代”，使得各大城市间的时间距离大为缩短，区域内高铁营运里程超过1万公里，“一日交通圈”已经形成（图8-2）。同时，西江黄金水道建设也在加快推进，珠三角“三纵三横三线”高等级航道网全面建成，开通南北盘江、红水河等贵州出省通道，2000吨级船舶从南宁可直航粤港澳。另外，泛珠区域城市空中快线建设也加快了步伐，目前省会城市及主要城市间的空中航线已全部开通。总之，经过十多年的建设，已初步搭建起以珠三角为总枢纽向内地呈扇形展开的跨省区立体交通网络，将泛珠各方更紧密地联系在一起了。

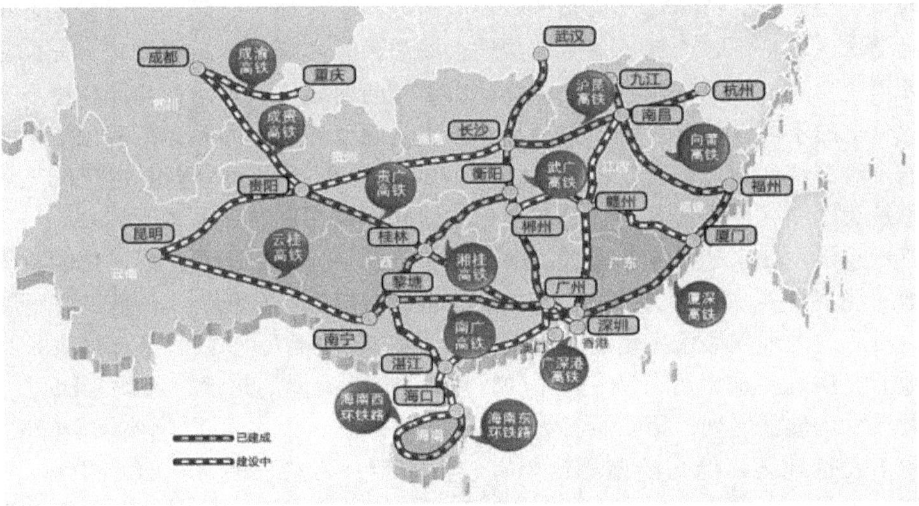

图8-1 泛珠江三角洲高铁网

其次，跨省区投资和商贸活动持续活跃。十多年来，各方纷纷搭建交流平台。除了泛珠经贸洽谈会之外，还有广交会、广州博览会、东盟博览会、中国西部博览会、南博会、珠洽会、福州海交会、海南香港经贸活动周等一系列经贸活动，有力地推动了区域投资和产业合作不断走向深化。据统计，仅前九届泛珠经贸洽谈会就累计签约项目1.95万个，签约金额3.76万亿元。例如，2012年比亚迪新能源汽车生产基地在长沙落成并批量投产，使长沙成为国内最大的新能源汽车生产基地。此外，跨区域能源合作进展顺利，湘、桂、滇、黔、粤之间建成“六交四直”共10条500千伏特高压西电东送输电线路。截止到2014年6月，南方电网实现西电东送电量累计达10447亿千瓦时，其中70%为水电等清洁能源。自2004年以来，仅广东省就购买电量累计8424亿千瓦时。

再次，共建工业园区成效显著。十多年间，泛珠各省区结合自己的产业结构和区域特点，打破行政壁垒，加强产业合作，推动了地方经济发展。尤其是跨省区工业园区建设备受瞩目，昆明深圳工业园、衡阳深圳工业园、湘西广州工业园、凭祥广东工业园、赣州香港工业园等顺利建成，滇桂、川桂共建北部湾临海产业园，湖南与广西钦州共建钦州（湖南）临港工业园，江西与深圳共建吉安深圳产业园，福建与湖南娄底、益阳共建闽商产业园，四川与18个对口支援省市也共建了多个产业园区。另外，闽粤经济合作区、粤桂特别合作试验区、黔桂糖产业扶贫示范园区等建设进展顺利。通过共建产业园，泛珠各省区得以在更大范围、更宽领域实施产业对接。

最后，社会事业合作不断深化。除了经贸合作之外，在社会领域的合作也卓有成效。

泛珠三角已建立起人力资源合作平台，从就业服务、技能培训、信息对接、权益维护、社会保险等方面促进了区域内人力资源优化配置、劳动力有序流动和就业市场的稳定。湖南、海南、云南、福州、南昌、长沙、广州、南宁、成都三省六市签订了社会医疗保险异地就医即时结算合作框架协议，方便了各地居民尤其是异地务工人员就医。九省区还签订了全国第一个《省际农民工法律援助合作协议》，使得农民工的合法权益得到了有效保障。泛珠各方还加强卫生防疫合作，建立了疫情通报和疫情协查等合作机制。广州、深圳、厦门、福州、南昌、长沙、南宁、海口、贵阳、昆明、成都等地公安局联合签署了《泛珠三角省会暨副省级市警务协作框架协议》，加强了安全合作，为合作发展营造了安定的社会环境。

另外，内地九省区与港澳之间的经贸往来也翻开了新的篇章。十多年来，内地九省区与港澳的贸易总额突破3020亿美元，比2004年增加了2倍以上。内地九省区还纷纷到港澳举办投资推介活动，借助这一国际平台“走出去”开拓世界市场。目前，泛珠九省区在港上市的企业已由71家增至283家。尤其是自CEPA协议签订以来，泛珠内地与港澳之间人员往来更加便利，九省区省会城市均开通了赴港澳个人“自由行”，赴港澳旅游人数累计超过2300万人次。

总之，经过各方十多年的共同努力与积极探索，合作共识不断增强，走合作发展的道路逐步深化，合作领域越来越宽广，合作机制稳步增强，融合程度显著提升，区域一体化进程加速推进，泛珠三角“大社区”初步形成。

（二）内地九省区合作发展态势

1. 广东

（1）省情概况。

广东地处南岭以南，面向南海，南面拥抱香港和澳门，东、北、西三面与福建、江西、湖南和广西四省区接壤，西南与海南省隔海峡相望。全省陆地面积17.97万平方公里（其中岛屿面积1448平方公里），海域42万平方公里。地貌类型多样，主要有山地、丘陵、台地和平原，其面积分别占全省土地总面积的33.7%、24.9%、14.2%和21.7%（另外河流和湖泊占5.5%）。地势总体上北高南低，北部为山地和高丘陵，南部沿海一带为平原和台地。最大的平原是珠江三角洲，面积约1.1万平方公里。海岸线漫长，总长5782.5公里，居全国第一位。广东地处亚热带，南部的雷州半岛还深入热带，属于东亚海洋性季风气候，雨热同季，降水充沛（主要集中在每年的4～9月），是我国光、热和水资源最丰富的地区之一。由于雨水充沛，河流众多，大小河流有数百条，以珠江（包括东江、北江、西江及珠江三角洲诸河）最大。生物资源丰富，种类繁多，树木常绿，花开四季，土壤肥沃，自然环境宜人。

广东省自然环境的一大特点是地形起伏大，山地丘陵多，平原少。这就使得广东省的人口、经济主要集中在珠江三角洲及沿海平原一带，而粤东、粤北、粤西地区尤其是山区社会经济发展相对滞后。

广东人吃苦耐劳，敢闯敢干，富有开拓和创新精神。经过世世代代劳动人民的努力，广东早已开发成为我国华南地区的经济中心，人丁兴旺，社会繁荣。而人多地狭及面向大海的省情，使得广东人具有强烈的外向发展意识，下南洋，闯世界，谋发展，成为广东人基本的生存哲学。目前，广东拥有3000多万海外侨胞，遍布160多个国家和地区。

（2）发展态势。

泛珠成立十多年来，合作进展顺利，促进了广东省的经济发展。应该说，作为泛珠合作的倡导者和最积极的推动者，广东也是最大的受益者。

第一，交通等基础设施基本上延伸到了泛珠内地，打破了地形的阻隔，有效拓展了珠江三角洲的发展腹地。区域内的高速公路、高速铁路及西电东送的特高压输电线路和西气东送的天然气网管，主要是围绕着珠三角展开的，建设进展顺利。尤其是自2009年陆续开通运营的武广、厦深、贵广和南广高铁，将周边省区初步纳入珠三角“大社区”之中。待云桂、成贵、贵昆高铁及广深港高铁香港段建成后，以珠三角为中心的6小时交通圈初步成形，区域一体化水平将得到大幅度提升。

第二，在合作过程中，泛珠内地的资源、能源、劳动力及人才等要素得以与珠三角产业实现最大程度的自由对接，促进了广东省的持续快速发展，同时也使内地省区的资源潜力得到了更大程度的释放，拉动了当地经济的发展。

第三，珠三角与内地省区（包括广东省内及海南省）之间已初步建立起产业梯度转移的空间格局，密切了区域经济联系，促进了珠三角自身的产业转型升级。

第四，生态环境合作成效显著。长期以来，由于珠江三角洲地区经济发展迅猛以及珠三角低洼的地势和狭小的地域，再加上周边省区的产业无序竞争，使得珠江流域环境形势非常严峻，生态压力与日俱增，严重威胁着珠江三角洲的可持续发展。自开展泛珠合作以来，通过协调与沟通，广东省与邻近省区共建珠江良好生态的目标达成初步共识，并加强联防联治，积极开展生态建设和环境治理工作，进展顺利。目前，珠江水乡水质明显改善，珠三角空气质量快速恶化的趋势也得到初步遏止，为粤港澳共建优质生活圈创造了良好的区域环境。

总之，通过与泛珠各方紧密合作，扩展了广东省的市场空间，优化了发展环境，推动了经济和社会的协调快速发。从表8-2可以看出，自泛珠成立以来，广东省各项经济指标均保持了较快的增长速度。尤其是2015年，广东省GDP突破7万亿元，达到7.28万亿元，连续26年稳居全国首位，增速为8.0%，较上年提高了0.2个百分点。

表8-2 广东省主要经济指标增长情况（2004年、2014年）及与全国的比较

指标	2004	2014	2004～2014 广东（%）	2004～2014 泛珠九省区（%）	2004～2014 全国（%）
GDP（亿元）	18864.62	67809.85	259.46	316.33	297.89
工业总产值（亿元）	34443.48	130081.02	277.67		
固定资产投资（亿元）	6025.53	25928.09	330.30		
地方财政一般预算收入（亿元）	1418.51	8065.08	468.56		
城镇居民人均可支配收入（元/人）	13627.65	32148.11	135.90		
进出口总额（亿美元）	3571.29	10765.84	201.46		
出口额（亿美元）	1915.69	6460.87	237.26		
实际利用外资（亿美元）	128.99	272.78	111.47		

但是，与泛珠内地其他八省区相比，广东省的经济增速有所放缓，这表明广东已率先进入工业化与城市化后期，速度明显回落。

（3）合作诉求。

从20世纪70年代末开始，由于拥有毗邻港澳和海外侨胞众多的优势，广东得国内改革开放之先，经济迅速崛起，不仅一举成为全国经济的高地，在亚太地区也是一颗闪耀的明星。

然而，自20世纪90年代以来，作为改革开放排头兵的广东，却面临着上海及长江三角洲地区的激烈竞争。由于多山地丘陵的地形特点，广东省的经济活动高度集中在珠江三角洲地区。然而，与长三角相比，珠三角面积狭小，腹地有限，再加上外围山地阻碍，其基础设施延伸和市场空间拓展受到很大制约。同时，广东省内也缺少支撑其工业经济发展的资源和能源，劳动力也需要从内地省份大量输入。为了使本省经济具有长远发展的持续动力，并在与长三角竞争中保持优势，广东就必须开拓并建立属于自己的经济腹地。

同时，广东省也希望通过区域合作和共同发展，来缓解其与周边省区之间一些发展中的矛盾，从而创造一个更良好的发展环境。

2. 福建

（1）省情特征。

福建省地处中国东南沿海，位于长江三角洲和珠江三角洲之间，连接台湾海峡两岸，是我国面向亚太地区开放的重要窗口之一。福建全省常住人口3806万人，陆域面积12.4万平方公里，海域面积13.63万平方公里。2014年全省GDP达2.4万亿元，居全国第11位；人均GDP突破1万美元，居全国第8位。福建省山海资源丰富，生态环境得天独厚，全省森林覆盖率达65.95%，多年保持全国第一；水、大气和生态质量均位居全国前列；全省海岸线长3752公里，居全国第二位，可建万吨级以上泊位的深水岸线长210.9公里，居全国首位。

（2）发展形势。

“十二五”时期是福建发展迎来重大历史机遇并取得重大发展成就的五年。在党中央正确领导和大力支持下，积极应对复杂多变的外部环境和经济下行压力，牢牢把握稳中求进的工作总基调，全面落实中央支持福建发展的政策措施，攻坚克难，开拓进取，全力推动科学发展跨越发展，顺利完成了“十二五”规划确定的主要目标和任务。

一是坚持做大总量、提质增效，把稳增长和调结构有机结合起来，深入实施“五大战役”，突出抓龙头、铸链条、建集群，经济结构不断优化，发展质量效益显著提升。

二是坚持深化改革、扩大开放，重点领域和关键环节改革取得突破，对外开放水平持续提升，闽台经济融合进一步深化，平潭综合实验区开放开发和福建自由贸易试验区、21世纪海上丝绸之路核心区建设扎实推进，福州新区获批为国家级新区，发展的动力活力进一步增强。

三是坚持百姓富、生态美的有机统一，着力建设生态文明先行示范区，环境质量位居全国前列，“清新福建”名片更加亮丽，持续实施一批惠民利民工程，人民生活更加富足。

四是统筹兼顾、协调发展，民主法治、文化发展、社会治理以及党的建设等全面推进，取得重大进展。这些成就来之不易、有目共睹，为“十三五”发展积累了丰富经验，奠定了坚实基础。

表 8-3 福建省经济指标表（2005～2014 年）

经 济 指 标	2005	2006	2007	2008	2009	2010	2011	2012	2013	2014
地区 GDP（亿元）	6554.7	7583.9	9248.5	10823.0	12236.5	14737.1	17560.2	19701.8	21868.5	24055.8
工业增加值（亿元）	2801.9	3230.5	3896.8	4593.2	5106.4	6397.7	7675.1	8541.9	9455.3	10426.7
人均 GDP（元/人）	18646	21152	25582	29755	33437	40025	47377	52763	58145	63472
地方财政一般预算收入（亿元）	432.6	541.2	699.5	833.4	932.4	778.1	1053.4	1372.0	1621.2	2352.9
地方财政一般预算支出（亿元）	593.0	728.7	910.6	1137.7	1411.8	1695.1	2198.2	2607.5	3068.8	3300.7
城镇居民人均可支配收入（元/人）	12321.3	13753.3	15506.1	17961.5	19576.8	21781	24907	28055.2	28173.9	30722.4
居民消费价格指数（上年=100）	102.2	100.8	105.2	104.6	98.2	103.2	105.3	102.4	102.5	102
固定资产投资（亿元）	2316.7	2981.8	4287.7	5207.7	6231.2	8199.1	9910.9	12440	15327.4	18219.8
经营单位所在地进出口总额（亿美元）	544.1	626.6	744.5	848.2	796.5	1087.8	1435. 2	1559.4	1693.2	1775.0
外商投资企业投资总额（亿美元）	753. 3	878	1027	1121	1175	1248. 3	1369.0	1457.4	1565.2	

（3）存在问题。

国内外宏观环境将继续发生深刻变化，福建经济社会发展呈现新的阶段性特征。我国经济发展进入新常态，经济发展方式加快转变，新的增长动力正在孕育形成，经济长期向好基本面没有改变，仍处于大有作为的重要战略机遇期。在经济发展新常态下，福建面临加快结构调整与保持经济稳定增长、产业转型升级与创新动力不足、保持整体竞争力与要素成本上升、区域优先发展与均衡发展等矛盾。同时，存在产业结构不够优、竞争力不够强，对台等优势发挥不够，社会事业发展相对滞后，生态环境保护压力和难度加大等突出问题。

（4）区域合作诉求。

一是打造21世纪海上丝绸之路核心区。传承商贸人文历史，发挥海上海外优势，努力成为推进“一带一路”建设的排头兵和主力军。着眼建设互联互通的重要枢纽，加快推进海陆空及信息通道互联互通，打造面向东南亚的重要枢纽机场，推进区域港航体系和通信网络设施建设，畅通连接丝绸之路经济带的陆上通道，形成服务中西部地区对外开放的出海通道。

二是进一步密切闽港澳合作。继续推动粤港澳合作的先行先试政策向福建延伸、闽台合作的先行先试政策向港澳延伸，推动闽港澳台紧密互动。深化闽港澳金融、物流、旅游、文化、教育、科技等领域合作，推动闽港澳服务贸易自由化，拓展闽港、闽澳招商平台。密切与侨团、商会交往，深化青年、智库、非政府组织、社会团体等友好交流，进一步汇聚侨心侨智侨力，增进民心相通，吸引海外闽籍乡亲回乡投资创业。

三是深化对内开放合作。加强与长三角、珠三角互动合作，探索建立产业、交通、环保等领域的协调机制，推动建设一批省际产业合作园区和合作项目。推进跨省铁路、公路和港口等重大基础设施统筹规划布局与协同建设，深化福建沿海港口与内陆省之间的物流供应链协作。推进与周边及内陆省区口岸通关协作，支持跨省区“陆地港”、“飞地港”建设，吸引更多货源在福建进出口。

3. 广西

（1）区情特征。

广西壮族自治区地处中国南方沿海，位于云贵高原的东南边缘，两广丘陵的西部，南面朝向北部湾。广西常住人口4754万人，区域面积23.67平方千米，大陆海岸线长约1595千米，区内交通便利。2014年地区生产总值达1.56万亿元，居全国第19位；人均GDP达3.31万元，居全国第27位。广西属亚热带季风气候区，气候温暖，山海资源丰富，尤其盛产水果，被誉为“水果之乡”。

（2）发展形势。

近年来，广西紧紧抓住国家实施西部大开发战略、北部湾经济区开放开发上升为国家战略，以及中国—东盟自由贸易区建成等重大机遇，加快推进改革发展各项事业，促进了经济社会平稳较快发展，人民生活水平明显改善，实现了“四大历史性转变”：

一是以新型工业化城镇化为导向的经济结构调整取得新突破，实现了由农业主导向工业主导型的历史性转变。2014年工业化率和城镇化率均超过40%，进入工业化中期和城镇化快速发展新阶段。千亿元产业达到10个，包括食品、石化、冶金、有色金属、机械、汽车、电力、建材、造纸与木材加工产业、电子信息，其中汽车、机械、石化、冶金、食品产业成为两千亿元产业，食品成为3000亿元产业。

表 8-4 广西壮族自治区经济指标表（2005～2014 年）

经济指标	2005	2006	2007	2008	2009	2010	2011	2012	2013	2014
地区 GDP（亿元）	3984.1	4746.16	5823.41	7021	7759.16	9569.85	11720.87	13035.1	14449.9	15672.97
工业增加值（亿元）	1264.84	1592.33	2090.1	2627.39	2863.84	3860.46	4851.37	5279.26	5600.5	6065.34
人均 GDP（元/人）	8878	10240	12277	14652	16045	20219	25326	27952	30741	33090
地方财政一般预算收入（亿元）	283.04	342.58	418.83	518.42	620.99	771.99	947.72	1166.06	1317.6	1422.05
地方财政一般预算支出（亿元）	611.48	729.52	985.94	1297.11	1621.82	2007.59	2545.28	2985.23	3208.67	3435.06
城镇居民人均可支配收入（元/人）	9286.7	9898.8	122004	14146	15451.5	17063.9	18854.1	21242.8	22689.38	24669
居民消费价格指数（上年=100）	102.4	101.3	106.1	107.8	97.9	103	105.9	103.2	102.2	102.1
固定资产投资（亿元）	1661.17	2198.72	2939.67	3756.41	5237.24	7057.56	7990.66	9808.6	11907.7	13843.2
经营单位所在地进出口总额（亿美元）	51. 8	66.7	92.6	132.4	142.5	177.4	233.6	294.8	328.3	405.5
外商投资企业投资总额（亿美元）	147. 1	180.0	219.1	258.3	272.0	279. 7	299.4	311.4	319.3	

二是以交通为重点的基础设施建设取得新突破，实现了由过去的全国交通末梢成为连接中国与东盟国际通道、连接华南与西南交通枢纽的历史性转变。2014 年底，铁路营运里程达 4907 公里，其中高铁营运里程 1515 公里，广西已驶入高铁时代；高速公路总里程达到 3747 公里，高速公路骨架网络基本形成；港口货物吞吐量达 3.1 亿吨，其中北部湾港超过 2 亿吨，内河港口超过 1 亿吨；民航机场客运量超过 1803 万人次，开通了约 235 条国际国内航线，综合交通体系基本建成。

三是以东盟为重点的开放合作取得新突破，实现了由过去开放相对滞后地区成为中国—东盟开放前沿和窗口的历史性转变。2009 年以来外贸进出口总额年均增长 20.5%，与东盟的贸易规模跻身全国 10 强，居中西部地区首位。目前，广西正在积极推动南宁—新加坡经济走廊建设，加快推进广西东兴国家重点开放开发试验区、中马钦州产业园区、中马关丹产业园区、中越凭祥—同登跨境经济合作区、沿边金融综合改革试验区等对外开放合作平台建设。

四是以民生为重点的社会建设取得新突破，实现了人民生活由温饱到总体小康的历史性转变。2014 年底，城乡居民人均收入分别达 25333 万元和 7565 元，2009 以来年均增长 10.2%和 12.7%。目前，全区公共服务和社会保障不断加强。九年义务教育巩固率、高中阶段教育毛入学率分别达 90.3%和 82%，高校毕业生初次就业率达 89.9%；城乡三项基本医疗保险参保率达 97%以上，新农合参合率达 99.03%，城乡居民基本养老保险参保人数 1721 万人。

2015 年以来，面对错综复杂的国内外形势，广西按照党中央、国务院的统一决策部署，坚持稳中求进的工作总基调，统筹做好稳增长、促改革、调结构、惠民生等各项工作，实现了经济运行总体平稳和社会大局稳定。2015 上半年，全区经济增长 8%；城镇居民人均可支配收入、农民人均现金收入分别增长 7%和 9.8%。1～7 月，财政收入增长 11.2%，规模以上工业增加值增长 8.2%，外贸进出口增长 11.8%，固定资产投资增长 18.5%，居民消费价格指数上涨 1.3%。总的来看，当前广西经济快速发展、社会和谐稳定、民族团结和睦、边疆巩固安宁、人民安居乐业。

（3）存在问题。

尽管这些年来经济社会发展取得了巨大成就，但广西后发展、欠发达的基本区情没有改变，人民群众日益增长的物质文化需要同落后的社会生产之间的矛盾没有改变，经济社会发展中还面临不少困难和问题。

一是经济总量小，人均水平低。广西经济总量虽然超过了万亿元，但总量仍然很小，不及广东、江苏的 1/4，山东的 1/3。2014 年人均 GDP 仅相当于全国的 72%，人均地方财政收入相当于全国的 45.1%，人均固定资产投资相当于全国的 77.5%，城镇居民人均可支配收入、农民人均纯收入分别相当于 87.8%和 72.1%。

二是工业化城镇化水平低，产业结构不合理。2014 年全区工业化率、城镇化率分别为 2.51、46%，远低于全国 3.91、54.8%的平均水平。高耗能工业比重高达 40%左右，一些传统优势产业仍处于低端发展，面临全国性的产能过剩，动能减弱；原材料加工业、初级加工业比较多，先进制造业、高新技术企业比重低，战略性新兴产业发展明显滞后，产业集聚度不高，产业链短、产品附加值低。

三是服务业发展滞后。广西刚刚进入工业化中期阶段，2014 年服务业增加值仅占地区生产总值的37.8%，比全国低10.4个百分点，仅相当于全国1999年的水平。发展现代服务业，需要足够的配套产业、人才、资金、技术支撑，而广西这方面基础还比较薄弱，一些政策落实起来比较困难。

四是投资增长后劲乏力。今年广西投资运行态势相对平稳，但是投资结构不平衡的问题比较突出，严重制约投资增长后劲。主要呈现“三多三少”：①政府投资多，民间投资相对减少。②基础设施投资多，实体产业投资少。③小项目多，大项目少。

五是能源资源和环境约束加大。一方面，广西能源对外依存度达到70%以上，煤炭、电力等供应偏紧；受环保、资源、能源刚性约束影响较大。另一方面，“十二五”国家给广西的能源消费控制总量为1.0107亿吨标煤，到2013年底全区能源消费总量已经达到9750万吨，后两年只有300万吨的空间，节能减排形势严峻，化解过剩产能、淘汰落后产能任务仍然艰巨。

六是社会事业发展滞后，自主创新能力不强。2014年，广西高等教育毛入学率27.3%，比全国平均水平低10.2个百分点；每千人拥有医疗机构床位数仅相当于全国的74%。基本公共服务水平明显低于全国平均水平。具有自主知识产权的核心技术和知名品牌较少，创新人才缺乏。

七是扶贫开发任务艰巨。目前全区还有贫困人口634万人，占全国贫困人口总数的7.7%，居全国各省区第5位。这些人口主要集中在自然条件较为恶劣的大石山区、边境地区和水库移民区，实现脱贫成本高、难度大。

（4）区域合作诉求。

一是深化泛珠三角区域合作。建议广东、广西等泛珠区域各省区与港澳建立更加紧密的合作关系，共同推动珠江—西江经济带等重大合作平台建设，一并纳入泛珠三角区域合作总体框架，为打造我国新的经济增长带、推动形成我国区域发展新格局做出更大贡献。

二是共同推动“一带一路”等重大国家战略实施。充分发挥好港澳和泛珠区域内各省份在“一带一路”、自由贸易区等重大国家战略中的自身优势和作用，共同推动多双边合作机制和平台建设。支持港澳利用中国—东盟博览会、泛北部湾经济合作论坛等重大开放平台，参与中国—东盟新的“钻石十年”、中国—东盟自由贸易区升级版建设，在加工贸易产业转移、专业服务等领域开展合作，支持在广西设立面向东盟的商务总部经济、商品展示展销中心等，携手开拓东盟市场；内地积极利用港澳与世界联系广泛的优势，推动内地企业和产品以港澳为平台“走出去”，拓展国际市场。

三是推动港澳在内地投资体制机制改革。目前，CEPA政策只在广东省实施，与港澳自由贸易政策只在广东、福建等自贸区先行实施。港澳在内地的投资均按外资管理，限制条件较多，审批程序较为复杂。建议共同推动广东CEPA负面清单先行先试政策率先在广西实施，尽快推广实施自由贸易区相关政策，对港澳在内地的投资参照内资进行管理，实现内地与港澳贸易自由化，推动内地与港澳经济深度合作。

四是加强内地与港澳青年交流。经过多年的发展，港澳经济以发展服务业为主，均占到GDP的90%以上，大量港澳制造业等实体经济被吸引转移到了内地，造成产业结构比较单一，港澳实体经济出现一定程度空心化，导致部分年轻人就业难、创业难。内地强大的实体经济以及新型城镇化、产业转型升级带来的巨大投资需求，可为港澳提供资金和人才的出路，为港澳经济转型发展提供最大依托。

五是加强珠江—西江生态环境保护合作。桂粤港澳共饮一江水。建议加强珠江—西江生态环境保护等方面的合作，健全流域生态环保联防联控机制，引进港澳先进的环保理念和技术，共同建设西江千里绿色走廊，建设大藤峡水利枢纽等重大工程，大力发展生态经济，推进珠江—西江经济带持续健康发展。

六是加强金融等现代服务业合作。充分发挥香港国际金融中心作用，利用好港澳强大的国际资本市场平台，共同推进沿边金融综合改革试验区建设，鼓励港澳金融机构到内地设立分支机构，支持有条件的内地企业赴港上市，深化与东盟国家的金融合作。联合粤桂琼港澳等多省区，深化拓展与东盟国家的旅游合作。

4. 贵州

（1）省情特征。

贵州省地处中国西南腹地，与重庆、四川、云南、广西相接壤，是西南地区陆路交通枢纽。全省常住人口 3520.04 万人，陆域面积 17.6 万平方公里。2014 年全省 GDP 达 9251.01 亿元，居全国第 26 位；人均 GDP 达 26415 元，居全国末位。贵州省属亚热带湿润季风气候，四季分明、春暖风和、雨量充沛、雨热同期，是世界上岩溶地貌发育最典型的地区之一。

（2）发展形势。

“十二五”时期特别是党的十八大以来，面对充满挑战的国际国内环境和艰巨繁重的改革发展稳定任务，贵州坚持加速发展、加快转型、推动跨越主基调，大力实施工业强省和城镇化带动主战略，抢抓国发 2 号文件出台、贵州与全国同步小康上升为国家战略等重大历史机遇，大力构筑“精神高地”，奋力冲出“经济洼地”，顺利完成了“十二五”规划目标任务，实现了在西部地区赶超进位的历史性突破，为“十三五”时期发展奠定了坚实的基础。

“十三五”期间，贵州省经济发展方式正在加快转变，新的增长动力正在孕育形成，经济长期向好的基本面没有改变，同时也进入以速度变化、结构优化、动力转换为主要特点的新常态，面临着新的困难和挑战。

（3）存在问题。

贵州省经济社会发展中还存在诸多困难和问题，特别是经济总量小、人均水平低、产业结构不合理、资源开发利用水平不高、经济发展方式粗放、生态环境脆弱等问题依然突出；贫困人口多、脱贫任务重，安全生产压力大，城乡区域发展不平衡，社会事业发展滞后，法治建设有待加强，一些领域存在不少矛盾和风险，改善民生和维护稳定任务依然艰巨。

（4）区域合作诉求。

一是完善基础设施互联互通。统筹泛珠区域重大基础设施建设，编制基础设施互联互通规划，形成联通内外、便捷高效的海陆空综合交通网络。加快推进铁路、高速公路、港口、机场等通道建设，构建互联互通的服务体系。支持贵州建成西南陆路交通枢纽，规划建设广东、广西经贵州到重庆，四川经贵州到云南，四川经贵州过江西到福建的交通大动脉，形成外连东盟、渝新欧大陆桥（欧盟），内连港澳台的快速通道，增强对“一带一路”、长江经济带等国家战略支撑力。推进铁、公、水多式联运，无缝衔接，实现泛珠区域互联互通。

表 8-5　贵州省经济指标表（2005～2014 年）

经 济 指 标	2005	2006	2007	2008	2009	2010	2011	2012	2013	2014
地区 GDP（亿元）	2005.42	2338.98	2884.11	3561.56	3912.68	4602.16	5701.84	6852.2	8086.86	9251.01
工业增加值（亿元）	707.35	839.13	978.86	1195.3	1252.67	1516.87	1829.2	2217.06	2686.52	3140.88
人均 GDP（元/人）	5052	5750	7878	9855	10971	13119	16413	19710	23151	26393
地方财政一般预算收入（亿元）	182.5	226.82	285.14	347.84	416.48	533.73	773.08	1014.05	1206.41	1366.67
地方财政一般预算支出（亿元）	520.73	610.64	795.4	1053.79	1372.27	1631.48	2249.4	2755.68	3082.66	3542.80
城镇居民人均可支配收入（元/人）	8151.1	9116.6	10678.4	11758.8	12862.5	14142.7	16495	18700.5	20564.93	22548.21
居民消费价格指数（上年=100）	101	101.7	106.4	107.6	98.7	102.9	105.1	102.7	102.5	102.4
固定资产投资（亿元）	998.25	1197.43	1488.8	1864.45	1412.02	3104.92	4235.92	5717.8	7373.6	9025.7
经营单位所在地进出口总额（亿美元）	14	16.1	22.7	3.4	23	31.5	48.9	66.3	82.9	108.1
外商投资企业投资总额（亿美元）	23.4	26	28	32.1	36	41.3	56.8	76.7	118.6	

二是推进统一市场建设。加快建立统一开放的产品、技术、产权、资本、人力资源区域市场体系，实现生产要素自由流动和资源优化配置。抓紧研究制定泛珠区域贸易流通体制综合改革试点方案，支持贵州智慧物流云、智慧交通云、电子商务云等信息平台建设。以贵州大数据资源中心和贵阳·贵安大数据产业发展集聚区为依托，积极推进大数据在市场建设领域的深度应用，推进区域内市场、科技、金融等信息共建共享、互联互通。

三是强化区域产业创新驱动和协作发展。大力实施创新驱动发展战略，加强创新要素和创新资源整合，推进产学研、产业链深度合作，提升产业协同创新能力。加快科技创新平台和产业创新联盟建设，支持各省区联合建立各类创新基地、成果转化和产业化基地，促进产业创新升级。

四是加强社会事业合作。着力构建泛珠区域基本公共服务均等化的体制机制，推进跨区域教育、卫生、体育等领域的合作，促进公共服务资源共建共享，缩小区域之间、城乡之间差距，稳步推进基本公共服务均等化。

5. 海南

（1）省情特征。

海南省位于中国南端，海南省北以琼州海峡与广东省划界，西临北部湾与广西壮族自治区和越南相对，东濒南海与台湾省对望，东南和南边在南海中与菲律宾、文莱和马来西亚为邻。海南全省常住人口 903.48 万人，陆域面积 3.54 万平方公里，海域面积约 200 万平方公里，是中国国土面积第一大省。2014 年全省 GDP 达 3500.7 亿元，居全国第 28 位；人均 GDP 达 39114 元，居全国第 21 位。海南省属热带季风气候，入春早，升温快，日温差大，全年无霜冻，冬季温暖，稻可三熟，菜满四季，是中国南繁育种的理想基地。

（2）发展形势。

近年来，海南省经济发展有以下特点：一是经济保持平稳运行；二是行政机构与国企等重点领域改革取得积极进展；三是产业发展实现提质增效；四是城乡统筹发展有序推进。至 2014 年，海南省实现地区生产总值 3500.7 亿元，增长 8.5%。全省一般公共预算总收入 1242.8 亿元，增长 12.1%，其中，地方一般公共预算收入 555.3 亿元，增长 15.4%；固定资产投资 3039.5 亿元，增长 13.2%；社会消费品零售总额 1090.9 亿元，增长 12.2%；城镇常住居民人均可支配收入 24487 元，农村常住居民人均可支配收入 9913 元，分别增长 9.3%和 12.6%；居民消费价格涨幅 2.4%；城镇登记失业率 2.25%；人口自然增长率 8.61‰；三次产业结构为 23.1∶25.0∶51.9。

（3）存在问题。

海南省经济社会发展中面临一些亟待解决的困难和问题，突出表现在：一是受经济下行等因素影响，地区生产总值、固定资产投资、社会消费品零售总额等部分经济指标增速回落，没有完成年初预期目标。二是产业结构不合理，现代服务业发展不足，经济抗风险能力不强，经济转型升级任重道远。三是大项目不多，新的经济增长点偏少，增长动力转换较慢，增长压力依然较大。四是社会治理有待加强，物价、交通、教育、医疗、就业、食品安全等方面还存在不少薄弱环节，离人民群众的要求还有很大差距。五是损害和破坏生态环境的现象时有发生，环境保护和建设的任务仍然艰巨，电力、天然气等资源紧缺的矛盾不断凸显，经济社会发展的资源环境约束加大。

表 8-6 海南省经济指标表（2005～2014 年）

经济指标	2005	2006	2007	2008	2009	2010	2011	2012	2013	2014
地区 GDP（亿元）	918.75	1065.67	1254.17	1503.06	1654.21	2064.5	2522.66	2855.54	3177.56	3500.72
工业增加值（亿元）	176.92	238.31	278.37	308.89	300.63	385.21	475.04	521.15	472.38	514.4
人均 GDP（元/人）	10871	12650	14923	17691	19254	23831	28898	32377	35663	38924
地方财政一般预算收入（亿元）	68.68	81.81	108.29	144.86	178.24	270.99	340.12	409.44	481.01	555.3
地方财政一般预算支出（亿元）	151.24	174.54	245.2	357.97	486.06	581.34	778.8	911.67	1011.17	1094.4
城镇居民人均可支配收入（元/人）	8123.9	9395.1	10996.9	12607.8	13750.9	15581.1	18369	20917.7	22411.43	24486.53
居民消费价格指数（上年=100）	101.5	101.5	105.1	106.9	99.9	104.8	106.1	103.2	102.8	102.4
固定资产投资（亿元）	367.17	423.89	502.37	705.42	988.32	1317.04	1657.23	2145.4	2697.93	3112.26
经营单位所在地进出口总额（亿美元）	25.4	28.5	35.1	45.3	48.8	86.5	127.5	143.2	149.9	158.7
外商投资企业投资总额（亿美元）	92	118	241	266.6	203	258.9	220.7	270.7	269.9	

（4）区域合作诉求。

海南省希望增进与泛珠各省区的联系，加强与珠三角地区、北部湾经济区、海峡西岸经济区的合作，推进旅游、渔业、能源、生态、信息、安全、搜救等领域的合作，共同建立海洋经济示范区、海洋科技合作区。鼓励其他省份参与海南有关区域培育发展现代海洋渔业、海洋旅游业、海洋高技术产业和现代服务业，密切相关领域的交流合作。

6. 湖南

（1）省情特征。

湖南省地处中国中部、长江中游，东临江西，西接重庆、贵州，南毗广东、广西，北与湖北相连。湖南全省常住人口7200万人，居全国第七位，国土面积21.18万平方公里，居全国各省区市第十位、中部第一位。2014年全省GDP达27048.50亿元，居全国第十位；人均GDP达40425元，居全国第17位。湖南矿产丰富，矿种齐全，是驰名中外的“有色金属之乡”和“非金属矿产之乡”。此外，湖南还是全国重要的粮食生产基地，自古就有“鱼米之乡”和“湖广熟、天下足”之说。

（2）发展形势。

近年来，在党中央、国务院的坚强领导下，湖南积极应对严峻复杂的经济形势，抢抓国家全面深化改革、加速中部崛起、深入推进长江经济带和“一带一路”建设等历史机遇，加快建设新型工业化、新型城镇化、农业现代化、信息化和资源节约型、环境友好型社会，大力促进经济总量、运行质量和人均收入同步提升，经济社会实现持续健康发展。2014年，全省完成地区生产总值2.7万亿元，增长9.5%；固定资产投资、社会消费品零售总额、一般公共预算收入分别增长19.4%、12.8%、9.5%；城乡居民收入分别增长9.1%、11.4%。长株潭城市群、大湘南地区、大湘西武陵山片区、洞庭湖生态经济区四大区域板块协调发展、竞相发展的格局基本形成。

（3）存在问题。

一是全面建成小康任务艰巨。主要表现为三个不平衡：地区之间不平衡，长株潭地区实现程度比较高，大湘西地区实现程度比较低，全省还有48个贫困县，扶贫任务艰巨。城乡之间不平衡，城市实现程度较高，广大农村实现程度较低，有的地区实现难度很大，2014年全省还有农村贫困人口604万。

二是结构性矛盾依然突出。需求上，2013年最终消费对经济增长的贡献率不到40%，货物和服务净调出贡献率为－2.6%。产业上，六大高耗能行业GDP占比仍然高达31.2%，新兴产业和服务业比重偏小。城乡上，城镇化率落后全国5.5个百分点。

三是资源环境问题凸显。长期积累的生态环境问题正在集中显现，点源污染与面源污染共存，生活污染和工业排放叠加，大气污染和水源耕地污染交织，近年来雾霾频发，资源能源利用效率偏低，节能减排压力巨大，单位GDP能耗和工业增加值用水量均高出全国水平20%以上。

四是社会问题不容忽视。就业形势依然严峻，城乡、行业、阶层之间收入差距较大，公共服务供给不足，社会保障层次不高等。

（4）区域合作诉求。

一是完善基础设施互联互通。探索建立区域基础设施规划协调机制，加强基础设施建设规划、技术标准体系的对接，共同推进骨干通道建设，逐步形成连接泛珠区域的立体综

表 8-7 湖南省经济指标表（2005～2014 年）

经济指标	2005	2006	2007	2008	2009	2010	2011	2012	2013	2014
地区 GDP（亿元）	6596.1	7688.67	9439.6	11555	13059.69	16037.96	19669.56	22154.23	24621.67	27048.46
工业增加值（亿元）	2195.33	2707.61	3397.69	4310.12	4819.4	6305.11	8122.75	9138.5	10001	10749.88
人均 GDP（元/人）	10426	11830	14869	18147	20428	24719	29880	33480	36943	40287
地方财政一般预算收入（亿元）	395.27	477.93	606.55	722.71	847.62	1081.69	1517.07	1782.16	2030.88	2259.9
地方财政一般预算支出（亿元）	873.42	1064.52	1357.03	1765.22	2210.44	2702.48	3520.76	4119	4690.89	5024.5
城镇居民人均可支配收入（元/人）	9524	10504.7	12293.5	13821.2	15084.3	16565.7	18844.1	21318.8	24351.99	26570.16
居民消费价格指数（上年=100）	102.3	101.4	105.6	106	99.6	103.1	105.5	102	102.5	101.9
固定资产投资（亿元）	2629.07	3175.52	4154.76	5534.04	7703.38	9663.58	11880.9	14523	17841.4	21269.7
经营单位所在地进出口总额（亿美元）	60	73.5	96.9	125.5	101.5	146.6	189.4	219.5	251.8	310.2
外商投资企业投资总额（亿美元）	158. 2	213	243. 2	266.2	280	324	349. 6	383.8	404.9	

合基础设施网络。

二是推进统一市场建设。围绕建立统一、开放、公平的区域大市场，打破地区封锁和隐形壁垒，促进各类生产要素自由流动、优化配置。

三是强化区域产业创新驱动和协作发展。突破行政区域界线，建立产业创新驱动联盟，促进区域间跨省区的创新合作和交流，实现资源的有效利用和共享。

7. 江西

（1）省情特征。

江西省地处长江中下游南岸，东临浙江、福建，南连广东，西接湖南，北毗湖北。江西全省常住人口4542万人，国土面积16.69万平方公里。2014年全省GDP达15708.6亿元，居全国第18位；人均GDP达34738元，居全国第25位。江西是红色摇篮，革命老区。省域资源众多，生态良好，11种矿产储量居全国首位，铜、钨、铀、钽铌、稀土被誉为“五朵金花”；森林覆盖率63.1%，居全国第二。

（2）发展形势。

近年来，江西省主动适应经济新常态，坚持稳中求进工作总基调，把转型升级放在更加突出重要的位置，提出了“发展升级、小康提速、绿色崛起、实干兴赣”十六字方针，推动了全省经济实现平稳健康发展。在2011年全省生产总值突破万亿元的基础上，2014年全省生产总值攀升至1.5万亿元，达15714.6亿元，同比增长9.7%，位列全国第七、中部第一。

2014年以来，面对持续加大的经济下行压力，江西省认真贯彻落实中央各项决策部署，全面深化改革，突出创新驱动，保护生态环境，加强民生保障，狠抓工作落实，全省经济运行保持总体平稳、稳中有进的态势，前三季度全省GDP增长9.2%，增速比上半年提高0.2个百分点，主要经济指标运行在合理区间，增速继续位居全国前列。

（3）存在问题。

江西省经济社会发展中还存在诸多困难和问题，经济总量较小、人均水平较低，贫困人口多，建成小康社会任务艰巨。此外，产业结构不尽合理、资源开发利用水平不高、经济发展方式粗放，面临加快结构调整与保持经济稳定增长、产业转型升级与创新动力不足、保持整体竞争力与要素成本上升、区域优先发展与均衡发展等矛盾。

（4）区域合作诉求。

一是进一步推进市场开拓。把联手开拓市场放在经贸合作的首位，坚持国内国外两个市场一起抓。各省之间要努力消除体制性障碍，打破地区封锁，尽快建立起统一开放，竞争有序、高效规范的无壁垒市场，促进产品在区域内更加顺畅流通。

二是进一步推进产业合作。随着鄱阳湖生态经济区规划上升为国家战略，鄱阳湖生态经济区建设不断推进，一批重大项目、产业基地、重点工程将相继开工建设。同时，国家加快推进区域经济协调发展，珠三角地区加快产业结构调整和升级步伐，为省际产业合作，促进产业结构调整，加速江西经济发展提供了动力。

三是进一步推进基础设施合作。积极探索发挥各自优势，联手探索基础设施合作的新思路、新途径和新项目，推进在能源、电力、交通、通信、市政建设等方面的进一步合作。

表 8-8 江西省经济指标表（2005～2014 年）

经济指标	2005	2006	2007	2008	2009	2010	2011	2012	2013	2014
地区 GDP（亿元）	4056.76	4820.53	5800.25	6971.05	7655.18	9451.26	11702.82	13948.88	14410.19	15708.59
工业增加值（亿元）	1455.5	1905.15	2412.3	2906.86	3196.56	4286.76	5411.86	5828.2	6452.41	6994.71
人均 GDP（元/人）	9440	10679	13322	15900	17335	21253	26150	28800	31930	34661
地方财政一般预算收入（亿元）	252.92	305.52	389.85	488.65	581.3	778.09	1053.43	1371.99	1621.24	1881.5
地方财政一般预算支出（亿元）	563.95	696.44	905.06	1210.07	1562.37	1923.26	2534.6	3019.22	3470.3	3882.2
城镇居民人均可支配收入（元/人）	8619.7	9551.1	11451.7	12866.4	14021.5	15481.1	17494.9	198604	22119.66	24309.19
居民消费价格指数（上年=100）	101.7	101.2	104.8	106	99.3	103	105.2	102.7	102.5	102.3
固定资产投资（亿元）	2176.6	2683.57	3301.94	4745.43	6643.14	8772.27	9087.6	10774	12850.3	15109.9
经营单位所在地进出口总额（亿美元）	40.6	61.9	94.5	136.2	127.8	216. 2	314.7	334.1	367.5	427.8
外商投资企业投资总额（亿美元）	184.9	232	289.7	334.9	369	439. 2	490.8	538. 6	587.7	

8. 四川

（1）省情特征。

四川省地处中国大陆西南腹地，与重庆、贵州、云南、西藏、青海、甘肃、陕西诸省市交界。四川全省常住人口 8140.2 万人，国土面积 4.84 万平方公里。2014 年全省 GDP 达 28536.7 亿元，居全国第 8 位；人均 GDP 达 35200 元，居全国第 23 位。四川现拥有已探明储量的矿产资源 132 种，占全国资源种数的 70％，为全国的资源、能源大省，是川气东送的起点。因物产丰富，资源富集而被誉为“天府之国”。

（2）发展形势。

“十二五”时期，面对世界经济形势复杂多变、国内经济进入新常态的宏观环境，以及芦山强烈地震等自然灾害的多重挑战，四川省围绕科学发展、转变发展方式，全面实施“三大发展战略”，经济社会发展取得全面进步。2011 年，全省地区生产总值迈上两万亿元，2014 年达到 2.85 万亿元，在全国排名第八，2015 年将超过 3 万亿元。首位城市成都市地区生产总值突破 1 万亿元，在全国副省级城市中位居前列，12 个市州地区生产总值超过千亿元，上百个县（市、区）地区生产总值超过百亿元；七大优势产业增加值占规模以上工业增加值比重达到 78％左右，高新技术产业产值突破 1.2 万亿元，战略性新兴产业产值突破 5000 亿元；城镇化率年均提高 1.5 个百分点，达到 46.3％；西部现代综合交通枢纽体系主体骨架基本形成，进出川通道达到 23 条，铁路营运里程 3976 公里，高速公路通车里程达到 5510 公里。居民收入持续增长，2014 年城乡居民收入比缩小到 2.77∶1。

（3）存在问题。

四川省“人口多、底子薄、不平衡、欠发达”的基本省情仍然没有改变，人均地区生产总值相当于全国平均水平的 75％，保持经济社会持续健康发展面临不少困难和挑战，两位数的高增长转换到中速增长阶段不可避免。

（4）区域合作诉求。

一是进一步落实区域合作发展规划。组织实施好《泛珠三角区域合作发展规划纲要（2006～2020 年）》和交通、能源、科技、信息化和环保专项合作规划。进一步加强与国家有关专项规划的衔接，争取泛珠三角各项规划更多纳入国家总体规划，以利于各项规划的实施。

二是进一步健全完善泛珠三角区域利益协调机制。区域经济的发展是建立在整合区域资源、协调区域各方利益基础之上的。只有建立共同的利益基础，有效协调各方利益，才能有效整合区域资源，保证实现区域发展目标。同时进一步完善合作协调机制、工作联系和信息报送机制，及时掌握工作进展情况，协调处理好跨省合作中遇到的问题。

三是进一步务实推进跨区域全面合作。充分利用泛珠各方的资源、区位、人文等优势和广阔巨大的空间优势，实现共建共享共赢。加强泛珠各方以优势资源开发利用为重点的产业合作，鼓励以“飞地模式”共建产业园区，加强推动区域内通关协作。

四是进一步加快建设统一开放的市场体系。区域经济一体化的重要前提是在规范、统一区域内市场制度基础上，构建统一开放的市场体系，以保证区域内商品自由流通、资源优化配置。一方面由泛珠各方加强对上述专项合作协议的贯彻和落实工作；另一方面加快开展构建区域统一市场的政策措施研究工作，制定具体的实施方案，开展强有力的市场秩序整顿工作，确保各项措施落到实处。

表 8-9　四川省经济指标表（2005～2014 年）

经济指标	2005	2006	2007	2008	2009	2010	2011	2012	2013	2014
地区 GDP（亿元）	7385.1	8690.24	10562.39	12601.23	14151.28	17185.48	21026.68	23872.8	26392.07	28536.66
工业增加值（亿元）	2527.08	3144.67	3921.41	4956.13	5678.24	7431.45	9491.05	10550.53	11540.86	12408.99
人均 GDP（元/人）	9060	10546	12963	15495	17339	21182	26133	29608	32617	35128
地方财政一般预算收入（亿元）	479.66	607.59	850.86	1041.66	1174.59	1561.67	2044.79	2421.27	2784.1	3058.5
地方财政一般预算支出（亿元）	1082.18	1347.4	1759.13	2948.83	3590.72	4257.98	4674.92	5450.99	6220.91	6784.3
城镇居民人均可支配收入（元/人）	8386	9350.1	11098.3	12633.4	13839.4	15461.2	17899.1	20307	22227.51	24234.41
居民消费价格指数（上年=100）	101.7	102.3	105.9	105.1	100.8	103.2	105.3	102.5	102.8	101.6
固定资产投资（亿元）	3585.18	4412.88	5639.8	7127.81	11731.9	13116.7	14222.2	17040	20326.1	23318.7
经营单位所在地进出口总额（亿美元）	79	110. 2	143.8	221.1	241.7	326. 9	477.2	591.4	645.7	702.5
外商投资企业投资总额（亿美元）	166	199	268. 7	421.1	461	543.8	574.2	640.5	724.9	

9. 云南

（1）省情特征。

云南省地处中国西南边陲，与四川、贵州、广西、西藏四省区相邻。云南全省常住人口 4714 万人，国土面积 39 万平方公里。2014 年全省 GDP 达 12814.59 亿元，居全国第 23 位；人均 GDP 达 27341 元，居全国第 29 位。云南省气候有北热带、南亚热带、中亚热带、北亚热带、暖温带、中温带和高原气候区等七个温度带气候类型，兼具低纬气候、季风气候、山原气候的特点，年温差小，日温差大。云南省资源丰富，素有“动物王国”、“植物王国”和“有色金属王国”之称。全国 162 种自然矿产中云南就有 148 种，其中铜矿、锡矿等有色金属矿产产量居全国前列。

（2）发展形势。

2014 年，云南省 GDP 完成 12814.6 亿元，增长 8.1%，其中，第一产业增加值完成 1991.8 亿元，增长 6.2%；第二产业增加值完成 5281.8 亿元，增长 9.1%；第三产业增加值完成 5541.6 亿元，增长 7.4%，全省人均生产总值（GDP）达 27368.97 元。规模以上固定资产投资完成 11073.86 亿元，增长 15.1%；消费品零售总额完成 4546.6 亿元，增长 12.7%；进出口总额 296.2 亿美元，同比增长 17.1%；地方公共财政预算收入完成 1697.8 亿元，增长 5.4%；城镇常住居民人均可支配收入 24299 元，增长 8.2%；农村常住居民人均可支配收入 7456 元，增长 11%；居民消费价格总水平上涨 2.4%；城镇登记失业率为 3.98%；单位 GDP 能耗下降 3.5%左右。

（3）存在问题。

一是内需增长动力不足，稳增长压力增大。2014 年全省投资和消费增速放缓，增幅同比分别回落 12.3、1.3 个百分点。投资总量和结构亟待做大和优化，产业投资仅增长 6.3%，增速低于全部投资 8.8 个百分点，特别是工业投资负增长 0.8%。

二是工业支撑能力减弱，产业转型升级步伐亟须加快。工业品价格持续下跌，传统工业增长乏力，新兴产业培育滞后。科技创新还不能形成产业竞争优势，产业链短，精深加工不足，产业发展的新增长点不多。

三是融资难融资贵的问题突出，实体经济经营困难，财政收入增长乏力。停产、半停产企业增多，全省 32.9%的规模以上工业企业处于亏损状态，亏损额同比上升 25.6%。受企业效益下滑影响，全省税收增长乏力。

（4）区域合作诉求。

一是更加重视基础设施互联互通对促进区域合作的重要作用，建议共同争取在国家层面建立出境国际大通道建设领导协调机制；二是更加注重差别化的经济政策；三是切实加强相关政策的落实力度，在鼓励对外投资的同时，鼓励引导东中部企业向西部地区转移，形成以东带西、东中西共同发展的良好格局；四是加大对云南等沿边地区开放的支持力度。

（三）香港和澳门的发展形势

香港和澳门是我国的两个特别行政区，实行“一国两制”。香港和澳门是我国国际化程度最高的城市，相当于国际市场的两块“飞地”，可以更便利地与国际市场接轨。对世界各国来说，香港和澳门是其登陆中国的桥头堡，可以更顺利地进入中国市场。所以，香港和

表 8-10　云南省经济指标表（2005～2014 年）

经 济 指 标	2005	2006	2007	2008	2009	2010	2011	2012	2013	2014
地区 GDP（亿元）	3462.73	3988.14	4772.52	5692.12	6169.75	7224.18	8893.12	10309.47	11832.31	12814.59
工业增加值（亿元）	1168.68	1401.57	1696.29	2051.73	2088.17	2604.07	2994.3	3450.72	3763.57	3898.97
人均 GDP（元/人）	7835	8961	10609	12570	13539	15752	19265	22195	25322	27264
地方财政一般预算收入（亿元）	312.65	379.97	486.71	614.05	698.25	871.19	1111.16	1338.15	1611.3	1697.79
地方财政一般预算支出（亿元）	766.31	893.58	1135.22	1470.24	1952.34	2285.72	2929.6	3572.66	4096.51	4438.32
城镇居民人均可支配收入（元/人）	9265.9	10069.9	11496.1	13250.2	14423.9	16064.5	18575.6	21074.5	22460.02	24299.01
居民消费价格指数（上年=100）	101.4	101.9	105.9	105.7	100.4	103.7	104.9	102.7	103.1	102.4
固定资产投资（亿元）	1777.63	2208.6	2759.03	3435.93	4526.37	5528.71	6191	7831.1	9968.3	11498.6
经营单位所在地进出口总额（亿美元）	47.4	62.2	87.9	96	80.5	134.3	160.3	210.1	253	296.2
外商投资企业投资总额（亿美元）	84.2	107	118.3	141.1	159	179.5	206.4	225.6	241	

澳门是中国与世界之间的桥梁和纽带。在中国正要大规模走出去与世界各国展开全方位合作的背景下，其作用和地位是其他任何城市都无法替代的。这对香港和澳门来说，也是重大的发展机遇。

自回归祖国以来，在中央政府的大力支持下，香港和澳门获得了长足的发展。一方面，香港的金融中心地位得到了巩固和强化，现已成为亚太地区最大的国际金融中心。另一方面，香港和澳门与内地的经济联系更加密切，其发展也更依赖于内地。一个强大的中国是香港和澳门得以长期稳定、繁荣与发展的可靠保证。尤其是CEPA协议的签订及泛珠三角经济合作区的建立，为港澳的长远发展奠定了坚实基础。

然而，自进入新世纪以来，香港和澳门的发展势头并没有人们预期的那样好。尤其是香港，在祖国快速崛起的背景下，相对来说发展缓慢。首先，经济增长速度明显下滑。2002～2013年，香港的地区生产总值年均实际增长率不足3%。其次，香港在珠三角城市群中的地位发生了根本性变化。2002年，香港的经济规模与广东省大体相当。但到了2015年，广州的地区生产总值就超过了香港。而且深圳也紧追其后，很快就要超过香港。如果照这样的趋势发展下去，香港将被严重边缘化，失去其在珠三角城市群中的核心地位。

香港之所以处于这样的被动局面，基本原因主要有两个方面。从香港本身来说，经济结构已发生了根本性的变化。从20世纪70年代末到90年代，随着内地的改革开放，香港的制造业基本上全部转移到珠江三角洲及内地广大地区。产业的空心化及经济结构的单一化（严重依赖于金融、转口贸易和旅游等服务业）增加了香港经济的脆弱性。从外部环境来说，经过30多年的发展，珠三角及内地今非昔比，已建立起世界上最庞大、完整的基础性产业体系。这样，珠三角及内地与香港之间的经济合作关系就由过去的垂直分工走向水平分工。这就要求香港重新定位自己的角色，强化自身优势，加快产业转型升级。

事实上，创新动力不足是香港经济发展迟缓的根本原因。如香港工商界的竞争意识和奋斗传统有所淡化，放松自我转型和创新发展的要求，难免在激烈竞争和群雄并起的大潮中落后。当前香港社会出现的种种矛盾和问题，其基本原因都是由于创新发展不足造成的。发展步伐慢下来了，问题只能越来越多，矛盾越来越大。所以，要想确保香港社会的稳定就必须加快创新步伐，保持较高的发展速度。这就需要香港社会冷静地分析形势，认清大局，放弃纷争，凝聚共识，把发展作为第一要务。

当前，我国正在加快经济转型升级步伐，一是市场经济深化发展，二是走出去。在中国新一轮改革开放过程中，香港的优势可以发挥出来，起到更积极的作用。“一带一路”正是香港可以发挥好“超级联系人”角色的绝好机会。只要强化竞争意识，跟上祖国大踏步前进的步伐，与祖国一起前行，一起努力，一定能够开创出美好的未来。

澳门正处在向世界旅游休闲中心迈进的转型过程中，应树立新的城市形象，引进高端人才与实用人才，加快推进与周边的珠海横琴、江门、中山等地在交通、旅游、休闲养生等领域密切合作。

（四）区域合作成效及今后的发展方向

1. 总体成效

首先，推动了区域协调发展。泛珠三角是我国第一个自觉自发地走上合作发展道路的区域经济体。十多年来，各方秉持“合作发展，共创未来”的理念，从道路等基础设施做起，逐步建立起多层次、全方位的合作关系，合作机制稳步增强，合作发展的道路越走越宽广，合作促进区域协调发展的局面初步形成，东、中、西之间在发展水平上的差距趋于缩小。尤其是在经受过 2008 年国际金融危机冲击之后，泛珠区域整体强劲复苏的势头明显增强，内地九省区经济发展速度普遍高于全国平均水平（图 8-2）。特别是云、贵、川三省，在区域合作中受益很大，近年来的发展步伐明显加快。

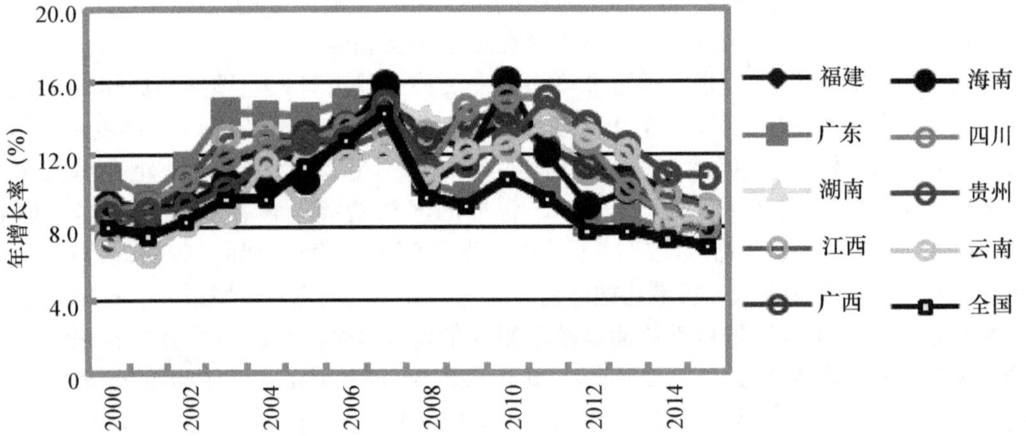

图 8-2 泛珠内地九省区经济增长率的变化（2000～2014 年）

资料来源：《中国统计年鉴》（2005 年、2010 年、2015 年）。

其次，促进了珠三角产业转型。在遭受国际金融危机打击之后，珠三角地区的产业结构亟待转型升级。为此，通过“腾笼换鸟”，将原有不适合在当地继续发展的产业，利用区域合作的渠道，及时转移到内地省区，不仅促进了区域均衡发展，还推动了珠三角地区的产业转型和升级。到目前为止，珠三角经济一度低迷的经济形势初步得以扭转，向好的发展势头开始展现。特别是深圳，通过科技创新基本上恢复了生机和活力，发展步伐显著加快，带动了珠三角地区的经济复苏。

再次，支撑了港澳的繁荣与稳定。进入新世纪以来，由于自身产业结构的局限，在国内外激烈的竞争环境下，香港和澳门的发展势头有所减缓。为了确保港澳的长期繁荣和稳定，中央政府有关部门与香港和澳门特别行政区政府于 2003 年分别签署了《内地与香港关于建立更紧密经贸关系的安排》及《内地与澳门关于建立更紧密经贸关系的安排》（CEPA），以后又陆续增加了 10 个补充协议。根据这些安排和协议，十多年来泛珠内地九省区从经贸、旅游等多个领域，加强与港澳的经济联系，促进了其经济发展。到目前为止，香港和澳门经济基本上保持了快速发展的良好势头，没有出现严重下滑的局面，确保了社会的基本稳定。尤其是澳门，在与泛珠内地的合作中受益很大，发展步伐显著加快。

最后，区域整体优势得以突显。合作促进了共同发展。十多年来，内地九省区经济总量持续壮大，从 2004 年的 4.91 万亿元增长到 2014 年的 20.44 万亿元，翻了 2 番，占全国 GDP 的比重也提升了 1.42 个百分点（表 8-11）。如果把泛珠三角地区（包括香港和澳门）看作一个经济体，2004 年其经济规模在世界上排名第十位，到 2014 年就上升到第五位（仅次于德国），前移了五位。

表 8-11　内地九省区及香港、澳门特别行政区 GDP 增长情况

省区	2004 年（亿元）	2014 年（亿元）	2004～2014 年增长（%）
福建	5763.35	24055.76	317.39
江西	3456.70	15714.63	354.61
湖南	5641.94	27037.32	379.22
广东	18864.62	67809.85	259.46
广西	3433.50	15672.89	356.47
海南	798.90	3500.72	338.19
四川	6379.63	28536.66	347.31
贵州	1677.80	9266.39	452.29
云南	3081.91	12814.59	315.80
九省区合计	49098.35	204408.8	316.33
全国	159878.30	636138.70	297.89
九省区占全国比重（%）	30.71	32.13	1.42
香港	12919.00 亿港元	22556.00 亿港元	74.60
澳门	822.30 亿澳门元	4433.00 亿澳门元	439.10
9+2 总计	7693.38 亿美元	36740.13 亿美元	377.56
世界排名	第十位	第五位	晋升五位

注：本表 GDP 为当年价格。
资料来源：《中国统计年鉴》（2009 年、2015 年）。

2. 合作发展中存在的主要问题

总的来说，泛珠三角经济区成立后的发展态势良好，成效巨大，合作水平国内领先，国际上也是一流的。现在的问题主要是，泛珠三角区域整体的发展势头并没有过去那么强劲了，合作的动力也没有一开始那么足了。在 2000 年之前，泛珠内地九省区经济总量在全国中的比重一直呈快速提升过程中，并在 2000 年达到了最高水平，占全国的 32.20%。即使在合作十年后的 2014 年，也没有超过 2000 年的比重。这就是说，泛珠合作十多年来，虽然区域整体的发展速度很快，经济总量在全国中的比重稳步提升，但仍没有超过经济区成立之前各省区独立发展时期（2000 年）的经济总量在全国中的地位。

表 8-12　泛珠内地九省区 GDP 总量占全国比重的变化　　单位：%

指　　标	1996 年	2000 年	2004 年	2008 年	2011 年	2014 年
九省区占全国比重	30.27	32.20	30.71	31.37	31.40	32.13
广东省占全国比重	9.60	10.80	11.80	11.87	10.99	10.66
其他八省区占全国比重	20.66	21.40	18.91	19.50	2041	21.47

注：本表 GDP 为当年价格。
资料来源：《中国统计年鉴》（1999 年、2005 年、2009 年、2015 年）。

正是由于这一问题的存在，导致泛珠区域整体的合作力度在近年来有弱化的趋势。这种趋势在很大程度上不是泛珠区域自身造成的，而是周边区域竞争引起的。近年来，由于长江三角洲经济区的快速崛起及其影响范围的扩大，使得江西省有被长三角所吸引的趋向。同时，随着长江经济带的热度不断升高，湖南也在向长江中游靠拢。另外，四川与重庆热衷于建设成渝经济区，并对北面的“丝绸之路经济带”表现出浓厚兴趣；贵州和云

南，包括广西和海南，也显示更倾向于直接与东盟合作；而福建则致力于加强与台湾岛内的经济联系。这样，泛珠内部各省区之间的合作热度就有所下降。

之所以出现这样的局面，原因是多方面的，其中最根本的是由于区域合作的主导因素不断弱化造成的。泛珠区域的龙头——内地是广东，境外是香港，在经受过2008年的国际金融危机之后，经济发展一直没大有的起色。在2008年之前，广东省的经济增长率一直领先于其他八省区。但在2008年之后，形势发生了相反的变化，广东的经济增长速度率先跌落下来，并在八省区中一直保持着最低位（直到2015年形势才稍有转变）。

还有一个重大因素是香港。内地其他八省区（尤其是将福建也剔除在外的其他七省区），之所以积极响应广东的呼吁，参与泛珠三角合作，香港因素不可或缺。这是因为，香港是一个国际化城市，能够沟通国际市场，可以引进国外的资金和技术，还可以就自己的产品打入国际市场。然而，进入新世纪以来，尤其是在2008年国际金融危机的打击之后，香港自身的经济地位就难以保全。这就使得香港在泛珠三角中的核心地位出现松动，从而导致泛珠三角整体的凝聚力下降。

所以，要想改变当前泛珠三角前景看淡的局面，关键是香港和广东是否能继续为其他八省区树立一个赶超的目标。

3. 今后的发展方向与趋势

当前，泛珠合作面临着新的形势。一是区域发展格局逐步突显。近年来，国家更加重视地区之间的协调发展，强调区域经济的一体性。尤其是为了确保香港和澳门的长期繁荣与稳定，会更加重视泛珠三角区域的合作。二是对外经济合作开始迈进新时代。我国正在开拓“一带一路”，鼓励企业走出去。泛珠三角与东盟国家距离最近，可合作领域宽广，将带动内地省区快速发展。

同时，泛珠合作也面临着更加激烈的竞争和挑战。一方面，内地区域并起的格局，使得竞争更加激烈。尤其是近在咫尺的长江三角洲和长江经济带。另一方面，国外的东盟发展迅猛，而且具有低成本优势，将成为内地及相邻的泛珠三角地区最强有力的竞争者。

当前，抓住机遇，积极克服不利因素，提升竞争力，加快发展步伐，将成为泛珠未来一个时期的核心任务。如果泛珠区域的领头雁——广东及香港能够转型成功，泛珠区域的合作与发展将会进入一个新的时代。

二、内地九省区与港澳合作领域

港澳和泛珠三角区域内地九省区有极强的经济互补性，内地各省区是重要基地和消费市场，资源条件和开放水平居全国的前列。泛珠三角区域合作有利于全面落实《关于建立更紧密经贸关系的安排》（即CEPA），进一步加强港澳和内地的全方位经济联系。九省区的区域面积为全国的五分之一，生产总值20.44万亿元，经济总量占全国的三分之一。再加上香港和澳门两个特别行政区，在全国经济发展中处于举足轻重的位置。

（一）内地九省区与港澳合作整体领域

1. 基础设施

香港在城市轨道交通及大型机场方面的管理和运营能力均属世界级水平。在国家有关部委的规划下建设跨区域的立体综合快速运输网，以铁路、公路运输为主，航运、航空、管道运输多种途径相协调。

跨区域铁路网的建设重点推进跨省区及出境、内陆省区通向沿海及港澳港口及出境的铁路建设与改造，加快云南国际铁路、东南沿海铁路等跨省区铁路项目的建设，加快广深港高速铁路、珠三角城际轨道的建设及与港澳的衔接。公路方面重点建设跨省、跨境和出（过）海通道。通过航道、深水码头、泊位的改造和扩建，形成泛珠三角经济圈发达的海运、水运体系。航空方面则注重区域内（包括与港澳特区）航线的增设与机场间的协作。

能源合作主要是加强区域电源与电网联网建设、电力输送以及煤炭、天然气、油品供应等方面的合作，积极实施“西电东送”和“东油西输”等战略。加快推进海洋油气资源开发利用，支持南海石油天然气资源的共同开发，建设南方能源基地。在建成“西电东送”、“五交三直”主通道的基础上，继续加强电源与电网联网建设、“西电东送”相关电力输送通道建设。2016～2020 年继续扩大区域能源合作，推进区域内电网特高压联网工程建设。

共同构建泛珠三角各领域信息化支撑环境，建设区域合作综合信息交流平台，加强公共应用基础设施共建共享；协作推动信息产业发展，积极承接国际信息产业转移；加强区域信息产业技术创新，共同开发重点产品和技术；联合推广信息技术的应用，推进制造业信息化。以信息化推动区域社会经济发展，提升区域综合竞争力，将泛珠三角发展成为我国信息化协调发展的示范区，成为带动我国信息化发展的动力区，建成具有国际影响力和竞争力的信息产业研发和制造基地。

2. 产业

结合自身比较优势和发展阶段，由市场机制引导资源配置和资本流动，实现泛珠三角区域内的产业转移与承接，形成优势互补、合理分工的区域产业格局。着力营造公平、开放和富有吸引力的投资环境，建立透明、便利、规范的投资促进机制和投资促进网络，形成优势互补、协作配套和共同发展的区域企业联盟及共同体。

3. 农业

加强区域农业规划和资源配置；开辟港澳和泛珠三角区域内地九省区农产品“绿色通道”，促进农产品有序流通；建立农业龙头企业合作机制，推动区域农业投资及农产品生产、加工、销售发展；开展区域内农业科技合作与交流，促进区域内特色农产品开发和农业名牌产品保护；积极推进海洋渔业产业发展，联合推进扶贫攻坚。

4. 投资和商务贸易

发挥各自的优势和特色，加快货物贸易、服务贸易和投资便利化等方面的交流和合作。在零关税与取消关税配额的框架下，参与各方承诺采取措施消除壁垒，统一标准，进一步消除限制港澳和泛珠三角区域内地九省区商品流通的地区障碍，建立健康、规范、有序的市场秩序，增加投资和商贸往来的透明度与公平性。

鼓励区域内贸易的合作与发展，共同推进落实 CEPA 及相关补充协议。

5. 旅游

鼓励优势旅游企业开展“9＋2”跨区域的境内、境外经营活动，消除旅游壁垒，推出旅游便利化措施，共同推进无障碍旅游区建设；建立泛珠三角区域旅游信息库，实施旅游信息互通，共同构建区域旅游营销网络和旅游电子商务服务平台、共同策划和推广区域精品旅游线路、打造区域旅游品牌；大力扶持发展海洋、山区等旅游产业。

6. 金融合作

进一步加强港澳和泛珠三角区域内地九省区在金融领域的合作，为内地九省区引入充足的国际资金流。第一，在香港设立投融资平台。重组内地九省区驻港窗口公司或在港新组建公司，赋予其按照香港法律经营有关业务，尤其是通过各种方法为内地九省区重大基础设施项目和重点工业项目募集资金的职责，努力打造成为服务内地九省区基础设施建设和产业发展的投融资平台。第二，指导内地九省区企业赴港上市直接融资。目前中国证监会对内地企业赴港上市的条件和审批等已逐步放宽，内地九省区有关部门要抓住有利时机，指导更多的企业赴港上市，在一级市场直接融资获取发展资金。第三，推动企业赴香港发行人民币债券。由于企业在港发行人民币债券的综合融资成本低于内地市场，内地九省区相关部门应充分利用这一政策，积极组织和帮助内地九省区符合条件的企业申请赴港发行人民币债券。第四，大力引进香港金融机构和各类投资基金。进一步深化与香港在金融领域的合作，除了“走出去”，更要“引进来”，还要加大力度，制定优惠政策来引进更多的香港银行、保险公司和各类基金进驻内地九省区，为内地九省区企业发展提供更便利的金融服务和更宽广的融资服务平台。

7. 人力资源与劳务

泛珠三角区域建成省际远见工程系统，实现企业和求职者双方异地同步可视化，研究制订区域流动就业章程，消除流动就业的壁垒；建立统一的职业资格证书互认制度和质量保障体系；建立技能人才库和技能人才引进使用机制。加强地区劳动者权益保护，建立劳动保障维权信息沟通制度和劳动保障违法案件协同处理制度；加强跨省区就业服务体系建设，建立健全各省区外派劳务办事机构和流动就业跟踪服务体系。

8. 科教文化

实行科技资源的开放和共享。相互开放国家级和省级重点实验室、工程技术研究中心、中试基地、大型公共仪器设备、技术标准检测评价机构；联合建立泛珠三角区域科技信息网络和交易网络，形成网上技术市场、推动科技成果交易；联合举办科技博览会、交易会、项目推介会，加快区域科技成果转化成生产力；组成区域产业协作和战略联盟，围绕泛珠三角区域重点领域、重点产业，引导区域内企业实行强强联合，围绕泛珠三角的特色资源和共性技术开展联合攻关。加强各地各级各类学校的教育交流和联合办学，建立区域内高校专家资源和教师培训交流合作。推动九省区重点高校与港澳地区著名大学之间在科学研究、人才培养和学术交流的合作。在统一平台下建设“泛珠三角文化资讯网”，开展演艺信息交流、文化科研交流、艺术人才交流等方面的合作与交流。

9. 联手“走出去”

港澳是泛珠三角区最发达的经济体，也是亚太区贸易、金融服务中心。泛珠三角要充分借助港澳作为全球服务业最发达的地区在人才、资金、渠道等方面的优势，推动企业以港澳为桥头堡，联手港澳企业共同开拓国际投资市场。

（1）引导泛珠三角“走出去”企业在港澳设立公司，利用港澳国际资金集散地的优势，为境外大型资源开发等项目进行直接融资。

（2）鼓励和支持泛珠三角对外承包工程龙头企业进军港澳基建市场，并以港澳为基地，尝试开拓欧美和其他新市场。

(3) 发挥其拥有高度国际化专业人才的优势，与港澳投资推广署等机构加强合作，搭建起泛珠三角企业“走出去”服务平台，有效解决企业目前迫切需要的金融、法律、保险、税务、会计、设计、咨询等服务比较缺乏的问题。

10. 生态气候与环境保护

全面启动生态环境保护、污染防治、环境监测、环境宣传教育、环境科技与环保产业方面的全方位合作。建立泛珠三角区域水环境监测网络和环境数据管理平台，协同推进包括自然保护区和生态保护建设项目、流域的综合治理项目和循环经济试点项目。实施《珠江水流域水污染防治“十三五”规划》，建立分别监测、相互通报、信息共享、共同防污治污为基础的跨界污染协调机制、跨界污染事故应急处理机制，跨行政区交界断面水质达到国家标准交接管理、水环境安全保障和预警机制。

（二）内地九省区各自与港澳合作的领域

1. 广东

粤港澳地区是中国经济最活跃、成长性最好的地区之一，在泛珠三角区域合作中起到“龙头”作用。广东将全面落实 CEPA，进一步提升粤港澳合作水平，为泛珠三角区域整体合作起示范带动作用。另外，广东将充分发挥毗邻港澳、连通内地的特殊区位作用，积极为八省区与港澳合作创造条件、提供服务。

——在基础设施建设方面，重点推进交通、能源等基础设施的合作。加快“西电东送”通道建设。尽快打通十条出省通道，构筑区域内完善便捷的交通网络。

——在推动区域资源整合方面，充分发挥广东的资金、产业、技术优势和八省区的资源、市场、劳动力优势以及港澳的金融、物流、管理优势，促进资源优化配置，加快构筑泛珠三角区域发展品牌，增强区域经济整体实力。

——在投资与产业方面，支持广东企业以多种形式加强与区域各方合作，发展成为跨地区的大型企业集团。鼓励企业联手开发矿产、农业、林业、海洋等自然资源。

——在市场、贸易方面，形成没有壁垒的共同市场。同时，以九省区统一市场为基础，与港澳联手开拓国内外市场，尤其是东盟市场。

——在金融方面，广东金融产业市场、金融资源规模均居全国首位，金融机构盈利水平居全国前列。目前正不断深化粤港澳金融合作，建设与香港国际金融中心紧密合作，以珠三角城市金融为支撑、具有国际竞争力的金融中心区域。

——在会展方面，广交会要利用港澳联系国际市场的优势，进一步拓展国际投资贸易网络空间。

2. 海南

海南与港澳同属华南经济圈，琼港澳贸易占海南省进出口总额80%以上。海南省可重点在制造业、农牧渔业、旅游业、药业、服务业和运输业中开展琼港澳合作。

——在制造业方面，可考虑开展油气石化产品的合作开发与深加工；专门拿出一个初具规模的开发区交由港澳有关机构招商，建立加工贸易区，区内实行港澳现行产业政策；引入港资参与海南省国企改造。

——农牧渔业方面，可考虑建立海南农牧渔业产品准入港澳市场的绿色通道；引入港澳商建立成规模的果蔬及水产品种养、加工和包装、运销基地，同样实行港澳现行产业政策；与香港五丰行合作，拓展农牧渔产品境外销售渠道。

——旅游业方面，可利用海南省航权开放试点政策，由海南省航空公司与香港及有航班起降香港的外籍航空公司签订相关航空运输协定，延揽香港国际航班进入海南；利用CEPA的相关政策，组织海南省大商场大量引进“港澳产”、“港澳价”旅游商品，增加海南旅游购物收入等。

——在药业方面，通过企业合作，引入港资扩大海南省现有药业制造规模，促成海南省药业协会与港方药业协会签订医药产业合作协定，共建海口“药谷”，联合开发中医药产业。

——服务业方面，可作为琼港澳合作的重点，由海口、琼海、三亚相关业主与港澳会展中心签署港澳会展业合作开发协定，扩大和提升海南省会展业务，争取在琼举办更多国际性会展；海南省医疗、社保部门与港澳对应机构签署康复养老合作协定，琼方提供设施，港澳提供资金、技术和管理模式，使海南成为全国乃至亚洲最大的康复养老中心；通过港澳引入国际高尔夫球赛事和国际体育产业；开展文化艺术交流，引入港澳影视，丰富海南文化生活。

3. 福建

福建与港澳渊源深厚，香港同胞、澳门同胞中祖籍福建的分别占1/6和1/5。长期以来，闽港闽澳比肩为邻，往来密切。香港、澳门回归后，福建在全国率先成立闽港经济合作促进委员会和闽澳经济合作促进委员会。

当前，福建与香港、澳门一样，都站在新的历史起点上，进入新的发展阶段，要从五个方面深化闽港、闽澳合作。

——在现代服务业方面，全面加强合作，共建两岸区域性金融服务中心，共建跨境物流网络，共建环海峡旅游圈，共建专业服务中心，共建服务外包中心。引导更多港澳金融机构来闽落户，鼓励香港投资基金参与福建企业并购重组、开展创业投资；支持福建银行机构到港澳设点，开展国际结算代理、人民币跨境贸易结算试点等业务；支持福建企业以港澳为平台开展融资、拓展国际经营。

——在文化交流与合作方面，开展学术互访、艺术展览、非遗保护等各种形式的闽港澳文化交流；共建文化产业合作园区，积极鼓励港澳企业来闽兴办文化企业，拓展文化创意、动漫游戏、广播影视等领域的对接合作；引导港澳演艺经纪公司来闽设立分支机构，鼓励港澳文化业者来闽设立演出场所经营单位；依托港澳地区举办的国际性文化活动平台，促进福建文化“走出去”，推动福建文化企业在香港设立营销、营运中心，扩大文化贸易。

——在联手拓展国际市场方面。借助香港贸发局遍布全球的网络资源推广福建产品；发挥澳门中葡交流合作平台的作用，持续开拓葡语国家及欧盟市场；推动有条件的福建企业到港澳设立营销中心、运营中心，组织更多的福建企业参加在港澳举办的国际性展会，扩大对港澳贸易和转口贸易；组织联合考察团，并购海外知名品牌和营销网络。

——在开发区建设方面，共同开发平潭综合实验区、环三都澳、闽江口、湄洲湾、泉州湾、厦门湾、古雷—南太武新区、武夷新区、三明生态工业园区、龙岩产业集中区等十大新增长区域。参照苏州工业区和珠海横琴新区模式，探索设立闽港、闽澳合作开发的产业园区；吸引更多的港澳企业、世界500强企业和全球行业龙头企业参与十大新增长区域开发建设。

——在科技和人才合作方面。建立“闽港科技合作资助计划”，合作在闽设立孵化基地，每年在战略性新兴产业领域选定一批重点项目开展联合攻关；建立技术成果转化常态化通道，推动港澳研发成果和项目在闽落地；搭建人才培训、引进互动平台，建立闽港澳联合培养高层次人才合作基地，为福建聚才引智。

4. 广西

——在基础设施建设方面，广西的地理位置相当理想，既可以充当粤港澳与西南诸省市合作的交通枢纽，又可以充当上述两个地区对接东盟的桥头堡。广西还要进一步推进与西南各省市的全面合作，携手共建出海大通道，依托北海、钦州、防城港三大港口，把广西建设成为各港口的中转、分拨和仓储基地，同时将“南（宁）北（海）钦（州）防（城港）”城市群的优势充分发挥出来。

——在经济协作方面，为了进一步发挥区位优势和增强城市的辐射能力，广西已与福州、长沙、南昌、海口以及上海、南京、杭州等市建立了良好的经贸协作关系，今后更应注重连接港澳与东盟经济的优势，发挥桥头堡作用。

5. 江西

——在绿色生态农业产业方面，江西是港澳和沿海发达地区农副产品的重要加工供应基地，特别是粤港居民对江西绿色生态农产品有着巨大市场需求。我们热忱欢迎香港客商参与江西农业产业集群建设，打好绿色生态的“金字招牌”，共同做强绿色食品产业。发展绿色生态农业前景广阔。我们将充分发挥江西绿色生态资源优势，以现代农业示范园区建设为载体，大力发展特色农业产业集群，建设优质农产品基地，打造特色农产品品牌，推动江西农业转型升级，建设现代农业强省。

——在金融方面，江西具有巨大金融市场需求、良好的金融发展环境和较好的金融发展平台。香港是全球三大金融中心之一，具有发达的金融市场和完善的金融体系。赣港金融合作发展能加强双方联系，实现双方优势互补，互利共赢。

——在基础设施建设方面，利用“9+2”这个平台，与港澳进一步加强合作。一是加强交通对接合作。按照“互动对接、共建共享”的原则，积极主动地与港澳加强铁路、公路、航空、港口等交通基础设施对接，京九线高铁建设，抓好济广、大广、沈海等国家高速公路，进一步巩固和扩大海铁联运成果，加快推进一体化通运输体系建设。

——在产业对接合作方面，着力建设优质农产品种植加工输出基地，建设光电、新能源、生物医药、航空、汽车、锂电、电子、铜钨稀土精深加工等产业基地，通过港澳窗口作用与海外对接。

——在旅游对接合作方面，与港澳建立更紧密的旅游合作机制，合力推进旅游资源开发，联手开辟精品旅游线路，积极发展景点到景点的直线航班，进一步加强红色旅游、生态旅游、乡村旅游、观光度假休闲旅游等对接互动，努力把江西建设成沿海和港澳地区旅游休闲的后花园。

——在高效便捷的物流产业方面，江西是唯一与长三角、珠三角和闽东南三角经济区比邻的省份，是长江经济带和长江中游城市群的主要省份，也是与港澳台距离最近的内陆省份，区位优势明显。立足江西区位的独特优势，着力构建承东启西、连南接北的综合交通运输网络，大力培育物流产业集群，加快商贸物流发展，打造竞争新优势。

6. 湖南

湖南相对于沿海地区具有更加低廉的综合成本优势，充分抓住CEPA实施的机遇，加快对港澳产业转移的承接，提高湖南省工业化、城镇化水平，进一步促进湖南经济与国际经济的融合，拓展经济发展空间，推动生产要素在湖南和港澳地区合理流动，提高湖南资源配置的水平，都有着十分重要的意义。

——在产业方面，发挥区位优势和比较优势，依托湖南省99个工业园区，重点规划湘南以及长株潭地区的园区，加强以制造业、食品加工、服装加工等劳动密集型加工业为主的产业投资合作，主动承接沿海产业升级而转出的部分产业，努力建设成为港澳及海外产业转移承接基地。

——在劳务输出基地建设方面，湖南是个劳务输出大省，其中有60%以上在外省，主要分布在广东、海南、福建等地，其中长年在粤务工人员有500多万，占广东外来劳动力人数的1/3。今后将以加强劳动力信息交流、职业培训和技能鉴定合作为重点，以劳动维权合作为保障，全面加强与港澳的劳务合作，进一步深化合作内容，提升合作水平。

——在旅游休闲基地建设方面，整合区内旅游资源，以湘南休闲游、大湘西神秘游、长株潭历史文化游和红色旅游为重点，进一步加强与港澳的旅游合作与交流，提升旅游合作水平。

——在农副产品加工供应基地建设方面，充分发挥湖南在农业领域的优势，大力发展生态农业、创汇农业、绿色农业，加快产业带建设，形成专业化、区域化的生产布局。努力将湖南建设成港澳和海外农副产品加工供应基地。

——在对外贸易与投资方面，加快建设科技兴贸出口创新基地，支持中联重科、三一重工、南车株机等有实力的企业“走出去”并购、重组，设立境外产业园、研发中心和营销网络体系。通过港澳吸引更多企业来湘建立集团和区域总部，以及研发、结算、数据、采购中心。深入推进与港澳口岸大通关、区域通关一体化，促进贸易便利化。

——在各类人才培养培训基地建设方面，根据“科教兴国”、“人才强国”战略的要求，在与港澳合作的过程中，把人才培养培训作为合作的共享性、基础性、关键性工程。充分发挥湖南教育资源的优势，进一步加强与各省区在人才培养和培训上实质性多种合作，进一步加强重大科技项目的联合攻关和科技成果的转化，通过提高人的素质，促进经济增长方式的转变和循环经济的发展。

7. 云南

云南为建设面向南亚东南亚辐射中心、打造对外开放新高地给各方带来的互利发展新商机；抓住“一带一路”、长江经济带、孟中印缅经济走廊建设等战略机遇，坚持面向国际开放与扩大国内合作并重，发挥连接港澳与东南亚、南亚重要大通道优势。

——在高原特色农业方面，云南已经成为香港农产品市场的重要供给基地，生态、绿色、优质的云茶、云花、云菜、云药享誉香江。据统计，香港市场1/2的花卉和1/3的蔬菜均产自云南，也是云南普洱茶出口的主要市场。

——在旅游建设方面，旅游合作是滇港15年合作与交流过程中空间得以持续拓展，范围得以持续扩大的重点领域。滇港旅游较早推进的“一程多站”合作模式以其取得的巨大成效成为内地各省区市与香港旅游合作的范本。滇港旅游合作充分发挥香港的区位优势把第三国游客引入云南，同时又发挥云南旅游优势提升香港旅游市场的吸引力。

——在金融方面，国家赋予云南加快改革开放的重要政策支持，发展潜力巨大、发展前景广阔，为深化滇港金融合作提供了巨大的潜力和机遇。云南是中国面向南亚、东南亚开放的重要门户，加上《推动共建丝绸之路经济带和21世纪海上丝绸之路的愿景与行动》提出，“发挥云南区位优势，推进与周边国家的互联互通国际运输通道建设及孟中印缅经济走廊建设，打造大湄公河次区域经济合作新高地，建设成为面向南亚、东南亚的辐射中心”。

沿边金融综合改革试验区的政策机遇也让各大金融机构看到了机遇。2013年底，人民银行等11家部委联合下发了《云南省广西壮族自治区建设沿边金融综合改革试验区总体方案》，云南省人民政府出台了《云南省人民政府关于建设沿边金融综合改革试验区的实施意见》，云南金融改革发展获得了重大政策动力。沿边金融综合改革试验区的重点是推动跨境人民币业务创新、完善金融组织体系、培育发展多层次资本市场、推进金融产品和服务方式创新、加强金融基础设施建设的跨境合作、健全跨境金融合作交流机制等十项重点任务。良好的金融业发展生态环境、独特的对外开放优势以及不断显现的经济增长活力造就了云南金融业发展的坚实基础。

——在物流基地建设方面，通过吸引香港企业到昆明投资建设“中国—东盟商贸港”、东南亚国家跨境运输多式联运等物流项目，构建滇港面向东南亚和南亚的现代物流体系。

——在会展方面，中国—南亚博览会，巩固赴港澳粤举办经济合作交流活动。

8. 贵州

港澳是贵州扩大开放、走向世界的重要平台，贵州应本着优势互补、互利共赢、共同发展的原则，积极开展与港澳地区多领域、全方位、深层次合作，而加工制造业、现代服务业、特色现代农业和现代物流业是其中重点。

——在加工制造业方面：港澳地区企业可投资贵州的资源精深加工、装备制造业及战略性新兴产业，推动贵州产业结构调整和发展方式转变；

——在现代服务业方面：港澳地区企业可到贵州发展金融、信息、咨询、软件、工业设计、服务外包、动漫创意等现代服务业，同时参与贵州的旅游大省建设，将旅游业培育为贵州的支柱产业。

——在特色现代农业方面：推荐港澳地区企业到贵州发展特色种养业，参与农产品基地建设，开展农产品加工和流通，促进贵州特色现代农业加快发展。

——在现代物流业方面：港澳企业可参与贵州综合性、专业性的物流园区和基地建设，提高贵州物流企业技术装备和信息化水平，共同将贵州建成中国西南的物流集散中心。

——在旅游方面：贵州与香港、澳门旅游资源差异性大，互补性强，目前，港澳地区已经成为贵州最主要的入境客源市场，来自港澳旅游者占贵州入境旅游者总数的27%以上。随着贵阳至香港航线直达往返航班的开通，贵州与港澳旅游交流更加便捷，线路产品更加丰富，市场潜力更加巨大。独具贵州特色的生态旅游资源、人文资源，以及贵州旅游的发展潜力，贵州正在规划建设的100个景区投资项目，增强港澳旅行商来黔投资的意愿，组织招徕更多的客人前来贵州旅游。

——在会展方面：打造“黔港澳活动周”，借助港澳开放的国际平台，以香港为中心，开展高规格、大规模的投资贸易合作及旅游推介系列活动，广泛吸引港澳台乃至东南亚地区的资金、技术、人才等与贵州开展多种形式的合作。

9. 四川

——在基础设施建设方面，支持港澳企业参与长江黄金水道，川内城际轨道交通等重大基础设施建设，参与乐山、巴中机场、泸州等机场建设。

——在农业方面，吸引港澳企业来川建立特色农产品生产基地，粮油食品产业集群，参与川西北生态经济示范区建设。

——在制造业方面，与港澳企业进一步加大现代高端产业的合作力度。重点参与世界级钒钛产业基地、国家级清洁能源基地以及航空航天、生物医药、信息安全、新能源汽车、页岩气、节能环保装备、航空与燃机等高端成长型产业。把资金、管理、技术、品牌等优势与四川各地的比较优势结合起来，在四川构建多点多极支撑发展格局中寻找商机。

——在旅游方面，加强港澳与四川建设国家重要生态文化旅游区的合作。

——在现代服务业方面，引进港澳企业发展现代金融、科技服务、养老健康服务业等新兴先导型服务业，集中力量重点推进。

——在开发区方面，引进港澳企业参与天府新区建设以及长江临港经济和通道经济建设。

——在会展方面，发挥港澳企业在会展领域优势，共同办好西博会。

三、内地九省区与港澳合作潜力

（一）内地九省区与港澳合作的整体潜力

1. 内地九省区幅员辽阔

“泛珠三角区”、“9＋2”经济圈，包括大珠三角及其所辐射地区在内的经济地带，整个区域地域辽阔，相互联系密切。内地九省区面积199.45万平方公里，占全国的20.9%；人口4.78亿人，占全国的34.9%。

表8-13 内地九省区土地利用及人口情况

省区	土地利用		人口	
	农用地（万公顷）	建设用地（万公顷）	总人口（年末）（万人）	自然增长率（‰）
福建	1090.8	78.7	3806	7.50
江西	1447.3	122.3	4542	6.98
湖南	1822.5	158.2	6737	6.63
广东	1502.9	193.2	10724	6.10
广西	1959.0	118.1	4754	7.86
海南	298.1	33.2	903	8.61
四川	4223.5	174.8	8140	3.20
贵州	1478.8	63.3	3508	5.80
云南	3299.5	99.4	4714	6.20
合计	17122.4	1041.2	47828	6.54（九省区平均）
占全国比重（%）	26.498	27.797	34.966	5.21（全国平均）

数据来源：中国统计年鉴（2015年）。

2. 内地九省区经济增速较快，具有较大的增长潜力

2014 年内地九省区 GDP20.44 万亿元，占全国 1/3；若加上港澳（港元、澳元），则经济总量巨大，约占全国的 47%，进出口总额占全国的 50%以上。

表 8-14 内地九省区经济发展比较情况

省 区	国民生产总值（亿元）	年均增速（2010～2014 年）	人均国内生产总值（元）
福建	24055.76	11.7	63472
江西	15714.63	11.46	34674
湖南	27037.32	11.66	40271
广东	67809.85	9.38	63469
广西	15672.89	11.3	33090
海南	3500.72	11.1	38924
四川	28536.66	12.24	35128
贵州	9266.39	12.94	26437
云南	12814.59	11.84	27264
合计	204408.81	11.51	40303.22
占全国比重（%）	32.133%		46629（全国平均）

数据来源：中国统计年鉴（2015 年）。

3. 内地九省区互补性强

泛珠三角区域覆盖了三个不同发展梯级地区，内地九省区经济发展不平衡，三次产业增加值比例构成处于不同的阶段，资源丰富，互补性强，因此有广泛的发展前景。

表 8-15 内地九省区三次产业构成情况

省 区	三次产业增加值比例构成（100%）		
	第一产业	第二产业	第三产业
福建	8.376	52.026	39.598
江西	10.714	52.486	36.800
湖南	11.646	46.166	42.188
广东	4.670	46.335	48.995
广西	15.399	46.736	37.865
海南	23.124	25.023	51.853
四川	12.374	48.928	38.698
贵州	13.818	41.628	44.553
云南	15.530	41.217	43.253

数据来源：中国统计年鉴（2015 年）。

4. 泛珠三角整合的制度基础优势

从现有的基础条件及产业能力看，泛珠三角已初步具备了有利于整合的条件。它包括了两个特别行政区、五个经济特区、七个沿海开放城市和至少六至七个已经形成并发展强劲的区域经济带或产业带，包括福—厦沿海峡经济带、北部湾经济带、南昌—九江临长江经济带、成—渝工业经济带、长—株—衡湘中沿线工业带、滇—缅边贸经济带、大珠三角

经济区等。

加上“9+2”各省区在地理、环境、自然条件、资源分布等方面差异较大，各具特色，将会形成很强的互补性。聚合之后的资源无论在储量上、品类上还是在开发前景上，都是国内其他经济区所难以比拟的，甚至东南亚周边也几乎没有几个国家能望其项背。

5. 泛珠三角政策措施效用高

从政策措施效用看，在中央宏观战略的推动下，通过CEPA框架及“9+2”各省区区域合作互动，有利于调动市场力量。它将与财政转移支付、国债项目支持、社会“扶贫”支持三者形成合力，“四管齐下”推动中西部省区的发展，并使东、中、西部经济的“二元结构”逐步走向一体化。

6. 泛珠三角市场广阔，潜力巨大

从未来的发展前景看，“9+2”区域市场广阔，潜力巨大，兼具内外双向发展、西拓南进并举的优势；尤其是香港和珠三角这两个现代化程度较高的“龙头”核心区，对圈内其他地区的牵引动力强大，不仅可用较短的时间牵动整个“9+2”经济圈的快速启动，而且发展的可持续性也较强。因此，在实施东、中、西互动的经济棋局中，构建泛珠三角经济圈是一步“活棋”、“高招”。随着它的步步推进，其拉动与带活南中国发展全局的关键性意义必将日益凸显。

表 8-16　内地九省区人均可支配收入表

省　　区	城镇居民人均可支配收入		农村居民人均可支配收入	
	2000 年	2014 年	2000 年	2014 年
福建	7432.26	30722.4	323049	12650.2
江西	5103.58	24309.2	2135.30	10116.6
湖南	6218.73	26570.2	2197.16	10060.2
广东	9761.57	32148.1	3654.48	12245.6
广西	5834.43	24669.0	1864.51	8683.2
海南	5358.32	24486.5	2182.26	9912.6
四川	5894.27	24234.4	1903.60	9347.7
贵州	5122.21	22548.2	1374.16	6671.2
云南	6324.64	24299.0	1478.60	7456.1
合计	6338.89	25998.5	2224.51	9682.6
全国	6279.98	28843.9	2253.42	10488.9

数据来源：中国统计年鉴。

表 8-17　内地九省区支出法最终消费率比重表

省　　区	最终消费率（%）	
	2000 年	2014 年
福建	52.70	38.7
江西	64.05	49.1
湖南	64.55	46.1
广东	55.23	50.0
广西	70.39	52.2

续表 8-17

省　区	最终消费率（%）	
	2000 年	2014 年
海南	54.95	49.2
四川	62.91	50.9
贵州	78.03	57.1
云南	75.79	64.0
内地 9 省区平均合计	64.29	50.81
全国	63.7	51.4

数据来源：中国统计年鉴（2015 年）。

7. CEPA 的实施是泛珠三角区域合作的助推器

CEPA 的实施是泛珠三角区域合作的外在动因。CEPA 这一外力的推动加快了泛珠三角区的建立。CEPA 的主要内容是“货物贸易零关税、服务贸易自由化、贸易投资便利化”。CEPA 的实施，表面看由于原产地为港澳的商品可以自由进入内地，会给我们的制造业、服务业带来一定的冲击，但因为在香港经济构成中制造业仅占不到 10%，而服务业占了 90%，实际上给我们带来的更多是机遇，拓展了互动合作的发展空间。CEPA 的实施，会促使部分国际资本往港澳甚至内地流动，港澳为了获得这一新的发展机会，必须调整产业结构，以接受国际经济的辐射，同时向内地拓展发展空间，这就使港澳与内地的联系提升到一个新的档次。

（二）“9+2”合作潜力分析

1. 香港：带领“泛珠”走向世界

香港和泛珠三角九省区合作的主要优势是在投资、技术、资讯、管理、国际连接、接触外国公司及市场知识来源等领域。香港在区域合作中将发挥四大特长，引领“泛珠三角”走向世界。

表 8-18　香港产业增加值比例构成　　单位：%

产　业	2004 年	2013 年
农业增加值	0.1	0.1
工业增加值	9.4	7.2
服务业增加值	90.5	92.7

数据来源：中国统计年鉴（2015 年）。

（1）金融业：这一香港最具竞争力的行业也是“泛珠三角”有待加强的一个重要合作项目。香港作为全球三大金融中心之一，拥有高度发达的金融产业、良好的金融基础设施和庞大的金融人才库。作为国际性大都市，香港充分发挥内地与境外的资金融通中介作用，促进了中国的改革开放特别是金融改革创新，同时也进一步成就了自身作为中国金融门户和世界金融中心的重要地位。而“泛珠三角”区域合作，将使香港金融业获得更大的市场空间。

（2）物流服务业：这是香港另一强项，同时也是“泛珠三角”需要加强的又一个重要合作项目。在 CEPA 框架下，香港将充分发挥香港在商业管理和国际营销方面的专长，把更多的“泛珠三角”货物打入国际市场。

(3) 旅游桥梁：泛珠三角各省区地缘密切，旅游资源十分丰富，互补性强，而又各具旅游特色，很有条件整合成特色各异、层次整齐、紧密互补的旅游合作区。香港则是购物天堂、动感之都和商务会议中心，同时也是海外游客进入“泛珠三角”内地的大门。

(4) 咨询服务：香港拥有物流、资讯、财务、国际贸易及管理方面的专长，无论是作为中国的金融中心还是管理中心，目前跨国公司在香港设立亚洲或亚太总部的数目，仍比上海多10倍。在CEPA框架下，香港和泛珠三角九省区会计、审计、法律、工程、信息咨询和投资顾问等专业服务领域合作空间更大。

2. 澳门：打造与葡语国家开展经贸文化交流的桥梁

凭借良好的对外关系和CEPA效应，澳门正在加快打造多个区域性商贸服务平台。这些平台的其中一个重要功能就是促进、协助葡语系国家、欧盟国家和内地之间的中小企业加快双边贸易和投资，或建立合作伙伴关系，为内地，首先是泛珠三角地区的中小企业的外拓内引，扮好服务角色。

表 8-19 澳门产业增加值比例构成 单位：%

产　业	2004 年	2012 年
农业增加值	0.0	0.0
工业增加值	12.0	6.2
服务业增加值	88.0	93.8

数据来源：中国统计年鉴（2015 年）。

此外，不少境外企业正部署落户澳门和广东省连手创建的“跨境工业区”。澳门方面期望并相信，这一全新概念的“跨境工业区”，能为泛珠三角的共同发展做出一定贡献。

在制度和基建先行的同时，旅游将作为澳门参与区域合作的优先考虑领域。澳门旅游业在国际市场上已形成独特的风格和吸引力，随着博彩专营制度的改变、著名外资的引进、特色文化含量的维持和增添，澳门旅游业的经营模式正在加快优化。与CEPA相关的“个人游”政策的逐步落实，更为澳门旅游业的发展注入新的动力。

应进一步挖潜澳门的特色优势，尤其是发挥澳门在泛珠与葡语国家经贸合作与文化交流方面的桥梁纽带作用。

(1) 旅游休闲。

建立面向葡语国家的珠澳旅游发展合作的相关机制。协商制订面向葡语国家的旅游发展政策和规划；合作建立旅游品牌、联合向葡语国家推广旅游产品、旅游项目和旅游路线；探讨合作设立面向葡语国家的旅游培训机构，共同培育旅游服务相关行业的经营管理人才。

共同开拓葡语国家旅游市场。借助澳门世界旅游休闲中心以及与葡语国家联系密切的优势资源，结合横琴长隆国际海洋度假区项目，以海岛休闲和主体公园为重点，共同开拓葡语国家旅游市场，吸引游客，互享国际客源。

积极推广面向葡语国家的一程多站旅游线路。粤澳可联手面向葡语国家积极推广澳门历史城区一长隆海洋世界一开平碉楼一韶关丹霞山一程多站的旅游线路，发展具有历史、文化和娱乐等多种内涵的综合旅游，发扬澳门中西文化交融优势，推动澳门旅游充实内涵、提升层次，将其建设成为世界旅游休闲中心，进一步提升澳门和横琴整体的城市形象，使澳门与横琴形成互动共赢的发展模式。

开发面向葡语国家的邮轮和游艇旅游。鼓励澳门和珠海协商合作，制定发展规划，借助游艇旅游有序推动海岛开发，通过拓展邮轮旅游的方式把旅游市场扩展至包括葡语国家在内的海外市场。

鼓励旅行社积极开发葡语国家旅游线路。鼓励澳门和横琴酒店业和旅游业加强合作，在横琴设立培训学校，开展专业培训和实践交流。

实施更加便利的签证服务。为促进澳门和横琴旅游休闲服务的快速发展，应便利两地之间的人员往来，争取持一次有效签证的内地居民（尤其是商务旅游客人）赴澳期间，可以在规定的时限（24 小时）内多次往返横琴、澳门之间，往返两地不视为出入境。允许内地居民可以在横琴直接办理赴澳通行证及签证。恢复设立横琴口岸签证处。实施经香港、澳门机场中转的外国游客 72 小时进出横琴免签证。

（2）商贸物流。

完善工作机制。建立横琴—澳门—葡语国家经贸平台相关部门的直接沟通机制和工商交流机制，如中国与葡语国家高层对话机制和工商峰会等。

推动横琴开展原产于葡语国家商品的保税展销和交易。为更好地配合澳门“一平台，三中心”建设，国家给予横琴政策支持，将上海自贸区率先试点的海关特殊区域的政策在横琴推广，鼓励横琴开展原产于澳门和葡语国家商品的保税展示和交易等创新业务。在横琴设立葡语国家小额商品贸易市场，专门从事原产葡语国家的商品贸易。便利商品检验和检疫，对原产于澳门的商品实行免检和免验；在澳门设立针对原产于葡语国家商品包括食材在内的检验检疫机构，实施便捷检验检疫。依托中美食品安全基地，率先在横琴实施输港澳食品检验检疫，面向葡语国家率先输出我国的食品安全新标准，为我国食品安全探索新路径。

引入前会后展模式。会在澳门，展在横琴，通过与葡语国家的互通互联，进一步拓展和深化澳门和横琴的会展空间，实现两地会展业相互补充、相互促进。在澳门举办“中国—葡语国家论坛”和“中国—西班牙论坛”基础上，横琴配合、服务澳门进一步设立“中国—拉丁美洲合作论坛以及中国—拉丁美洲合作博览会”，通过澳门的中介优势全面拓展中国和拉丁美洲的友好合作关系。在横琴建设葡语国家会展文化园区，举办具有葡语国家特色的各种会展、演艺等活动，包括各类体育赛事，尤其是足球赛事。支持横琴与澳门合作开办跨境会展，为会展工作人员、专业参展人员办理短期多次往返通行证，为跨境参展物品提供便利通关措施。允许澳门服务提供者在横琴设立独资、合资或合作企业，经营内地企业赴澳参展业务，参展企业注册地不限。

发挥澳门和横琴的平台作用。促进国内企业投资葡语国家，并积极吸引葡语国家资本进入中国。借鉴香港、新加坡总部经济发展的政策措施，在税收、金融、签证等方面出台专项鼓励措施，鼓励内地企业经澳门、横琴“走出去”，投资葡语系国家。重点依托澳门基础设施论坛，为内地基础设施类企业搭建交流合作平台，支持内地企业到葡语系国家参与基础设施建设。同时充分利用澳门和葡语国家经贸往来密切的优势，在通关模式、资金往来、外汇管制等方面不断完善，促进投资贸易便利化，积极引导葡语国家资本途径澳门、横琴投资中国。

打造资源交易平台。吸引内地企业在澳门注册离岸公司，以便享受包括葡萄牙在内的欧盟国家给予澳门的相关优惠政策，引进钢铁、石油等行业的大型企业作为战略投资者参股，并吸引中小企业、个人投资者广泛参股。以横琴、澳门为平台，鼓励和支持中葡企业在基础设施建设、技术转让、人员交流与培训、能源发展规划、生物燃料和太阳能等清洁能源领域等方面的合作。

（3）金融服务。

建立横琴—澳葡金融合作的沟通联络机制。透过澳门建立横琴与葡语系国家相关机构的对话协调机制，进一步健全粤澳金融合作专责小组工作机制，共同探讨透过澳门市场推进横琴与澳门和葡语国家的金融交流与合作。

建立中国与葡语国家金融交流中心。充分利用澳门自由港的政策，引导内地企业在澳门和横琴设立面向葡语国家投资的资金运营中心和结算中心。积极探索开展粤澳及葡语系国家代理、联合投保、咨询、客户信息沟通等方面的保险业务合作。

推动横琴金融机构加入澳门电子同城清算体系，并积极把跨境人民币结算扩大到葡语国家；鼓励并积极利用澳门财政盈余资金投资横琴开发建设；实现粤澳保险业务“一单保两地”。

探索澳门与横琴金融合作新模式。构建政策安排，投资指引、投资信息共享的一条龙服务机制，鼓励金融机构利用澳门，依托经贸发展和资源投资向葡语国家拓展，鼓励两地金融机构合作开发，探索创新金融服务与工具，探索“贷款换石油”资源金融新模式。推进资本通过贸易、投资和一些金融业务进入葡语国家，间接实现我国金融资本走向葡语国家。利用澳门金融市场推进葡语国家在澳金融资本与银行机构联合提供银团贷款，投资于重大跨境基础设施的建设。以大型项目的金融合作推进中葡金融资本融合，通过澳门以投资的方式进入广东。在双方法律法规明确或允许的范围内，支持在澳门经营的内地企业，以内地资产作为抵押在澳门融资。鼓励葡语国家金融机构在澳门设立独资、合资或分支机构，并通过澳门和横琴的优惠政策，降低葡语国家金融机构进入中国的门槛。

大力发展旅游特色金融。针对澳门打造国际休闲旅游中心，以多币种金融 IC 卡等为手段，吸引大型综合性集团企业在横琴新区发行各类联名卡、消费卡和预付卡，实现跨境多币种消费的快速结算。配合会展旅游、医疗旅游、度假旅游等各类特色旅游的发展需求，提供特定的金融服务。

（4）教育培训。

吸引澳门培训机构在横琴设立机构，研究建立推广葡萄牙语教学的合作机制。以横琴岛澳门大学新校区为载体，提高葡语培训能力。

在横琴设立葡语国家培训中心。以横琴三江人力资源服务公司为载体，设立葡语国家培训中心，解决澳门人力资源匮乏的问题，全力支撑澳门建设“一平台、三中心”。充分利用澳门的葡语优势、培训优势以及在旅游、会展、商贸等方面的专业优势，依托澳门旅游学院等世界水准的院校，结合横琴各类人力、资本充裕和土地资源丰富的优势，通过葡语培训中心，定期为澳门培训并输送专门人才，包括会展专门人才、旅游专门人才、经贸专门人才等，以及补充葡语国家需急需的工程师等专业技能人才。积极争取国家赋予横琴三江人力资源服务公司劳务输出资质。

促进横琴和澳门人才培育的相互认证。争取在横琴率先单项认证澳门旅游业执业资格，包括导游、酒店管理等，逐步实现相互认证，逐步推广到金融、会计、法律、建设设计师等专业领域资格的相互认证。

（5）中医保健。

完善粤澳中医药科技产业园。通过国家政策和资金的支持，完善粤澳中医药产业园规划，细化和精准化产业定位，完善澳门设定的入园企业标准。通过国家政策和资金支持，搭建集养生保健、商务、会展、文化及物流等功能于一体的中医药国际交易平台和咨询服务平台，突出发展中医保健产业链的“后端服务”，利用横琴新区对接澳门的展示作用，重点发展中医药流通、代理贸易、专业市场、中医药会展、中医药咨询服务，并且与澳门和横琴世界旅游休闲中心的定位相结合，将产业链延伸到中医药保健医疗、健康旅游等产业。

率先向葡语国家推广中医药。依托粤澳合作中医药科技产业园，充分发挥澳门中医药优势，支持澳门、内地中医药企业，通过改善中医药产品及检测认证标准，率先向葡语国家推广中医药产品以及中医药保健医疗等。

（6）文化创意。

建立中国与葡语国家文化交流中心。利用巴西桑巴文化、足球文化、狂欢节文化和葡语系国家的异域文化，在横琴规划建设中国与葡语国家文化交流中心，在澳门—横琴两地联合举办嘉年华活动，打造丰富多彩的文化交流活动。通过举办体育培训、体育赛事等加强与巴西、葡萄牙等葡语国家的文化体育交流，深化中国与葡语国家的文化交流与合作。

建设葡语国家文化创意产业基地。依托“丽新星艺文创天地”项目，力争在重要领域和关键环节率先取得突破，聚合澳门和葡语国家的文化创意产业资源，引进澳门和葡语国家文化创意知名企业及人才，以会展设计、动漫设计、视觉艺术、工业设计、旅游设计等为重点，建设葡语国家文化创意产业基地。同时，将横琴文化创意产业的发展和澳门世界旅游休闲中心的建设紧密相连，相辅相成。将文化创意产品，如艺术品、古玩、表演等打造成旅游的重要组成部分，促进澳门和珠海世界旅游休闲中心的健康持续发展。横琴方面不断完善金融、税收、土地等方面的扶持政策，对投资文化创意产业的投资主体同等对待，实行统一税率，对外资和民间资本不设置附加条件。为文化创意企业进入园区提供便利，在信息、融资、项目申报等方面提供支持。

在横琴试点建立中葡青年创业孵化中心。在横琴选择合适的场所，组建中葡青年创业孵化中心。积极争取国家有关部门青年创业的优惠政策，向葡语国家推荐有关横琴和澳门的创业信息及政策，鼓励内地、澳门和葡语国家的青年来横琴创业。

建设文化产权交易所。借鉴上海、深圳两地文化产权交易所发展经验，在横琴设立面向澳门及葡语国家的文化产权交易所，为各类文化产权流转提供交易平台及专业服务，建设集文化产权交易、投融资服务、文化企业孵化、文化产业信息交流和人才培训为一体的综合服务平台，推动文化企业与金融资本有效对接。

3. 广东

优势 1：广东经济与社会发展水平总体高

广东土地面积只有泛珠三角九省区的 1/5，2014 年创造的国内生产总值突破了 6.78 万亿元，是泛珠三角九省区的 1/3 左右。同时，珠三角又是我国经济体制改革最早，市场经济程度最高的地区。

优势 2：广东制造＋香港服务

当广东加上港澳之后，其战略地位更是无可比拟，广东可凭借京广、京九两条南北大动脉，轻易地到达中国内陆的腹心地区。广东还得益于群集的成品、元件、材料及设备的生产者，使难于匹配的产业及工厂能趋于组合。珠三角确实已成为外国公司在国内设立生产设施和采购货品的理想地。

在所有珠三角出口的货物中，约有4/5是经香港的港口和机场运往世界各地的，珠三角对香港经济的重要性由此可见一斑。

粤港企业彼此的相对优势：广东具有强大的生产力，是最可靠的价廉物美的生产基地，而两地的企业应抓住各自的强项，再结合对方的优势，以大珠三角地区为根据地，放眼世界，共同开拓国际市场。随着粤港经贸的进一步发展，大珠三角格局已经成型，广东制造加上香港服务，就等于大珠三角吸引外资的优势。

优势3：珠三角制度竞争力最高

广东省1994年曾确立了珠江三角洲经济区，无疑这是中国市场化及国际化程度最高的大都市经济圈。十一届三中全会后，广东步入改革开放之先河，设特区市、撤县设市均走在全国前列，一批新城市随之拔地而起。

作为改革开放的前沿，深圳在政治体制上的改革首先会在珠三角发挥作用。深圳在城市发展潜力上不但先于广州，还先于上海和北京。政府把决策权、执行权、监督权三分后和国际并轨，在财富集聚中起到杠杆作用。这种制度创新的作用在中国国情中怎么估计也不算高。将来香港和广东变成经济战略联盟，作为中间连接点的深圳的地缘经济优势不可低估。

由于改革开放最早，通过与香港的对接，珠三角出色地接轨国际市场，建立起国际市场导向的产业，吸引着中国各地的劳工、科学家及工程师，成为中国市场化程度最高地区之一，它的经济活力，更多的是依托市场及民营部门的发展，因此其制度竞争力最强。

优势4：中国三大城市群比拼经济，珠三角最具潜力

中国目前已形成三大城市群，这就是珠三角城市群、长三角城市群、京津冀及环渤海城市群，成为中国经济发展的主力军。在这三大城市群中，珠三角城市群最为成熟。

优势5：广东外源经济领先全国

广东经济的外贸依存度一向很高，各项指标位居全国第一。截至2014年底，广东实际利用外资投资总额达5621亿美元，占全国实际利用外资总额的22.69%；2014年，广东实现出口总额7453亿美元，占全国的31.82%。

表8-20 广东外源经济领先全国的主要指标分析（2014年）

指标		广东	全国	广东占全国比重	在全国排名
贸易额（按境内目的地与货源地核算，单位：亿美元）	进出口	12419.42	43015.27	28.87	第一
	出口	7453.09	23422.93	31.82	第一
	进口	4966.33	19592.35	25.35	第一
投资	FDI（亿美元）	5621	37977	14.80	第一
	外企年底注册登记企业数（户）	104555	460697	22.69	第一

数据来源：中国统计年鉴（2015年）。

其中，港澳台企业工业产值又占了全部外源型企业工业产值的60%。从全国来看，这

两项指标都超过 60%的只有广东和福建。外源型经济为广东省解决了工业化的原始积累难题。

优势 6：产业结构正在提升

身处东岸的广州—东莞—深圳，产业经历了一轮又一轮的升级换代，形成了闻名全国的高新技术产业带。珠江两岸聚集了大量知名的高新技术企业，初步形成了以电子信息、新材料、生物医药和光机电一体化等四大高新技术领域为主的高新技术产业带，显示出产业升级的走向。目前，已建成广州、深圳、佛山、中山、珠海、惠州六个国家级和东莞、肇庆、江门三个省级高新技术区，广州、珠海两个国家软件产业基地，三个国家级高新技术产品出口基地，三个国家级高新技术产品出口基地，12 个“863”成果转化基地，一个国家级大学科技园。高端新型电子信息、新能源汽车、半导体照明（LED)、生物、高端装备制造、节能环保、新能源和新材料等领域作为广东省重点培育和发展的战略性新兴产业。到 2015 年，全省战略性新兴产业总产值突破 2.5 万亿元，增加值占生产总值比重达到 10%左右。

优势 7：世界工厂基地

世界工厂看中国，中国工厂看广东。珠三角打造世界工厂的基地是有实力的。珠三角地区已经为成为“世界工厂”打下了非常坚实的基础。珠三角经济的外贸依存度达到 80%；在珠三角范围内存在三种工商语系和三种货币；这里已经建立了强大的现代化物流运输中心；成片的城市群已经崛起并在城市群中形成分工；这里的海外华人占全国的 2/3，拥有 2000 亿美元的资产实力作为后盾；全国 1/3 的打工族聚集在这里，形成了一种特有的多元文化；拥有 250 万专业技术人才；在五大主导产业上领先全国。

广东拥有结构合理、配套完善的教育体系，为经济社会发展提供源源不断的高素质人才。全省拥有 100 多所高等院校，411 个县及县以上国有研究与开发机构、科技情报和文献机构，大中型工业企业拥有技术开发机构 2272 个。拥有国家工程实验室 8 家，国家级工程研究中心 16 家；已建立省级工程研究中心 484 家。广东与八省区及港澳山水相连、交往密切，区域内各方经济发展各具特色，比较优势明显，合作潜力巨大。

4. 贵州：绿色食品供粤港

贵州位于中国西南云贵高原东部，东、北、西、南分别与湖南、重庆、四川、云南、广西接壤，总面积 17.6 万平方公里，辖 6 个地级市、3 个民族自治州，共有 88 个县（市、区、特区），人口近 4000 万。贵州是全国资源大省之一，面对西部大开发和经济全球化发展趋势，贵州省委、省政府提出了以“加速发展、加快转型、推动跨越”为主基调，大力实施工业强省和城镇化带动战略。贵州省具有独特的战略发展优势和巨大的开发潜力。贵州铝土矿保有储量 5.9 亿吨，居全国第四位。贵州磷矿保有储量 32.91 亿吨，居全国第三位。贵州锰矿保有储量 0.98 亿吨，居全国第三位。贵州锑矿保有储量 27.33 万吨，居全国第四。贵州金矿保有储量 213.31 吨，居全国第五。贵州重晶石保有储量 1.26 亿吨，居全国第一位。贵州稀土矿保有储量 149.88 万吨，居全国第二。

“水火并济”的能源优势。可开发水能蕴藏量 1683 万千瓦，煤炭保有储量 474.03 亿吨，有“江南煤都”之称。水电、火电单位造价全国最低，是中国“西电东送”的重要基地。

贵州凭借自身的相对优势，在五大领域与“泛珠三角”区域具有加强合作的潜力。能源和矿产资源开发领域：把贵州建成南方重要的能源基地和原材料基地。旅游资源开发领域：贵州全省有7个国家级自然保护区和12个国家级风景名胜区，在跨地区旅游精品线路建设、旅游信息网络建设和旅游资源及旅游市场开发等方面进一步加强与区域内各方的合作。民族药业和特色生态农业发展领域：贵州有意建成南方重要的民族药业基地和泛珠三角地区重要的绿色食品供应基地。高新技术产业发展领域：贵州拥有一大批优秀的科技人才，具备了发展电子信息、新材料等高新技术产业的基础。现代物流领域：贵州是西南地区连接华南和华中、华东地区的重要通道，是大西南南下出海的陆路交通枢纽，是西南地区重要的物资集散地。

5. 湖南：构筑“泛珠”物流体系

湖南幅员辽阔，东邻江西，南接广东、广西，西连贵州、重庆，北交湖北，位于长江中游、洞庭湖以南，是我国东南腹地。因全省大部分地处洞庭湖以南而得名，因省内最大河流湘江流贯全境而简称“湘”，因自古广植木芙蓉和水芙蓉而有“芙蓉国”之称。

湖南物产富饶，俗有“湖广熟，天下足”之谓，是著名的“鱼米之乡”。全省实有耕地总资源4149.5千公顷，全省林业用地面积达1252.78万公顷，森林覆盖率为47.77%。[①] 主要农副产品产量如粮食、棉花、油料、苎麻、烤烟以及猪肉等均位居全国前列。其中，稻谷产量多年为全国之冠，生猪出栏居第二位，烤烟居第四位，粮食居第六位。湖南矿产丰富，矿种齐全，是驰名中外的“有色金属之乡”和“非金属矿之乡”。

湖南积极参与区域合作协调对话机制，推进区域经济范围内的制度创新和对接，着力构建开放式发展体系。主要措施包括：

联合港澳拓展国内外市场，建立区域统一市场体系，实现区域贸易便利化；联合港澳建立跨区域、跨行业的大型物流企业，构筑“泛珠三角”现代物流体系。

联合推进产业对接，承接粤港澳地区的产业向湖南转移，把湖南最有优势的产业、最有效益的企业、最有潜力的市场向合作各方开放。

共同挖掘粤港澳在市场、技术和资金等方面的比较优势，联合开发内地优势资源。

联合盘活存量资产，支持港澳及合作各方的大公司、大企业参与湖南国有企业产权改革和资产重组。

加强在能源、高速公路、铁路、航运专线、城市基础设施等领域的合作开发，加快“泛珠三角”区域内的高速铁路和高速公路建设。

6. 江西：生态经济输出基地

江西是农业大省，自然条件和生态环境优越，农产品资源丰富，具有发展绿色生态农业的独特优势。近年来，江西不断优化资源配置，大力发展规模化、标准化、集约化经营，培育重点农业产业集群，形成了一批无公害农产品、绿色食品、有机农产品和农产品地理标志基地，打造了赣南脐橙、南丰蜜橘、万年贡米、广昌白莲、泰和乌鸡、齐云山茶油等农产品品牌，“生态鄱阳湖、绿色农产品”的品牌享有盛誉。

江西旅游资源丰富，拥有3处世界自然遗产，1处世界文化景观，1处国际重要湿地，14个国家级风景名胜区，6个国家5A级旅游景区。有千年瓷都景德镇、千年名楼滕王阁、千年书院白鹿洞、千年道教圣地龙虎山、千年古刹东林寺，庐山、井冈山、三清山、龙虎

---

① 第八次全国森林资源清查资料（2009～2013年）。

山、鄱阳湖等名山大湖久负盛誉，旅游资源无论从数量还是质量上都位居全国前列。

江西水域面积广阔，山地峻峭延绵，植被覆盖率较高，生态环境较为优越，特别是近年来环保措施不断加强，丰富的动物资源日益得到有效保护。江西为环西太平洋成矿带的组成部分，区内地层出露齐全，岩浆活动频繁，地质构造复杂，成矿条件优越，矿产资源丰富，是我国主要的有色、稀有、稀土矿产基地之一，也是我国矿产资源配套程度较高的省份之一。

在目前已知的150多种矿产中，江西已发现各类固体矿产资源140多种，其中探明工业储量的89种；矿产地700余处，其中大型矿床80余处，中型矿床100余处。

在探明的89种矿产储量中，居全国前五位的有33种。其中，居第一位的有铜、钨、钽、铯、铊、钪、金、银、铀、钍、伴生硫、溶剂白云岩等，居第二位的有稀土、硒、碲、铷、锂等，居第三位的有磷钇矿、铋、铍、岩盐、蛇纹岩等，居第四位的有钼、铌、萤石等，居第五位的有锡、锆、玻璃用白云岩等。特别是铜、钨、铀钍、钽铌和稀土被誉为江西省的“五朵金花”。

江西区位优势独特、生态环境优美、产业体系比较完整、发展潜力巨大。经过多年的集聚发展，已经形成了60个工业产业集群、75个农业产业集群、35个旅游产业集群、50个物流产业集群。

要“对接长珠闽、融入全球化”，把江西建成“三个基地”，努力把江西建成沿海发达地区产业梯度转移的承接基地、优质农副产品的供应基地、劳务输出基地。

江西参与“泛珠三角”合作的措施包括：主动接受大珠三角的金融辐射，鼓励银行开展异地金融业务；积极开辟区域鲜活农产品“绿色通道”，推进产品质量、检验、检疫标准的互相认证；进一步消除劳动力流动的体制性障碍，开展多种形式的劳务合作。与此同时，还要加快交通对接，构筑省际5小时人流、物流、休闲旅游圈。

7. 海南：国际旅游岛与“一带一路”的门户窗口

海南在该经济合作机制中与粤港澳的地缘优势、优良的资源优势、甚至后发优势，海南与拥有资金、技术及管理经验的港澳有很强的互补性，合作前景广阔。

海南的国有港航企业、农产品加工企业、地方金融企业正在改组、改造，相当一部分国有股权正在准备出让。海南鼓励和支持境内外的大企业、大集团直接投资或参股开放港口、供水、供电、水利设施等基础设施投资，支持境内外金融、保险、证券机构到海南建立分支机构。

利用《内地与香港关于建立更紧密经贸关系的安排》和《内地与澳门关于建立更紧密经贸关系的安排》，港澳企业可参与海南骨干企业的资产重组。海南大力支持港澳公司在海南设立独资公司开展相关业务外，大力支持港澳公司通过直接投资或购买股权，支持港澳物流企业参与海南省物流骨干企业的资产重组，共同创建新型的国际化物流集团。支持港澳及有航班起降港澳的外籍航空公司利用海南省航权开放试点政策，进入海南开展相关航空运输业务。

海南的旅游资源丰富，开发潜力很大，拥有50多个可供开发的海湾，大多倚山傍海，风光旖旎，保持完好，还有风景奇特的热带雨林。因此开发的资金需求量也很大，需要1000亿元以上。海南要变旅游资源大省为旅游强省，要对旅游资源进行高水平的规划和高水平的开发，区域合作的空间相当广阔。同时海南正在成为富起来的中国人的第二居住地，在房地产开发上，也应有合作的空间。

目前海南的香蕉产量占全国的40%，芒果占60%，有些好的品种可以替代进口。此外，海南还有文昌鸡、嘉积鸭以及种类繁多的海产品，要利用海南省建设无规定动物疫病示范区的优势，发展畜牧业，并从种植、养殖、加工到贸易、出口，进行全方位的区域合作。海南完全可以成为“泛珠三角”及更广大地区的菜篮子、水果店。

海南有广袤的海域，有丰富的矿物质，这是发展新型工业难得的资源，海南可以利用海洋油气资源，发展石油化工、发电等工业。但在发展工业与保护环境的问题上，将优先考虑环境，工业的发展要坚持“不破坏资源，不污染环境，不搞低水平重复建设”。

海南是全国最大的经济特区，特别是航权的开放，大有潜力可挖，海南新增了许多国际航线，正在与俄罗斯、中亚国家进行开通航线的探讨。这将成为区域合作的一个平台。海南正在进行国有资产改革，一批大企业大项目将落户海南，这为包括香港这样的金融中心在内的区域合作提供一个平台，金融、财务、咨询的机构和人员都可以在这里大有作为。

8. 福建：联结两大三角洲

福建省是中国率先实行改革开放政策的省份之一。

“建设对外开放、协调发展、全面繁荣的海峡西岸经济区”是新世纪福建发展的战略举措。海峡西岸经济区是指以福建为主体，涵盖周边区域，对应台湾海峡，具有自身特点、自然集聚、独特优势的区域经济综合体。2005年，建设海峡西岸经济区被正式列入国家战略并在其中占有重要位置。

福建省南北对接国内两大经济发达区域：珠江三角洲和长江三角洲，西向纵深与内陆省份经贸往来密切，以福州、厦门为中心，正在构建服务中西部发展的东南沿海的对外开放综合通道。

福建面对台湾，毗邻港澳，是中国面向亚太地区的主要窗口之一。产业协作范围覆盖中国台湾、香港、澳门地区，扩展到东盟、日本、韩国、北美自由贸易区、欧盟等经济区域。

福建将从基础设施、产业与投资、商务与贸易、信息化建设等具体项目入手，全方位地拓展合作领域，积极主动地加强与港澳台和珠三角及各省区的合作。将充分发挥闽港、闽澳经济合作促进会的作用，推动建立闽港联合招商、物流、中小企业、金融、公用事业等合作平台，加强闽港、闽澳间金融、物流、贸易、信息、旅游等领域合作。

随着连接珠三角、长三角的同三高速公路福建段的全线贯通，随着福建电网与华东电网的联结，福建与珠三角、长三角的联系更加密切，产业合作的领域更加广阔。

9. 广西：建设与东盟合作大通道

广西位于中国大陆沿海地区的西南端，南濒北部湾，东邻广东、海南和港澳，西靠云南、贵州，北接湖南，西南与越南交界，处于华南经济圈、西南经济圈和东盟经济圈的结合部，具有沿海开放、沿江开放、沿边开放等优势。是整个西南地区唯一的沿海省区。

广西地处中国—东盟自由贸易区的中心地带，连接中国国内和东盟两个市场，具有双向沟通中国与东盟的区位优势，是中国唯一与东盟既有陆地接壤又有海上通道的省区。目前已建成出海、出边大通道，形成了与东盟国家的立体交通网络，是中国沿海地区，又是西部地区，是中国最具增长潜力的省份之一。

广西拥有一类口岸17个，二类口岸11个，高速公路网遍及广西所有城市。出省出边高速公路通道将有8条以上，国际大通道将更加完善。在机场方面，广西现有南宁、桂林、北海、柳州、梧州5大航空港，开通航线100多条，4小时直航可覆盖东亚和东南亚所有国家首都。广西将把南宁机场建设成为通往东盟各国的国际枢纽港，把桂林机场建设成为国际旅游枢纽港。

经过改革开放发展，广西培育并初步形成以制糖、有色、冶金、电力、汽车、机械、建材、食品、医药等为主的一批优势产业，具备与国内外企业开展产业合作的良好基础。

广西将加快建设和完善与周边省市及东盟对接的现代综合交通运输体系。构筑连接中国西南、华中、华南以及通向东盟国家的便捷的陆路通道。

与此同时，加快构建畅通快捷的物流通道体系、运输体系、大通关体系、商品和要素市场体系，使广西成为连接东盟市场、西南市场、华南市场、中南市场，东西互动、南北贯通的物流中心。

10. 云南："龙尾"助巨龙腾飞

云南素有"植物王国"、"动物王国"、"有色金属王国"、"花卉之都"、"药材之乡"、"生物基因库"、"民族文化聚宝盆"等美誉，两地具有很强的互补性，合作空间广阔。

云南是中国通往东南亚、南亚的窗口和门户，地处中国与东南亚、南亚三大区域的结合部。拥有国家一类口岸13个、二类口岸7个，与缅甸、越南、老挝三国接壤；与泰国和柬埔寨通过澜沧江—湄公河相连，并与马来西亚、新加坡、印度、孟加拉等国邻近。历史上著名的"史迪威公路"和"驼峰航线"就经过云南境内。

近年来，云南在建设中国—东盟自由贸易区和加快建设面向西南开放重要"桥头堡"的新形势下，云南公路、铁路、航空和水运网络日趋完善，初步形成通往东南亚、南亚国家的三条便捷的国际大通道。

如果把"泛珠三角"合作区域比作一条正在腾飞的巨龙，粤港澳是"龙头"，云南则是"龙尾"。云南要当好"龙尾"，推动区域合作巨龙腾飞。

近年来，在中国—东盟自由贸易区建设和澜沧江—湄公河次区域经济合作中，国家又把云南作为参与建设与合作的前沿省份。云南要通过"龙尾"作用，把泛珠三角区域合作与对东南亚、南亚地区的开放紧密联系起来，建设从陆路沟通太平洋与印度洋的国际大通道，构建连接东南亚、南亚的经济、贸易、科技文化和友好交流的大平台。

港澳借助云南沿边优势，发挥自由港优势，面向西南开放拓展更广阔的经济腹地；云南正发挥资源、地缘优势，汲取港澳优势所长，寻求更广阔的发展提升空间。

11. 四川：西部制造业中心

四川地处中国西部，是西南、西北和中部地区的重要结合部，是承接华南华中、连接西南西北、沟通中亚南亚东南亚的重要交汇点和交通走廊。四川旅游资源极为丰富，历来有"天下山水在于蜀"之说，并有"峨眉天下秀，青城天下幽，剑门天下险，夔门天下雄"之誉。四川拥有五处世界遗产，数量上仅次于北京的六处，居全国第二位；并且世界遗产的种类丰富，有三处世界自然遗产（九寨沟、黄龙、四川大熊猫栖息地）、一处世界文化遗产（都江堰及青城山）、一处世界自然与文化双遗产（峨眉山及乐山大佛）。

四川省矿产资源丰富且种类比较齐全，能源、黑色、有色、稀有、贵金属、化工、建材等矿产均有分布。已发现各种金属、非金属矿产132种，占全国总数的70%；已探明一定储量的有 94 种，占全国总数的 60%，分布在全省大部分地区。

四川是中国西部资源大省、人口大省、经济大省，在科教实力、市场潜力、创业环境等多个方面具有比较优势。

四川人口超过 8000 万，人均收入在全国排第九位，是一个有巨大潜力的市场。四川经济总量居全国第八位，主要经济指标一直位列中国西部 12 省（区、市）首位，其中，经济总量、社会投资占西部地区的 1/5，粮食产量、工业产值和社会消费量占西部地区的 1/4 左右。

四川拥有区位优势突出、科教实力雄厚、产业种类完备、市场潜力巨大、交通体系完善、创业环境优越等多方面的比较优势。

四川也是中国重要的工业基地之一。有着以长虹集团、九洲集团为国防科技代表的千亿电子信息产业，以攀钢集团、东方电气集团为代表国防重工业的大型重点企业，以新希望集团和五粮液集团为民营代表的大型骨干企业。

2014 年国务院批准天府新区上升为国家级新区（全国第四个由国务院批准设立的国家级新区），同意绵阳科技城享受中关村政策，国务院关于长江经济带发展“指导意见”中规划了四川大量重大项目，四川面临着新的发展机遇。

四、内地九省区与港澳合作路径

（一）目标

1. 区域合作的总体目标

由“自由合作”提升至“框架合作”，并由松散型的“项目合作”提升至紧密型的“机制合作”，朝着“全面紧密合作”的方向迈进，建立适应“泛珠三角”发展需要的区域基础设施网络，构建优势互补的区域产业协作体系，打造“泛珠三角”区域合作品牌，提高区域整体国际竞争力和影响力，从以往的各自点对点与东盟、南盟推进合作转变成为内地九省区与港澳携手呼应国家战略的布局合作，并延伸至中国向东开放和向西开放、沿海开放与沿边开放两种开放模式互动前行的战略黄金布局，形成东中西互联互动、协调发展、共同繁荣的新“泛珠三角”格局。

2. “9+2”合作的阶段性目标

第一阶段：2016～2020 年

以 CEPA 框架（《内地与香港关于建立更紧密经贸关系的安排》和《内地与澳门关于建立更紧密经贸关系的安排》）为基础，同时依据《泛珠三角区域合作框架协议》十个领域和重点项目为实施重点，合作建设打造“泛珠三角”区域合作品牌。首先建成适应市场需求的区域综合性基础设施网络；其次是发挥政府的公共行政职能，为区域要素和产品市场体系建设提供良好的制度环境。

第二阶段：2021～2030 年

通过市场配置实现区域产业协作发展，建立开放竞争的要素和商品市场体系，形成东中西部互联互动的协调发展格局，构筑最为庞大的世界工厂（一体化制造业产业带）、交通网与信息流，以港澳为窗口、以内陆九省区为依托，建立面向“一带一路”的国际开放高地。

表 8-21　内地九省区与港澳合作目标与战略定位

省区	目标与战略定位
广东	广东是中国经济的龙头地带，背靠广大的“泛珠三角”腹地，是外资进军中国内陆市场的桥头堡。深入推进粤港澳服务贸易自由化，深化粤港澳金融合作，强化粤港澳国际贸易航运功能集成，促进粤港澳集聚发展，成为“泛珠三角”区域合作的极核效应发散区
海南	推进琼港澳合作是落实新时期国家开放战略的有益探索。第一，国际旅游岛上升为国家区域开放战略，理应把加大合作纳入区域开放的大盘子；第二，通过琼港澳紧密合作，有利于促进海南成为我国与东盟国家加强经贸合作的重要枢纽。支持琼港澳优势互补，建立全方位、多层次、宽领域、高水平的开放型经济的新格局，既是落实 CEPA 的重要体现，也是拓展“一国两制”作用空间，发挥两个市场、两种体制优势，提升海南国际化水平和竞争力的有益探索
福建	打造 21 世纪海上丝绸之路核心区。突出基础设施互联互通、经贸合作和人文交流，推进中国—东盟海上合作基金项目、远洋渔业基地建设，力争突破一批带动力强的合作项目。 打造 21 世纪海丝核心区和自贸试验区的总体部署、开发重点与建设项目，利用港澳优势推进闽港澳在经贸、金融、文化、专业服务和科技领域的合作，推动产业对接，拓展海外市场
广西	打造“一带一路”有机衔接重要门户、构建西南中南地区开放发展新的战略支点，港澳与东南亚合作的纽带，全面实施“双核驱动”战略
江西	江西在“泛珠三角”区域中处于承东启西的地位，是广东、福建以及港澳地区与湖南、四川、贵州、安徽等内陆省份进行交流合作的重要通道。江西实施“对接港澳，融入全球化”的发展战略带来了更为广阔的合作领域和发展空间，深化融入“9＋2”经济圈
湖南	充分发挥长株潭产业、人才、科技等优势，对接港澳，引领和示范全省转型创新发展。充分发挥湘南地区毗邻珠三角优势，推动承接产业转移示范区建设，形成开放发展新格局。充分发挥洞庭湖生态经济区通江达海优势，积极融入“9＋2”经济圈，推进区域交通、水利、环保等重大基础设施建设
云南	发挥连接港澳与东南亚、南亚重要大通道优势，加强与周边国家互联互通进程，综合利用两个市场、两种资源，推动云南由边缘地区和“末梢”变为开放前沿和辐射中心，着力打造对外开放新高地。进一步找准政策着力点，创造性地落实国家支持政策，充分发挥桥头堡战略和民族、边疆地区等重大政策的叠加效应。 在“桥头堡”战略助推下实现质与量的双重突破，逐步形成从劳动力互补、自然资源互补到资金互补、技术互补，从产业间互补到产业内部的互补，从生产互补到消费互补等全方位互补性的投资贸易合作体系
贵州	牢牢守住发展和生态两条底线，牢牢抓住改革开放关键一招，积极主动适应新常态，开放型经济站在新起点狠抓开放带动和创新驱动，增强动力活力。对接港澳，全方位扩大对外开放。积极参与“一带一路”和长江经济带、珠江—西江经济带建设
四川	主动对接港澳，落实国家南向西向开放和“一带一路”战略，探索西部地区开发开放新路子、构建内陆开放型经济高地、推进经济结构战略性调整，对接孟中印缅经济走廊运输通道和西南出海大通道建设，积极融入中国—东盟自贸区和大湄公河次区域发展，凸显中国西部欧亚门户的地位。加快建设现代交通和物流体系

（二）合作突破路径与路线

1. 探索建立多种形式的合作机制

在有利于发挥各自优势、有利于推进泛珠地区建设、有利于“一国两制”的大原则下，应积极探索多种形式的合作。

（1）委托管理。比如旅游中介业，在国家法律框架下，利用港澳经验，委托港澳运营内地旅游业。

（2）开放特定市场，港澳视同国内。采取 PPP、BOT 等模式，优先引进港澳资本，并视同国内资本，鼓励港澳资本参与基础设施建设和公共事务管理。

（3）独资经营。可考虑引进优质港资进入免税领域及零售行业，提升岛内免税购物整体服务水平；引入香港的市场监管办法和管理人员，提高本岛管理能力，为旅游购物创造良好的消费环境。

（4）以整体项目进入。如会展业等一些大项目可以允许香港和澳门方面单独承担。

（5）外包服务。大力发展第三方金融外包服务业，如将海南建成香港、澳门第三产业的后台服务基地。

（6）推出针对香港小微企业的招商活动。随着 CEPA 框架实施的深入，国家已经允许港澳居民在内地以个体户方式注册经营以服务为主的行业。如在广东省注册的港澳个体户 2012 年底突破 4300 家。因此，发挥两个“安排”及补充协议的政策效用，以内地九省区正在大力推进的城市综合体建设为平台，加大对香港小微服务企业的招商力度大有可为。

2. 建立层次明晰的泛珠地区合作改革试验区

落实国务院批复的深圳前海国家服务业综合改革区、珠海横琴新区总体方案，推动完善配套实施细则，制定试验区管理办法，完善管理架构，推进体制机制创新和粤港澳经济深度融合。对外商投资实行准入前国民待遇加负面清单管理模式，建设市场准入统一平台，强化事中事后监管，率先形成与国际投资贸易通行规则相衔接的基本制度框架。

在不断扩大合作领域的基础上，可考虑在内地九省区建立层次明晰的泛珠地区合作改革试验区，如在海南适合区域建立“琼港澳服务业综合试验区”，运用“一国两制”的办法探索新的开发模式和管理体制。比如，可以先行建立港澳资本进入教育、医疗等中高要素市场的综合试验区；在适合的时候，建设集旅游休闲、彩票、商务会展、免税购物于一体的“服务业综合改革试验区”，推动琼港澳服务产业集聚发展；积极创造条件，促进农业出口加工基地建设。

表 8-22 泛珠地区合作改革试验区

分 类	合作示范试验区
泛珠地区核心合作试验区	深圳前海国家服务业综合改革区 珠海横琴新区 广州南沙新区

续表 8-22

分　类	合作示范试验区
泛珠地区紧密合作试验区	粤桂合作特别试验区 湘粤合作试验区 闽粤合作试验区（筹建）
泛珠地区拓展合作试验区	赣港澳开放合作试验区（筹建） 滇港澳开放合作试验区（筹建） 川港澳开放合作试验区（筹建） 黔港澳开放合作试验区（筹建） 琼港澳开放合作试验区（筹建）
泛珠地区支撑综合试验区	中国（广东）自由贸易试验区 中国（北部湾）自由贸易试验区 东兴国家重点开发开放试验区 海南国际旅游岛建设 中国（福建）自由贸易试验区 平潭综合实验区 鄱阳湖国家经济生态区 长株潭城市群两型社会综合配套改革试验区 孟中印缅经济走廊建设 贵安新区 川渝合作示范区

（三）合作重大工程

泛珠三角区域内将形成九大协作网络，内地九省区和港澳特区将协力打造全中国最为庞大的世界工厂（一体化制造业产业带）、交通网与信息流，以及面向“一带一路”的国际贸易门户与世界航运枢纽中心。

表 8-23　内地九省区与港澳合作重大平台

省区	合作重大平台（区域合作示范点）
广东	中国（广东）自由贸易试验区 广州、深圳国家服务业综合改革试点 加快粤桂合作特别试验区建设 筹建闽粤经济合作区
海南	海南国际旅游岛建设 三亚临空经济区建设 美兰机场空港综合保税区
福建	中国（福建）自由贸易试验区 平潭综合实验区
广西	东兴国家重点开发开放试验区、中越跨境经济合作区东兴、凭祥园区基础设施建设 中国（北部湾）自由贸易试验区 凭祥国家重点开发开放试验区 粤桂合作特别试验区

续表 8-23

省区	合作重大平台（区域合作示范点）
江西	鄱阳湖国家经济生态区 赣闽开放合作示范区 赣湘开放合作试验区 赣南承接产业转移示范区 “三南”承接加工贸易转移示范地
湖南	长株潭城市群两型社会综合配套改革试验区 国家自主创新示范区以及洞庭湖生态经济区 湘南承接产业转移示范区
云南	云南高原特色农产品 一体化电子商务及物流配送 扩大滇菜直通香港市场规模，使得香港成为云南省蔬菜外贸增长的新亮点 瑞丽重点开发开放试验区建设 推进与周边国家的互联互通国际运输通道建设 孟中印缅经济走廊建设 打造大湄公河次区域经济合作新高地
贵州	贵安新区 国家级经开区和高新区 贵阳综合保税区 粤桂共建贵广高铁经济带
四川	成渝城市群 天府新区 绵阳科技城；攀西战略资源创新开发试验区 广安川渝合作示范区 四川电子商务第二城 川南电子商务发展中心 西部国家级国际航空枢纽

表 8-24 内地九省区与港澳合作重大工程安排

省区	重 大 工 程
广东	加快港珠澳大桥、粤澳新通道等项目建设； 推进深茂铁路江门至茂名段、广梅汕客专梅州至潮汕段、广梅汕铁路龙湖南至汕头段增建二线、广州东北货车外绕线等铁路项目和广佛肇、莞惠、穗莞深等城际轨道项目建设，抓好白云机场扩建工程等民航项目建设，加快建设西江、北江航道扩能升级工程和高陂水利枢纽等重点水利工程； 计算与通信集成芯片、移动互联关键技术与器件、新能源汽车电池与动力系统、干细胞与组织工程等九大领域突破核心技术和共性技术，研发推广一批重大战略产品，培育壮大一批创新型产业集群； 智能制造装备、海洋工程装备、轨道交通、航空制造、卫星及应用等先进制造业，重点抓好珠江西岸先进装备制造产业带建设； 加快发展战略性新兴产业，在高端新型电子信息、新能源汽车、LED、生物等领域引进培育一批重大产业集聚项目。积极实施国家和省新兴产业创投计划。开展战略性新兴产业专利导航及经济科技项目知识产权评议。推进广东海洋经济综合试验区建设，大力发展临港经济，加强海洋资源开发，发展海洋航运； 珠三角地区“机器换人”计划，推进工业机器人、3D打印等技术及其应用产业化发展

续表 8-24

省区	重大工程
海南	油气化工、汽车制造、食品加工等产业，延长产业链条，实现集群发展； 大力发展信息产业，启动“光网智能岛”工程建设，推动三网融合，普及4G网络，实现光纤宽带全岛覆盖； 以洋浦开发区和东方工业园为主要载体，加快建设南海油气资源开发和服务基地。制定海洋旅游发展总体规划，加强海洋旅游基础设施建设，推进国家海洋公园等旅游项目； 凤凰机场三期、凤凰岛国际邮轮港二期、琼中抽水蓄能电站、大广坝水利水电二期、电网改造、南渡江流域土地整治、洋浦石化新材料产业基地、聚酯原料二期、150万吨特种油、中兴三亚、浪潮海南、中电科海洋信息产业园、亚龙湾旅游文化综合体、海洋欢乐世界、航天发射场配套区、长影环球100生态修复工程等项目； 博鳌乐城国际医疗旅游先行区、中非合作圆桌会议永久会址、100万吨乙烯及炼油改扩建、昌江核电二期、“田”字形高速公路与相关市县的连接线、琼粤天然气管道、琼海天然气发电、迈湾水库等
福建	三明沙县机场； 完善“两集两散两液”布局； 新一代信息技术、新能源、新材料、生物与新医药产业； “数字福建”建设； 海洋优势产业，促进海洋工程装备、邮轮游艇、海洋生物医药等产业； 创建万亩优质稻示范片
广西	竣工投产云桂高铁南宁至百色段、湘桂铁路柳南段电气化改造项目，高铁通达11个市。开工合浦至湛江、柳州至梧州、柳州站站房扩建项目，加快规划建设贵阳至南宁客运专线。推进洛湛铁路永州至玉林段扩能、南昆铁路百色至威舍段增建二线、焦柳铁路怀化至柳州段电气化、南宁至凭祥铁路扩能等项目前期工作，建设钦州保税港区铁路集装箱办理站。北部湾港重点建设一批深水航道和泊位，开工铁山港区航道疏浚二期和西港区北暮作业区7—8号泊位等项目，建设钦州港30万吨级进港支航道和金鼓江航道，建成中石化北海炼化项目石化码头、国投钦州煤炭码头等，推进钦州20万吨级集装箱码头、防城港40万吨级码头及航道前期工作。增开北部湾港至东盟国家班轮航线，增加远洋班轮挂靠。新开工梧州机场迁建、柳州机场航站楼扩建和南宁伶俐、桂林兴安等通用机场项目，加快建设桂林机场T2航站楼，推进南宁机场第二跑道和玉林、北海新机场、柳州机场迁建等项目前期工作； 先进装备制造、节能与新能源汽车、新一代信息技术、新材料、生物医药、节能环保等战略性新兴产业，着力发展智能制造、轨道交通、海工装备及飞机制造、北斗卫星及应用、机器人、3D打印、地理信息等高端产业； 改造提升食品、汽车、机械、有色金属、石化、冶金、建材、造纸与木材加工等传统产业； “双高”糖料蔗基地； 中国—东盟海上渔业走廊； 推动规划建设南广、贵广高铁经济带； 实现进出口货物在北部湾经济区自由流转，全面实施多部门“三个一”合作，建设“单一窗口”，推进全区及与珠三角、西南中南区域通关一体化，申报西江流域综合保税区； 推动重点口岸扩大开放和升格，争取铁山港口岸正式开放，加强口岸基础设施、电子口岸和公共服务信息平台建设

续表 8-24

省区	重 大 工 程
江西	江铜集团、新钢集团、中国江西国际经济技术合作公司、江西江钨控股集团公司、江西省招标咨询集团有限公司和江西省盐业集团公司等 6 家大型国企集团层面引入战略投资者； 面对香港招商战略性新兴产业项目 475 个、现代服务业项目 427 个、新型农业项目 82 个、重大基础设施项目 149 个； “江西风景独好”的独特魅力，参与江西旅游景点景区、精品线路、旅游配套服务设施等开发建设； 携手湘鄂两省推进交通互联互通、产业协作配套、市场一体化建设，加快建设长江中游城市群；积极参与“一带一路”建设，对接“汉新欧”、“渝新欧”等中欧国际铁路班列，扩大江西至宁波、厦门、深圳铁海联运，拓展连接“一带一路”陆运和海运通道；铁路方面，争取开工建设赣深客专、合安九客专、皖赣铁路扩能等项目，续建昌吉赣客专、武九客专、九景衢铁路、蒙华煤运通道等项目，建成合福客专、赣龙铁路扩能项目，力争铁路营运里程突破 4000 公里；积极推进鹰梅、吉永泉、渝长厦等铁路项目前期工作； 力争在昌九城际轻轨或南昌地铁等轨道交通建设项目上与香港铁路有限公司开展合作； 与香港机场管理局合作，引进资金、人才和管理，进一步“江西门户机场”—南昌昌北机场的管理和地面服务水平； 与香港开展航空专业服务及航空物流方面的合作，引进飞机维修、机务保障、机场货运等方面的合作项目，促进江西航空业发展； 能源方面，建设分宜电厂等火电机组，推进神华九江电厂建设，建成安源电厂扩建项目、抚州电厂一号机组；开工建设中石化新粤浙天然气管道； 水利方面，鄱阳湖水利枢纽工程，廖坊灌区二期、四方井水库、赣江抚河下游尾闾综合整治工程，峡江、伦潭水利枢纽等项目； 南昌、赣州国家电子商务示范城市建设； 推动有色、石化、钢铁、装备制造等产业发展升级，重点在铜精深加工、有机硅、粉末冶金等领域培育一批高端产品、高端品牌
湖南	湘江、沅水、澧水等高等级航道及重点港口建设；推进长沙中低速磁浮工程、黔张常、怀邵衡、蒙华铁路湖南段和娄邵铁路扩能等项目建设，争取启动张吉怀、常岳九等铁路项目前期工作；推进长沙航空枢纽建设； 洞庭湖综合治理、涔天河水库扩建、莽山水库等重点工程； 装备制造、新材料、文化创意、生物医药、新能源、电子信息、节能环保等战略性新兴产业，重点扶持集成电路、新能源汽车、工业机器人、3D 打印、北斗应用、通用航空、两型住宅等产业； 油料、茶叶、竹木等特色优势产业； 武陵山和罗霄山片区区域发展与扶贫攻坚
云南	以畅通国际大通道为重点，全面完成综合交通基础设施建设 3 年行动计划。新开工建设小磨、华丽等高速公路项目，泛亚铁路中线和云桂、丽香等 10 项在建工程； 金沙江黄金水道开发，争取中老铁路境外段、中缅陆水联运； 烟草、有色金属等传统优势产业； 优先发展生物医药、电子信息、新材料、汽车、石化等新兴产业； 省级重点建设村、美丽乡村省级示范点、民族团结进步示范村、民族特色村寨建设； 云南高原特色农产品； 一体化电子商务及物流配送； 扩大滇菜直通香港市场规模，使得香港成为云南省蔬菜外贸增长的新亮点； 四大片区、革命老区和人口较少民族扶贫开发

续表 8-24

省区	重 大 工 程
贵州	贵阳·贵安国家级大数据产业发展集聚区； 双龙临空经济区，遵义综合保税区，贵阳综合保税区二期，与广西合作共建北海贵阳港； 环贵州高速公路建设； 马岭、黄家湾水利枢纽工程；构皮滩水电站翻坝枢纽工程； 全国大数据产业示范基地“云上贵州”应用内容； 大健康产业园区； “十大文化产业园”； 电子元器件、软件与集成电路、物联网、视听产品等电子信息产业； 毕水兴能源煤化工等基地； 民用航空航天装备、轨道交通装备、精密数控机床等高端装备制造业，改造提升汽车及零部件、能矿装备、工程机械等产业； 旅游项目，如西江苗寨、荔波大小七孔、青岩古镇等景点； 全国扶贫开发攻坚示范区
四川	抓好成昆铁路扩能改造、成贵客专等项目，加快隆黄铁路叙永至毕节段建设，打通面向港澳的运输枢纽； 渝昆铁路前期工作，实施长江干线航道等级提升和建设岷江港航电综合工程等航运建设项目； 乐山、巴中机场建设，加快泸州等机场； 天府新区建设； 世界级钒钛产业基地； 国家重要的清洁能源化工基地和特色农产品生产基地；支持川西北生态经济示范区，加大基础设施建设和环境保护，建设国家重要的生态文化旅游区； 临港经济和通道经济，建设国家级清洁能源基地； 电子信息、装备制造、航空航天、生物医药、新能源汽车、粮油食品等产业集群，建设国家级高技术产业基地。支持川南经济区依托长江黄金水道，加快城际轨道交通等重大基础设施建设

五、“9＋2”更紧密合作的政策建议

（一）国家层面的政策建议

1. 协调基础设施互联互通

延长京广、京九线至香港九龙，推进港深、珠（海）澳（门）基础设施对接，随着港深珠澳大桥竣工开通，开辟港深珠澳城际交通圈，启动四地机场一体化联运方案。

2. 实行统一关税监管

与基础设施建设配套，整合横琴、前海、南沙等各类新区建设，推进环珠江口粤港澳自由贸易区建设，实现统一关税监管政策。

加快推进横琴莲花大桥口岸 24 小时通关，允许澳门单牌车进出横琴。争取持一次有效签证的内地居民（尤其是商务旅游游客）赴澳期间，可以在规定的时限内（24 小时）多次出入横琴、澳门，往返两地不视为出入境，真正实现“横澳同城”。恢复设立横琴口岸签证处。尽早允许内地居民在横琴直接办理赴澳通行证及签证。允许经香港、澳门机场中转的外国游客 72 小时内免签证进出横琴新区。

对经由澳门入境的指定葡语国家特色商品开设专用通关“绿色通道”，实现关检互认，

提高通关效率。复制平潭经验，设立葡语国家特色商品免税仓，在横琴设立葡语国家小额商品免税贸易市场，专门从事原产葡语国家的各类商品贸易，具体可包括葡萄牙的橄榄油，巴西的火腿、红酒、功能和保健饮料，莫桑比克的干果等，在一定金额内给予免税。

3. 实现人员自由往来

港澳同胞与内地九省区人员在“9+2”区域内往返可持有效身份证件予以居民化待遇。

4. 允许发展“飞地经济”

港澳发展受用地空间限制较大，可考虑允许其在九省区范围内建立产业园区，同时允许内地九省区在港澳设立办事机构，成为对外国际合作窗口。

5. 强化港澳金融旅游中心地位

发挥香港所拥有的全球金融网络优势，在人民币加入 SDR 新形势下，强化香港作为南方金融中心地位，成为人民币重要的离岸金融市场。

大力发展横琴与澳门同城清算系统，逐步放开横琴与澳门之间人民币双向流动管制，允许澳门币在横琴便捷流转。探索与葡语国家金融创新合作，突出发展特色人民币离岸业务，试点实行企业人民币资本项目有限制可兑换。探讨中国和葡语国家协商共同签署关于在澳门/横琴设立金融服务中心的协议，配套优惠财税措施，为经由澳门对葡语国家投资的中资企业以及经由澳门对内地投资的葡语国家的企业提供资金清算、资金结算、融资担保、信用保证等服务。利用澳门金融市场推进葡语国家在澳金融资本与银行机构联合提供银团贷款，投资于重大跨境基础设施的建设，以大型项目的金融合作推进中葡金融资本融合，通过澳门以投资的方式进入内地。在双方法律法规明确或允许的范围内，支持在澳门经营的内地企业，以内地资产作为抵押在澳门融资。推进资本通过贸易、投资和一些金融业务流入葡语国家，间接实现我国金融资本走向葡语国家。

支持港澳发展休闲旅游产业，强化港澳与九省区旅游线路与服务对接，使港澳成为游客国际中转服务中心。结合横琴海岛型生态景观的资源优势发展休闲度假产业，配合澳门共同建设“世界休闲旅游中心”，促进横琴与澳门区域旅游一体化。联手推广澳门历史城区—长隆海洋世界—开平碉楼—韶关丹霞山“一程多站”的旅游线路，发展具有历史、文化和娱乐等多种内涵的综合旅游，发挥澳门中西文化交融优势，推动澳门旅游充实内涵、提升层次，进一步提升澳门和横琴整体的城市形象。

6. 文化交流

港澳文化具有粤文化与海外文化交融的特点，具有较大的开放性、包容性，扩大港澳文化与九省区区域文化交流合作，有利于促进内地省份文化发展繁荣，也有利于中国文化走出去。鼓励政府间与民间行业协会定期举办文化活动，文化企业相互合作，线上线下相结合，提供更多更好的文化产品和服务。

7. 组建产业技术创新联盟

港澳地区技术研发环境优越，内地九省区在产业化方面具有优势，促进双方建立产业技术创新联盟，实现合作共赢。

8. 合作办学

港澳的教育资源较为丰富，拥有成熟的教育体系，基础教育扎实、高等教育国际化水平高，一些大学在全球具有较高知名度，恰好弥补九省区高等教育短板，对九省区有较大的吸引力。国家应创造条件支持港澳大学发展，鼓励支持港澳在九省区合作办学，或设立分校，为九省区人才培养和科技创新搭建平台。

争取国家设立“葡语人力资源开发基金”，开放、发展外资教育和职业培训业，鼓励有利于在本土培养高素质国际化葡语人才的外资教育、培训业项目落户横琴，允许澳门及葡语国家名牌大学在横琴独资设立分校，支持横琴打造葡语应用人才培训中心。从国内外引进深谙葡语国家营商环境、法律法规、社会人文等方面的高级培训人才，为中资企业“走出去”建立既精通葡语又熟悉地方风土人情，同时也具备一定专业技能的复合型人才储备库。同时，更可在此基础上组建横琴国际文化交流中心，作为招商公司一部分，拓展国际交流合作，通过企业化运作打造国际化商务品牌。

9. 合作医疗

加强港澳与九省区在医疗领域合作。随着大陆人口老龄化加剧，医疗技术资源短缺，港澳地区优质医疗机构可到九省区设立分支机构，实现合作共赢。

10. 环境共治

珠江流域大气、水、土壤环境直接港澳生态质量和食品安全，建立珠江流域资源环境协商共治的机制有利于保障“9＋2”地区的生态安全，下游经济发达的受益地区可向中上游生态保护地区提供生态补偿或经济援助。

（二）内地九省区层面的政策建议

尽管泛珠包括“9＋2”范围，但从地缘来说，其地域主体是南岭以南的南方经济带，主要包括云南、广西、海南和贵州南部组成的环北部湾经济区；湖南南部和广东省、港澳组成的大珠三角；江西南部、福建和台湾组成的海峡经济区。考虑到目前实际经济联系，本报告仍将四川纳入环北部湾经济区，海峡经济区仅考虑海西经济区。南方经济带事实上也是21世纪海上丝绸之路国内主要承载区，尤其是珠江三角洲经济区属于南方经济带的一级经济核心区。

泛珠人力资本、土地等生产要素禀赋与长江流域经济带及北方经济带相比并不优越，但这一地区热带资源丰富，面向南海，港湾优良，华侨众多，这里有世界性金融中心香港，还有台湾、澳门等经济发达区。改革开放以来，泛珠与东南亚及港澳台广泛开展投资与贸易经济合作，同时吸引全国各种生产要素向该地区聚集，改变了自身生产要素匮乏的状态，形成了一定规模的劳动、资金、技术密集型产业，如纺织、轻工、食品、家电等。发展起相当数量的各级经济核心区，如珠江三角洲城市密集区、福厦漳泉城市密集区，南宁—北（海）钦（州）—防（城港）城市密集区等。这些经济核心之间通过交通、通信、投资、贸易等形式融为一体。广州、深圳及香港为这地带的国际性都市，厦门、海口、南宁、北海等为次级经济核心。

泛珠通过对外经济技术合作，推进了生产要素流动和商品贸易，形成金融、贸易、航运、旅游和信息服务等产业。从地方层面来看，三大区域主要应做好以下工作：

1. 大珠三角地区与港澳合作发展

主体是广东省，包括湖南南部和港澳地区，这一地区是“9＋2”合作的核心地区，主要应做好以下工作：

（1）完善通达周边的“扇形”格局。

建设京广、京九、广（州）南（宁）、广（州）厦（门）、广（州）湛（江）五条高铁、高速、航空、管道等组成的综合运输通道，沿线形成城镇发展轴，发挥茂名—阳江、云浮—肇庆、清远—韶关、惠州—河源、汕尾—汕头地区连接外省的作用，尤其是加大粤东（潮（州）汕（头）揭（阳）梅（州））、粤西（茂（名）湛（江））两翼分别与福建、海南对接力度。

建设以环珠江口为核心的粤港澳经贸合作区，形成珠三角的核心区。一是打造“广佛莞”为核心的“大广州”北极，另一个是打造港深澳珠江（门）中（山）为核心的“大香港”南极。南北两极形成掌心。

（2）实行联众四方的“拳掌”战略。

广东率先实现现代化，关键在于在新一轮深化改革和扩大开放中继续保持火车头的作用，完成“凤凰涅槃”过程，联合港澳台及周边省份形成合力，以“掌心”带“五指”，张弛韵动。“聚集”形成拳头品牌和产品，带动周边各省打入国际；“松弛”为周边省份输送技术、人才、信息、市场等高端生产要素资源，为周边发展提供支撑。

在南沙粤港澳经济合作区，设立融合发展的“飞地经济”，同时注重台商的力量。充分利用港澳台高端技术、人才、海外市场信息、品牌和产业优势，促进产业转型升级。

（3）发展高精尖端的“智慧”经济。

未来经济形态主要是“多用人力资源、少用自然资源；多用人的智慧、少用人的体力”的经济，也就是“智慧经济”。广东经过30多年的改革开放和快速发展，亟待进行经济转型升级，发展重点应集中在“体现国家战略、发挥自身优势”的“高精尖”类的产业，联合港澳与北京、上海等一起肩负起引领国家产业发展的重任。在海洋开发、生物制药、信息技术、新能源等领域占据制高点。大力发展国际航运、物流、国际贸易、研发等现代服务业，带动南中国发展。

（4）突显南粤风格的“岭南”文化。

南岭以南的岭南地区具有独特的语言风格和民俗习惯，粤语、粤剧、粤菜成为岭南文化的重要载体。“务实开拓”的“岭南精神”为广东与世界接轨和发展实业塑造了适宜的文化环境。自古以来岭南地区就有“四海为家”的闯荡精神，漂洋过海开拓国际市场，为市场经济发展打下了良好基础，成为市场经济生根发芽的一方沃土。

发挥澳门世界旅游休闲中心作用和香港世界购物天堂的作用，以旅游促进文化发展传播，联合港澳发展岭南特色的文化创意产业，鼓励企业以连锁方式在海内外发展“粤文化”产业，线上线下齐头并进，推动“粤文化”走出去，加强其对海外华侨的凝聚力，扩大其在世界文化中的影响力。

（5）修复连贯东西的“珠江”生态。

东、西珠江构成的珠江流域是一个完整的生态系统，广东作为东、西江主体流域地区，山水资源和生态环境保护直接关系到大珠三角核心区的生态安全。着重改善能源结构，实施“南岭—珠江”生态保护与修复工程，继续完善绿色廊道工程，早日达到“气新、山青、水净、食品安全”的宜居目标。为港澳发展提供良好区域生态环境和洁净饮水、安全绿色食品。

（6）探索方式多样的“融资”新政。

借鉴香港金融发展经验，建立新型融资体系，促进科技创新。鼓励发展互联网金融、众筹、P2P、风险投资、PPP、社会捐赠等新型融资途径，实现创新驱动发展。以健全的虚拟经济体系支撑科技创新和实体经济转型升级。政府在新型融资立法、监督、执法等工作，为新型金融发展营造适宜环境。

（7）实施重赏人才的“珠江”计划。

区域兴旺人才为本。与北京、上海相比，广东人才较少，尤其是高端人才稀缺。但广东的优势是毗邻港澳台和海外华侨众多，同时具有较为雄厚的经济实力和良好的宜居环境，这对人才具有较大吸引力。实施聚集人才和使用人才的“珠江”人才计划，吸引港澳台著名大学和科研院所在广东建立分支机构，为人才发展提供宽松环境，鼓励体制内专业人员以专利或知识产权参股兴办企业，激励人才为广东社会发展和经济转型升级贡献才智，推动广东率先实现现代化。

2. 海西地区与港澳联合发展

海西地区，即福建、江西南部区域，从发展趋势来看也应包括台湾省，位于祖国东南部，该地区与浙南衢（州）—丽（水）—温（州）以及粤东的潮（州）汕（头）揭（阳）联系较为密切，一些研究将其划为一个区域。这一地区海外华侨遍布全球120多个国家与地区，可谓华侨之乡，经济外向度较高。厦门、福州、泉州与赣州是海西地区的中心城市。厦门是著名旅游城市，泉州港湾条件优良，是古代海上丝绸之路的起点城市，在21世纪海上丝绸之路建设过程中还将发挥更大作用。这一地区要借助“一路”建设契机，加强与港澳合作，结合港澳国际窗口与航运中心功能，形成“一路”建设的国内重要承载区，充分发挥面向海外辐射基地的作用。

3. 环北部湾地区与港澳联合发展

主要包括海南、广西、云南及贵州南部地区，四川省也可纳入其中。该区是我国迈向东南亚与南亚的桥头堡。目前经济发展相对滞后，与周边国家落差较小，产业同质化竞争较为突出，亟待转型升级，从而建立与周边国家之间的互补分工体系。应联合港澳加大人力资本投资和人力资源开发，重视教育、发展科技，在昆明、南宁、北海、海口、三亚等地兴办科技、文化与教育机构，发挥港澳高水平大学优势，尽早设立亚洲国际大学或港澳大学西南分校，招收东南亚等地生源，扩大对这一地区国际教育影响力，传播中国文化。

同时，以技术创新带动产业转型升级。利用南（宁）—昆（明）、贵—北（海）铁路，开发云南、贵州、广西等省区的自然资源，在北部湾地区形成南方经济带的新材料、新能源和先进制造业基地。推行产业组织政策，组建企业集团，注重规模经济，发挥港澳国际营销市场网络优势，形成面向东南亚国家市场的智能家电、电子信息产品、食品、轻工等跨国性企业集团。加强区内及区际经济联系，增强经济核心区的辐射能力。发展生物制药、电子计算机、海洋工程、宇航工业等高新技术产业，扩大国际经济技术合作，引领东盟地区的经济一体化进程。

（三）港澳层面的合作建议

1. 香港与内地紧密合作建议

（1）推动跨境人民币业务创新发展。

推动推进投融资便利化，强化金融服务功能。开展利率市场化和人民币资本项目可兑换相关试点。强化与自由贸易需求相匹配的金融服务功能，开展外商直接投资意愿结汇，跨国公司本外币集中运营等改革试点，探索本外币账户管理新模式。深化外债管理方式改革，统一内外资企业外债政策，建立健全外债宏观审慎管理制度。放宽区内企业在境外发行本外币债券的审批和规模限制，所筹资金根据需要可调回区内使用。应充分利用香港人民币离岸中心的优势，积极打造人民币境内外流转枢纽。

一是扩大前广东使用香港离岸人民币规模，创新开展离岸人民币账户试点。支持广东企业投资经营，以提升人民币的国际地位及影响，加快人民币国际化进程。允许广东在现有的离岸账户增加人民币币种和业务范围，实现离岸账户全币种服务功能。支持前海开展境外个人跨境贸易人民币结算试点。允许在前海依法从事货物贸易、服务贸易的境外自然人，在区内银行开立人民币银行结算账户，办理跨境贸易人民币结算业务。允许前海区内拥有离岸业务牌照的中资银行及其分支机构、港资银行及其分支机构，以及经批准的其他中资银行及其分支机构开立离岸人民币账户。在定项目、定额度的前提下，允许离岸人民币账户与境内账户有限渗透。

二是积极推动广东金融业加快金融产品创新，增加利用香港离岸人民币的途径和机会，为企业投资经营提供多元化服务，吸引更多国内外企业进驻广东自贸区。

三是拓宽跨境贷放款及借款主体范围，比照上海自贸区的做法，将放宽主体拓宽至香港金融机构，包括香港非银行金融机构，将借款主体放宽至区内企业、银行和非金融机构。推动优化现行前海跨境人民币业务的有关安排，包括处理税务问题和扩大贷款用途等。

四是重点推动航运金融等重点特色领域发展，强化金融服务实体经济功能。完善航运金融市场，鼓励船舶基金、航运保险、鼓励海洋产业专业化银行等专业机构发展，探索航运价格衍生产品和市场发展。促进船舶、大型海洋装备等重点领域融资租赁创新发展，围绕融资渠道、资产流转、中介服务、财税政策以及事中事后监管等环节完善相关政策体系，构建具有国际竞争力的现代融资租赁体系。

五是粤港两地合作建立国家文化金融合作试验区。容许港资资金融机构进入广东自贸区，提供文化产业、知识产权的相关金融服务；另外，建立和完善文化企业，文化项目融资的信用评级制度，引导各类文化产业投资基金及文化领域专业机构及组织落户广东。

（2）构建粤港高校联盟。

建议把香港中文大学（深圳）成功办学经验推广，鼓励香港高校积极探讨与广东省高校合作办学。建议两地高校积极构建区域高等教育联盟，实现粤港高等教育国际化联动，透过加强合作，提升广东省高等教育国际化程度及水平。粤港高等教育联盟的建设，可先由粤港几所知名大学发起进行试点，在不断成熟完善的过程中再吸纳其他高校加入。

（3）设立粤港澳青少年交流培训学院。

粤港两地政府与澳门特区政府商讨，在珠三角地区设立粤港澳青年交流培训学员，学院内设有教学会议室，活动室，同时亦提供住宿膳食服务，提供较系统的国情教育和培训，提供短期和初、高级课程，接待港澳青少年进行国情教育、企业机构参观以及两地学生交流等活动。学院可选址珠三角地区、临近港澳，方便学生往返、积极参与。

（4）加强香港内地医疗合作。

通过两地医疗机构合作，发挥各自医疗设施与医疗技术优势，在居民医疗健康领域开展广泛合作。

(5) 环境保护与水资源利用合作。

随着两地发展日益密切，一方发生突发性意外事故，另一方便很可能受到明显牵连或影响。建议粤港两地政府积极研究建立恒常的突然性环保事宜的联防联控合作机制，制定相关事故的通报、监测及治理机制，透过定期联合演习，确保机制有效运作。

根据 2012 年《国务院关于实行最严格水资源管理制度的意见》，建议两地在经协商后修订《粤港合作框架协议》内涉及水资源的条文，加入保护东江流域水资源、节约用水，以及共同合作开发水资源等原则性提述，借以确立两地在保护水资源的新方向。同时，建议两地共同研究制定节约用水的目标及方案，如订立削减人均用水量的目标及“再造水”的使用率等，以推进东江水资源运用的可持续发展。

两地政府应积极增加新水资源，以减低对东江水的依赖。由于两地当局均开展海水淡化技术的研究及应用，在“优势互补、互利共赢”的原则下，建议双方探讨如何在海水淡化项目项建立合作平台。

(6) CEPA 框架下港粤两地服务贸易合作。

在负面清单管理模式下，需要政府管理部门简政放权，明确划定职能范围，由“管理型政府”转变为“服务型政府”。企业从登记注册到行政审批，从知识产权保护到税收管理，简化审批程序不仅要减量，更应提高质量，实现简便化与规范化结合，真正实现“一站式”审批。推进内地与香港服务业法律接轨。积极推动粤港澳三地现代服务业合作，建立三地现代服务业合作协调机制，践行 CEPA 项下三地服务贸易自由化。分行业探讨三地在不同服务业价值链上的比较优势和各自发展重点，推动内地与港澳企业在市场及合作业务上形成有效合作和对接。设立港澳企业进入内地市场指南，为港澳企业到广东及内地投资提供综合性服务。实行信息资源和电子数据沟通及共享，促进三地企业共同提升经营效率。

(7) 建立跨境电商综合试验区。

加快培育跨境电子商务服务功能，允许开展跨境电子商务进口试点，逐步建立与跨境电子商务相适应的海关监管、检验检疫、退税、跨境支付、物流等支撑系统。

支持和鼓励与香港电子商务领域合作，以广东自贸片区、福建自贸片区为平台，探索建立跨境电子商务国际合作新模式，在货物通关、原产地证书、检验检测互认等方面开展合作。

加大财政支持，建议泛珠地区、香港及澳门有关部门共同设立泛珠港澳跨境电商专项资金，支持电子商务服务商培育、跨境电子商务专业人才培训及加快跨境电子商务园区建设。鼓励、支持企业建设跨境电子商务公共海外仓，降低企业物流成本及提高竞争力。建议在试验区对跨境电子商务出口货物实行更加优惠的税收政策。

推动制度创新，改革跨境电子商务报关监管方式，完善电子商务进出口检验监管模式，推动粤港澳“一次认证、一次检测、三地通行”尽快落地，提高三地跨境电商通关效率。

(8) 扩大服务业对港澳进一步开放。

基于负面清单的服务业开放模式为重点，选择广东重点发展的金融、物流、专业服务业，首先在前海自贸片区暂停或取消投资者资质要求、股比限制、经营范围限制等准入限制措施。港澳服务业企业以中小企业居多，对投资者资质、持股比例、经营范围等限制措施应进行适当调整。将广东港资、澳资视为内地投资者，实现国民待遇。根据对 CEPA 的梳理和广东发展需要，可争取在以下方面加大开放：

——适当放宽广东银行业金融机构的准入条件。在 CEPA 负面清单“银行和其他金融服务（不含保险）”项下：支持在广东增设或升格的银行分支机构不受年度新增网点计划限制。在广东试行香港银行有关的总资产要求降低为 10 亿美元；香港财务公司的总资产要求降低为 10 亿美元；不设开业年限限制、取消设立代表处要求、去除注册时间要求；营运资金限制改为参照国民待遇。

——适当放宽广东保险类金融机构的准入条件。支持在广东自贸片区设立网络健康管理保险公司、保险交易所，给予广东海外资（港资）再保险经纪公司和再保险公司的牌照，在前海设立劳合社式的新型再保险机构。针对 CEPA 负面清单金融服务，“所有保险和与其相关的服务”项下：对保险公司集团总资产要求降至 30 亿美元，经营期限要求降至 10 年以上，取消设立代表处的限制。香港保险公司参股前海保险公司的最高股比放宽至不超过 49%，试行进一步取消相关股比限制。

——适当放宽物流企业准入门槛，重点提升广东航运服务功能。允许设立港商独资国际船舶管理企业。放宽在广东设立的中外合资、中外合作国际船舶企业的外资股比限制。允许外商（港商）以合资、合作形式从事公共国际船舶代理业务，外方持股比例放宽至 51%，将外资经营国际船舶管理业务的许可权限下放给广东省，简化国际船舶运输经营许可流程。允许广东自贸片区试点海运快件国际和港澳中转集拼业务。大力发展航运金融、航运保险业，鼓励境内外航运保险公司和保险经纪公司等航运服务中介机构设立营业机构并开展业务。在落实国际船舶登记制度相关配套政策基础上，中方投资人持有船公司的股权比例可低于 50%。充分利用现有中资“方便旗”船舶税收优惠政策，促进符合条件的船舶在自贸试验区落户登记。

（9）建立粤港澳“21 世纪海上丝绸之路”合作机制。

粤港澳三地是 21 世纪海上丝绸之路的重要节点，三地企业对参与“海丝”建设具有较高的积极性，建议广东推动建立三地“海丝”建设合作机制。根据沿线国家实现设施联通、贸易畅通等五通建设目标，充分了解近期及中长期我国与沿线国家在港口建设、产业园合作等方面的进程安排，积极支持港澳企业参与“一带一路”建设，在 CEPA 项下进一步扩大对港澳企业开放并实施国民待遇，有序推动三地企业与沿线国家开展基础设施建设、能源资源、国际产能及金融合作。通过电子信息平台、政策宣讲、研讨会等多种形式，帮助企业了解沿线国家投资环境、投资风险、投资及税收政策等，为企业参与海丝建设提供所需服务。

建立广东“海上丝绸”之路专项基金，在 CEPA 框架下扩大对港澳开放，由粤港澳企业共同参与基金筹建及运作，支持三地企业参与“海丝”建设。

支持自贸试验区与“一带一路”沿线国家和地区开展海关、检验检疫、认证认可、标准计量等方面的合作与交流，探索实施与“一带一路”沿线国家和地区开展贸易供应链安全与便利合作。

（10）建设服务贸易特区。

建议在广东设立服务贸易特区，进一步深化两地合作，可通过 CEPA 与 TPP 协议的比较研究，适度有序地复制 TPP 协议中的高标准、高规则，单方面对香港地区开放，为内地向全球高标准对接探索可行路径，积累经验。

2. 澳门与内地紧密合作建议

国家把澳门定位为中葡商贸平台，其目的非常明确，一方面是为了解决澳门产业结构过于单一风险问题，实现经济适度多元化发展战略目标；另一方面则是以澳门和横琴为依托，把中国和葡语国家经贸合作这个戏台搭建起来。具体可以考虑做如下工作：

（1）争取中央给予澳门企业若干国民待遇。

与横琴联手争取中央给予澳门企业若干国民待遇：将澳门的资金在内地定义为内资，从澳门可以向内地金融机构直接申请贷款；2005 年中非合作论坛举行后，国家设立了几个基金，内地企业可以以低息优惠贷款向非洲发展，让此项政策也同样覆盖至澳门企业。

（2）配合国家规划将建好平台纳入年度施政重点。

一方面，高度重视国家把澳门建设成为中葡经贸合作平台的战略定位，积极配合国家落实好“澳门平台作用”相关工作部署；另一方面，把平台建设作为政府每年施政工作重点，提出澳门如何发挥平台作用的一些具体实施工作方案，并对中葡论坛常设秘书处辅助办公室每年有关的工作执行情况进行跟进和有效监督管理。

（3）强化中葡双语人才培养培训工作。

制定加快双语人才培养工作计划，双管齐下加快双语人才的培养和培训工作。具体来讲，一方面积极争取国家在人力资源方面政策支持，特别是得到国家教育部的大力支持，在澳门（或横琴）成立葡语人才培训基地；另一方面在澳门各大专院校加大对葡语教学与科研的投入力度，不断扩大葡语专业在澳门和内地的招生人数。同时，不断从内地和国际上引进更多懂得葡语国家法律、金融和企业管理等方面的高级人才来澳工作。

（4）加大在台港内地及国际上的宣传力度。

尽管中葡论坛部长级会议在澳已经成功举办三届，但是由于宣传工作缺失，无论是在中国内地、香港、台湾地区还是在葡语国家之间，凡是从事企业管理的政府官员，银行家、企业家，对于澳门作为中国和葡语国家经贸合作服务平台的作用不仅缺乏一定的认识和了解，更对澳门在其中发挥什么样的作用感到疑惑，这其中主要原因是澳门对于中葡平台作用的宣传工作缺失。因此，特区政府应在内地、香港、台湾地区和葡语国家之间加大宣传力度，特别是要让内地、香港、台湾地区和葡语国家从事企业管理的政府官员，银行家、企业家认识和了解澳门的平台作用，宣传澳门的服务功能，特别是要宣传澳门是中国唯一可提供中葡双语翻译、法律及商业配对等专业服务的地区，这是最为重要的工作。

（5）夯实“走出去、引进来”基础工作。

与国家在澳门设立的中葡论坛常设秘书处联合起来，采取“走出去、引进来”的策略，一方面，组织中国内地、澳门、香港和台湾地区的企业家积极拓展葡语国家市场，了解葡语国家营商环境、法律法规、资源优势、风土人情、生活习惯等；另一方面，把葡语国家的企业家请到内地、香港、澳门和台湾地区来宣传营商环境、法律法规、政策资源优势、风土人情和生活习惯等。只有这样，才能使中国和葡语国家之间增进了解，实现优势互补，创造双赢。

（6）在澳门建立中国和葡语国家金融服务中心。

和中央人民政府商务部协商，根据商务部和葡语国家之间双边经贸合作的需求，中国商务部和葡语国家之间经协商可共同签署关于在澳门设立金融服务中心的协议。这个金融中心的主要职能就是负责中国和葡语国家的外汇结算、企业融资担保、企业经贸合作的信用保证等服务。中国和葡语国家经贸合作 11 年来实践充分证明，在澳门建立中国和葡语国家金融服务中心，既是解决中国企业和葡语国家企业之间外汇结算困难的实际需要，也是解决中国和葡语国家之间因语言、金融体制和政策不同而导致双方企业在融资担保和信誉保证方面出现风险的需要，更是发挥澳门作为中葡商贸服务平台作用的需要。

第九章 泛珠三角区域合作体制机制创新和区域合作政策研究

推进新一轮泛珠三角区域合作，应全面贯彻落实十八大、十八届三中、四中、五中全会和国务院关于深化泛珠三角区域合作的指导意见的精神，加强顶层设计，重点创新体制机制，破解发展难题、增强发展动力、厚植发展优势，探索内地与港澳台合作、东中西合作、跨省（区）际合作、流域合作的新模式，为深化泛珠三角区域合作提供更有力的制度支撑。

一、创新泛珠三角区域合作体制机制的必要性

（一）打造泛珠合作“升级版”需要加快体制机制创新

在新一轮以跨区域整合和协同发展为特征的区域发展格局中，打造泛珠三角区域合作升级版，是深化泛珠合作的内在需求。打造泛珠三角区域合作升级版应立足于泛珠十多年来合作发展所奠定的坚实基础，在新起点上合力打造泛珠三角区域经济共同体，携手参与“一带一路”建设等国家重大战略，紧紧抓住国家编制“十三五”规划的契机，共同努力将泛珠合作上升为国家战略。打造泛珠三角区域合作升级版的核心是实现区域协同发展，形成区域统一市场，各类商品、服务、劳动力、资金等要素在区域范围内充分流动。因此，需要创新推进泛珠三角区域协同发展的体制机制，并与建立全国统一市场的大方向一致，尽量减少商品、服务和要素在区域内流动的障碍和行政干预，让价格机制在市场资源的配置中起到决定性作用，从而促进各地产业结构合理调整。

打造泛珠三角区域合作升级版需要建立统筹协调、规划引领、市场运作的领导体制和工作机制。打造泛珠三角区域合作升级版需要国家赋予泛珠三角区域先行先试部分改革措施的权利，例如消费税、房地产税的征收改革。打造泛珠三角区域合作升级版需要改变由于市场机制不完善导致的市场扭曲，设计合适的机制来减少市场扭曲所产生的影响。打造泛珠三角区域合作升级版需要创新公共服务的提供机制，公共服务不一定都由政府直接提供，大量的教育、医疗、研究等服务机构不一定由政府直接办，可以采用政府购买或者政府向居民提供补贴，由居民自己决定如何购买公共服务的方式。

（二）培育利益共享的泛珠价值链需要建立产业协同发展机制

泛珠三角区域各省区具有不同的比较优势，需要对这些不同的优势进行整合，共同优化区域经济资源配置，完善区域产业布局，建设利益共享的泛珠价值链，培育普惠各方的区域大市场，实现互利共赢的发展。泛珠三角区域发展应运用整合思维分析区域产业发展，基于区域比较优势来加强区域合作，并通过区域合作形成利益共享的泛珠价值链。首先，要重视区域合作机制建设。为加强区域合作，应该改变“一亩三分地”的思维定式，

打破区域分割、各自为政的状况，按照优势互补、互利共赢的原则，走出一条科学持续、协同发展的路子。而且，要把合作发展的功夫主要下在联动上，努力实现优势互补、良性互动、共赢发展。联动是推动协调发展的重要路径，要共赢发展，就要形成一个利益共同体。其次，泛珠三角区域各方要充分发挥比较优势，完善区域产业布局，建设利益共享的全球价值链，培育普惠各方的全球大市场，实现互利共赢的发展。

培育利益共享的泛珠价值链的关键在于突破旧有障碍，实现各地资源优化配置、产业合理分布。虽然泛珠三角区域产业协同发展正在逐渐形成合力，但是目前区域产业调整还没有跳出行政区划界线，受体制、利益、绩效考核等因素驱动，地区封锁和市场分割现象严重，泛珠三角区域合作还没有上升到产业融合的高度和层次。泛珠三角区域内部产业发展不平衡，"虹吸"现象突出，优质资源向广东省聚集，部分省区呈现资源和高端劳动力流出态势。在产业布局上，泛珠三角区域应根据自身的比较优势，建立产业协同发展机制，形成合理的产业链，避免恶性竞争。泛珠三角区域地方政府应探索有效的地区间税收分享和产值分计。在税收方面，可按照各地对产业的边际贡献系数比例，在省际产业转移时，实行税收分享，即横向分税制；对于跨省区合作项目带来的新增增值税、所得税等地方留成部分，可按一定比例在合作地区之间进行分成。同时，应积极争取国家尽快出台泛珠三角区域产业协同发展规划，明确产业定位和发展方向，克服同质化，避免无序竞争；尽快制定公布泛珠三角区域产业协同发展指导目录，各自按照目录合理分工、招商引资，制定产业承接和疏解指导意见。

（三）建立泛珠统一市场体系需要破除限制要素自由流动的体制机制障碍

泛珠三角区域统一要素市场建设相对滞后，市场化程度不高，行政过多干预造成的市场壁垒依然存在，妨碍了资本、技术、产权、人才和劳动力等生产要素的自由流动和优化配置。经济新常态下，泛珠三角区域统一要素市场建设要以完善产权制度为基础，加快完善土地、金融、劳动力、技术等要素市场，着力清除市场壁垒，形成产权清晰、功能完善、流动顺畅、统一开放和竞争有序的现代市场体系，提高各类资源的市场配置效率，激发市场蕴藏的活力。泛珠三角区域合作组需要加快破除制约协同发展和要素流动的体制机制障碍，建立统一的市场体系，充分发挥市场配置资源的决定性作用。

充分发挥市场在资源配置中的决定性作用，必须以经营灵活的市场主体、优胜劣汰的市场机制和统一开放的市场体系为基础。首先，在金融市场一体化方面，要研究设立泛珠合作开发银行的可行性，共同出资建立泛珠三角区域产业结构调整基金，推动泛珠三角区域建立统一的抵押质押制度，推进泛珠三角区域支付清算、异地存储和信用担保等业务同城化，显著降低跨行政区金融交易成本。其次，在土地要素市场一体化方面，要深化城镇国有土地有偿使用制度改革，扩大土地有偿使用范围，慎重稳妥推进农村土地制度改革，建立城乡统一的建设用地市场，开展土地整治机制政策创新试点，加快构建能够体现土地资源稀缺程度、各行政单元间相互衔接的城乡基准地价体系。再次，在技术与信息市场一体化方面，以网络互联为平台、以信息互通为纽带、以维护网络安全为保障，鼓励和推动电信企业推出泛珠三角区域一体化资费方案。最后，在国际化、法制化、一体化的营商环境方面，要创新开展区域标准制定工作，对具有共性需求的标准项目统一格式、统一内容、统一发布、共同执行。

（四）构建泛珠高效安全的综合交通网络需要建立基础设施互联互通机制

基础设施互联互通是加强泛珠三角区域合作的突破口。第一轮泛珠三角区域合作在交通设施互联互通方面积累了一定的经验，即将开启的第二轮合作应重点解决泛珠三角区域合作基础设施互联互通的问题，进一步联手打造畅通便捷的物流通道，不断完善区域综合交通网络，统筹泛珠三角区域重大基础设施建设，形成联通内外、便捷高效的海陆空综合交通网络。这需要加快编制基础设施互联互通规划，建立基础设施互联互通机制，构建互联互通的服务体系。通过创新基础设施互联互通机制，加快推进铁路、高速公路、港口、机场等通道建设，支持贵州建成西南陆路交通枢纽，规划建设广东、广西经贵州到重庆，四川经贵州到云南，四川经贵州过江西到福建的交通大动脉，形成外连东盟和欧盟（渝新欧大陆桥），内连港澳台的快速通道，增强对“一带一路”、长江经济带等国家战略的支撑力。

（五）提高泛珠城市群一体化水平需要建立城市分工协作机制

泛珠三角区域城市群一体化建设还有巨大的潜力，需要在城市分工协作方面创新分工协作机制。随着区域经济一体化的加速，新工业革命的兴起以及全球产业格局新一轮的重塑，各地区加强经济合作、联合应对国内外竞争的要求日益迫切。在这种形势下，跨区域城市协调发展进入了新的阶段，以中心城市为核心的跨区域经济网络先后建立。但是，泛珠三角区域在跨区域城市协调发展的同时，仍然存在一系列问题。一是跨区域合作城市功能定位不够明晰，产业同构现象严重，区域内产业结构同构率明显偏高。二是非均衡发展态势突出，经济中心与经济腹地两极分化格局显著，周边城市与中心城市相比经济发展明显落后。三是行政区划束缚严重，政府绩效评估体系屡屡诱发“非合作博弈”。在当前行政区管辖体制下，跨区域合作往往遭遇行政区划与市场跨界配置资源的矛盾，一些地区以自身利益最大化为目标，竭力保证辖区利益不“外溢”，最终导致在资源的跨区域配置中行政壁垒森严、地方保护主义盛行、市场分割现象严重。四是跨区域合作机制建设滞后，制度保障存在缺失。当前合作机制主要以对话式协调为主，缺乏制度化、法律化，合作开展中普遍存在机制不稳定、组织形式不系统、战略规划不统一的现象，跨区域合作还缺乏完善的区域竞合体制、严密的组织结构以及坚实的微观基础。为适应新的形势变化和要求，建立和完善泛珠三角区域城市发展协调机制，极为重要而又十分迫切。必须建立和完善跨区域城市发展的协调机制，调和引导跨区域城市的分工合作和协调发展，这既是区域经济发展规律使然，也是城市科学发展的内在要求。泛珠三角区域合作开展十多年来，一些区域和城市自发性地建立了一些诸如联席会议、城市经济协调会等协调机制，但是面对新趋势、新要求，这种松散的、低层次的协调发展机制远远不能适应城市协调发展的现实需要，建立行之有效的跨区域城市发展协调机制已成为当务之急。

建立泛珠三角区域城市发展协调机制需要建立跨区域城市协调发展管理机构，专职负责跨区域城市协调发展的相关政策制定、法律法规出台等工作，负责跨省域城市协调发展问题。需要探索建立跨区域城市间的沟通协调、规划对接、技术支撑等相关机制，促进城市间在基础设施建设、公共事业发展、产业分工协作、社会保障、生态环境治理等方面展开务实合作。建立泛珠三角区域城市发展协调机制还需要建立完善的法律保障机制。国外城市协调发展之所以能有效推进和实施，关键在于有一系列的法律作保障。新时期建立和完善跨区域城市发展协调机制，首要的是建立健全法律保障机制，加快推进跨区域城市协调发展的立法进程，加快制定促进城市跨区域协调发展的法律法规，逐步解决城市协调发展和合作中缺乏法律保障的问题，着力形成促进城市协调发展的法律法规框架。同时，要加强城市跨区域协调发展的法治管理，明确协调发展对缔约各方的约束力和执行力，以法律法规来引导跨区域城市的协调发展。

（六）提升泛珠环境容量和生态空间需要建立污染防治和生态环境保护协作机制

泛珠三角区域合作要把修复生态环境摆在压倒性位置，将绿色发展放到第一位。目前，长江经济带建设思路出现重大调整，生态环境居压倒性位置。习近平主席 2016 年 1 月 5 日在重庆召开推动长江经济带发展座谈会时指出，长江拥有独特的生态系统，是我国重要的生态宝库，当前和今后相当长一个时期，要把修复长江生态环境摆在压倒性位置，共抓大保护，不搞大开发。长江经济带建设的思路已发生明显变化，从过去强调“黄金水道”、“立体交通走廊”建设，到强调“绿色发展”。事实上，长江经济带建设的思路发生变化，在 2015 年底发布的《中共中央关于制定国民经济和社会发展第十三个五年规划的建议》中，已有所体现。“建议”称，要推进长江经济带建设，改善长江流域生态环境。据了解，即将出台的《长江经济带发展规划纲要》也体现了这一调整思路，将绿色发展放到了第一位。

泛珠三角区域扩大环境容量和生态空间，需要建立污染防治和生态环境保护协作机制。泛珠三角区域生态环境保护和治理的难点不仅在于各自的污染情况不容乐观，而且由于日益显著的区域传送和相互影响特点，导致各省区都无法独善其身，各省区各自为政只能导致治理成本升高，而治理效果难以保证。所以，迫切需要从区域经济社会生态发展全局出发，在政策层面给予大力引导和支持，加强各省区之间的协作联动机制建设，并重点加大对治污难度最大省区的扶持力度，形成合力，强力推进泛珠三角区域污染治理。泛珠三角区域需要建立和完善污染防治和生态环境保护协作机制，合理确定区域内统一的产业准入标准、污染排放标准与违法处罚标准，防止污染产业在区域内的转移。在项目的审批过程中，要将空气污染排放等指标纳入审批的硬性指标，同时可采取联合审批制度，避免地方政府仅考虑本地发展情况的短视行为对区域空气质量的破坏。要合理研究尽快形成区域性空气污染防治法规，采取各省区联合执法行动，统一执法尺度，以此加大对区域内污染违法行为的查处力度和效率。要建立完善的区域空气质量监测网络，对重点区域进行更为严格的监控，建立区域空气污染信息交流平台与区域大气污染突发状况应急响应预案，加大联防联控力度。同时，泛珠三角区域建立和完善污染防治和生态环境保护协作机制，要建立政府、企业、个人共同参与的治污成本分担机制，统筹主要污染物减排等专项，设置并不断加大大气污染防治专项资金，发挥中央政府资金投入的示范和先导作用。对重点区域按照淘汰落后产能等措施的力度，实施“以奖代补”，以此引导地方政府资金及社会资本进入节能减排领域，解决淘汰落后产能中的资金瓶颈。此外，要把实施重大生态修复工程作为推动泛珠三角区域发展项目的优先选项，用改革创新的办法抓生态保护。

二、泛珠三角区域合作体制机制的现状

（一）泛珠三角区域合作体制机制的主要进展

1. 国家出台了关于深化泛珠三角区域合作的指导意见

2016 年 3 月 15 日，国务院印发《关于深化泛珠三角区域合作的指导意见》，强调牢固树立和贯彻落实创新、协调、绿色、开放、共享的发展理念，坚持合作发展、互利共赢主题，着力深化改革、扩大开放，进一步完善合作发展机制，加快建立更加公平开放的市场体系，推动珠江一西江经济带和跨省区重大合作平台建设，促进内地九省区一体化发展，深化与港澳更紧密合作，构建经济繁荣、社会和谐、生态良好的泛珠三角区域，推动泛珠三角区域合作向更高层次、更深领域、更广范围发展。

《意见》围绕深化泛珠三角区域合作，提出了八项重点任务：一是促进区域经济合作发展，构建以粤港澳大湾区为龙头，以珠江一西江经济带为腹地，带动中南、西南地区发展，辐射东南亚、南亚的重要经济支撑带。二是大力推进统一市场建设，实施统一的市场规则，建设区域社会信用合作体系，构建区域大通关体制。三是推进重大基础设施一体化建设，建设现代化综合交通运输体系，构建能源供应保障体系，完善水利基础设施体系，加快区域网络基础设施建设升级。四是促进区域创新驱动发展，加强区域科技创新合作，构建区域协同创新体系，优化区域创新环境。五是加强社会事业合作，促进教育、文化、医疗卫生、人力资源和社会保障、旅游、社会治理等方面合作。六是共同培育对外开放新优势，积极融入“一带一路”建设，充分发挥自由贸易试验区示范带动作用，推动口岸和特殊区域建设。七是协同推进生态文明建设，加强跨省区流域水资源水环境保护，加强大气污染综合治理，健全生态环境协同保护和治理机制。八是充分发挥香港、澳门特殊作用，推动内地与港澳在重大基础设施、产业、重大合作平台、社会事务方面更紧密合作，开展多层次的合作交流。

《意见》提出了深化泛珠三角区域合作的保障措施：一是国务院有关部门要切实加强对泛珠三角区域合作的指导和服务，内地九省区人民政府要加强组织领导，完善工作机制，落实工作责任，会同港澳共同编制合作发展规划。二是创新完善合作机制，充分发挥行政首长联席会议制度作用，扩大泛珠三角区域合作与发展论坛的影响力。三是建立合作资金保障机制，支持设立泛珠三角区域合作发展基金，推广运用政府和社会资本（PPP）合作模式，支持开发性金融机构在合作中发挥积极作用。

2. 泛珠各方初步建立了地方层面的区域合作协调机制

十多年来，泛珠各方建立了泛珠三角区域合作行政首长联席会议制度、泛珠三角区域合作政府秘书长协调制度、泛珠三角区域合作日常工作办公室工作制度、泛珠三角区域合作部门衔接落实制度、泛珠三角区域合作行政首长联席会议秘书处工作制度、泛珠三角区域合作日常工作办公室联络员制度等一系列地方层面的区域合作协调机制。2005 年，泛珠各方根据《泛珠三角区域合作框架协议》的规定，建立了行政首长联席会议制度，会议组成成员由福建、江西、湖南、广东、广西、海南、四川、贵州、云南省（区）人民政府和香港、澳门特别行政区政府行政首长组成，主要负责研究区域合作规划、究解决区域合

作中需要协调的重大问题、审议和决定区域合作的重要文件。联席会议每年举行一次年会，年会在泛珠三角区域合作与发展论坛举办期间召开，泛珠三角区域行政首长联席会议秘书处长设广东，负责执行行政首长联席会议的决定和交办事项，研究提出推进区域合作的具体措施。

2014 年 10 月 13 日，泛珠合作各方共同签署了《泛珠三角区域深化合作共同宣言(2015 年—2025 年)》。在国家有关部门支持下，各方政府着重从下列四个方面推动合作发展：(一) 创造公平、开放的市场环境，促进生产要素的合理流动和优化组合；(二) 加强基础设施建设的协调，推动解决发展过程中相互关联的重大问题；(三) 动员和组织社会各界共同推进，逐步构筑泛珠三角区域发展的区域品牌，增强区域的整体影响力、竞争力；(四) 共同促进可持续发展。按照国家统一规划，结合各方实际，重点推进以下领域合作：基础设施、产业投资、商务贸易、旅游、农业、人力资源、科教文化、医疗社保、环境生态、信息化建设、金融。为保证有效开展合作，拓展合作渠道，各方同意建立政府间的合作协调机制。坚持“9+2”行政首长联席会议制度，行政首长联席会议按照轮流承办的方式，每年选定九省区一个省会城市或香港、澳门举行一次，研究决定区域合作重大事宜，审议重大合作项目目录，举行双边和多边会晤，务实推进区域合作。建立政府秘书长会议制度，原则上在每届行政首长联席会议结束后次月召开专项工作会，主要职责是督促落实行政首长联席会议议定事项，协调推进重大合作项目进展，组织有关单位联合编制推进合作发展的专题计划，并向行政首长联席会议提交区域合作进展情况报告和建议。在每届行政首长联席会议前，召开秘书长协调会议，商议行政首长联席会议的地点、内容和形式。设立泛珠三角区域合作行政首长联席会议秘书处，负责区域合作日常工作，泛珠秘书处设在广东省发展改革委。合作各方分别在发展改革委设立推进泛珠三角区域合作工作办公室，香港、澳门特别行政区由特区政府确定相应部门负责。建立部门衔接落实制度，各方责成有关主管部门加强相互间的协商和与泛珠秘书处的衔接，对具体合作项目及相关事宜提出工作措施，制订详细的合作协议、计划，落实本协议提出的合作事项。

3. 泛珠三角区域跨省份经济合作开始探索新机制

《国务院关于珠江—西江经济带发展规划的批复》和《广东省人民政府广西壮族自治区人民政府关于同意粤桂合作特别试验区总体发展规划的批复》。

在第十届泛珠大会上，粤桂两省区共同签署了《珠江—西江经济带发展规划实施共同行动计划》，进一步加快推动建立由两省区领导牵头的联席会议制度，围绕基础设施、城镇化、产业发展、生态保护、公共服务一体化、开放合作等重点领域，定期召开专题会议，统筹协调经济带发展的重大问题和事项，确保经济带发展不断取得阶段性实效。

广东和广西启动粤桂合作特别试验区，积极探索一体化发展新路径。2014 年 10 月 14 日，粤桂合作特别试验区正式启动，广东肇庆市和广西梧州市签署了《粤桂合作特别试验区开发建设两市政府合作协议》，将合力把粤桂合作特别试验区打造成为珠江—西江经济带新增长极、西江流域生态共建区、省际合作机制创新区和东西部合作示范区。作为我国目前唯一跨省、跨流域和东西部合作的试验区，它不只是探索跨省区园区产业合作的新模式，还要探索实施“一体化、同城化、特区化”的机制模式，触及东西部优惠政策共享叠加、统一区域行政管理和社会管理等不曾碰过的内容。粤桂合作特别试验区，只是粤桂两省积极推进省际产业合作，加快探索协调发展的一个缩影。作为东部沿海地区的广东，通过30多年的快速发展，打下良好的产业基础，并积累了丰富的人才、技术、资金、管理等各项资源；而地处西部的广西，劳动力、土地、能源等资源极其丰富。近年来，互补性较强的粤桂两省区积极深化多方面的合作，完善交通设施的省际对接，重点打造珠江—西江经济带、北部湾经济带、南广、贵广高铁沿线经济带，推动两广经济一体化发展。

2015年8月13日，福建、广东两省政府共同批复同意实施《闽粤经济合作区发展规划》。闽粤经济合作区位于广东潮州饶平、福建漳州诏安两县交界区域，将依托区位、地缘和政策三大优势叠加，打造粤东闽南经济高地，促进闽粤在跨省经济合作和社会协调发展方面开展积极探索和先行先试，进一步支撑东南沿海地区实现率先突破。

2015年9月22日，《粤桂黔高铁经济带合作试验区（广东园）发展总体规划》正式印发实施，广西园、贵州园，及广东园云浮分园和肇庆分园也在积极谋划中，粤桂黔三省（区）拟以“一区三园”的形式申报国家级跨区域合作试验区，形成“三地协同、一区引领”的发展格局。

4. 泛珠三角区域跨省份生态补偿机制跨出实质性一步

2016年3月21日，财政部、环保部在福建联合召开部分省份流域上下游横向生态补偿机制建设工作推进会，粤闽、粤桂分别签署汀江—韩江流域、九洲江流域水环境补偿协议。根据协议，广东将拨付广西3亿元，作为2015～2017年九洲江流域水环境补偿资金，拨付福建2亿元，作为2016～2017年汀江—韩江流域水环境补偿资金。

泛珠各方相继编制了《川滇两省跨界水域同步监测工作方案》，签署《粤闽两省跨界河流水污染联防联控协作框架协议》、《湘赣两省跨界环境污染纠纷处置协议》、《粤港澳区域大气污染联防联治合作协议书》，共同完善覆盖珠江—西江、新东江、九洲江流域的水质监测治理网络。九洲江治理已列入了国家流域生态补偿试点，未来3年中央财政将积极支持流域的治理保护工作。“汀江—韩江流域生态补偿试点”在2015年年印发的《生态文明体制改革总体方案》中已成为全国性的跨省流域生态补偿试点之一。

5. 泛珠三角区域旅游市场合作初步形成了协同机制

广东省旅游局联合泛珠区域省份旅游管理部门，创新合作形式，提升合作水平，夯实合作成效，促进了泛珠区域旅游休闲资源和线路的整合，推动了区域无障碍旅游的提升与发展，为城乡居民旅游休闲提供了实实在在的优惠和便利，推动区域旅游交流合作上了新台阶。广东省旅游局先后联合广西、湖南、江西、福建、云南、贵州旅游管理部门开展创建“广东省国民旅游休闲示范单位”活动，共创建第一批“示范单位”93家，其中，广西20家，湖南17家，江西17家，福建12家，云南13家，贵州14家。首批“示范单位”均为各地资源特色鲜明、社会知名度高、游客评价好，且愿为广东游客提供价格优惠和便利服务的国家4A级及以上景区。广东省旅游局联合中国旅游报、广东电视台、南方都市报、新浪微博、“广东旅游”微信等媒介为创建活动开展了广泛深入的宣传推介，组织发动广东游客前往旅游观光、休闲度假。四川、海南等省旅游管理部门对创建工作也给予了高度关注和积极响应，与广东省旅游局达成了下一步创建“广东省国民旅游休闲示范单位”的合作意向。

随着泛珠区域高铁和高速公路网的建设完善，各省区加大了互相宣传促销力度，互相组团参加对方重大旅游活动和展会，共同开拓旅游客源市场。为配合广东国民旅游休闲示范单位创建工作的深入开展，满足广东游客自驾出游的需求，广东省旅游局联合相关泛珠兄弟省区启动自驾车营地建设计划，促进区域自驾车游客互动，打造泛珠无障碍旅游便利服务纽带。2014 年 8 月 26 日，广东省旅游协会房车露营分会成立大会暨第一届会员代表大会在广州举行，为泛珠自驾车营地建设提供了组织和服务保障。

6. 创新泛珠三角区域合作平台

2004 年 6 月 1 日，首届"泛珠三角区域合作与发展论坛"在香港隆重开幕，共同签署了《泛珠三角区域合作框架协议》，为推进泛珠三角区域合作建立了制度保障。协议明确了自愿参与、市场主导、开放公平、优势互补、互利共赢的合作原则，明确了基础设施、产业与投资、商务与贸易、旅游、农业、劳务、信息化建设、环境保护、卫生防疫等十个具体合作领域，确立了合作协调机制的架构。这是我国区域经济合作的一个创举，正成为深化内地与港澳以及"一带一路"沿线国家经贸合作的重要平台。在 2014 年第十届泛珠三角区域合作与发展论坛上，泛珠三角合作各方签署了 50 个重点合作项目，金额达 875 亿元，"9＋2"各方行政首长围绕城镇化发展、商贸发展等话题展开了深入探讨，翻开了新一轮泛珠三角合作的新篇章。

根据新的形势，泛珠各方决定在如下方面进行创新完善：一是按照"联合主办、轮流承办"的方式，每两年在广州举办一次；广东省为固定承办方，每届确定一至二个省（区）为共同承办方。二是扩大参与的范围，邀请国内外著名企业、智库机构和专家学者参加。三是适当引入市场化资源进行运作。每届论坛暨经贸洽谈会的规模、形式由秘书长会议商议提出，报行政首长联席会议审定。各方同意按照市场化和政府引导的运作模式，推动泛珠三角经贸洽谈会和泛珠合作园区等相关合作平台的发展，不断增强泛珠合作品牌的影响力。

（二）泛珠三角区域合作体制机制面临的主要问题

1. 自发自觉层面的泛珠合作缺乏约束力，需要进一步创新和完善区域合作体制机制

跨区域经济合作尤其是涵盖东中西部协作的经济区，成为中央区域经济工作的主要特点。新一轮泛珠三角区域合作需要更高层次规划，泛珠三角区域涉及多项国家战略，如海峡西岸经济区、海南国际旅游岛、鄱阳湖生态经济区、北部湾经济区、长株潭综合改革试验区、成渝经济区、黔中经济区、云南桥头堡战略等，但泛珠三角区域合作缺乏一个统筹泛珠三角区域发展的国家层面规划，泛珠各方利益分享和协调机制仍不健全。针对这些问题，应进一步加强顶层设计，申请国家尽快研究编制泛珠三角区域合作发展规划，为深化泛珠合作提供政策支撑，推动基础设施建设、产业发展、对外开放、生态环保、社会事业等方面全面发展。

加强泛珠三角区域合作的顶层设计，有利于大力推进简政放权和制度创新，建立优势互补、互利共赢的区域一体化发展制度体系，打造区域体制机制高地。加强泛珠三角区域合作的顶层设计，有利于建立区域统一的金融投资、产权交易、技术研发、创业就业政策，建立新型的政府间合作机制性框架，完善市场机制，消除区域间市场壁垒和不正当竞争，建立法律保障机制，探索建立司法机构的联席会议机制，构建财税政策协同机制，完善共建共享、协作配套、统筹互助机制。

2. 泛珠各方利益分享和协调机制仍不健全，未能形成利益共同体

区域经济发展需要在整合区域资源、协调区域各方利益的基础上，建立共同利益机

制，才能有效协调各方的利益，整合区域资源，保证实现区域发展目标。泛珠三角区域合作行政首长联席会议秘书处作为推进区域合作的常设机构、牵头机构，仍然需要在区域利益协调中发挥更加重要的作用，协调处理好跨省区合作中遇到的问题。比如，由于玉林市和湛江市市级层面的协调沟通机制未如省（区）层面那样顺畅、有力，目前由玉林市发展改革委牵头对接湛江市发展改革委协调涉及两省（区）事项，不仅流程繁杂、历时时间长，而且难度很大，《九洲江流域水环境综合治理规划》编制未有实质性进展。同时，九洲江流域水环境综合治理资金短缺，九洲江流域水环境综合治理任务重、项目多、投资大，总投资约 28 亿元，除广西、广东两省（区）财政已安排的共 6 亿元资金外，其他资金有待进一步落实，资金缺口大。

泛珠各方需要加快建立利益分享和协调机制，形成利益共同体。推动跨区域调发展最重要的是正确处理各地间的利益关系，找到利益平衡点。当前，一方面要探索建立跨区域合作发展的利益分享机制，对于跨区域的项目建设、产业转移、投资活动等，通过采取联合共建、股份化运作等方式和途径，进行利益分成和利益共享。试点异地企业税收分成，引导产业转移、转型。建议将东北等老工业基地有关优惠政策延伸到泛珠三角区域工业城市。另一方面要探索建立跨区域合作发展的利益协调机制，通过规范财政转移支付制度、建立省区间补偿制度和区域协调发展专项资金等方式，对各地在合作发展过程中的利益损失予以补偿。适度调整各地政府考核体系，建立泛珠三角区域产业转移 GDP 分计机制，充分调动地方政府协同发展的积极性。综合考虑产业、环境、民生等因素，在重大生产力布局、用地指标分配、开发园区政策、央企布局等方面实行差别化的政策，扶持政策适当向落后省区倾斜。

3. 地方保护和市场分割严重，难以形成泛珠共同市场

区域合作的难点在于行政区域不同，各方都有自己的考核标准，考核指标不同，甚至个别地方在个别领域还有一些市场分割。区域经济一体化的重要前提是在规范、统一的区域内市场制度基础上构建统一开放的市场体系，以保证区域内商品自由流通、资源优化配置。目前，泛珠三角区域合作仍受之于严重的地方保护和市场分割，难以形成共同市场。同时，由于泛珠三角区域各方经济发展的基础、对外开放的水平、市场机制的成熟程度差异较大，所以要建立统一开放的市场体系还需要不断努力。

泛珠三角区域应建立健全市场调节与政府引导相结合的跨界协调机制，打破行政区划藩篱、打破市场分割，打破行业垄断和地区封锁，清除市场壁垒，促进商品和各种要素的自由流动和有序竞争。政府要充分发挥引导性作用，保证各地区政策的一致性，建立健全市场开放机制，着力优化市场准入机制，建立统一的市场准入制度，营造市场准入、交易、竞争、消费的良好环境，形成统一、开放、有序的市场体系。要改革区域市场监管体系，实行统一的区域市场监管制度，清理和废除妨碍区域统一市场和公平竞争的各种规定和做法，着力推进区域市场一体化进程。要推动建立统一的要素市场，建立统一的劳动力要素市场，推动专业技能互认、劳动力保障一卡通等，尝试推动教育、医疗一体化，实现人才资质互认。要建立多级金融中心，推动泛珠三角区域同城支付结算体系、征信系统、产权和票据市场一体化。要加快城市间通信联网、物流配送等跨行政区的服务对接，推动各地海关通关一体化。

4. 区域产业协同发展机制尚未建立，各地产业同构性和同质化程度较大

泛珠各方所处的经济社会发展阶段不同，在资源、产业、市场等诸多方面存在着较强的互补性，具有良好的产业转移与承接的梯度基础。但泛珠三角区域各方尚未建立区域产业协同发展机制，按照简单的梯度分工配置产业，落后地区单纯成为发达地区淘汰产业承接地及原材料供应地，长此以往，势必产生资本、技术等要素资源的“洼地”效应，损害落后地区的利益，从而进一步扩大区域各方的差距，不利于区域的整体协调发展。产业转移是有经济规律的，泛珠三角区域各有优势和特点，能够形成利益共享的产业链。但是目前，产业转移中产业同质化趋势明显，部分地方在产业承接和转移上存在盲目性，平台和载体建设重叠，导致区域产业同构性、同质化问题突出，发展定位雷同。未来，泛珠三角区域产业发展要清晰定位，避免雷同，不搞单纯比拼优惠条件的同质化竞争。要达到区域内产业资源的有机整合，就需要建立区域产业协同发展机制，对区域的产业分工与协作进行整体规划，统筹协调，真正形成优势互补、错位发展、互利共赢的新格局。

5. 基础设施互联互通机制有待完善，区域交通一体化的潜力没有充分释放

交通一体化是实现泛珠三角区域一体化的基础，泛珠三角区域经济与社会的发展需以交通先行发展为前提。在市场经济条件下，交通的使命在于打破地理上的限制以扩展市场的边界。然而，泛珠三角区域在交通建设上缺乏总体规划和协调，泛珠三角区域交通建设既存在着恶性竞争、重复建设、资源浪费等现象，也存在着必要的交通设施建设没有进行、断头路大量存在等问题。当前泛珠三角区域可持续交通机制存在各地政府“各自为战”以及管理体制分散的问题，各级地方政府按照行政区划对交通实行属地管理，无法形成合力。同时，泛珠三角区域各地经济发展水平不同以及长期以来实行的制约跨地区发展的交通政策和行政管理体制，导致泛珠三角区域在交通建设上缺乏总体规划和协调，交通设施与交通环境建设存在的问题导致泛珠三角区域交通不畅，成为制约泛珠三角区域发展的瓶颈。比如，琼州海峡两岸运力不平衡、港口靠泊能力有限、航道通过能力不足，存在恶性竞争苗头和安全隐患。广东省、海南省和交通运输部应建立“两省一部”琼州海峡水上交通安全联合工作机制，提高运营管理能力和服务质量，确保琼州海峡航道的安全、有序、通畅，通过资本的力量解决琼州海峡运输混乱、恶性竞争的顽疾。

泛珠三角区域交通可持续发展离不开协作。交通问题作为一个公共议题，已经超越了任何一个组织、部门或政府层级的管辖权，单一地方政府已经不能单独有效解决好交通问题。因此，交通要想可持续发展，离不开不同区域、不同部门之间的联合协作，这是由交通自身的边界模糊特性所决定的。居民出行、货物运输具有流动性，由交通工具引发的交通环境污染更具有流动性，往往会跨越行政区域。同时，政府有效控制交通问题，要建立在信息精确、规制有效、监督到位等前提下。现实中，同时满足这些条件的情形几乎是不存在的，甚至由于政府掌握的信息不完全，导致“政府失效”等问题。此外，多部门分头管理造成交通治理领域分工不清、职能交叉，各职能部门间缺乏统一的治理行动。这与我国的行政体制呈金字塔形态密切相关，各部门各自为政，部门间合作较少，难以形成纵横结合的交通治理结构。而交通治理不同于其他领域，所涉及的领域和行业众多，几乎渗透到社会发展的方方面面，但交通部门目前所拥有的职能权限却并不足以支撑其开展上述工作。

泛珠三角区域交通一体化必须采取一体化的体制，运用一体化的规则，否则一体化交通很难实现。泛珠三角区域交通一体化需要破除行政区域的各种限制，建立一体化的交通协调机制，统筹解决泛珠三角区域交通问题，引领保障交通一体化发展。泛珠三角区域交通一体化需要放开交通运输市场，建立公平竞争的市场机制以及利益平衡与负担分担机制。同时，应按照多种交通方式无缝衔接、交通设施共建共享、区域内外互联互通的原则，打破"一亩三分地"的思维定式，扎实推进交通一体化发展。一要打破行政壁垒，实现统筹协调，做好相关专项规划的编制和优化完善工作，统筹推进重大政策事项，大力推进"断头路"、"瓶颈"路段建设。二要打破区域壁垒，实现合作共赢，加强规划与建设的协调，科学界定区域内各港口的合理定位和功能设置，形成布局合理、功能完备、辐射力强的现代综合港口产业群。三要打破行业壁垒，实现资源整合，加强设施建设的有机衔接，整合海港、空港资源，实现无缝对接。四要打破市场壁垒，优化体制机制，在重大项目中继续坚持市场化方向，推广政府和社会资本合作模式（PPP），完善基础设施互联互通机制，建立更加具有权威性和约束力的跨区域交通协调协作机制，积极研究建立与土地开发相结合的交通基础设施成本分担和利益共享机制。

6. 基本公共服务均等化机制缺乏，制约了区域一体化进程

区域经济协同发展离不开政府提供优质、高效、均等的基本公共服务。基本公共服务均等化是泛珠三角区域经济可持续增长和社会稳定繁荣的重要保障。确保基本公共服务均等化已经成为我国政府解决省际发展差异、城乡发展差异的重要手段。十八届三中全会《关于全面深化改革若干重大问题的决定》强调了基本公共服务均等化的重要性。泛珠三角区域作为我国经济最活跃但公共服务差距较大的地区之一，实现基本公共服务均等化对推进泛珠三角区域产业转移、缩小经济发展差距、实现协同发展至关重要。

不均等的基本公共服务已经成为制约泛珠三角区域一体化的首要问题。近年来，泛珠三角区域各地政府不断加大对基本公共服务的投资，改善居民的生活质量，取得了显著的成绩。但由于泛珠三角区域各地财力差异，转移支付制度不健全等因素，致使基本公共服务均等化仍面临许多问题。区域公共服务上的差距直接导致部分地区人才流失、吸引投资不足、经济发展缓慢，从而影响财政收入和支出，进而导致基本公共服务资金不足，无法有效改善居民的生活质量，当地经济发展更加困难，陷入如恶性循环。基本公共服务机制不健全是造成泛珠三角区域基本公共服务不均等的主要原因。近年来，虽然泛珠三角区域高层领导之间进行了多次双边商议和多边磋商，就泛珠三角区域的公共服务建设等问题达成一定共识，但因为一直未能建立起一套完整的对话机制，签署的协议未能转化为实际的合作项目。同时，由于泛珠三角区域各地分属不同的行政区域，缺少一个强有力的区域协调机构，导致区域内合作意识不强、各自为政，都以自身利益最大化谋求发展，在教育、社保与就业、医疗卫生等领域没有开展广泛的合作，区域内基本公共服务不均等的现状没有发生根本性改变。

财政能力不均等是造成泛珠三角区域基本公共服务不均等的根本原因。泛珠三角区域人均财政收入地区差距很大，导致财政支出不均等，进而引发地方政府对基本公共服务领域的投资和转移支付不均等。此外，区域内尚未形成转移支付协调机制，没有统一的财政资金调配机构，政府间基本公共服务支出责任难以界定，没有形成一套能切实解决不同地区基本公共服务不均等的办法。未来，泛珠三角区域要强化基本公共服务一体化的顶层设计，打破各自为政、"一亩三分地"的地区保护意识，制定泛珠三角区域基本公共服务均等化中长期规划，完善泛珠三角区域内转移支付体系，明确政府间转移支付的界限，建立公共服务领域的财政转移支付协调互助制度，推进泛珠三角区域公共服务均等化。

三、长江经济带和京津冀体制机制创新的主要举措

（一）长江经济带体制机制创新的主要举措

《国务院关于依托黄金水道推动长江经济带发展的指导意见》（国发〔2014〕39 号）出台一年多来，沿江各省市和国家有关部委高度重视，把依托黄金水道推动长江经济带发展战略作为发展的重要契机，进行了一系列富有成效的体制机制创新。

1. 加强规划统筹和衔接，建立区域互动合作机制

成立领导机构。成立了长江经济带工作领导小组，张高丽副总理担任组长，长江经济带工作领导小组办公室设在国家发展改革委。

制定指导意见。出台制定，为进一步开发长江黄金水道，加快推动长江经济带发展，制定了《国务院关于依托黄金水道推动长江经济带发展的指导意见》（国发〔2014〕39 号），充分发挥市场配置资源的决定性作用，更好发挥政府规划和政策的引导作用，以改革激发活力、以创新增强动力、以开放提升竞争力，推动上中下游地区协调发展、沿海沿江沿边全面开放，构建横贯东西、辐射南北、通江达海、经济高效、生态良好的长江经济带。同时，为统筹长江经济带交通基础设施建设，加强各种运输方式有机衔接，完善综合交通运输体系，特编制《长江经济带综合立体交通走廊规划（2014～2020 年）》。

建立区域协调发展机制。上海市牵头成立长三角园区共建合作专题组，共同签署《长三角园区共建联盟合作框架协议》，举办长江流域园区域产业合作对接会。湖北、湖南、江西三省签署了长江中游城市群战略合作协议，推动资源优势互补、产业分工协作和城市互动合作。重庆与四川签署成渝城市群备忘录，每年滚动推出一批重大合作事项，成渝城市群一体化建设进展顺利，双引擎带动和支撑作用日益突出。四川与云南、贵州、重庆等签署省际战略合作框架协议，积极推进区域产业合作、城市群共建。江苏与安徽合作编制完成了《南京都市圈区域规划》，打造以南京为核心的南京都市圈。

完善区域协同发展机制。国家发展改革委出台了《长江经济带创新驱动产业转型升级方案》，重点围绕电子信息、生物医药、高端装备、汽车、新能源、新材料、现代服务业等优势特色产业，推动长江经济带承接和发展高技术产业、战略性新兴产业。长江经济带 8 家高新技术产业开发区入选国家首批科技服务业区域试点名单，合肥、成都、贵阳、宁波成为移动电子金融科技服务创新试点城市。启动实施了武汉、长株潭等 8 个下一代互联网示范城市建设。

2. 打破行政区划界限和壁垒，推进一体化市场体系建设

商务部会同有关部门深入开展清理和消除阻碍要素合理流动的地方各种规定和做法，打破区域性市场壁垒。截至 2014 年 6 月，长江经济带 11 个省市共审查政府规章、规范性文件及其他文件 97845 件，对其中 65 件涉及地区封锁的规章和规范性文件做出了修改、废止或宣布失效处理。

上海与苏浙皖赣四省签署了“推进长三角区域市场化一体化发展合作协议”，商定在

物流标准、农产品流通市场转型以及打击侵权假冒行为方面开展全方位合作。

长江沿线形成大通关机制，上海、南京、杭州、宁波、合肥、南昌、武汉、长沙、重庆、成都、贵阳、昆明等12个海关实现通关一体化，并向其他海关全面有序推广，将通关制度便利化的红利辐射至整个长江流域。

推进长江经济带船型标准化建设，开展《内河运输船舶标准化管理规定》修订工作，印发了《内河示范船技术评估和认定办法》。

3. 加大金融合作创新力度，建立统一的投融资体制

国家发展改革委批复了长江经济带范围内创业投资基金15只，总规模40亿元。

湖北省正推动设立长江经济带发展基金（初定规模2000亿元），谋划组建长江银行（初定注册资本100亿元），吸引和调动多元社会资本广泛参与长江经济带基础设施建设和产业转型发展。

4. 探索共同治理模式，建立生态环境协同保护治理机制

落实最严格的水资源管理制度。水利部编制完成《长江流域片重要江河湖泊水功能区纳污能力核定和限制排污总量控制方案》，组织制定汉江、嘉陵江、赤水河、闽江等江河的水量分配方案，研究划定长江水资源开发利用红线、用水效率红线和水功能区纳污红线。截至2015年7月，长江经济带11个省级行政区已全部完成水资源管理“三条红线”指标的市县两级分解工作。

探索处理江河湖泊关系的有效模式。水利部编制完成《长江经济带发展水利专项规划》，加快推进洞庭湖四口水系整治、鄱阳湖水利枢纽等重大生态修复工程前期工作，重点解决枯水期水环境恶化和水资源短缺的问题；加快河湖水系连通工程建设，对草海、巢湖、太湖等重要湖泊以及赣抚水系等河流进行生态补水。长江经济带绿色生态廊道建设持续推进，流域生态系统修复和环境综合治理得到各地高度重视，长江经济带造福人类的永续利用能力不断增强。

加强长江流域环境的综合治理。长三角地区与八部委建立大气污染防治协作小组，研究联防联控政策和重点工作。上海实行船舶污染防治和治理新标准，率先在长江口准航道推行。长江中游城市群探索建立环境污染的市场化治理机制，特别是跨省主要污染物排污权交易制度和环境污染责任保险制度。

加大沿江生态保护和修复力度。水利部批复了《长江岸线开发利用和保护总体规划项目任务书》。湖北、湖南、江西、安徽积极开展碳排放权交易试点，签署了碳交易合作框架协议。安徽、浙江探索建立新安江生态补偿机制。

5. 顺应劳动力转移流动趋势，建立公共服务和社会治理协调机制

湖北、江西、湖南和安徽加强长江中游城市群综合交通运输示范区建设，对接各省交通规划。武汉、长沙、合肥、南昌先后签署《长沙宣言》、《合肥纲要》，省会城市之间率先实现住房公积金互认互贷，2015年底实现职工医保异地就医即时结算。

（二）京津冀体制机制创新的主要举措

1. 制定京津冀协同发展规划纲要，完成顶层设计

2014年，国务院成立“京津冀协同发展领导小组”，国务院副总理张高丽担任领导小组组长，并设立领导小组办公室。

2015年4月30日，中共中央政治局会议审议通过《京津冀协同发展规划纲要》，2015年7月《规划纲要》印发，标志着京津冀协同发展完成顶层设计，进入到一个新阶段。京津冀协同发展规划确定了未来京津冀三省市的发展，北京市：全国政治中心、文化中心、国际交往中心、科技创新中心；天津市：全国先进制造研发基地、北方国际航运核心区、金融创新运营示范区、改革开放先行区；河北省：全国现代商贸物流重要基地、产业转型升级试验区、新型城镇化与城乡统筹示范区、京津冀生态环境支撑区。京津冀协同发展规划明确了以“一核、双城、三轴、四区、多节点”为骨架，推动有序疏解北京非首都功能，构建以重要城市为支点，以战略性功能区平台为载体，以交通干线、生态廊道为纽带的网络型空间格局。2015年7月11日，北京市委全会决定，贯彻京津冀一体化国家战略，疏解北京非首都功能，未来将聚焦通州，加快“北京市行政副中心”建设。京津冀协同发展规划明确在交通、环保、产业升级三方面率先实现突破，在交通一体化方面，构建以轨道交通为骨干的多节点、网格状、全覆盖的交通网络，打通国家高速公路“断头路”，全面消除跨区域国省干线“瓶颈路段”，提升区域一体化运输服务水平。在生态环境保护方面，打破行政区域限制，重点是联防联控环境污染，建立一体化的环境准入和退出机制。在推动产业升级转移方面，加强三省市产业发展规划衔接，制定京津冀产业指导目录，加快津冀承接平台建设，加强京津冀产业协作等。京津冀协同发展规划的出台使京津冀协同发展具有了机制体制创新和以科技创新实现增长方式转变的改革风向标意义。

2. 围绕京津冀交通一体化，出台相关规划和政策

2015年末，国家发改委联合交通运输部通报了《京津冀协同发展交通一体化规划》，规划对未来京津冀交通进行了总体布局，明确了交通一体化的主要任务。《规划》中提到，到2020年京津冀将建成“四纵四横一环”，多节点、网格状的综合运输大通道，实现首都及周边地区1小时“通勤圈”。规划中提到，要加强三省市协作联动，加快推进首都地区环线等区域内国家高速公路建设，打通国家高速公路“断头路”。同时，《规划》还提出，到2030年，京津冀地区将形成“安全、便捷、高效、绿色、经济”的一体化综合交通运输体系。统一京津冀地区机动车注册登记、通行政策、排放标准、油品标准及监管、老旧车辆提前报废及黄标车限行等政策。目前三地以空气污染应急预案为基础明确的机动车管理措施，已经初步形成统一的限行方式。

京津冀交通政策趋于标准化。京津冀三地围绕交通一体化，探索制定并发布了多项相关交通发展的地方性标准，统一的地方标准有效服务着京津冀协同发展。2015年6月1日，京津冀三地共同组织制定、分别发布了《电子不停车收费系统路侧单元应用技术规范》地方标准，这是三地发布的第一项区域协同地方标准。2015年，京津冀三地共同制定《高速路公路服务区服务规范》等5项京津冀交通区域标准项目，力争在2016年完成编制。2015年12月25日，北京、天津、石家庄、邯郸、保定、沧州和承德率先实现一卡通。预计2017年，三地所有公共交通都将实现一卡通。

3. 围绕京津冀产业深度融合，制定相关体制机制

产业升级转移和深度融合是京津冀协同发展中的一条主线，京津冀避免过多采用行政手段干预京津冀协同发展可能再次导致三地资源分配不均匀，三地政府联手推动了一系列政策。北京率先在全国制定了新增产业的禁止和限制目录，全北京市禁限比例达55%，城六区禁限比例达79%；综合运用经济、行政、法律等手段，出台全国力度最大的差别水价和全国最严的差别电价政策，推动疏解。北京西直河石材市场原来是华北地区最大的石材市场，半年内完成腾退，拆除建筑面积172万平方米，减少流动人口4万人，通过转型升级，部分企业已转移至河北香河、易县等地发展。北京建筑大学、工商大学、城市学院、天坛医院等向外疏解工作取得阶段性成果。2015年7月，北京市委全会决定，贯彻京津冀一体化国家战略，疏解北京非首都功能，未来将聚焦通州，加快“北京市行政副中心”建设，2017年取得明显成效。2015年11月中旬，工信部和三地政府共同举行了2015京津冀产业转移系列对接活动，共促成约150个项目，总投资达4500多亿元。北京与河北共建曹妃甸协同发展示范区，设立了200亿元的首钢京冀协同发展投资基金，20多家北京企业到曹妃甸落户发展，其中首钢京唐二期项目总投资约448亿元。天津积极对接北京创新资源和科技成果，主动向河北延伸产业链条。加快建设天津滨海—中关村科技园、宁河未来科技城京津合作示范区，以及天津—河北涉县天铁循环经济产业示范区，天津—河北芦台汉沽协同发展示范区等多个重点合作平台。河北承接产业的项目更为丰富，据悉，国资委和河北省举办了“央企进河北”活动，87家央企参与对接洽谈，签署协议69项；工信部举办的产业转型对接活动，1000多家企业参会，签约项目150个。河北在产业转型方面，积极打造承接平台，依托京津科研优势和中关村清华大学等科研机构合作共建园区，积极承接京津的科研成果转化。

京津冀力推多项新政促“双创”发展。北京和天津已经推出一系列新政策推进创业创新目标的落实。北京“中关村领创空间”通过“全国百城优选计划”，为全国创新创业者提供服务。中关村创业大街入孵创业团队达400多个，其中60多个是海归团队。有230多个创业项目获得融资。在短短不到一年的时间里，成功举办了500多场与创业相关的各种活动，形成了创业聚集效应和良好的创新创业生态。北京海积极探索由北京市食品药品监管局实施异地监管，推动北京地区22家生物制药企业集中签约落户沧州渤海新区生物医药产业园。依托全国科技创新中心优势，推动中关村示范区、亦庄开发区与津冀合作共建大数据走廊、保定中关村创新中心等科技园区，加快打造跨京津冀科技创新园区链，促进三地创新链、产业链、资金链、政策链、服务链深度融合，努力建设京津冀全面创新改革试验区。天津推出创新创业“津十条”，明确到2016年全市众创空间将超过100个。天津编制了天津市全面创新改革试验方案，深化与中科院等大院大所合作，开展院市合作项目60项，清华大学高端装备研究院等一批协同创新平台在津设立。完善人才培养引进政策，组织开展“北大、清华学子天津行”、京津冀三地青年“双创特区直通车”等活动，实现“一张绿卡管引才”。河北在创新改革、创新创业上也做出了努力，组织了开发运营主体。比如，中关村在河北开设了多个分园、创新基地，其中海淀园秦皇岛分园、保定创新中心正式挂牌运营；津冀循环经济产业示范区、芦台汉沽协同发展示范区也在顺利推进，北京新机场临空经济区规划进入报批阶段。

4. 围绕京津冀生态环境保护，探索建立协同机制

京津冀地区是我国东部地区人与自然关系最为紧张、资源环境承载矛盾最为尖锐、生态联防联治要求最为迫切的区域，加强基础性、综合性地质工作，加强生态环境保护和修复刻不容缓。国土资源部目前正紧密围绕《京津冀协同发展规划纲要》及三省市相关规划对地质工作重大需求，致力于推动形成中央、地方公益性地质工作“一盘棋”和无缝对接的顶层设计，按照“统一部署、分工协作、精准服务”原则，推动建立京津冀协同发展地质调查工作合作机制，启动京津冀协同发展地质调查工作响应计划。2015 年 12 月 30 日，国家发改委发布了《京津冀协同发展生态环境保护规划》，为京津冀生态环境划定了红线，到 2020 年，京津冀地区主要污染物排放总量大幅削减，单位国内生产总值二氧化碳排放大幅减少，区域生态环境质量明显改善，PM2.5 浓度比 2013 年下降 40%左右。无论生态补偿是何种形式，从质量改善角度来看，京津冀三地的生态环境利益是共同的，国家和地方政府从全国统筹的角度考虑京津冀的发展问题，将《规划》任务层层分解落实到地方政府的执政目标中，将绿色生产生活理念融入政府、企业和公众意识中。

京津冀三地从政策合作等方面做了很多努力，共同营造一个舒适的生存环境。2015 年 7 月，北京环保局召开通报贯彻《京津冀协同发展规划纲要》，推动京津冀及周边地区大气治理的工作安排，协调区域逐步统一大气污染物排放标准。2015 年 12 月初，京津冀三地环保厅局正式签署《京津冀区域环境保护率先突破合作框架协议》，明确以大气、水、土壤污染防治为重点，以联合立法、统一规划、统一标准、统一监测、协同治污等十个方面为突破口，联防联控，共同改善区域生态环境质量。协议的签署，意味着三地在贯彻落实《京津冀协同发展规划纲要》精神，加快推进生态环保领域率先突破，共同打造京津冀生态修复环境改善示范区方面又迈出了实质性的一步。协议明确了未来京津冀三地将共同编制《京津冀区域环境污染防治条例》，共同制定大气、水、土壤和固废领域的专项规划，统筹区域污染治理；统一标准，建立区域协同的污染物排放标准体系，逐步统一区域环境准入门槛；统一监测，在国家统一的大气、水、土壤环境质量监测和污染源监测技术规范的指导下，共同研究确定统一的监测质量管理体系，共同构建区域生态环境监测网络；信息共享，建立三省（市）环境信息共享平台，共享环境质量、污染排放以及污染治理技术、政策等信息；协同治污，针对区域共性污染问题，协同开展大气、水、土壤污染治理，共同实施生态建设；联动执法，针对跨区域、跨流域的环境污染以及秸秆焚烧、煤炭、油品质量等区域性环境问题，集中时间，开展联动执法，共同打击违法排污行为；应急联动，针对跨区域的环境污染事件以及区域性、大范围的空气重污染，建立预警会商和应急联动工作机制；环评会商，针对可能对区域大气环境、水环境产生重大影响的重点行业规划、园区建设规划和重大工程项目实施环评会商；定期召开会议，解决区域环境治理和生态建设的重点难点问题，积极推进京津冀协同发展。同时，京津冀区域大气污染治理“路线图”——《区域大气污染防治中长期规划》将于 2016 年正式启动编制，该规划是我国首个“区域空气质量达标规划”。同时，京津冀三地联手建设京东涵养区，平谷区与天津蓟县，河北三河市、兴隆县山水相接，三地在生态环境保护、交通设施、旅游休闲等五大领域 40 个项目上展开合作，共谋发展。三地就创建京津冀国家生态文明先行示范区达成共识，联手保护山水林田湖资源，共同打造环绕京东的生态环境保护圈。

5. 围绕京津冀公共服务均等化，创新相关体制机制

随着 2015 年《京津冀协同发展规划纲要》的实施，三地在文体教育、医疗养老等事关民生的方方面面进行着变革，很多实惠已经落到实处，实现了三地共享。文体发展在京津冀协同发展过程发挥着不容小觑的作用，之前，京津冀在文化、体育方面的资源存在着明显的地域不均等化。京津冀三地在协同发展过程中重视文体方面的提升与统一，制定了很多政策和措施来促进三地的协调发展。2015 年 6 月，京津冀三省市共同签订了《京津冀语言文字事业协同发展战略协议书》，共同促进京津冀三地文化交流、人文交流和经验交流。体育方面如京津冀体育一卡通服务、协同打造全球体育休闲旅游基地及京张冰雪体育休闲旅游带等。2022年冬奥会由北京和张家口联合举办，奥运会的筹备工作将打破地域限制，将北京和河北两个行政区紧密连接在一起，成为京津冀一体化融合的催化剂。

京津冀高度重视人才一体化。京津冀一体化进程中格外重视教育协同发展，促进资源共享，更好地促进人才的合作与流通。2015年，京津冀一体化教育学会共同体成立，助推三地教育协同发展。河北秦皇岛北戴河新区已经成为诸多在京高校考察的重点区域，2015年6月，北邮、北交、北科等8所高校负责人参加北京高科大学联盟与秦皇岛市政产学研对接会，加快京津冀协同发展中教育的步伐。除了高校外，2015年10月23日，京津冀三地教育学会的代表共同签署了“京津冀一体化高中教育发展联合协议书”，标志着京津冀三地高中教育联合体的形成。北京部分中职校开始探索与津冀地区联合招生等新模式。目前，北京全市有十余所职业学校与相关部门达成初步意向，将面向河北加大联合办学力度。

京津冀协同发展在医疗合作领域率先破题。2015年6月，京津冀三地签署《京津冀毗邻县（市、区）卫生应急合作协议》，以进一步整合卫生资源，健全区域公共卫生保障体系，推动京津冀卫生应急一体化建设。这个协议涵盖了京津冀接壤的全部地区，真正实现了三地卫生应急联动无缝衔接。2015年9月，京津冀三地签署了《京津冀卫生计生事业协同发展合作协议》，提出了十个方面的合作内容，具体包括加强医疗区域合作、推动公共卫生计生区域联动等方面。截至2015年底，河北与京津医院开展固定业务往来或合作事项的二级以上医院达到240多家，医疗合作成为三地融合发展最先破题的领域。另外，京津冀三地在2015实现了医疗保险定点医疗机构的互认；共建了人道应急体系；还在河北邯郸建立了京津冀地区首家急诊急救医疗联合体。京津冀地区实现了跨区医疗合作新模式，2015年7月，保定儿童医院更名为北京儿童医院保定医院，成为京津冀一体化背景下首家推行公立医疗机构的跨省托管医院。作为京冀医疗合作重点试行项目，燕达医院在两地政府的支持下，分别与朝阳医院、天坛医院、首儿所、北京中医院建立起紧密的合作关系。短短一年多的时间，已将“京津冀医疗协同发展”由概念转变为多方实质性的合作。

京津冀共建养老社区。2015年11月6日，京津冀三地民政部门签署《京津冀民政事业协同发展合作框架协议》，提出三地要协同规划布局养老机构，引导鼓励养老服务业积极向北京之外疏散转移，探索开展跨区域购买养老服务试点，共同推动养老服务业融合发展。天津和河北为承接北京老人养老提供了很多政策优惠，据了解，北京相关部门正在研究北京企业在京外开设养老机构接受北京籍老人，有望获得北京市政府给予的补贴。目前，北京在河北高碑店试点建30万平方米的养老社区，享受了北京市的政府补贴。

京津冀取消漫游通话费。三大电信运营商自2015年8月1日起，对北京、天津、河北的手机用户在京津冀区域内拨打京津冀电话（固话和手机），取消长途和漫游通话费，按本地通话费规则收取；对京津冀的手机用户在京津冀区域内接听电话取消漫游通话费。这是京津冀协同发展战略实施以来，三地群众感受最大的民生利好消息，为三地深度融合、公共服务均等化及便利化消除障碍和差异开了好头。

同时，京津冀三地均已同意互认人力资源市场从业人员资格证书，共同促进区域内人力资源服务业协同发展。这个举措直接推动了京津冀人力资源市场一体化，简化了手续，民众办理起来也方便许多。

四、泛珠三角区域合作体制机制创新的基本思路与主要任务

创新泛珠三角区域合作的体制机制应坚持“创新、协调、绿色、开放、共享”的发展理念，着力深化改革、扩大开放，逐步建立区域互动合作机制、统一的市场体系、基础设施互联互通机制、产业协同发展机制、科技创新协同机制、区域合作资金保障机制、生态环境协同监管和综合治理机制、供给侧结构性改革合作机制、公共服务和社会治理协调机制，增强发展动力，厚植发展优势，促进内地九省区一体化发展，深化与港澳更紧密合作。

创新泛珠三角区域合作的体制机制应坚持需求导向，着力破解制约区域合作的突出矛盾和问题；坚持遵循规律，营造勇于探索、鼓励创新、宽容失败的文化和社会氛围；坚持市场主导，着力打破行政区划界限和区域性市场壁垒；坚持协调创新，着力探索共同研究、共享成果的合作机制与模式。

（一）加强统筹衔接，完善区域互动合作机制

加强国家层面协调指导，建立推动泛珠三角区域合作发展部际联席会议制度，完善现行各项推进落实机制，建立各类跨地区合作组织，完善区域互动合作机制。

1. 建立泛珠三角区域合作发展国家层面协调机制

设立泛珠三角区域合作部省联席会议制度，成员由国家部委和泛珠三角区域有关省区组成，统筹研究解决泛珠三角区域合作发展重大问题。

建立推进全面深化改革交流合作机制，以中央部署的全面深化改革目标为引导，推进区域各项改革，通过开展干部交流、业务研讨、课题研究、专题培训等手段，多层次、多渠道加强区域改革部门工作人员的经验交流，建立改革联席会议，加强横向沟通和联动。

2. 完善泛珠三角区域合作发展省区间协调机制

建立毗邻省区间发展规划衔接机制，共同研究基础设施建设、产业转移承接、生态环境保护等跨区域的重大问题，加强规划衔接，达成规划共识，确保空间布局协调、时序安排统一。

建立次区域合作协调机制，探索新常态区域合作新途径，支持有条件的次区域开展全方位合作，建立健全毗邻区域一体化发展体制机制，在土地利用、产业发展、金融支持、生态建设、环境保护等方面开展先行先试。支持渝黔长江上游区域合作示范区、黔湘中西区域合作示范区、贵广高铁经济带建设发展，开展区域合作体制机制改革试点。

充分调动社会力量，建立各类跨地区合作组织，共同研究解决区域合作中的重大事项。

3. 完善现行各项推进落实机制

继续坚持和完善“9＋2”行政首长联席会议制度、政府秘书长会议制度、部门衔接落实制度。在行政首长联席会议期间，可根据需要同步召开国务院有关部门参加的省部际联席会议，协调解决合作中遇到的重大问题。充分发挥泛珠三角区域合作行政首长联席会议制度和秘书长会议制度的作用，加强对区域重大合作事项的决策、推动和协调。泛珠三角区域合作行政首长联席会议秘书处要强化职能，切实履行职责、加强与国务院有关部门的

沟通衔接。更好发挥泛珠三角区域合作信息网积极作用，推动实现市场化运作，建设好信息沟通交通平台。

发挥水利部珠江水利委员会、交通运输部珠江航务管理局以及环境保护部华南、西南环境保护督查中心等机构作用，协同推进珠江防洪、航运、发电、生态环境保护等工作。

4. 推动泛珠三角区域合作与发展论坛创新发展

扩大泛珠三角区域合作与发展论坛的影响力，按照“9＋2”各方联合主办、轮流承办的原则，在广州定期举办，努力将论坛打造成为泛珠三角区域的重要智库，为合作发展提供强大智力支持。积极引入市场化资源进行运作，将泛珠三角区域合作与发展论坛建设成为深化内地与港澳以及“一带一路”沿线国家经贸合作的重要平台。

5. 探索建立“区域一体化治理”模式

研究探索打破城市治理的区划边界，实现“各自为政”的行政区治理模式向“区域一体化治理”模式的转变。探索在警务、安保、道路交通管理、网络安全等方面建立战略合作关系。

（二）打破市场壁垒，推进统一市场体系建设

围绕建设统一市场，打破行政区划界限和壁垒，加强规划统筹和衔接，推动市场流通一体化、市场准入一体化、市场管理一体化、市场标准一体化，逐步形成统一开放、竞争有序的现代市场体系。

1. 实施统一的市场规则

清理阻碍要素合理流动的各种规定和做法，实施统一的市场准入制度和标准，推动各类生产要素跨区域有序流动和优化配置。加强地方和企业标准制定合作，实施产品检验、计量检定、资质认证等结果互认，促进商品自由流通，研究推动服务业区域标准制定。加强市场准入有效衔接，推动泛珠三角区域质量认证体系、行业资质认定、商标知识产权保护体系等市场基础制度一体化建设。共同推进落实《内地与香港关于建立更紧密经贸关系的安排》和《内地与澳门关于建立更紧密经贸关系的安排》及相关补充协议，特别是服务贸易项下的行业准入事项的落实工作，改善市场主体准入环境。

建立统一的市场执法标准和监管协调机制，依托企业信用信息公示系统，推动实现市场主体基础信息互联互通、市场监管信息共享共认、市场监管措施协调联动、消费者权益保护异地受理处置和行政执法相互协作。尽快建立统一的政府权力清单、责任清单、负面清单制度，深化行政审批制度改革，深入推进商事登记制度改革。鼓励本省区投资人在区域内其他省区申办市场主体，支持各类市场主体在区域内开展跨省区合作，积极协调和解决涉及商事登记方面的纠纷和问题，对本省流通的区域内其他省区商品实行同等待遇。规范行政处罚自由裁量权，研究建立区域行政处罚裁量基准制度，逐步建立内地九省区行政处罚裁量权的运用，为企业跨区域发展营造更加良好的行政执法环境。

2. 完善区域内贸易流通体制

研究制定泛珠三角区域贸易流通体制综合改革试点方案，支持贵州智慧物流云、智慧交通云、电子商务云等信息平台建设。以贵州大数据资源中心和贵阳·贵安大数据产业发展集聚区为依托，积极推进大数据在市场建设领域的深度应用，推进区域内市场、科技、金融等信息共建共享、互联互通。建立名优产品市场绿色通道，对经区域省级政府或相关

职能部门公示的优质商品向社会公布有效标识，并在区域内市场上市销售时予以保护。推进区域内省际物流公共信息平台互联互通和信息共享，实现货源、各种运载工作和物流服务等信息的高效匹配，降低物流成本。

3. 构建区域大通关体制

在现有福建、广东、广西、海南四省区海关区域通关一体化的基础上，加强与长江经济带海关区域通关一体化衔接，逐步扩大一体化范围，实现泛珠海关区域通关一体化。探索区域内铁路、水路和公路运输方式实行“多点报关、口岸验放”的监管模式，简化铁路转关作业手续，促进铁路运输在“9＋2”的快速转关。加快合作建设“无水港”，沿海飞地港，共同打造我国华南、中南和西南地区的国际出海大通道。完善口岸综合服务体系和口岸联络协调机制，推动内陆口岸同沿海、沿边口岸通关协作，实现口岸管理相关部门信息互换、监管互认、执法互助。加快推动泛珠三角区域贸易便利化和海关通关一体化改革，在全面实施关检合作“三个一”（一次申报、一次查验、一次放行）的基础上，逐步向“单一窗口”转变。加快建立大通关电子口岸信息平台，推进电子口岸互联互通和资源共享。加强与香港和澳门海关的行政互助，实现信息资源的共享，加快建立与港澳跨境快速通关新模式。充分发挥福建对台交流合作优势，向泛珠三角区域推广直通放行制度，吸引兄弟省区通过福建开展对台贸易。

4. 规范发展综合性产权交易市场

坚持公开透明、自主交易、公平竞争、规范有序，逐步探索形成符合区域实际和区域产权流转交易特点的市场形式、交易规则、服务方式和监管办法。规范发展综合性产权交易市场既要发挥信息传递、价格发现、交易中介的基本功能，又要注意发挥贴近企业、科研机构，为各类产权主体流转交易产权提供便利和制度保障的特殊功能。鼓励各地探索符合区域产权流转交易实际需要的多种市场形式，既要搞好交易所式的市场建设，也要有效利用电子交易网络平台。鼓励有条件的地方整合各类流转服务平台，建立提供综合服务的市场。加强政策协调和制度衔接，共享公共技术服务资源，打造共同的技术服务平台，实现技术服务的市场化、专业化、一体化。在产权交易市场充分整合的基础上，依托现代化信息资源发布平台，建立规范高效统一的技术产权交易市场。

5. 建立区域社会信用合作体系

建立区域信用联动机制，开展区域信用体系建设合作与交流，促进信用建设经验成果及信用市场服务的互通、互认和互用。推进社会信用体系建设合作，支持内地九省区建立健全各行业各领域信用记录，并与全国统一的信用信息共享交换平台实现对接，以统一社会信用代码为标识，实现企业登记、产品质量监管等信用信息的共享交换。建立区域社会信用信息共享平台，实现企业登记、企业监管等信用信息的共享；推动区域信用评估评级市场开放，加强信用信息和评估评级的归集应用。加强市场准入和监管的协调配合和信息交流，实行区域内市场监管数据交换与共享。健全知识产权保护机制，完善专利代理信用信息查询系统。

建立企业“一处失信、处处受限”的失信惩戒机制，实现跨地区信用联合奖惩。建立区域违法失信黑名单公开曝光制度，对区域内企业联动实施信用激励、预警、惩戒等措施，共同推进诚信体系建设。建立区域内驰名商标、著名商标重点保护名录，相互通报重大商标侵权案件情况，加强跨省商标侵权案件的联动协查。

（三）推进深度融合，建立基础设施互联互通机制

推进泛珠三角区域基础设施深度融合，加快建立基础设施统筹规划协调机制，统筹区域交通基础设施建设，深化交通投融资体制改革，逐步建立基础设施互联互通机制。

1. 建立基础设施统筹规划协调机制

泛珠三角区域互联互通是促进泛珠三角区域一体化发展的基础。建议建立泛珠三角区域基础设施统筹协调机制，统筹规划港口、铁路、高速公路、民航等重大交通基础设施项目，促进综合通道共建共享，推进跨省区直通放行，建立完善联通泛珠各方的现代交通运输体系。加强泛珠省际高速铁路、高速公路、国省道建设规划和港澳路网发展规划的衔接，推动水运主通道和航空基础设施建设，携手构建泛珠三角区域便捷畅通的大通道。

2. 编制泛珠三角区域综合立体交通走廊规划

为统筹泛珠三角区域交通基础设施建设，加强各种运输方式有机衔接，完善综合交通运输体系，应加快编制泛珠三角区域综合立体交通走廊规划，规划期为2017～2020年。泛珠三角区域综合立体交通走廊规划应按照全面建成小康社会的总体部署和推动泛珠三角区域发展的战略要求，加快打造珠江黄金水道，扩大交通网络规模，优化交通运输结构，强化各种运输方式的衔接，提升综合运输能力，率先建成网络化、标准化、智能化的综合立体交通走廊，为建设中国经济新支撑带提供有力保障。泛珠三角区域综合立体交通走廊规划应着力推动区域间实现高效畅通，城市间实现快速通达，乡村实现便捷联通，城市体现公交优先，形成层次分明、覆盖广泛、功能完善的综合交通网络；重点统筹水路、铁路、公路、民航和管道发展，以提高主要通道运输能力为重点，加快水路和铁路建设，提升设施技术等级水平，强化综合交通枢纽功能，充分发挥各种运输方式的比较优势和组合效率；坚持适度超前的原则，在满足客货运输需求基础上，适当扩大运力余量，预留技术标准提升空间，加快基础设施建设，发挥交通运输基础保障和先行引导作用；应将安全第一、资源节约和环境保护贯穿于规划、设计、建设和运营全过程，着力提升安全性、可靠性和应急保障能力，节约集约利用土地、岸线、线位等资源，避让环境敏感区和生态脆弱区，实现安全、低碳、永续发展。力争到2020年，建成横贯东西、沟通南北、通江达海、便捷高效的泛珠三角区域综合立体交通走廊。

3. 建立出境国际大通道建设领导协调机制

更加重视基础设施互联互通对促进区域合作的重要作用，建议共同争取在国家层面建立出境国际大通道建设领导协调机制。

4. 建立能源开发方面的中央和地方利益共享机制

建议国家以三江干流电站建设为试点，建立完善的中央和地方利益共享机制，以进一步调动开发清洁可再生能源的积极性。推动西电东送市场化机制建立，完善西电东送价格形成机制。

5. 深化交通投融资体制改革

创新交通发展投融资方式，进一步完善国家投资、地方筹资、社会融资、利用外资的投融资机制。深化铁路投融资体制改革，扩大铁路发展基金募集规模，优化结构和投向。创新轨道交通导向型土地综合开发模式。完善普通公路投融资体制，建立以公共财政为基础，各级政府责任清晰、事权和支出责任相适应的投融资长效机制，加大财政性资金对普

通公路建设的支持力度。继续加大中央资金对内河航道和中西部支线机场的投入。开展综合交通枢纽开发试点工作，并给予必要政策支持。

6. 加快推进船型标准化

加大专项资金投入，创新金融业务和产品，鼓励开展融资租赁业务，大力推进西江—珠江干线船型标准化。积极推广应用节能环保、经济高效船舶，加快淘汰低效率高污染老旧船型；坚持安全第一，严格按照有关规定使用专业化船舶运输危险品。根据跨江桥梁净空高度、航道水深和运输需求等条件，积极发展江海直达船型，进一步提高运输效率和效益。

7. 完善多式联运体制机制

抓紧制定多式联运标准规范，完善运输装备技术标准体系，推广标准合同范本，统一多式联运单证。培育多式联运经营人，鼓励大型港航、铁路和公路运输企业以珠江为依托开展多式联运业务，构筑珠江水道快捷高效的进出口货运大通道。充分发挥“渝新欧”、“蓉新欧”等既有通道作用，优化整合中欧通道国际集装箱班列，打造具有国际影响力的运输平台。整合航空货运资源，加快发展现代航空物流。推动联运企业信息系统互联互通，提高联运效率。

8. 完善泛珠三角区域 ETC 网络

建立健全泛珠三角区域收费公路联网数据服务系统，架起路与车之间专用的信息通道，推进运输服务一体化，实现了人、车、路的信息交互，促进公路交通服务转型升级。支持发展“ETC ＋互联网”，赋予 ETC 更多的功能，构建一个庞大的“车联网”。

（四）平衡产业利益，建立区域产业协同发展机制

协调区域财政政策和产业政策，建立区域产业利益协调机制，制定区域产业协调发展规划，建立产业有序转移和分工协作机制，支持区域产业协同发展平台建设，逐步建立区域产业协同发展机制。

1. 建立区域产业利益协调机制

协调区域财政政策和产业政策，建立区域产业利益协调机制，促进区域产业利益共享。鼓励发展“飞地经济”，探索建立跨省产业转移利益共享机制，研究出台政策措施支持产业跨区域转移。

2. 制定区域产业协调发展规划

打破条块分割、各自为政、只顾自己发展的做法，遵循区域产业分工与市场配置资源的规则，围绕先发优势、资源优势、技术优势、资本优势及劳动力优势，研究制定区域产业协调发展规划，构建一个梯次合理的产业发展框架和产业导向规划，在优势互补的前提下，进行差异定位、错位发展。

加强区域农业规划和资源配置，继续完善九省区鲜活农产品“绿色通道”，促进农产品有序流通。建立农业龙头企业合作机制，推动区域农业投资及农产品生产、加工、销售发展。开展区域内农业科技合作与交流，促进区域内特色农产品开发和农业名牌产品保护。

完善促进制造业高端发展的相关机制，加快推进供给侧结构性改革，建立促进世界级产业集群发展的产业园区支持政策和孵化政策。

改革服务业发展体制，创新发展模式和业态，扩大服务业对内对外开放，放宽外资准入限制。

3. 建立产业有序转移和分工协作机制

探索产业融合发展的激励机制，建立引导产业有序转移和分工协作机制，构造利益共享的产业链，充分调动各地产业协同发展的积极性。以中西部地区国家级、省级开发区为载体，建设承接产业转移示范区和加工贸易梯度转移承接地，推动产业协同合作、联动发展。借鉴负面清单管理模式，加强对产业转移的引导，促进产业布局与区域资源生态环境相协调，防止出现污染转移和环境风险聚集，避免低水平重复建设。

完善旅游合作机制。鼓励优势旅游企业开展跨区域的境内、境外经营活动，消除旅游壁垒，建立互为目的地和客源地的联动机制。研究开通景区旅游直通车，推进跨省无障碍旅游区建设。建立泛珠三角区域旅游信息库，实施旅游信息互通，推动内地九省区电子行程单一体化建设，共同构建区域旅游营销网络和旅游电子商务服务平台。建立区域内旅游质监所联系制度，共同协调和管理好区域内的旅游市场，协调解决和完善突发事件的应对机制及重大事件通报制度。联手整治市场秩序，联合打击不正当竞争行为和侵害消费者权益的行为，建立跨区域的旅游诚信体系。

4. 支持区域产业协同发展平台建设

产业园区是推进产业合作的重要载体，泛珠各方应积极推进园区对接合作，开展东西部合作园区共建，建立完善园区管理、财税分配机制，实现良性合作、互利共赢。加快粤桂、湘赣、湘粤合作试验区等合作平台建设，争取升格为国家级综合改革实验区，鼓励实验区先行先试，探索风险共担、利益共享机制，创新跨区域合作模式，充分实现市场、要素、产业等更广范围和更深层次的自由流动。

发挥博鳌亚洲论坛平台的作用，联手开展丝绸之路经济带和21世纪海上丝绸之路建设。博鳌亚洲论坛平台已成为我国重要的公共外交平台，2015年参会人数达到1700多人，媒体1000多人。建议利用论坛平台建立中国—东盟海洋合作机制，并建议泛珠省区利用此平台重点在旅游业、现代海洋渔业、海洋能源开发海洋环保与海洋科技、热带农业、加工物流业、高新技术产业、金融服务和电子商务等领域开展国际交流与合作，联手开展丝绸之路经济带和21世纪海上丝绸之路建设。

加强区域内重点园区建设合作，鼓励区域内开展飞地园区建设。支持泛珠三角区域内地省区发挥各自优势与港澳共建各类合作园区，推动产业转型升级。

（五）促进协同创新，建立区域协同创新合作机制

以增强区域协同创新能力为导向，健全技术创新市场导向机制，搭建区域协同创新平台，完善科技资源共享机制，建立区域协同创新战略联盟，构建区域协同创新体系，逐步建立区域协同创新合作机制。

1. 构建区域协同创新体系

加强深港创新圈等区域科技创新合作，加快构建以企业为主体、市场为导向、产学研相结合的区域协同创新体系。

配合国家发展改革委出台《泛珠三角区域创新驱动产业转型升级方案》，重点围绕电子信息、生物医药、新能源、新材料、现代服务业等优势特色产业，推动泛珠三角区域承

接和发展高技术产业、战略性新兴产业。

签署泛珠三角区域协同创新框架协议，加快建立和完善协同创新战略对话、信息交流、工作对接、科技资源和成果开放共享的协同机制和长效机制，构建区域协同创新体系。

运用市场化机制探索建立新型科研机构，深化科技成果使用、处置和收益权改革，推动设立知识产权法院。

积极探索“共同出题、共同组织、共同研究、共享成果”的合作研究机制与模式。

2. 搭建区域协同创新平台

共建区域协同创新平台，联合开展重大科技攻关，共同实施科技创新工程。支持广州国际创新城等一批泛珠三角区域大型创新创业平台建设，着力推进泛珠三角区域大众创业、万众创新。

打造产业技术人才培养和研发平台，合作培养技术创新人才，布局建设一批科技重大基础设施、国家工程（技术）研究中心、工程（重点）实验室和企业技术中心。优化科技资源配置，新建一批产业技术创新平台和企业技术中心。

打造科技成果转化平台，联合建立区域统一的科技信息交流与交易平台；加强区域内技术交易中心、创业服务中心、生产力促进中心、网上技术市场等科技成果转化服务平台建设；探索建立规范化、制度化的区域性科技成果落地转化管理服务模式，增强服务科技成果转化的能力。

打造协同创新投融资平台，探索设立区域内创业投资引导基金，引导社会资本投向创新型企业；鼓励银行与创业投资、证券、保险、信托等机构合作，创新交叉性金融产品，支持创新型中小企业发展。

3. 完善科技资源共享机制

制定区域科技创新基础平台共享规则，率先相互开放国家级和省级重点实验室、中试基地等试验平台，推动区域科技资源的开放和共享。加快推进科技文献、科技信息、专家库、动植物资源和水文资源等基础性科技教育资源的联网共享。

4. 建立区域协同创新联盟

组建产业技术创新战略联盟，联合开展产业重大共性科技攻关，推动科技成果转化和产业化。以高新技术及产业化开发为主，深化产学研合作，逐步建立区域科技项目合作机制。

整合区域重点实验室等创新资源，在重点领域引导和支持建立重点实验室创新战略联盟，深入推进产学研协同创新。

探索建立新型科研机构，完善人才激励市场化机制，深化科技成果使用、处置和收益权改革。

建立泛珠三角区域校企联盟，搭建校企合作交流平台，推动区域内企业与高校协同创新。

5. 优化区域协同创新环境

建立区域高层次创新决策咨询机制，定期向党中央、国务院报告国内外科技创新动态，提出重大政策建议。推动建立跨省区知识产权保护联盟，支持中新广州知识城开展国家知识产权运用和保护综合改革试点。发挥各知识产权服务业集聚区的辐射作用，促进知识产权服务与区域产业融合发展。发挥广州知识产权法院的积极作用，加强区域内知识产权司法合作。建立统一的科技人才资源库，完善科技人才市场体系，推动科技人才交流与共享。

（六）强化金融合作，建立区域合作资金保障机制

强化泛珠三角区域金融合作，构建区域金融合作协调机制，加强金融协同创新，设立泛珠合作开发银行和泛珠三角区域发展基金，探索建立区域金融平台，建立区域合作资金保障机制。

1. 构建区域金融合作协调机制

成立经中国人民银行批准，由香港金融管理局、澳门金融管理局与九省区人民银行负责人组成的“泛珠三角区域金融合作委员会”，统筹研究区域内金融合作的规划、策略和联动事宜，协调解决区域内金融合作的各种矛盾。成立由“泛珠三角区域金融合作委员会”授权的“泛珠三角区域金融合作事务协调委员会”，负责落实“泛珠三角金融区域合作委员会”制定的金融合作政策，监管政策动向，预警金融风险，优化金融环境，提交金融合作项目提案及负责项目审批后的执行工作。在现有的省区金融协会的基础上，吸纳更广泛的成员，如银行、保险、证券、信托等领域的成员及政府机关、金融机构、科研院所等多类别的成员，形成多元化的“泛珠三角”金融协会。建立“泛珠三角”金融机构的对话机制，在结算代理、资金清算、个人理财、授信融资、银团贷款、人员培训、客户资源共享、信息交换等领域进行拓展性联动，加快金融资源跨地域流动和配置。

2. 完善现有金融合作机制

落实好泛珠三角区域省会城市金融合作框架协议，做好泛珠三角区域省会城市金融发展战略和规划的对接，充分发挥市场机制在区域金融资源配置中的决定性作用，充分发挥各方的比较优势和合作的积极性、主动性、创造性，大力发展股权交易中心、碳排放权交易所、金融资产交易中心、商品清算中心等金融交易平台，加强金融机构、金融平台、金融功能区、金融人才等方面的优势集成与互补。完善泛珠三角区域省会城市金融合作联席会议制度，探讨泛珠九市金融交流合作的主要方向和具体措施，研究解决金融合作领域的重大事项，协调推进区域金融合作。优化泛珠三角区域省会城市金融合作联络员制度，建立常态化的联系沟通机制，加强日常的沟通和联系，推动各方加强交流与合作。

3. 制定泛珠三角“互联网＋金融”发展规划

互联网金融作为当前极具活力和潜力的新兴金融业态，是我国现代金融改革创新的重点领域和关键环节。要顺应“互联网＋”的时代潮流，制定泛珠三角“互联网＋金融”发展规划，紧跟互联网金融发展大趋势，让更多的专业投资者投身互联网金融行业，促进泛珠三角区域互联网金融行业快速发展。打造能够提供有效服务并具有特色的金融众创空间，从功能设置、环境设计、活动组织等方面进行研究，通过所有权将投资人和创业者联系在一起，促进各方实现共享收益，共担风险，深化合作。举办泛珠三角“互联网＋金融”创新与发展论坛，探讨在新常态下如何推动互联网与金融通力合作，实现产融对接的双赢，探讨私募市场未来发展方向及区域性股权市场在私募市场中的地位和作用，为互联网金融发展的规范与监管、互联网金融服务的投资与探索、互联网金融的投资策略与境外上市等提供可资借鉴的经验。

4. 完善区域资金保障平台运行机制

在中国证监会指导下，创新深圳证券交易所发展机制，坚持市场化改革方向，推动改革创新，深化市场组织、监管、服务等基本职能，积极争取“深港通”尽快启动，在更高起点推进市场双向开放互通，推进监管转型，服务实体经济，进一步增强服务泛珠和国家发展战略全局的能力。积极支持广州股权交易中心发展，深化区域性股权市场与银行、证券、保险、股权投资、风险投资、创业投资、融资担保等金融机构的交流合作，完善投融资服务体系，共同为资金、创业者与投资者打造一个高效交互的平台。创新中国（广州）国际金融交易博览会运行机制，积极开展交易撮合活动，为参会企业提供一对一、一对多、多对多等多种交易撮合方式，促进参会企业发现商机、实现合作，增加对境外客商的吸引力。

5. 创新区域金融主体合作机制

借鉴亚洲基础设施投资银行及张江科技银行等经验，探索设立泛珠合作开发银行（初定注册资本 100 亿元），吸引和调动多元社会资本广泛参与泛珠三角区域基础设施建设和产业转型升级。推广运用政府和社会资本合作（PPP）模式，吸引更多社会资本参与泛珠三角区域合作，提高政府资金使用效率。支持开发性金融机构发挥资金、智力、产品等优势，在促进泛珠三角区域重大项目建设、合作规划编制、推进产业承接转移等方面发挥积极作用。推动泛珠三角区域内地方政府、金融机构、大型企业集团、民间资本等各类主体出资设立股权投资基金，支持区域经济转型升级项目和重大基础设施建设。鼓励区域内企业特别是上市公司跨地区、跨行业投资和重组并购。引导区域内符合条件的创新型、创业型、成长型中小企业到全国中小企业股份转让系统挂牌进行股权融资、债权融资、资产重组等。建立区域金融协作机制，促进区域金融一体化有助于将东部地区金融机构的大量闲余资金运用到中、西部急需资金的发展项目上，以优化资源配置，促进区域均衡发展，缩小地区差距，最终实现共赢。加强区域金融监管的配合与协调，建立区域金融风险的信息沟通、监测预警和应急处置机制。

6. 建立泛珠九省区与港澳金融合作常态化机制

复制推广珠江三角区域金融改革创新的政策制度机制，建立健全泛珠三角九省区与港澳金融合作的常态化机制，推进金融改革创新，联合开展金融产品创新，探索开办跨市场金融工具，鼓励开展融资租赁服务，支持泛珠三角区域能源、交通、通信等重大项目建设，推动区域产业结构调整、基础设施建设和实施“走出去”战略。充分利用香港、深圳交易所的直接融资功能，改善区域融资结构，强化地方金融机构改革，鼓励跨区域收购、兼并、重组，鼓励港澳金融机构到泛珠三角各城市特别是区域内中、西部地区开设分支机构。利用好港澳强大的国际资本市场平台，共同推进沿边金融综合改革试验区建设，支持有条件的内地企业赴港上市，深化与东盟国家的金融合作。

（七）加强联防联治，建立生态环境协同监管和综合治理机制

坚定不移实施主体功能区制度，强化泛珠三角区域生态环境和自然资源的保护与合理利用，加大重点生态功能区保护力度，共建环境保护市场化机制和生态补偿机制，逐步形成生态环境协同监管和综合治理机制。

1. 编制泛珠三角区域生态环境保护规划

尽快研究编制泛珠三角区域生态环境保护规划，制定环境保护共同行动计划，促进泛珠三角区域有序开发。建立健全制泛珠三角区域生态环境开发利用和保护协调机制，严格分区管理和用途管制，合理安排泛珠三角区域工业与港口岸线、过江通道岸线与取水口岸线，加大生态和生活岸线保护力度。统筹主要河流岸线与后方土地的使用和管理，依法建立岸线资源有偿使用制度，严格河道管理范围内项目工程建设方案审查制度，提高岸线资源集约利用水平。

2. 建立跨区域生态建设和环境保护的联动机制

建立污染联防联治工作机制和环境质量预报预警合作机制，推动环境执法协作、信息共享与应急联动，提高对环境突出问题的联合治理力度，促进生态系统良性循环，推动经济社会与资源环境协调发展。

加强环境生态保护投入体制机制创新，鼓励和支持内地九省区共同设立泛珠三角区域生态环境保护合作基金，加大对生态环境突出问题的联合治理力度。

3. 探索建立环境污染的市场化治理机制

重点建立跨省区主要污染物排污权交易制度和环境污染责任保险制度，率先在区域内建立碳排权、排污管理和交易制度，推进水权、碳排放权、排污权交易，推行环境污染第三方治理。

4. 探索建立跨省区流域生态补偿机制

按照“谁受益谁补偿”的原则，加快建立生态受益地区对生态保护区、重点流域跨界断面水质的横向生态补偿机制。研究建立地方投入为主、中央财政给予适当奖励的资金投入机制，支持开展东江、西江、北江、汀江、韩江、九州江等流域补偿试点。率先开展针对珠江流域内保护区、沿江湖防护林、沿江湖隔离带等生态建设保护工程的生态补偿机制研究和试点，为构建珠江生态安全屏障提供保障。

5. 建立重点生态功能区扶持机制

坚定不移实施主体功能区制度，率先划定生态保护红线，强化国土空间合理开发与保护，加大重点生态功能区建设和保护力度，构建中上游生态屏障。研究将以南岭山地、幕阜山、罗霄山、怀玉山、高黎贡山、哀牢山和无量山为核心的区域和江河源头、重要湖泊纳入国家重点生态功能区。按照中央建设国家公园体制试点要求，支持福建、湖南、云南等地国家试点工作，先行启动一批保护典型自然生态系统的国家公园规划。继续把洞庭湖、鄱阳湖、滇池等重点湖泊列入国家重点流域水污染综合防治重点项目。将星云湖、异龙湖、杞麓湖三个高原湖泊治理列入国家重点流域水污染综合防治重点项目。

6. 落实最严格的水资源管理制度

按照水资源开发利用控制指标、用水效率控制指标和水功能区限制纳污控制指标，加快开展江河水量分配，依法对区域内的年度用水实行总量管理，强化规划和项目水资源论证，严格水功能区监督管理。明确泛珠三角区域水资源开发利用红线、用水效率红线，加强区域水资源统一调度，保障生活、生产和生态用水安全。实行严格的河湖管理与保护制度，促进河湖休养生息，维护河湖健康生命。明确水功能区限制纳污红线，完善水功能区监督管理制度，科学核定水域纳污容量，严格控制入河（湖）排污总量。建立环境风险大、涉及有毒有害污染物排放的产业园区退出或转型机制。强化珠江流域水资源的统一管理、统一调度，加快制定出台珠江水量调度条例。推进水利信息化建设，提高流域水资源调控、水利管理和工程运行信息化水平。

7. 加快编制九洲江流域水环境综合治理规划

目前，广东、广西两省区环境保护部门已牵头编制《九洲江流域水资源保护与水污染防治规划（2013～2020年）》。经汇报衔接，国家发展改革委提出，考虑九洲江流域水环境综合治理是一项系统工程，除涉及水资源保护与水污染防治问题外，还涉及流域产业结构调整、经济社会发展等相关内容，因此建议广东、广西两省区参照江苏省、浙江省、上海市联合编制《太湖流域水环境综合治理规划》的做法，共同编制《九洲江流域水环境综合治理规划》，以争取中央部门从不同领域支持九洲江流域水环境综合治理。

（八）共同推进改革，建立供给侧结构性改革合作机制

1. 消除制约供给侧结构性改革的体制机制障碍

供给侧改革要求政府和市场合理定位，两者实现良性互动和分工合作。在泛珠三角区域具备条件的省区，探索建立事权、财权、行政权三者统一的省直管县管理体制，扩大经济发达镇经济社会管理权限，深化乡镇村区划调整，实现体制框架的扁平化。深化土地、金融等要素市场化配置改革以及财税体制改革，为供给能力提升提供持续动力，为市场主体营造良好的制度环境，推动新技术、新产业、新业态蓬勃发展。

2. 完善有利于减轻企业负担的体制机制

在泛珠三角区域开展降低实体经济企业成本行动，降低各种税费、交易成本、土地成本、社会保障成本、融资成本等，减轻企业负担，为企业经营创业活动松绑减负，激发微观主体创新、创业、创造的潜能。

3. 建立促进产业向高端环节延伸的引导机制

全面贯彻“中国制造2025”，建立促进产业向高端环节延伸的引导机制，推动泛珠三角区域生产方式向柔性、智能、精细转变。实施制造业创新能力建设工程、智能制造工程、工业强基工程、绿色制造工程、中小企业专精特新发展工程、“制造＋互联网＋服务工程”、高端装备创新工程等专项行动，推广新型孵化模式，鼓励发展众创、众包、众扶、众筹空间，促进产业向精深加工、高附加值、高技术含量转变。

4. 推行“互联网＋”行动计划

推进产业组织、商业模式、供应链、物流链创新，支持基于互联网的各类创新。促进互联网与工业融合，实现新一代信息技术与现代制造业的深度渗透。促进互联网与农业融合，培育网络化、智能化、精细化的现代生态农业新模式。促进互联网与服务业融合，发展服务型移动互联网经济，培育新兴服务模式和服务业态。

5. 鼓励和引导非公有制经济发展

鼓励民营企业依法进入更多领域，开展非公有制经济参与国有企业改革试点，更好激发非公有制经济活力和创造力。推进产权保护法治化，保护各种所有制经济产权和合法利益。优化非公有制企业发展环境，完善公平竞争、促进企业健康发展的政策和制度。加快建设中小企业服务平台网络，强化创业政策扶持。激发企业家精神，依法保护企业家财产权和创新收益。

（九）加强社会事业合作，建立公共服务和社会治理协调机制

推进跨区域教育、卫生、体育等领域的合作，促进公共服务资源共建共享，缩小区域之间、城乡之间差距，稳步推进基本公共服务均等化，着力构建泛珠三角区域公共服务和社会治理协调机制。

1. 完善教育文化合作机制

建立区域优质教育资源互连互通、共建共享机制，扩大优质教育资源覆盖面。鼓励区域内省区联合共建高校优势学科和科研机构，联合培养人才和开展科学研究，扩大区域内高校互相招生人数。完善跨区域就业人员随迁子女就学政策，推动实现平等接受学前教育、义务教育和中职教育，确保符合条件的随迁子女顺利在流入地参加高考。

深化文化遗产保护合作，建立泛珠三角区域非物质文化遗产展演展示、公共文化服务体系建设合作机制，推动泛珠三角文化市场区域合作和一体化建设，扩大区域文化消费规模，支持组建区域演艺联盟和跨地区企业连锁，促进文化产品流通加强文化市场监管合作。支持各省区、城市间开展多样化的文化、体育交流活动。

建立泛珠三角区域校企联盟，共享用人需求信息和毕业生信息，共同开展毕业生就业市场招聘活动，共建实习实训基地，共同培养人才，共同开展技术研发，实现高校、毕业生、用人单位多方共赢。加强区域内高校专家资源和教师培训交流合作。推动九省区重点高校与港澳地区著名大学之间在科学研究、人才培养和学术交流的合作。加强区域内，特别是与香港、澳门特别行政区政府教育合作，利用港澳地区教育资源，搭建教育合作交流平台，着力培养具有国际视野的人才。港澳高校在内地招生政策和教育项目优先在泛珠三角区域各省区实施。深化文化遗产保护合作，联合开展海上丝绸之路水下文化遗产调查、发掘和保护；打造 21 世纪海上丝绸之路文化产业带，举办中国—东盟海洋（水下）文化遗产保护与研究论坛。

2. 完善卫生医疗合作机制

建立健全区域内疾病预防控制、突发公共卫生事件应急处理协调机制和联防联控网络。促进区域公共卫生服务资源共享，推动同级医疗机构检验结果互认。加强食品药品监管能力建设，建立区域食品原产地可追溯制度和质量标识制度，建立健全大案要案查处联动机制和跨区域重大安全事故应急联动机制。支持建设中国—东盟医疗保健合作中心及中国—东盟传统医药交流合作中心，加强与东盟国家在医疗保健、传统医药等方面的交流合作。

3. 完善人力资源合作机制

加强各省区间人力资源交流与合作，研究建立统一的公共就业人才服务体系和公共就业服务信息平台，促进人力资源合理配置和有序自由流动。支持内地九省区互派干部挂职交流。探索建立技能人才库和技能人才培养引进使用机制。在革命老区、民族地区、贫困地区建设职业技能培训基地、加强劳动力职业技能培训，引导农村劳动力有序转移。加强劳动者权益保护，建立劳动保障维权信息沟通制度和劳动保障违法及争议案件协同处理制度。适应劳动力转移流动的趋势，推进统一规范的劳动用工、资格认证和跨区域教育培训等就业服务制度。

4. 建立社会保障合作机制

加快实现区域医疗保险异地就医直接结算和养老、失业等社会保险关系跨省区顺畅转移接续。逐步建立一体化社会保障机制，加快推进社会保险政策对接，逐步统一区域内社保标准。

建立区域协调配合的安全监管工作机制，加强跨区域重点工程项目的监管，有效预防和减少生产安全事故。

成立区域争端仲裁机构，处理贸易、投资、服务等合作领域的各类纠纷。

5. 完善社会治理协调机制

加强社会治安信息交流，建立矛盾纠纷排查预警、案件应急处置、交通安全部门协作及反走私区域合作机制。健全突发事件应急处置体系，制定实施区域安全生产、重大事故、卫生应急、环境污染、社会救助和灾害救助等突发事件应急预案，规范事故信息报告制度，加强跨部门、跨区域应急联动，提升联合处置能力。加强司法合作，提供司法保障，创新社会治安治理体制，提高管理效能和服务水平，建立人口信息网上协查协助平台，完善流动人口管理服务，推进更多惠民利民便民新举措。

五、促进泛珠三角区域合作的政策建议

（一）争取国家出台相关规划

1. 加快出台《泛珠三角区域合作发展规划》

借鉴京津冀协同发展经验，加快出台《泛珠三角区域合作发展规划》，加强顶层设计，为泛珠三角区域合作发展的工作任务分解和政策出台提供方向。

2. 研究编制《泛珠三角区域综合交通互联互通规划》

交通大通道建设是深化泛珠三角区域合作的前提，泛珠三角区域各方应加强与相关部委的沟通合作，研究编制《泛珠三角区域综合交通互联互通规划》，完善泛珠三角区域综合交通体系，提升基础设互联互通能力，夯实合作发展平台，推动泛珠合作向更高层次、更深领域、更广范围发展。

（二）深化对外开放政策

1. 发挥广东和福建自贸试验区的示范带动作用

广东、福建两个泛珠省区获批第二批自贸试验区，“9＋2”框架下的区域合作出现了新的战略机遇。新一轮泛珠三角区域合作，要在开放发展上下功夫，充分发挥自贸试验区的引领作用，推动区域合作向更高层次发展。首先要借助自贸试验区与港澳台的紧密关系，促进粤港澳进一步融合，以粤港澳为主要支撑点，带动整个泛珠三角区域进一步升级和发展。二是要借鉴上海自贸试验区将优惠政策辐射邻近省市的经验，使粤闽自贸试验区优惠政策辐射泛珠三角区域，形成政策同享格局。三是自贸试验区要在通关便利、投资贸易、营商环境等方面深化改革，探索新的发展模式，打造有利于长远发展的合作平台。

2. 争取国家支持有条件的省区设立自由贸易试验区

统筹沿海、沿江、沿边开放，统筹对内发展和对外开放，争取国家支持云南、广西、

重庆等省区建设沿边、沿海和沿江自由贸易试验区，在复制可推广上海、广东、天津和福建自由贸易试验区的改革措施、金融政策、投资政策、贸易便利化政策的基础上，进行积极探索，为泛珠三角区域协同发展、新时期全面深化改革、扩大对外开放探索新路。

3. 赋予对外开放口岸和特殊区域更多先行先试政策

支持进境指定口岸和起运港建设，推动口岸信息系统互联共享，拓展和完善口岸功能。支持在区域内国际铁路货物运输重要节点和重要内河港口合理设立直接办理货物进出境手续的查验场所。支持内陆航空口岸增开国际客货运航线、航班。

增强区域内边境口岸和特殊区域功能，打造高水平对外开放平台。在符合全国总量控制目标的前提下，支持具备条件的边境地区按程序申请设立综合保税区，支持云南、广西有序设立边境经济合作区、跨境经济合作区和边境旅游合作区，研究完善人员便利化出入境管理政策。率先在口岸、边境城市、边境经济合作区和重点开发开放试验区实施人员往来、加工物流、旅游等方面的特殊政策。

支持有条件的省区按程序申请设立海关特殊监管区域，提升区域对外开放水平。推动境外经济贸易合作区和农业合作区发展，鼓励金融机构在境外开设分支机构并提供融资支持。

4. 实行更加宽松的跨境旅游政策

支持泛珠三角区域在促进外国人入境、过境旅游便利化及医疗旅游方面开展先行先试，探索部分国家旅游团入境免签政策或落地签政策，简化邮轮、游艇出入境手续。

允许入境自驾车团由组织单位以保证金或银行保函的方式统一提供担保，不再逐一收取保证金。进一步简化入境旅游手续，推动边境跨境旅游的发展。新开辟的国际、港澳台航线客运航班，由省级财政和机场所在州（市）财政给予适当补贴。新开辟的国际、港澳台航线客运、货运航班，新进入航空市场的国际（地区）航空公司，给予起降费等方面的优惠。对国外参展商经国家级口岸入境的参展商品，采取开辟专用（绿色）通道、延长通关时间、统一担保、会展地海关集中查验、检验检疫口岸查验与现场监管相结合等方式，给予相应的通关便利。

支持在广州南沙、深圳前海蛇口、珠海横琴、福建平潭设立免税购物中心。支持泛珠三角区域先行先试，实现泛珠三角区域与东南亚国家实行互免签证，简化邮轮、游艇通过手续。充分利用广州白云国际机场 72 小时过境免签政策，宣传和优化 144 小时便利签证政策，吸引国际游客来泛珠三角区域旅游。

（三）完善公共服务均等化政策

1. 鼓励开展跨省区购买养老服务试点

泛珠三角区域城乡居民总参保率维持在95%以上，基本上覆盖了全部人群，但由于各地医保统筹层次不同，医保缴费标准、报销比例、报销限额等均不相同，在生活地就医，却只能回参保地报销或放弃报销的人占了绝大多数。鼓励开展跨省区购买养老服务试点，鼓励实力强的养老企业走跨区域的品牌化、连锁化发展道路，聚力打造养老服务新模式、新业态。加强老年福利和养老制度创制，合力破解跨区域老年福利和养老服务方面的身份和户籍障碍，特别在社会保障、养老保险、救助补贴等方面做好政策制度对接，促进制度体系渐进融合和基本公共服务均等化发展。加大基本养老保险、基本医疗保险等社会保险关系转移接续政策的落实力度。

2. 实施公共服务“一卡通”政策

建设智能“一卡通”工程，促进物流运输信息共享，实现泛珠三角区域公共交通“一卡通”。在公共交通“一卡通”的基础上，推进泛珠三角区域智能“一卡通”工程，拓展公共服务一体化，大力推动城市间民生服务等多个领域的智能“一卡通”。

3. 完善集中连片特殊困难地区扶贫政策

由发达地区对革命老区、少数民族地区、边境地区、大石山区、水库库区及生态移民区、资源枯竭地区等特殊类型地区以及国家贫困县进行对口帮扶，创新帮扶模式，增强被帮扶地区的“造血”能力，促进整个泛珠三角区域联动发展。

（四）支持区域协同发展

1. 争取国家赋予粤桂合作特别试验区更多政策支持

争取国家允许粤桂合作特别试验区共享叠加东西部优惠政策，打破政策断崖，形成政策过渡带和缓冲区，增强区域合作政策的精准性。争取国家允许粤桂合作特别试验区打破行政区划限制，按照“利益共享，责任共担”的原则，先行先试，协商GDP、税收、节能减排等方面的分配分担机制，设立统一税收的管理机构，创新粤桂合作特别试验区管理和开发建设模式。

2. 共建海南木兰湾跨省区合作平台

木兰湾位于海南省文昌县北端的铺前镇，隔海与大陆相望，拥有30平方公里的宽阔腹地，与海口市海上直线距离49公里。木兰湾水深浪平，可停万吨巨轮，距国际航线三海里，具备辟为深水港的优越条件。木兰湾的海南角有海拔97.2米高的航标灯塔，为亚洲灯塔第一高。泛珠三角区域各方应携手将海南木兰湾打造成为跨省区合作平台，各省区可在木兰湾建设“飞地”，享受共建共享政策，大力发展“飞地经济”。

3. 申请国家支持内地九省区与港澳共建合作园区

支持泛珠三角区域内地省区发挥各自优势与港澳共建各类合作园区，支持广东与澳门共建江门大广海湾经济区、中山粤澳全面合作区，研究建设琼港澳会议展览等现代服务业合作实验区。

（五）加强财税保障

1. 设立泛珠三角区域发展基金

借鉴丝路基金、长江经济带发展基金等模式，推动设立泛珠三角区域合作发展基金（初定规模2000亿元），鼓励支持金融机构和社会资本共同出资并参与基金的运营与管理。泛珠三角区域发展基金用于支持泛珠三角区域重大合作项目建设，支持、资助区域合作机制下多边合作项目和区域合作专题研究等重大事项，主要包括技术交流、人员交流、培训和研讨会、联合研发项目、跨区域建设项目的前期工作等，为区域协同发展提供资金支持。制订基金相关管理办法，明确出资主体和出资比例、资金后续补充和来源途径、管理责任主体、使用原则、申请和审批程序、加强管理和监督的措施等。

2. 建立区域协调发展专项基金

鼓励和支持社会资本设立泛珠三角区域创业投资基金，激发区域创新创业活力，着力推进泛珠三角区域大众创业、万众创新。研究设立泛珠三角区产业发展基金，明确产业发展基金的定位、投向、规模、管理方式，引导产业有序转移和分工协作，构造利益共享的区域产业链。共同设立泛珠三角区域生态环境保护合作基金，加大对生态环境突出问题的联合治理力度，支持建立跨省区流域生态保护补偿机制，支持开展东江、西江、汀江—韩江等流域补偿试点。

3. 形成固定的经费来源

固定经费可以泛珠三角区域某些固定的税收作为来源，以及各地按 GDP 的百分比上缴一定的数额。固定经费除了支持一般的行政管理费用之外，其余的经费可用来支持落后地区的开发建设，平衡区域内部发展差距，获得相对落后或受到损害的区域对一体化的支持。

4. 统一区域社保缴费基数

逐步统一泛珠三角区域各地社保缴费基数、计算规则与费率，推动企业社保缴费负担均等化，促进各地企业合理布局。

5. 逐步降低并取消区域长途及漫游通信资费

泛珠三角区域一体化进程中，相关部门、企业和人员的流动、联络，使得跨省区工作和生活的群体日益庞大，各地间通话需求大增，但长途及漫游资费已经给三地的一体化进程带来了一定影响。现阶段，电信企业已经在部分语音套餐内取消了长途及漫游资费，但此类语音套餐资费普遍偏高，普通消费者很难得到真正的实惠。京津冀协调三家基础电信企业，已于 2015 年 8 月 1 日取消京津冀手机漫游费和长途费。泛珠三角区域各方应与国家发展改革委、工信部、中国移动通信集团公司、中国联合网络通信集团公司、中国电信集团公司积极沟通，建议“逐步降低并直至取消泛珠三角区域长途及漫游通信资费”。

第十章 泛珠三角区域合作资金保障机制研究

始于2004年的泛珠三角区域合作已经跨越起步阶段，各项合作正在全面展开，金融合作也取得初步成效。签署了区域合作纲领性文件——《泛珠三角区域合作框架协议》，制定了《泛珠三角区域合作行政首长联席会议制度》、《泛珠三角区域合作政府秘书长协调制度》、《泛珠三角区域合作部门衔接落实制度》、《泛珠三角区域合作日常工作办公室工作制度》以及《泛珠三角区域合作与发展论坛和泛珠三角区域经贸合作洽谈会承办方产生办法》等相应的区域合作协调机制，各方采取一系列措施，推动金融机构跨境经营和互相参股，支持金融机构开展城际金融合作、建立异地客户服务中心和发放异地贷款，资金自由流动的体制障碍在不断消除，金融合作基本框架初步形成。

目前，泛珠三角区域内基本形成了以港澳发达区域为第一金融产业梯度，以我国东中部地区的广东、福建等省份为第二金融产业梯度，以我国西部地区的云南、贵州等省份为第三金融梯度的产业布局。港澳与广东地区在银行业务合作方面，在授信融资业务、结算代理业务、外汇资金业务、个人银行业务、港资银行经营人民币业务以及港资银行代理保险业务、信息交流和人员培训等方面全面展开合作，合作形式逐步多样化，合作对象逐步多元化，合作成效日益显著。特别是在支付结算方面取得了明显的成效，建立了粤港票据联合结算系统，基本形成了一个覆盖珠三角的粤港票据结算系统，实现了粤港、深港港元即时支付系统的联网，实现了广东和香港地区银行卡网络互相连通。广西、云南在发展边贸结算、服务中国和东盟自由贸易区方面取得了较大进展；江西、贵州作为首批农信社试点改革地区，在增资扩股、转换经营机制、促进“三农”发展等方面先行一步。

未来，泛珠三角区域金融合作潜力巨大。泛珠三角区金融总量巨大，而资金分布不平衡，项目分布不平衡和已经启动的CEPA框架决定了泛珠三角区域金融合作潜力巨大。泛珠三角区域内既有内地东、中、西部三个不同的区域金融特征，又有“一国两制”下的三个货币区域、三种金融制度的特点。其间的差异性和不平衡性必然对各方面的合作起到促进作用。CEPA（《内地与香港更紧密经贸关系安排》、《内地与澳门更紧密经贸关系安排》）的实施更为泛珠金融合作插上“双翼”，在CEPA框架下，相对于其他外资银行，港澳银行已经能够享受多的优惠，有利于加强香港和泛珠内地九省区的金融联系。

一、建立区域合作资金保障机制的重要意义

（一）经济新常态对金融支持区域发展提出了更高要求

经济发展新常态下，将金融资源配置到重点产业领域，是区域经济发展需要解决的关键问题。解决资金短缺问题要求创新区域金融资源配置方式，用活金融资源，提高金融“供血”能力。为此，可以成立政府引导基金，整合社会金融资源，引导民间资本向区域重点产业流动。与以往政府资助重点产业项目的运作模式不同，政府引导基金不介入项目

投资决策、经营管理等具体事务，而是更加强调引导投资方向，通过政府和市场“两只手”实现金融资源优化配置。还可建立政府、行业协会、社会资金管理机构三方合作机制，通过落实金融政策、产业政策、财税政策，引导保险基金、社会闲置资本等投向区域重点产业领域。

经济发展新常态下，区域经济发展对金融支持能力提出了更高要求。可以探索建立综合性全功能银行经营模式，在区域法人银行设立投资银行部，探索开展企业债务融资工具主承销、并购财务顾问、项目融资等投行业务。在此基础上，加强银信合作、银证合作、银保合作，拓宽业务品种和渠道，开展基金、信托、保险、证券经纪等业务。通过探索金融综合经营，整合地方金融资源，更有力地支持区域经济发展。

创新是经济发展新常态的内在要求。金融体系应创新投融资体系，打好资本市场“孵化器+加速器”的“组合拳”，积极支持万众创新，增强区域经济发展活力和后劲。充分发挥资本市场“孵化器”作用，灵活运用股票、债券、基金等多种金融工具，把区域直接融资体系做大做强。以“新三板”市场扩容为契机，解决初创期中小微企业快速融资问题，助推优质科技型企业发展。充分发挥资本市场“加速器”作用，支持符合产业转型升级方向的优质企业和上市公司开展并购重组，积极发展混合所有制经济，实现产业优化整合。鼓励符合条件的企业发行债券融资。通过这些举措，努力形成企业参与、交易活跃、运作高效的区域性直接投融资体系，推动区域经济创新发展。

在经济发展新常态下推动区域经济发展，迫切需要全方位提升金融服务水平。应拓宽金融服务门类，完善金融中介服务体系，实行特色金融“一站式”服务。在金融聚集区引进会计师事务所、律师事务所、信用评级机构、资产评估机构、管理咨询机构、融资担保机构等金融中介服务机构，提供丰富、专业的金融服务。探索引进金融创新业态，积极搭建平台、培育市场，形成金融业与实体产业互惠共赢局面。拓宽贸易融资渠道，通过明确准入门槛、创新融资模式、给予税收优惠和财政补贴等多种方式提供区域特色金融支持，更好发挥贸易在稳增长、转方式、调结构中的积极作用。

（二）区域合作发展需要建立金融合作新机制

区域协同发展对金融资源、金融信息、金融人才等要素的跨区域流动和高效率配置，以及金融基础设施建设、金融市场融合、金融产品创新都提出了更高的要求。目前，长江经济带、京津冀、泛珠三角区域金融同业间的联系与合作多局限于系统内部，基于总行（公司）统一的发展战略及经营策略，而同业间跨地区的信息互通互换机制仍不完善，从而造成金融机构难以多视角、全方位掌握市场动态和区域金融环境，影响了跨地区金融合作的有效开展。鉴于金融业的行业属性、我国现行的金融监管体制以及区域合作发展中面临的行政界限，应当制定出台区域统一的金融发展规划，建立统一的金融合作协调机构，解决区域协同发展中面临的突出问题。需要建立区域各政府和国家金融监管部门高层协调机制，推动区域各地政府间高层领导定期会晤协商，定期举办各地金融管理部门高层联席会活动。同时，需要加强区域金融机构间业务联动。推动区域内金融机构的上下联动和横向联合，鼓励金融机构开展银团贷款和联合授信，形成覆盖区域的项目贷款和银团贷款服务网络，支持区域内基础设施建设。引导金融机构树立区域协同发展理念，逐步消除对区域内异地授信放款的限制，提升金融机构除银团贷款、联合贷款外的自主放款功能。推动建立统一的客户管理系统，实现对跨省市集团客户的信息共享，以客户为中心，实现客户信息、营销、服务工作的协同管理。此外，需要加强对区域协同发展的资金支持。引导金融机构根据区域发展政策，以及各地在功能、要素、环境、产业、交通等方面对接的金融需求，从区域、行业、客户、产品服务等方面深入研究制定发展规划，重点支持先进制造业、现代服务业、战略性新兴产业、文化创意产业等产业发展。

（三）京津冀探索建立金融合作机制支持区域协同发展

伴随京津冀基础设施互联互通和产业转移衔接的步伐，京津冀地区逐渐形成一些金融合作机制，并不断深化。早在 2011 年 10 月，环渤海区域各省市就在天津召开了“环渤海区域金融合作联席会”，初步形成了“关于加强环渤海区域金融合作天津共识”，并以金融合作联席会为平台，积极组织金融机构、投资机构和企业参加区域金融合作会议。2013 年 5 月，天津市政府先后与北京、河北签署《京津加强经济与社会发展合作协议》、《天津市河北省深化经济与社会发展合作框架协议》，均将金融合作作为协议的重要内容，以此为基础，京、津两地金融管理部门签署了金融合作协议。与此同时，区域内金融机构开始探索建立金融合作机制。比如国开行成立由其总行相关部门、京津冀三家分行、子公司参加的领导小组，协同推进支持京津冀一体化发展相关工作；华夏银行发行京津冀协同卡，这也是国内第一张为支持京津冀协同发展而专门发行的银行卡，其目的是打造“大同城”金融服务圈，使三地异地客户可享受到与同城客户完全相同的金融服务。京津冀三地金融机构在市场机制作用下也主动谋求合作。目前，渤海银行、天津银行、渤海财险等天津地方法人金融机构相继在北京、河北设立分支机构，天津滨海农村商业银行在北京设立投资银行北京分部，与保定长城汽车公司合作成立长城滨银汽车金融租赁公司，扩大了京津冀三地的业务合作领域。农行、工行、光大银行、民生银行、中信集团等十余家金融机构在天津设立信用卡中心、客户服务中心、资金结算中心、金融服务外包等区域性后台运营中心，立足天津为京津冀、华北区域乃至全国提供金融服务。中国银行北京市分行、天津市分行和河北省分行联动天津滨海新区中心商务区，共同组织召开了“中心商务区——中国银行京津冀三地自贸专题推介会”。部分金融机构在打破现有的异地客户准入限制上纷纷试水。比如光大银行为天津港散货物流区内各企业量身定做模式化方案，采用货权质押、联保等方式，解决了大宗商品贸易企业采购、集港、销售过程中的资金需求。天津滨海农村商业银行则沿区域产业链条将金融服务延伸至京冀的行业、企业，为三地企业提供远期结售汇、出口信用证、出口信用保险、国内信用证等贸易融资业务，以及应收账款可流转业务，拓宽了企业的融资渠道。

二、泛珠三角区域合作资金保障机制的现状

从 2004 启动泛珠三角区域合作以来，泛珠三角区域金融合作进展顺利，区域合作资金保障机制取得初步成效。但是区域资金保障机制仍然存在不少问题，随着中国经济进入新常态，泛珠三角区域合作面临着产业结构同构化、竞争模式同质化的问题，导致产能过剩，优势无法发挥，劣势更加明显，在这种情况下更需要金融业提供全方位的助力，包括稳定经济发展，支持经济转型和产业结构调整，帮助实体经济更好地应对转型和市场化带

来的风险和挑战。

（一）泛珠三角区域合作资金保障机制的主要进展

1. 推动泛珠三角区域省会城市金融合作

签署泛珠三角区域省会城市金融合作框架协议。2014 年 12 月 15 日，在广州召开的第十届泛珠三角区域省会城市市长论坛上，泛珠九市（福州、南昌、长沙、广州、南宁、海口、成都、贵阳、昆明）金融工作部门签署了《泛珠三角区域省会城市金融合作框架协议》。《框架协议》确定了“自愿参与、市场主导、开放公平、优势互补、互利共赢”的合作原则，依托广州股权交易中心、广州碳排放权交易所、广州金融资产交易中心、广州航运交易所、广州物流交易所、广州商品清算中心等金融交易平台，围绕发展战略和规划、信息和人才交流合作、市场对接和金融机构合作、金融支持区域产业和重大项目建设、泛珠省会城市金融合作与发展论坛、风险防范、需协调的重大问题等七个方面加强区域金融合作。《框架协议》还明确，泛珠九市将按照“市场运作，政府推动”的方式推进区域金融合作，并充分发挥市场机制在区域经济发展中资源配置的基础性作用，企业作为合作的主体，依法自主决策投资经营，政府主要是创造良好发展环境，引导区域金融合作的发展方向。同时，合作方须充分发挥各方的比较优势和合作的积极性、主动性、创造性，加强金融机构、金融平台、金融功能区、金融人才等方面的优势集成与互补。

建立泛珠三角区域省会城市金融合作联席会议制度。2014 年 12 月中旬，泛珠三角区域省会城市建立了金融合作联席会议制度，九市金融办负责人在广州召开首次联席会议，共同探讨泛珠九市金融交流合作的方向和具体措施，并确定联席会议由泛珠九市金融办轮流负责召开，每年举行一至两次会议，研究决定合作领域的各项事宜，协调推进区域金融合作。

建立泛珠三角区域省会城市金融合作联络员制度。泛珠三角区域省会城市金融办确定相关负责人和经办人作为联系员，保持热线联系，以便加强日常的沟通和联系，推动紧密交流合作。同时，以广州金融网为依托，搭建泛珠九市金融信息交流平台，共享各市的金融信息和数据，深化交流与合作。

2. 金融助力打造区域众创生态圈

众创空间作为新型创业服务平台，能够实现创新与创业相结合、线上与线下相结合、孵化与投资相结合，为广大创新创业者提供良好的工作空间、网络空间、社交空间和资源共享空间。广东省顺应创新 2.0 时代，立足新起点，结合金融改革新形势，全面推进广东金融强省、广州区域金融中心建设，努力打造建设 21 世纪海上丝绸之路的金融交流合作新平台，引导和支持银行、证券、股权投资、风险投资、创业投资、融资担保等金融机构发挥多层次资本市场作用，丰富创业融资新模式，打造众创金融生态圈。

3. 广东自贸试验区强化区域金融合作

广东自贸试验区紧紧围绕国家战略，依托南沙、前海、横琴三个片区，先行先试，以开放促改革、促发展，以制度创新为核心，全面打造面向国际的交易平台，促进内地与港澳经济深度合作。广东自贸试验区将推动人民币作为自贸试验区与港澳地区及国外跨境大额贸易和投资计价、结算的主要货币，支持粤港澳三地机构在自贸试验区共同设立人民币海外投贷基金，允许自贸试验区金融机构和企业从港澳及国外借用人民币资金，支持自贸试验区内港澳资企业的境外母公司按规定在境内资本市场发行人民币债券。广东自贸试验区将完善金融业负面清单准入模式，简化金融机构准入方式，推动自贸试验区金融服务业对港澳地区进一步开放；允许符合条件的外国金融机构设立外商独资银行，符合条件的外国金融机构与中国公司、企业出资共同设立中外合资银行。

4. 举办中国（广州）国际金融交易博览会

中国（广州）国际金融交易博览会已连续举办四届，第四届博览会的展览总面积 4 万平方米，参展机构 320 家，三日总参观人次 14.5 万，应聘人数近 1500 人，80 多家媒体 200 多名记者到会进行采访报道。银行方面，办理小额贷款授信 3.08 亿元，个人贷款授信 4500 万元，理财业务 2600 万元；证券类交易方面，开户业务合计 7000 万元；保险类交易方面，成交总量近 21000 笔，保费总额 6500 多万元，成交总保额 110 亿元；互联网金融业务交易 3600 多万元。历经四年的实践，中国（广州）国际金融交易博览会已成为广东金融强省、广州区域金融中心建设的重要抓手和平台，得到省市政府的高度重视和大力支持，《中共广东省委广东省人民政府关于全面推进金融强省建设若干问题的决定》（粤发〔2012〕17 号）明确提出“办好中国（广州）国际金融交易博览会，打造具有国际影响力的金融会展和论坛品牌”。此外，“泛珠三角区域省会城市金融合作与发展论坛”作为推动区域金融合作的重要平台，每年在中国（广州）国际金融交易博览会上举办主论坛。

5. 香港积极与泛珠内地省区加强金融合作

目前，香港的银行在内地设立了众多分行，其中一半以上设在泛珠三角区域，香港在内地实际总投资的六成投入了泛珠三角区域。香港和内地的金融基础设施的联系，多是由泛珠三角区域开始的。例如，现有的香港与内地跨境港元及美元支票结算机制，是先与深圳和广东连接，再进一步推广到内地其他地区。香港于 2014 年 3 月 6 日推出最新的人民币支票业务也是率先在广东省试行的。在支付、结算及托管系统等金融基础设施方面，香港金融管理局已与深圳、广州有关部门合作多年。香港与泛珠三角区域内地各省区的联系并非单方向，香港证券市场已经成为该地区企业走向海外资本市场的首选，资料显示，在过去十年，香港为泛珠三角区域企业融资约 1000 亿港元。

（二）泛珠三角区域合作资金保障机制存在的主要问题

1. 体制机制障碍制约区域金融合作发展

制度因素是影响区域合作的关键因素，在泛珠三角区域内部同样存在着较大的体制障碍，影响着其自身金融合作的发展。泛珠三角区域内既有我国东、中、西部三个不同的区域金融特征，又有“一国两制”下的三个货币区域、三种金融制度的差异，加大了区域金融合作的难度。特别是香港、澳门与其他九个省（区）不仅在政治制度上存在差异，而且在金融体制，如货币制度、金融管理制度、微观金融主体的组织制度与运行机制等方面也有明显的不同，极易产生合作摩擦。因此，既需要中央政府在宏观层面与港澳特区政府沟通、协调，同时也需要地方政府之间定期联络，建立互动合作平台，为消除金融资源的地域流动性障碍提供制度保障。内地九省区的金融体制虽然经过 30 多年的改革，但是总的来说，政府干预色彩较浓，金融市场不够发达，而港澳金融法律体系健全，法规细而全并且符合国际惯例，内地在此方面还有大量的工作需要做。

2. 各省区间的区划壁垒阻碍了区域金融互动发展

经济的发展需要金融资源在更广泛的范围内自由配置，然而金融壁垒的存在阻碍了泛珠三角区域金融互动的发展。地方政府过多地干预商业银行贷款，控制本地市场的意愿过于强烈，不希望本地区优质的金融资源与他人分享，只乐意资金的流入，反对资金的流出，只欢迎投资本地项目，反对投资异地项目，当区域之间出现利益摩擦时，一些金融机构往往以行政区为依托，构筑各种壁垒，阻碍了金融要素资源的自由流动。目前，泛珠三角区域九省区金融监管分属人民银行大区分行——广州分行、成都分行、武汉分行、上海分行，而目前大区分行都是以平衡本区域经济总量为原则，而不是以区域经济的联系程度为首要出发点，金融监管的垂直领导导致泛珠三角区域各省区的金融服务都以现有行政区域为主，形成了九省区金融业之间的分割状态，难以从区域资源和动态角度确立金融服务模式以实现金融资源更大范围的有效配置。因此，从目前看，阻碍泛珠三角区域金融合作的最大问题是地区间金融合作受到区域分割管理的限制，合作渠道不够畅通。

3. 区域各地金融发展不平衡

泛珠三角区域明显存在着空间二元性，沿海地带经济发展比较快，内地发展比较缓慢，泛珠三角区域银行机构及上市公司数量大部分集中在广东、香港、澳门等发达地区，其他省区银行机构、上市公司数量偏少；资金流动活跃于经济第一、第二阶梯之间，第三阶梯资金流动缓慢，极大地阻碍了这些地区的金融合作与发展，导致差距进一步拉大。云南、贵州、四川等省份距离广东、港澳地区比较远，金融发展差距明显，银行间互相封闭消息，无序竞争使信息不对称问题更加突出，金融机构在开展异地业务时面临管理难度大、风险管理手段缺乏等问题。

4. 区域资金保障载体相对缺乏

泛珠三角区域金融体系仍然存在许多不合理之处。泛珠三角区域金融体系覆盖范围有限，仍然有相当多急需资金的领域无法获得金融支持，如农业、中小企业等。泛珠三角区域金融机构的服务相对简单化，无法满足日益多样化的需求。泛珠三角区域金融机构中的财务公司、信托投资公司和资产管理公司发展滞后，相关服务需求无法得到有效满足。同时，泛珠三角区域资金保障载体缺乏。为支持长江经济带发展，国家发展改革委批复了长江经济带范围内创业投资基金 15 只，总规模 40 亿元。湖北省正推动设立长江经济带发展基金（初定规模 2000 亿元），谋划组建长江银行（初定注册资本 100 亿元），吸引和调动多元社会资本广泛参与长江经济带基础设施建设和产业转型发展。

5. 区域金融合作保障机制缺乏系统性和操作性

泛珠三角区域金融合作的保障机制集中体现在金融制度保障体系和金融法律法规保障体系两个方面。目前，与泛珠三角区域金融合作有关的制度安排主要体现在 2013 年由中央政府与香港特区政府签署的《内地与香港关于建立更紧密经贸关系的安排》（CEPA）、2014 年签署的《“泛珠三角区域合作与发展金融论坛”备忘录》和《泛珠三角区域省会城市合作协议》中。这些金融合作制度传达出国家、各省区强烈的金融合作意愿。但总体看，还缺乏一定的系统性和操作性，原因在于这些制度安排分别出自不同性质、不同地位的参与者。而“泛珠三角”金融合作制度保障体系的建立需要一个立体化的组织体系，即以泛珠三角金融合作委员会为制度的监管者，以泛珠三角金融合作协调委员会为制度创新的发起者，以金融协会为制度创新的执行者，以金融微观主体为制度的适用者和检验者。

同时，金融法律法规的创新难度和程序复杂性远远大于制度创新，在我国迄今为止还没有关于区域经济发展或整合的法律法规，以至于在全国人民代表大会上联合提案，通过立法的手段来规范或引导区域整合的呼声越来越高。不仅如此，“泛珠三角”金融合作的法律法规体系的创新还面临一个难题，即香港健全完善的金融管理法规举世闻名，而大陆的金融法规尚不健全，一些出台的法律法规内容或不完整或过于笼统，有些规定与国际惯例不符，甚至与政府产业政策和行政手段发生冲突，导致金融监管中“以权代法”的随意性较大，并致使一些金融违规行为难以得到有效遏制。

6. 区域金融合作运行机制效率不高

目前，泛珠三角区域金融合作的主要运行机制是“泛珠三角区域合作与发展金融论坛”和粤港澳金融合作联络机制。从某种意义上讲，金融产业既包含金融场所、金融基础设施、金融人员等有形要素，也包括品牌认知度、国际信用度、电子化、网络化、信息化程度、金融制度与政策体系、金融创新机制等无形要素。无论是“泛珠三角区域合作与发展金融论坛”，还是粤港澳金融合作联络机制，都难以完全承担“泛珠三角”区域金融合作的运行功能。因此，实现金融产业全方位、系统性的联动与合作，应基于金融合作主体的三维性，设计出满足多个金融合作主体需求的多层代表机制。第一层次代表中央政府，成立“泛珠三角金融合作委员会”；第二层次代表地方政府，成立“泛珠三角金融合作事务协调会”；第三层次代表行业协会，形成多元化的“泛珠三角”金融协会；第四层次代表金融微观主体，建立“泛珠三角”金融机构的对话机制。

三、完善泛珠三角区域合作资金保障机制的基本思路

完善泛珠三角区域合作资金保障机制应加强顶层设计。加快制定出台区域统一的金融发展规划，建立统一的金融合作协调机构，解决区域协同发展中面临的突出问题。

完善泛珠三角区域合作资金保障机制应加强统筹协调。推动建立区域各政府和国家金融监管部门高层协调机制，推动区域各地政府间高层领导定期会晤协商，定期举办各地金融管理部门高层联席会活动。争取中央政府在宏观层面与港、澳特区政府沟通、协调，消除金融资源的地域流动性障碍。

完善泛珠三角区域合作资金保障机制应加强政府引导。可以成立政府引导基金，引导投资方向，通过政府和市场“两只手”实现金融资源优化配置，用活金融资源，提高金融“供血”能力。

完善泛珠三角区域合作资金保障机制应加强金融创新。充分发挥资本市场“孵化器”作用，灵活运用股票、债券、基金等多种金融工具，把区域直接融资体系做大做强。充分发挥资本市场“加速器”作用，支持符合产业转型升级方向的优质企业和上市公司开展并购重组，积极发展混合所有制经济，实现产业优化整合。创新金融服务模式，实行特色金融“一站式”服务。

完善泛珠三角区域合作资金保障机制应加强业务联动。推动区域内金融机构的上下联动和横向联合，鼓励金融机构开展银团贷款和联合授信，逐步消除对区域内异地授信放款的限制，形成覆盖区域的项目贷款和银团贷款服务网络。

四、完善泛珠三角区域合作资金保障机制的相关建议

（一）构建区域金融合作协调机制

1. 设立泛珠三角区域金融合作委员会

成立经中国人民银行批准，由香港金融管理局、澳门金融管理局与九省区人民银行负责人组成的“泛珠三角区域金融合作委员会”，统筹研究区域内金融合作的规划、策略和联动事宜，协调解决区域内金融合作的各种矛盾。

2. 成立泛珠三角区域金融合作事务协调委员会

成立由“泛珠三角区域金融合作委员会”授权的“泛珠三角区域金融合作事务协调委员会”，负责落实“泛珠三角金融区域合作委员会”制定的金融合作政策，监管政策动向，预警金融风险，优化金融环境，提交金融合作项目提案及负责项目审批后的执行工作。

3. 形成多元化的“泛珠三角”金融协会

在现有的省区金融协会的基础上，吸纳更广泛的成员，如银行、保险、证券、信托等领域的成员及政府机关、金融机构、科研院所等多类别的成员，形成多元化的“泛珠三角”金融协会。金融协会发挥纽带和桥梁作用，一方面关注金融市场的形势、金融企业的市场反应和行为，并形成相关的分析报告以备合作委员会和合作事务协调委员会参考。另一方面，负责对合作事务协调委员会提出的专业性问题进行论证，对具体金融合作项目进行评价和可行性分析。

4. 建立“泛珠三角”金融机构的对话机制

为促进代表金融微观主体发展壮大，应建立“泛珠三角”金融机构的对话机制，在结算代理、资金清算、个人理财、授信融资、银团贷款、人员培训、客户资源共享、信息交换等领域进行拓展性联动，激励金融企业进行运营工具的创新，主动参与区域金融合作项目的开发和管理，加快金融资源跨地域流动和配置。

（二）完善现有金融合作机制

1. 落实好泛珠三角区域省会城市金融合作框架协议

做好泛珠三角区域省会城市金融发展战略和规划的对接，按照“市场运作，政府推动”的方式推进区域金融合作，充分发挥市场机制在区域金融资源配置中的决定性作用，充分发挥各方的比较优势和合作的积极性、主动性、创造性，大力发展股权交易中心、碳排放权交易所、金融资产交易中心、商品清算中心等金融交易平台，加强金融机构、金融平台、金融功能区、金融人才等方面的优势集成与互补。

2. 完善泛珠三角区域省会城市金融合作联席会议制度

进一步完善泛珠三角区域省会城市金融合作联席会议制度，探讨泛珠九市金融交流合作的主要方向和具体措施，研究解决金融合作领域的重大事项，协调推进区域金融合作。

3. 优化泛珠三角区域省会城市金融合作联络员制度

泛珠三角区域省会城市金融合作联络员要建立常态化的联系沟通机制，加强日常的沟通和联系，推动各方加强交流与合作。

（三）发挥区域金融中心省区的引领和辐射作用

1. 发挥广东在区域金融合作中的辐射带动作用

随着金融市场的不断开放，泛珠三角区域一些发达省区有能力帮助相关的金融资源向中西部地区传播，广东作为领头羊对泛珠三角其他省区有较大的辐射力，应该在泛珠三角区域金融合作中发挥辐射带动作用。根据国务院通过的广东自贸区总体方案，以更高的标准扩大金融业对港澳地区和全球的开放，促进金融服务贸易与其他服务贸易、货物贸易协调发展，促进金融和其他产业融合发展，服务于粤港澳和其他八个兄弟省区，促进金融资源在更大范围优化配置。发挥广东自贸区的平台作用，率先建立与国际高标准金融制度规则对接的试验区，建设泛珠区域金融共同市场，加强泛珠三角区域金融机构的互动合作，将广东打造成为连接泛珠内地省区与港澳的金融枢纽，建立泛珠三角区域内地省区与港澳实现金融市场互联互通的桥梁，将自贸区金融政策更好更快地延伸复制到泛珠地区，进一步推进泛珠三角区域金融合作，实现泛珠在“9＋2”更大层面上的融合发展。泛珠九个省区的金融机构可以在广东自贸区特别是南沙片区设立总部或分支机构，享受自贸区金融先行先试政策，服务本省区的企业和本省区在广州的企业。

2. 发挥香港国际金融中心的独特优势

凭借独特的区位优势和管理优势，香港金融业发展迅猛，推动香港成为世界三大金融中心之一，香港的证券市场已经成为国内公司在海外上市的首选。泛珠三角区域加强金融合作要打好“香港牌”，建设内地与港澳金融合作的先导区，在泛珠三角区域下一轮合作中，把香港国际金融中心的优势充分利用好，做好泛珠三角区域内地九省区与香港金融资源的有效对接，在金融机构互设、金融业务合作上取得明显进展，促进金融合作在区域合作的推动下进一步深化。

（四）大力发展“互联网＋金融”

1. 制定泛珠三角“互联网＋金融”发展规划

互联网金融作为当前极具活力和潜力的新兴金融业态，是我国现代金融改革创新的重点领域和关键环节。要顺应“互联网＋”的时代潮流，制定泛珠三角“互联网＋金融”发展规划，紧跟互联网金融发展大趋势，让更多的专业投资者投身互联网金融行业，促进泛珠三角区域互联网金融行业快速发展。

2. 培育金融众创空间

李克强总理提出“大众创业，万众创新”，一时间众多适合草根阶层的创客空间如雨后春笋出现，推进了创新创业的发展，金融如何更好地为创新创业服务、更好地服务中小微企业，打造能够提供有效服务并具有金融特色的众创空间，是泛珠三角区域金融发展的重点方向。培育金融众创空间要从功能设置、环境设计、活动组织等方面进行研究，明晰众创金融生态系统。相比银行贷款，股权众筹、天使投资更适合创新工场、创客空间这些创新型项目的发展，通过所有权将投资人和创业者联系在一起，有利于各方共享收益、共担风险，深化合作。同时，互联网众筹又可以大大提高股权投资的效率，实现创新型企业批量快速融资。股权众筹和天使投资已在政策层面确立为支持众创空间发展的融资方式之一，要更加侧重于创新链的原始端，在分流创业企业融资需求的同时，可以与区域股权市场、新三板等形成转板衔接，重塑科技金融生态圈。

3. 举办泛珠三角“互联网＋金融”创新与发展论坛

以互联网金融“创新与监管”为主题，举办泛珠三角“互联网＋金融”创新与发展论坛，主要探讨在新常态下如何推动互联网与金融通力合作，实现产融对接的双赢，探讨私募市场未来发展方向及区域性股权市场在私募市场中的地位和作用，引导普通投资者正面认识互联网金融，抓住当前金融创新的发展机遇，搭建互联网金融交流合作平台，帮助广大金融投资者实现从线上到线下的对接与互动，为互联网金融发展的规范与监管、互联网金融服务的投资与探索、互联网金融的投资策略与境外上市等提供可资借鉴的经验。

（五）培育区域资金保障平台

1. 设立泛珠合作开发银行

借鉴亚洲基础设施投资银行及张江科技银行等经验，探索设立泛珠合作开发银行（初定注册资本 100 亿元），吸引和调动多元社会资本广泛参与泛珠三角区域基础设施建设和产业转型升级。

2. 创新深圳证券交易所发展机制

在中国证监会指导下，创新深圳证券交易所发展机制，坚持市场化改革方向，推动改革创新，深化市场组织、监管、服务等基本职能，稳步提升各层次板块市场运行质量，深化创业板改革，推出创业板企业专门层次，为新三板企业向创业板转板试点创造更好的条件，丰富深市特色场内产品序列，加快产品创新发展，加快跨境合作，积极争取“深港通”尽快启动，在更高起点推进市场双向开放互通，推进监管转型，服务实体经济，进一步增强服务泛珠和国家发展战略全局的能力。

3. 支持广州股权交易中心发展

积极支持广州股权交易中心发展，深化区域性股权市场与银行、证券、保险、股权投资、风险投资、创业投资、融资担保等金融机构的交流合作，鼓励市场主体用互联网思维创新交易机制，完善投融资服务体系，共同为资金、创业者与投资者打造一个高效交互的平台，激发创新潜能和创业活力，促进创新创意与市场需求和社会资本有效对接，形成促进创新创业的良好生态环境，培育区域经济社会发展的新动力。

4. 创新中国（广州）国际金融交易博览会运行机制

根据国内外展会发展经验看，博览会的发展要按照展会发展规律开展工作，中国（广州）国际金融交易博览会作为一个处于初步发展阶段的展会，需要投入一定力量研究国内外展会发展趋势和规律，根据展会发展规律制定中长期发展规划，集中精力创新核心功能，提升博览会的影响力。借鉴广交会和国外知名展会宣传推介的成功经验和有效做法，建立专业化的队伍，开展专业化的招商招展和宣传推介工作，吸引越来越多的跨国金融机构参会。在博览会现场要积极开展交易撮合活动，为参会企业提供一对一、一对多、多对多等多种交易撮合方式，促进参会企业发现商机、实现合作，增加对境外客商的吸引力。

5. 扩大泛珠三角区域金融合作论坛的影响力

泛珠三角区域金融合作论坛处于初创阶段，刚举办一届，未来要创新论坛运行机制，不断扩大国内外影响力。制定标准和规则的话语权是掌控国际贸易价值链的制高点，是当今全球影响力和控制力的重要体现。泛珠三角区域金融合作论坛要主动设置议题，提供区域金融制度、机制、标准的研讨和交流平台，影响国内外金融定标准和规则的制定，提高国际金融话语权。建议请求中央将泛珠三角区域金融合作论坛列为今后每一年的重要活动，明确每年请一位中央政治局常委或副总理出席论坛。

（六）创新区域资金保障模式

1. 加强区域金融协同创新

复制推广珠江三角区域金融改革创新的政策制度机制，建立健全泛珠三角九省区与港澳金融合作的常态化机制，推进金融改革创新。鼓励联合开展金融产品创新，探索开办跨市场金融工具，鼓励开展融资租赁服务，支持泛珠三角区域能源、交通、通信等重大项目建设，推动区域产业结构调整、基础设施建设和实施“走出去”战略。引导区域内符合条件的创新型、创业型、成长型中小企业到全国中小企业股份转让系统挂牌进行股权融资、债权融资、资产重组等。

2. 促进区域金融主体合作

推广运用政府和社会资本合作（PPP）模式，吸引更多社会资本参与泛珠三角区域合作，提高政府资金使用效率。支持开发性金融机构发挥资金、智力、产品等优势，在促进泛珠三角区域重大项目建设、合作规划编制、推进产业承接转移等方面发挥积极作用。鼓励政策性金融机构加大对区域综合交通体系建设的支持力度。推动泛珠三角区域内地方政府、金融机构、大型企业集团、民间资本等各类主体出资设立股权投资基金，支持区域经济转型升级项目和重大基础设施建设。支持保险资金以债权、股权、基金、信托计划等多种形式投资区域内交通、能源、通信、市政、环保等基础设施建设项目。加强金融机构在支付清算、金融产品研发、中间业务拓展等领域的合作。鼓励区域内企业特别是上市公司跨地区、跨行业投资和重组并购。加强金融监管机构沟通协调，探索建立跨地区监管新模式，有序开展跨地区金融业务。加快建立区域金融风险监测指标体系，定期发布区域金融稳定评估结论，制定完善区域金融业应急预案。

3. 建立区域金融合作平台

继续加强金融基础设施建设，大力推广现代化支付系统，积极发展区域票据交换系统。充分利用香港、深圳交易所的直接融资功能，改善区域融资结构。强化地方金融机构改革，鼓励跨区域收购、兼并、重组，鼓励港澳金融机构到泛珠三角各城市特别是区域内中、西部地区开设分支机构。促进区域内银行与保险、银行与证券、证券与保险的合作，培育具有核心竞争力的金融集团，做大金融资本，增强服务区域经济发展的能力。利用好港澳强大的国际资本市场平台，共同推进沿边金融综合改革试验区建设，支持有条件的内地企业赴港上市，深化与东盟国家的金融合作。

4. 拓宽区域投融资渠道

建立区域金融协作机制，促进区域金融一体化有助于将东部地区金融机构的大量闲余资金运用到中、西部急需资金的发展项目上，以优化资源配置，促进区域均衡发展，缩小地区差距，最终实现共赢。应抓紧制定鼓励包括民营资本在内的社会资本投资泛珠三角区域基础设施建设的政策措施，破解融资瓶颈。鼓励政策性金融机构加大对基础设施建设的支持力度，鼓励保险和各类融资性担保机构提供信用支持。推进经营性内河水运工程市场化融资，支持符合条件的企业通过发行债券满足城际铁路、普通公路、内河航道等建设资金需求。

5. 推动区域信用体系建设

加快区域信用体系和信用环境建设，重点探索建立覆盖全区、资源共享、信息完备、使用便捷的个人征信系统和企业信用体系。加强泛珠三角区域信息交流对接，建立区域金融信息网络交流平台和金融数据库，实现区域金融信息的互联互通、资源共享。加强区域金融监管的配合与协调，建立区域金融风险的信息沟通、监测预警和应急处置机制。探索建立统一的、跨区域的企业资信评级标准和相互认定体系，推动跨区域金融服务快速发展。

（七）加强财税保障

1. 设立泛珠三角区域发展基金

借鉴丝路基金、长江经济带发展基金的发展经验，推动设立泛珠三角区域合作发展基金（初定规模 2000 亿元），鼓励金融机构和社会资本共同出资并参与基金的运营与管理。泛珠三角区域发展基金要加大对新兴产业的金融支持，拓宽区域内新兴产业的直接融资渠道，发挥金融杠杆作用，加强旅游、物流、交通等基础设施建设的金融合作。泛珠三角区域发展基金重点支持泛珠三角区域重大合作项目建设，支持、资助区域合作机制下多边合作项目和区域合作专题研究等重大事项，主要包括技术交流、人员交流、培训和研讨会、联合研发项目、跨区域建设项目的前期工作等，为区域协同发展提供资金支持。制订基金相关管理办法，明确出资主体和出资比例、资金后续补充和来源途径、管理责任主体、使用原则、申请和审批程序、加强管理和监督的措施等。

2. 建立区域协调发展专项基金

鼓励和支持社会资本设立泛珠三角区域创业投资基金，激发区域创新创业活力，着力推进泛珠三角区域大众创业、万众创新。

研究设立泛珠三角区产业发展基金，明确产业发展基金的定位、投向、规模、管理方式，引导产业有序转移和分工协作，构造利益共享的区域产业链。

共同设立泛珠三角区域生态环境保护合作基金，加大对生态环境突出问题的联合治理力度，支持建立跨省区流域生态保护补偿机制，支持开展东江、西江、汀江—韩江等流域补偿试点。

3. 形成促进区域协调发展的固定经费来源

实现泛珠三角区域协调发展需要固定的经费支持。固定经费可以泛珠三角区域某些固定的税收作为来源，以及各地按 GDP 的百分比上缴一定的数额。固定经费除了支持一般的行政管理费用之外，其余的经费可用来支持落后地区的开发建设，平衡区域内部发展差距，获得相对落后或受到损害的区域对一体化的支持。

4. 建立区域金融利益分配机制

推动建立泛珠三角区域统一的金融业务流程、服务标准、风险标准和合作层面的利益分配机制，协调解决金融机构跨区域设置分支机构的问题，支持泛珠省会城市开展区域银行贷款合作，支持各省区金融机构互设分支机构或发起设立村镇银行，支持各省区域股权交易市场加强合作交流，推动建立区域统一的抵质押登记制度，促进抵质押物在区域内的流转，实现区域内金融产品互通、互认、互联，促进区域内金融机构跨省区发展。